第2版

Wish官方运营手册

开启移动跨境电商之路

Wish电商学院 编著

U0837837

電子工業出版社
Publishing House of Electronics Industry
北京•BEIJING

内 容 简 介

近年来跨境电商的发展如火如荼，Wish 伴随着这股热潮应运而生。平台的迅猛发展吸引了众多商户的涌入，为提高前端买家的用户体验，同时不断促进商户的成长，平台的运营制度也在日趋完善。

在过去的一年里，平台陆续推出了 WE、FBW 海外仓项目，ProductBoost 促销工具，以及新版商户入驻流程，目的在于帮助商户更好地将优质的产品销往全球各地。

因此，第 2 版 Wish 运营手册在第 1 版的基础上，更新了最新的平台入驻流程、平台政策，增加了对 FBW 和 ProductBoost 的介绍，全面更新了数据分析技巧，更精选了成功卖家的选品思路及产品优化方案，从更多维度帮助商户解除运营上的疑惑。

本书适合所有有志于在 Wish 平台上一展身手的新老商户。

Shopping Made Fun !

图书在版编目（CIP）数据

Wish 官方运营手册：开启移动跨境电商之路 / Wish 电商学院编著. —2 版. —北京：电子工业出版社，2018.5

ISBN 978-7-121-34028-4

Ⅰ. ①W… Ⅱ. ①W… Ⅲ. ①电子商务－商业经营－手册 Ⅳ. ①F713.365.2-62

中国版本图书馆 CIP 数据核字(2018)第 070969 号

责任编辑：高丽阳
印　　刷：三河市良远印务有限公司
装　　订：三河市良远印务有限公司
出版发行：电子工业出版社
　　　　　北京市海淀区万寿路 173 信箱　　邮编：100036
开　　本：787×1092　1/16　印张：30.75　字数：688.8 千字
版　　次：2017 年 7 月第 1 版
　　　　　2018 年 5 月第 2 版
印　　次：2018 年 6 月第 2 次印刷
印　　数：3501～4500 册　　定价：89.00 元

凡所购买电子工业出版社图书有缺损问题，请向购买书店调换。若书店售缺，请与本社发行部联系，联系及邮购电话：（010）88254888，88258888。

质量投诉请发邮件至 zlts@phei.com.cn，盗版侵权举报请发邮件至 dbqq@phei.com.cn。

本书咨询联系方式：010-51260888-819，faq@phei.com.cn。

序言

从 20 世纪末以来，互联网开始在全球范围内逐渐普及，但我们已经见证了太多生产、生活方式的颠覆性变革。互联网让世界变成了“鸡犬之声相闻”的地球村，而跨境电商特别是移动跨境电商的发展，让身处世界各地的“村民”们真正实现了零距离、高效化和快速化的交易。跨境电商在方便你我生活的同时，作为一种新型国际贸易方式，已然成为国际贸易的重要增长点。在传统贸易增长乏力的当下，跨境电商依托全球互联网以及国际物流体系，凭借其特有的大数据技术、低成本等优势，正在重塑我国对外贸易格局，重构全球价值链分工形态，给世界经济贸易格局带来深刻的影响。

当前，在跨境电商的“风口”上，国内外多家知名跨境电商各领风骚。在全球范围内来看，Amazon、Wish、eBay、速卖通等是世界各地消费者的首选跨境购物平台。而在国内，执御、敦煌网等跨境电商出口平台，以及大猫国际、网易考拉等跨境电商进口平台，同样展现出不俗的实力。基于移动端的 Wish 是其中的佼佼者，依靠其更便捷的购物体验、更强的用户黏性、闭环的交易流程，在跨境电商的江湖中异军突起。短短五六年的时间，Wish 已经发展成为欧美领先的移动跨境电商平台，全球第六大电商平台。

展望未来，Wish 的发展前景无疑是非常光明的。智能手机，特别是 4G 移动互联网在世界范围内的普及，给移动端的 Wish 带来了巨大的商机，越来越多的消费者将会通过指尖的触摸购买全球的货物。在互联网的冲击之下，传统制造业的转型升级加速，更多品类、更加优质以及更个性化的产品将在 Wish 平台上涌现，成为世界各地消费者竞相购买的对象。供需双方的繁荣为移动跨境电商的发展创造出绝佳的机遇，但与此同时，也使其面临诸多前所未有的挑战。

跨境路上多崎岖，无限风光在远方。我认为，Wish 等众多跨境电商平台，一方面应当继续乘着移动互联网的东风，在世界范围寻找买家与卖家，市场的广度是跨境电商的生命线；另一方面，跨境电商的井喷式发展已经成为过去时，提升平台商业信用、完善商户管理、注重买家体验将是未来跨境电商竞争的制胜武器。Wish 作为移动端跨境电商的领导者，已经在很多方面做出了努力，Wish 中国推出了以“星工厂、星青年、星服务、星卖家、星技术”为内容的“五星计划”，从人才培养、供应链打造、平台运营、技术支持等方面，全方位助力中国企业掘金海外市场。目前，“星青年”项目已与全国各地多所高校实现对接，培训千余名大学生，每周由 Wish 专业团队进行培训，为跨境电商企业输送专业人才。本书同样是电商人才培养计划的重要组成部分，为 Wish 平台的商户提供了一份详尽且权威的运营指南。

本书通过 13 章的内容，详细介绍了 Wish 商户平台历史与现状、注册开店、后台设置、Wish 政策、物流管理、产品管理等基础性内容，同时也向商户展示了 ProductBoost、数据分析、产品优化、选品等重要的营销和分析方法，最后还通过成功商户的案例介绍，立体化地展示了 Wish 平台运营全环节。本书适用于所有有志于在 Wish 平台一展拳脚的商户，是新商户快速了解、熟悉 Wish 平台的一条捷径，也是老商户优化商铺运营管理的一本红宝书。

自 2015 年 7 月进入跨境电商领域以来，我作为负责人，无论是在运作浙江大学中国跨境电子商务研究院的过程中，还是在建设浙江大学“大数据+跨境电子商务”创新团队（马述忠工作室）、浙江大学“文科+X”（X 指互联网、大数据、人工智能等）多学科交叉博士生导师组的过程中，都与诸多跨境电商企业有了亲密的接触，他们给了我很多的帮助。在心存感谢的同时，总想为跨境电商企业做些什么。

收到 Wish 电商学院的邀请为《Wish 官方运营手册：开启移动跨境电商之路（第 2 版）》作序，我感到非常荣幸，也想借此机会表达我对 Wish 和 Wish 平台商户的衷心祝愿。身处变革的时代，Wish 和 Wish 商户凭借着智慧、勇气和担当，在时代的浪潮中勇做弄潮儿，奋勇前行、锐意进取，不断谱写着跨境电商领域新的篇章，也必将成为时代的宠儿。

浙江大学　马述忠

2018 年 1 月 26 日于紫金文苑

本书作者

（排名不分先后）

卖家讲师：李金生　张翔宇　王高清　黄远欣

刘　曦　曾旭明　曹小天

官方讲师：朱文珏　李　欣　倪月秋　丁立文

肖　迪　赵　婕　刘星琦

目录

第 1 章 Wish 商户平台介绍

1.1 发展历史

2011 年 9 月，Wish 的母公司 ContextLogic 在美国硅谷由两名工程师注册成立。当时，ContextLogic 专注于“信息关联（Information Relevance）”领域，推出了 Reach 和 Lift 两款产品。ContextLogic 希望通过机器学习和自然语言处理技术处理信息，从而提高广告与内容页的相关性。实际上，这项业务非常类似于 Google AdSense。只不过 AdSense 只应用于 Google 广告联盟领域，ContextLogic 则希望将该技术应用到 Google 之外，例如 Facebook 的用户主页、Twitter 的微博内容等。

后来，ContextLogic 推出 Wish，模式类似于图片社交，用户可以在上面创建自己的愿望列表。2013 年 3 月，Wish 加入商品交易系统，正式踏入电商领域。2013 年 12 月，转型仅 9 个月的 Wish，其平台交易额就达到近 1 亿美元。2014 年 2 月，为了进一步拓展中国供应商资源，Wish 在上海成立了分公司。随后，中国招商团队在华展开了大规模的招商活动。

接下来让我们简单了解一下创始人的背景。

Peter Szulczewski 目前担任 Wish 首席执行官。

Peter 在大学毕业前，就已经在三家著名企业（ATI、NVIDIA 和 Microsoft）实习。

大学毕业后，2004 年 8 月，带着耀眼的实习经历和名校背景，Peter 顺利进入了 Google，任职于 Machine Learning Group，研究机器自主学习算法。一年后，Peter 成为技术带头人（Technical Leader），带领团队参与了 Google AdWords/AdSense 等经典产品的设计。2009 年 11 月，Peter 离开 Google。2011 年，创办了 ContextLogic（Wish 母公司）。

Danny Zhang 目前担任 Wish 首席技术官。

Danny 大学期间在 Alcan 实习过，任软件优化工程师。毕业之后，他去了雅虎，此后又工作于 LimeWire 和 AT&T。

这位来自中国的技术狂人，已经在计算机科学领域拥有 9 项专利。此外，他对算法技术颇有研究，曾和他的导师一起在专业期刊发表文章 *Algorithms for Detecting Cheaters in Threshold Schemes*。

在 2011 年，Danny 离开 AT&T，与 Peter 联合创办 ContextLogic。

2014 年 ~ 2017 年是 Wish 飞速发展的时代，Wish 连续 3 年被评为硅谷最佳创新平台！在 Peter 和 Danny 两位创始人的带领下，通过全体 Wish 成员的不懈努力，Wish 成了北美和欧洲最大的移动电商平台！同时 Wish 也荣列全球第七大互联网电商平台，成为全球第五家四年内 GMV 达到 30 亿美元规模的互联网公司！Wish 已成为令业界瞩目的独角兽科创公司！

在跨境电商行业飞速发展的激流中，Wish 继续努力，开拓创新，锐意变革，疾步前行。越来越多的商户入驻 Wish，越来越多的用户认可了 Wish，Wish 的销售额飞速增长，成为发展最迅速的跨境电商平台，业内外人士皆为之瞩目，为之惊叹。

1.2 Wish 平台介绍

1. Wish 的特色

Wish 是一个源于移动端的平台，99%的交易都在移动端进行，用户可以随时随地浏览购物，用户从打开 Wish 手机应用到完成付款流程最快不过数秒时间。同时，Wish 弱化了搜索功能，采用个性化推送机制，Wish 采用独特算法，根据用户在社交网络上的浏览轨迹分析用户喜好，向用户推送与之喜好匹配的商品，因此每个人在 Wish 首页看到的商品都不同。所谓“千人千面”，就是这个道理。

2. Wish 的用户

- 截至 2017 年年底，Wish 的用户数量已超过 4 亿名，日活跃用户 1000 万名。
- 年龄区间 18 ~ 35 岁。

3. Wish 的商户

- Wish 在中国大地上遍地开花，华东、华北、华中乃至其他各地，均涌现出诸多快速成长的商户案例。
- 除大商户继续保持迅猛发展的趋势之外，众多中小型商户也顺利实现了草根逆袭，诸多年轻人找到了创业发展的平台，成就了事业，实现了理想。

4. Wish 的品类

- Wish 由原先单一的 Fashion 品类发展至今，目前已包含 3C 数码、母婴、美妆、家居等全品类的产品销售。
- Geek、Mama、Cute、Home 等垂直类目 App 应运而生，各自也创造出出众的销售业绩！
- 未来，Wish 还将继续推出更多令人期待的崭新规划！

“Shopping Made Fun!（让购物充满愉悦和趣味！）”是 Wish 公司的 Slogan。让这句 Slogan 为更多业内外人士所熟知，让 Wish 成为地球村内普惠大众的移动跨境电商平台，是所有 Wish 成员的愿望。

在经济全球化的快速发展进程中，让我们依托中国在产品、物流、金融、政策等各方面的优势资源，积极整合，优化配置，共同参与和见证行业的巨变！共同实现更高远的愿景目标！成就各自辉煌的事业和人生！

1.3 Wish App 介绍

Wish 是一款基于手机移动端的全球综合类商品购物应用，支持超过 30 种语言，拥有超过

9000 万件各类商品，为超过 71 个国家或地区提供购物服务，在全球拥有超过 1 亿名用户。

Wish 是欧洲和北美最受欢迎的移动购物应用，也是苹果应用商店和安卓应用商店里最受欢迎的生活类应用之一。Wish 备受欢迎的特色之一，是把商品和用户分别标签化，通过不断记录用户的浏览点击行为和购物消费习惯，结合大数据及人工智能算法，适时地自动向用户手机端推送其感兴趣的产品，让用户享受个性化、方便快捷、高性价比的全球购物体验。

Wish 拥有 Wish 综合购物应用、Mama 母婴类购物应用、Cute 彩妆类购物应用、Home 家居类购物应用、Geek 电子产品类购物应用等 5 个购物应用。其中，Wish 综合购物应用的商品种类最齐全、最丰富。Mama、Cute、Home 和 Geek 是从 Wish 综合购物应用中精选出来的垂直类商品购物应用，为商品需求相同的用户群体提供简单直接的购物体验，如图 1-3-1 所示。

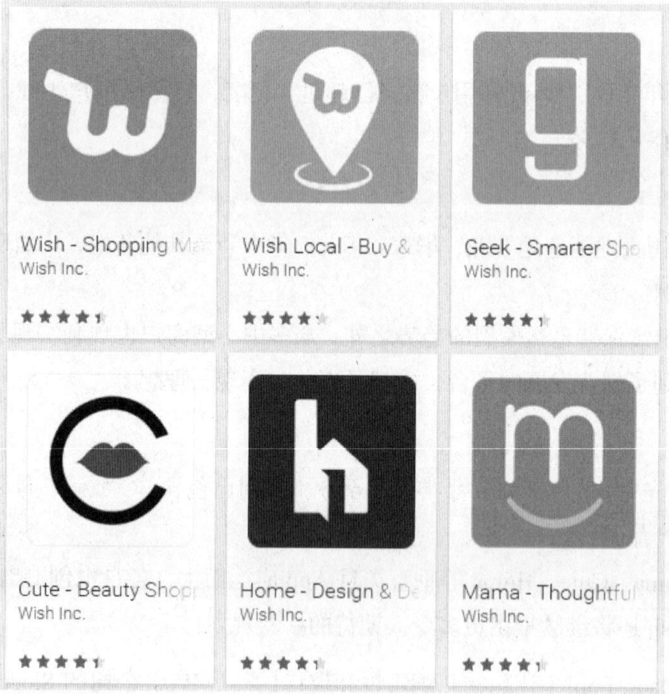

图 1-3-1　Wish App

1.3.1　Wish 综合购物 App

Wish 综合购物应用是综合类商品的购物应用，提供了丰富多样的商品，包括女装、男装、鞋子、时尚服饰、家居装饰、饰品、手机配件、电子产品、手表、婴儿及儿童用品、化妆美容用品、节假日礼品等，如图 1-3-2 所示。

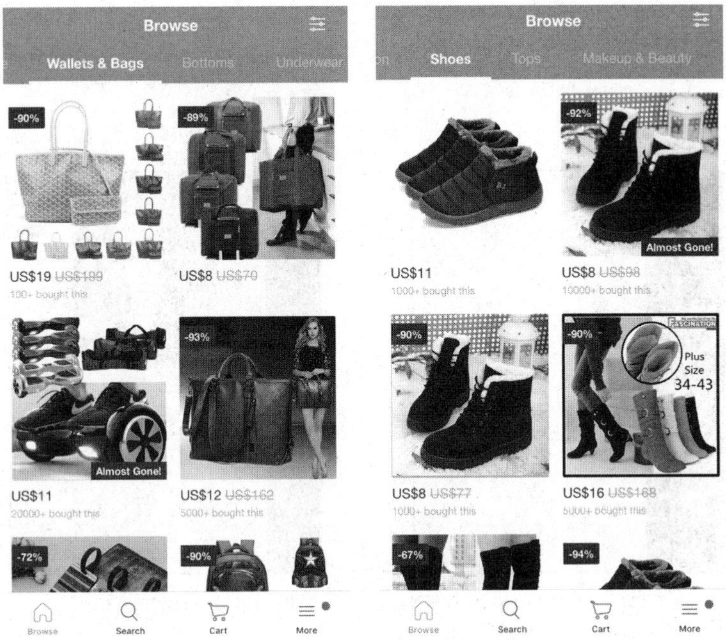

图 1-3-2　Wish 箱包和鞋子

Wish 综合购物应用支持在各类手机、平板电脑等设备（苹果/安卓系统）上使用，并具备很好的适应性和极佳的使用体验，如图 1-3-3 和图 1-3-4 所示。

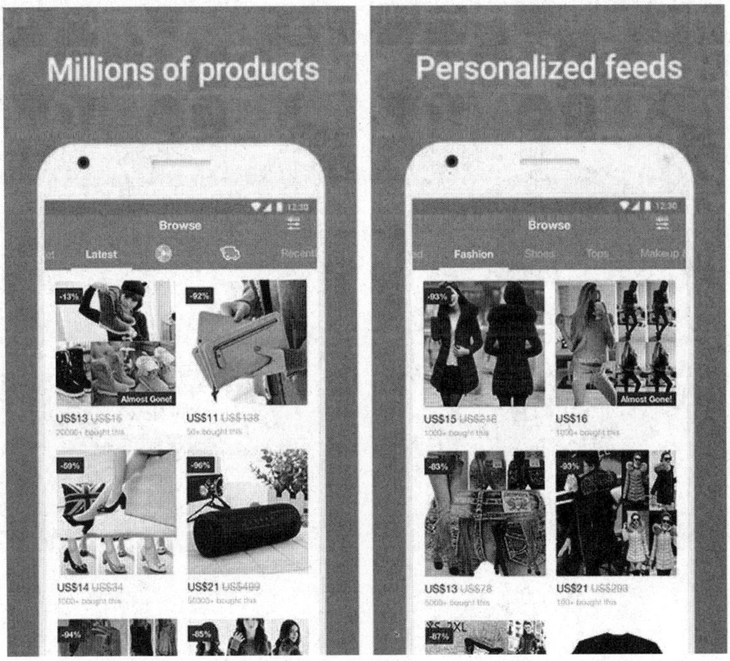

图 1-3-3　Wish 综合购物 App 在手机上的使用效果

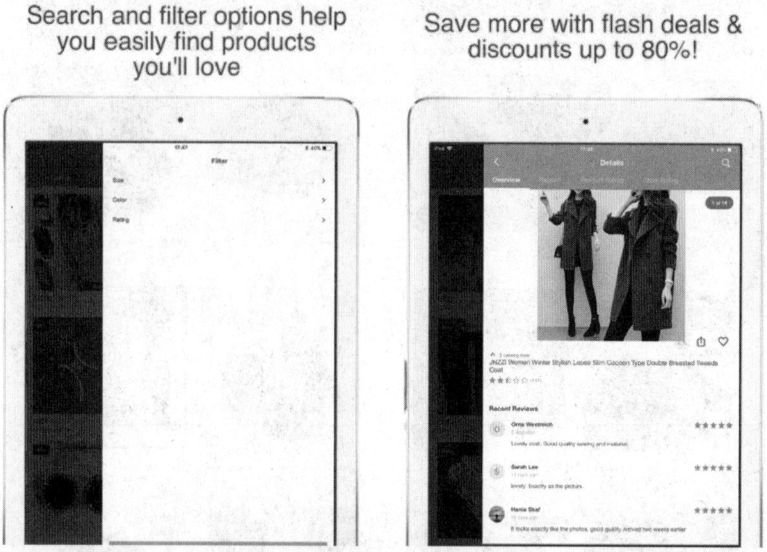

图 1-3-4　Wish 综合购物 App 在平板电脑上的使用效果

Wish 综合购物应用提供的商品性价比非常高，优惠折扣高达 50% ~ 80%，还额外提供了每天限时优惠商品，刺激用户进行多次购物，如图 1-3-5 所示。

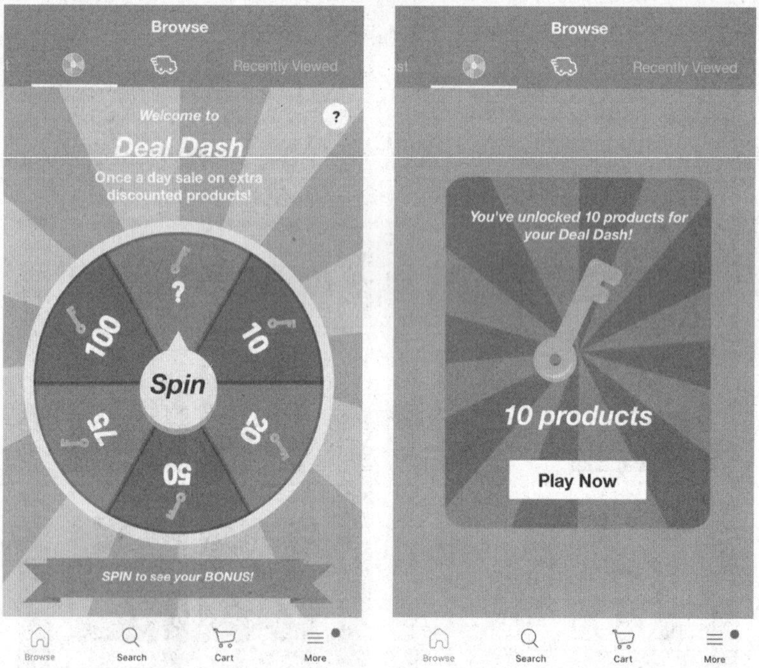

图 1-3-5　Wish 抽取优惠商品

1.3.2　Mama 母婴类购物 App

Mama 母婴类购物应用是母婴用品类商品的购物应用，提供了婴童用品、儿童玩具等产品，如图 1-3-6、图 1-3-7 所示。

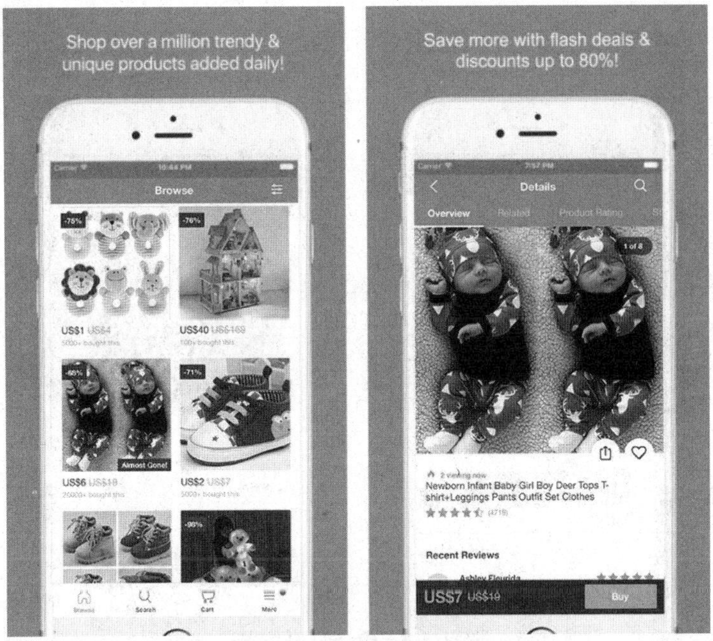

图 1-3-6　Mama 商品浏览

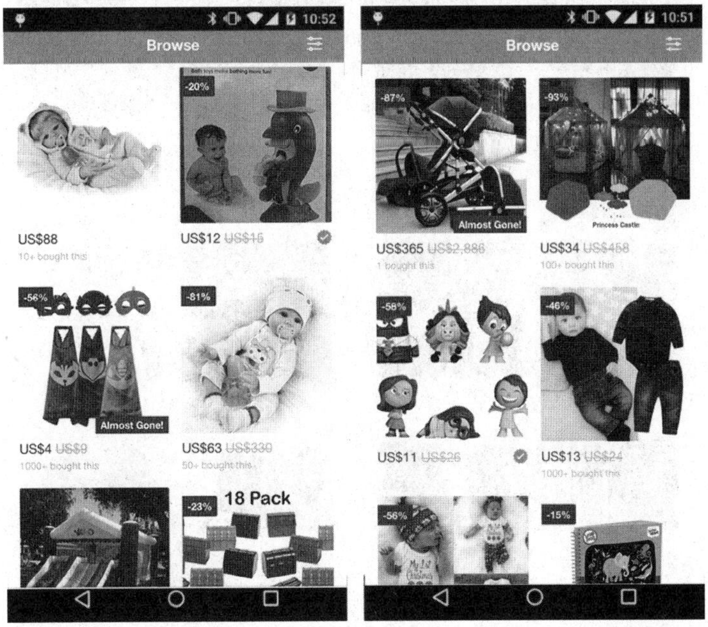

图 1-3-7　Mama 婴童服饰

1.3.3 Cute 彩妆类购物 App

Cute 彩妆类购物应用是美容化妆类商品的购物应用，提供了化妆刷等美妆类相关产品，如图 1-3-8、图 1-3-9 所示。

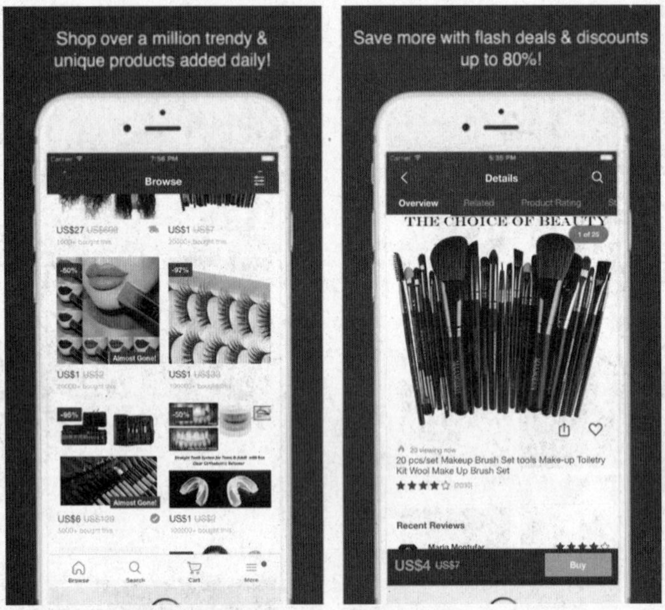

图 1-3-8　Cute 商品浏览

图 1-3-9　Cute 美发、美妆类产品

1.3.4　Home 家居类购物 App

Home 家居类购物应用是家居装饰用品类商品的购物应用，提供的产品包括厨房用具、家居装饰用品、DIY 用品等，如图 1-3-10 所示。

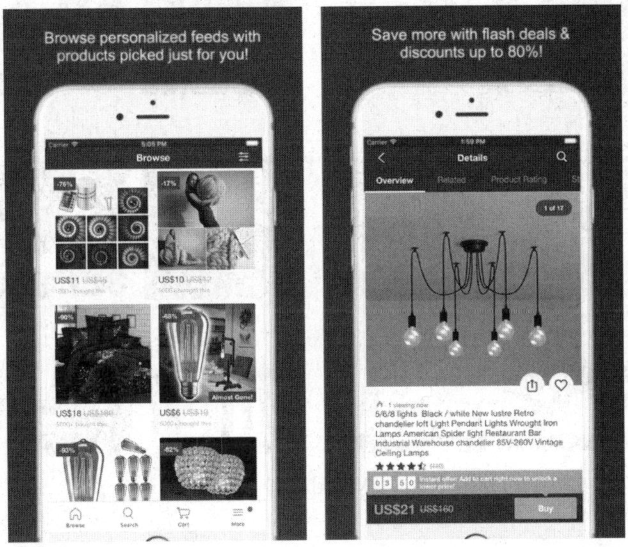

图 1-3-10　Home 商品浏览

1.3.5　Geek 电子产品类购物 App

Geek 电子产品类购物应用是 3C 消费电子类商品的购物应用，提供了手机配件、电脑配件等数码类产品，如图 1-3-11、图 1-3-12 所示。

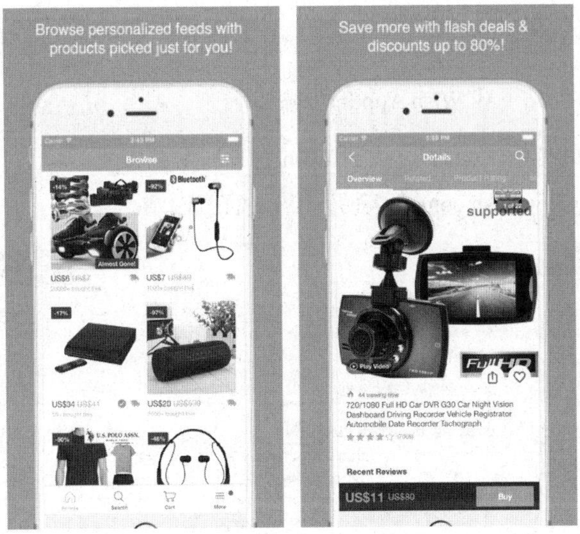

图 1-3-11　Geek 商品浏览

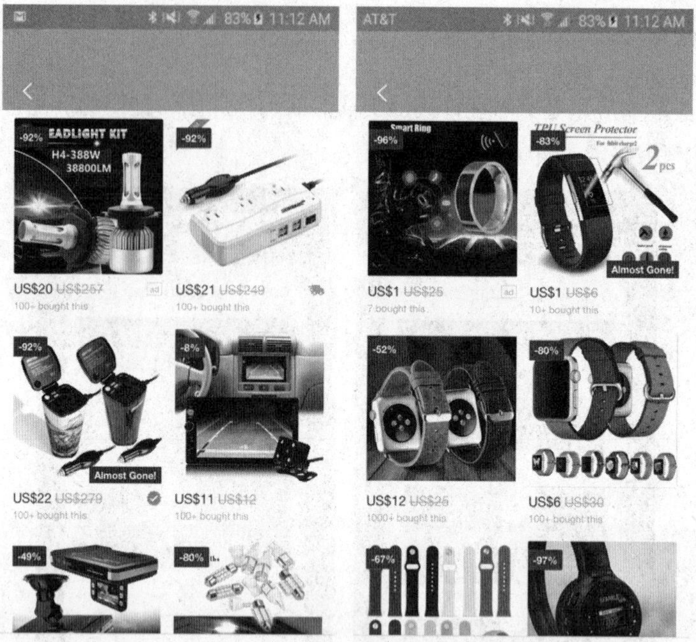

图 1-3-12　Geek 汽车电子和智能穿戴类商品

1.4　下载安装 Wish 购物 App

Wish 的各个购物 App 针对苹果、安卓、微软视窗等系统的移动设备有不同的版本，可以在苹果应用商店、谷歌应用商店、微软应用商店、亚马逊应用商店、华为应用商店、小米应用商店等国内外知名的应用商店或网站上下载安装使用。

1.4.1　Wish 购物官方网站

在 wish.com 官方网站下载 Wish App 的步骤如下。

（1）用百度或谷歌搜索“wish”，找到 Wish 官方网站，如图 1-4-1、图 1-4-2 所示。注意，也可以在浏览器输入 www.wish.com 直接访问 Wish 官方网站。

图 1-4-1　用百度搜索 Wish 官方网站（有“官网”认证标志）

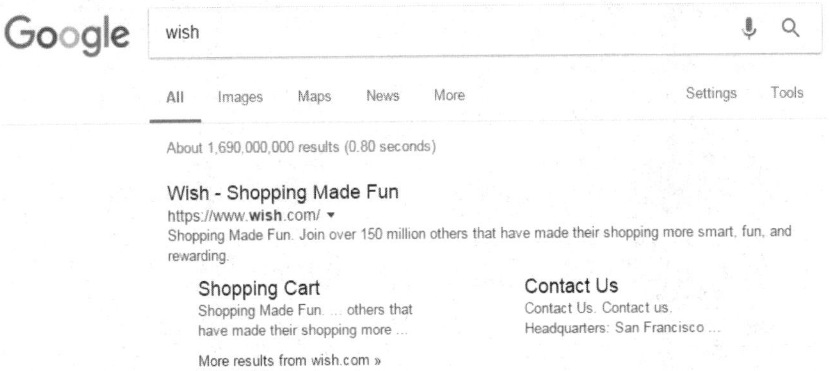

图 1-4-2　用谷歌搜索 Wish 官方网站

（2）在 Wish 官方网站的底部有四个不同的应用商店选项，用户可根据自己的手机/平板电脑型号进行选择，如图 1-4-3 所示。

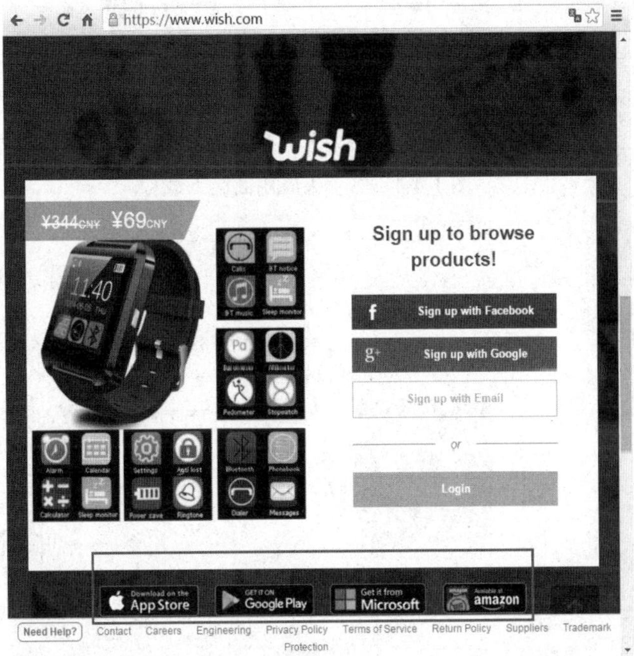

图 1-4-3　Wish 官方网站的四个应用商店选项

（3）选择应用商店之后，把应用添加到下载清单，打开手机上的应用商店下载即可。不同的应用操作方法类似，如图 1-4-4 ~ 图 1-4-7 所示。

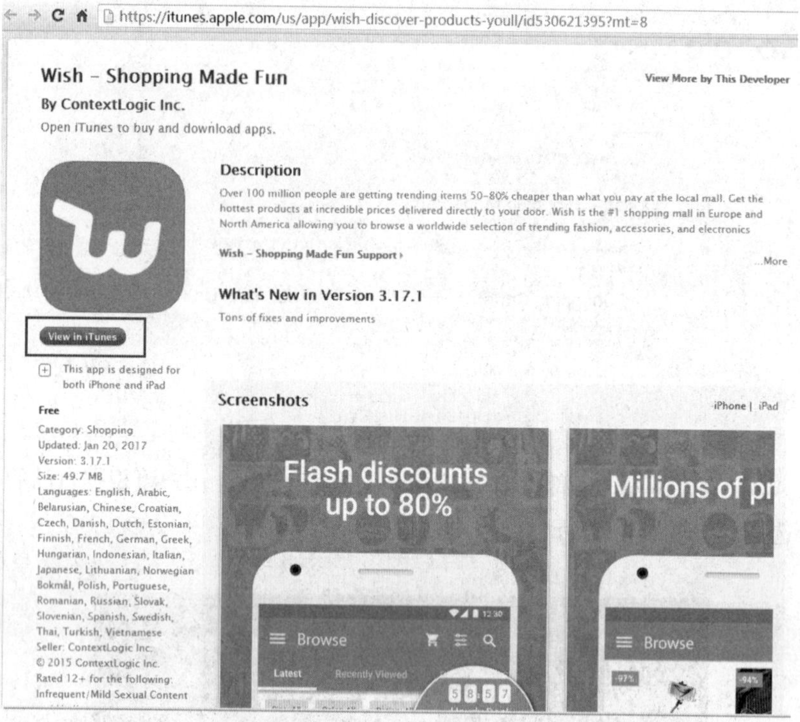

图 1-4-4　去苹果应用商店下载

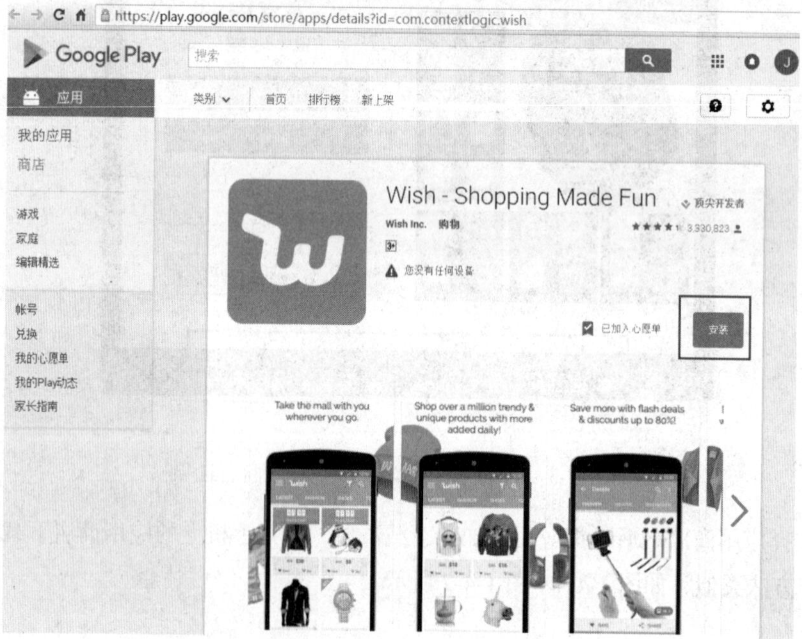

图 1-4-5　去谷歌应用商店下载

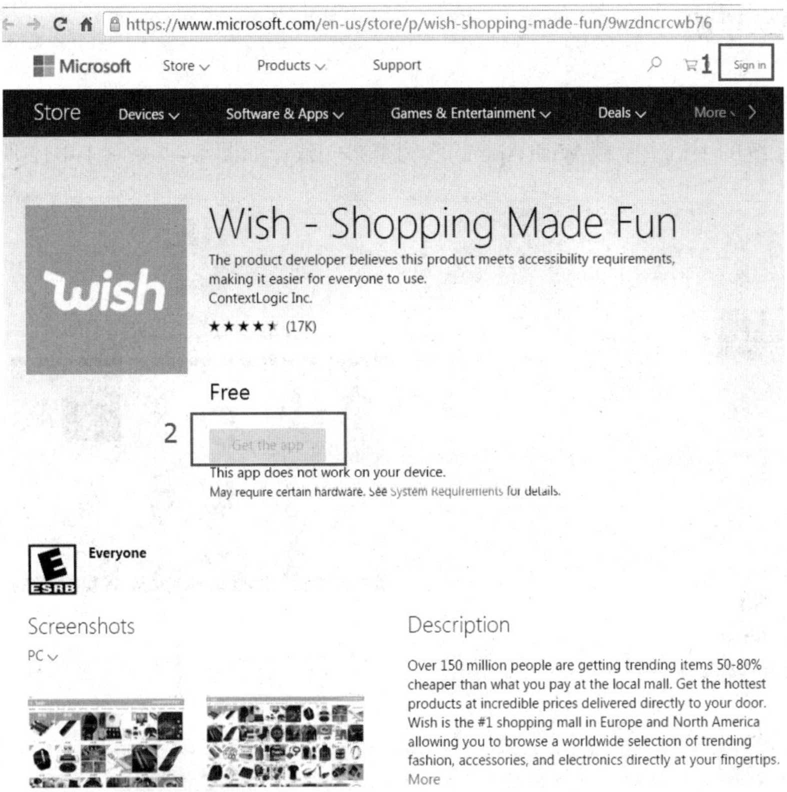
https://www.microsoft.com/en-us/store/p/wish-shopping-made-fun/9wzdncrcwb76
Microsoft
Store
Products
Support
1
Sign in
Store
Devices
Software & Apps
Games & Entertainment
Deals
More
Wish - Shopping Made Fun
The product developer believes this product meets accessibility requirements, making it easier for everyone to use.
ContextLogic Inc.
(17K)
Free
2
Get the app
This app does not work on your device.
May require certain hardware. See System Requirements for details.
Everyone
Screenshots
PC
Description
Over 150 million people are getting trending items 50-80% cheaper than what you pay at the local mall. Get the hottest products at incredible prices delivered directly to your door. Wish is the #1 shopping mall in Europe and North America allowing you to browse a worldwide selection of trending fashion, accessories, and electronics directly at your fingertips.
More

图 1-4-6　去微软应用商店下载

https://www.amazon.com/ContextLogic-Inc-Wish-Shopping-Made/dp/B00AEAVSKC
amazon
Apps & Games
New Year. New You.
Departments
Your Amazon.com
Today's Deals
Account & Lists
Orders
Try Prime
Cart
Appstore for Android
Underground Apps
Best Sellers
Amazon Coins
Deals
New Releases
Fire Tablet Apps
Fire TV Apps
Get Started
Games
Apps & Games › Shopping
Wish - Shopping Made Fun
by ContextLogic Inc.
Rated: Guidance Suggested
3,856 customer reviews
Price: Free Download
Special Offers Available
Sold by: Amazon Digital Services LLC
Available instantly
This app needs permission to access:
Read the user's contacts data
Access the list of accounts in the Accounts Service
See all Application Permissions
Contact Developer
Get this app
Please sign in before purchasing
(Why?)
1
Sign in
2
Add to List
Learn how buying works
Redeem a gift card or promotion code
Share
By placing your order, you agree to our Terms of Use
Special Offers and Product Promotions
Appstore customers receive a free month of Dollar Shave Club and a $5 promo code for use at Dollar Shave Club for just $1. Go to https://www.amazon.com/l/16043820011 to learn more or Enter code 5FREESHAVE at checkout. Here's how (restrictions apply)

图 1-4-7　去亚马逊应用商店下载

1.4.2 安卓手机

安卓系统的手机包括华为、小米、三星等多个品牌，各个品牌的安卓系统手机有一定差异，但是在安卓系统的手机上下载 Wish App 的步骤基本一致，如图 1-4-8 ~ 图 1-4-12 所示。

图 1-4-8 在小米手机应用商店下载 Wish App

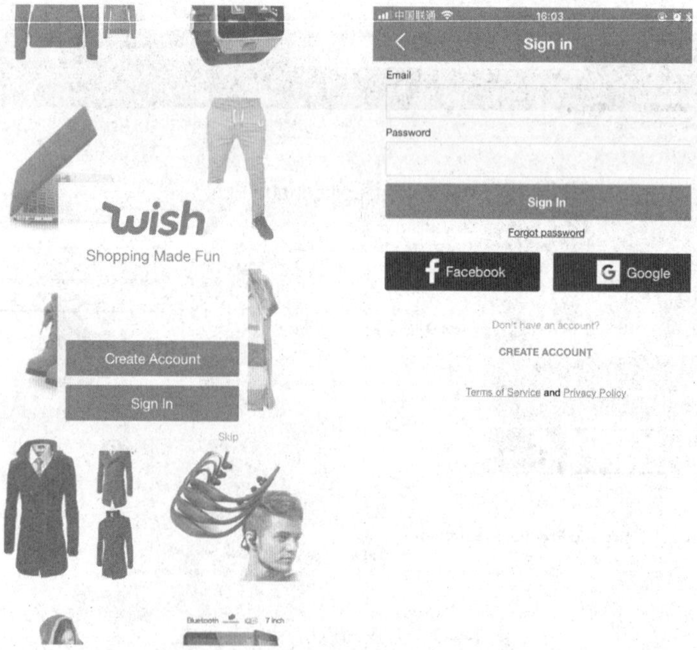

图 1-4-9 创建新账户或登录 Wish App

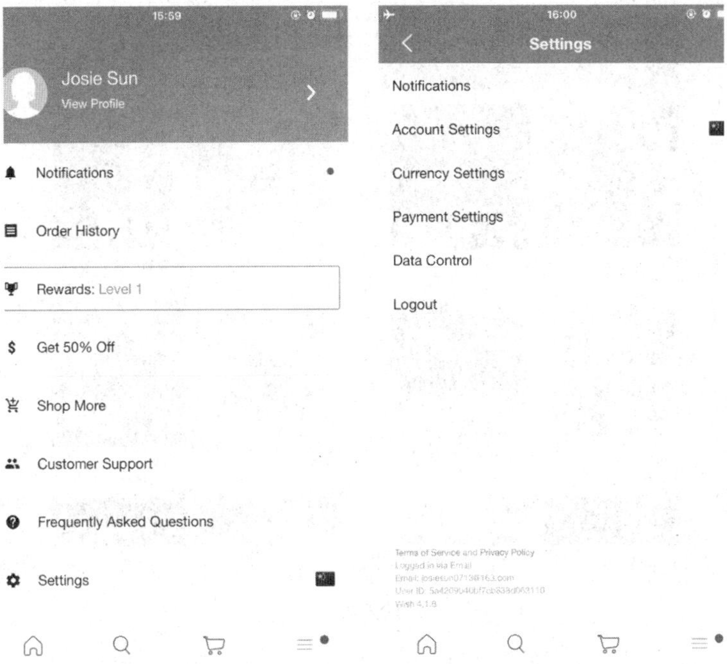

图 1-4-10　Wish App 个人设置

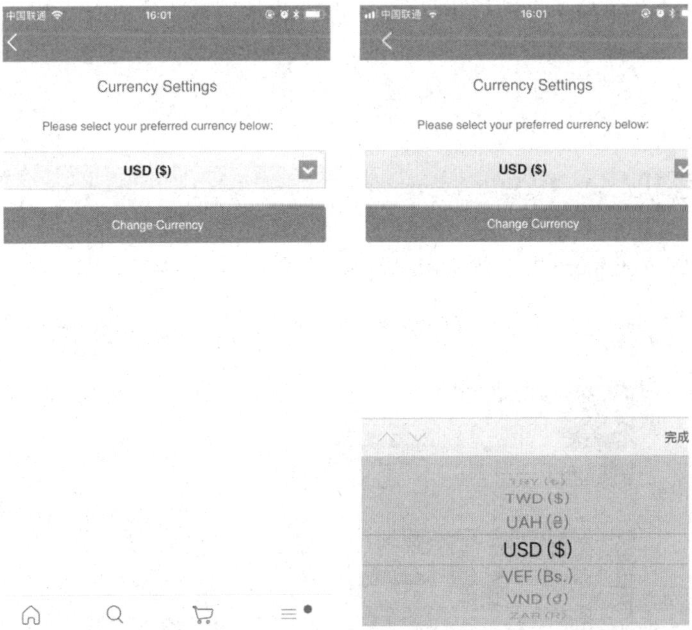

图 1-4-11　设置购物货币类型

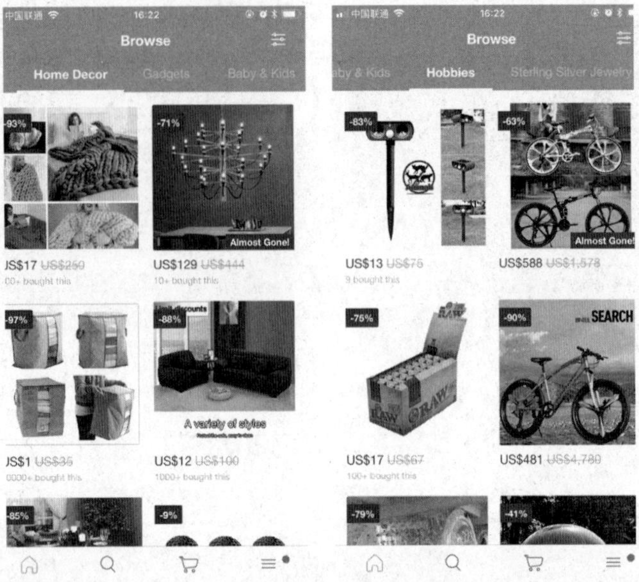

图 1-4-12　Wish App 上展示的商品

注意事项：

- 下载的 Wish App 要更新到最新版本，否则可能出现无法登录的情况。
- 下载的 Wish App 安装后默认显示为该国家的货币单位，可通过“Currency Settings”更改。

1.4.3　苹果手机

在苹果手机的 App Store 里下载 Wish App 的步骤，如图 1-4-13 ~ 图 1-4-15 所示。

图 1-4-13　Wish App 介绍

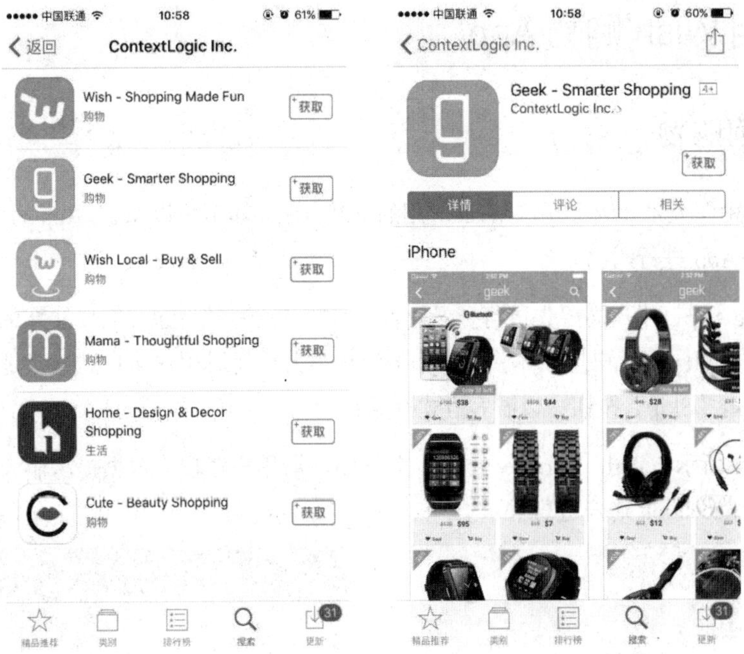

图 1-4-14　Wish 其他购物 App

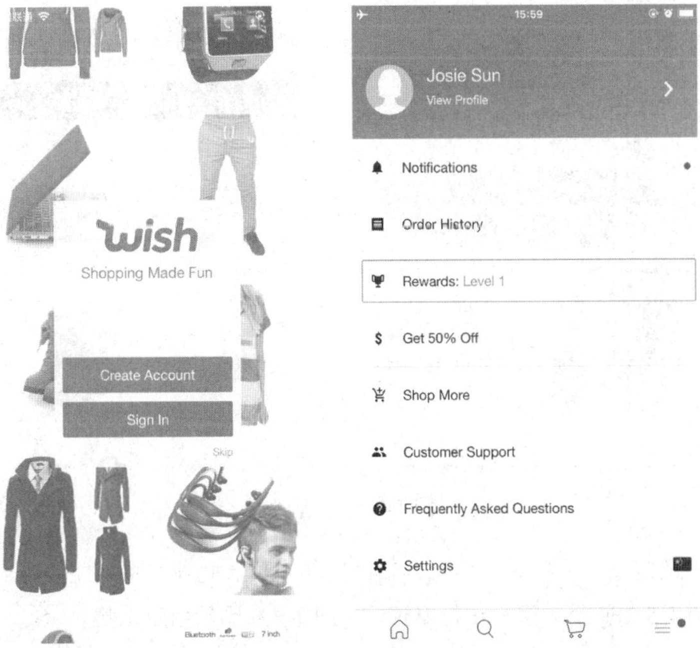

图 1-4-15　在苹果手机上登录 Wish App

注意事项：

- 苹果手机系统要求是 iOS 9.0 或以上的版本。
- 苹果系统的 Wish App 版本更新日期和安卓系统不同，但两者的功能是一致的。

1.5 使用 Wish 购物 App

1.5.1 如何购物

在上一节中向大家介绍了几款 Wish 应用的下载方法。本节将以 Wish App 为例介绍 Wish 的用户如何通过 App 进行购物。

打开 Wish App，用户需要先进行登录，若已有账户可直接登录。需要注意的是，商户账户和用户账户并不相同，商户想要体验用户购买流程需另行注册用户账户。若只是想体验浏览页面，也可以点击“Skip”按钮，以游客方式登录。

如图 1-5-1 所示，点击“Create Account”按钮注册用户账户，根据提示输入相关信息。也可以选择使用 Facebook 账户进行登录。

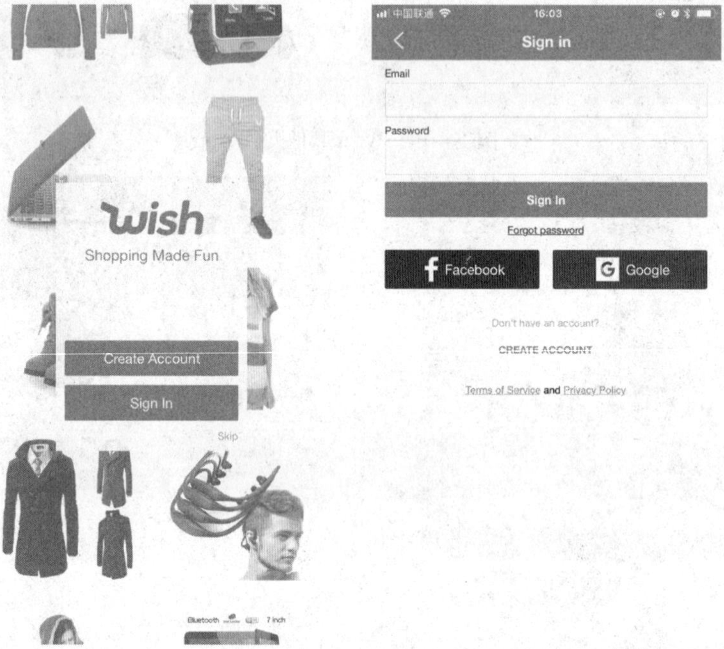

图 1-5-1　注册账户

之后，用户还需输入一些基本信息，如性别和生日。此外，系统还会要求用户选择一些喜欢的产品，如图 1-5-2 所示。这一步是 Wish 对于用户的原始信息采集。

完成这些步骤后，用户就可以立即开始愉快的购物体验，随着浏览记录的累积，Wish 会通过大数据计算越来越了解用户的喜好和需求，从而更有针对性地推荐适合不同用户的优质产品。

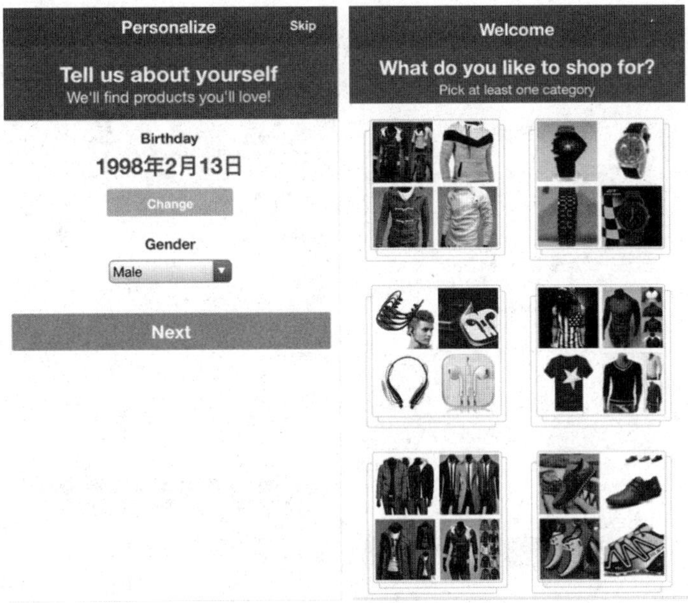

图 1-5-2　选择喜欢的产品

当用户想要购买某个产品时，只需点击该产品，并点击页面下方的“BUY”按钮，这样产品便会加入到购物车中，如图 1-5-3 所示。

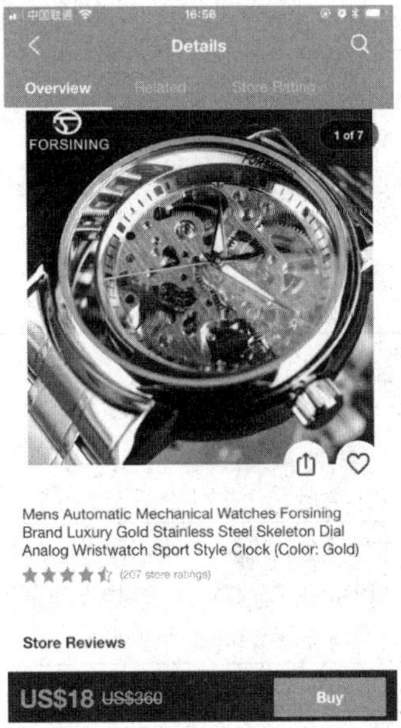

图 1-5-3　将产品加入购物车

然后点击页面上方的手推车图标进入购物车，确认购买的信息无误后，点击“Checkout”按钮去支付此订单，如图 1-5-4 所示。

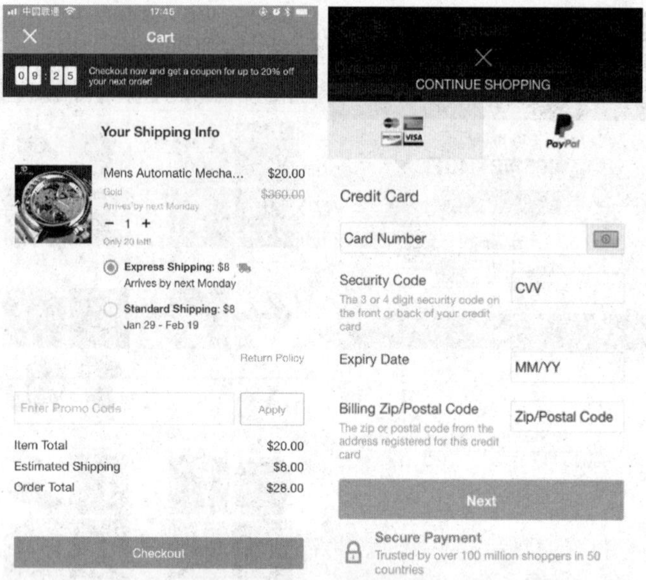

图 1-5-4　支付订单

如果是第一次购买，还需要填写常用的支付方式，用户可以使用各类信用卡或 PayPal 账户进行支付。

最后填写相应的收货地址，这样一次方便简单的购物体验就完成了。

1.5.2　可购物国家/地区

（1）支持购物的国家或地区超过 71 个，如表 1-5-1 所示。

表 1-5-1　可购物国家或地区

洲	可购物国家/地区	数量
欧洲	芬兰、瑞典、挪威、丹麦、爱沙尼亚、拉脱维亚、白俄罗斯、俄罗斯、乌克兰、波兰、捷克、斯洛伐克、匈牙利、德国、奥地利、瑞士、列支敦士登、英国、爱尔兰、荷兰、比利时、卢森堡、法国、摩纳哥、罗马尼亚、保加利亚、希腊、斯洛文尼亚、克罗地亚、意大利、西班牙、葡萄牙	32
美洲	南美洲：哥伦比亚、委内瑞拉、厄瓜多尔、秘鲁、巴西、智利、阿根廷 中美洲：哥斯达黎加、牙买加、波多黎各（美群岛）、美属维尔京群岛 北美洲：加拿大、美国、墨西哥、多米尼加共和国、巴巴多斯	16
大洋洲	澳大利亚、新西兰	2
亚洲	中国香港、韩国、日本、菲律宾、越南、泰国、马来西亚、新加坡、印度尼西亚、印度、巴基斯坦、约旦、以色列、沙特阿拉伯、科威特、阿拉伯联合酋长国、土耳其	17
非洲	埃及、南非、摩洛哥	3

（2）支持的语言 31 种：

中文、英语、西班牙语、葡萄牙语、日语、法语、意大利语、德语、泰语、越南语、土耳其语、俄罗斯语、丹麦语、印尼语、瑞典语、挪威语、芬兰语、荷兰语、希腊语、波兰语、罗马尼亚语、匈牙利语、白俄罗斯语、捷克语、斯洛伐克语、斯洛文尼亚语、爱沙尼亚语、拉脱维亚语、立陶宛语、阿拉伯语和克罗地亚语。

注意事项：

- 可购物的国家或地区、语言都会持续增多。
- 同一个国家支持使用不同的语言，也支持使用不同类型的货币购物。

1.6 Wish 商户 App

1.6.1 Wish 商户平台 App 介绍

Wish 商户平台是全球领先的移动电子商务平台。目前在全球拥有超过 1 亿名用户，每天有超过 100 万名活跃消费者。通过深入了解消费者的爱好和行为，Wish 为每一个个体营造了关联性高、娱乐性强的定制化浏览体验。对于商户来说，这意味着更高的产品曝光率和销售转化率。

Wish 商户可免费进行店铺注册、资讯订阅、信用卡使用、产品上架及促销推广。Wish 仅对每个成交订单收取一定的佣金。产品上传无额度限制，商户同时可以获得海量的数据分析报告，以及优质的商户支持服务。Wish 商户平台 App 如图 1-6-1 所示。

图 1-6-1　Wish 商户平台 App

Wish 商户平台 App 的特性：

- 紧随店铺指标。可获知最新的店铺数据，如用户浏览数、销售量和收藏数，如图 1-6-2 所示。
- 核查系统通知。在手机上实时查看店铺中所有变化和更新通知，如图 1-6-3 所示。
- 查看系统更新。第一时间收到 Wish 的变化和更新信息。

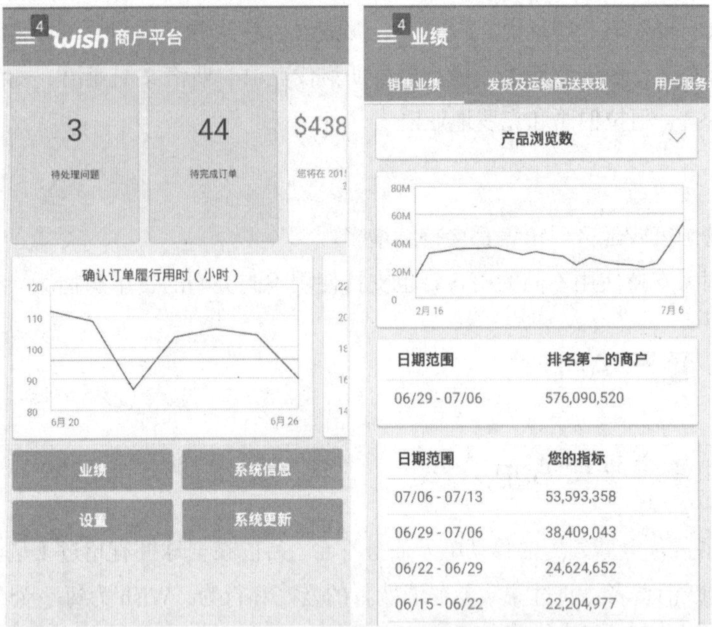

图 1-6-2　Wish 商户平台 App 首页和业绩数据

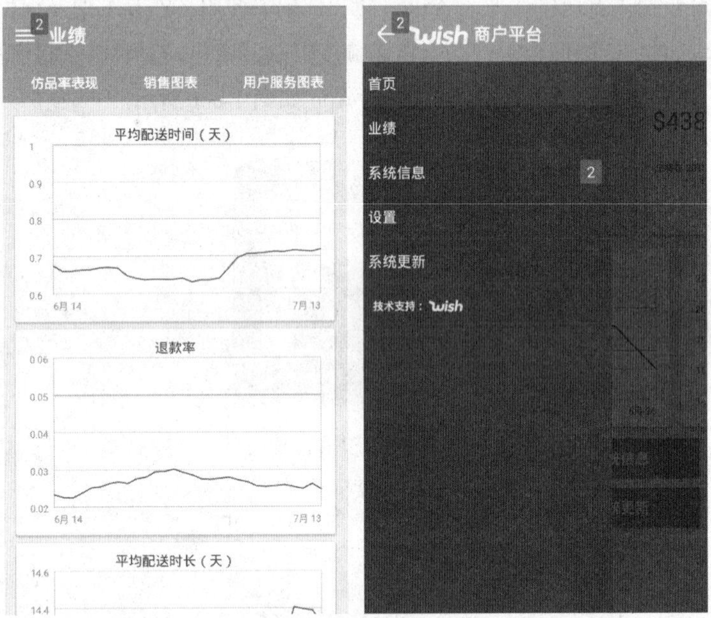

图 1-6-3　Wish 商户平台 App 用户服务图表和菜单选项

1.6.2　Wish 商户 App 下载

本书主要针对 PC 端商户后台的运营进行详细介绍。在 Wish 商户平台网站下载 Wish 商户 App 的步骤如图 1-6-4 ~ 图 1-6-6 所示。

第 1 步：用百度搜索“Wish 商户平台”，如图 1-6-4 所示。

wish商户平台
百度一下
网页 新闻 贴吧 知道 音乐 图片 视频 地图 文库 更多»
百度为您找到相关结果约308,000个
搜索工具
Wish 商户平台
"Wish 商户平台改变了游戏规则,确立了未来开展商务活动的方式。" - Ray "一旦你在 Wish 上
获得订单,就会奇怪为何其他商户不使用 Wish。" - Sam Wish...
www.merchant.wish.com/ - 百度快照 - 60%好评

图 1-6-4　用百度搜索“Wish 商户平台”

第 2 步：在 Wish 商户平台网站底部点击“移动 Apps”按钮，如图 1-6-5 所示。

wish 商户平台
登录
以最快的方式售出产品
您的产品将在上百万每天使用 Wish 购物的消费者面前展示
免费使用
移动Apps

图 1-6-5　点击“移动 Apps”按钮

第 3 步：点击“Download for Android”按钮进行下载，如图 1-6-6 所示。

获取App！
GET IT ON Google play
Download for Android
Download on Xiaomi
如果您无法连接到Google paly或者Xiaomi应用商店的入口，请点击"安卓应用下载"来直接下载这个app。
要打开或保存来自 static.china-merchant.wish.com 的 Merchant.merchant-1.0.0.6.apk (4.88 MB)吗?
打开(O)
保存(S)
取消(C)

图 1-6-6　点击下载 App

第 2 章
注册开店

2.1　Wish 平台注册网址

Wish 商户平台中国网址：https://china-merchant.wish.com。

2.2　个人店铺和企业店铺的注册

2.2.1　如何注册个人店铺

打开商户平台（国际版或中国版均可），如图 2-2-1 所示。

（1）点击“免费使用”按钮，进入商户注册界面。

wish 商户平台
以最快的方式售出产品
免费使用
零付出，零风险。
马上开始销售
售出商品之前无需支付任何费用
高效的移动商务
触达相关消费者
步骤 1
上传产品
步骤 2
让数百万相关消费者看到您的产品
步骤 3
快速形成大量销售
“Wish 商户平台改变了游戏规则，确立了未来开展商务活动的方式。”
- Ray
“一旦你在 Wish 上获得订单，就会奇怪为何其他商户不使用 Wish。”
- Sam
WSJ
Forbes
免费使用

图 2-2-1　点击进入注册界面

（2）进入“开始创建您的 Wish 店铺”页面，如图 2-2-2 所示。

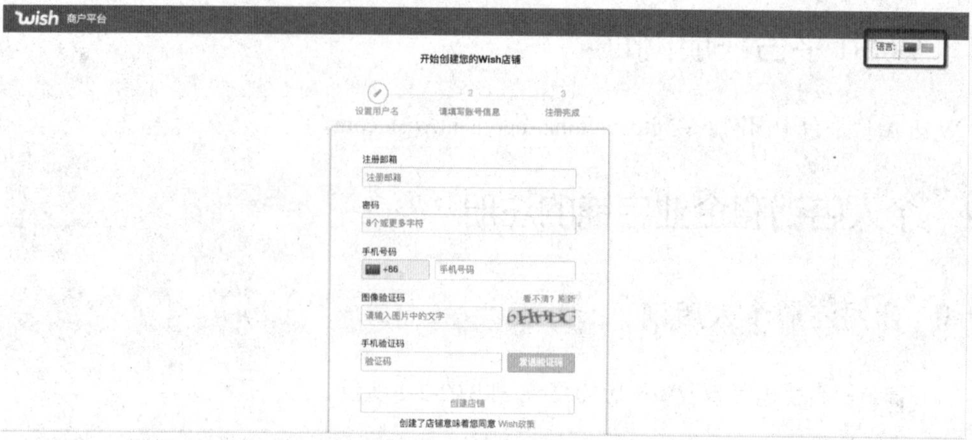
wish 商户平台
语言:
开始创建您的Wish店铺
设置用户名
请填写账号信息
注册完成
注册邮箱
注册邮箱
密码
8个或更多字符
手机号码
+86
手机号码
图像验证码
看不清? 刷新
请输入图片中的文字
手机验证码
验证码
发送验证码
创建店铺
创建了店铺意味着您同意 Wish政策

图 2-2-2　开始创建您的 Wish 店铺

- 请选择您习惯使用的语言，可以是英文或者中文。选择按钮在页面的右上角。
- 请输入您常用的邮箱，开始注册流程。该邮箱也将成为您未来登录账户的用户名。若您已有 Wish 卖家账户，请直接在图 2-2-1 所示的界面中点击“登录”按钮。
- 请输入您的登录密码。为确保账户安全，您的密码必须不少于 8 个字符，并且包含字母、数字和符号，例如：“password100@store”。
- 请输入您的手机号码，以及右边显示的图片验证码。
- 请输入您的手机短信验证码。
- 当您完成以上所有步骤之后，请点击”创建店铺”按钮。

（3）在弹出的“Wish 与商户协议”对话框中，请仔细阅读协议，并在全部阅读完后勾选下方的复选框，点击“同意已选条款”按钮进入下一步，如图 2-2-3 所示。

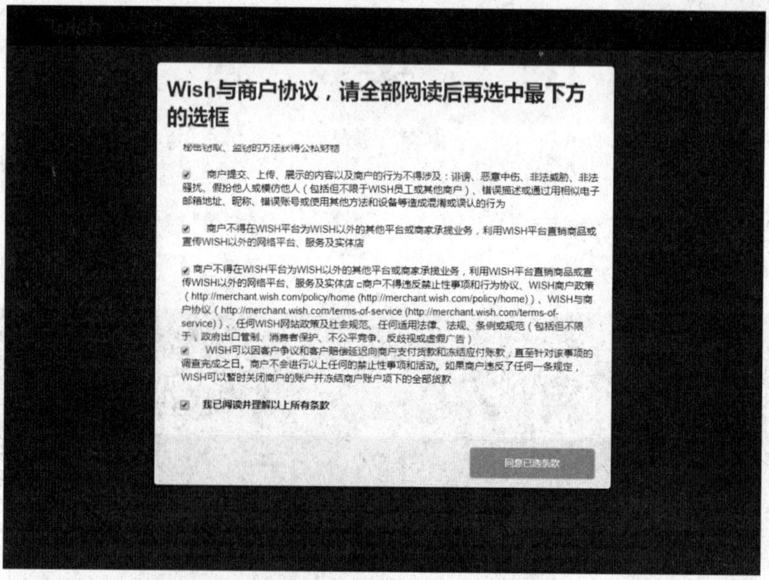
Wish与商户协议，请全部阅读后再选中最下方的选框
商户提交、上传、展示的内容以及商户的行为不得涉及：诽谤、恶意中伤、非法威胁、非法骚扰、假扮他人或模仿他人（包括但不限于WISH员工或其他商户）、错误描述或通过用相似电子邮箱地址、昵称、错误账号或使用其他方法和设备等造成混淆或误认的行为
商户不得在WISH平台为WISH以外的其他平台或商家承揽业务，利用WISH平台直销商品或宣传WISH以外的网络平台、服务及实体店
商户不得在WISH平台为WISH以外的其他平台或商家承揽业务，利用WISH平台直销商品或宣传WISH以外的网络平台、服务及实体店 □商户不得违反禁止性事项和行为协议、WISH商户政策（http://merchant.wish.com/policy/home (http://merchant.wish.com/policy/home)）、WISH与商户协议（http://merchant.wish.com/terms-of-service (http://merchant.wish.com/terms-of-service)）、任何WISH网站政策及社会规范、任何适用法律、法规、条例或规范（包括但不限于，政府出口管制、消费者保护、不公平竞争、反歧视或虚假广告）
WISH可以因客户争议和客户赔偿延迟向商户支付货款和冻结应付账款，直至针对该事项的调查完成之日。商户不会进行以上任何的禁止性事项和活动。如果商户违反了任何一条规定，WISH可以暂时关闭商户的账户并冻结商户账户项下的全部货款
我已阅读并理解以上所有条款

图 2-2-3　Wish 与商户协议

（4）进入邮箱验证页面，Wish 将发送验证邮件至您注册时使用的邮箱，请点击“立即查收邮件”按钮查收邮件，如图 2-2-4 所示。

开始创建您的Wish店铺
2
3
设置用户名
请填写账号信息
注册完成
验证邮件已经发送到您的邮箱：
请点击邮件中的链接继续完成注册
立即查收邮件
没有收到邮件？
请先检查您的垃圾邮件
如果仍然收不到邮件，您可以 重新发送邮件 或者 修改邮件地址

图 2-2-4　邮箱验证

检查您的邮箱，您会收到一封如图 2-2-5 所示的邮件。

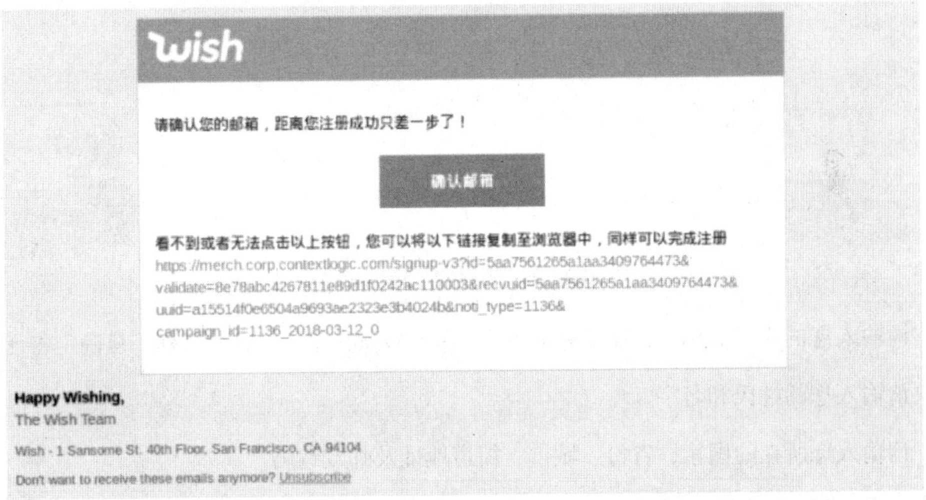
wish
请确认您的邮箱，距离您注册成功只差一步了！
确认邮箱
看不到或者无法点击以上按钮，您可以将以下链接复制至浏览器中，同样可以完成注册
https://merch.corp.contextlogic.com/signup-v3?id=5aa7561265a1aa3409764473&
validate=8e78abc4267811e89d1f0242ac110003&recvuid=5aa7561265a1aa3409764473&
uuid=a15514f0e6504a9693ae2323e3b4024b&noti_type=1136&
campaign_id=1136_2018-03-12_0
Happy Wishing,
The Wish Team
Wish - 1 Sansome St. 40th Floor, San Francisco, CA 94104
Don't want to receive these emails anymore? Unsubscribe

图 2-2-5　确认邮箱

点击按钮“确认邮箱”按钮或者下方的链接后会直接跳转到您的商户后台，请继续完成余下的注册流程。

（5）确认邮箱之后，页面会直接跳转到“告诉我们您的更多信息”页面，如图 2-2-6 所示。

图 2-2-6　告诉我们您的更多信息

请输入您的店铺名称，店铺名称中不能含有“Wish”字样。店铺名称一旦确定将无法更改。

请输入您的姓氏和名字。

请输入您所在的国家、省份、城市、街道地址及邮政编码。

点击“下一页”按钮继续您的注册流程，进入实名认证界面，如图 2-2-7 所示。

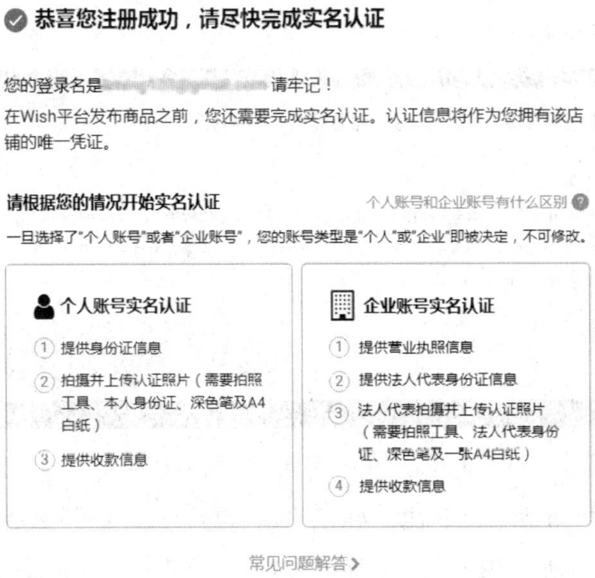
恭喜您注册成功，请尽快完成实名认证
您的登录名是 请牢记！
在Wish平台发布商品之前，您还需要完成实名认证。认证信息将作为您拥有该店铺的唯一凭证。
请根据您的情况开始实名认证
个人账号和企业账号有什么区别
一旦选择了"个人账号"或者"企业账号"，您的账号类型是"个人"或"企业"即被决定，不可修改。
个人账号实名认证
1 提供身份证信息
2 拍摄并上传认证照片（需要拍照工具、本人身份证、深色笔及A4白纸）
3 提供收款信息
企业账号实名认证
1 提供营业执照信息
2 提供法人代表身份证信息
3 法人代表拍摄并上传认证照片（需要拍照工具、法人代表身份证、深色笔及一张A4白纸）
4 提供收款信息
常见问题解答

图 2-2-7　实名认证

在实名认证页面选择账户类型“个人账户实名认证”，进入“个人账户实名验证”页面（注：在 Wish 平台中“账户”和“账号”交替出现，我们统一作“账户”），如图 2-2-8 所示，输入您的身份证号码，并点击“开始认证”按钮。

个人账户实名验证
2
3
身份证信息
身份证认证
支付信息
店主姓名
店主身份证号
不要使用临时或过期的身份证
身份证号码需与账号拥有者信息一致
下次再说
开始认证

图 2-2-8　个人账户实名验证

在认证环节，请准备好拍照工具、本人身份证、深色笔及一张 A4 白纸，如图 2-2-9 所示。

- 使用数码相机或拍照像素 500 万以上的手机（不要使用美颜功能）。

- 照片清晰度和文件大小（3MB以内）将影响您的实名认证，请谨慎选择拍照工具。
- 整个认证需要在15分钟内完成。

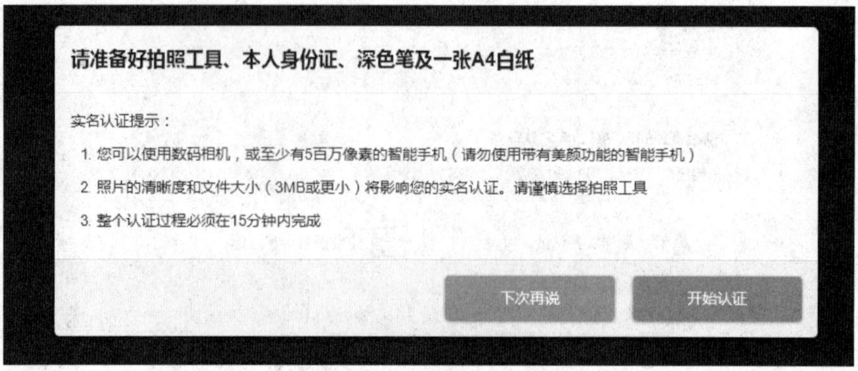
请准备好拍照工具、本人身份证、深色笔及一张A4白纸
实名认证提示：
1. 您可以使用数码相机，或至少有5百万像素的智能手机（请勿使用带有美颜功能的智能手机）
2. 照片的清晰度和文件大小（3MB或更小）将影响您的实名认证。请谨慎选择拍照工具
3. 整个认证过程必须在15分钟内完成
下次再说
开始认证

图 2-2-9 提示信息

点击“开始认证”按钮后，页面跳转回“个人账户实名验证”，系统会在页面第一行给出验证码，根据图2-2-10所示的提示信息，商家可参照页面提供的示例照片，准备好自己的照片文件，文件大小不超过3MB。

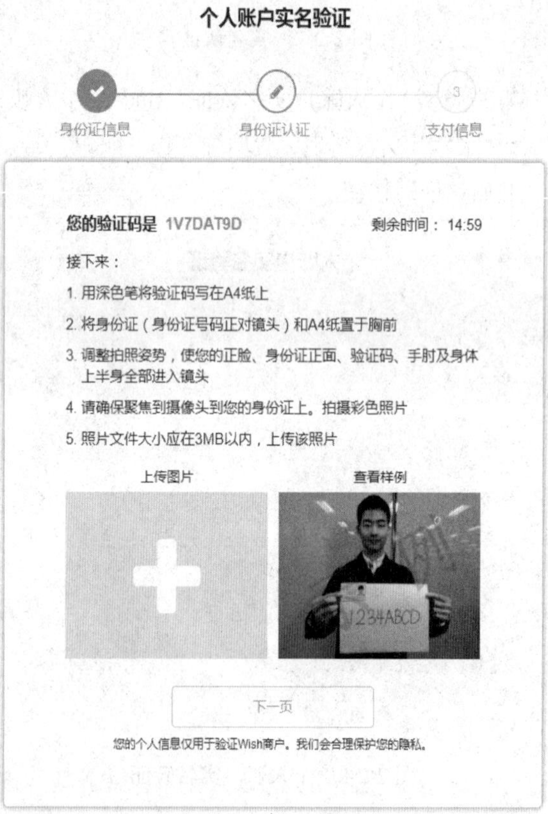
个人账户实名验证
身份证信息
身份证认证
支付信息
您的验证码是 1V7DAT9D
剩余时间：14:59
接下来：
1. 用深色笔将验证码写在A4纸上
2. 将身份证（身份证号码正对镜头）和A4纸置于胸前
3. 调整拍照姿势，使您的正脸、身份证正面、验证码、手肘及身体上半身全部进入镜头
4. 请确保聚焦到摄像头到您的身份证上。拍摄彩色照片
5. 照片文件大小应在3MB以内，上传该照片
上传图片
查看样例
1234ABCD
下一页
您的个人信息仅用于验证Wish商户。我们会合理保护您的隐私。

图 2-2-10　上传照片

点击“下一页”按钮，进入“支付信息”的设置，如图 2-2-11 所示，此处需要添加商户的收款信息，以便在 Wish 业务开展后可以正常收到货款。

可选择的支付方式有 bills.com、Payoneer、PayEco 等，各种支付方式的区别及详情将在第 3 章进行介绍。

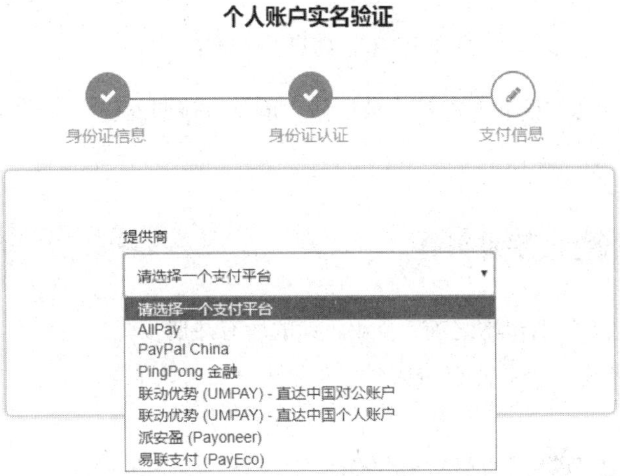

图 2-2-11　支付信息

这里以 PayEco 设置为例，如图 2-2-12 所示，请正确输入相关的银行账户等信息。

图 2-2-12　支付信息设置

点击“下一页”按钮，就完成了个人账户注册的整个流程。您将会看到“我们正在审核您的店铺”的提示信息，如图 2-2-13 所示。

我们正在审核您的店铺

图 2-2-13　账户审核阶段

值得注意的是，若您的信息在审核后被退回，请及时按照商户后台要求更新，以免耽误您开通账户。

2.2.2　如何注册企业店铺

在“实名认证”这一注册步骤之前，企业店铺的所有注册步骤均与个人店铺注册完全相同。在“实名认证”这一步中，企业商户请选择“企业账户实名认证”，如图 2-2-14 所示。

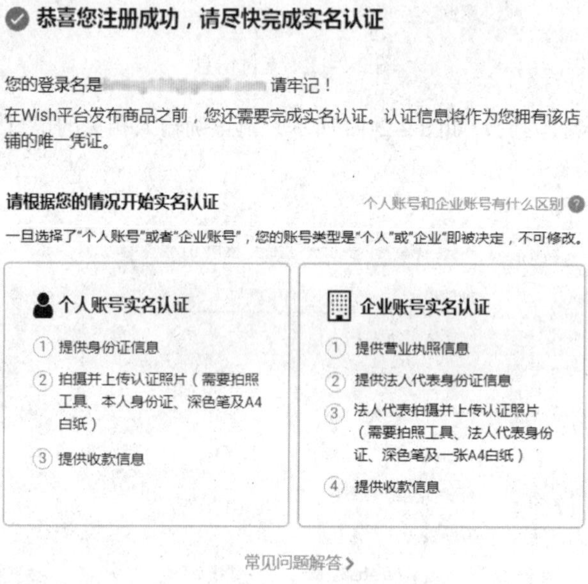
恭喜您注册成功，请尽快完成实名认证
您的登录名是 请牢记！
在Wish平台发布商品之前，您还需要完成实名认证。认证信息将作为您拥有该店铺的唯一凭证。
请根据您的情况开始实名认证
个人账号和企业账号有什么区别
一旦选择了“个人账号”或者“企业账号”，您的账号类型是“个人”或“企业”即被决定，不可修改。
个人账号实名认证
① 提供身份证信息
② 拍摄并上传认证照片（需要拍照工具、本人身份证、深色笔及A4白纸）
③ 提供收款信息
企业账号实名认证
① 提供营业执照信息
② 提供法人代表身份证信息
③ 法人代表拍摄并上传认证照片（需要拍照工具、法人代表身份证、深色笔及一张A4白纸）
④ 提供收款信息
常见问题解答 ›

图 2-2-14　企业账户实名认证

要认证企业账户，请准备好企业营业执照、法人身份证信息。

- 请输入企业名称，注意：个体工商户不可注册企业账户。
- 请输入统一社会信用代码。
- 请上传清晰的营业执照彩色照片，如图 2-2-15 所示。

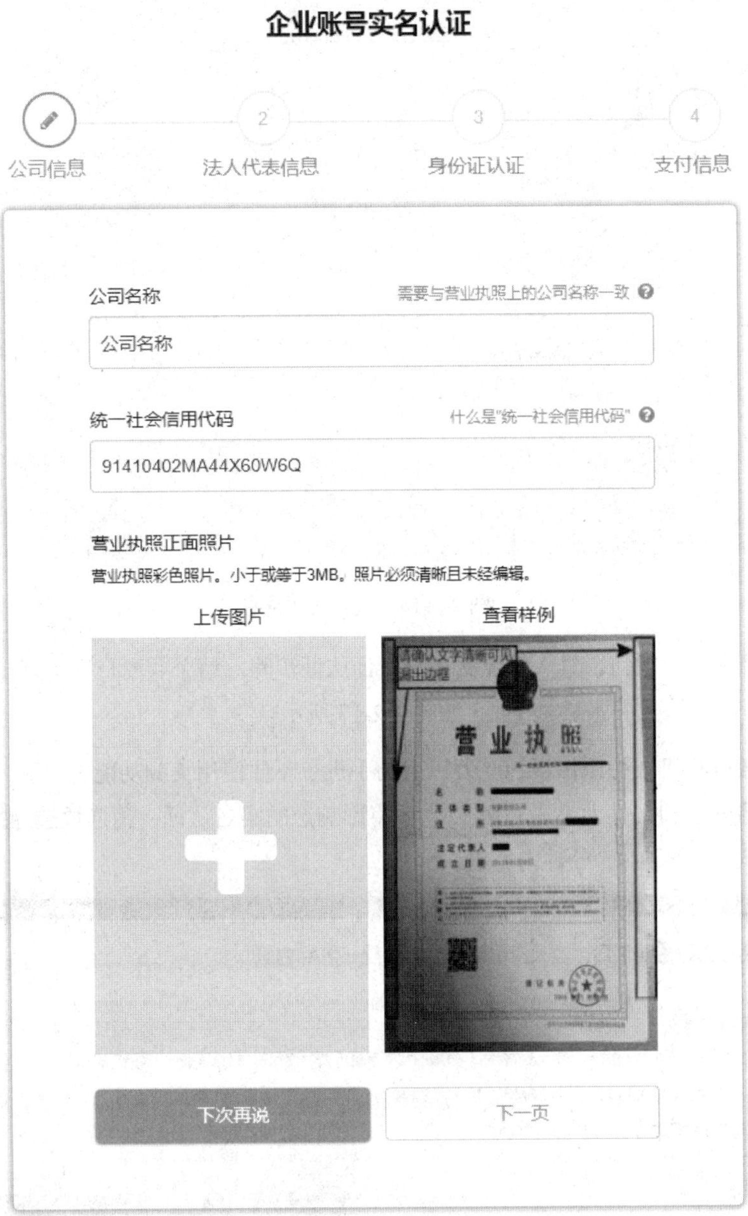

图 2-2-15　公司信息

点击“下一页”输入法人姓名和法人身份证号码，如图 2-2-16 所示。

企业账号实名认证
公司信息
法人代表信息
身份证认证
支付信息
法人代表姓名
请填写与法人身份证号对应的法人姓名
法人代表身份证号
示例：330303198810100001
下一页

图 2-2-16　法人代表信息

点击“下一页”按钮，进入企业法人身份证认证步骤。请企业商户准备好拍照工具、法人本人身份证、深色笔及一张 A4 白纸，如图 2-2-17 所示。

- 使用数码相机或拍照像素 500 万以上的手机（不要使用美颜功能）。
- 照片清晰度和文件大小（3MB 以内）将影响您的实名认证，请谨慎选择拍照工具。
- 整个认证需要在 15 分钟内完成。

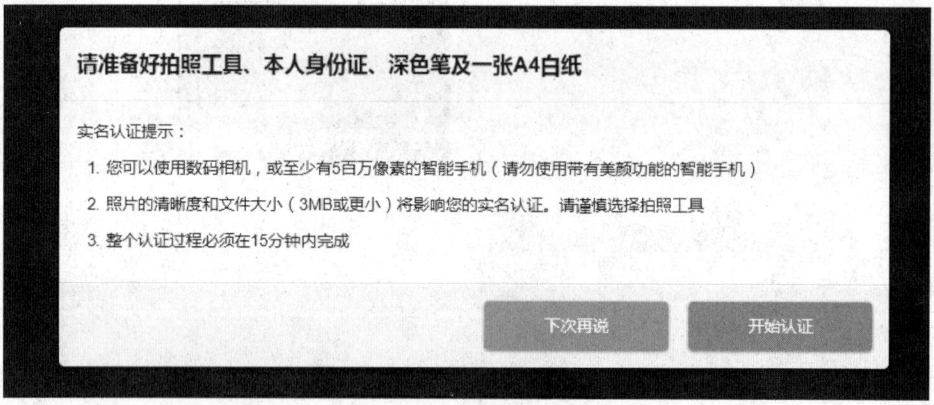
请准备好拍照工具、本人身份证、深色笔及一张A4白纸
实名认证提示：
1. 您可以使用数码相机，或至少有5百万像素的智能手机（请勿使用带有美颜功能的智能手机）
2. 照片的清晰度和文件大小（3MB或更小）将影响您的实名认证。请谨慎选择拍照工具
3. 整个认证过程必须在15分钟内完成
下次再说
开始认证

图 2-2-17　企业账户认证提示

点击“开始认证”按钮之后，在“身份证认证”页面的首行，系统会显示该商户独有的验证码，法人只需将验证码写在事先准备好的 A4 纸上，并手持身份证及写有验证码的 A4 纸进行拍照，为确保注册审核的顺利进行，商户可以参照示例照片对自己的验证照片进行调整。照片文件应小于 3MB，如图 2-2-18 所示。

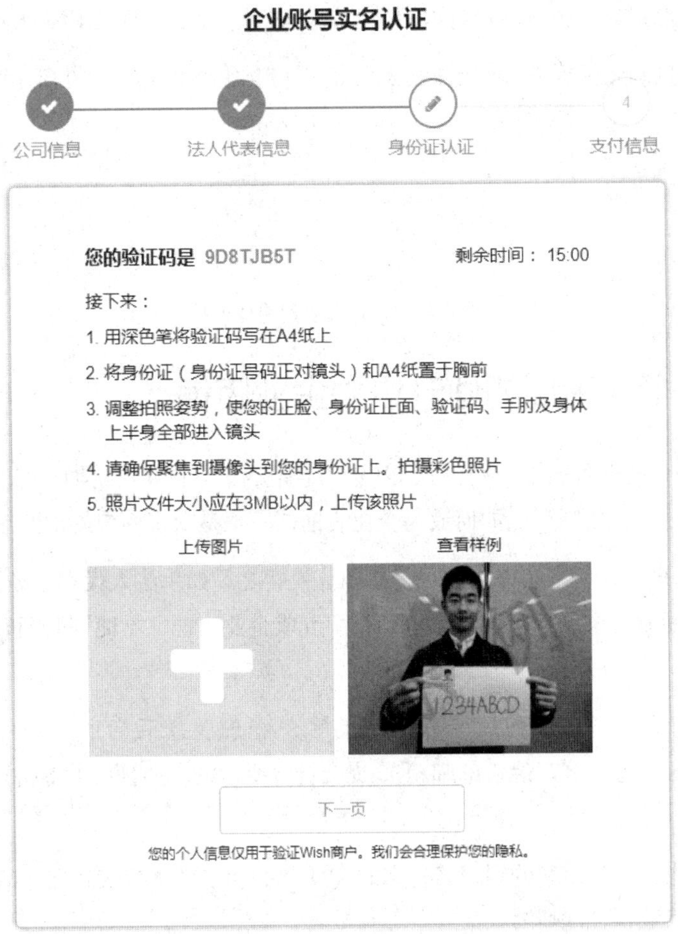

图 2-2-18　法人身份证认证

点击“下一页”按钮进入支付设置选项，此步骤与个人商户注册的操作相同，如图 2-2-19 所示。

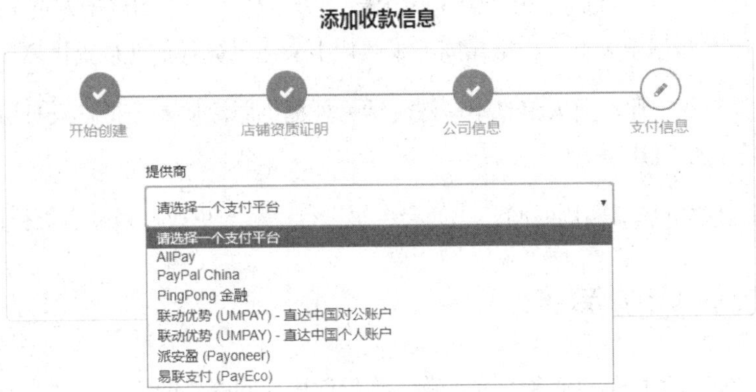

图 2-2-19　企业账户添加收款信息

在收款信息设置处，企业商户可以用企业银行账户收款，也可以用个人银行账户收款。

在所有的信息确认无误并提交审核之后，商户将会看到如图 2-2-20 所示的提示界面，同个人账户一样，审核需要 1～3 个工作日，请商户耐心等待。

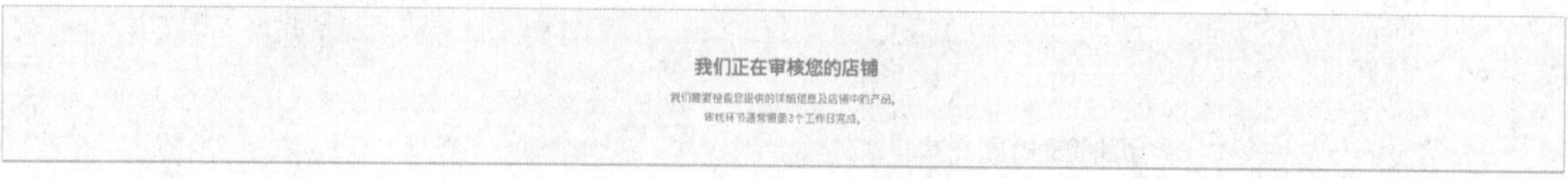

图 2-2-20　企业账户审核阶段

2.3　Wish 个人店铺如何升级为企业店铺

Wish 商户平台有两种店铺类型：个人店铺与企业店铺。在注册初期，可以自由选择店铺类型，但是一旦选择个人店铺后，如何成为企业店铺，一直是众多商户提出的热点问题之一。

首先，Wish 只允许一个实体注册一个店铺。换言之，如果法人代表已经注册了 Wish 个人店铺，那么他只能通过升级的方式将其店铺类型改成企业店铺，不能同时拥有个人店铺和企业店铺。

升级非常简单，请在商户后台联系您的客户经理（您后台所显示的邮箱 merchant_support@wish.com 即您的客户经理的邮箱），提交符合要求的资质证明并等待审核即可。需要提交的资料如下：

您的 Wish 注册邮箱，您的用户名，您的 QQ 号，店铺法人代表姓名，店铺法人身份证号码，公司名称，营业执照注册号。

同时附上资质文件，要求如下：

（1）营业执照，税务登记证，法人代表本人手持身份证（都必须是彩色照片原件，扫描件无效）。

香港公司资质上传：营业执照栏需提供 CR 证书及 NC1（股本和创始人页）照片，请将 CR 证书及 NC1（股本和创始人页）拍摄在同一张照片中，在税务登记证栏提供商业登记证照片。

（2）如法人与账户原注册人信息不一致，请另外提供原注册人手持本人身份证及现公司营业执照照片（在一张照片中）。

一般 Wish 更改资质需两周时间，我们会尽快进行审核与更改，请耐心等待回复即可。

2.4　Wish 开店政策

（1）注册期间提供的信息必须真实准确。如果注册期间提供的账户信息不准确，账户可能会被暂停使用。

（2）每个实体只能有一个账户。如果公司或个人有多个账户，则多个账户都有可能被暂停使用。

2.5 Wish 开店最常见问题汇总

（1）手机收不到验证码怎么办？

请尝试换个手机号码。

（2）收不到注册邮件怎么办？

建议通过以下方法重新尝试：

- 确保输入的邮箱地址无误。
- 在地址栏内输入 china-merchant.wish.com，登录后台重新操作。
- 查看邮箱中的垃圾箱。
- 更换邮箱地址再次尝试。

（3）Wish 注册信息与收款人不一致是否有影响？

Wish 注册身份信息与货款收款人信息不一致是没有问题的，但请确保收款人信息真实有效。

（4）在 Wish 平台可以开多个账户吗？

一个实体只能注册一个账户，多开的账户会被关闭，详情请查看上一节“Wish 开店政策”。

（5）个体工商户可以注册企业店铺吗？

不能，个体工商户属于个人商户，请按照个人注册流程申请。

（6）身份证丢失，可以使用临时身份证进行注册吗？

临时身份证不能进行注册。

第 3 章

后台设置

3.1　Wish 后台界面介绍

注册完成之后，打开 Wish 商户后台网址，输入商户账户和密码，并点击“登录”按钮，如图 3-1-1 所示。

图 3-1-1　登录账户（注：图中“帐”应为“账”，下同）

登录成功后，进入 Wish 商户后台，我们看到的初始商户 Wish 后台界面如图 3-1-2 所示。后期系统会根据您的店铺经营情况配置更多的模块。

图 3-1-2　Wish 后台界面

如图 3-1-3 所示，我们在左上角看到的是菜单导航栏，包括首页、产品、订单、客户问题、业绩、系统信息及 ProductBoost 等七个菜单选项。这个菜单导航栏涵盖了商户运营所需要使用的所有功能，主要是为商户的产品管理、订单处理、业绩数据查看、售后服务提供指引。

图 3-1-3　菜单栏

在右上角，显示的是店铺名、中文英文切换，以及帮助、账户的快捷菜单导航，如图 3-1-4 所示。

需要提醒各位读者的是，该处应该显示的是一个店铺的名称，而非公司名称，图中是一个反面示例，消费者看到这样的店铺名称，也会觉得该店铺非常不专业。

图 3-1-4　快捷导航

如图 3-1-5 所示，这里是展示商户店铺的客户经理和联系方式的区域。以图中为例，商户可以看到客户经理联系方式是 merchant-support@wish.com。所有商户都有对应的客户经理，商户遇到问题的时候，可以写邮件给客户经理进行咨询或反馈。

图 3-1-5　客户经理

如图 3-1-6 所示，这里是通知公告展示区域，一般用于培训通知、活动预告、系统更新、政策更新等通知的发布，点击“下一页”可以查看历史公告。

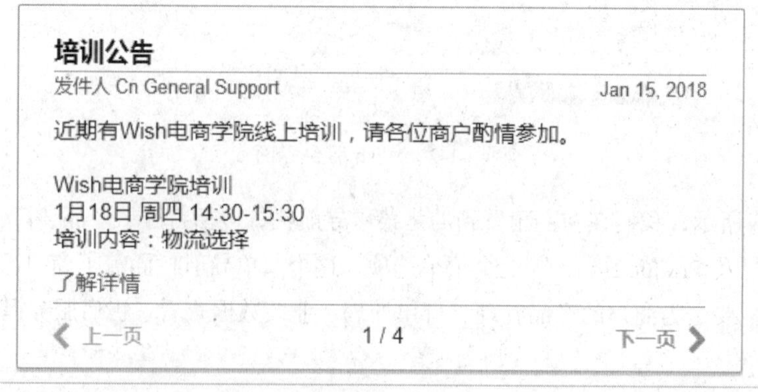

图 3-1-6　公告栏

如图 3-1-7 所示，这是 Wish Express 项目的介绍。Wish Express 是 Wish 重点推荐的项目，在 Wish 后台也有醒目的位置来展示项目介绍。商户如果需要参加 Wish Express 项目，就可以点击申请，等待客户经理审核后即可加入。如果不想看到这个信息，可以点击该方框右上角的关闭按钮将其关闭。Wish Express 项目的具体介绍可以参看本书第 5.7 节。

从今天开始加入Wish Express
5天内妥投且在Wish上获得特别的推广和标识！
了解更多信息

图 3-1-7　海外仓介绍

如图 3-1-8 所示，这里是客服小智专区，为商户解答各种店铺问题。右下角也有在线客服小智的快捷提问窗口。除通过客户经理的邮箱提问外，商户也可以通过小智寻求帮助。应该注意的是，只有客户经理为“merchant_support”的账户才会看到客服小智。

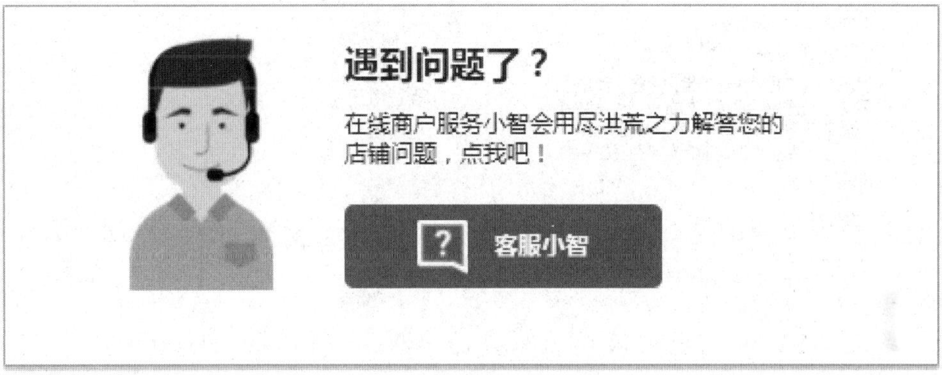
遇到问题了？
在线商户服务小智会用尽洪荒之力解答您的店铺问题，点我吧！
客服小智

图 3-1-8　客服小智

如图 3-1-9 所示，这里是商户服务条款的确认状态和近期系统更新通知的展示区域。点击底部的“View All System Updates”按钮可以查看更多的系统更新通知。新入驻的商家，一定要将历史的系统更新内容先学习掌握清楚再开始操作账户。

如图 3-1-10 所示，这里是商户平台的站点地图，包括了所有的菜单导航栏目，方便商户直观、快速地定位到自己想要去的功能栏目。

如图 3-1-11 所示，这里是当前店铺已确认可支付金额和未确认金额。已确认可支付金额是指订单已经确认妥投，在最近一个收款日商家即将获得的销售金额。未确认金额是指商家已配送但是还未确认妥投的订单所涉及的销售金额。对于刚开通的店铺来说，这些金额数字都是 0。Wish 的收付款政策请参看本书第 4.1 节。

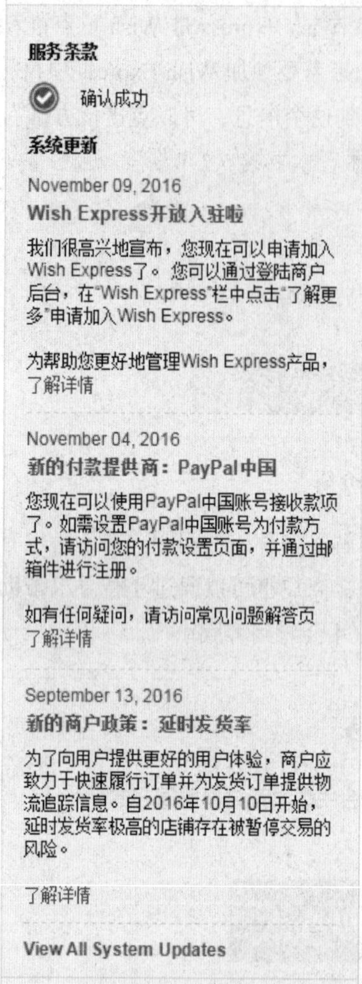
服务条款
确认成功
系统更新
November 09, 2016
Wish Express开放入驻啦
我们很高兴地宣布，您现在可以申请加入Wish Express了。您可以通过登陆商户后台，在"Wish Express"栏中点击"了解更多"申请加入Wish Express。
为帮助您更好地管理Wish Express产品，
了解详情
November 04, 2016
新的付款提供商：PayPal中国
您现在可以使用PayPal中国账号接收款项了。如需设置PayPal中国账号为付款方式，请访问您的付款设置页面，并通过邮箱件进行注册。
如有任何疑问，请访问常见问题解答页
了解详情
September 13, 2016
新的商户政策：延时发货率
为了向用户提供更好的用户体验，商户应致力于快速履行订单并为发货订单提供物流追踪信息。自2016年10月10日开始，延时发货率极高的店铺存在被暂停交易的风险。
了解详情
View All System Updates

图 3-1-9　系统更新图

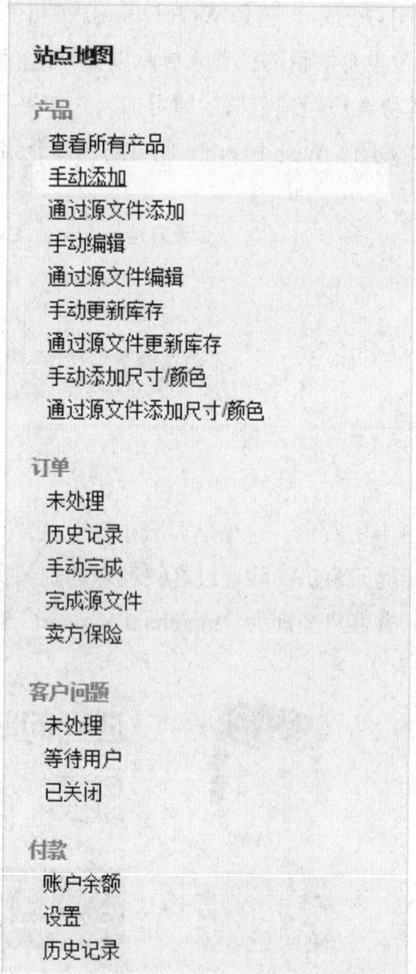
站点地图
产品
查看所有产品
手动添加
通过源文件添加
手动编辑
通过源文件编辑
手动更新库存
通过源文件更新库存
手动添加尺寸/颜色
通过源文件添加尺寸/颜色
订单
未处理
历史记录
手动完成
完成源文件
卖方保险
客户问题
未处理
等待用户
已关闭
付款
账户余额
设置
历史记录

图 3-1-10　站点地图

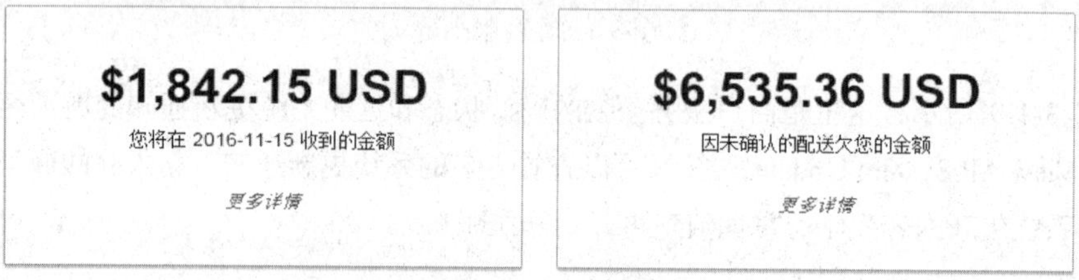
$1,842.15 USD
您将在 2016-11-15 收到的金额
更多详情
$6,535.36 USD
因未确认的配送欠您的金额
更多详情

图 3-1-11　已确认金额和未确认金额

如图 3-1-12 所示，这里是店铺物流数据概览，包含带有效跟踪编号的订单率、确认收货的订单率、确认订单履行用时、到货时间。对于还未产生订单的新店铺，这些数据都是 0，这里仅作为示例供参考。如对该指标的理解有疑惑，点击右上角的“?”图标，便可以获得对该指标的说明。

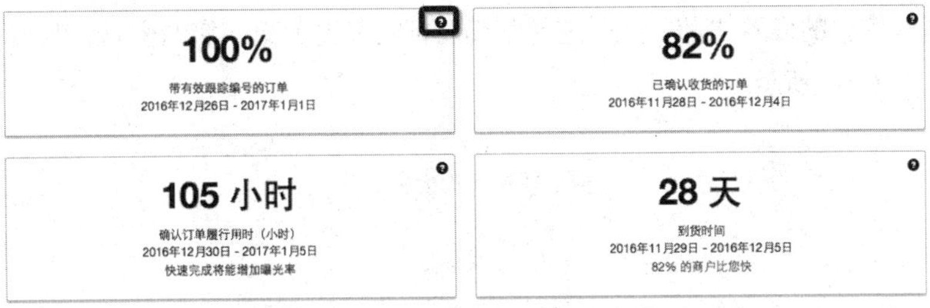

图 3-1-12　更多数据

如图 3-1-13 所示，这里是从店铺通过审核至查看前一天的总体浏览数、从店铺通过审核至查看前一天的总销售额的图表展示。

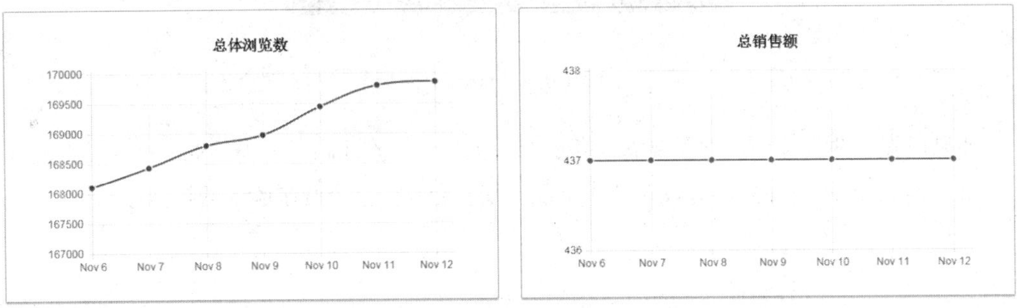

图 3-1-13　销售图表

3.2　账户设置

在 Wish 后台右上角，点击“账户”→“设置”菜单，可以进入商户账户设置的相关选项，如图 3-2-1 所示。

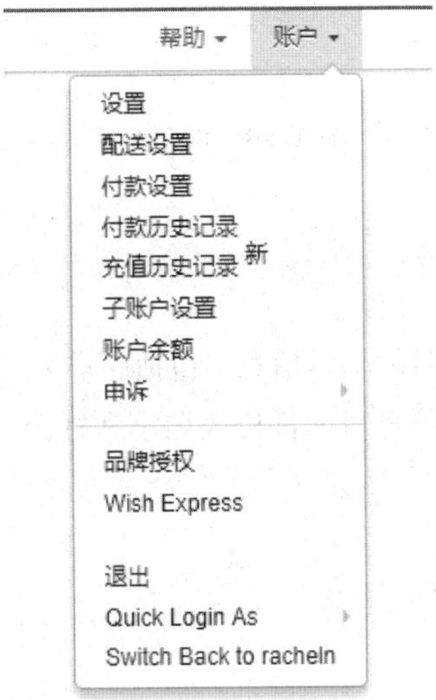

图 3-2-1　账户

在进入基本信息的设置之前，需要进行密码验证，按提示输入您的密码，点击“提交密码”按钮即可，如图 3-2-2 所示。

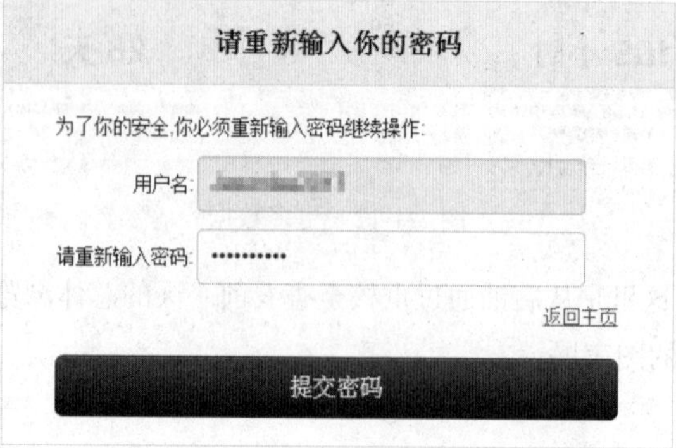

图 3-2-2　密码验证

如果设置了两步验证，则需要输入绑定的手机收到的验证码，点击“Submit”按钮进行提交，如图 3-2-3 所示。如果没有设置两步验证，则不会收到这个两步验证的提示。

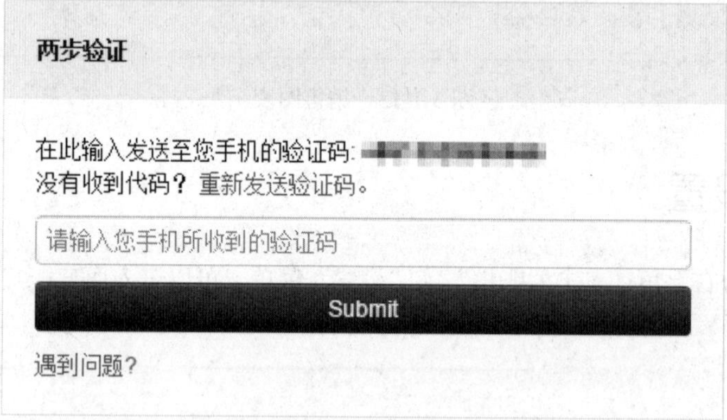

图 3-2-3　两步验证

3.2.1　基本信息

基本信息是指商户注册开店时的基本信息，包括商户 ID、客户经理、用户名、邮箱、收入分成、名字和姓氏。目前，基本信息只允许修改名字和姓氏，其他信息不能修改，如图 3-2-4 所示。

图 3-2-4　基本信息

3.2.2　显示设置

显示设置包括店铺名字和店铺形象图片。目前只能对店铺照片进行修改。Display Name 即注册时填写的店铺名称，在该步骤无法修改。完成更新后，点击“Update”按钮，如图 3-2-5 所示。

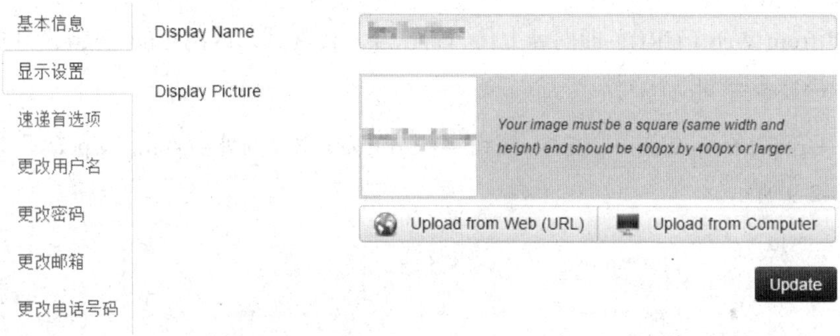

图 3-2-5　显示设置

上传店铺图片提供了两种方式：Upload from Computer 和 Upload from Web（URL）。

Upload from Computer 即本地上传，上传自己电脑上的 Logo 图片，操作步骤如下：

点击“Upload from Computer”按钮→点击“Select Image From Computer”按钮→选择图片

→点击“Update”按钮，如图3-2-6、图3-2-7所示。

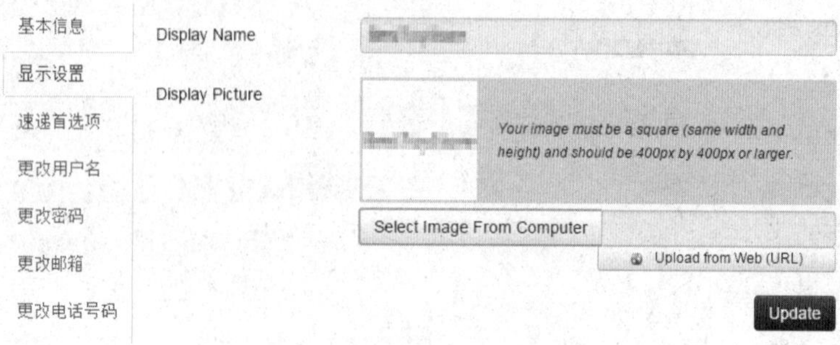

图3-2-6　本地上传

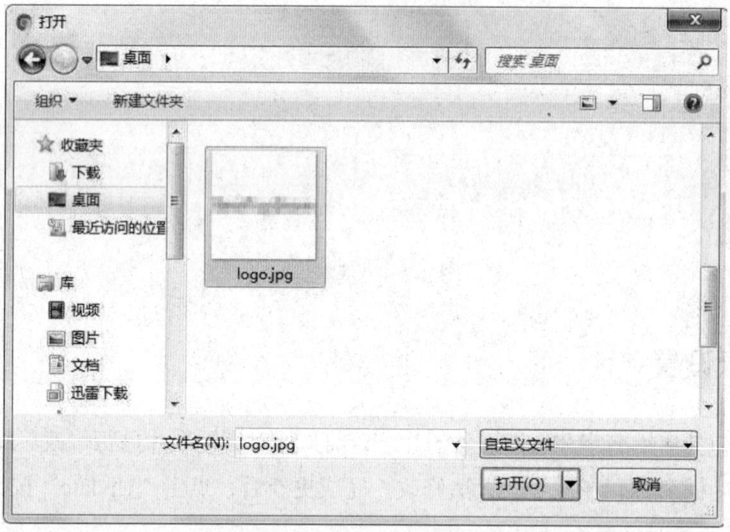

图3-2-7　选择Logo图片

Upload from Web（URL）即网址上传，将已经上传到网站或网盘的Logo图片的网址复制过来即可，操作步骤如下：

点击“Upload from Web（URL）”按钮→粘贴Logo图片网址→点击“Update”按钮，如图3-2-8、图3-2-9所示。

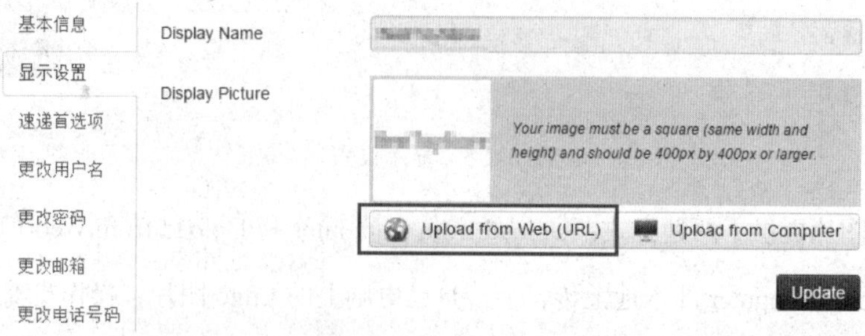

图3-2-8　选择网址上传

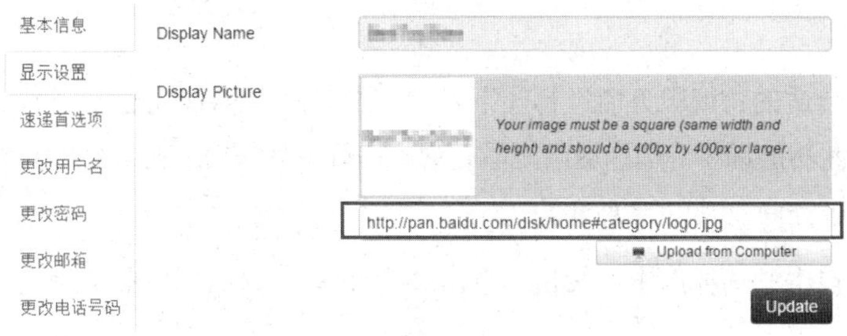

图 3-2-9　粘贴图片网址

3.2.3　速递首选项

速递首选项是对 Wish 优先支持使用的物流速递服务商进行线上发货的配置，目前包括 WishPost（Wish 邮）、中邮速递、Yanwen（燕文物流）。

1．线上发货

如果对相应的物流速递服务商进行了勾选启用，那么该物流服务商支持的电子面单类型就会优先出现在订单处理里面。商户在订单处理时，根据自己的需要，可以直接选择对应的电子面单，并进行生成面单和发货处理，方便快捷，如图 3-2-10 所示。

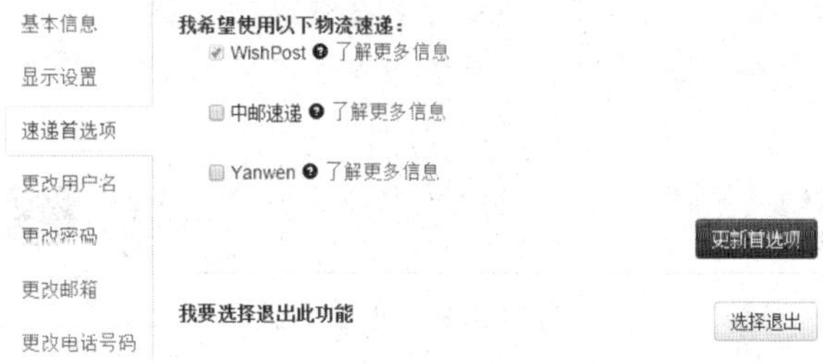

图 3-2-10　速递首选项

如果不想使用 Wish 优先支持的物流服务商电子面单，就不要勾选，然后点击“更新首选项”按钮即可。这样，处理订单时就不会出现相应物流服务商的面单类型。

另外，点击“了解更多信息”按钮，即可跳转到不同物流服务商的官方网站，如图 3-2-11 所示。

图 3-2-11　Wish 邮官方网站

2. 线下发货

如果商户有合适的物流服务商进行线下发货，不想使用 Wish 优先支持的物流服务商，那么直接选择退出此功能即可。选择退出之后，商户在订单处理时，就不会再看到 Wish 优先支持使用的速递物流服务商及其电子面单了。

操作步骤：点击“选择退出”按钮→点击“我理解”按钮，如图 3-2-12、图 3-2-13 所示。

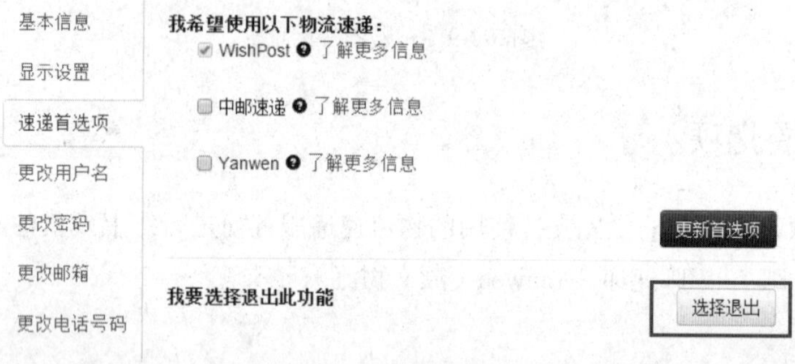

图 3-2-12　选择退出

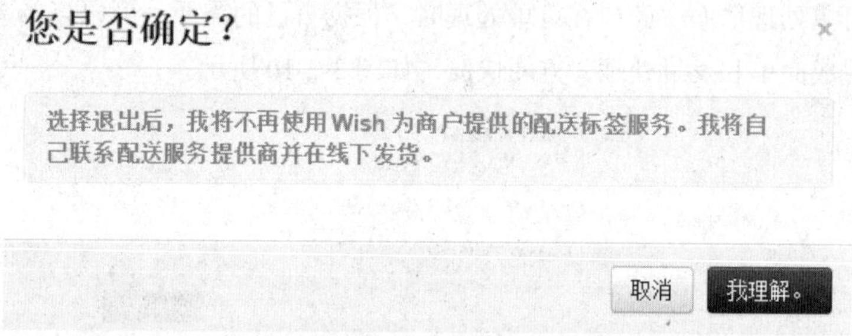

图 3-2-13　确认退出

3.2.4　更改用户名

操作步骤：依次输入当前密码、新用户名，点击“更新”按钮，如图 3-2-14 所示。

请注意，“用户名”是指登录时输入的用户名，而非店铺名称。

图 3-2-14　更改用户名

3.2.5 更改密码

操作步骤：依次输入当前密码、新密码，并确认新密码，点击“更新”按钮，如图 3-2-15 所示。

注意事项：设置的新密码不能过于简单，如图 3-2-16 所示。

图 3-2-15 更改密码

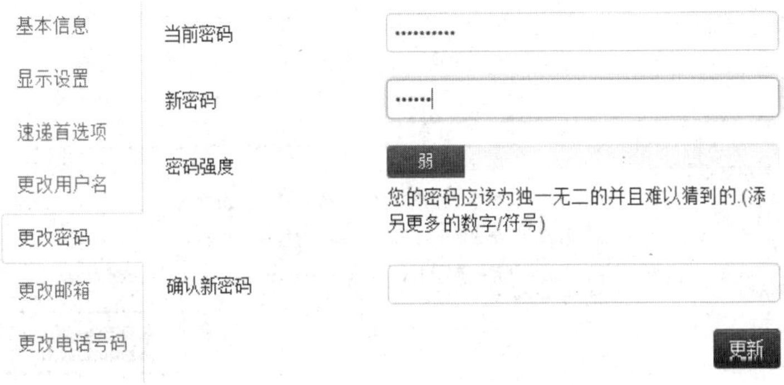

图 3-2-16 密码强度

3.2.6 更改邮箱

操作步骤：依次输入当前密码、新邮箱，点击“更新”按钮，如图 3-2-17 所示。

注意事项：设置的新邮箱必须是没有注册过 Wish 商户平台的邮箱。

图 3-2-17 更改邮箱

3.2.7 更改电话号码

操作步骤（如图 3-2-18 所示）：

（1）输入新的手机号码。

（2）点击“Send Code”按钮获取短信验证码。

（3）输入验证码。

（4）点击“Change phone number”按钮进行确认。

注意事项：如果您的新号码为大陆手机号码，请将区域选项留空，不需要填写区号，也不需要填写其他任何字符。

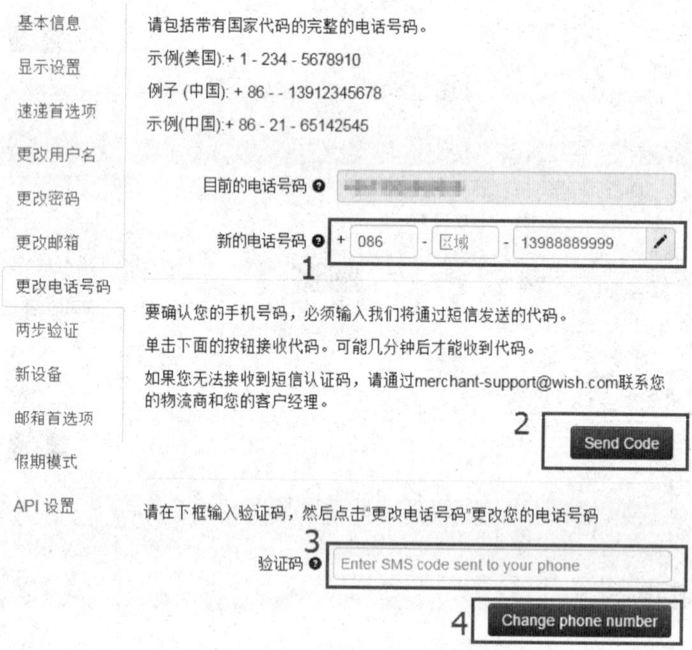
基本信息
显示设置
速递首选项
更改用户名
更改密码
更改邮箱
更改电话号码
两步验证
新设备
邮箱首选项
假期模式
API 设置
请包括带有国家代码的完整的电话号码。
示例(美国):+ 1 - 234 - 5678910
例子 (中国): + 86 - - 13912345678
示例(中国):+ 86 - 21 - 65142545
目前的电话号码
新的电话号码
+ 086 - 区域 - 13988889999
1
要确认您的手机号码，必须输入我们将通过短信发送的代码。
单击下面的按钮接收代码。可能几分钟后才能收到代码。
如果您无法接收到短信认证码，请通过merchant-support@wish.com联系您的物流商和您的客户经理。
2
Send Code
请在下框输入验证码，然后点击"更改电话号码"更改您的电话号码
3
验证码
Enter SMS code sent to your phone
4
Change phone number

图 3-2-18 更改电话号码

3.2.8 两步验证

1. 什么是两步验证

两步验证是指商户在登录账户、异地登录、付款设置、配送设置等关键操作时，通过增加再次发送手机验证码的环节，来校验当前关键操作的安全性，从而降低账户被盗风险的账户安全保护方式。

两步验证是一个额外保护账户安全的手段。可以保证您的账户在安全的环境下登录。当您

需要在一个新的设备上登录时，要通过每次发送一个验证码到您的手机来进行验证。如果某人偷取了您的密码，没有验证码也无法登录您的账户，如图 3-2-19 所示。

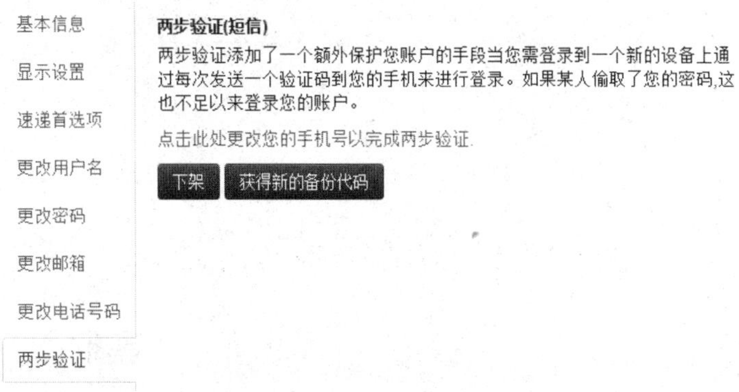
基本信息
显示设置
速递首选项
更改用户名
更改密码
更改邮箱
更改电话号码
两步验证
两步验证(短信)
两步验证添加了一个额外保护您账户的手段当您需登录到一个新的设备上通过每次发送一个验证码到您的手机来进行登录。如果某人偷取了您的密码,这也不足以来登录您的账户。
点击此处更改您的手机号以完成两步验证.
下架
获得新的备份代码

图 3-2-19　两步验证

2．启用两步验证

点击“建立”按钮→输入手机验证码→点击“启用两步验证”按钮进行确认，如图 3-2-20 ~ 图 3-2-22 所示。

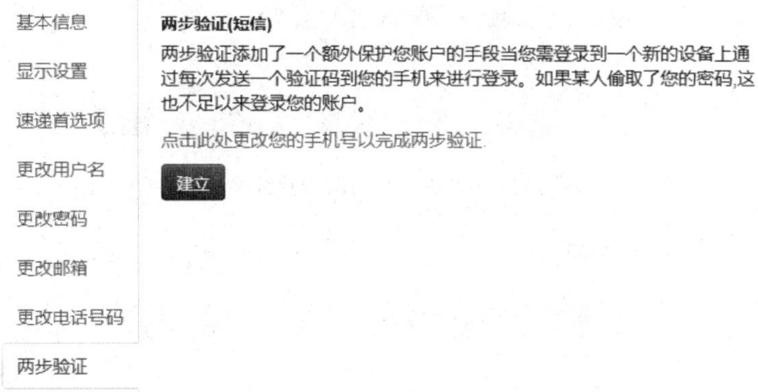
基本信息
显示设置
速递首选项
更改用户名
更改密码
更改邮箱
更改电话号码
两步验证
两步验证(短信)
两步验证添加了一个额外保护您账户的手段当您需登录到一个新的设备上通过每次发送一个验证码到您的手机来进行登录。如果某人偷取了您的密码,这也不足以来登录您的账户。
点击此处更改您的手机号以完成两步验证.
建立

图 3-2-20　建立两步验证

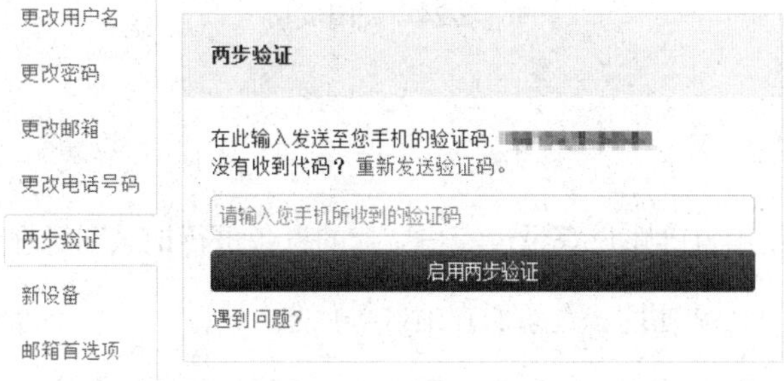
更改用户名
更改密码
更改邮箱
更改电话号码
两步验证
新设备
邮箱首选项
两步验证
在此输入发送至您手机的验证码:
没有收到代码？重新发送验证码。
请输入您手机所收到的验证码
启用两步验证
遇到问题?

图 3-2-21　输入手机验证码

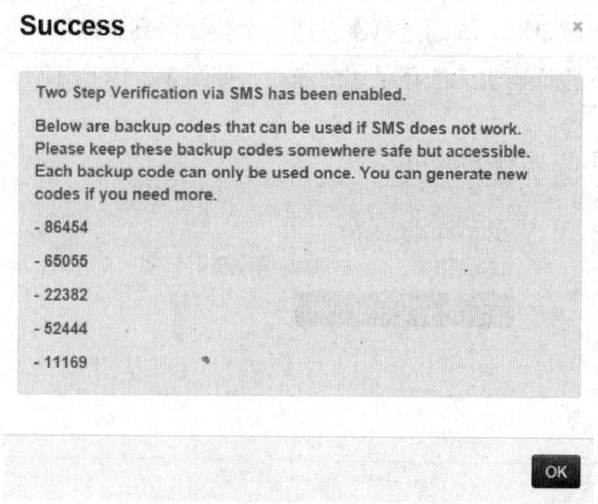
Success
Two Step Verification via SMS has been enabled.
Below are backup codes that can be used if SMS does not work. Please keep these backup codes somewhere safe but accessible. Each backup code can only be used once. You can generate new codes if you need more.
- 86454
- 65055
- 22382
- 52444
- 11169
OK

图 3-2-22　开启成功

3．关闭两步验证

点击“下架”按钮→点击“关闭”按钮进行确认，如图 3-2-23、图 3-2-24 所示。

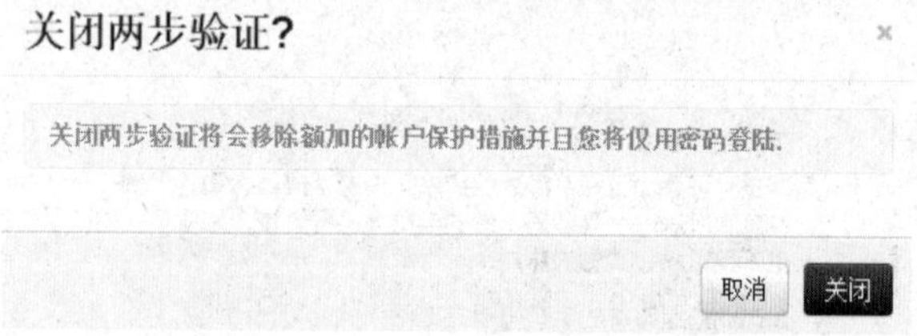
关闭两步验证?
关闭两步验证将会移除额加的帐户保护措施并且您将仅用密码登陆.
取消
关闭

图 3-2-23　关闭两步验证

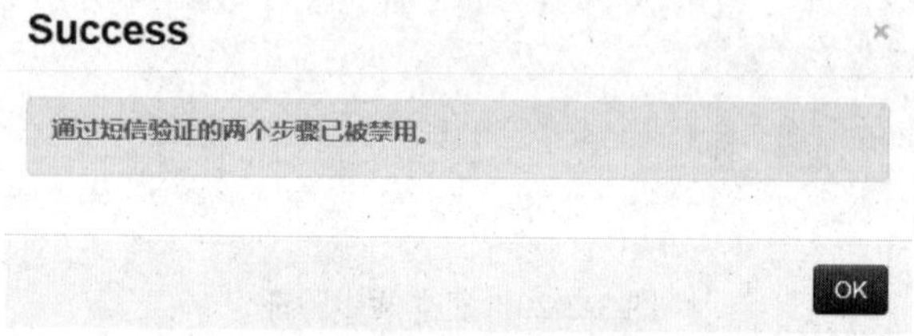
Success
通过短信验证的两个步骤已被禁用。
OK

图 3-2-24　关闭成功

3.2.9　新设备

新设备是对所有使用自己账户登录过商户后台的设备进行记录和管理，如图 3-2-25 所示。记录包括登录时间、IP 地址、登录所在地区等信息。

设备（Device）包括台式电脑、手机、平板电脑和浏览器的版本信息。

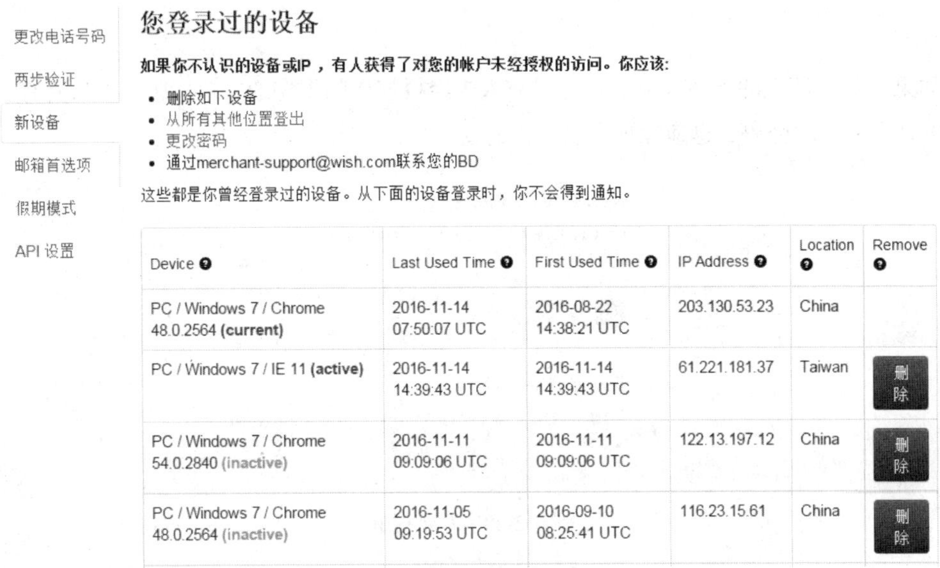
更改电话号码
两步验证
新设备
邮箱首选项
假期模式
API 设置
您登录过的设备
如果你不认识的设备或IP，有人获得了对您的帐户未经授权的访问。你应该:
• 删除如下设备
• 从所有其他位置登出
• 更改密码
• 通过merchant-support@wish.com联系您的BD
这些都是你曾经登录过的设备。从下面的设备登录时，你不会得到通知。

Device	Last Used Time	First Used Time	IP Address	Location	Remove
PC / Windows 7 / Chrome 48.0.2564 **(current)**	2016-11-14 07:50:07 UTC	2016-08-22 14:38:21 UTC	203.130.53.23	China	
PC / Windows 7 / IE 11 **(active)**	2016-11-14 14:39:43 UTC	2016-11-14 14:39:43 UTC	61.221.181.37	Taiwan	删除
PC / Windows 7 / Chrome 54.0.2840 (inactive)	2016-11-11 09:09:06 UTC	2016-11-11 09:09:06 UTC	122.13.197.12	China	删除
PC / Windows 7 / Chrome 48.0.2564 (inactive)	2016-11-05 09:19:53 UTC	2016-09-10 08:25:41 UTC	116.23.15.61	China	删除

图 3-2-25　设备记录

对于没有经过授权的设备，需要做删除处理，操作步骤如下：

在设备记录中点击“删除”按钮→点击“确认”按钮，如图 3-2-26、图图 3-2-27 所示。

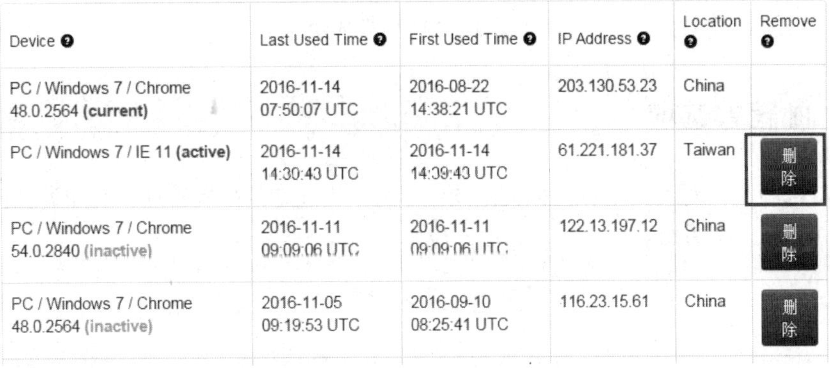

Device	Last Used Time	First Used Time	IP Address	Location	Remove
PC / Windows 7 / Chrome 48.0.2564 **(current)**	2016-11-14 07:50:07 UTC	2016-08-22 14:38:21 UTC	203.130.53.23	China	
PC / Windows 7 / IE 11 **(active)**	2016-11-14 14:30:43 UTC	2016-11-14 14:39:43 UTC	61.221.181.37	Taiwan	删除
PC / Windows 7 / Chrome 54.0.2840 (inactive)	2016-11-11 09:09:06 UTC	2016-11-11 09:09:06 UTC	122.13.197.12	China	删除
PC / Windows 7 / Chrome 48.0.2564 (inactive)	2016-11-05 09:19:53 UTC	2016-09-10 08:25:41 UTC	116.23.15.61	China	删除

图 3-2-26　删除设备

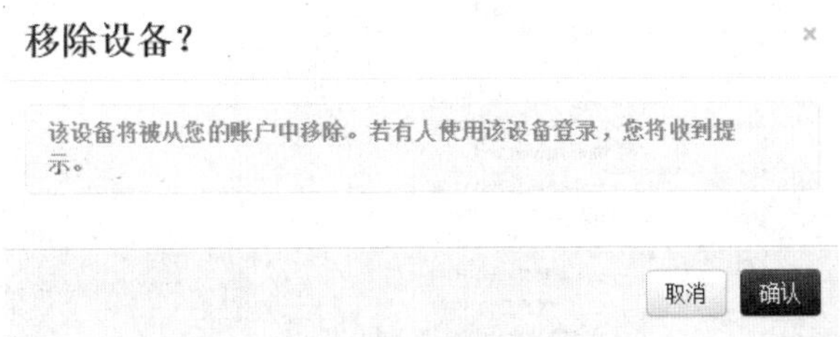
移除设备？
该设备将被从您的账户中移除。若有人使用该设备登录，您将收到提示。
取消
确认

图 3-2-27　删除确认

当有未经授权的异常登录行为产生时，可以设置登录提醒来获得即时通知，操作步骤如下：

勾选“短信”或“邮件”通知→点击“更新登录提醒设置”按钮，如图 3-2-28、图 3-2-29

所示。

如果有你不认识的设备或 IP，可能是有人未经授权访问了您的账户，您可以从所有其他位置退出登录或更改密码，迅速保证自己账户的安全。

图 3-2-28　登录提醒

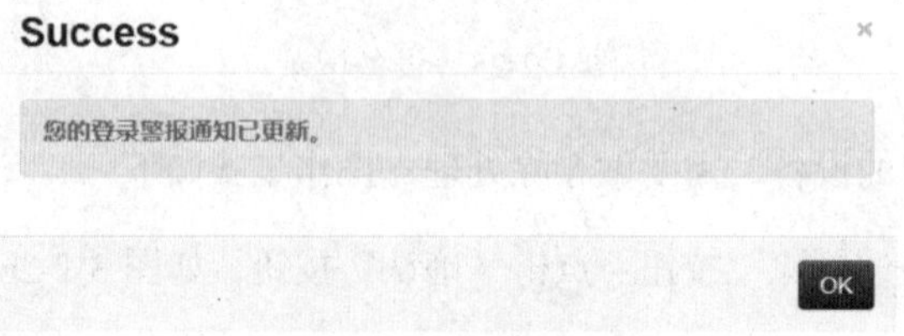

图 3-2-29　设置成功

3.2.10　邮箱首选项

邮件首选项是指对商户平台各种关键操作行为产生通知的配置管理。通知类型包括订单、支付、产品管理、售后服务、付款、知识产权等，如图 3-2-30 所示。

图 3-2-30　邮件通知

对于不想要的通知类型，可以把钩去掉，然后点击“更新”按钮即可，如图 3-2-31 所示。

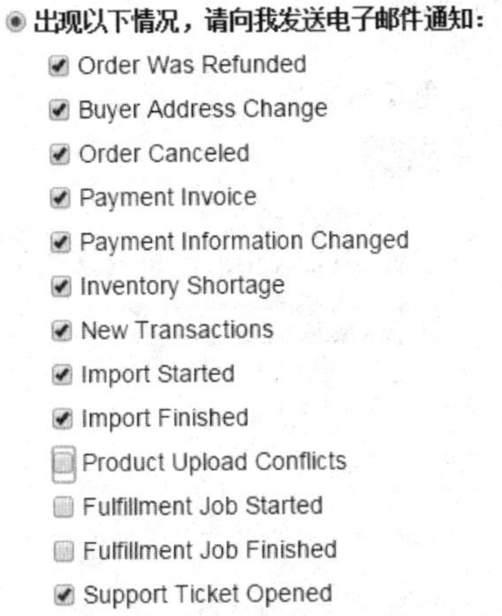

图 3-2-31　取消打钩

如果全部通知都不想要，那么选择“不要再向我发送这些电子邮件”选项，然后点击“更新”按钮即可，如图 3-2-32 所示。

图 3-2-32　不要任何通知

3.2.11　假期模式

假期模式是为商户的店铺设置的一键休假模式，假期模式生效期间，店铺所有产品不进行销售，您的店铺首页将如图 3-2-33 所示。

注意事项：启用假期模式，需提前 72 小时开启该功能。

图 3-2-33　假期模式

1．启用假期模式

点击“打开”按钮，系统会提示假期模式已经开启，点击“OK”按钮即可，如图 3-2-34 和图 3-2-35 所示。为了保证海外仓产品在假期模式期间正常销售，Wish 开通了“仅 Wish Express

配送模式”，该模式适用于海外仓有库存且已参加 Wish Express 的商户，在该模式下，Wish Express 海外仓的操作将不受店铺假期模式的影响。

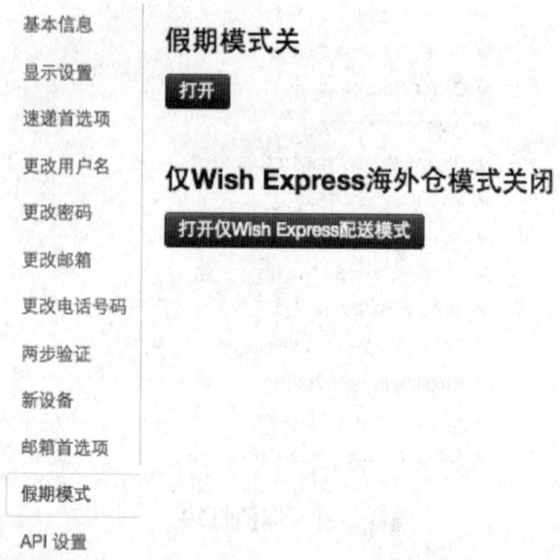

图 3-2-34　开启假期模式

图 3-2-35　开启成功

2．关闭假期模式

点击首页中“您的账号已开启假期模式”的黄色文字提示，如图 3-2-36 所示。

图 3-2-36　点击黄色提示

点击“关闭”按钮，成功关闭假期模式，如图 3-2-37、图 3-2-38 所示。

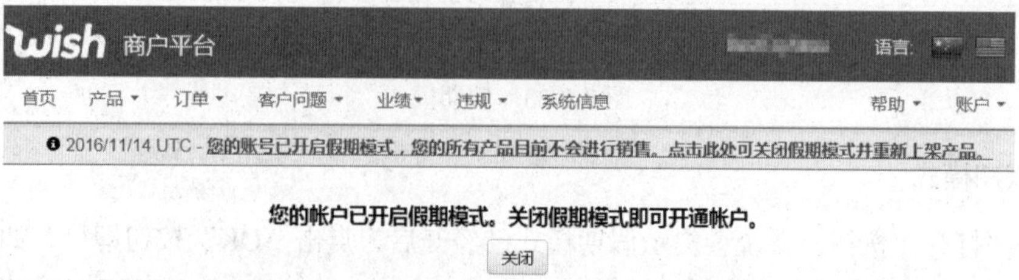

图 3-2-37　点击关闭

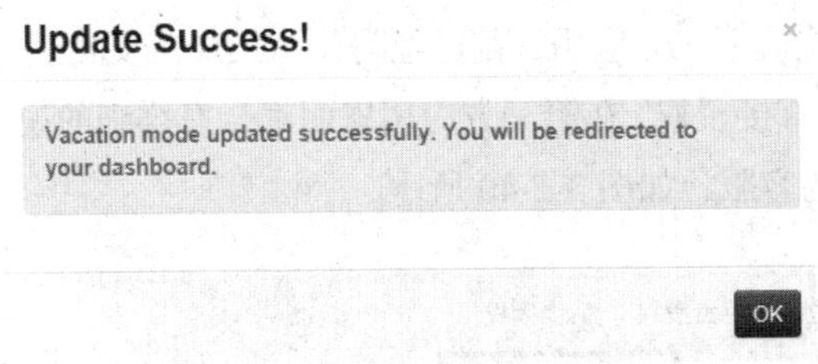

图 3-2-38　关闭成功

3.2.12　语言设置

通过语言设置可以对后台显示的语言进行更换，如图 3-2-29 所示

图 3-2-39　语言设置

3.2.13　API 设置

API 设置是指对通过 API 接入 Wish 商户平台的第三方应用授权进行管理，包括解除、创建、更新、删除。第三方应用一般是指 ERP 系统、分销平台系统、物流服务商系统等，主要用于对 Wish 商户平台的产品、订单、客户问题等进行辅助处理。

授权应用包括两种情况：

一种是可直接授权的，即是 Wish 官方本身已经和第三方应用认证并对接过 API，可以直接授权支持的，不需要再创建授权应用，而在第三方应用上面直接进行授权流程即可。

一般来说，大多数主流第三方应用，都已经得到 Wish 的支持，是可以直接授权的。第三方应用是否可以对 Wish 直接授权，在第三方应用里面都会有详细的说明和授权帮助教程，也可以直接咨询第三方应用的客服，如图 3-2-40 所示。

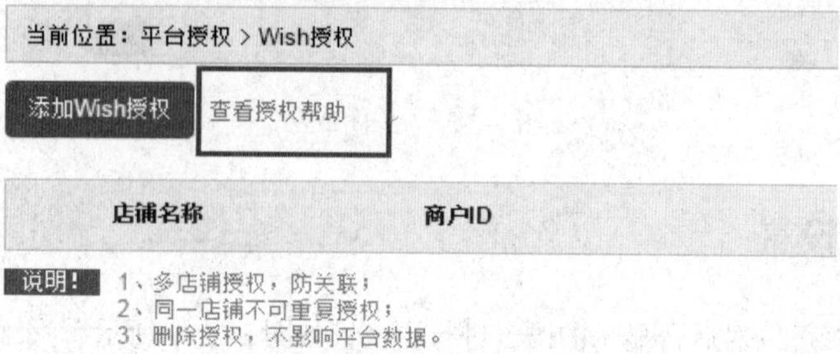

图 3-2-40　直接授权帮助教程

不同的第三方应用，授权流程都是差不多的，下面以 Wish 支持的 ERP 软件店小秘为例进行讲解。

1．直接授权

直接授权就是在第三方应用上面操作。操作步骤如下：

登录店小秘，找到“平台授权”下的“Wish 授权”，点击“添加 Wish 授权”按钮→填写店铺名→同意授权请求→确认→授权成功，如图 3-2-41 ~ 图 3-2-45 所示。

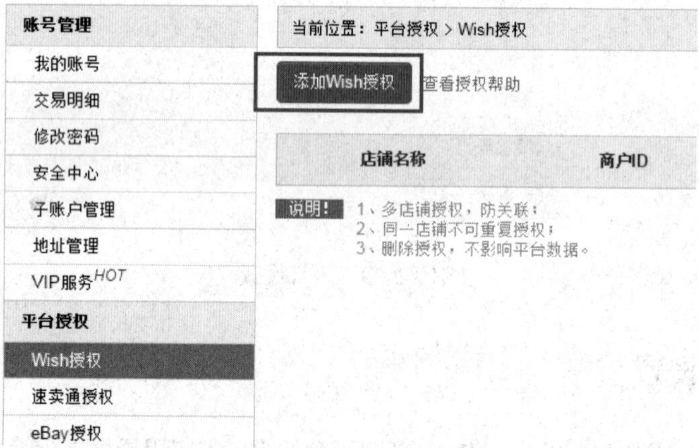

图 3-2-41　添加 Wish 授权

图 3-2-42　填写 Wish 店铺名

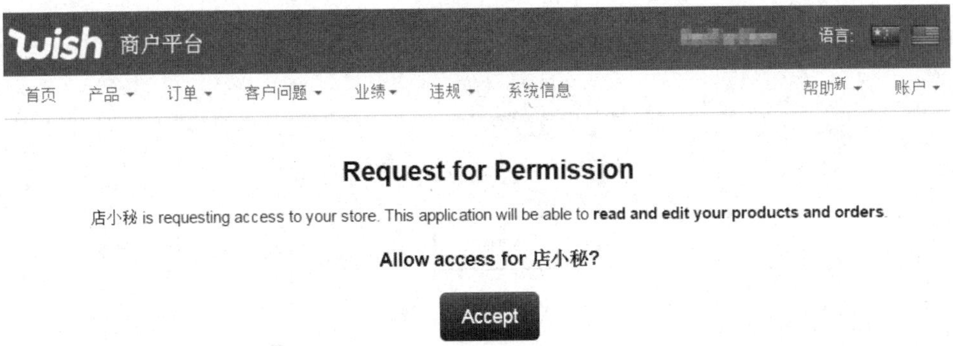
wish 商户平台
语言:
首页
产品
订单
客户问题
业绩
违规
系统信息
帮助新
账户
Request for Permission
店小秘 is requesting access to your store. This application will be able to read and edit your products and orders.
Allow access for 店小秘?
Accept

图 3-2-43　同意授权请求

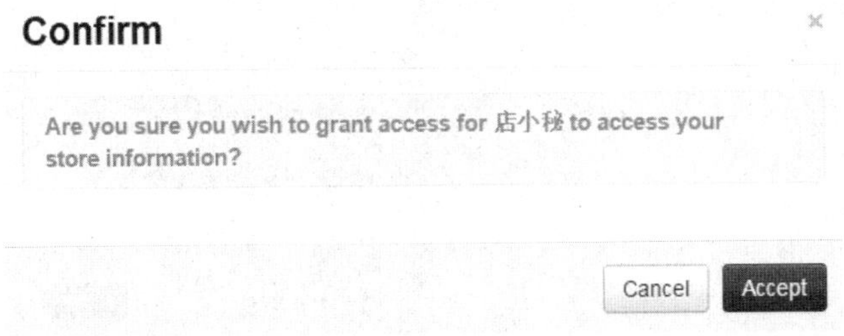
Confirm
Are you sure you wish to grant access for 店小秘 to access your store information?
Cancel
Accept

图 3-2-44　确认请求

店铺名称	商户ID	授权时间	操作
	54f3e492a6678e778981223 0	2017-01-19 13:55:56	重新授权 修改 删除

图 3-2-45　授权成功

2．解除授权

对于不想继续使用的第三方应用，可以解除授权。当然，在第三方应用里面也可以解除授权。操作步骤如下：

找到想要解除的第三方应用，点击“解除授权”按钮→点击“接受”按钮，如图 3-2-46、图 3-2-47 所示。

另外一种是需要创建授权的，即没有得到 Wish 官方直接授权支持的，想要进行相互授权，需要先在 Wish 商户平台创建授权应用，然后在第三方应用上进行授权流程。

注意：这种授权应用，目前只能创建一个。

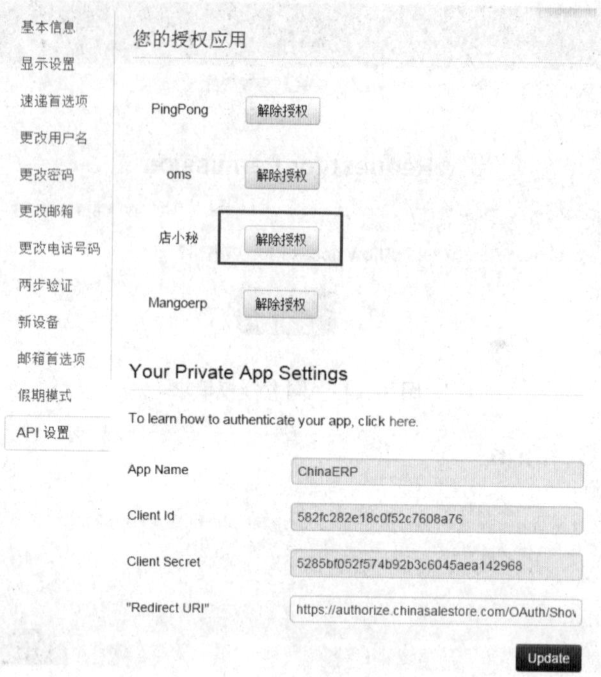

图 3-2-46　解除授权

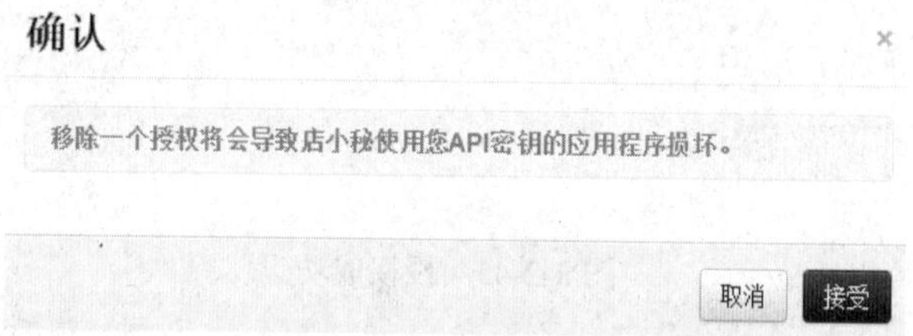

图 3-2-47　解除确认

3．创建授权

创建授权分为两大部分，一个是在 Wish 后台创建授权应用，另外一个是在第三方应用上执行授权流程。

（1）在 Wish 后台创建授权应用步骤：填写应用名称、第三方应用专用授权网址，点击“Create App”按钮创建应用→点击“Confirm”按钮，创建成功，如图 3-2-48 ~ 图 3-2-50 所示。

App Name：应用名称（可以随意写）

Redirect URI：第三方应用专用授权网址（第三方应用提供，不能有错）

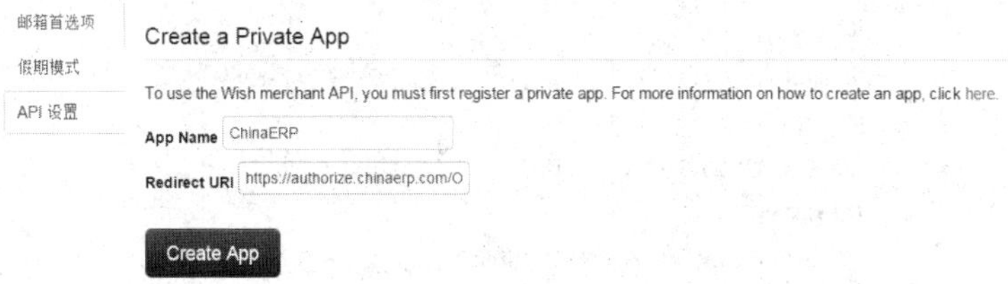

图 3-2-48 填写应用名称和网址

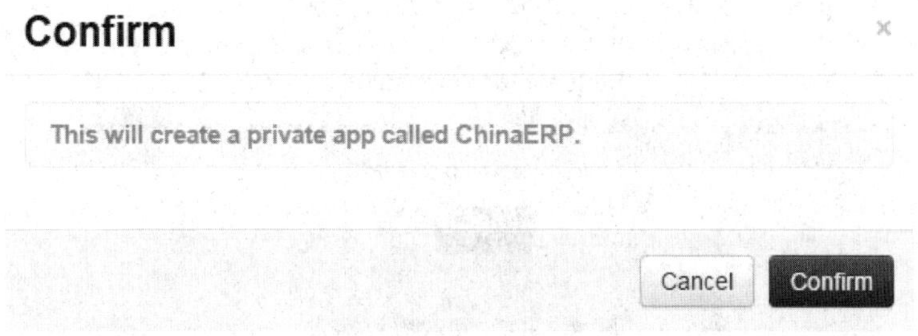

图 3-2-49 确认授权

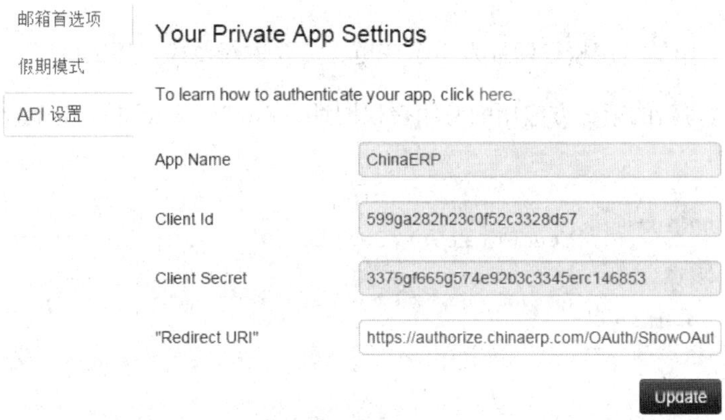

图 3-2-50 创建成功

（2）在第三方应用上执行授权流程：点击“加入新账号”按钮→填写 Wish 后台创建授权应用时生成的开发者 ID 和开发者密钥→点击“授权”按钮→点击“Accept”按钮同意，授权就成功完成。以某 ERP 系统为例，步骤如图 3-2-51 ~ 图 3-2-53 所示。

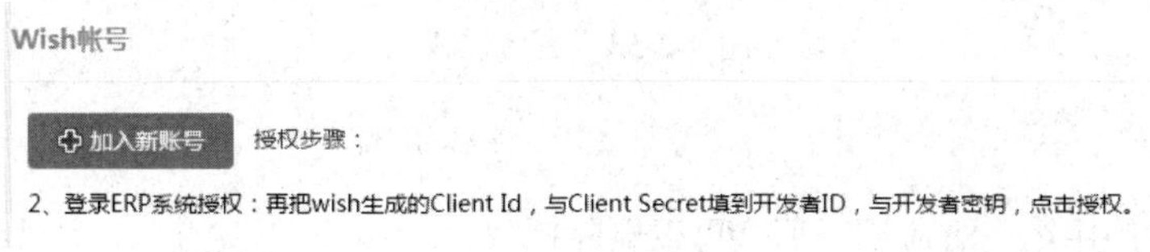

图 3-2-51 添加授权账户

图 3-2-52　填写授权信息

图 3-2-53　同意授权请求

4．更新授权

如果第三方应用的专用授权网址发生了变更，需要重新授权，那么可以更新授权。

操作步骤：填写新的第三方应用的专用授权网址，点击“Update”按钮进行更新，如图 3-2-54 所示。

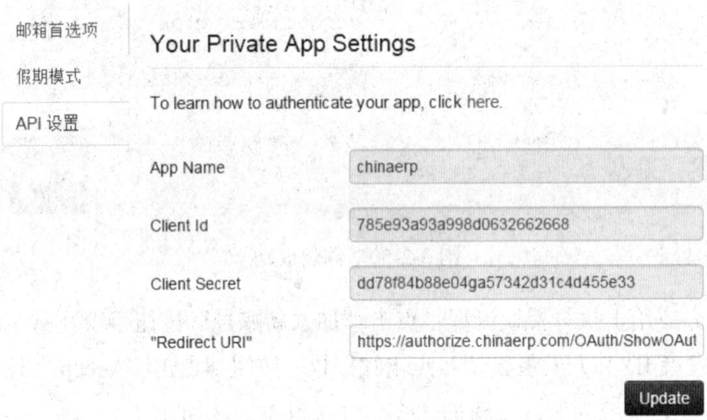

图 3-2-54　更新授权

5．删除授权

如果不想再使用第三方应用，那么可以删除授权。

操作步骤：点击“Delete”按钮→点击“删除”按钮，如图 3-2-55、图 3-2-56 所示。

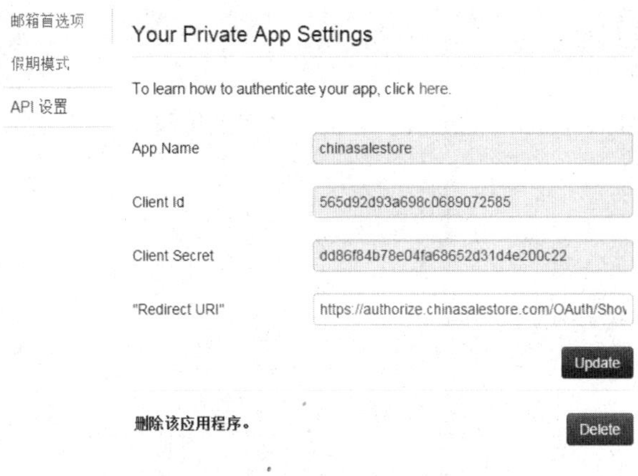

图 3-2-55　删除程序

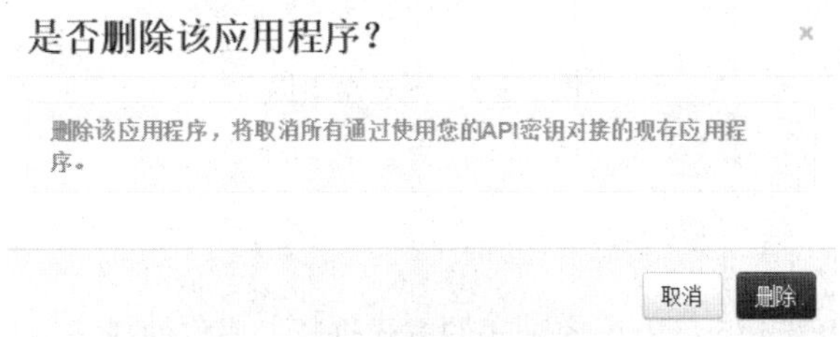

图 3-2-56　确认删除

3.3　配送设置

在 Wish 后台右上角，点击“账户”菜单→点击“配送设置”选项，如图 3-3-1 所示，可以进入配送设置的相关选项。

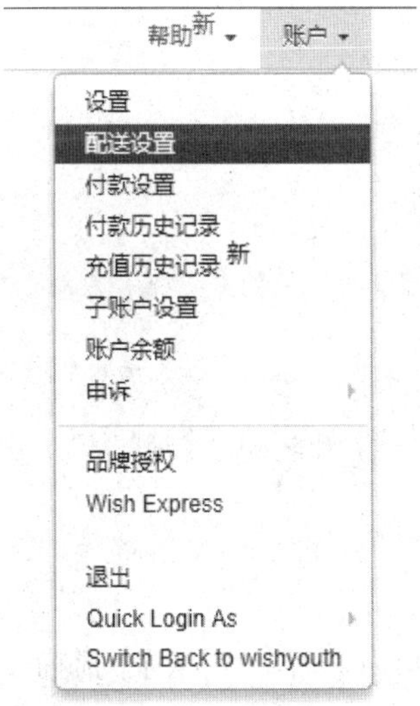

图 3-3-1　配送设置

3.3.1 仅配送至美国

配送范围：仅限美国，产品的配送费（运费）是在上传每个产品时分别设定的，如图 3-3-2 所示。

图 3-3-2　配送至美国

3.3.2 全球配送

全球配送以一键更新开启所有国家配送的方式进行，操作便捷。

配送范围：包括 Wish 支持销售和配送的所有国家或地区，产品的配送费（运费）是在上传每个产品时分别设定的，如图 3-3-3 所示。

注意事项：对于新账户，建议开启全球配送，获取更多的流量。待账户经营一段时间后，再根据账户的订单情况，调整配送范围。

图 3-3-3　全球配送

3.3.3 配送至选定国家

配送至选定国家就是对自己想要进行配送的国家或地区的配送费进行单独的设置，如图 3-3-4 所示。

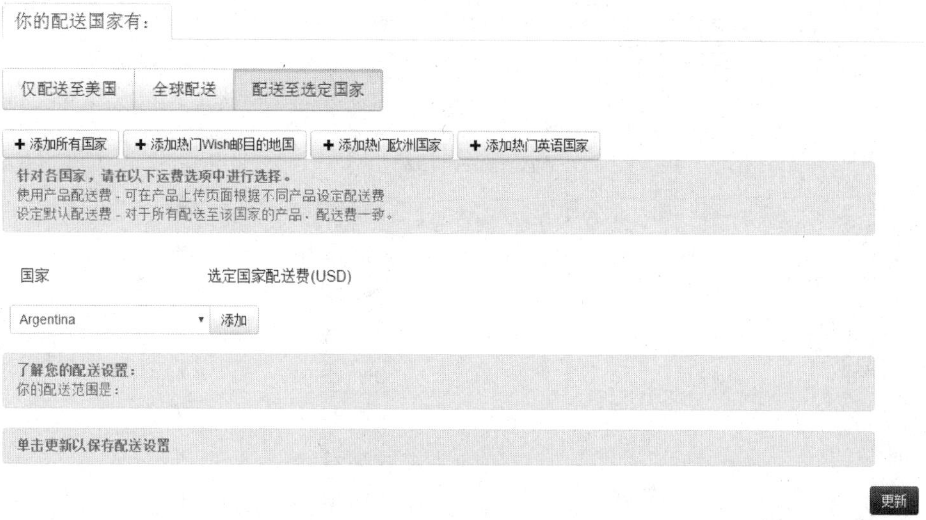

图 3-3-4　选定国家

添加销售配送国家页面提供了四个便捷按钮。

1．添加所有国家

点击“添加所有国家”之后，所有已经支持销售配送的国家都会立即自动添加，如图 3-3-5 所示。

图 3-3-5　添加所有国家

2．添加热门 Wish 邮目的地国家

点击“添加热门 Wish 邮目的地国”按钮之后，当前热门 Wish 邮目的地国家会立即添加上，如图 3-3-6 所示。

图 3-3-6　添加热门 Wish 邮目的地国家

3．添加热门欧洲国家

点击“添加热门欧洲国家”按钮之后，当前热门欧洲国家会立即添加上，如图 3-3-7 所示。

图 3-3-7　添加热门欧洲国家

4．添加热门英语国家

点击“添加热门英语国家”之后，当前热门英语国家会立即添加上，如图 3-3-8 所示。

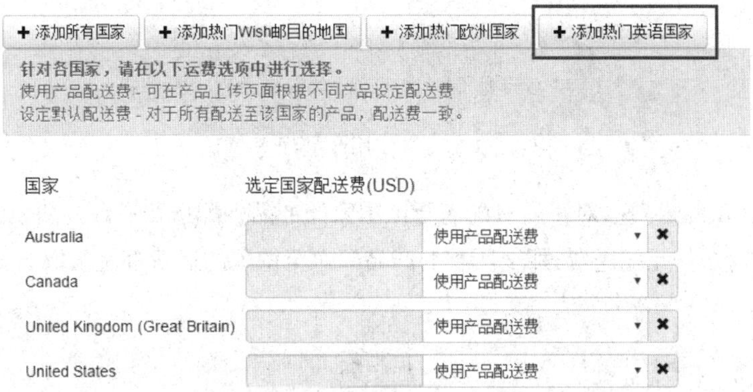

图 3-3-8　添加热门英语国家

除以上四种便捷添加销售配送国家的方式之外，还可以对单个配送国家进行添加和删除。

5．添加配送国家

选择想要添加的国家，然后点击“添加”按钮即可，如图 3-3-9 所示。

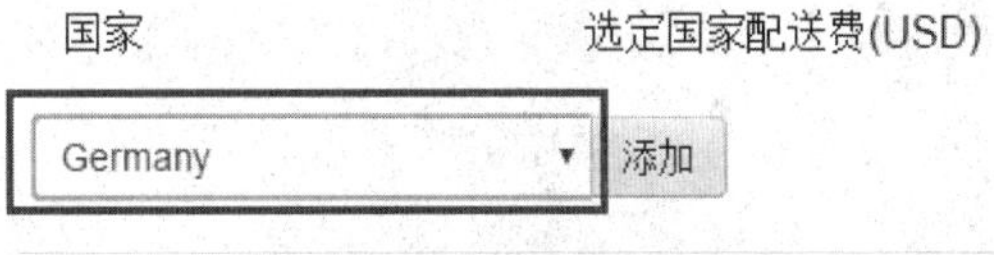

图 3-3-9　添加单个配送国家

6．删除配送国家

选择想要删除的国家，然后点击“×”按钮即可，如图 3-3-10 所示。

图 3-3-10　删除单个配送国家

在添加了配送国家之后，我们可以针对不同的国家设置不同的配送费。目前设置配送费有两种方式。

（1）使用产品配送费。可在产品上传页面对不同产品设定配送费，如图 3-3-11 所示。

说明：在产品上传页面设定配送费是指在产品上传页面的“编辑国际运费”中设置，在“产品管理”一章有详细讲解。

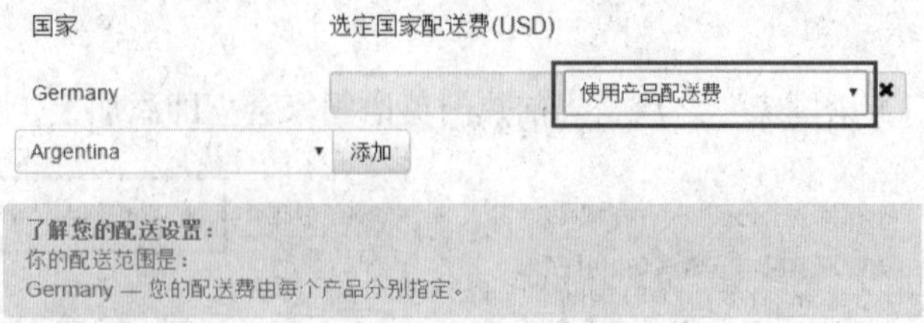

图 3-3-11　使用产品配送费

（2）设定默认配送费。对于所有配送至该国家的产品，配送费一致。图中的情况需要设置配送费，例如填写 2 美元配送费，那么所有的产品配送至德国的运费都是收取 2 美元，如图 3-3-12 所示。

图 3-3-12　设定默认运费

注意事项：与产品上传时设定的 shipping 费用相比，账户“配送设置”中的运费优先级高于产品设定的 shipping 费用。

3.4　付款设置

Wish 后台右上角，点击“账户”菜单→点击“付款设置”选项，如图 3-4-1 所示，可以进入付款设置的相关选项。

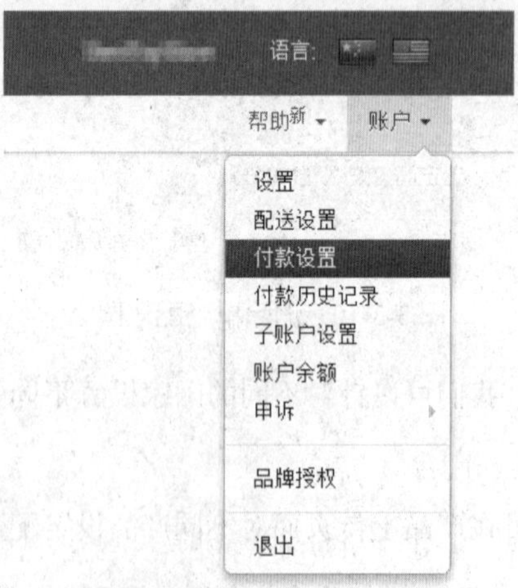

图 3-4-1　付款设置

3.4.1　联动支付（UMPAY）

1．概述

使用“联动支付（UMPAY）-直达中国账户”，商户直接填写中国大陆银行账户信息和个人信息，就可以进行收款，手续费详见后台实时更新，如图 3-4-2 所示。

支付信息
请选择收款方式并提供必要的详细信息。
提供商
联动支付 (UMPAY) - 直达中国账户
银行名称
示例：中国工商银行
收款人姓名
示例：张伟
收款人银行账号
示例：0123456789
电话号码
例如： +8611112345678
身份证号码
例如：11010220000101888X
更新支付信息

图 3-4-2　联动支付

对于联动支付，可以通过查看“提供商帮助”了解其基本信息，如图 3-4-3 所示。

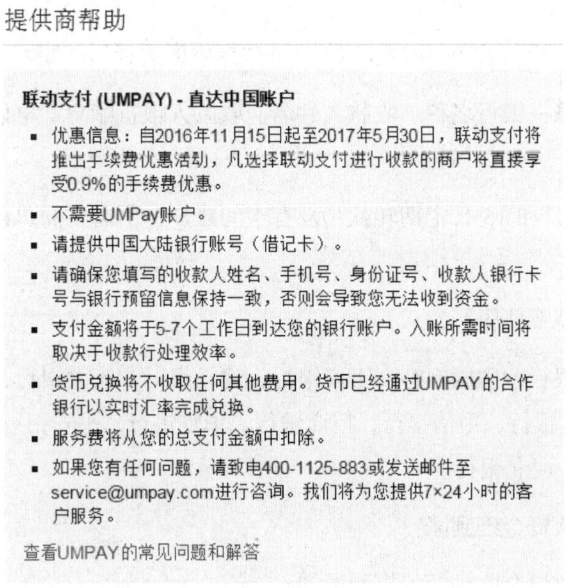
提供商帮助
联动支付 (UMPAY) - 直达中国账户
优惠信息：自2016年11月15日起至2017年5月30日，联动支付将推出手续费优惠活动，凡选择联动支付进行收款的商户将直接享受0.9%的手续费优惠。
不需要UMPay账户。
请提供中国大陆银行账号（借记卡）。
请确保您填写的收款人姓名、手机号、身份证号、收款人银行卡号与银行预留信息保持一致，否则会导致您无法收到资金。
支付金额将于5-7个工作日到达您的银行账户。入账所需时间将取决于收款行处理效率。
货币兑换将不收取任何其他费用。货币已经通过UMPAY的合作银行以实时汇率完成兑换。
服务费将从您的总支付金额中扣除。
如果您有任何问题，请致电400-1125-883或发送邮件至service@umpay.com进行咨询。我们将为您提供7×24小时的客户服务。
查看UMPAY的常见问题和解答

图 3-4-3　联动支付简介

联动优势电子商务有限公司是联动优势科技有限公司的全资子公司。联动优势电子商务有限公司成立于 2011 年 2 月，已获得中国人民银行全国范围内的互联网支付、移动电话支付、银行卡收单支付业务许可，2015 年 3 月获证监会基金销售支付结算许可，提供以综合支付为基础的资金管理服务和以大数据为基础的互联网金融服务。

2015 年 11 月，经国家外汇管理局北京外汇管理部批准，联动优势获得开展支付机构跨境电子商务外汇支付试点业务的许可，是第三批唯一一家获准开展试点业务的第三方支付机构。联动优势跨境支付业务合作伙伴已遍及全球，其中包括蜜芽、美团网、海淘乐、分期乐、Wish 等。

2．收结汇产品常见问题

（1）使用 UMP 收结汇产品有什么优势？

- 实时牌价汇率：UMP 与中信银行合作，提供合规的外汇业务，外汇转换采用现汇买入实时牌价，可在银行官方网站上随时查到。
- xT+0 / T+1 日结算：UMP 每日安排两个批次的操作。
- 资金到账速度快：不需要中间账户，结算资金直达商户收款账户。
- 便捷：不需要商户注册 UMP 账户，支持 15 个外币币种，不受外管局年度结算总额度 5 万美元限制。
- 安全：7×24 小时客户服务，保障实时风控，即时拦截风险交易。
- UMP 是国内的第三方支付公司，不需要再与其他公司合作。

（2）如何将资金转入商户账户？

商户登录 Wish 商户平台，在“付款设置”下的“提供商选择”中选择“联动支付（UMPAY）”。

填写收款相关信息：银行名称、收款人姓名、收款人银行账户、电话号码和身份证号码，点击更新支付信息。

Wish 会在每月 1 日和 15 日定期转款，没有中间账户，不需要商户再次操作，将资金直接转入商户的银行账户。

（3）收款账户支持哪些银行？

农业银行，交通银行，中国银行，工商银行，建设银行，光大银行，兴业银行，广东发展银行，浦发银行，民生银行，中信银行，招商银行，华夏银行，平安银行，中国邮政储蓄银行，兰州银行，浙商银行，河北银行。

（4）商户如何确认资金已到账？

除实时查询外，商户会收到短信提醒通知。

3．联系方式

- 热线：400-112-5883（7×24 小时）

- 邮箱：service@umpay.com
- 官方网站：www.umpay.com　www.soopay.net

3.4.2　易联支付（PayEco）

易联支付（PayEco），是指商户直接填写中国大陆（支持香港地区银行）银行账户信息，就可以进行收款，手续费详见后台实时更新，如图 3-4-4 所示。

图 3-4-4　易联支付

对于易联支付，可以通过查看“提供商帮助”了解其基本信息，如图 3-4-5 所示。

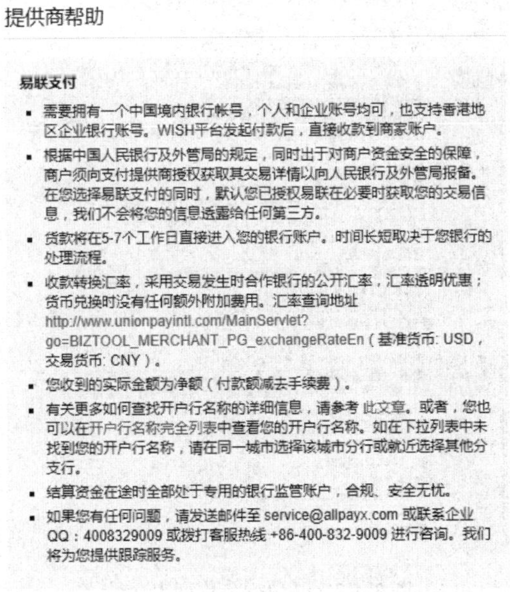
提供商帮助

易联支付

- 需要拥有一个中国境内银行帐号，个人和企业账号均可，也支持香港地区企业银行账号。WISH平台发起付款后，直接收款到商家账户。
- 根据中国人民银行及外管局的规定，同时出于对商户资金安全的保障，商户须向支付提供商授权获取其交易详情以向人民银行及外管局报备。在您选择易联支付的同时，默认您已授权易联在必要时获取您的交易信息，我们不会将您的信息透露给任何第三方。
- 货款将在5-7个工作日直接进入您的银行账户。时间长短取决于您银行的处理流程。
- 收款转换汇率，采用交易发生时合作银行的公开汇率，汇率透明优惠；货币兑换时没有任何额外附加费用。汇率查询地址 http://www.unionpayintl.com/MainServlet?go=BIZTOOL_MERCHANT_PG_exchangeRateEn（基准货币: USD，交易货币: CNY）。
- 您收到的实际金额为净额（付款额减去手续费）。
- 有关更多如何查找开户行名称的详细信息，请参考 此文章。或者，您也可以在开户行名称完全列表中查看您的开户行名称。如在下拉列表中未找到您的开户行名称，请在同一城市选择该城市分行或就近选择其他分支行。
- 结算资金在途时全部处于专用的银行监管账户，合规、安全无忧。
- 如果您有任何问题，请发送邮件至 service@allpayx.com 或联系企业QQ：4008329009 或拨打客服热线 +86-400-832-9009 进行咨询。我们将为您提供跟踪服务。

图 3-4-5　易联支付简介

要查找开户行名称，可以在“开户行名称”中输入名称进行匹配搜索查找，如图 3-4-6 所示。

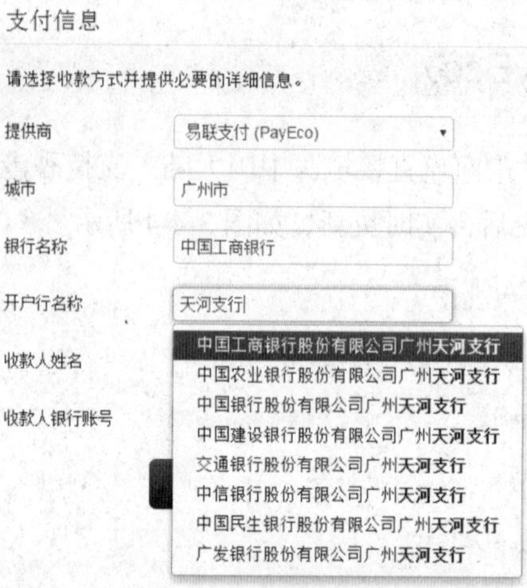

图 3-4-6　搜索开户行名称

除了上面的方法，还可以在“提供商帮助”里面的“开户行名称完全列表”点击下载所有开户行名称文件（开户行名称超过 14 万个），打开文件搜索自己想要的开户行名称，如图 3-4-7 所示。如果仍然找不到自己银行卡的开户行名称，需要致电相关银行询问确认，或者到银行营业厅去查询获得准确的开户行名称。

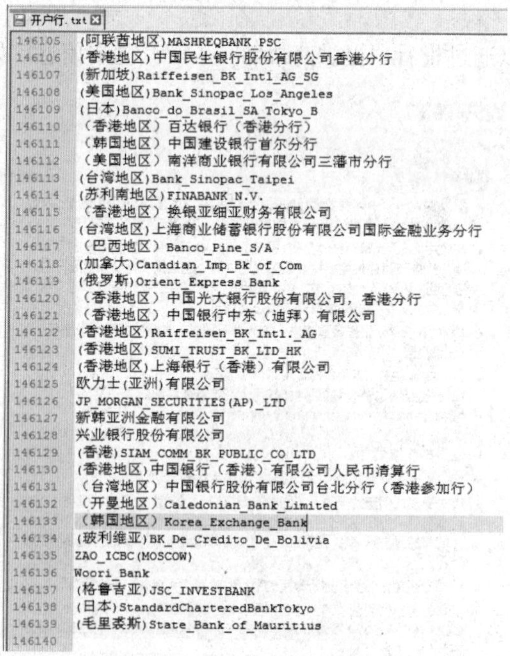
开户行.txt

146105 (阿联酋地区)MASHREQBANK_PSC
146106 (香港地区)中国民生银行股份有限公司香港分行
146107 (新加坡)Raiffeisen_BK_Intl_AG_SG
146108 (美国地区)Bank_Sinopac_Los_Angeles
146109 (日本)Banco_do_Brasil_SA_Tokyo_B
146110 （香港地区）百达银行（香港分行）
146111 （韩国地区）中国建设银行首尔分行
146112 （美国地区）南洋商业银行有限公司三藩市分行
146113 (台湾地区)Bank_Sinopac_Taipei
146114 (苏利南地区)FINABANK_N.V.
146115 （香港地区）换银亚细亚财务有限公司
146116 (台湾地区)上海商业储蓄银行股份有限公司国际金融业务分行
146117 （巴西地区）Banco_Pine_S/A
146118 (加拿大)Canadian_Imp_Bk_of_Com
146119 (俄罗斯)Orient_Express_Bank
146120 （香港地区）中国光大银行股份有限公司，香港分行
146121 （香港地区）中国银行中东（迪拜）有限公司
146122 (香港地区)Raiffeisen_BK_Intl._AG
146123 (香港地区)SUMI_TRUST_BK_LTD_HK
146124 (香港地区)上海银行（香港）有限公司
146125 欧力士(亚洲)有限公司
146126 JP_MORGAN_SECURITIES(AP)_LTD
146127 新韩亚洲金融有限公司
146128 兴业银行股份有限公司
146129 (香港)SIAM_COMM_BK_PUBLIC_CO_LTD
146130 (香港地区)中国银行（香港）有限公司人民币清算行
146131 （台湾地区）中国银行股份有限公司台北分行（香港参加行）
146132 （开曼地区）Caledonian_Bank_Limited
146133 （韩国地区）Korea_Exchange_Bank
146134 (玻利维亚)BK_De_Credito_De_Bolivia
146135 ZAO_ICBC(MOSCOW)
146136 Woori_Bank
146137 (格鲁吉亚)JSC_INVESTBANK
146138 (日本)StandardCharteredBankTokyo
146139 (毛里求斯)State_Bank_of_Mauritius
146140

图 3-4-7　开户行名称列表文件

3.4.3　Payoneer

1. 概述

Payoneer 是一个接受国际支付及收款的金融机构，这里是指商户可以通过 Payoneer 账户接收 Wish 放款，再从 Payoneer 账户提现到自己的银行账户（支持多个国家或地区），手续费详见后台实时更新，如图 3-4-8 所示。

支付信息
请选择收款方式并提供必要的详细信息。
提供商
Payoneer
注册

图 3-4-8　Payoneer 注册

如果已经有 Payoneer 账户，那么在点击“注册”按钮之后，将转入 Payoneer 官方网站与 Wish 对接的网页，会出现如图 3-4-9 所示的界面，点击“已经拥有一个 Payoneer 账户？登录”链接即可。

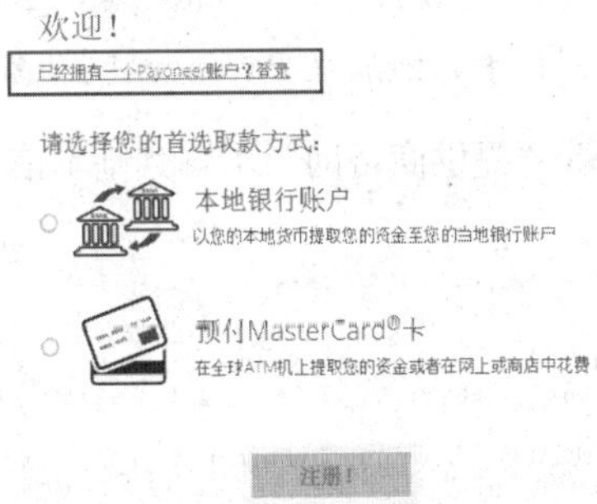
欢迎！
请选择您的首选取款方式：
本地银行账户
以您的本地货币提取您的资金至您的当地银行账户
预付MasterCard®卡
在全球ATM机上提取您的资金或者在网上或商店中花费

图 3-4-9　登录 Payoneer 账户

如果 Payoneer 账户和 Wish 账户不一致（注册邮箱不同），就会出现如图 3-4-10 所示的界面，那么就需要用和 Wish 账户一致的邮箱注册一个新的 Payoneer 账户。

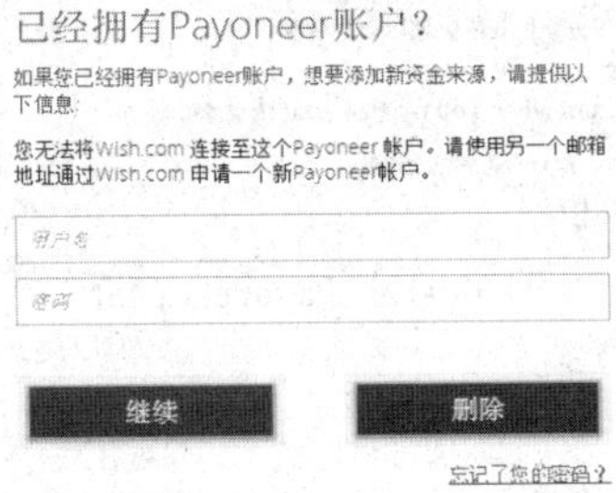
已经拥有Payoneer账户？
如果您已经拥有Payoneer账户，想要添加新资金来源，请提供以下信息：
您无法将Wish.com 连接至这个Payoneer 帐户。请使用另一个邮箱地址通过Wish.com 申请一个新Payoneer帐户。
继续
删除

图 3-4-10　Payoneer 账户需要和 Wish 账户一致

注册一个新的Payoneer账户，在出现如图3-4-11所示界面的时候，Payoneer账户类型只能选择其中一种，建议选择“本地银行账户”，注册开通后可以快速使用。

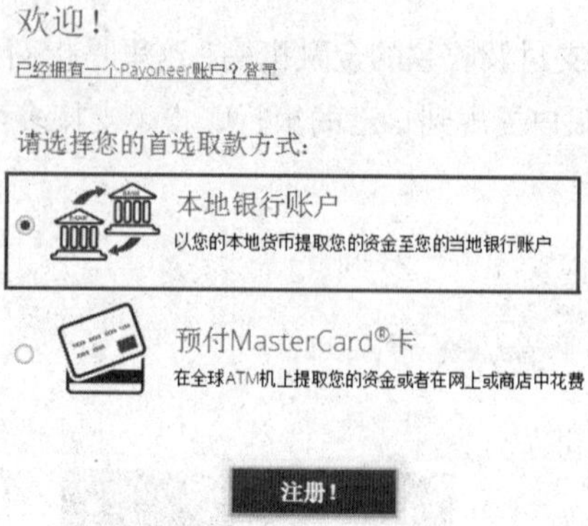
欢迎！
已经拥有一个Payoneer账户？登录
请选择您的首选取款方式：
本地银行账户
以您的本地货币提取您的资金至您的当地银行账户
预付MasterCard®卡
在全球ATM机上提取您的资金或者在网上或商店中花费
注册！

图3-4-11　选择本地银行账户

2．账户类型与区别

- 本地银行账户：对企业和个人都适用，无实物银行卡，只能使用网上银行。开通立即可用。
- 预付 MasterCard 卡：仅限个人使用，有实物银行卡，也可以使用网上银行。需要收取Payoneer邮寄过来的实物银行卡，然后在Payoneer网站激活才可以使用。

对于Payoneer，可以通过查看“提供商帮助”了解其基本信息，如图3-4-12所示。

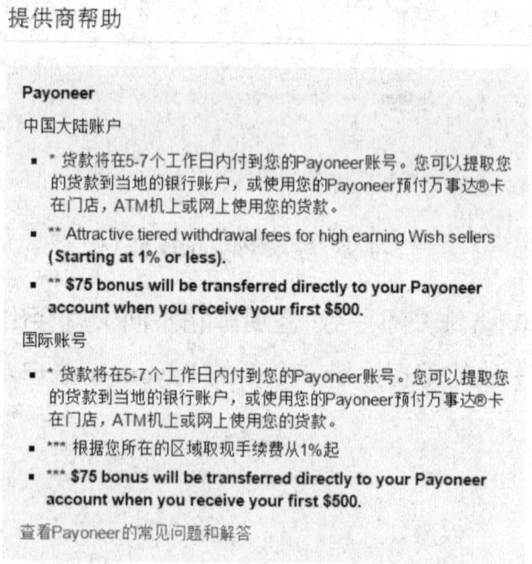
提供商帮助
Payoneer
中国大陆账户
* 货款将在5-7个工作日内付到您的Payoneer账号。您可以提取您的货款到当地的银行账户，或使用您的Payoneer预付万事达®卡在门店，ATM机上或网上使用您的货款。
** Attractive tiered withdrawal fees for high earning Wish sellers (Starting at 1% or less).
** $75 bonus will be transferred directly to your Payoneer account when you receive your first $500.
国际账号
* 货款将在5-7个工作日内付到您的Payoneer账号。您可以提取您的货款到当地的银行账户，或使用您的Payoneer预付万事达®卡在门店，ATM机上或网上使用您的货款。
*** 根据您所在的区域取现手续费从1%起
*** $75 bonus will be transferred directly to your Payoneer account when you receive your first $500.
查看Payoneer的常见问题和解答

图3-4-12　Payoneer简介

3．常见问题解答

（1）Payoneer有哪些优势？

- 无5万美元的外汇结汇额度限制。

- Payoneer 按主流商业银行汇率进行兑换并且与中华人民共和国国家外汇管理局特许供应商合作，不存在加价率或隐藏成本。
- 支持多种货币转账。
- 低成本高效益。
- 快速：资金将在 2 小时内到达您的 Payoneer 预付万事达卡。取现时，资金将用 1～3 个工作日到您的银行账户。
- 安全：资金是安全的。
- 免费使用美元托收银行账户和欧元托收银行账户。

（2）如何将 Wish 款项转至 Payoneer 账户？

登录您的 Wish 商户账户，在“付款设置”的下拉列表中选择 Payoneer 并完成注册。

如果您已经拥有了 Payoneer 账户，请点击：“如果您有一个 Payoneer 账户，请点击这里”链接，将您的 Wish 账户绑定到您现有的 Payoneer 账户上。

一旦您的 Payoneer 账户批准通过，Wish 款项将在每个付款日（每月 15 日）直接支付到您的 Payoneer 账户，您将收到电子邮件通知。

（3）如果已有 Payoneer 账户，是否可以通过 Wish 再次注册？

Payoneer 支持每个用户持有一个账户，若已拥有账户则不可重复注册。但通过点击“已经拥有一个 Payoneer 账户”可轻松将新注册的 Wish 账户与您现持有的 Payoneer 账户绑定。

（4）如何提取 Payoneer 账户资金到本地银行账户？对应的处理时间有多长？

登录 payoneer.com 查看“我的账户”。在“提取”菜单栏下添加您的本地银行账户信息。当您的银行账户信息审核通过后，您就可以在“提取”菜单栏下提交提取转账请求。

当 Payoneer 提取成功后，您会收到相关邮件通知。相关款项需要 1～3 个工作日才会到达您的个人银行账户。

（5）如果以人民币的形式提取到我本地银行账户，是否会受 FX 限制？

Payoneer 作为一家第三方支付机构，拥有由中国 SAFE 颁发的牌照，所以通过 Payoneer 提取人民币到您的本地银行账户不会有 FX 限制。

4．联系方式

- 热线电话：400-120-3505，0755-86243859
  （北京时间周一至周四 10:00～20:00，周五 10:00～14:00）
- 邮箱：wish@payoneer.com

3.4.4 PingPong 金融

1. 概述

PingPong 金融是多平台跨境收款服务供应商，这里是指商户可以通过 PingPong 账户接收 Wish 放款，再从 PingPong 账户提现到自己的银行账户（支持中国内地和香港），手续费为 1% 左右，如图 3-4-13 所示。

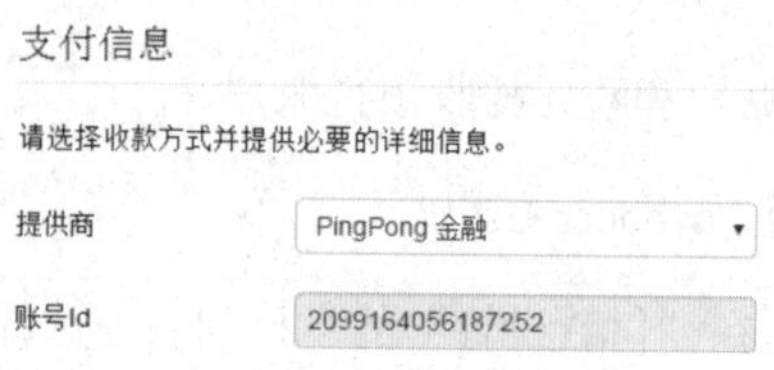
支付信息
请选择收款方式并提供必要的详细信息。
提供商
PingPong 金融
账号Id
2099164056187252

图 3-4-13　PingPong 收款

第一次使用 PingPong 的商户，需要点击“注册”按钮去注册一个新 PingPong 账户，如图 3-4-14 所示。

支付信息
请选择收款方式并提供必要的详细信息。
提供商
PingPong 金融
注册

图 3-4-14　PingPong 注册

对于 PingPong，可以通过查看“提供商帮助”了解其基本信息，如图 3-4-15 所示。

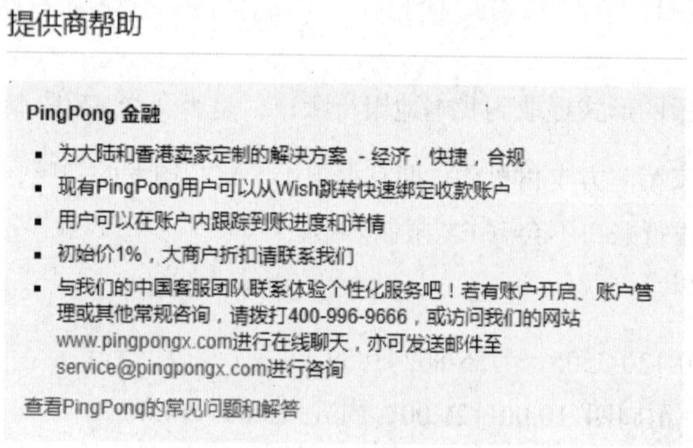
提供商帮助
PingPong 金融
为大陆和香港卖家定制的解决方案 - 经济，快捷，合规
现有PingPong用户可以从Wish跳转快速绑定收款账户
用户可以在账户内跟踪到账进度和详情
初始价1%，大商户折扣请联系我们
与我们的中国客服团队联系体验个性化服务吧！若有账户开启、账户管理或其他常规咨询，请拨打400-996-9666，或访问我们的网站www.pingpongx.com进行在线聊天，亦可发送邮件至service@pingpongx.com进行咨询
查看PingPong的常见问题和解答

图 3-4-15　PingPong 简介

2．常见问题解答

（1）PingPong 简介

PingPong 是中国人创立的、为中国跨境企业服务的全球支付公司。目前，PingPong 已经开通了 Amazon、Wish 收款，是全球第二家多平台跨境收款服务供应商。

（2）PingPong 的优势有哪些？

- PingPong 是全球第二家多平台跨境收款服务供应商，提供为中国跨境电商商户量身定制的跨境收款服务。
- 多平台店铺统一管理，一键提现，直达国内银行账户。
- 跨境收款全部费用 1%封顶，无汇损和任何隐性费用。
- 1 个工作日即可提现到账，提升回款效率，资金流转率提升 10%～80%。
- 本土客户服务团队极速响应，有问必答，有更多免费服务，助力商家全面提升。
- 符合中美双边监管要求，资金安全有保障。
- 数据透明，汇率透明，财务对账一目了然。
- 全程支持中文，注册便捷，操作简单，符合中国人使用习惯。
- 支持中国居民个人注册、香港公司注册与内地公司注册三种选择。

（3）如何将 Wish 资金转入 PingPong？

登录 Wish 商户平台，在“Payment Setting”下的提供商选项中选择 PingPong 金融，并点击“注册”按钮。如果您已经有 PingPong 账户，请点击下面的“已经注册 PingPong，立即登录”完成绑定。

在线注册或绑定完成后，在 5～7 个工作日之后的 Wish 定期转款日，就可以入账到您的 PingPong 账户。

（4）PingPong 资金提现到指定银行的步骤，以及提现时间是怎样的？

登录您的 PingPong 账户，选择“收益账户管理”，添加银行卡，审核通过后，就可以在“提现”操作提现。

申请提现后，资金将在 1 个工作日内到达您的收益账户。

（5）提现有什么注意事项？

提现支持美元和人民币两种选择，使用香港公司注册，可以直接提取美元到客户香港对公账户或者香港公司董事个人账户。使用内地公司注册，可以直接提取人民币至客户注册公司的对公账户或者公司法人个人账户。使用中国居民个人注册，可以直接提取人民币至注册人个人银行账户。美元提现有金额限制，人民币提现没有金额限制。

3．联系方式

- 全国免费咨询热线：400-601-6666
- Wish 收款服务专线：0571-87175307
- 服务邮箱：service@pingpongx.com

3.4.5 Bill.com

Bill.com 是一个处理支付、收款，以及管理现金流的平台，这里是指商户填写个人信息和地址信息之后，可以接收来自 Bill.com 的 Wish 放款纸质支票，手续费为 1.49 美元，如图 3-4-16 所示。

图 3-4-16　Bill.com

对于 Bill.com，可以通过查看“提供商帮助”了解其基本信息，如图 3-4-17 所示。

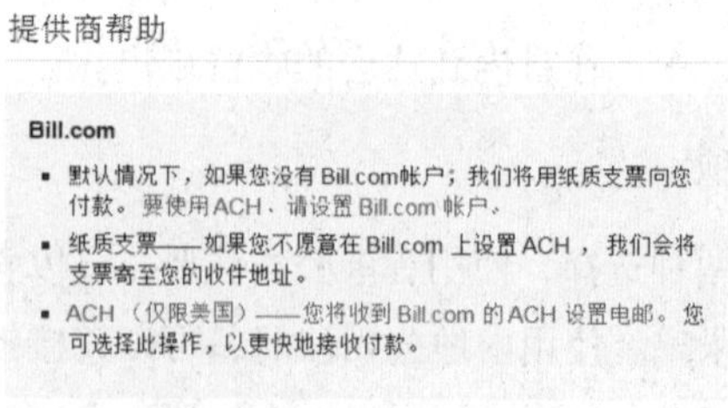

图 3-4-17　Bill.com 简介

3.4.6　PayPal China

1. 概述

PayPal 是一个国际化的支付平台，PayPal China 是 PayPal 中国区，商户可以通过 PayPal China 账户接收 Wish 放款，再从 PayPal China 账户提现到自己的银行账户（支持中国内地和香港），手续费为 1%，如图 3-4-18 所示。

支付信息
请选择收款方式并提供必要的详细信息。
提供商
PayPal China
邮箱
示例：test@test.com
更新支付信息

图 3-4-18　PayPal China

PayPal 账户以邮箱作为账户名，填写支付信息的时候，直接填写 PayPal 账户邮箱即可。如果没有 PayPal China 账户，就需要去 PayPal China 官方网站 https://www.paypal.com 注册创建一个。

通过查看“提供商帮助”，可以了解 PayPal China 的基本信息，如图 3-4-19 所示。

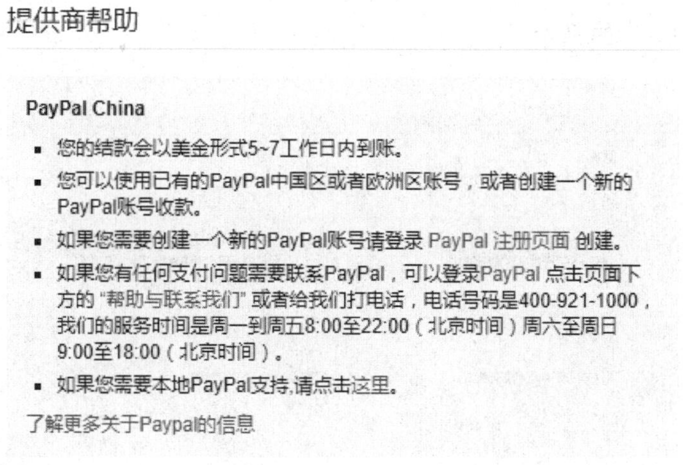
提供商帮助
PayPal China
您的结款会以美金形式5~7工作日内到账。
您可以使用已有的PayPal中国区或者欧洲区账号，或者创建一个新的PayPal账号收款。
如果您需要创建一个新的PayPal账号请登录 PayPal 注册页面 创建。
如果您有任何支付问题需要联系PayPal，可以登录PayPal 点击页面下方的“帮助与联系我们”或者给我们打电话，电话号码是400-921-1000，我们的服务时间是周一到周五8:00至22:00（北京时间）周六至周日9:00至18:00（北京时间）。
如果您需要本地PayPal支持,请点击这里。
了解更多关于Paypal的信息

图 3-4-19　PayPal China 简介

2．常见问题解答

（1）如何在 Wish 平台设置提款到 PayPal？

第一步：确认您有一个经过认证的 PayPal 中国区账户，如果您需要新建一个，请登录 www.paypal.com/c2。

第二步：在 https://merchant.wish.com/payment-settings 里选择 PayPal。

第三步：输入您的 PayPal 账户邮箱地址，并提交。

（2）哪种 PayPal 账户能用于 Wish 提款？

目前 Wish 平台支持中国 PayPal 账户（在 www.paypal.com/c2 上创立的账户）提款。您的 PayPal 账户需要做 Email 认证和银行卡（或信用卡）绑卡认证，以确保您的资金安全。

（3）使用 PayPal 提款的优势在哪里？

PayPal 是一个国际支付平台，能覆盖 202 个以上的国家或地区，您可以非常容易地以余额支付，并灵活选择您需要提款的渠道。

（4）商户提款提到的是美元还是人民币？

商户的 PayPal 账户中收到的是美元。商户可以直接提取美元到关联的银行账户。如果需要人民币，也可以用 PayPal 账户内的提取人民币渠道，换汇提款到关联银行账户。

（5）如果我已经有一个 PayPal 账户，我能用它在 Wish 收款吗？

可以，你可以使用已有的 PayPal 中国区账户与 Wish 关联并设置为提款账户。

（6）如何在 PayPal 内提款到本地银行，转款时间需要多久？

提现时间如图 3-4-20 所示。

A: **提现**

选项	处理时间	费用
提现人民币到中国的银行账户	2-3个工作日	手续费为提现金额的1.2%*，将从您的提现金额中直接扣除，您无需支付额外的币种兑换费。
电汇美元到中国的银行账户	3-7个工作日	$ 35.00 USD*
提现至您的香港账户	3-6个工作日	**免费** 用于$ 1,000.00 HKD或更多 **$ 3.50 HKD** 用于$ 999.99 HKD或更少

图 3-4-20　PayPal China 提现时间

3. 联系方式

如果有与 PayPal 账户相关的问题，可以登录 http://www.paypal.com/c2，点击页面下方的“帮助及联系我们”发邮件或根据提示电话进行咨询。

3.5　付款历史记录

付款历史记录是 Wish 商户平台向商户支付款项凭证信息的记录。信息内容包括日期、付款 ID、冻结货款得以释放总金额、支付总金额、支付服务商、状态等，如图 3-5-1 所示。

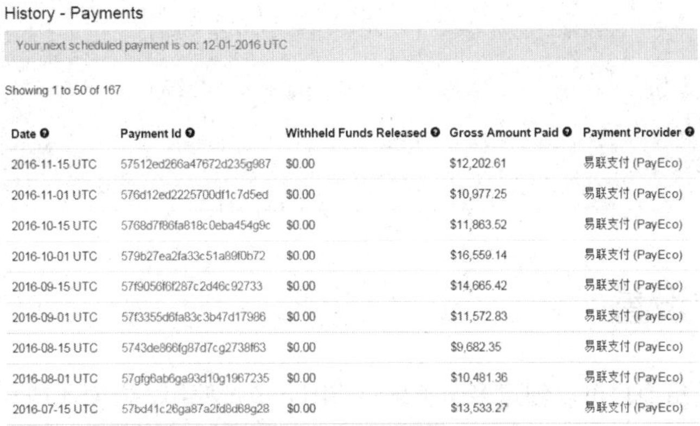
History - Payments

Your next scheduled payment is on: 12-01-2016 UTC

Showing 1 to 50 of 167

Date	Payment Id	Withheld Funds Released	Gross Amount Paid	Payment Provider
2016-11-15 UTC	57512ed266a47672d235g987	$0.00	$12,202.61	易联支付 (PayEco)
2016-11-01 UTC	576d12ed2225700df1c7d5ed	$0.00	$10,977.25	易联支付 (PayEco)
2016-10-15 UTC	5768d7f86fa818c0eba454g9c	$0.00	$11,863.52	易联支付 (PayEco)
2016-10-01 UTC	579b27ea2fa33c51a89f0b72	$0.00	$16,559.14	易联支付 (PayEco)
2016-09-15 UTC	57f9056f6f287c2d46c92733	$0.00	$14,665.42	易联支付 (PayEco)
2016-09-01 UTC	57f3355d6fa83c3b47d17986	$0.00	$11,572.83	易联支付 (PayEco)
2016-08-15 UTC	5743de866fg87d7cg2738f63	$0.00	$9,682.35	易联支付 (PayEco)
2016-08-01 UTC	57gfg6ab6ga93d10g1967235	$0.00	$10,481.36	易联支付 (PayEco)
2016-07-15 UTC	57bd41c26ga87a2fd8d68g28	$0.00	$13,533.27	易联支付 (PayEco)

图 3-5-1　付款历史记录

商户还可以通过点击“Payment Id”查看详细的付款历史记录，可以了解到当前付款凭证的详细记录。

以点击查看“Payment Id”为“57512ed266a47672d235g987”的付款凭证为例，可以看到如图 3-5-2 所示的支付凭证信息，还可以通过点击“Download Payment Invoice”或“Download CSV of Paid Transactions”按钮下载凭证文件。

图 3-5-2　付款凭证信息

付款凭证信息下面还附带当期所有订单的支付信息记录，如图 3-5-3 所示。

Paid Transactions

Showing 1 to 50 of 510 (11-01-2016 21:34:48UTC to 11-15-2016 19:52:49UTC)

Date	Order id	Quantity	Price	Shipping	Cost	Shipping Cost	Total
11-02-2016 21:34:48UTC	57848af82af25c3f5ce327ba	1	$24.35	$1.49	$20.70	$1.27	$21.97
10-12-2016 05:08:12UTC	5784f53c207c9f52e0g1ada1	1	$4.72	$1.48	$4.01	$1.26	$5.27
10-18-2016 22:22:19UTC	5790739c945fcg423691cbd7	1	$5.24	$1.49	$4.45	$1.27	$5.72
10-29-2016 12:21:55UTC	57e1a3e5e423f65b0d2a89e1	1	$6.69	$1.49	$5.69	$1.27	$6.96
10-31-2016 03:29:38UTC	57e3ca289c7d3204a33c5dcd	1	$6.69	$1.49	$5.69	$1.27	$6.96
11-03-2016 19:33:19UTC	57g8a27fag5788524361cb37	1	$15.32	$0.00	$13.02	$0.00	$13.02

图 3-5-3 订单支付记录

3.6 子账户设置

子账户设置是指商户可以创建多个子账户给团队成员使用，并对子账户的权限进行管理。以此保证账户的重要信息不被随意篡改，如图 3-6-1 所示。

图 3-6-1 子账户管理

1. 创建子账户

点击“创建新的子账户”按钮→填写账户信息→点击“创建”按钮，如图 3-6-2 所示。

注意事项：邮箱必须是没有在 Wish 商户平台注册使用过的。

图 3-6-2　创建子账户

2．更新子账户权限

勾选不同的权限，点击“更新权限”按钮，如图 3-6-3 所示。

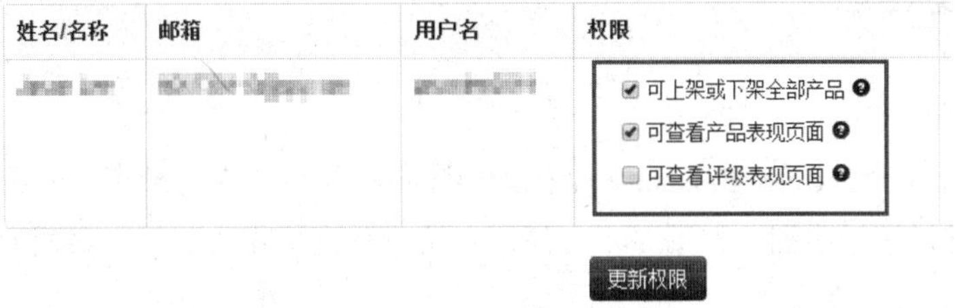

图 3-6-3　更新权限

3．禁用子账户

选择需要禁用的用户，点击“禁用用户”按钮，如图 3-6-4 所示。

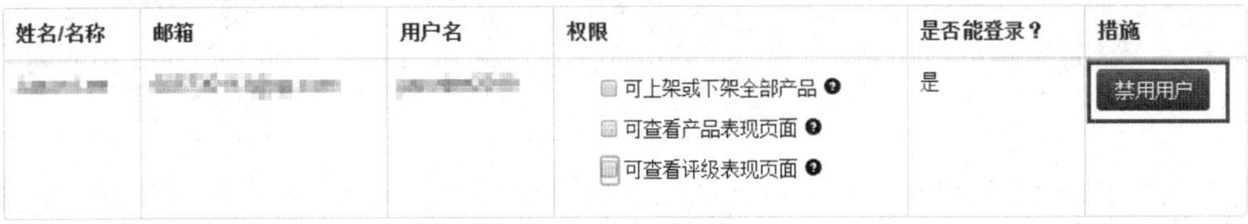

图 3-6-4　禁用用户

4．主账户和子账户的区别

主账户拥有所有权限，子账户没有付款设置、付款历史记录、子账户设置和账户余额，如图 3-6-5 所示。此外，子账户在后台“账户”→“设置”里面，没有邮箱首选项、假期模式、API 设置等选项。

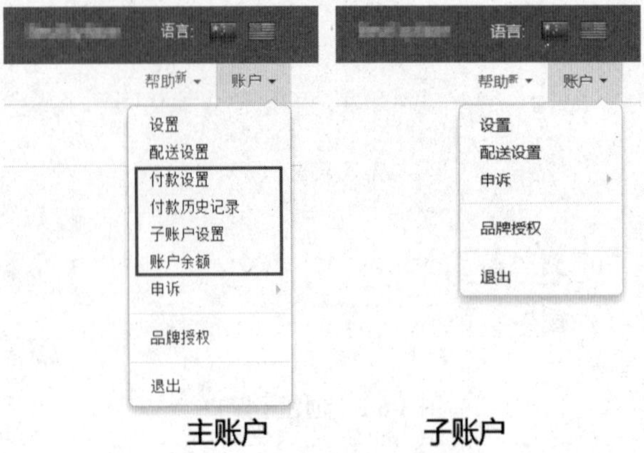

图 3-6-5　主账户和子账户

3.7　账户余额

1．当前可用余额

当前可用余额（Current Balance）是指当前账户可以放款支付给商户的金额。每一笔订单完成后，都有支付记录明细，如图 3-7-1 所未，第三列为待支付金额，第四列为扣除或者扣留金额。

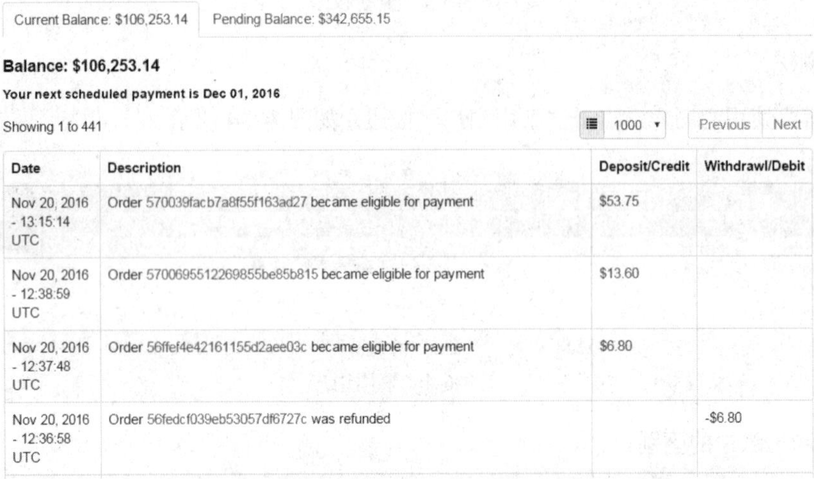

Date	Description	Deposit/Credit	Withdrawl/Debit
Nov 20, 2016 - 13:15:14 UTC	Order 570039facb7a8f55f163ad27 became eligible for payment	$53.75	
Nov 20, 2016 - 12:38:59 UTC	Order 5700695512269855be85b815 became eligible for payment	$13.60	
Nov 20, 2016 - 12:37:48 UTC	Order 56ffef4e42161155d2aee03c became eligible for payment	$6.80	
Nov 20, 2016 - 12:36:58 UTC	Order 56fedcf039eb53057df6727c was refunded		-$6.80

图 3-7-1　账户可用余额

点击订单编号可以查看订单的放款支付信息，如果有退款的订单，就会有退款原因、责任说明及发起申诉入口，如图 3-7-2 所示。

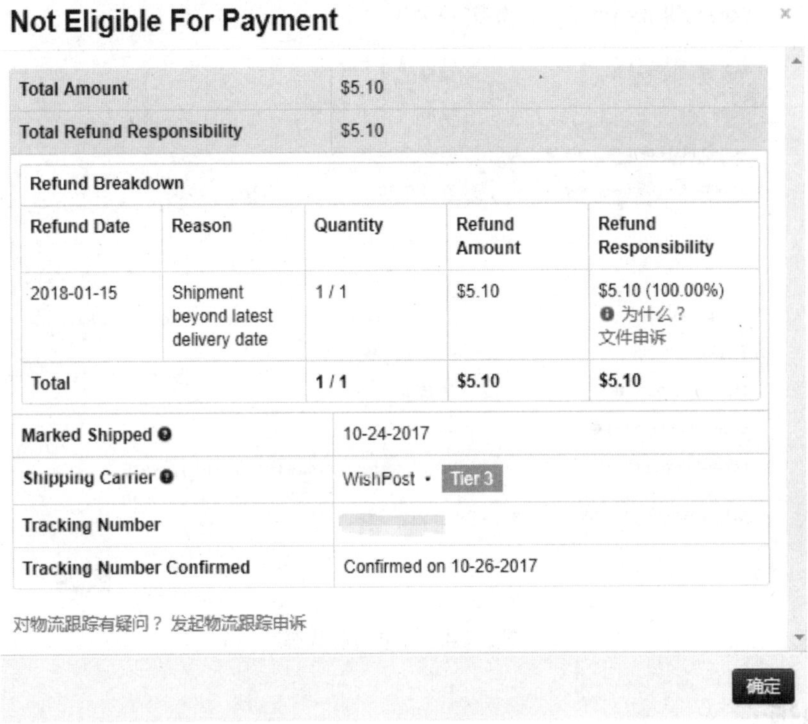

Not Eligible For Payment

Total Amount	$5.10
Total Refund Responsibility	$5.10

Refund Breakdown

Refund Date	Reason	Quantity	Refund Amount	Refund Responsibility
2018-01-15	Shipment beyond latest delivery date	1 / 1	$5.10	$5.10 (100.00%) 为什么？ 文件申诉
Total		1 / 1	$5.10	$5.10

Marked Shipped	10-24-2017
Shipping Carrier	WishPost · Tier 3
Tracking Number	[illegible]
Tracking Number Confirmed	Confirmed on 10-26-2017

对物流跟踪有疑问？ 发起物流跟踪申诉

确定

图 3-7-2　订单退款说明

2．待定余额

待定余额（Pending Balance）是指商户已经对订单标记“已配送”状态，等待妥投确认完成的订单的总金额。每一笔订单都有详细的状态和金额，如图 3-7-3 所示。

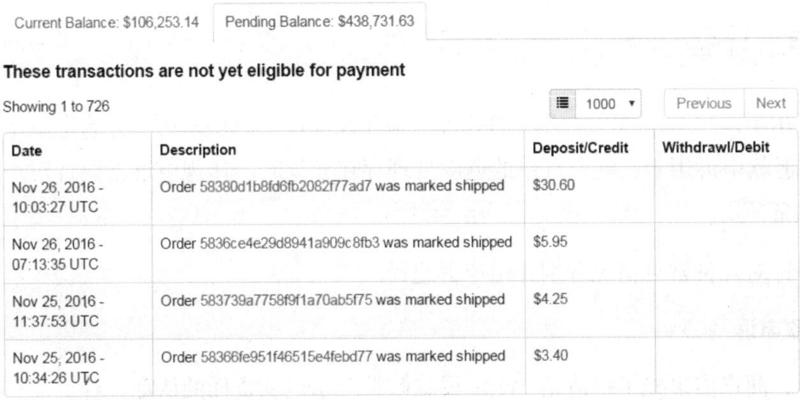

Current Balance: $106,253.14　Pending Balance: $438,731.63

These transactions are not yet eligible for payment

Showing 1 to 726　1000　Previous　Next

Date	Description	Deposit/Credit	Withdrawl/Debit
Nov 26, 2016 - 10:03:27 UTC	Order 58380d1b8fd6fb2082f77ad7 was marked shipped	$30.60	
Nov 26, 2016 - 07:13:35 UTC	Order 5836ce4e29d8941a909c8fb3 was marked shipped	$5.95	
Nov 25, 2016 - 11:37:53 UTC	Order 583739a7758f9f1a70ab5f75 was marked shipped	$4.25	
Nov 25, 2016 - 10:34:26 UTC	Order 58366fe951f46515e4febd77 was marked shipped	$3.40	

图 3-7-3　待定余额

点击订单编号可以查看订单的信息，包括订单金额、标记“已配送”日期、当前预估支付日期、妥投状态等，如图 3-7-4 所示。

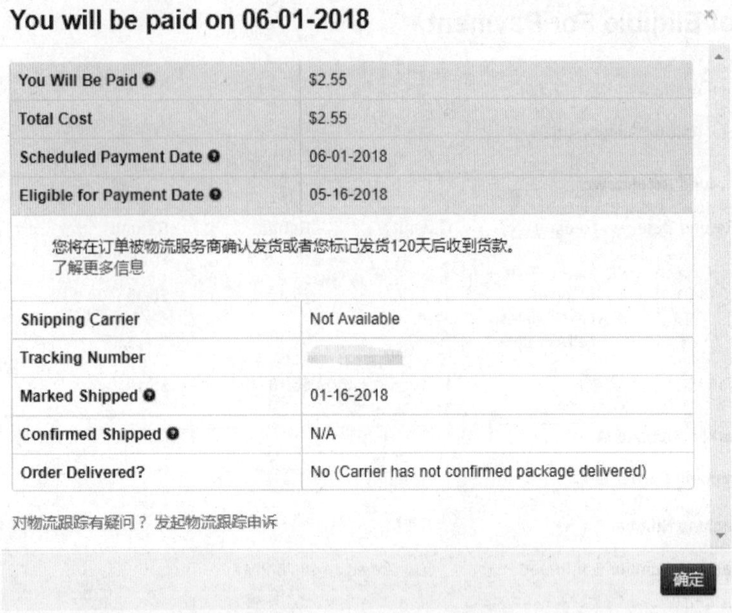

图 3-7-4 订单当前状态

3.8 申诉

Wish 平台为简化商户运营工作，在全球设置了五大客服中心，为商户承担了大多数的售后客服工作。

但部分商户会对 Wish 客服团队的处理结果存在异议，这时可以使用商户后台的申诉功能。

3.8.1 申诉流程

申诉常用于商户对于 Wish 客服的处理结果存在异议的时候，可以分为退款申诉及违规申诉两大类。退款申诉用于已配送订单的退款处理存在异议时。违规申诉主要针对产品侵权、店铺暂停等情况。

以下将针对几种常见情况分别介绍申诉途径。

1. 订单退款申诉

请注意，商户需事先了解清楚 Wish 退款政策对于退款责任的认定，若仍存在异议，可以找到对应订单发起申诉。

申诉途径：在订单历史记录中，找到您需要申诉的订单（请注意，一部分用户原因造成的订单退款是由 Wish 承担的，商户仍能够正常收到货款，付款状态仍会显示为“to be paid”），如图 3-8-1 所示，退款订单的付款状态为“not eligible for payment”。

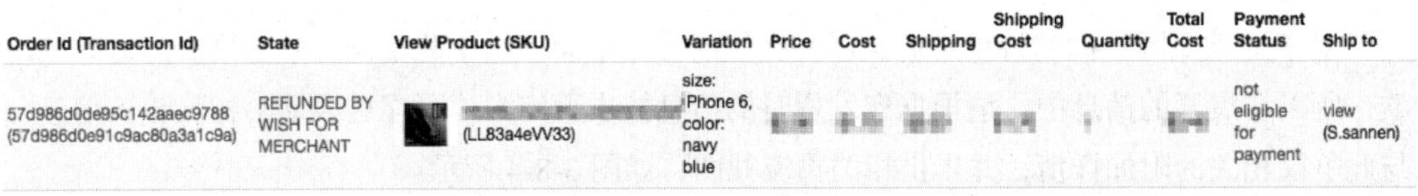

图 3-8-1　付款状态

点击“not eligible for payment”链接，在弹出的对话框中，商户可以了解退款原因、订单金额等信息。以图 3-8-2 为例，退款原因为“Shipment beyond latest delivery date”，即“到货时间延迟”，若商户对此时间有异议，可点击“文件申诉”按钮进入申诉流程。

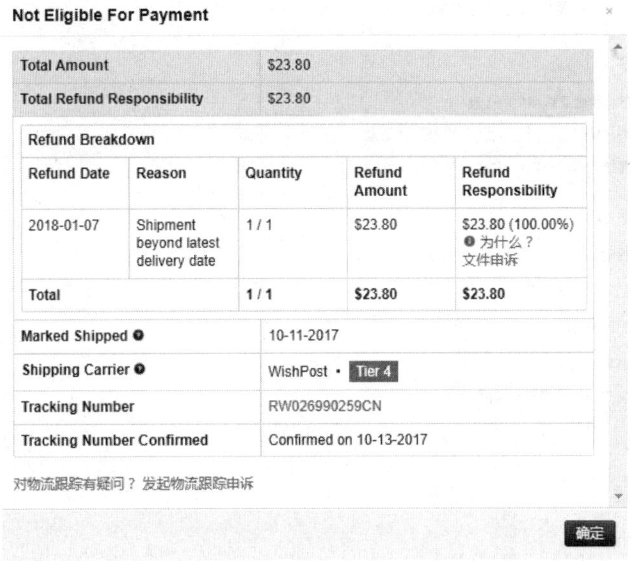

图 3-8-2　发起申诉

在跳转的页面中，勾选相应信息，进入下一步，如图 3-8-3 所示，

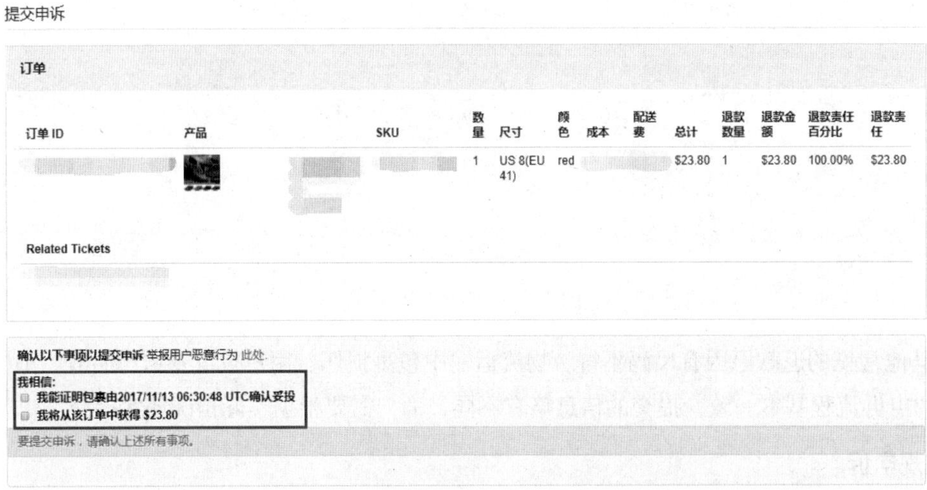

图 3-8-3　申诉页面

对于退款原因不同的订单申诉，需要提供的证据不同。由于此示例订单是物流延迟导致退款，所以在展开的信息中，请根据您发货时的信息按步骤如实填写配送地址、物流相关信息、与此争议相关的附加详情，并提供相关物流截图，如图 3-8-4 所示。

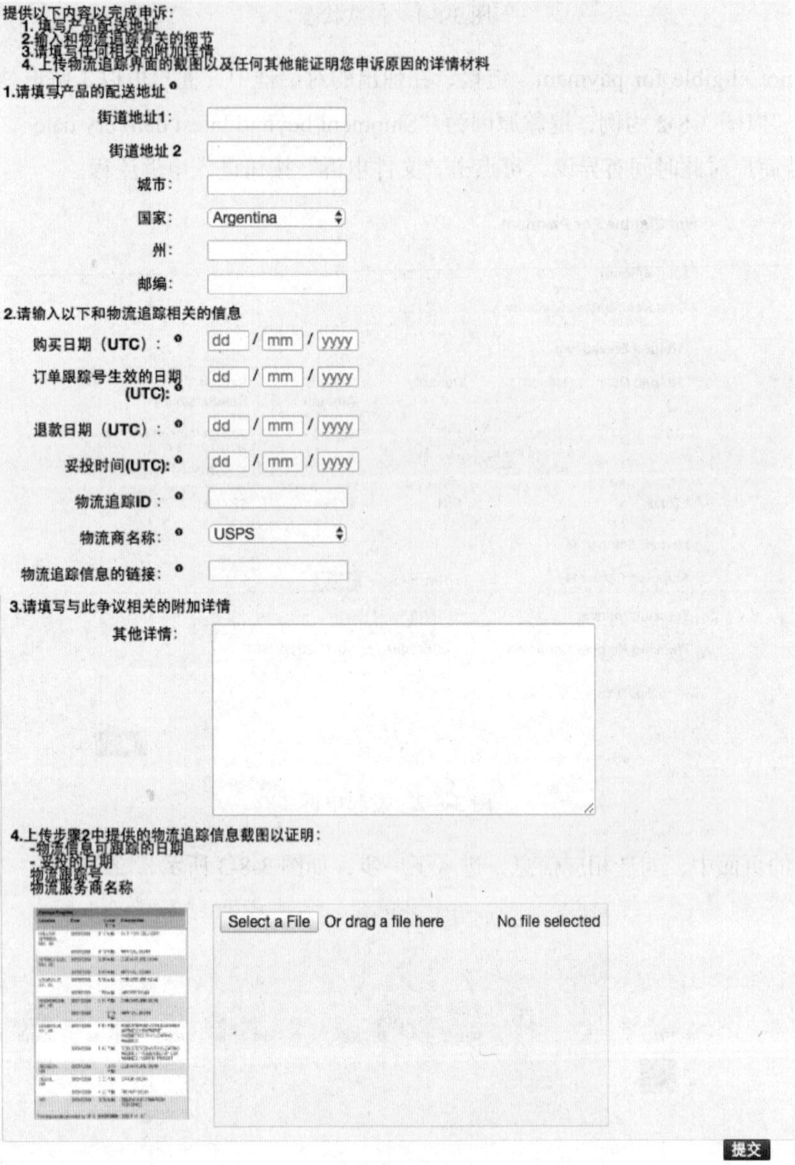

图 3-8-4　申诉信息填写

其他常见的退款原因有尺码不符、物流运输中包裹损坏、用户投诉发错产品等。不同退款原因的申诉流程基本一致，提交的信息略有不同，商户需要根据实际情况如实提交。

2．违规申诉

违规申诉主要针对产品侵权、店铺违反政策被暂停等情况。若您的店铺中有违规记录，您可以通过“违规”→“未处理”菜单查看还未处理的违规信息。通过“违规”→“历史记录”菜单您可以查看所有违规记录，如图 3-8-5 所示。

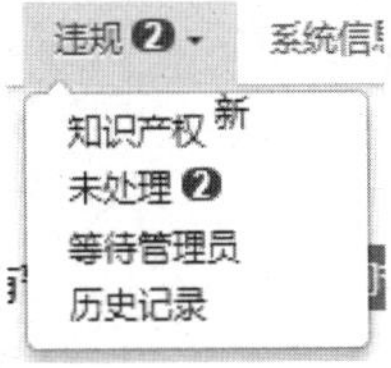

图 3-8-5　违规菜单

以下针对几类违规情况进行介绍。

3. 侵权申诉

Wish 对于侵权产品的把控非常严格，任何涉嫌侵权的产品都不允许在平台销售。侵权判定及处罚政策在本书第 4 章“Wish 政策”中有详细说明。

对于被 Wish 判为侵权的产品，商户若存在异议，可点击“违规”→“知识产权”菜单找到相应违规记录，点击“查看”按钮进行查看，如图 3-8-6 所示。

图 3-8-6　违规记录

在跳转的页面中，您可以查看违规详情，详情中包含违规理由、所侵权的品牌信息及相应产品链接等信息，如图 3-8-7 所示。

图 3-8-7　违规详情

您若对申诉存在异议，可以在页面最下方进行申诉，如图 3-8-8 所示。申诉方式为提交您对此产品的知识产权证明或销售授权，或通过重新编辑清单，移除所有存在侵权风险的信息。

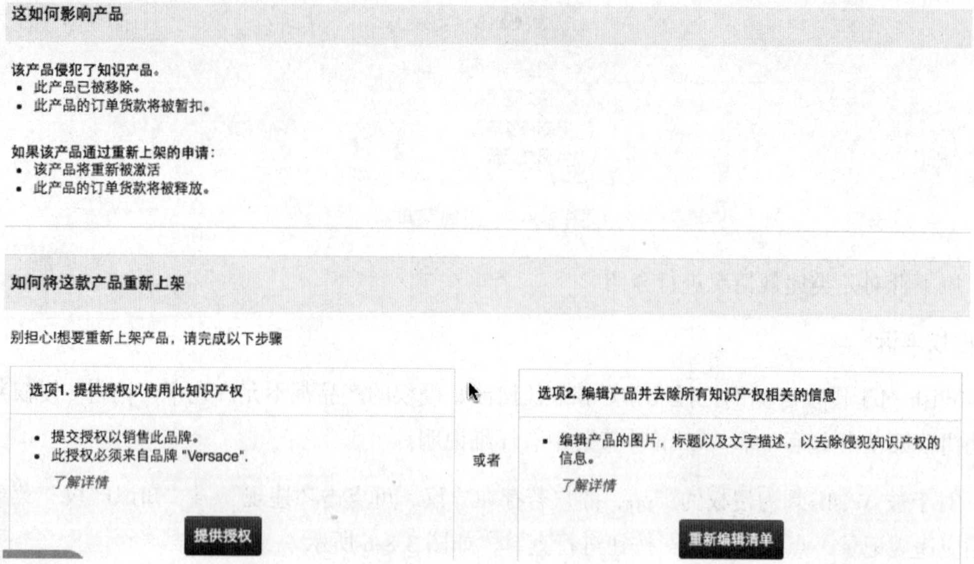
这如何影响产品
该产品侵犯了知识产品。
此产品已被移除。
此产品的订单货款将被暂扣。
如果该产品通过重新上架的申请：
该产品将重新被激活
此产品的订单货款将被释放。
如何将这款产品重新上架
别担心!想要重新上架产品，请完成以下步骤
选项1. 提供授权以使用此知识产权
提交授权以销售此品牌。
此授权必须来自品牌 "Versace".
了解详情
提供授权
或者
选项2. 编辑产品并去除所有知识产权相关的信息
编辑产品的图片，标题以及文字描述，以去除侵犯知识产权的信息。
了解详情
重新编辑清单

图 3-8-8　申诉入口

1）提供授权

点击“提供授权”按钮，选择并提交您已有的品牌授权。若您还未在后台添加品牌授权，请点击“添加新的品牌授权”按钮，如图 3-8-9 所示。添加品牌授权的流程请见 3.9 节。

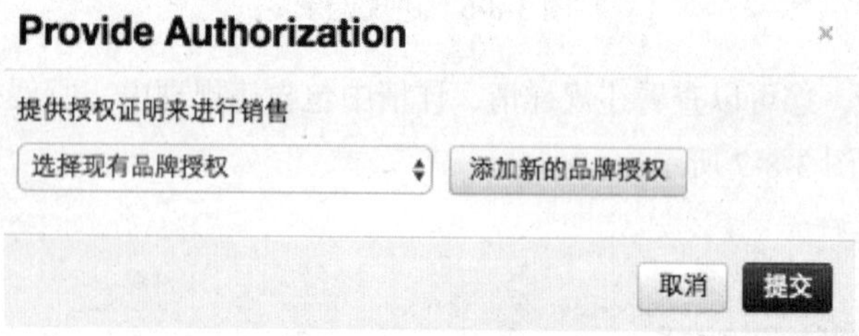
Provide Authorization
提供授权证明来进行销售
选择现有品牌授权
添加新的品牌授权
取消
提交

图 3-8-9　提交授权

2）重新编辑清单

点击“重新编辑清单”按钮，在如图 3-8-10 所示的弹框中进行编辑，编辑完成后点击“Submit Edit Request”按钮提交编辑申请。

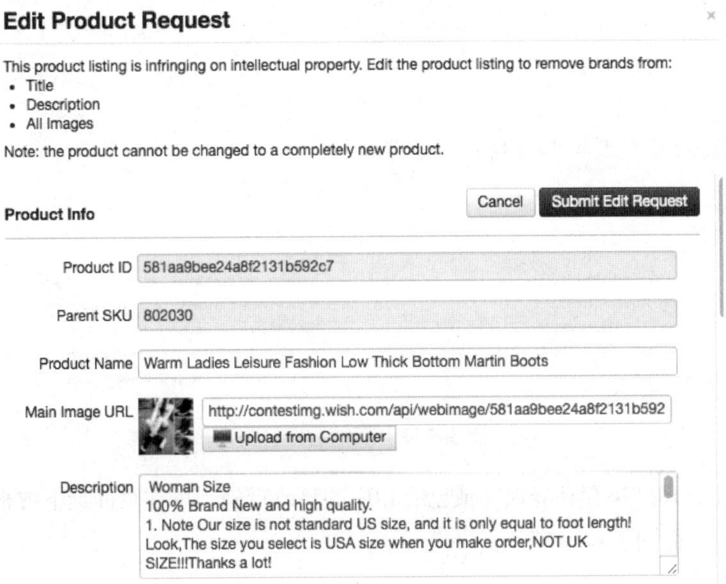

图 3-8-10　重新编辑清单

4．商户账号暂停申诉

当商户后台显示如图 3-8-11 所示的界面时，代表商户账号已被暂停。任何严重违反 Wish 政策的行为都存在导致账号被暂停的风险。

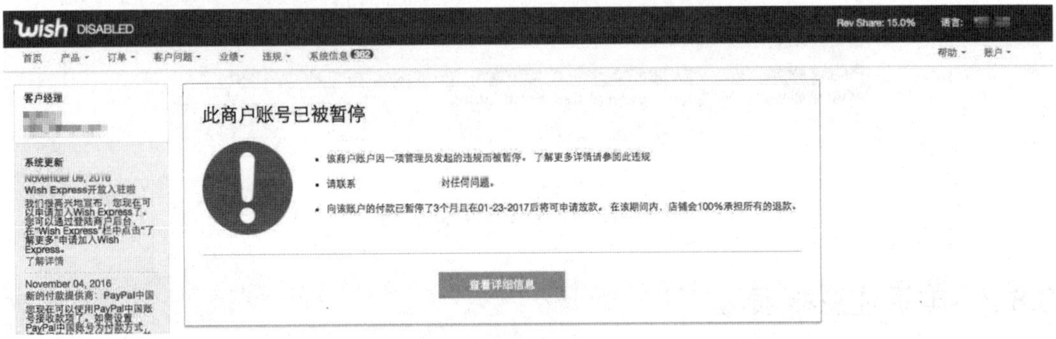

图 3-8-11　店铺暂停

商户可点击“查看详细信息”按钮来了解账号被暂停的具体原因。

通过图 3-8-12 可以看到，此店铺由于“延时发货率过高”导致账户被暂停。Wish 会提供部分违规订单明细作为依据。

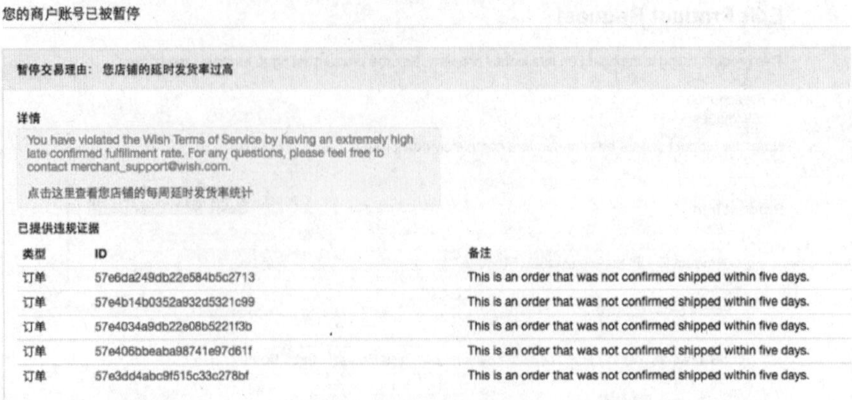
您的商户账号已被暂停
暂停交易理由：您店铺的延时发货率过高
详情
You have violated the Wish Terms of Service by having an extremely high late confirmed fulfillment rate. For any questions, please feel free to contact merchant_support@wish.com.
点击这里查看您店铺的每周延时发货率统计
已提供违规证据
类型
ID
备注
订单
57e6da249db22e584b5c2713
This is an order that was not confirmed shipped within five days.
订单
57e4b14b0352a932d5321c99
This is an order that was not confirmed shipped within five days.
订单
57e4034a9db22e08b5221f3b
This is an order that was not confirmed shipped within five days.
订单
57e406bbeaba98741e97d61f
This is an order that was not confirmed shipped within five days.
订单
57e3dd4abc9f515c33c278bf
This is an order that was not confirmed shipped within five days.

图 3-8-12　店铺暂停详情

商户若对此处理结果存在异议，或已有相应的整改措施，可在页面最下方根据 Wish 客服的要求进行申诉，如图 3-8-13 所示。

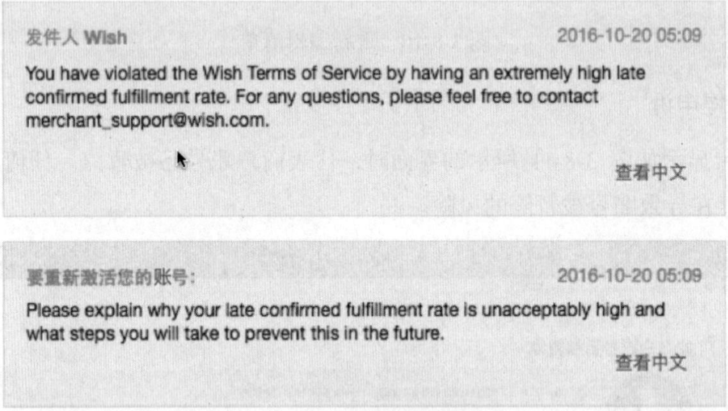
发件人 Wish
2016-10-20 05:09
You have violated the Wish Terms of Service by having an extremely high late confirmed fulfillment rate. For any questions, please feel free to contact merchant_support@wish.com.
查看中文
要重新激活您的账号：
2016-10-20 05:09
Please explain why your late confirmed fulfillment rate is unacceptably high and what steps you will take to prevent this in the future.
查看中文

图 3-8-13　违规原因与客服要求

3.8.2　申诉注意事项

对于新入驻平台的商户，事先熟悉 Wish 后台的相关政策非常重要。熟悉政策能够帮助商户在运营中更好地知道哪些指标更重要，以及哪些“红线”是不能触碰的。此外，熟悉政策对于商户提高申诉成功率也有一定帮助。

商户遇到需要申诉的情况后，请先了解以下几点：

1. 申诉必须明确原因

无论何种申诉，必须清楚为何需要申诉，从而使申诉更具有针对性。如图 3-8-13 所示，Wish 也会在违规记录中指明违规原因，商户需针对 Wish 客服的要求，有针对性地解释违规原因及如何在后续运营中避免违规。

若商户申诉提供的证据不足以证明后续运营中能避免再发生相似情况，则会被 Wish 客服拒绝，如图 3-8-14 所示，商户需重新提交申诉。

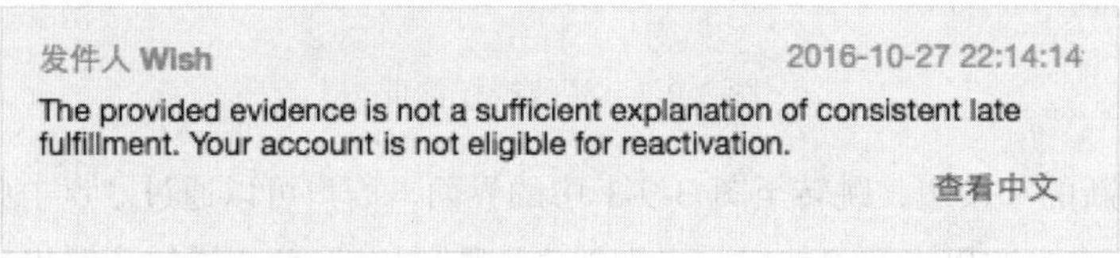

图 3-8-14　申诉失败

2. 申诉必须提供证据

例如订单因配送时间过长而退款，若商户对处理结果存在异议，则需要举证证明订单是在要求的时间内完成妥投的，证据可以是物流信息截图（含有妥投信息）、用户的签收信息。

若是产品侵权申诉，则必须提交相关品牌证明或销售授权，或者重新编辑产品清单，去除侵权信息。

3. 申诉必须及时

若店铺中出现违规记录，为避免后续可能产生的对销售 GMV 的不良影响，导致店铺进一步的损失，申诉必须及时。

3.9　品牌授权

Wish 平台自创立以来始终非常注重对知识产权的保护，对于仿品一贯保持零容忍的态度。对于 Wish 商户来说，避免上传侵权产品是每个商户应尽的责任和义务。同时，为维护自身利益，及时上传品牌授权尤为重要。品牌授权可用于产品被判侵权时的申诉。

品牌授权入口为“账户”→“品牌授权”菜单，如图 3-9-1 所示。

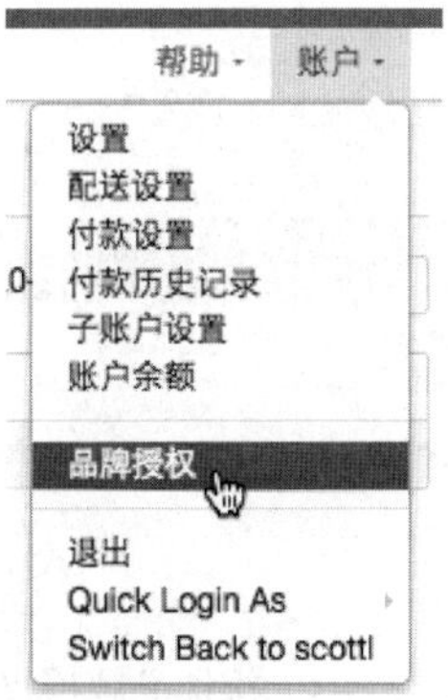

图 3-9-1　品牌授权入口

图 3-9-2 为品牌授权的页面，新账户未添加品牌授权时，页面显示为空。

Brand Authorizations
Search..
被State过滤
+ 创建新的
显示行从0-0 到 0
上一页
下一页
Brand Name
State
Updated
Action
未提供任何数据

图 3-9-2　品牌授权首页

点击“创建新的”按钮，跳转至图 3-9-3 中的界面，商户可以通过“点击此处了解您所需要的资料。”和“点击这里来学习如何一步步创建品牌授权。”两个链接了解相关资料和流程。

点击“开始”按钮可以添加品牌授权，如图 3-9-3 所示。

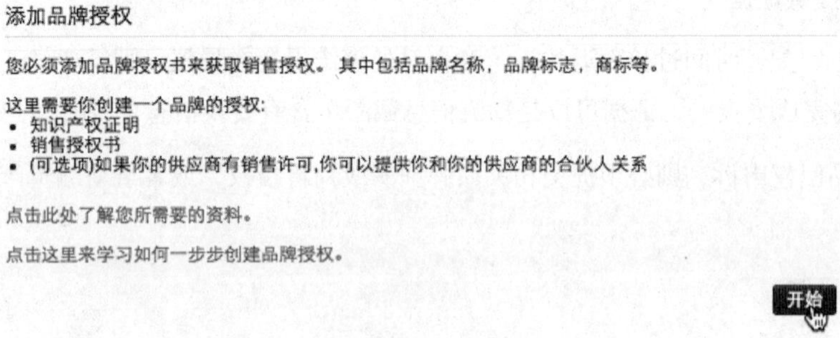
添加品牌授权
您必须添加品牌授权书来获取销售授权。其中包括品牌名称，品牌标志，商标等。
这里需要你创建一个品牌的授权：
知识产权证明
销售授权书
(可选项)如果你的供应商有销售许可,你可以提供你和你的供应商的合伙人关系
点击此处了解您所需要的资料。
点击这里来学习如何一步步创建品牌授权。
开始

图 3-9-3　开始添加品牌授权

（1）第一步，上传知识产权文件。根据您拥有的相关资质证明，输入相应信息，并上传您相应的证书，如图 3-9-4 所示。

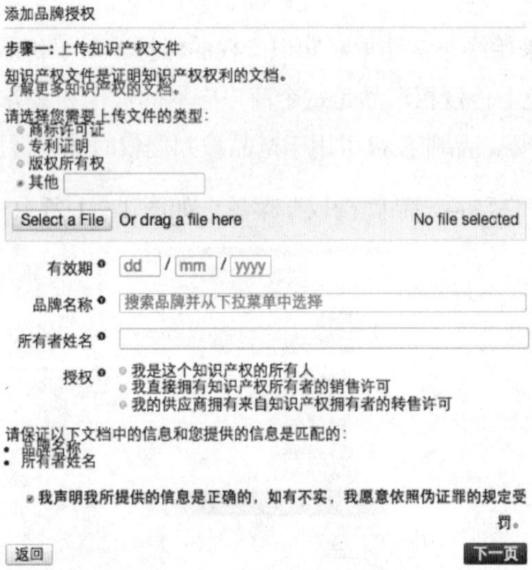
添加品牌授权
步骤一: 上传知识产权文件
知识产权文件是证明知识产权权利的文档。
了解更多知识产权的文档。
请选择您需要上传文件的类型:
商标许可证
专利证明
版权所有权
其他
Select a File
Or drag a file here
No file selected
有效期
dd
mm
yyyy
品牌名称
搜索品牌并从下拉菜单中选择
所有者姓名
授权
我是这个知识产权的所有人
我直接拥有知识产权所有者的销售许可
我的供应商拥有来自知识产权拥有者的转售许可
请保证以下文档中的信息和您提供的信息是匹配的:
品牌名称
所有者姓名
我声明我所提供的信息是正确的，如有不实，我愿意依照伪证罪的规定受罚。
返回
下一页

图 3-9-4　添加品牌授权

请注意：必须先输入品牌名称，然后在下拉菜单中选择相应品牌名称，如图 3-9-5 所示。不可直接输入，否则将导致上传失败。

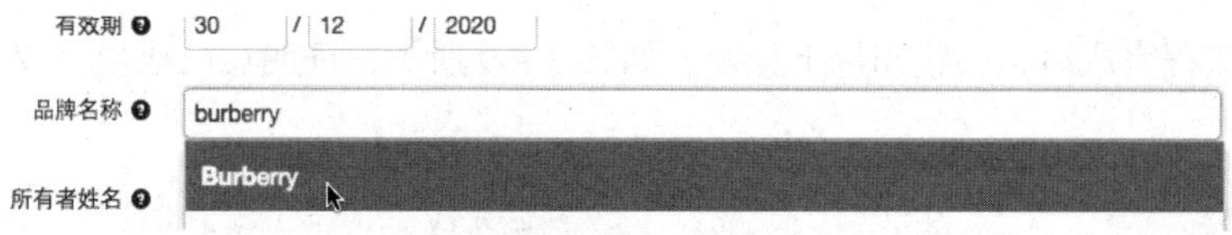

图 3-9-5　选择相应品牌

若发现系统中没有相应品牌，请点击“创建新的品牌”选项，如图 3-9-6 所示。

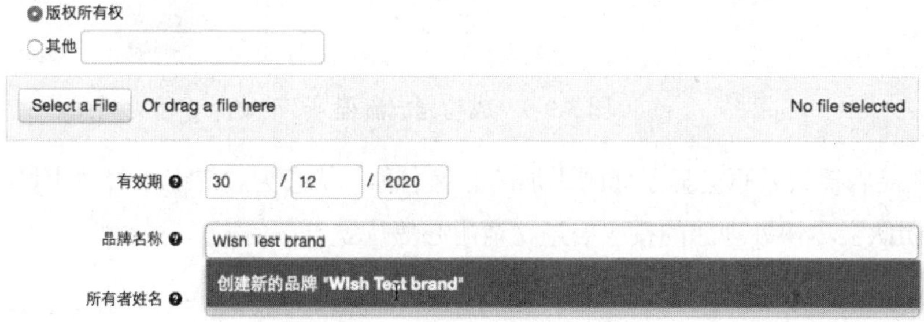

图 3-9-6　创建新的品牌

待所有信息填写完毕后，点击“下一页”按钮。

（2）第二步，上传可销售的授权书，如图 3-9-7 所示。如果您是品牌所有者，那么您可以给自己授权。

上传相应文件并填写相关信息后，点击“下一页”按钮。

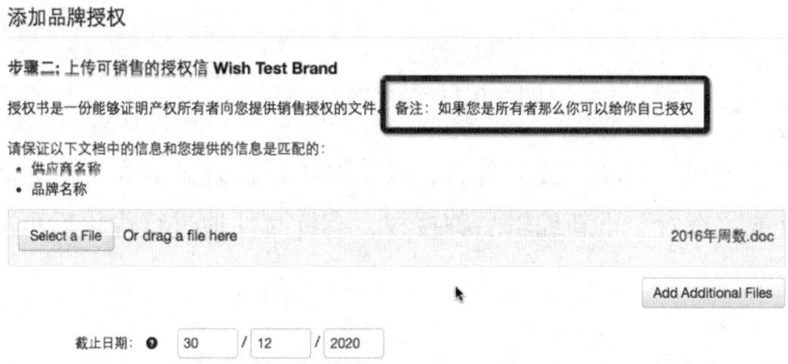

图 3-9-7　添加授权文件

（3）第三步，上传额外的文件来获取您的销售授权，如图 3-9-8 所示。此步骤为选填项，若没有额外证件，就可以不上传。确认无误后，点击“完成”按钮。

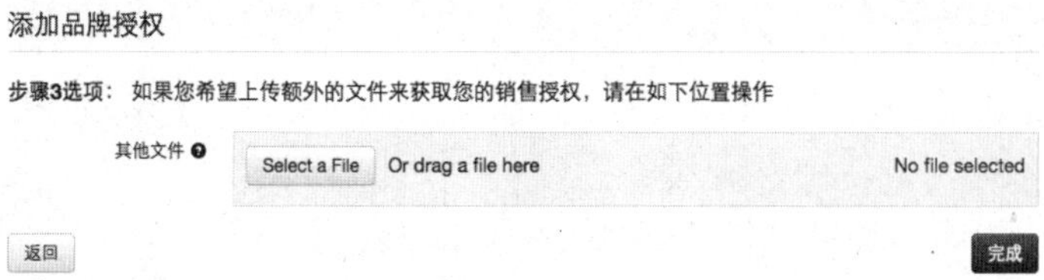

图 3-9-8　添加额外文件

待所有流程完成后，会跳出以下弹窗，如图 3-9-9 所示，证明您已成功完成上传流程。

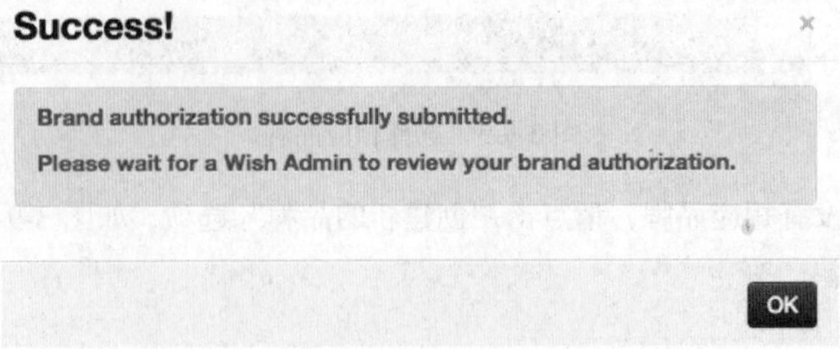

图 3-9-9　成功完成流程

此时，在品牌授权首页会显示您刚添加的品牌名称。状态为“待审核”，如图 3-9-10 所示。Wish 的客服团队会尽快处理您的授权信息，请耐心等待。

图 3-9-10　首页信息更新

当品牌审核通过后，在品牌授权首页，该品牌状态会显示为“已批准”，如图 3-9-11 所示。

Brand Name	State	Updated	Action
curren	已批准	否	查看

图 3-9-11　品牌审核通过

如果品牌审核未通过，在品牌授权首页，该品牌状态就会显示为“需要修订”，如图 3-9-12 所示。商户可以点击“查看”重新编辑品牌授权，有针对性地进行优化后再次提交。

Brand Name	State	Updated	Action
Non-branded	需要修订	否	查看

图 3-9-12　品牌审核未通过

需要注意的是，如果连续三次品牌授权审核未通过，此次申请将无效。商家优化提报资料后，需通过“创建新的”链接重新申请该品牌。

第 4 章
Wish 政策

4.1 Wish 政策概述

Wish 是最快的产品销售平台，同样平台制定了相应的规则以维护正常的市场秩序，Wish 平台的注册商户需遵守平台规则。如果商户能够遵守这些规则，就不会受到平台实施的罚款或违规政策的影响。

1. 商户应始终向 Wish 提供真实准确的信息

商户录入到 Wish 平台的信息应真实准确。列出的产品应真实准确，这包括但不限于图片、库存和价格。产品图片应该准确描述正在出售的产品，产品描述不应包括与产品图片不符的内容。

1）如图 4-1-1 所示，该产品描述为男士衣服，图片却为口红，即产品描述与图片不符。

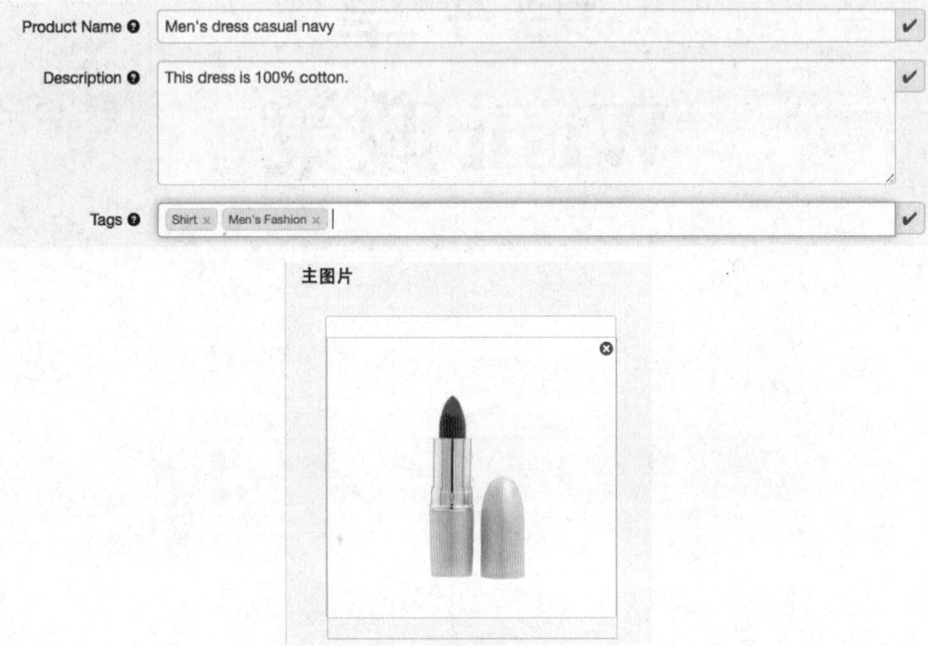

图 4-1-1　产品描述与产品图片不符

2）如图 4-1-2 所示，所售商品为外套，售价 19 美元，但在产品选项中包含“SOCKS”（袜子）选项，售价为 4 美元，这种情况也算产品描述与产品图片不符。

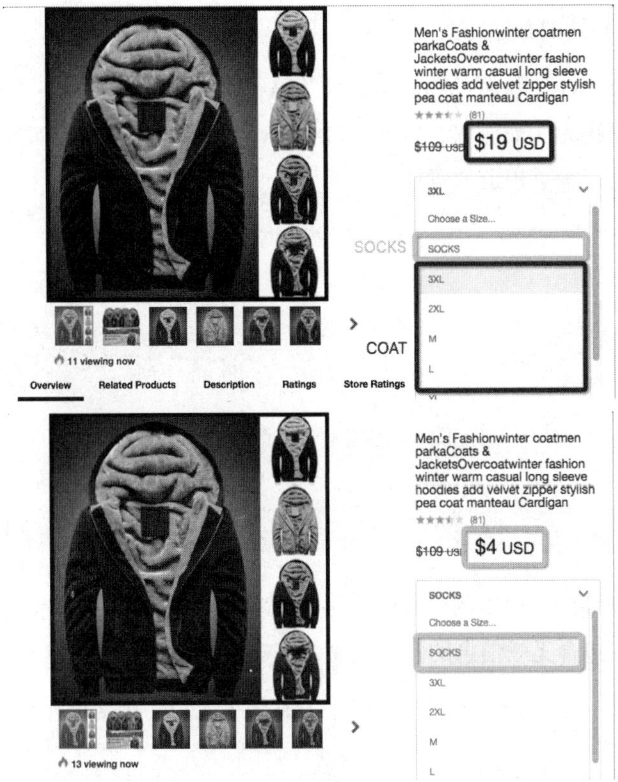

图 4-1-2　产品描述与产品图片不符的另一种情况

2. 商户应确保尽快向客户交付订单

平台用户总会期望能够尽快收到自己订购的产品或服务，商户应当确保尽快履行订单并将商品配送到用户手中。

为了能够按时交付订单，商户可以采取以下方式。

1）及时履行订单

商户需在 5 天内点击“Ship”按钮（如图 4-1-3 所示），并确保订单带有有效物流跟踪信息。

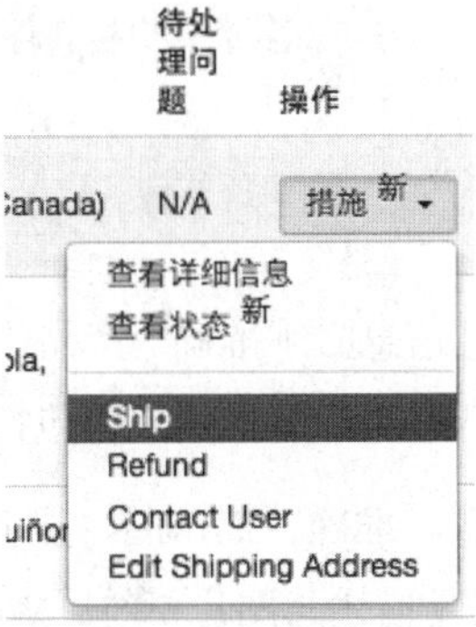

图 4-1-3　“Ship”按钮

2）使用可靠、有效的配送方式

建议商户使用被 Wish 认可的物流承运商（路径：商户后台左侧→“文档”→“合作配送商”），否则物流信息将无法被抓取。另外，自 2016 年 8 月 8 日开始，如果使用非 Wish 认可的承运商配送订单，商户须承担退款责任。

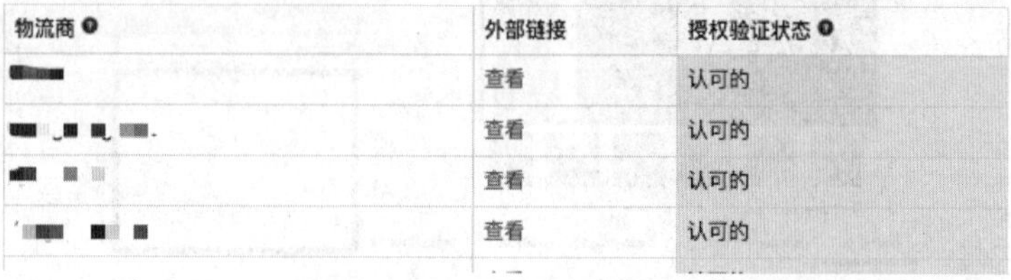

物流商	外部链接	授权验证状态
[redacted]	查看	认可的
[redacted]	查看	认可的
[redacted]	查看	认可的
[redacted]	查看	认可的

图 4-1-4　查看被认可的物流服务商

4.1.1　注册

商户在注册账户期间，提供的所有信息必须真实准确。如果注册期间提供的账户信息不准确，例如提供虚假或包含无效信息的营业执照，账户可能会被暂停。

每个实体只能有一个账户。如果公司或个人有多个账户，则多个账户都有可能被暂停，如图 4-1-5 所示。

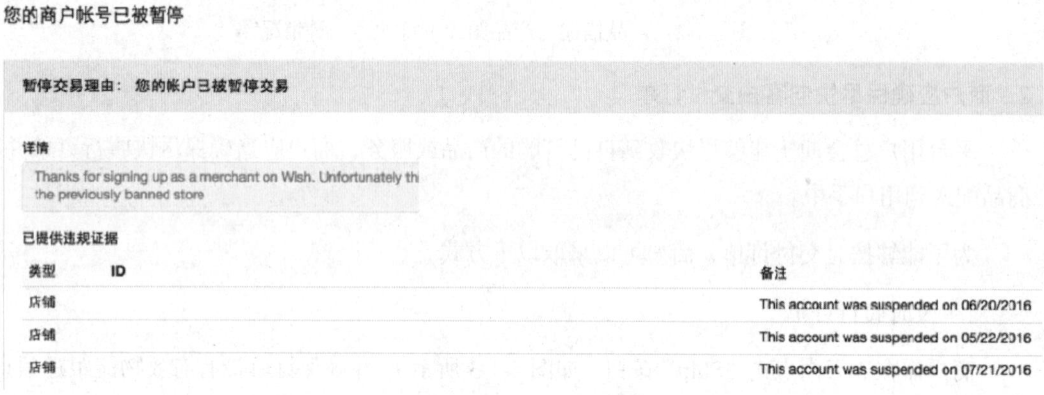

您的商户帐号已被暂停

暂停交易理由：您的帐户已被暂停交易

详情

Thanks for signing up as a merchant on Wish. Unfortunately th
the previously banned store

已提供违规证据

类型	ID	备注
店铺		This account was suspended on 06/20/2016
店铺		This account was suspended on 05/22/2016
店铺		This account was suspended on 07/21/2016

图 4-1-5　多个账户被暂停

4.1.2　产品清单

商户上传产品期间，提供的产品信息必须准确。产品信息包括图片、库存、价格、描述等。产品图片应该准确展现正在出售的产品，产品描述不应包括与产品图片不符的内容。

（1）如果对所列产品提供的信息不准确，该产品可能会被移除，且相应的账户可能面临罚款或暂停的风险。如 4-1-2 所示，产品描述与图片不符，Wish 将对该产品做下架处理。

（2）Wish 严禁销售伪造产品，严禁在 Wish 上列出伪造产品。如果商户推出伪造产品进行出售，这些产品将被移除，并且其账户将面临罚款，可能还会被暂停，如图 4-1-6 所示。对于初次审核的产品，一旦被标记为仿品，产品将被系统移除；经过二次编辑的产品，将重新进入审核程序，如果被标记为仿品，该产品将被下架，该产品所产生的货款将被暂扣，商户还会面临罚款。

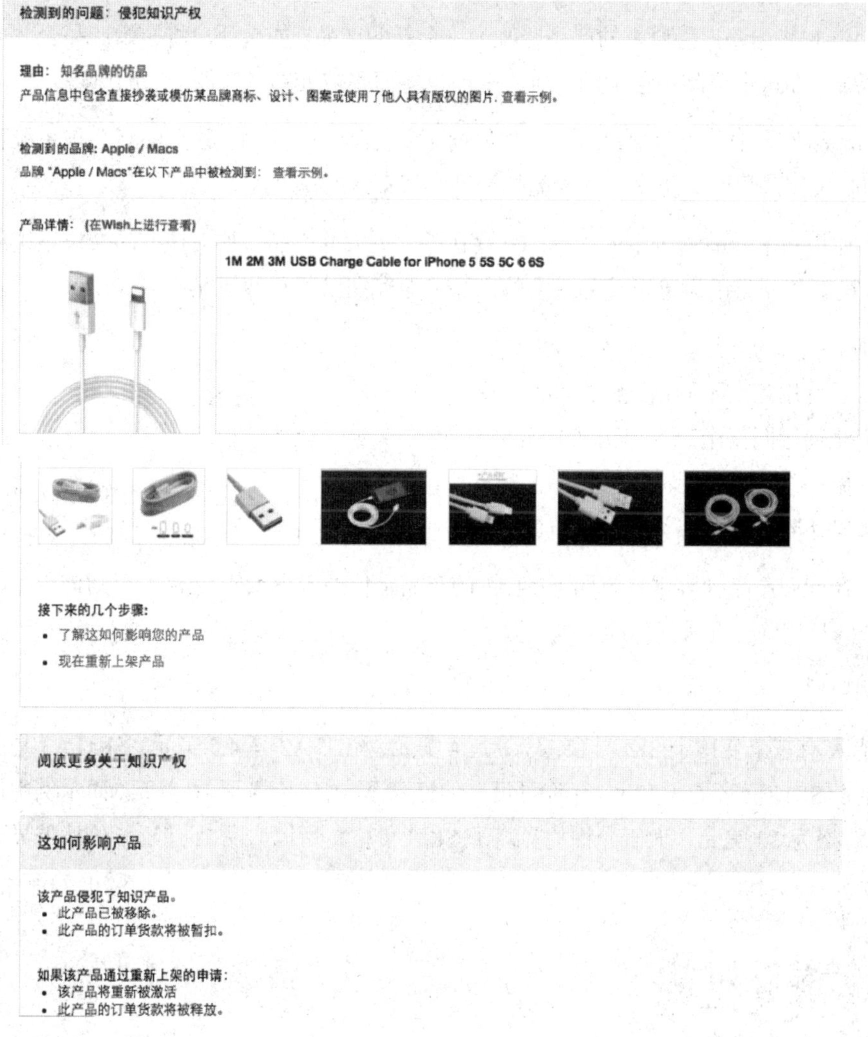
检测到的问题：侵犯知识产权
理由：知名品牌的仿品
产品信息中包含直接抄袭或模仿某品牌商标、设计、图案或使用了他人具有版权的图片. 查看示例。
检测到的品牌: Apple / Macs
品牌 "Apple / Macs"在以下产品中被检测到：查看示例。
产品详情：(在Wish上进行查看)
1M 2M 3M USB Charge Cable for iPhone 5 5S 5C 6 6S
接下来的几个步骤：
了解这如何影响您的产品
现在重新上架产品
阅读更多关于知识产权
这如何影响产品
该产品侵犯了知识产品。
此产品已被移除。
此产品的订单货款将被暂扣。
如果该产品通过重新上架的申请：
该产品将重新被激活
此产品的订单货款将被释放。

图 4-1-6　伪造产品

（3）产品不能侵犯他人知识产权。产品的图片和文本信息不得侵犯他人的知识产权，包括版权、商标、专利等。如果商户上传侵犯他人知识产权的产品，产品将被系统删除，其账户可能会被暂停或永久关闭。如果商户多次侵犯他人的知识产权，该账户将面临被暂停或永久关闭的风险。更多关于知识产权的内容请参考第 4.2 节“品牌大学”。

（4）产品中不得包含引导用户离开 Wish 的信息。如果商户列出的产品引导用户离开 Wish 或引导用户联系 Wish 平台以外的店铺，产品将被移除，其账户将面临暂停交易的风险。

（5）Wish 严禁商户重复铺货。Wish 严禁列出多个相同的产品。产品相同，颜色、尺寸、型号不同的必须列为一款产品，不得上传重复的产品。如果商户上传重复的产品，产品将被移除，且其账户将面临被暂停交易的风险。

（6）Wish 禁止商户将原来的产品修改为一个新的产品。如果商户将原始产品合并成一个新的产品，那么在这个产品被移除的同时，账户也将面临被处罚或暂停交易的风险。

（7）产品列表中不得包含禁售品，如果商家上传禁售品，那么该产品将会被系统移除，店铺也将面临关闭的风险。更多的禁售品知识请参考第 4.2 节“品牌大学”。

（8）如果一个产品列表中的子 SKU 存在差异过大的产品，那么该产品会被系统移除，并且店铺有被暂停交易的风险。差异过大的产品一般存在以下几种情况：

- 完全不同的产品。
- 需要使用完全不同描述的产品。
- 无法使用同一个产品标题来描述的产品。
- 其中一个产品是另外一个产品的配件。
- 买家不希望在同一详情页浏览的两个并不相关的产品。

（9）在同一产品列表中，不同子 SKU 的产品定价差不得大于 4 倍，否则该产品将会被系统移除，并且店铺存在被暂停交易的风险。

示例：

产品 A 有三个变体子 SKU，SKU A1 是 4 美元，SKU A2 是 4.5 美元，SKU A3 是 20 美元。最低变体子 SKU 价格是 4 美元，允许可设置的最高子 SKU 价格是 16 美元。而示例中产品最高子 SKU 价格为 20 美元，大于允许的最高子 SKU 价格，所以产品 A 违反了价格差异的政策，该产品会被移除。

4.1.3 产品促销

Wish 可能随时促销某款产品。促销产品又称为黄钻产品，商户可在 Wish 商户后台的产品列表中查看产品是否为黄钻产品，如图 4-1-6 所示。

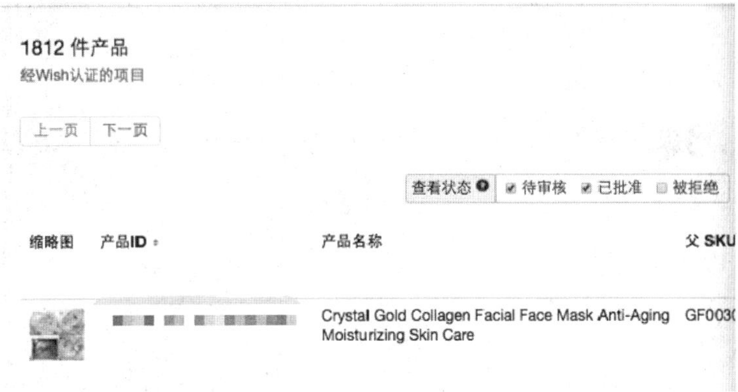

图 4-1-6 黄钻产品

产品是否被促销，Wish 系统会根据产品的综合表现评定，Wish 可能随时促销某款产品，如果促销产品的定价、库存或详情不准确，商户将有可能违反以下政策。

（1）商户不得对促销产品提高价格和运费。

（2）商户不得自行降低促销产品的库存。如果黄钻产品实际库存量不准确，将会影响订单履行率（参见 4.1.5 小节），订单履行率过低，店铺将被关闭。

商户可以运用“预设库存更新”功能对促销产品的库存进行预先调整。操作路径如下：登录商户后台，在菜单栏点击“产品”→“查看所有产品”，或者进入网址 http://merchant.wish.com/product 查看。找到需要设置预设库存的产品后，请点击产品右方“Actions”→“Schedule Inventory Update”菜单进入设置界面，如图 4-1-7 所示。

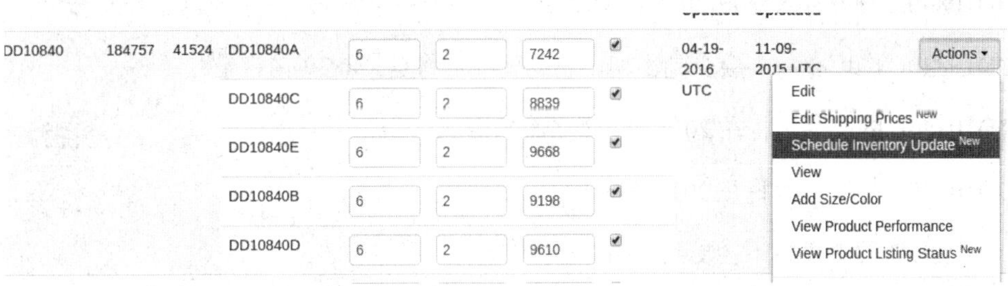

图 4-1-7 预先调整库存

预设库存更新有以下两种情况，如图 4-1-8 所示。

（1）如果您不想对某一产品的子 SKU 的预设库存进行调整，请将该 SKU 对应的文本框留白即可。

（2）如果您希望某一产品子 SKU 的库存在下一预设库存更新日变为指定数值，请将该数值填到文本框中，并点击“保存”按钮即可。

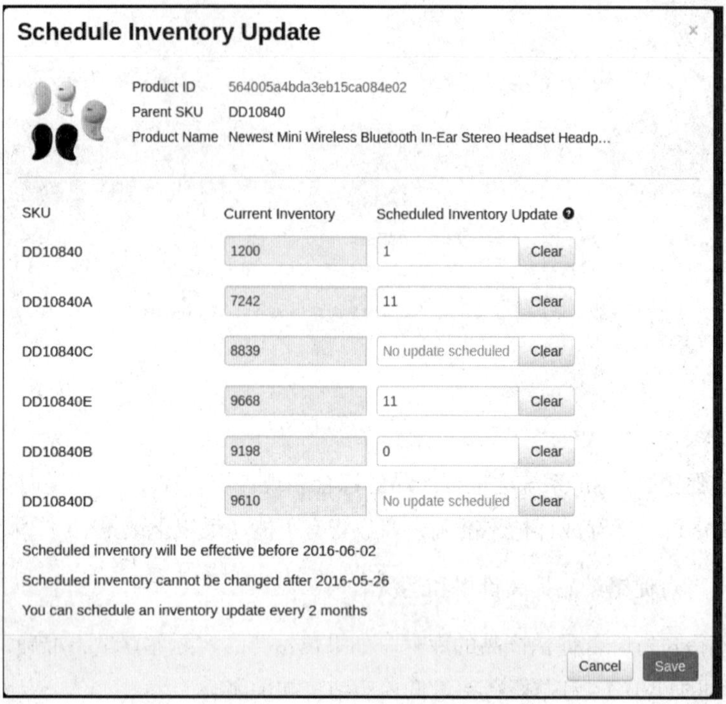

图 4-1-8　预设库存更新

在上图的示例中，该产品库存将按以下形式变换：

DD10840 的库存量将在 2016-06-02 之前变为 1。

DD10840A 的库存量将在 2016-06-02 之前变为 11。

DD10840C 的库存将不会受到影响，它的库存量将是“8839-销售量”。

DD10840E 的库存量将在 2016-06-02 之前变为 11。

DD10840B 的库存量将在 2016-06-02 之前变为 0。

DD10840D 的库存将不会受到影响。

（3）店铺如果禁售促销产品，将面临罚款。如果该禁售额在过去 9 天中总和超过 500 美元，店铺将被罚款 50 美元。

4.1.4　知识产权

Wish 对伪造品和侵犯知识产权的行为制定了严格的零容忍政策。如果 Wish 单方面认定您在销售伪造产品，您同意不限制 Wish 在本协议（协议请参照“服务条款”中第五条第 10 点）中的权利或法律权利，Wish 可以单方面暂停或终止您的销售权限，扣留或罚没本应支付给您的款项。

（1）Wish 平台严禁出售伪造产品。Wish 严禁商户销售模仿或影射他人知识产权的产品，包括模仿其他品牌的标志、名称、图像及外观设计等。如果商户在 Wish 平台出售仿造产品，这些产品将被下架，并且其账户将面临罚款，可能还会被暂停。如需了解如何辨别一个产品是否为仿品，请参照 4.2 节“品牌大学”。

（2）Wish 平台严禁销售侵犯另一个实体的知识产权的产品。商户上传的产品图像和文字描述不得侵犯他人的知识产权，包括版权、商标、专利等。如果平台发现商户销售并上传侵犯他人知识产权的产品，将对这些产品进行下架处理，并且其账户将面临罚款，可能还会被暂停。

（3）如果商户销售的产品为伪造产品或存在侵犯知识产权行为，商户有责任提供销售产品的授权证据。如果商户对销售的产品提供错误或误导性的授权证据，其账户将会被暂停。

（4）仿造品的罚款扣款政策。如果发现某款产品违反了 Wish 的政策，则会将其删除并扣留所有货款。商家每个仿品可能会被罚款 1 美元。针对已经通过审核的产品，商户通过修改产品名称、产品描述或产品图片，将产品编辑为仿品，商户可能会被处以 100 美元的罚款。此产品将被删除，且所有货款将被暂扣，未结货款将在两年内返还给商户，第一年将返还货款金额的 50%，第二年将返还货款金额的另一半，在此期间，该产品的所有退款由商户承担 100%的责任。

（注：已经通过审核的产品，在重新编辑产品名称、产品描述或产品图片后，会再次进入审核程序，产品复审期间，产品正常销售。）

4.1.5　履行订单

准确迅速地履行订单是商户的首要任务，这样才能收到销售款项。

（1）所有订单必须在 5 天内进行发货操作，该时长即订单申报完成时间，指从商户下订单到商户系统标记该订单为“已配送”所需的时间，如果一个订单在 5 天内未完成发货操作，该订单会被系统自动退款且该订单会被计入商户的退款率及预履行取消率，另外相关的产品将被下架。

（2）自动退款率，即如果商户有无法及时发货的订单，将会产生自动退款率，自动退款的订单数量与收到订单总数之比，如果该比率非常高，其账户将被暂停。

商户可在平台“业绩”→“物流表现”→“周发货完成及运输”中查看店铺的申报完成平均时长，如图 4-1-9 所示。

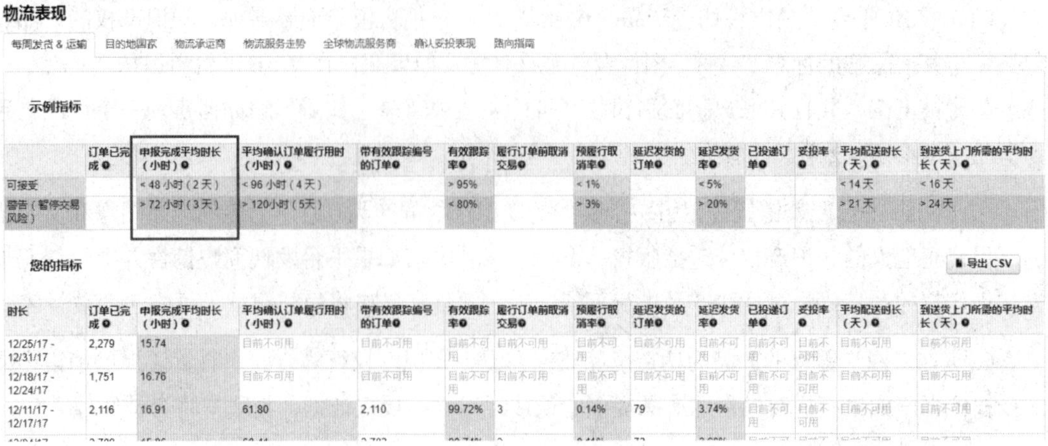

图 4-1-9　申报完成平均时长

（3）订单自生成起 168 小时内未由物流服务商确认发货，则商户将被处以罚款：订单金额的 20%或 1 美元，两者取较高金额。

订单金额为订单数量 ×(产品售价+产品运费)。

罚款会按照订单维度从商户账户中扣除，罚款会显示在 Wish 商户后台的“账户余额”页面（“账户”→“账户余额”），如图 4-1-10 所示。

图 4-1-10　罚款金额

如商户对该订单罚款有异议，可以通过“物流跟踪申诉”工具进行罚款申诉，申诉路径如图 4-1-11 所示，一共三个路径：

- 订单→历史记录→点击物流跟踪编号。
- 订单→历史记录→点击支付状态。
- 订单→历史记录→措施→发起物流跟踪申诉。

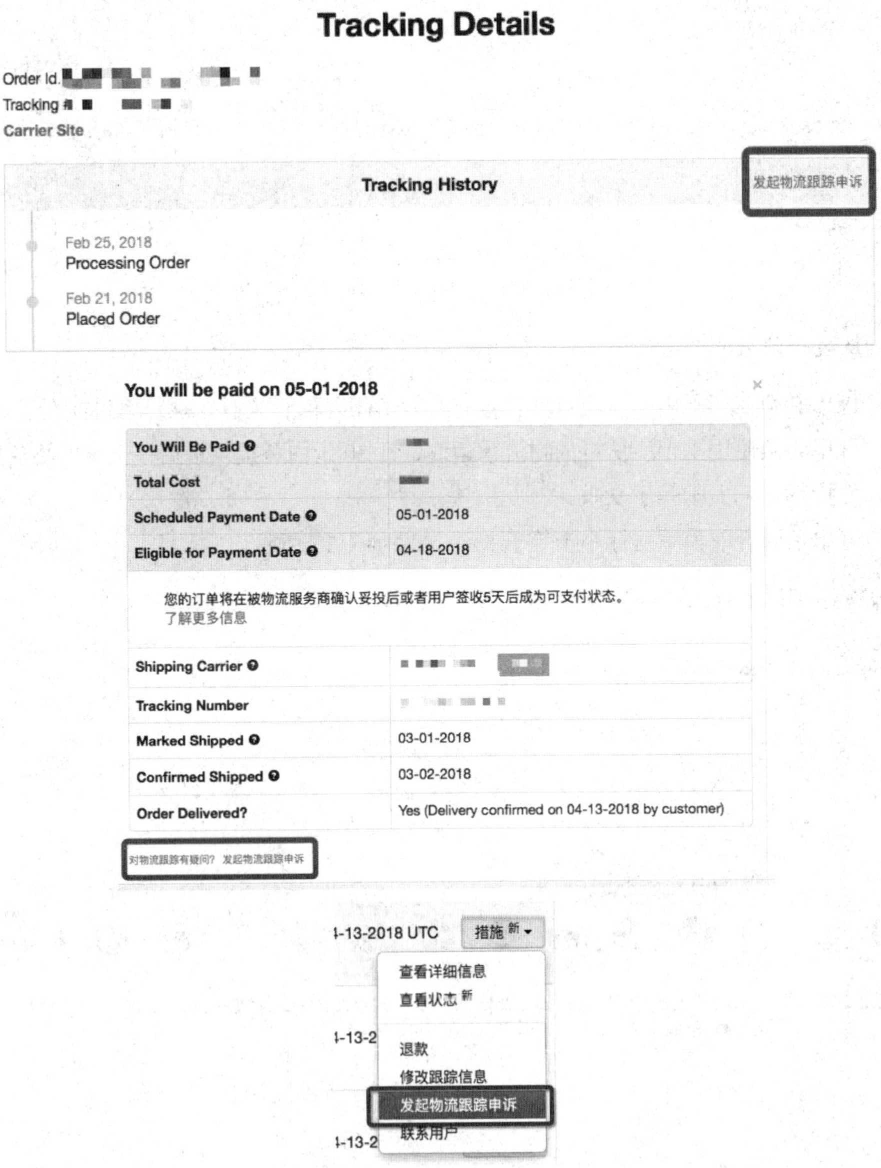

图 4-1-11　发起物流跟踪申诉

（4）确认妥投政策。即符合确认妥投政策的订单需使用平台认可的物流服务商，且 30 天内能提供最后一千米的物流跟踪信息。

如图 4-1-12 所示，对于配送至以下几个国家，且满足总价（价格+运费）条件的订单，需要达到确认妥投政策的要求，否则商户将面临店铺被暂停交易的风险。

国家	价格+运费的阈值
Argentina, Canada, Chile, Colombia, Costa Rica, Denmark, France, Germany, Mexico, Saudi Arabia, Spain, Sweden, United Kingdom, United States	≥ 10美元
意大利	≥ 7美元
俄罗斯	≥ 3美元

图 4-1-12　确认妥投国家及其对应的总价阈值

确认妥投政策的要求如下：

- 订单必须在 7 天内确认履行，且带有有效的跟踪信息，有效跟踪率目标大于等于 95%。
- 订单必须使用平台所认可的物流承运商，且 30 天内可提供最后一千米的物流跟踪信息，妥投率目标大于等于 95%。
- 订单预履行取消率目标小于等于 5%，如图 4-1-13 所示。

没有达到以上要求的商户将面临暂停交易的风险。

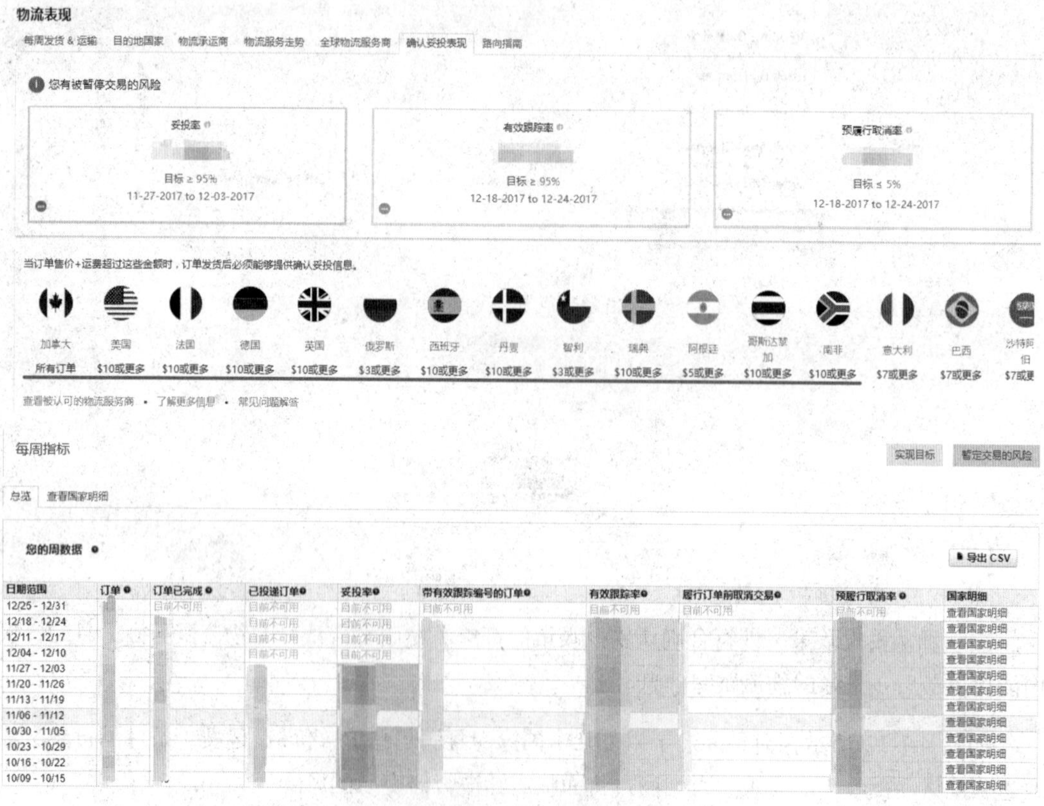

图 4-1-13　确认妥投

平台认可的可确认妥投的物流服务商查找路径：首页左下角“文档”→“合作配送商”→“CONFIRMED DELIVERY SHIPPING CARRIERS”，如图 4-1-14 所示。

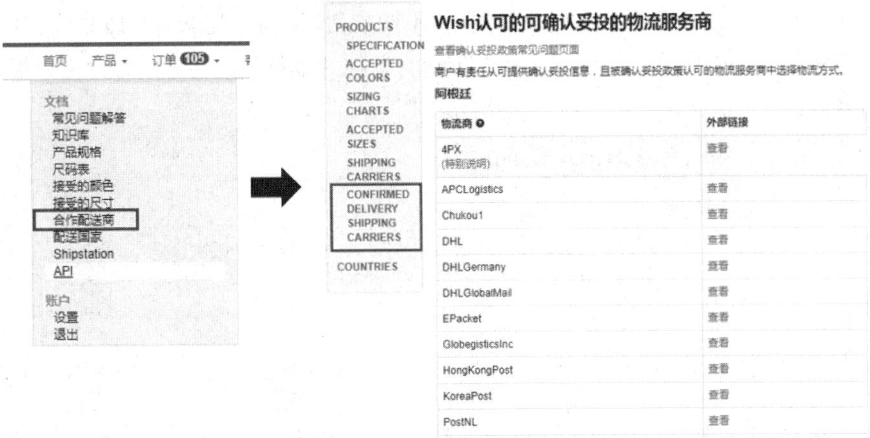

图 4-1-14　Wish 认可的可确认妥投的物流服务商

（5）物流服务商路向指南

物流服务商路向指南是为了帮助商户选择优质物流服务商而设定的分级方案。通过使用优质的物流服务商来配送订单，可以降低退款率，提高物流时效，以节省成本，获得更多的产品曝光。

此工具将 Wish 认可的物流服务商划分为 4 个等级，展示了物流服务商的配送退款率、妥投率，以及使用该物流服务商的优势，如图 4-1-15 所示。

图 4-1-15　物流服务商路向指南

- 等级 1：仅针对满足 Wish Express 妥投要求的 Wish Express 订单，使用该等级的物流服务商可享受该等级的利好政策。
- 等级 2：具有高妥投率及低物流因素退款率的可靠物流商。
- 等级 3：具有较高的物流因素退款率及低妥投率的物流服务商。
- 等级 4：物流表现差的物流服务商，具有极高的物流因素退款率及极低的妥投率。

每一个等级的物流服务商会对应 Wish 平台不同的利好政策，如图 4-1-16 所示。另外，Wish 会定期依据每一个物流服务商的物流表现数据进行监控并调整其所在等级，为商户推荐最优质的物流服务商。

各等级物流服务商之利好政策

利好	等级1	等级2	等级3	等级4
获得更快的放款资格 $	是	是	是	是
享受Wish Express利好政策	是	否	否	否
获得全明星商户标志	是	是	否	否
曝光量增长	是	是	否	否

图 4-1-16　各等级物流服务商的利好政策

4.1.6　用户服务

商户需提供良好的用户服务以保证良好的用户体验。商户可点击“业绩”→“用户服务表现”菜单查看店铺的客户服务表现，如图 4-1-17 所示。

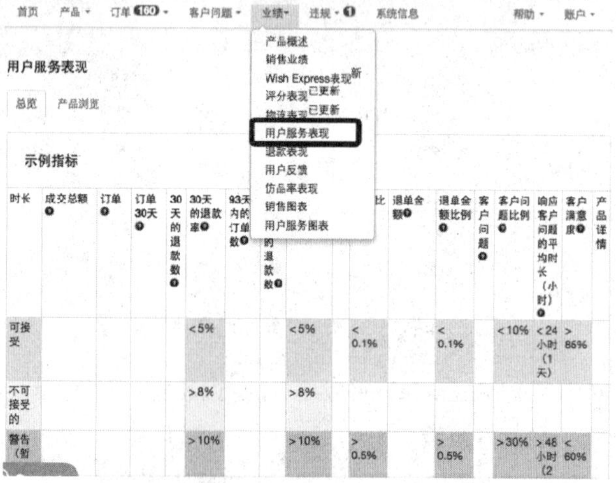

图 4-1-17　用户服务表现

另外，“业绩”栏下“用户服务图表”中展示了一段时间内用户服务的变化，如图 4-1-18

所示。

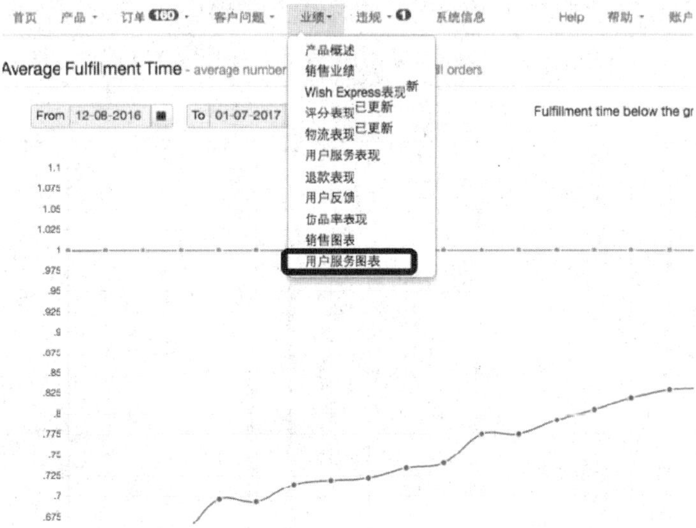

图 4-1-18　用户服务图表

（1）店铺的退款率是衡量商户为客户提供的商品和服务质量的重要指标。退款率是指某个时段内退款订单数与收到订单总数之比。如果此比例特别高，店铺将被暂停交易。低于 5%的退款率是正常的。

Wish 实行两级退款率政策，拥有极高退款率的店铺将有被关店的风险，有着不可接受的高退款率的店铺将承担所有退款的成本。Wish 会定期评估商户的退款率表现，如果商户的退款率恢复到可接受水平内，那么商户将会根据 Wish 的退款政策承担正常的退款责任。商户可点击“业绩”→“用户服务表现”菜单查看店铺的退款率水平，如图 4-1-19 所示。

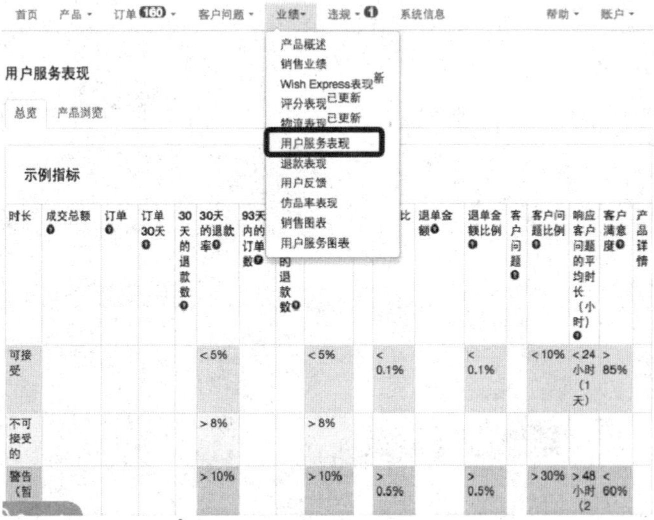

图 4-1-19　用户服务表现

（2）店铺的退单率是衡量商户为客户提供的商品和服务质量的重要指标。退单率是指某个时段内退单的订单数与收到订单总数之比。如果此比例特别高，店铺将被暂停交易。低于 0.5% 的退单率是正常的。商户可点击“业绩”→“用户服务表现”菜单查看店铺的退单率水平，如图 4-1-20 所示。

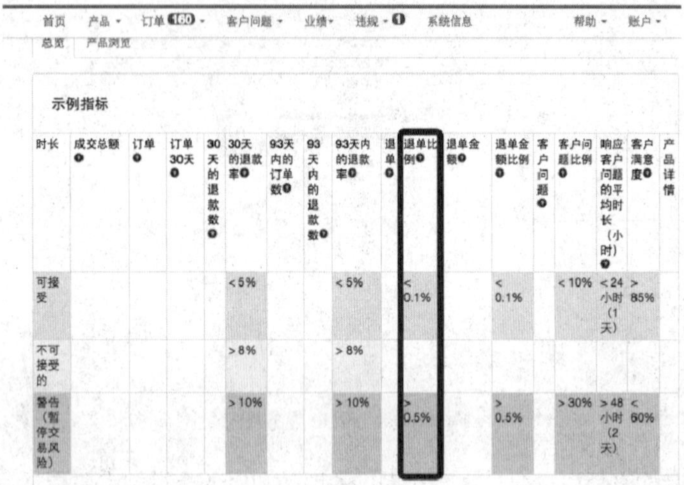

图 4-1-20　退单比例

（3）Wish 严禁商户滥用用户信息，严禁商户对 Wish 用户施加辱骂性行为和语言，Wish 对此行为采取零容忍态度。

（4）严禁要求用户绕过 Wish 付款。如果商户要求用户在 Wish 以外的平台付款，其账户将被暂停。商户可通过点击商户后台右上角“账户”→“付款设置”菜单查看与 Wish 平台对接的支付平台，如图 4-1-21 所示。

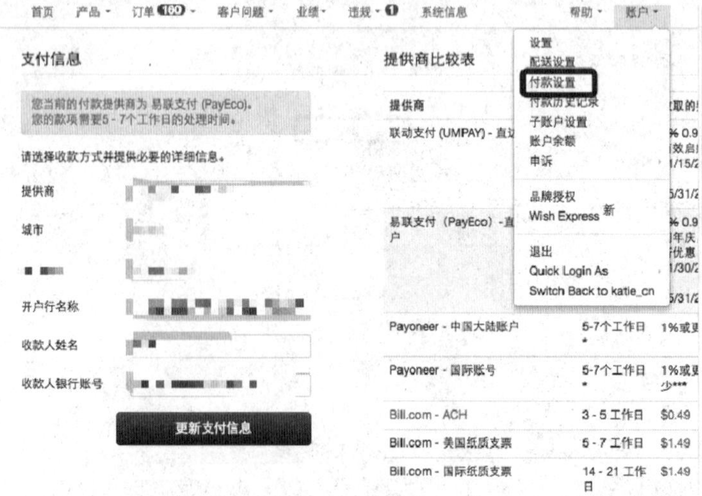

图 4-1-21　付款设置

（5）如果商户指引用户离开 Wish，其账户将会被暂停。例如，商户不得在产品信息中添加其他网站的 URL。

（6）Wish 平台严禁要求用户提供个人信息。如果商户要求用户提供付款信息、电子邮箱等个人信息，其账户将被暂停。

4.1.7　退款责任

（1）如果订单发货前取消订单或退款，则商户将不能获得付款。

（2）如果商户向某个订单退款，商户将不能获得该笔订单的款项。

（3）对于缺乏有效或准确跟踪信息的订单（包括订单的跟踪信息无效或不准确等），商户需承担全部退款责任，即商户必须承担该订单的全部退款成本。以下为此类退款责任界定的示例。

示例 1：物流追踪信息缺失

订单于 2 月 1 日生成，预计到达时长为 14 ~ 20 天。

商户于 2 月 16 日将该笔订单标记为发货，但没有上传物流追踪单号。

2 月 22 日，用户以“没收到货”为由退款，该订单的退款责任需全部由商户承担。

示例 2：物流追踪信息无效

订单于 3 月 2 日生成，预计到达时长为 12 ~ 15 天。

商户于 3 月 3 日将该订单标记为发货，但系统无法追踪到该订单的物流信息。

3 月 20 日，用户以“没收到货”为由退款，该订单的退款责任需全部由商户承担。

（4）如果订单确认履行时间（参考 4.1.5 小节）为订单生成后 10 天以上，商户应对该订单退款负 100%责任。

（5）对于配送时间过度延迟的订单，商户负责承担 100%的退款责任。包裹的配送及妥投时间因地区而异，若到某一国家/地区的订单的配送时间超过该国家/地区的最长配送时间仍未确认妥投，因此产生的退款，商户需承担 100%的退款费用。表 4-1-1 是到各个国家/地区的最长配送时间。

表 4-1-1　到各个国家/地区的最长配送时间

国家/地区	国家/地区代码	最长配送时间
美国	US	15 天
法国	FR	16 天
加拿大	CA	18 天

续表

国家/地区	国家/地区代码	最长配送时间
西班牙	ES	21 天
瑞士	CH	17 天
加拿大	IT	21 天
日本	JP	13 天
丹麦	DK	16 天
比利时	BE	16 天
英国	GB	12 天
瑞典	SE	20 天
挪威	NO	18 天
爱尔兰	IE	23 天
巴西	BR	29 天
波兰	PL	18 天
芬兰	FI	17 天
新加坡	SG	16 天
葡萄牙	PT	19 天
澳大利亚	AU	14 天
捷克共和国	CZ	17 天
德国	DE	16 天
马来西亚	MY	20 天
克罗地亚	HR	15 天
波多黎各	PR	13 天
墨西哥	MX	22 天
希腊	GR	23 天
荷兰	NL	15 天
土耳其	TR	22 天
新西兰	NZ	14 天
韩国	KR	12 天
俄罗斯	RU	23 天
以色列	IL	23 天
澳大利亚	AT	15 天
阿根廷	AR	33 天
阿拉伯联合酋长国	AE	24 天
斯洛伐克	SK	17 天
匈牙利	HU	17 天
智利	CL	20 天
印度	IN	26 天
哥斯达黎加	CR	33 天
沙特阿拉伯	SA	33 天
哥伦比亚	CO	31 天

续表

国家/地区	国家/地区代码	最长配送时间
科威特	KW	30 天
南非	ZA	37 天
秘鲁	PE	31 天
厄瓜多尔	EC	33 天

*Wish 保留在任何时间修改该数据的权利，请以商户平台实时显示为准。

（6）如果用户由于尺寸问题而要求退款，则由商户承担全部退款成本。

（7）如果商户实施诈骗活动或规避收入份额，则承担诈骗订单的全部退款成本。

（8）如果因商品送达时损坏而产生退款，则由商户承担全部退款成本。

（9）如果因商品与商品介绍不符而产生退款，则商户承担全部退款成本。产品图片应该准确描述正在出售的产品。产品图片和产品描述的不一致会导致以商品与清单不符为由的退款。

（10）商户账户暂停期间发生的退款，由商户承担全部退款成本。

（11）对于退款率极高的产品，其在任何情况下产生的退款都将由商户承担全部退款责任。每个退货率极高的产品都将会收到一条违规警告，从收到违规警告开始，商户需承担该产品所有订单的全部责任，退款会从上次付款中扣除。

退款率是指某个时段内退款订单数与总订单总数之比。可接受的退款率为低于 5%。Wish 实行产品两级退款率政策，会对每个产品每周评估一次，并将对产品从该评估日起向过去计算 0 ~ 30 天和 63 ~ 93 天两个时间段的订单为标准进行评估，评估结果分为极高退款率产品和高退款率产品，商户需要对极高退款率产品和高退款率产品的订单承担全部退款责任。极高退款率产品会被 Wish 移除，该产品的货款将被暂扣；未被 Wish 移除的高退款率产品不会做下架处理，但会被定期重新评估，若该产品保持低退款率，那么商户将不再因此政策而承担该产品的全部退款责任。

以下为产品的两级退款率示例：

- A 产品在过去的 63 ~ 93 天内产生两个订单，且该产品的退款率为 50%。A 产品既不是极高退款率产品也不是高退款率产品，因为 A 产品的订单量较低，将不受该政策影响。
- B 产品在过去的 63 ~ 93 天内产生 60 个订单，且退款率为 40%。B 产品被判定为极高退款率产品，将被 Wish 下架。
- C 产品在过去的 63 ~ 93 天内产生 60 个订单，且该产品的退款率为 23%，C 产品被判定为高退款率产品，不做下架处理，同时 C 产品被重新评估，在过去的 0 ~ 30 天内，C 产品产生了 15 个订单，退款率为 15%，C 产品仍为高退款率产品，且商户需要对该产品的所有退款承担全部退款责任。
- D 产品在过去的 63 ~ 93 天内产生 70 个订单，且该产品的退款率为 24%，D 产品被判定为高退款率产品，不做下架处理，同时 D 产品被重新评估，在过去的 0～30 天内，D 产品产生了 60 个订单，退款率为 12%，该产品将恢复正常。

- E 产品在过去的 63～93 天内产生 70 个订单，且该产品的退款率为 24%，E 产品被判定为高退款率产品，不做下架处理，同时 E 产品被重新评估，在过去的 0～30 天内，E 产品产生了 60 个订单，退款率为 35%，该产品将被判定为极高退款率产品，且将被 Wish 永久下架。

（12）对于被判定为仿品（参考 4.1.4 小节）的产品，商户将承担 100%的退款。侵犯知识产权的产品将被直接移除，商户也将 100%承担相关退款。

（13）如果因商品配送至错误地址而产生退款，那么该商户将承担 100%的退款责任。

（14）如果因订单配送不完整而产生退款，那么商户将承担 100%的退款责任。不完整订单是指商户没有配送正确数量的产品或者没有配送该产品的所有部件。

（15）对于被退回发货人的包裹，商户将承担所产生的全部退款。如果投递失败并且物流商将物品退还至发送方，商户将承担退款的 100%责任。

以下是导致包裹被退回发货人的一般性原因：

- 配送地址不存在或错误。
- 邮费不足。
- 收件人已经搬离所填写的配送地址但没有更新配送地址。
- 包裹被拒收。

（16）低评价产品会给用户带来不好的用户体验，商户需要对低评价产品承担全部退款。对于每个平均评价极低的产品商户会收到相应的违规通知。商户需对该产品在未来的和追溯到最后一次付款的所有订单的退款费用负全部责任。根据平均评分，该产品可能会被 Wish 移除。未被移除的平均低评价产品将会被定期重新评估。如果发现产品有一个低评价不再是不可接受的，那么根据这一政策商户将不再需要对退款负 100%的责任。

Wish 实行产品两级低评价政策，产品评级将以周为单位进行评估，产品平均评级低于 3 分即为不可接受的评分，产品平均评分高于 4 分为良好，平台最好的产品评级接近 5 分。如果某产品平均评级不可接受，商户需对该产品产生的所有退款承担全部退款责任，直到该产品被重新评估。如果重新评估的结果有所提高，该产品将不再受此政策影响。如果某产品平均评级极低，该产品将被自动下架，商户需对该产品产生的全部退款承担全部的退款责任，且该产品将不会再被重新评估。

以下是两级低评价政策示例。

示例 1：

5 月 1 日～5 月 7 日，产品 A 收到 20 个产品评分，平均评分为 1.9 分。

5 月 7 日 ~ 5 月 14 日，产品 A 产生 12 个退款，商户需要对这 12 个退款承担全部退款责任。

示例 2：

5 月 1 日 ~ 5 月 7 日，产品 B 收到 25 个产品评分，平均评分 4.5 分。

5 月 7 日 ~ 5 月 14 日，产品 B 产生 10 个退款，这 10 个退款订单责任将根据 Wish 基本政策界定。

示例 3：

6 月 1 日 ~ 6 月 7 日，产品 C 收到 20 个产品评分，平均评分 1.65 分。

6 月 7 日 ~ 6 月 14 日，产品 C 产生 12 个退款，商户需要对这 12 个退款承担全部退款责任。

6 月 7 日 ~ 6 月 14 日，产品 C 被重新评分，平均评分 2.21 分。

6 月 14 日 ~ 6 月 21 日，产品 C 产生 20 个退款，商户需要对这 20 个退款承担全部退款责任。

6 月 14 日 ~ 6 月 21 日，产品 C 被重新评分，平均评分 3.12 分。

6 月 21 日 ~ 6 月 28 日，所有退款订单责任将根据 Wish 基本政策界定。

示例 4：

6 月 1 日 ~ 6 月 7 日，产品 D 收到 10 个产品评分，平均评分 1.65 分。

6 月 7 日 ~ 6 月 14 日，产品 D 产生 12 个退款，商户需要对这 12 个退款承担全部退款责任。

6 月 7 日 ~ 6 月 14 日，产品 D 被重新评分，平均评分 1.5 分。

6 月 14 日 ~ 6 月 21 日，产品 D 产生 20 个退款，商户需要对这 20 个退款承担全部退款责任。

6 月 14 日 ~ 6 月 21 日，产品 D 被重新评分，平均评分 1.25 分。

产品 D 将被系统自动下架。

（17）任何客户未收到产品的订单，商户承担 100%的退款费用。若包裹跟踪记录显示妥投，但客户未收件，商户承担 100%的退款费用。

（18）若商户通过非 Wish 认可的合作配送商配送订单，商户需承担全部的退款责任。

表 4-1-2 是被 Wish 认可的物流承运商。

表 4-1-2　被 Wish 认可的物流服务商（数据请以商户平台实时显示为准）

物流服务商		
USPS	DPDGermany	PortugalCTT
HongKongPost	DPDIreland	PostNL
ChinaAirPost	DPDPoland	PostNLInternational
SingaporePost	DPDUK	PostNLInternational3S
EMS（China）	DPEXChina	RRDonnelley
WishPost	DanmarkPost	RoyalMail
4PX	DeutschePost	RussianPost
AirpakExpress	DirectLink	SFCService
Aramex	ECFirstClass	SFExpress
AsendiaGermany	EMPSExpress	SFInternational
AsendiaUK	EPacket	SimplyPost
AsendiaUSA	EPostG	SingaporeSpeedpost
AuPostChina	Envialia	SprintPack
AustraliaPost	EquickChina	SunYou
AustrianPost	FastwayAustralia	SwedenPosten
AustrianPostRegistered	FedEx	SwissPost
BPost	FedExApex	TNT
BPostInternational	FedExUK	TNTAustralia
BRTBartolini	FlytExpress	TNTClickItaly
Belpost	GLS	TNTFrance
CNEExpress	GLSItaly	TNTItaly
CanadaPost	GLSNetherlands	TNTPostItaly
CeskaPosta	GlobegisticsInc	TNTUK
Chukou1	Hermes	TaiwanPost
ColisPrive	HermesGermany	ThailandThaiPost
Colissimo	IndiaPost	TollIPEC
CorreosCostaRica	IndiaPostInternational	TollPriority
CorreosDeEspana	IndonesiaPost	TrakPak
CyprusPost	JapanPost	TurkishPost
DHL	KoreaPost	UBILogisticsAustralia
DHL2MannHandling	LaPosteColissimo	UKMail
DHLBenelux	LaserShip	UPS
DHLExpress	LithuaniaPost	UPSFreight
DHLGermany	MagyarPosta	UPSMailInnovations
DHLGlobalMail	MalaysiaPost	VietnamPost
DHLGlobalMailAsia	MalaysiaPostPosDaftar	VietnamPostEMS
DHLNetherlands	NewZealandPost	XPO
DHLParcelNL	OnTrac	YODEL
DHLPoland	OneWorldExpress	Yanwen
DHLSpainDomestic	PTTPosta	YodelInternational
DPD	PocztaPolska	YunExpress

（19）如果商户的店铺有着不可接受的高退款率，商户需对未来所有订单的退款承担 100% 责任。当您店铺的退款率得以优化，不再属于不可接受的高退款率后，商户将承担正常的退款责任。

4.1.8 账户暂停

（1）账户暂停后账户将发生以下情况：

- 账户访问受限。
- 店铺的产品将不允许再上架销售。
- 店铺的付款保留三个月，三个月后商户可申请放款。
- 因严重违反 Wish 政策，店铺的销售额将被永久扣留。
- 店铺承担所有退款责任。

（2）账户被暂停的原因包括但不限于以下内容：

- 询问客户个人信息（包括电子邮件地址），商户账户将有被暂停的风险。
- 如果商户要求客户直接打款，其账户将会存在被暂停的风险。
- 如果商户提供了不适当的用户服务，其账户将会存在被暂停的风险。
- 如果商户正在欺骗用户，其账户将会存在被暂停的风险。
- 如果商户要求用户访问 Wish 以外的店铺，商户账户将有被暂停的风险。
- 如果商户的店铺正在销售假冒或侵权产品，商户账户将有被暂停的风险。
- 如果商户利用 Wish 政策谋取自己的利润，该商户账户将有被暂停的风险。
- 如果商户的店铺与另一被暂停账户关联，商户账户将有被暂停的风险。
- 如果商户的店铺拥有无法接受的高退款率，商户账户将有被暂停的风险。
- 如果商户的店铺拥有无法接受的高自动退款率，商户账户将有被暂停的风险。
- 如果商户的店铺拥有无法接受的高拒付率，商户账户将有被暂停的风险。
- 如果商户已在 Wish 注册多个账户，商户账户将有被暂停的风险。
- 如果商户的店铺拥有大量不带有效跟踪信息的单号，商户账户将有被暂停的风险。
- 如果商户给用户发送空包，其账户将会存在被暂停的风险。
- 如果商户使用虚假物流单号，商户账户将有被暂停的风险。
- 如果商户的店铺拥有大量无法接受的“包裹被递送至错误地址”的订单，商户账户将有被暂停的风险。
- 如果商户的延迟发货订单比率过高，则该商户存在账户暂停的风险。

4.1.9 付款政策

对于不同等级的物流服务商，会有不同的放款时间。首先，如果订单一旦被确认妥投或者买家用户确认收货，则该订单会立即转为支付状态。如果订单没有被确认妥投或者买家用户没有确认收货，则该订单会依据物流商的等级对应不同的放款时间，具体如下：

- 等级 1：使用等级 1 物流服务商配送的订单在物流服务商确认订单发货 45 天后，系统将自动转为可支付状态。
- 等级 2：使用等级 2 物流服务商配送的订单在物流服务商确认订单发货 45 天后转为可支付状态。
- 等级 3：使用等级 3 物流服务商配送的订单在物流服务商确认订单发货 75 天后转为可支付状态。
- 等级 4：使用等级 4 物流服务商配送的订单在物流服务商确认订单发货 90 天后转为可支付状态。

如果订单配送所使用的物流服务商不在路向指南中，且没有确认妥投信息，那订单将在物流服务商确认发货 90 天后转为可支付状态。

如果订单没有物流服务商的确认发货信息，那么订单将在商户系统标记发货 120 天后转为可支付状态。

4.2 品牌大学

什么是品牌大学？

Wish 平台自创立以来，一贯严格把控侵权产品。但部分商户对于侵权产品、仿品的知识仍有不足，不了解怎样的产品属于侵权产品，以及不了解如何去规避侵权产品的风险。因此，品牌大学应运而生。

Wish 的品牌大学为商户提供了一个可以自学知识产权及侵权产品知识的途径。商户可以从中了解到仿品政策、诚信店铺、品牌授权、常见仿品品牌等信息。

进入途径：商户在后台右上角点击“帮助”→“品牌大学”菜单进入品牌大学页面，如图 4-2-1 所示。

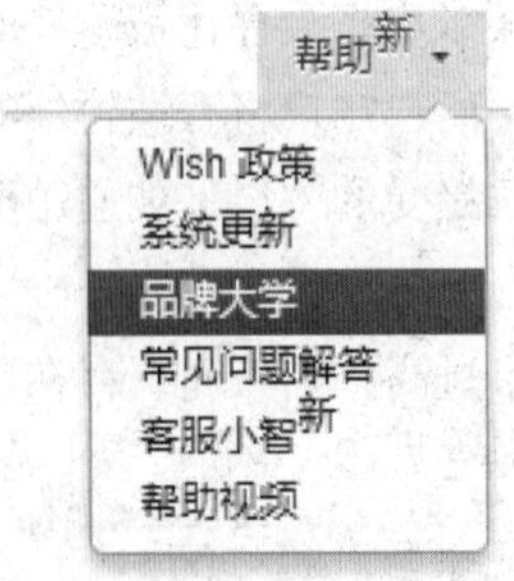

图 4-2-1　品牌大学入口

点击进入品牌大学后，商户将看到如图 4-2-2 所示页面。

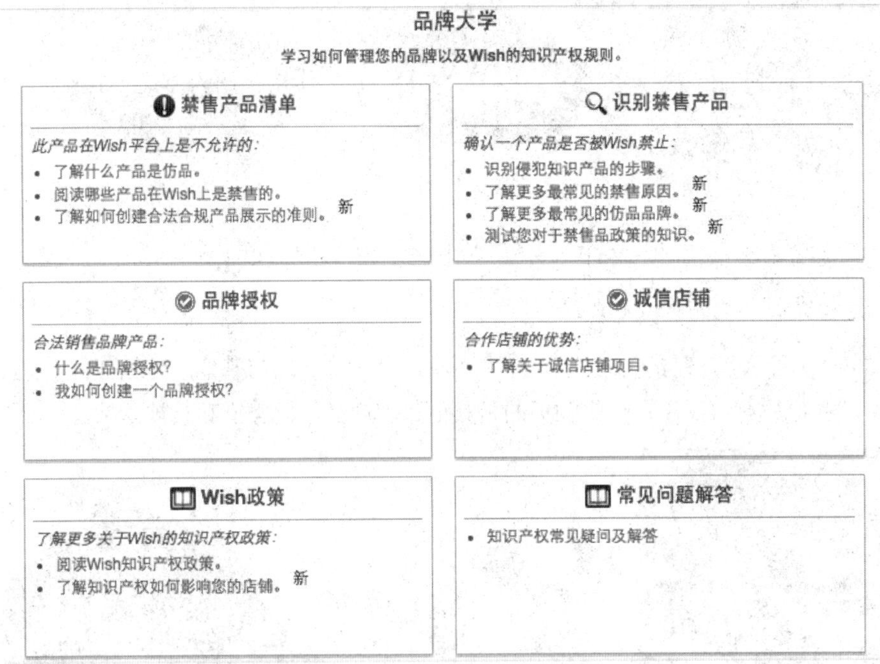
品牌大学
学习如何管理您的品牌以及Wish的知识产权规则。
禁售产品清单
此产品在Wish平台上是不允许的：
• 了解什么产品是仿品。
• 阅读哪些产品在Wish上是禁售的。
• 了解如何创建合法合规产品展示的准则。新
识别禁售产品
确认一个产品是否被Wish禁止：
• 识别侵犯知识产品的步骤。
• 了解更多最常见的禁售原因。新
• 了解更多最常见的仿品品牌。新
• 测试您对于禁售品政策的知识。新
品牌授权
合法销售品牌产品：
• 什么是品牌授权?
• 我如何创建一个品牌授权?
诚信店铺
合作店铺的优势：
• 了解关于诚信店铺项目。
Wish政策
了解更多关于Wish的知识产权政策：
• 阅读Wish知识产权政策。
• 了解知识产权如何影响您的店铺。新
常见问题解答
• 知识产权常见疑问及解答

图 4-2-2　品牌大学页面

后续内容将对各个功能逐一介绍。

4.2.1　禁售产品清单

1．了解什么产品是仿品

刚接触 Wish 的商户或许对 Wish 仿品政策不够了解，时常不明白为什么自己的产品被判为仿品。在“品牌大学”页面中，Wish 详细介绍了判断产品为仿品的依据，可以概括为：

- 直接模仿或暗指某种有知识产权的产品。
- 与其他知识产权所有者的产品相同或没有明显区别。
- 图片包含名人，如知名模特等。

同时，在此页面中 Wish 还对各类情况分别进行了举例：

1）直接使用其他品牌或 Logo

如图 4-2-3 所示，产品中直接使用了 Polo Ralph Lauren、D&G、Oakleys 的品牌名称或 Logo，Wish 认为这些产品属于仿品。

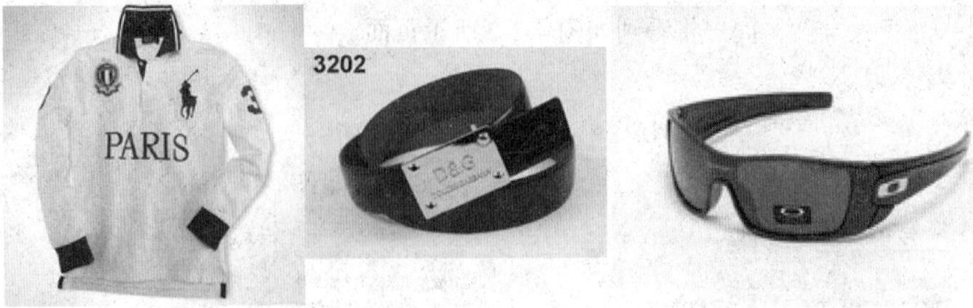

图 4-2-3　直接使用其他品牌或 Logo 的仿品

2）模仿/类似其他品牌或 Logo

如图 4-2-4 所示，产品的 Logo 与其他品牌非常相似。使用与其他品牌相似但不完全相同的 Logo，将被视作故意误导用户认为购买的是其他品牌产品。此类产品会被认为是仿品。

图 4-2-4　模仿/类似其他品牌或 Logo 的仿品

3）图片中的品牌或 Logo 模糊

如图 4-2-5 所示，图片中如果有明显的模糊或修改之处，用来遮挡品牌，或者图片背景中包含了品牌形象，不论是否被遮盖，该产品都会被判为仿品。

图 4-2-5　图片中品牌或 Logo 模糊的仿品

4）模仿其他品牌的设计或图案

一些看似不经意的细节上的设计，其实是某些品牌的标志或专利。如图 4-2-6 所示，红底是时尚女鞋品牌 Christian Louboutin 所申请的专利，Burberry 的网格图案也申请了专利。又如 Levi’s，他们的商标是缝合在口袋上的红色旗标。如果别的产品模仿或使用这些品牌的设计，都将被判为仿品。

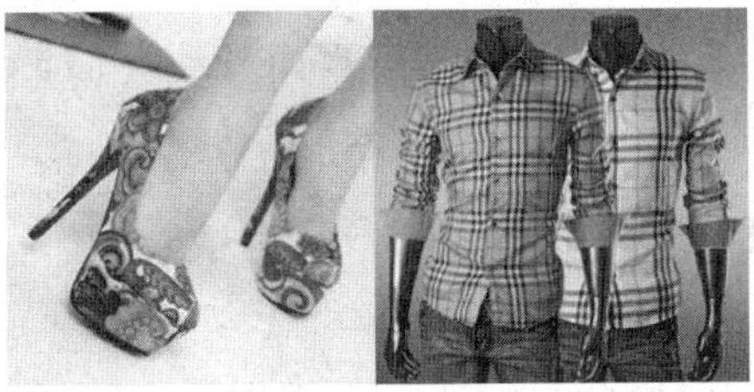

图 4-2-6　模仿其他品牌的设计或图案的仿品

5）使用明星、名模作为模特

如图 4-2-7 所示，若直接使用明星、名模的图片，则产品将被判为仿品。

图 4-2-7　使用明星、名模作为模特的仿品

6）产品图片中出现其他品牌名称

部分产品本身并非仿品，但如果图片中的配件出现了其他品牌名称，如使用其他品牌的包装、衣架等，则产品会被判为仿品，如图 4-2-8 所示。

图 4-2-8　图片中出现其他品牌名称的仿品

7）图片中的人遮挡脸部

如图 4-2-9 所示，如果直接遮挡模特脸部，则产品会被系统判为仿品。

图 4-2-9　图片中的人遮挡脸部的仿品

除介绍判定仿品的依据之外，在此页面中，Wish 还列举了部分侵权品牌清单，如果商户无法提供合法销售授权，则产品将被判为仿品。

品牌清单以英文字母进行排序，图 4-2-10 为部分清单截图，商户可在后台了解更多品牌清单。

7 For All Mankind	Balenciaga	D&G
Abercrombie & Fitch	Balmain	d2jeans.com
Adidas	Banana Boat	Dainty Doll
Adler	Banana Republic	Daisy Jewellery
Alberta Ferretti	Barbour	Daisy Street Shoes
Alberto Guardiani	Bare Escentuals	Daisystreet.co.uk
Aldo	BareMinerals	day birger et mikkelsen
Alexander McQueen	Barneys	De Beers
Alexander Wang	BB Dokota	de Bijenkorf
Alice & Olivia	BCBG	de Grisogono
American Apparel	BDG	De Nicola
Armani	birchbox	Dead Sea Spa
Armani Exchange	Birkenstock	Debenhams
Asos	Bobbi Brown	Debut at Debenhams
Aspinal of London	Bottega Veneta	Decleor

图 4-2-10　部分品牌清单

2．了解哪些产品在 Wish 上是禁售的

在此页面中，Wish 列举了平台禁止销售的产品种类，商户需确保自己店铺中没有相关类型的产品。商户可在后台页面中查看英文原版的清单。本书为保证商户能够理解，将以中英文对照的形式罗列。

- Counterfeit products. 仿品。
- Items whose copyright you do not own or hold(copyrighted to someone else). 版权非本人所有的产品。
- Services: Any service that does not yield a new, tangible, physical item. 服务：任何不产生新的、有形的物理实体的服务类产品。
- Virtual goods and digital goods: items that are not tangible or must be delivered electronically. 虚拟产品和数码产品：非有形的或必须以电子方式交付的产品。
- Gift cards, physical or digital. 礼品卡，包括实体卡或电子卡。
- Alcohol. 酒精类产品。
- Tobacco and other smokeable products including electronic cigarettes. 烟草和其他可抽吸的产品，包括电子香烟。

- Lighters. 打火机。
- Dangerous chemicals. 危险化学品。
- Piercing gun and tattoo gun. 穿刺枪和纹身枪。
- Bike and motorcycle helmet. 自行车和摩托车头盔。
- Drugs, medical drug claims about an item, drug paraphernalia. 药物，声称为医疗药物的产品，医疗设备。
- Live animals, illegal animal products. 活体动物，非法的动物制品。
- Plant seeds. 植物种子。
- Human remains or body parts（excluding hair and teeth）.人类遗骸或身体的一部分（不包括头发和牙齿）。
- Pornography or adult/sexually explicit/obscene material. 色情或成人/性裸露/淫秽内容。
- Firearms and/or weapons. 枪支和/或其他武器。
- Child carseat, and recalled toys. 婴儿车及召回的玩具。
- Nudity. 裸露的产品。
- Contact lenses. 隐形眼镜。
- Hoverboards. 平衡车。
- Hate crime and items or listings that promote, support or glorify hatred toward or otherwise demean people based upon: race, ethnicity, religion, gender, gender identity, disability, or sexual orientation; including items or content that promote organizations with such views. 仇恨罪行及促进、支持或美化仇恨，或其他基于种族、民族、宗教、性别、性别认同、残疾、性取向来贬低他人的产品，包括提倡这些观点的组织的项目或内容。

Wish 的用户中可能有 13 岁左右的儿童，因此，儿童不宜的产品不适合在 Wish 销售。

同时，Wish 上所有的产品信息都需要清楚、精准和详细。精准的图片、描述和产品信息对 Wish 销售非常重要。在上传或添加产品时请注意以下政策：

- 产品描述和图片必须精准描述产品，让用户在购买时对产品充分了解。
- 您必须拥有版权或被授权销售所上传的产品。
- 仅以社区分享图片或分享其他信息为目的无法创建产品。
- 产品不能仅为广告而创建。这包含店铺内的通知或促销广告。
- 不能创建租赁商品。
- 您可以把一起销售或配送的产品和主产品整体创建为一个产品。
- Wish 上只能销售实体物品。
- 禁止通过 Wish 引导用户去您的自建平台或其他电商平台购买与您 Wish 店铺内相同的产品，否则将被视为避免费用行为。这包括上传链接或 URL，或提供引导至其他电商平台的信息。引导 Wish 用户离开 Wish 进行交易的行为将导致合作关系终止。

- 产品因侵权被移除后，不允许将此产品修改成新的产品。
- 不允许强制搭配店铺里的另一个产品进行销售（例如：禁止在产品信息里写“该产品必须搭配店铺里另一个产品才能购买”），这包括产品升级、配送升级，以及礼品包装升级。

不遵守 Wish 政策的产品都将被移除或暂停销售。

不遵守 Wish 政策的商户将接受审核，严重者将被限制账号权限或终止合作关系。

3. 创建合法合规产品列表的准则

在此页面中，商户可以了解 Wish 对于合规的产品的要求。如图 4-2-11 所示。

合规的产品

作为Wish上的商户您有责任确保您产品的合法性。下列指导将能帮助您在Wish上创建合规的产品进行销售：

- 创建您自己的内容：
  - 不要从其他来源窃取/借用图片，创建您自己的
  - 不要从其他来源窃取/借用图片，创建您自己的
- 售卖品牌产品：
  - 若您拥有某品牌产品的合法授权，您可在标题或描述中提及该品牌。
  - 如果您没有合法授权销售品牌产品，那么您也就不能在标题或描述中提到此品牌。
  - 如果您有品牌商品的销售授权，请点击 此处 学习如何上传到Wish。
- 请确保您的产品信息填写准确。任何文字或图片都必须描述您在售的该款产品。
- 确保您的产品列表是真实的：
  - 请确保产品来源是合法的。
  - 如果您不确定产品来源，那么请不要将该产品在Wish上传。
- 从这学习 品牌大学 并回顾我们的 知识产权政策

图 4-2-11　合规的产品

4.2.2　识别禁售产品

商户经常遇到辛苦上传的产品被系统下架的情况，经常苦于不知道如何定义仿品、不了解自查仿品的方法和途径，通过对这一部分知识的学习，商户将学会如何自查。

1. 如何判定产品是否侵犯知识产权

（1）检查图片上容易识别的品牌名称、Logo 或品牌标签。如图 4-2-12 所示，“MK”图案是 Michael Kors 品牌的 Logo。

图 4-2-12　品牌 Logo

（2）不易发现品牌标识时，检查是否有模糊或隐藏的 Logo 或标签。在图 4-2-13 中，第一眼较难分辨产品的品牌，但仔细查看后可以在鞋跟内部发现品牌的标签“Tom’s”。

（3）如果在产品图片上看到了一个品牌名，但不认识此品牌，请在网上进行搜索。

如图 4-2-14 所示，图片中出现了“stila”这个品牌，但商户可能对此品牌比较陌生。

图 4-2-13　隐藏的标签

图 4-2-14　图片中的品牌名

此时，商户可以通过 Google 或者百度进行搜索，搜索结果如图 4-2-15 所示。在搜索结果中可以发现，原来 stila 是一个非常流行的美妆品牌。

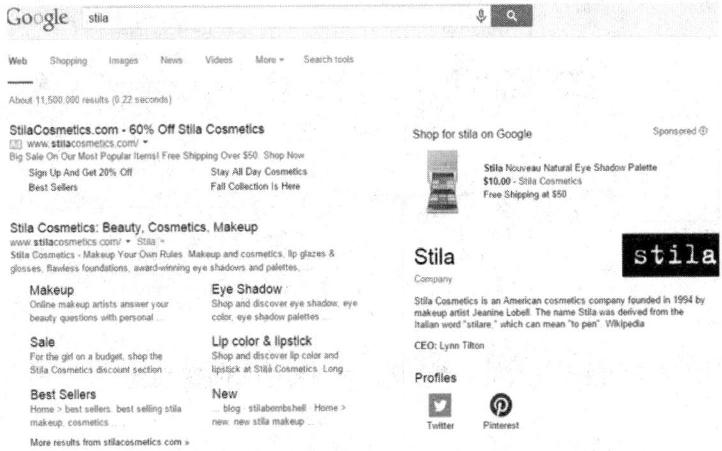

图 4-2-15　搜索不认识的品牌

（4）如果图片不包含品牌名称、Logo或者标签，还需要查看标题和描述。

如图4-2-16所示，标题中含有缩写“VS”，商户非常容易忽略这样的缩写，在上传产品的时候对于各个缩写必须谨慎。

商户可以在Google上搜索“VS”，在图4-2-17中，可以看到它是“Victoria's Secret”品牌名的缩写。

图4-2-16　搜索品牌缩写

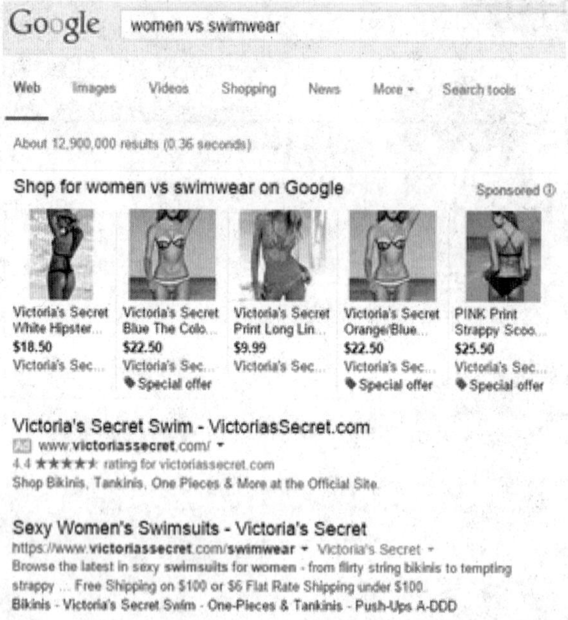

图4-2-17　品牌详情

（5）如果图片、标题和描述中都没有品牌Logo、名称或标签，尝试“反向图片搜索”（reverse image search）。

如图4-2-18所示，将产品图片在Google Image中搜索。

图 4-2-18　反向图片搜索

在搜索结果中可以发现，图中产品的品牌名称为“Black Milk”，如图 4-2-19 所示。

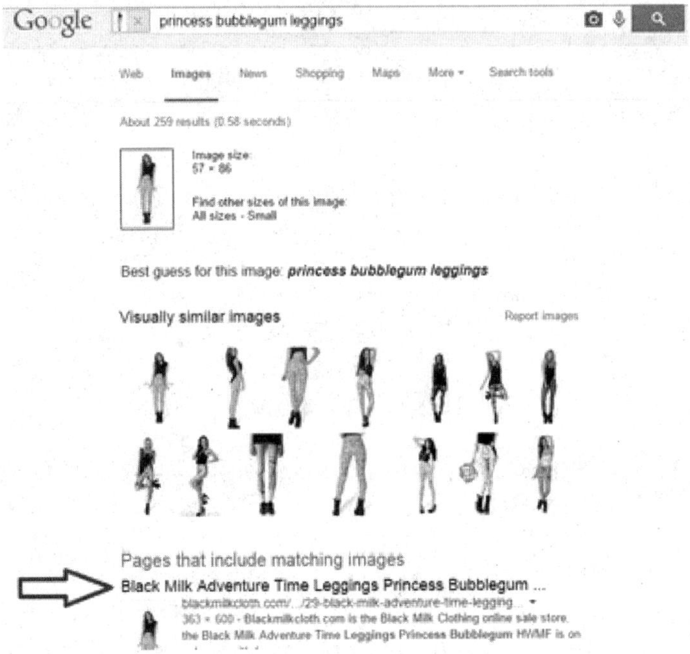

图 4-2-19　图片搜索结果

以下为各位商户推荐几款图片搜索网站：

- 谷歌图片搜索：images.google.com
- 百度图片：image.baidu.com
- Tineye：www.tineye.com
- 多引擎图片搜索：iqdb.org

2．了解更多常见的禁售原因

在此页面中，商户可以查看常见的禁售原因。并且可以根据“上周”“上个月”“所有时间”3 种不同时间段查看各项禁售原因的排名。排名越高，即发生的次数越多，如图 4-2-20 所示。

商户除了可以查看各项原因的排名，也可以通过直接点击原因链接，跳转至详细描述页面。

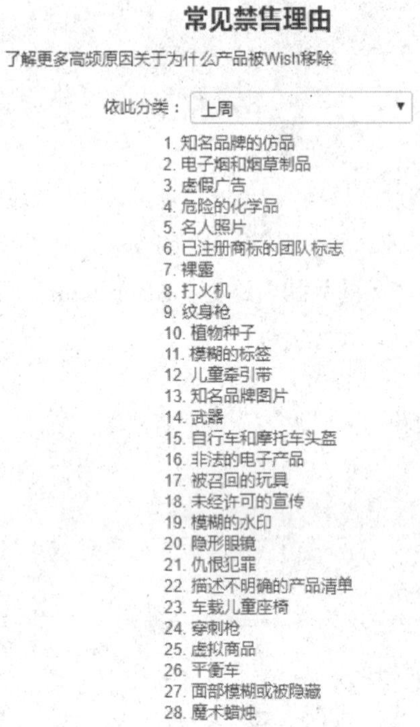

图 4-2-20　常见禁令理由

以第 4 个原因“危险的化学品”为例，如图 4-2-21 所示，详细描述中会列举一些被下架的产品图片。

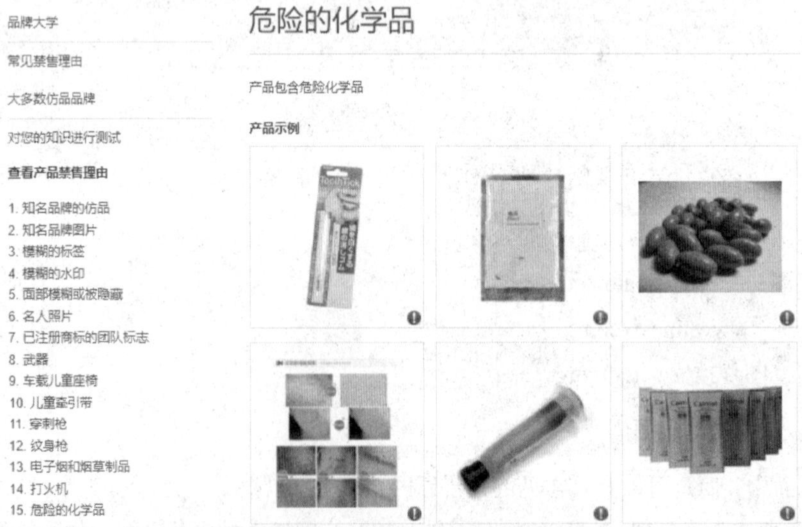

图 4-2-21　危险的化学品

3．了解更多最常见的仿品品牌

在此页面中，商户可以查看常见的仿品品牌。同样，商户可以根据“上周”“上个月”“所有时间”3 种不同时间段查看各个侵权品牌的排名。排名越高，发生的次数越多，如图 4-2-22 所示。

图 4-2-22　大多数仿品品牌

通过点击品牌名称，商户可以进入详情页面，在此页面中，列举了大量的该品牌产品图片。如图 4-2-23 所示，点击第 10 位的品牌“Ugg”后，跳转至相应产品页面。在此页面中展示的产品，皆为商户上传的仿品记录。

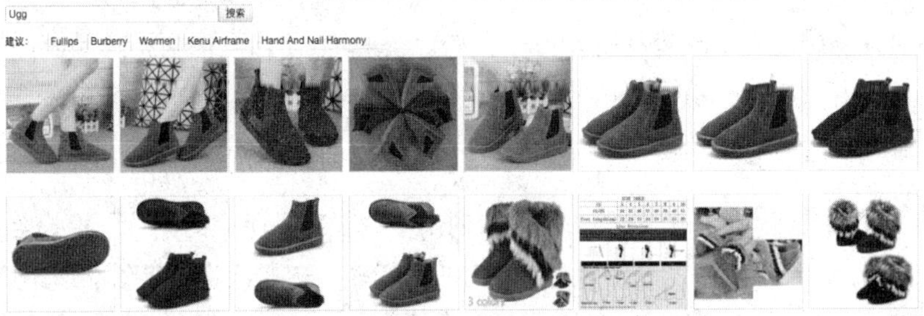

图 4-2-23　某产品图片

另外，商户也可以在跳转页面左上角的搜索栏中直接输入品牌名称，来了解该品牌的仿品信息。

通过观察此排行会发现，虽然这些品牌多数是耳熟能详的知名品牌，但被侵权的频率仍非常高。故建议商户上传产品前一定要严格过滤自己的产品。

4．测试您对于禁售品政策的知识

经过以上介绍，相信商户对于仿品及禁售品已经有了一定的了解。在此部分内容中，商户可以自行测试，查看自己对于仿品及禁售品的了解程度。

如图 4-2-24 所示，点击“现在进行测试!”按钮开始测试。

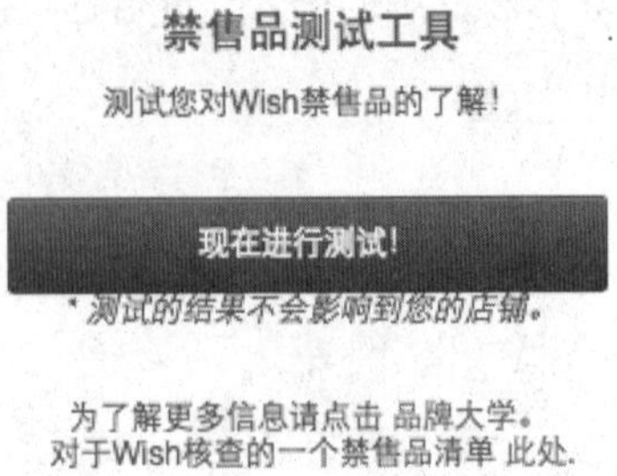

图 4-2-24　开始测试

在跳转的页面中，Wish 提供了一系列的产品及图片供商户进行测试，如图 4-2-25 所示，商户需完成至少 2 页的产品测试。

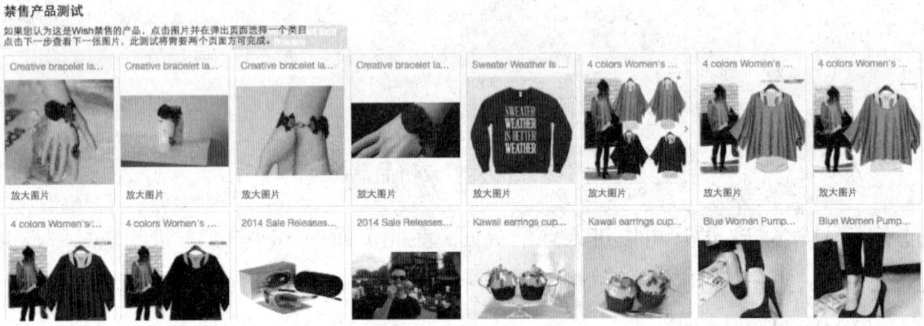

图 4-2-25　禁售产品测试

商户需要仔细观察每个产品的所有图片，若认为该产品为仿品或禁售品，则单击对应图片，在弹出的对话框中选择您认为该产品为仿品或禁售品的理由。若图片过小无法分辨，可以点击放大图片，观察图片细节。

以图 4-2-26 中这款粉色裤子为例，Wish 列出了这款产品所有的图片。商户若认为此产品为仿品或禁售品，就可以点击产品图片，在弹出的对话框中选择认为它是仿品或禁售品的原因。

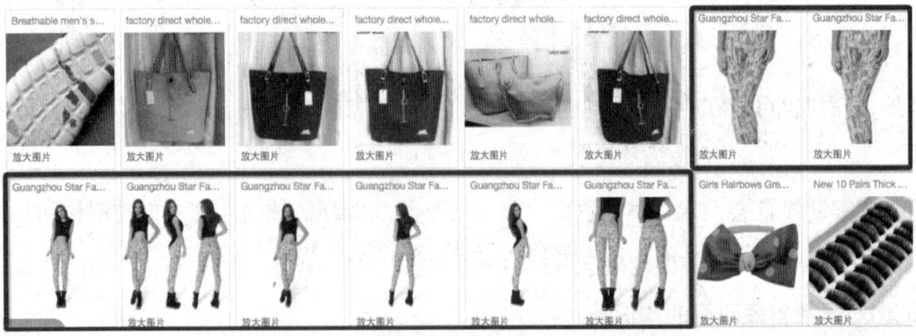

图 4-2-26　选择仿品或禁售品

比如认为此产品为仿品，则选择第一个理由“Counterfeit of a major brand”，如图 4-2-27 所示。

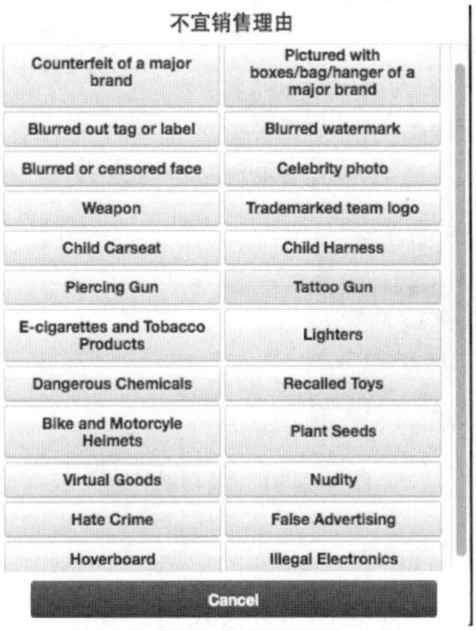

图 4-2-27　不宜销售理由

选择完毕后，该产品所有的图片都将被标为红色，并显示“不宜销售”字样，同时罗列出所选择的不宜销售理由，如图 4-2-28 所示。

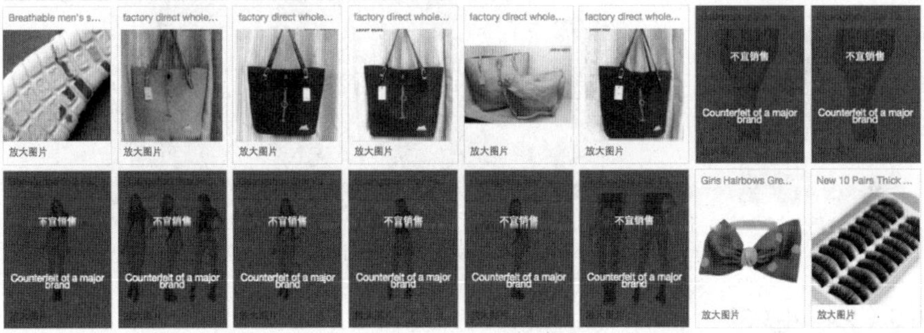

图 4-2-28　标记产品

完成此页面中全部产品的测试后，点击“下一页”按钮。

在下一页中，按同样步骤选出禁售品及相应原因。

反复进行此操作，待测试全部完成后，页面将自动计算测试结果。如图 4-2-29 所示。

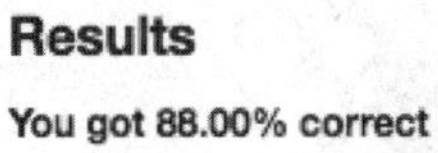

图 4-2-29　测试结果

此外，系统会对商户判断错误的产品逐条进行解释。

示例 1（见图 4-2-30）

对于该漏判的产品，系统将提示商户没有标记此产品，以及此产品无法销售的理由为仿品。

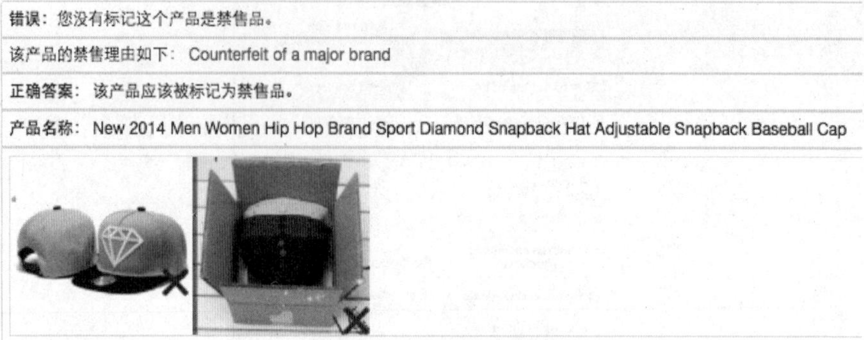
错误：您没有标记这个产品是禁售品。
该产品的禁售理由如下：Counterfeit of a major brand
正确答案：该产品应该被标记为禁售品。
产品名称：New 2014 Men Women Hip Hop Brand Sport Diamond Snapback Hat Adjustable Snapback Baseball Cap

图 4-2-30　漏判的产品

示例 2（见图 4-2-31）

对于误标记为仿品的可以销售的产品，系统会提示此产品是合适的且不应被标记。

错误：您将该产品标记为 'Counterfeit of a major brand'
正确答案：此产品是合适的且不应被标记
产品名称：KIGURUMI Cosplay Romper Charactor animal Hooded Nightclothes Pajamas Pyjamas C

图 4-2-31　误标记的产品

示例 3（见图 4-2-32）

对于已标记但选择了错误的原因的产品，系统也会给出解释。例如此产品应标记为仿品而不是武器。

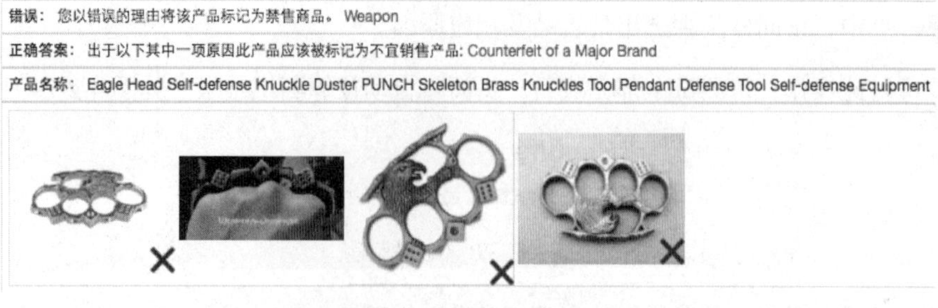
错误：您以错误的理由将该产品标记为禁售商品。Weapon
正确答案：出于以下其中一项原因此产品应该被标记为不宜销售产品: Counterfeit of a Major Brand
产品名称：Eagle Head Self-defense Knuckle Duster PUNCH Skeleton Brass Knuckles Tool Pendant Defense Tool Self-defense Equipment

图 4-2-32　选错原因的产品

浏览完毕所有解释明细后，点击页面最下方的“继续”按钮退出测试。

退出后将重新回到初始页面，商户可再次进行测试。

对于刚入驻 Wish 平台的商户而言，此功能能够通过实战测验的方式帮助您尽快了解仿品及禁售品政策。同时对于已有一定规模的商户而言，此功能也适用于团队新招募的操作人员。

希望各位商户在运营中可以远离仿品。

4.2.3　品牌授权教程

1. 什么是品牌授权

确保所有上传到 Wish 上的产品有合法的销售授权，是每个商家的责任。

品牌授权允许店铺提供相关文件证明他们有权刊登和销售不侵犯知识产权的产品。

2. 我如何创建一个品牌授权

目前有两处可以添加品牌授权。

（1）访问品牌授权页面。点击“账户”→“品牌授权”菜单进入页面，如图 4-2-33 所示。

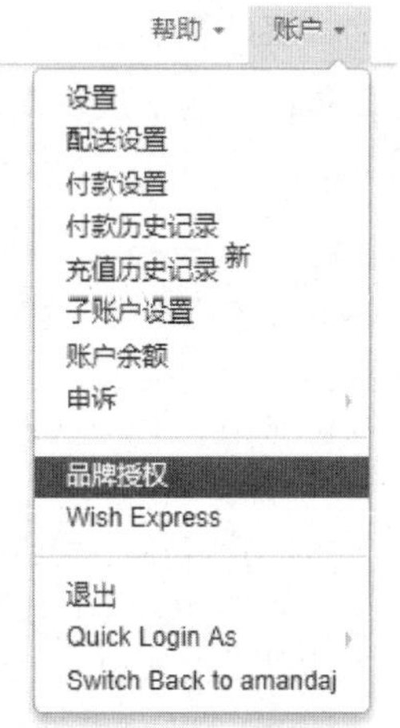

图 4-2-33　品牌授权

（2）在仿品申诉过程中，点击“添加新的品牌授权”按钮，如图 4-2-34 所示。

图 4-2-34　添加新的品牌授权

上传品牌授权的具体步骤，详见 3.9 节“品牌授权”部分，在此不再赘述。

4.2.4 诚信店铺项目

Wish 对于侵权产品始终保持零容忍的态度，在 2017 年，Wish 对于诚信店铺的标准重新定义，新的标准更加严格，同时商户获得的利益也更大。

1．诚信店铺介绍

对于仿品率较低，且其他各项指标都表现优异的店铺，Wish 会给予诚信店铺的认可。

新的诚信店铺标志为绿色盾牌，获得诚信店铺的商户后台将显示如图 4-2-35 所示的状态。

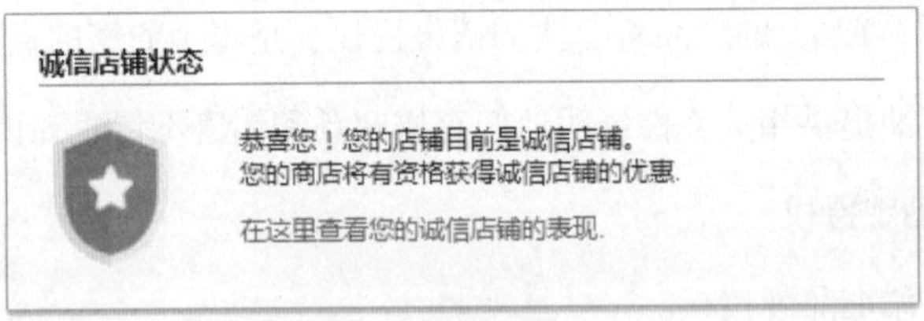
诚信店铺状态
恭喜您！您的店铺目前是诚信店铺。
您的商店将有资格获得诚信店铺的优惠.
在这里查看您的诚信店铺的表现.

图 4-2-35 诚信店铺标志

对于非诚信店铺，盾牌标志为灰色，商户需点击“请处理您的仿品违规”链接查看违规信息，并立即做出相应的改进，以重新获得诚信店铺认可，如图 4-2-36 所示。

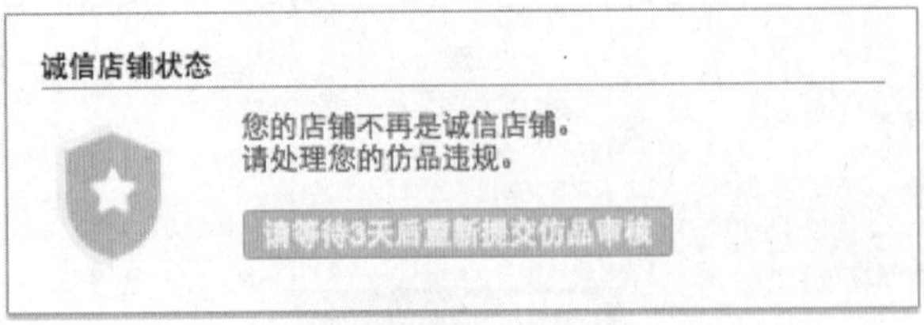
诚信店铺状态
您的店铺不再是诚信店铺。
请处理您的仿品违规。
请等待3天后重新提交仿品审核

图 4-2-36 处理仿品违规的提示

对于已提交仿品审核的店铺，将显示如图 4-2-37 所示的提示。

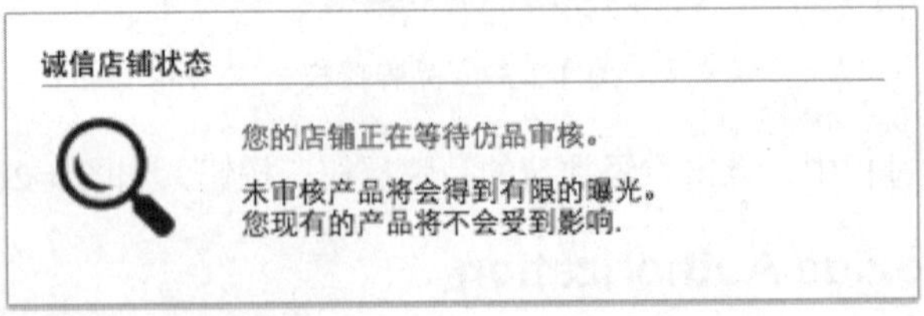
诚信店铺状态
您的店铺正在等待仿品审核。
未审核产品将会得到有限的曝光。
您现有的产品将不会受到影响.

图 4-2-37 已提交仿品审核的提示

仿品率不超过 0.5%，同时多项运营数据均表现良好的店铺，即可评为诚信店铺。诚信店铺可以得到更多的曝光。

店铺运营指标主要考核以下四项，如图 4-2-38 所示。

图 4-2-38　新增四项要求

1）有效跟踪率≥95.00%

有效跟踪率即带有有效的物流跟踪信息的订单比例（有国内段有效跟踪信息即可）。

商户可以点击“查看您的表现”链接或者“业绩”→“物流表现”→“周发货完成及物流表现”进入物流表现页面进行查看。

2）延迟发货率≤5.00%

延迟发货率即下单 5 天内物流单号未上网的订单比例（未上网意为物流方没有提供揽收信息）。

商户可以点击“查看您的表现”链接或者“业绩”→“物流表现”→“周发货完成及物流表现”进入物流表现页面进行查看。

3）30 天平均评分≥4.00

30 天平均评分为 30 天内店铺中售出的产品收到的评分的平均值。

商户可以点击“查看您的表现”链接或者“业绩”→“评分表现”进入店铺评分表现页面进行查看。

4）63 天到 93 天退款率≤10.00%

63 天到 93 天退款率为 63 到 93 天这段时间内退款订单数占总订单数的比例。

商户可以点击“查看您的表现”链接或者“业绩”→“用户服务表现”进入用户服务表现页面进行查看。

商户店铺中这几项指标是否达标，将直观地以绿色对钩或红色感叹号来表示，商户需针对不满足要求的项目不断地改善店铺的指标，使店铺早日成为诚信店铺。

2．诚信店铺的优势

商户努力使店铺成为诚信店铺后，Wish 会给予一定的鼓励，以下为诚信店铺的几项优势。

1）能够获得更多的流量和销量

诚信店铺中产品上架后在未审核状态立即能够销售，并且能够立即出现在搜索结果中。

也就是说，商户可以节省审核的时间，让产品更快地进入销售状态，如图 4-2-39 所示。

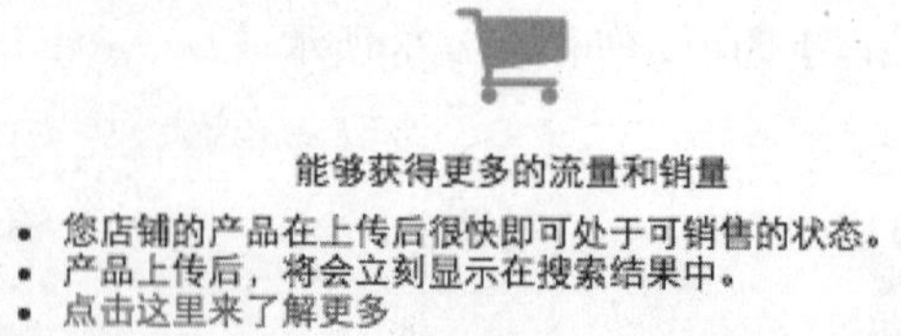
能够获得更多的流量和销量
• 您店铺的产品在上传后很快即可处于可销售的状态。
• 产品上传后，将会立刻显示在搜索结果中。
• 点击这里来了解更多

图 4-2-39 产品立即能够销售

2）产品可被 Wish 认证

熟悉 Wish 用户端的商户应该了解，某些产品上有“Verified by Wish”及蓝色打钩标志，如图 4-2-40 所示。这个标志意味着这款产品有较高的评价并且得到了 Wish 的认可。此标志有助于使产品更具吸引力以促进用户购买，并且能够提高转化率，从而让店铺获得更多的流量和销售额。

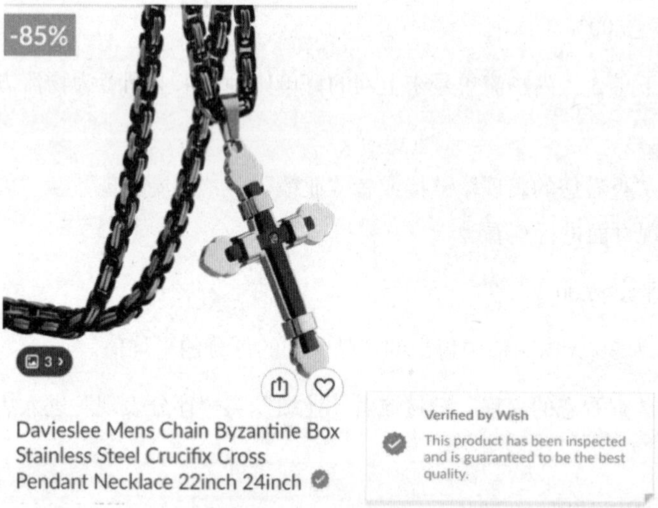
-85%
3
Davieslee Mens Chain Byzantine Box Stainless Steel Crucifix Cross Pendant Necklace 22inch 24inch
Verified by Wish
This product has been inspected and is guaranteed to be the best quality.

图 4-2-40 Wish 认证产品

若商户店铺中有 Wish 认证的产品，则可以点击“点击这里了解更多”链接或“产品”→“经 Wish 认证项目”查看被认证的产品清单，如图 4-2-41 所示。

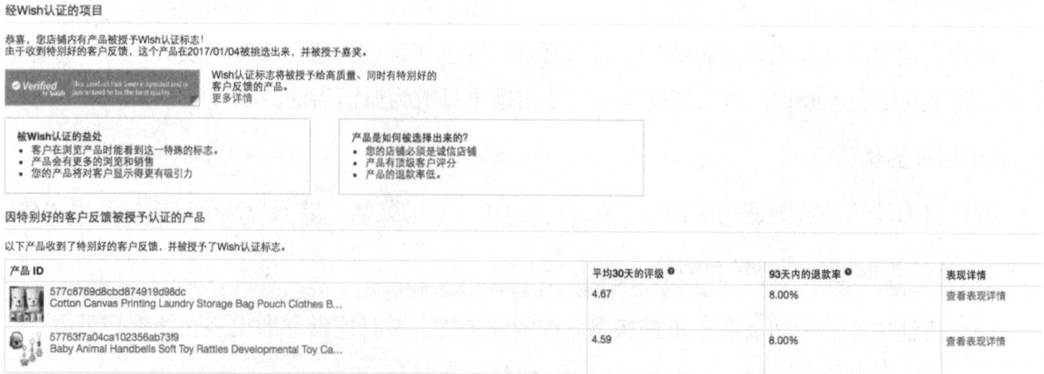

经Wish认证的项目

恭喜，您店铺内有产品被授予Wish认证标志！
由于收到特别好的客户反馈，这个产品在2017/01/04被挑选出来，并被授予嘉奖。

Wish认证标志将被授予给高质量、同时有特别好的客户反馈的产品。
更多详情

被Wish认证的益处
• 客户在浏览产品时能看到这一特殊的标志。
• 产品会有更多的浏览和销售
• 您的产品将对客户显示得更有吸引力

产品是如何被选择出来的?
• 您的店铺必须是诚信店铺
• 产品有顶级客户评分
• 产品的退款率低。

因特别好的客户反馈被授予认证的产品

以下产品收到了特别好的客户反馈，并被授予了Wish认证标志。

产品 ID	平均30天的评级	93天内的退款率	表现详情
577c8769d8cbd874919d98dc Cotton Canvas Printing Laundry Storage Bag Pouch Clothes B...	4.67	8.00%	查看表现详情
57763f7a04ca102356ab73f9 Baby Animal Handbells Soft Toy Rattles Developmental Toy Ca...	4.59	8.00%	查看表现详情

图 4-2-41 被认证产品清单

此页面中也已明确指出产品获得此标志的要求：

- 您的店铺必须是诚信店铺。
- 您的产品有顶级客户评分。
- 您的产品的退款率低。

可见，想要获得 Wish 认证产品标志，必须先成为诚信店铺。

此外，此认证并非一劳永逸，商户需保证产品始终保持良好的评价以持续获得此认证。

3）获得客户服务权限

目前大多数客户问题都是由 Wish 的客服团队进行处理的，账户为诚信店铺并且有处理客服问题能力的商户，若希望能够自行处理客户问题，可以直接联系自己的客户经理或点击“请联系您的客户经理以了解更多资讯”链接发邮件向客户经理进行咨询，如图 4-2-42 所示。

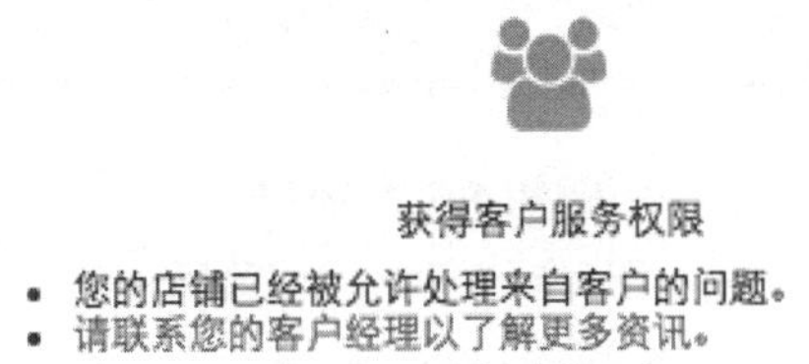
获得客户服务权限
• 您的店铺已经被允许处理来自客户的问题。
• 请联系您的客户经理以了解更多资讯。

图 4-2-42　获得客户服务权限

4.2.5　知识产权政策

1．阅读 Wish 知识产权政策

Wish 对伪造品和侵犯知识产权的行为制定了严格的零容忍政策。

通过点击此链接，页面将跳转至 Wish 的知识产权政策页面。商户也可以通过路径“帮助”→“Wish 政策”→“4.知识产权”进行查看。

图 4-2-43 为知识产权政策的相关内容。

2．了解知识产权如何影响您的店铺

经过对以上各个部分内容的介绍，相信商户已经对仿品政策、品牌授权等内容有了一定的了解。

在此页面中，Wish 整合了各个链接，商户可以通过点击此页面中相应的超链接直接跳转至需要的知识点，如图 4-2-44 所示。

政策概述

政策
1. 注册
2. 产品列表
3. 产品促销
4. 知识产权
5.履行订单
6. 用户服务
7. 退款责任
8. 帐户暂停

4. 知识产权

上次更新日期：2014 年 12 月 8 日

Wish 对伪造品和侵犯知识产权的行为制定了严格的零容忍政策。

如果 Wish 单方面认定您在销售伪造产品，您同意不限制 Wish 在本协议中的权利或法律权利，Wish 可以单方面暂停或终止您的销售权限或扣留或罚没本应支付给您的款项。

4.1 严禁出售伪造产品

严禁销售模仿或影射其他方知识产权的产品。如果商户推出伪造产品进行出售，这些产品将被清除，并且其帐户将面临罚款，可能还会被暂停。

了解详情

4.2 严禁销售侵犯另一个实体的知识产权的产品

产品图像和文本不得侵犯其他方的知识产权。这包括但不限于版权、商标和专利。如果商户列出侵犯其他方知识产权的产品，这些商品将被清除，并且其帐户将面临罚款，可能还会被暂停。

了解详情

4.3 商户有责任提供产品的销售授权证据

如果产品是伪造的或侵犯了知识产权，商户有责任提供销售产品的授权证据。

4.4 严禁提供不准确或误导性的销售授权证据

如果商户对销售的产品提供错误或误导性的授权证据，其帐户将被暂停。

4.5 对伪造品或侵犯知识产权的产品处以罚款

审核所有产品是否属于伪造品，是否侵犯了知识产权。如果发现某款产品违反了 Wish 的政策，则会将其删除并扣留所有付款。商家每个仿品可能会被罚款1美金。

4.6 对已审批产品处以伪造品罚款

在商户更改产品名称、产品描述或产品图片后，经过审批的产品也要再次审核，看其是否为伪造品或是否侵犯了知识产权。在产品复审期间，产品正常销售。如果在编辑后发现某款产品违反了 Wish 的政策，商户可能会被处以 100.00 美元的罚款。此产品将被删除，且所有付款将被扣留。

3 诚信店铺
诚信店铺是指在Wish上始终保持低仿品率的店铺。诚信店铺可享受数个优势。
了解详情
您的仿品率

4 其他不合适的产品
有些产品不允许在Wish销售是因为其他的原因，比如，含有成人内容或违反运输法规。如果一件产品被发现在Wish不适合售卖，那它将会被移除。
禁品

5 现在到哪儿？
了解品牌大学来得到更多的信息以便管理您在Wish上的品牌。
品牌大学

图 4-2-43　知识产权政策

1 侵犯知识产权
如销售假冒产品，使用受版权保护的品牌名称或符号，商户将可能面临罚款，且帐号将可能被暂停。
侵权产品
哪些产品是仿品
罚款与处罚

2 品牌授权
若销售品牌产品则需要品牌授权。
什么是品牌授权？
如何获得品牌授权
为何拒绝我的申请？

2.1 违规申诉
如果您收到了一个关于知识产权侵权的违规,但您有授权来售卖相关产品,你可以对此违规进行申诉.
我的授权产品被判为仿品？
如何进行违规申诉
申诉需要上传的文件

图 4-2-44　知识产权相关政策

4.2.6　知识产权答疑

在这部分内容中，Wish 列举了商户常见的知识产权及仿品的问题。这些问题可以分为三大类：知识产权类、品牌授权类和侵权违规类。例如如何创建品牌授权、被判仿品后如何编辑产品、仿品侵权如何申诉等问题。

需注意的是，这部分内容目前仅有英文版本，暂无中文版本。

另外，商户也可以通过点击“帮助”→“常见问题解答”菜单找到关于知识产权的常见疑问及解答，但需要把系统语言切换成英语才能查看，如图 4-2-45 所示。

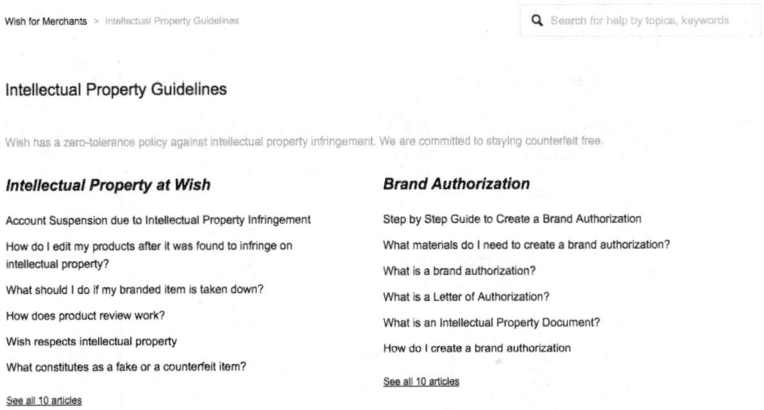
Wish for Merchants > Intellectual Property Guidelines
Search for help by topics, keywords
Intellectual Property Guidelines
Wish has a zero-tolerance policy against intellectual property infringement. We are committed to staying counterfeit free.
Intellectual Property at Wish
Account Suspension due to Intellectual Property Infringement
How do I edit my products after it was found to infringe on intellectual property?
What should I do if my branded item is taken down?
How does product review work?
Wish respects intellectual property
What constitutes as a fake or a counterfeit item?
See all 10 articles
Brand Authorization
Step by Step Guide to Create a Brand Authorization
What materials do I need to create a brand authorization?
What is a brand authorization?
What is a Letter of Authorization?
What is an Intellectual Property Document?
How do I create a brand authorization
See all 10 articles

图 4-2-45　知识产权常见疑问及解答

商户可以逐条进行查看并学习，点击“See all articles”链接可查看每个大类中的所有文章。

若您需要快速查找某些问题，可以在右上角有放大镜图标的搜索栏中输入相应关键词进行查找，请注意，输入的关键词必须是英文。

以上是品牌大学中的所有内容，希望商户通过对品牌大学的学习能够对仿品政策、知识产权等内容有一定的了解，希望商户在运营中能够规避仿品，诚信经营。

4.3　其他政策

1．多次侵权将被关店

重复侵犯知识产权的商户，将面临被关店的风险。为避免商户受此政策影响，建议：

- 避免上传任何侵犯知识产权的产品。
- 自检所有店铺内的在售产品，从产品的图片、标题和描述中移除未经授权产品的品牌信息。
- 严肃对待仿品政策，切勿重复上传侵权产品。
- 在选品过程中，对于刊登、销售可能涉及侵权的爆款产品勿存任何侥幸心理，诚信经营 Wish 店铺。

2. 用户取消订单

在下单后的 8 小时内用户可以取消订单。Wish 将通过邮件及商户后台的警示功能通知您。请不要发出已被取消的订单，若您已在订单被取消前发货，为保证用户和商户的共同利益，Wish 规定平台用户在下单超过 8 小时之后，不可自行取消订单，如果用户想在 8 小时之后取消订单，必须联系客服打开客户问题通道。

3. 欺诈用户申诉

商家遇到欺诈用户退款时可以通过后台的进行申诉，申诉通道如图 4-3-1 和图 4-3-2 所示，点开申诉通道后，除填写相关的物流信息以外，还需要提供被同一个客户退款的举证来证明该用户为恶意用户，如图 4-3-3 所示。

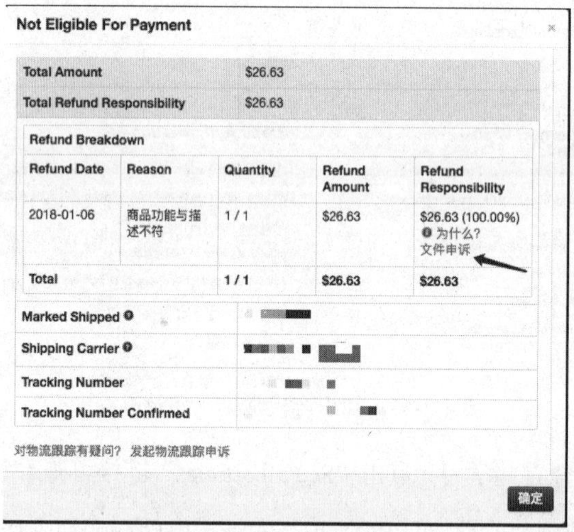

图 4-3-1　发起申诉

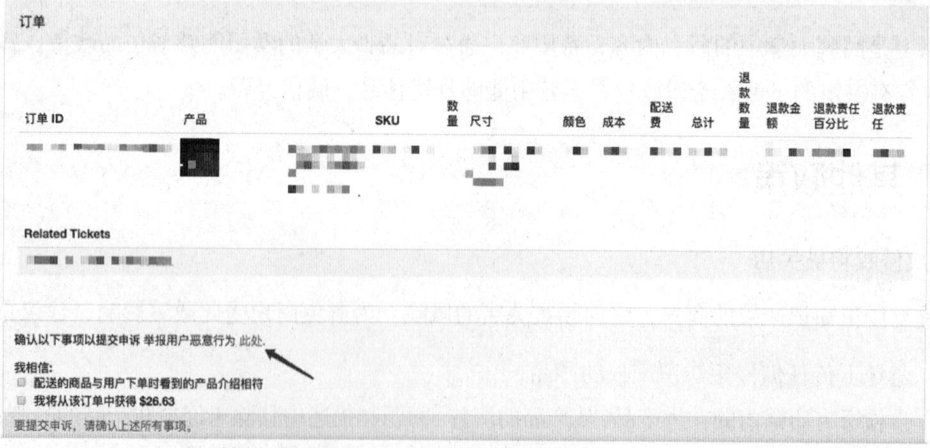

图 4-3-2　申诉通道

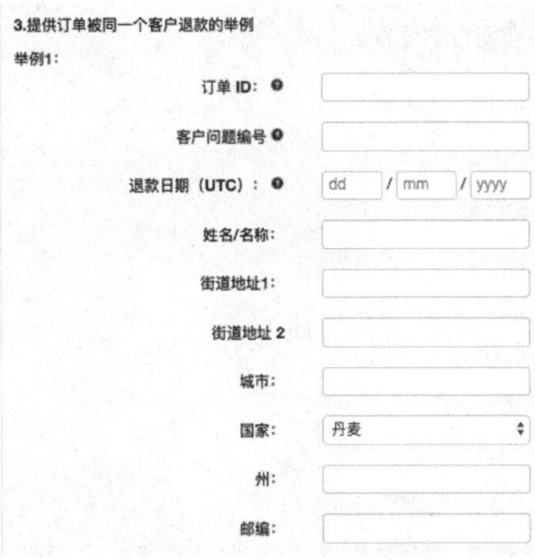

图 4-3-3　订单被同一个用户退款举例

如果该用户在同一家店铺中有多次恶意购买行为，那商家在后台申诉时可以增加实例，而举证至少要有一个实例。

4．客户服务权限项目

众所周知，Wish 平台在全球设立的客服中心 Wish support 为大部分商家解决了基本的客户问题，同时也减少了商家在客户维护上的人员成本。但为了更快、更有效地解决前端客户的基础问题，Wish 平台根据店铺表现开放部分客户服务权限，符合条件的商家将会在后台直接看到这些客户问题，而不用通过 Wish support 来进行转述。需要商家们注意的是，商家要及时处理客户问题，客户问题的响应时间也是 Wish 大数据考核标准之一。

4.4　服务条款

如图 4-4-1 所示，在首页最底部菜单栏点击“服务条款”按钮，就可以查看注册时点击“同意”按钮生效的协议条款。

图 4-4-1　查看服务条款

该协议条款共包含有 24 个条款内容：

- Wish 是一个平台。
- 成员资格。
- 费用和账款。
- 商品信息上传和销售。
- 禁售品、问题产品、违规品和相关活动。
- 内容。
- 争议解决和豁免。
- Wish 的知识产权。
- 访问和对接。
- 违约。
- 隐私。
- 不保证。
- 责任限制。
- 赔偿。
- 不担保。
- 遵守法律及税法。
- 营业税、关税和增值税。
- 可分割性。
- 无代理关系。
- Wish 服务。
- 法律选择。
- 存续条款。
- 通知。
- 公开信息。

商家在正式运营 Wish 店铺前，务必仔细阅读服务协议条款，这份协议对商家使用 Wish 平台及 Wish 平台上的服务都提出了具有法律约束力的条款、条件和政策。古语说“没有规矩不成方圆”，相信大部分入驻 Wish 平台的商家都会希望在一个相对公平公正的环境中进行良好的生意运作。

4.5 商标保护

在前面的政策部分，我们可以了解到 Wish 平台对于知识产权的问题相当重视。同样，当商家发现自己的产品在没有经过授权的情况下在 Wish 平台上被进行销售时，可以通过 Wish 平台的商标保护功能来进行维权。此维权通道适用于任何 Wish 平台或非 Wish 平台上的商家。

在申请对自己知识产权的保护前，如果你是 Wish 平台的商户，请首先退出你的 Wish 账户，登录 merchant.wish.com 或者 china-merchant.wish.com，如图 4-5-1 所示，点击下方菜单栏中的“商标保护”按钮。

图 4-5-1　商标保护

点击“立即注册”按钮，如图 4-5-2、图 4-5-3 所示。

图 4-5-2　立即注册

打开注册页面之后，首先输入您所拥有的可销售的品牌名称，在“Proof of Authorization”栏目上传您所销售产品的品牌授权证书，在“Proof of Intellectual Property”栏目上传品牌知识产权证明文件。上传的文件使用 PDF 格式或者图片格式均可，如图 4-5-3 所示。

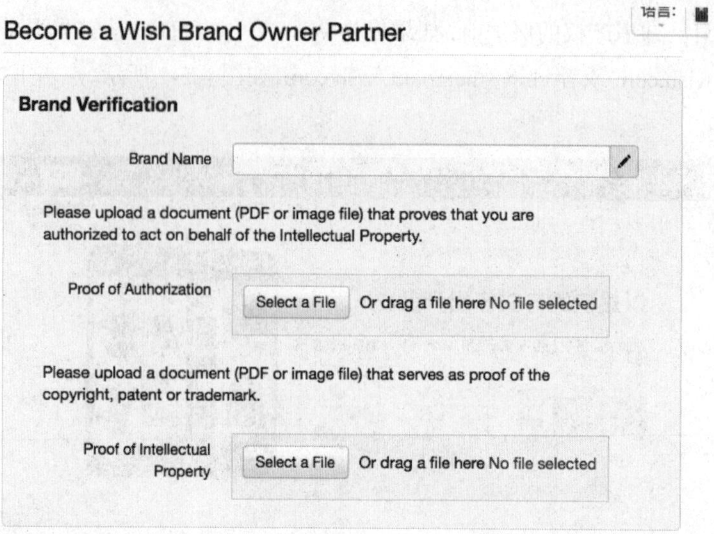

图 4-5-3　品牌认证

接下来填写注册信息，如图 4-5-4 所示，输入您的姓名、邮箱地址、用户名、密码、并确认密码。

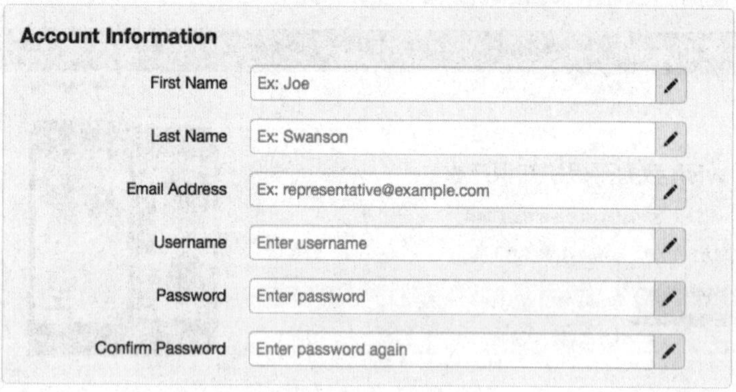

图 4-5-4　填写注册信息

然后填写您的联系方式，方便 Wish 在进行审核时与您取得联系并核实信息。如图 4-5-5 所示，输入联系地址、电话，最后勾选同意声明并点击“Submit”按钮进行提交。

注册账户通过审核后，打开链接 merchant.wish.com 或者 china-merchant.wish.com，输入用户名和密码登录账户，就可以开始对您的品牌产品进行维权了。

接下来我们简单了解一下如何通过商标保护来维护自己品牌的知识产权。登录账户之后，可以看到图 4-5-6 中上方菜单栏中的“Takedown Requests”，即下架请求。当您发现 Wish 的用户 App 上出现了未经您授权的品牌产品在进行销售，并且您希望下架这些未经您品牌授权的产品，点击“Takedown Requests”菜单创建一个下架请求，如图 4-5-7 所示。

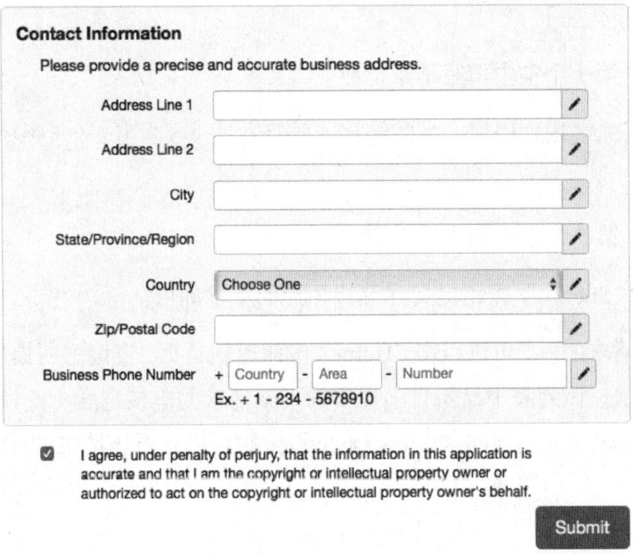

图 4-5-5　填写联系方式

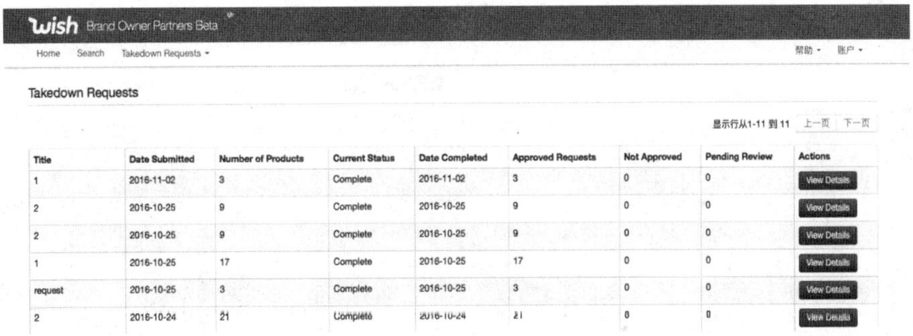

图 4-5-6　下架请求

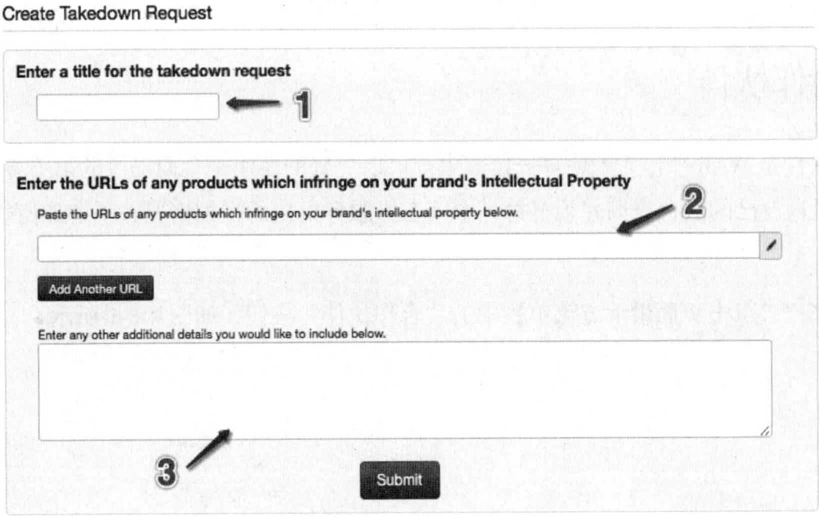

图 4-5-7　创建下架请求

创建下架请求步骤如下。

（1）在图 4-5-7 第 1 个空中填写请求标题。

（2）在 Wish 买家端找到侵权产品的链接，并且在图 4-5-7 第 2 个空中添加 Wish 平台上侵权产品的链接。

（3）在图 4-5-7 第 3 个空中输入简单说明。

（4）最后点击“Submit”按钮提交并等待平台的审核即可。

提交所有下架请求之后，可以点击“Home”按钮返回首页，查询您所提出下架请求的列表，如上面图 4-5-6 所示。该列表中显示目前提出的下架请求的审核进度、侵权产品数量等信息。在列表最后的“Action”一栏，点击“View Detail”按钮可以查看该请求的详细情况，如图 4-5-8 所示。

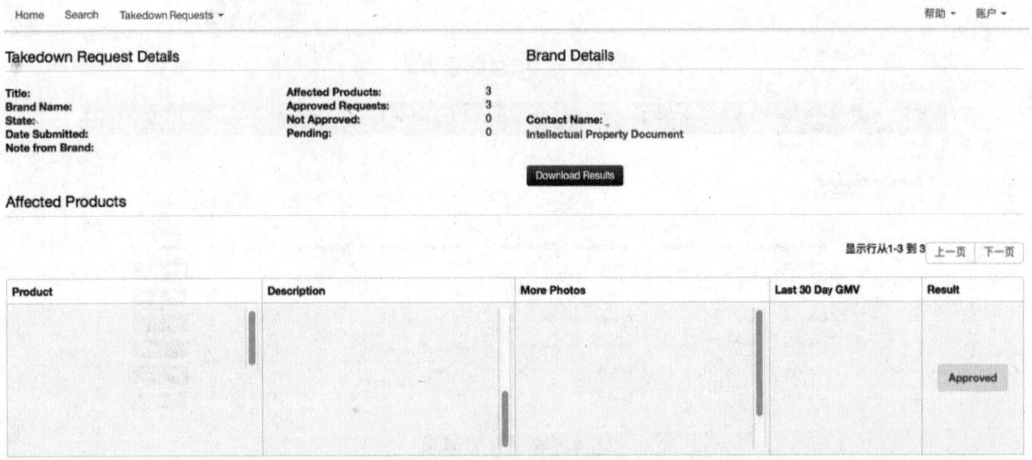

图 4-5-8 下架请求的详情

4.6 合作伙伴

合作伙伴是 Wish 平台为了使每一位商家都可以更好的使用平台而提供的第三方服务机构。商家可以通过自己的后台查询并了解每一个第三方服务机构的详细情况，了解如何规范地使用它们。

登录账户，点击页面最下方菜单栏中的“合作伙伴”按钮，如图 4-6-1 所示。

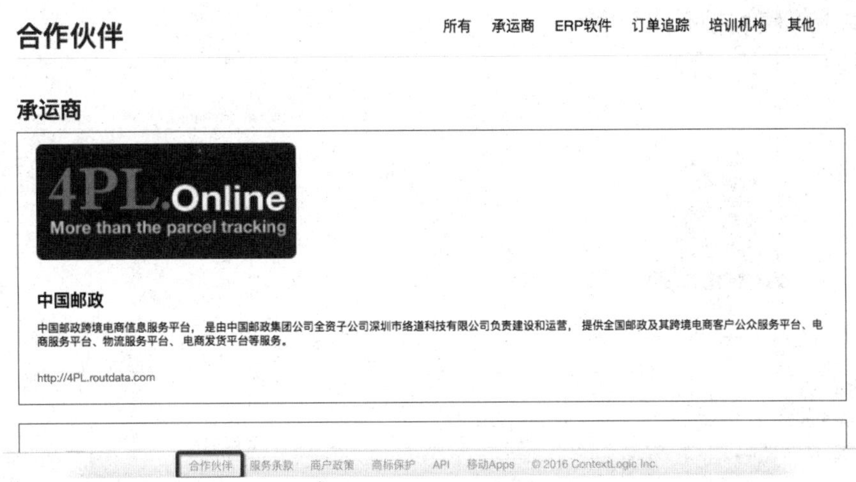
合作伙伴
所有 承运商 ERP软件 订单追踪 培训机构 其他
承运商
4PL.Online
More than the parcel tracking
中国邮政
中国邮政跨境电商信息服务平台， 是由中国邮政集团公司全资子公司深圳市络道科技有限公司负责建设和运营， 提供全国邮政及其跨境电商客户公众服务平台、电商服务平台、物流服务平台、 电商发货平台等服务。
http://4PL.routdata.com
合作伙伴 服务条款 商户政策 商标保护 API 移动Apps © 2016 ContextLogic Inc.

图 4-6-1　合作伙伴

Wish 平台提供的合作伙伴包括物流承运商、ERP 软件、订单追踪平台、培训机构及其他合作伙伴。点击右上方的合作伙伴类型，即可查询到与平台合作的第三方的介绍、官方网站、联系方式等。

以“培训机构”为例：点击“培训机构”按钮，就会显示 Wish 平台官方认证的培训机构列表，如图 4-6-2 所示。直接点击你感兴趣的培训机构，就可以进入该培训机构的介绍页面，内容包括培训机构的简介、联系方式及官方网站等信息，如图 4-6-3 所示。

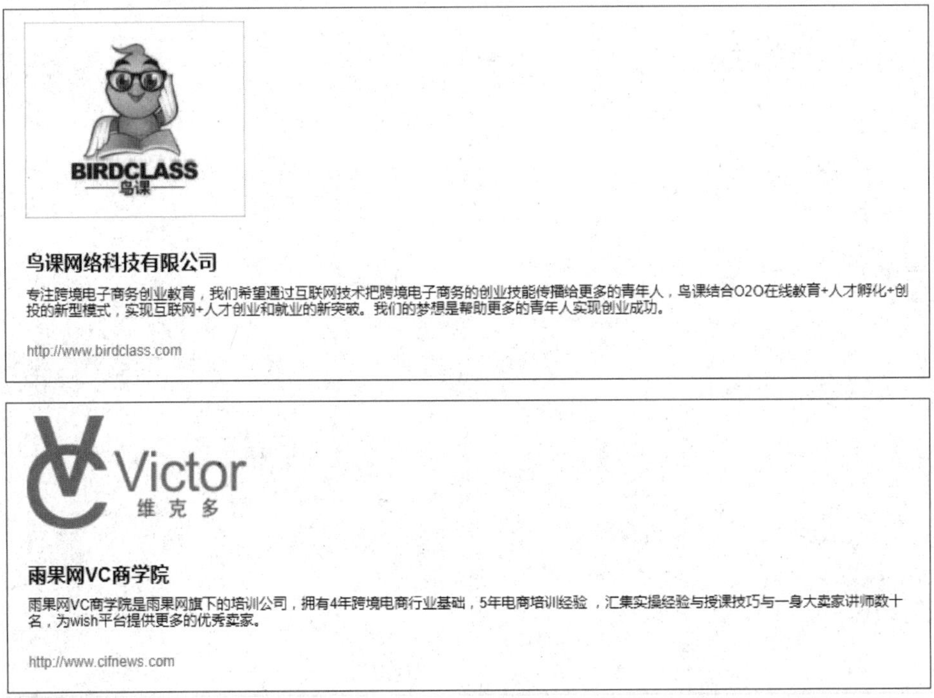
BIRDCLASS
鸟课
鸟课网络科技有限公司
专注跨境电子商务创业教育，我们希望通过互联网技术把跨境电子商务的创业技能传播给更多的青年人，鸟课结合O2O在线教育+人才孵化+创投的新型模式，实现互联网+人才创业和就业的新突破。我们的梦想是帮助更多的青年人实现创业成功。
http://www.birdclass.com
Victor
维 克 多
雨果网VC商学院
雨果网VC商学院是雨果网旗下的培训公司，拥有4年跨境电商行业基础，5年电商培训经验 ，汇集实操经验与授课技巧与一身大卖家讲师数十名，为wish平台提供更多的优秀卖家。
http://www.cifnews.com

图 4-6-2　培训机构

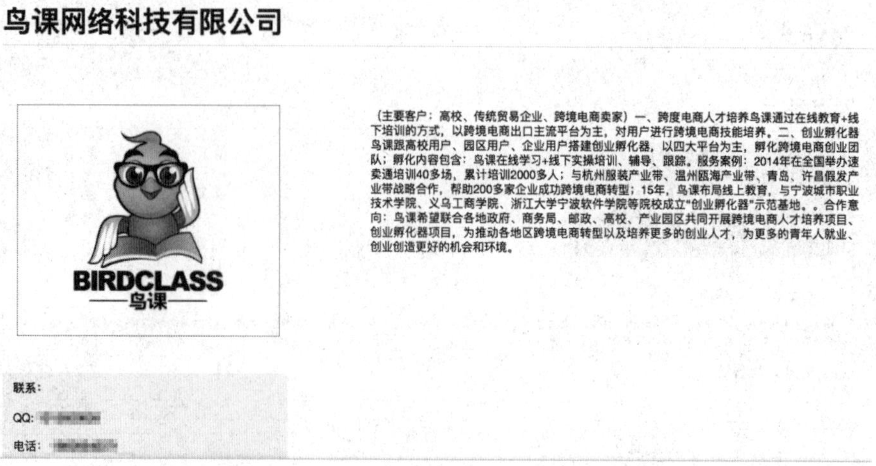
鸟课网络科技有限公司
BIRDCLASS
鸟课
（主要客户：高校、传统贸易企业、跨境电商卖家）一、跨度电商人才培养鸟课通过在线教育+线下培训的方式，以跨境电商出口主流平台为主，对用户进行跨境电商技能培养。二、创业孵化器鸟课跟高校用户、园区用户、企业用户搭建创业孵化器，以四大平台为主，孵化跨境电商创业团队；孵化内容包含：鸟课在线学习+线下实操培训、辅导、跟踪。服务案例：2014年在全国举办速卖通培训40多场，累计培训2000多人；与杭州服装产业带、温州瓯海产业带、青岛、许昌假发产业带战略合作，帮助200多家企业成功跨境电商转型；15年，鸟课布局线上教育，与宁波城市职业技术学院、义乌工商学院、浙江大学宁波软件学院等院校成立"创业孵化器"示范基地。。合作意向：鸟课希望联合各地政府、商务局、邮政、高校、产业园区共同开展跨境电商人才培养项目、创业孵化器项目，为推动各地区跨境电商转型以及培养更多的创业人才，为更多的青年人就业、创业创造更好的机会和环境。
联系：
QQ:
电话：

图 4-6-3　培训机构详情

Wish 平台素来以严格的政策和管理而闻名，但是通过对商家后台界面的不断更新优化，可以看到 Wish 平台也在致力于为商家提供更好更便捷的服务，目的在于平台商家在一个相对公平公正的环境中规范地运营好自己的店铺，相信商家们通过对本章的学习可以初步了解 Wish 平台的基本运营规则。

第 5 章
物流管理

5.1 跨境物流概述

跨境物流是指把符合法规的货物商品从一个国家或地区通过空运、陆运、海运等方式运送至另外一个国家或地区的过程。

跨境物流又称国际物流，包括邮政物流、商业快递、专线物流三种类型。每一个跨境物流类型，因目的地国家或地区的不同而存在不同的配送费用和妥投时效。目前在跨境物流当中，使用较多的是邮政物流中的各类邮政小包（平邮/挂号），其次是专线物流和商业快递。

5.2 邮政物流介绍

邮政物流涵盖了中国及其他各个国家或地区的邮政小包、邮政大包、e 邮宝、EMS 等。

5.2.1 中国邮政国际小包

中国邮政航空小包（China Post Air Mail）是指中国邮政针对 2kg 以下小件物品推出的空邮产品，运送范围为全球 241 个国家或地区。

中国邮政航空小包又称中国邮政小包、中国邮政国际小包，简称国际小包、中邮小包、邮政小包、航空小包等。在中国国内不同的地区，各地的物流服务商（货代）为便于地域上的区分，会对各地的中国邮政分公司所提供的中国邮政小包加上不同的地区名称，进行更加通俗的命名，如表 5-2-1 所示。

表 5-2-1 各地的中国邮政小包别称（仅作举例，排名不分先后）

常见地区中国邮政小包别称	
地区	名称（挂号/平邮）
北京	北京小包
上海	上海小包
广州	广州小包
中山	中山小包
佛山	佛山小包
深圳	深圳小包
苏州	苏州小包
江苏	江苏小包
杭州	杭州小包
西安	西安小包
义乌	义乌小包
武汉	武汉小包
广西	广西小包

续表

常见地区中国邮政小包别称	
地区	名称（挂号/平邮）
四川	四川小包
哈尔滨	哈尔滨小包
新疆	新疆小包

中国邮政国际小包出关时不会产生关税或清关费用，但在目的地国家或地区进口时有可能产生进口关税，具体根据每个国家海关税法的规定而各有不同。

相对于商业快递来说，中国邮政小包能最大限度地避免关税。在中国跨境电商出口零售领域，中国邮政小包是使用率最高的物流渠道。

1．服务类型

中国邮政国际小包包含挂号、平邮两种服务，标准名称分别是中国邮政挂号小包(China Post Registered Air Mail）和中国邮政平常小包+（China Post Ordinary Small Packet Plus)，两者的相同点和差异如图 5-2-2 所示。

表 5-2-2　挂号和平邮小包的异同

项　　目	中国邮政挂号小包（挂号）	中国邮政平常小包+（平邮）
资费标准	每单需收取挂号费 8 元	无挂号费
物流信息	可查询全程妥投信息	仅可查询国内段物流信息
妥投时效	一般需 15 ~ 35 天左右到达目的地。	比挂号略慢
保险赔付	具体根据申报价值来赔偿	不赔偿
寄送要求	普通商品	低货值的普通商品
派送范围	均可送达全球 241 个国家及地区	
操作说明	面单标签不同，平邮挂号处理流程一致	
揽收范围	可同时揽收，上门揽收有数量要求	
申报价值	都要按货值等要求如实申报	
退件说明	退至国内，一般不需要退件费用，但运费不退	

2．寄送要求

中国邮政国际小包对包裹重量和体积的限制如表 5-2-3 所示。

表 5-2-3　重量和体积限制

包裹形状	重量限制	最大体积限制	最小体积限制
方形包裹	小于 2 千克(不包含)	长+宽+高≤90cm	至少有一面的长度≥14cm
		单边长度≤60cm	宽度≥9cm
圆柱形包裹		2 倍直径及长度之和≤104cm	2 倍直径及长度之和≥17cm
		单边长度≤90cm	单边长度≥10cm

中国邮政国际小包对货物类型要求如下。

1）违禁品不能发运。

禁寄物品是指国家法律禁止寄递的物品，主要包括：

- 各类武器、弹药。如枪支、子弹、炮弹、手榴弹、地雷、炸弹等。
- 各类易爆炸性物品。如雷管、炸药、鞭炮等。
- 各类易燃烧性物品，包括液体、气体和固体。如汽油、煤油、桐油、酒精、生漆、柴油、气雾剂、气体打火机、瓦斯气瓶、磷、硫酸、火柴等。
- 各类易腐蚀性物品。如火硫酸、盐酸、硝酸、有机溶液、农药、双氧水、危险化学品等。
- 各类放射性元素及容器。如铀、镭等。
- 各类烈性毒药。如铊、氰化物、砒霜等。
- 各类麻醉药物。如鸦片（包括罂粟壳、华、苞、叶）、吗啡、马卡因、海洛因、大麻、冰毒、麻黄素及其他制品等。
- 各类生化制品和传染性物品。如炭疽、危险性病菌、医药用废弃物等。
- 各种危害国家安全和社会政治稳定以及淫秽的出版物、宣传品、印刷品等。
- 各种妨害公共卫生的物品。如尸骨、动物器官、肢体、未经硝制的兽皮、未经药制的兽骨等。
- 国家法律、法规、行政规章明令禁止流通、寄递或进出境的物品，如国家秘密文件和资料、国家货币及伪造的货币和有价证券、仿真武器、管制刀具、珍贵文物、濒危野生动物及其制品、香烟等。
- 包装不妥，可能危害人身安全、污染或者损毁其他寄递件、设备的物品等。
- 各寄达国（地区）禁止寄递进口的物品等。
- 其他禁止寄递的物品。

2）电池寄送限制

不能寄送电子产品如手机、平板电脑、电子手表等带电池的物品，各类移动电源及各类纯电池（含纽扣电池）。

3）申报品名限制

不得使用“Gift”“Accessories”“Sample”等不符合海关要求的英文申报名称。需要规范填写申报信息，以实际销售的商品的名称进行申报。

4）常见安检退回物品

- 化妆品：包括粉饼、油、口红、睫毛膏等。
- 电子产品：含U盘、USB Hub、充电器、充电宝、电机、带电池（含纽扣电池）电子产品（电子手表如未海关抽检到可过）。
- 所有刀具等：含管制刀具、血刺等。
- 知名国际品牌的仿牌、侵权商品：三星手机、LV包、高仿苹果手机等。

- 其他发现不能过安检的：

赌场筹码、万次火柴、键盘清洁泥、3D 镜片（安检呈现放射性）、带灯的眼镜、熨头棒（内含锂电池）、红外线仪、带电池的望远镜、同包装内含粘胶或数量过多成盒装的水钻、手机贴、指甲贴、一包内多个或含电池的灯泡、LED 灯、带电池可不接电使用的灯等。

3. 资费标准

1）中国邮政挂号小包资费

中国邮政挂号小包运费根据包裹重量按 g 计费，1g 起重，每个单件包裹限重在 2kg 以内。挂号服务费每单（包裹）8 元。其详细资费标准如表 5-2-4 所示。

表 5-2-4　中国邮政航空小包新资费表

区域	国家/地区	资费标准（元/kg）	挂号服务费（元/包裹）
1	日本	62	8
2	新加坡、印度、韩国、泰国、马来西亚、印度尼西亚	71.5	8
3	奥地利、克罗地亚、保加利亚、斯洛伐克、匈牙利、瑞典、挪威、德国、荷兰、捷克、希腊、芬兰、比利时、爱尔兰、意大利、瑞士、波兰、葡萄牙、丹麦、澳大利亚、以色列	81	8
4	新西兰、土耳其	85	8
5	美国、加拿大、英国、西班牙、法国、乌克兰、卢森堡、爱沙尼亚、立陶宛、罗马尼亚、白俄罗斯、斯洛文尼亚、马耳他、拉脱维亚、波黑、越南、菲律宾、巴基斯坦、哈萨克斯坦、塞浦路斯、朝鲜、蒙古、塔吉克斯坦、土库曼斯坦、乌兹别克斯坦、吉尔吉斯斯坦、斯里兰卡、巴勒斯坦、叙利亚、阿塞拜疆、亚美尼亚、阿曼、沙特、卡塔尔	90.5	8
6	南非	105	8
7	阿根廷、巴西、墨西哥	110	8
8	老挝、孟加拉国、柬埔寨、缅甸、尼泊尔、文莱、不丹、马尔代夫、东帝汶、阿联酋、约旦、巴林、阿富汗、伊朗、科威特、也门、伊拉克、黎巴嫩、秘鲁、智利	120	8
9	塞尔维亚、阿尔巴尼亚、冰岛、安道尔、法罗群岛、直布罗陀、列支敦士登、摩纳哥、黑山、马其顿、圣马力诺、梵蒂冈、摩尔多瓦、格鲁吉亚	147.5	8
10	斐济、美属萨摩亚、科科斯（基林）群岛、库克群岛、卡奔达、圣诞岛、新喀里多尼亚、密克罗尼西亚、南乔治亚岛和南桑德韦奇岛、赫德岛和麦克唐那岛、英属印度洋领土、基里巴斯、圣基茨和尼维斯联邦、马绍尔群岛、北马里亚纳、诺福克岛、瑙鲁、纽埃、法属波利尼西亚、巴布亚新几内亚、皮特凯恩群岛、所罗门群岛、斯瓦尔巴岛和扬马延岛、特里斯达库尼亚群岛、法属南部领土、托克劳、汤加、图瓦卢、美属太平洋各群岛、瓦努阿图、西萨摩亚、阿森松岛、加纳利群岛、亚速尔群岛和马德拉群岛、约翰斯敦岛、关岛、帕劳、瓦利斯和富图纳、埃及、苏丹、摩洛哥、吉布提、埃塞俄比亚、肯尼亚、突尼斯、布隆迪、乌干达、卢旺达、乍得、尼日利亚、布基纳法索、贝宁、喀麦隆、阿尔及利亚、加蓬、几	176	8

续表

区域	国家/地区	资费标准（元/kg）	挂号服务费（元/包裹）
10	内亚、马达加斯加、毛里塔尼亚、津巴布韦、安哥拉、中非、佛得角、西撒哈拉、厄立特里亚、冈比亚、赤道几内亚、几内亚比绍、科摩罗、利比里亚、莱索托、马拉维、莫桑比克、纳米比亚、尼日尔、留尼汪、塞舌尔、圣赫勒拿、圣多美和普林西比、斯威士兰、马约特、伊夫尼、赞比亚、利比亚、毛里求斯、马里、索马里、加纳、博茨瓦纳、刚果（金）、刚果（布）、坦桑尼亚、多哥、科特迪瓦、塞拉利昂、塞内加尔、委内瑞拉、古巴、厄瓜多尔、巴拿马、苏里南、哥伦比亚、安提瓜和巴布达、安圭拉、荷属安的列斯、阿鲁巴、巴巴多斯、百慕大、玻利维亚、巴哈马、伯利兹、哥斯达黎加、多米尼加、福克兰群岛（马尔维纳斯）、格林纳达、法属圭亚那、瓜德罗普、危地马拉、圭亚那、洪都拉斯、海地、牙买加、开曼群岛、圣卢西亚、马提尼克、蒙特塞拉特、尼加拉瓜、圣皮埃尔和密克隆、波多黎各、巴拉圭、萨尔瓦多、特克斯和凯科斯群岛、特立尼达和多巴哥、乌拉圭、圣文森特和格林纳丁斯、英属维尔京群岛、美属维尔京群岛、复活岛、扎伊尔、格陵兰岛	176	8
11	俄罗斯	96.3	8

2）中国邮政平常小包+资费

中国邮政平邮小包+运费根据包裹重量按 g 计费。30g 及以下的包裹按照 30g 的标准计算运费，30g 以上的包裹按照实际重量计算运费。每个单件包裹限重在 2kg 以内，免挂号费。其详细资费标准如表 5-2-5 所示。

表 5-2-5　中国邮政平常小包+资费表

区域	国家/地区	资费标准（元/kg）	挂号服务费（元/包裹）
1	日本	62	0
2	奥地利、斯洛伐克	68	0
3	保加利亚、韩国、马来西亚、泰国、新加坡、印度、印度尼西亚	69	0
4	爱尔兰、比利时、波兰、捷克、葡萄牙、瑞士、希腊、意大利	75	0
5	丹麦、芬兰	76	0
6	澳大利亚、德国、荷兰、克罗地亚、匈牙利、以色列、英国	83	0
7	挪威、瑞典	84	0
8	爱沙尼亚、白俄罗斯、法国、加拿大、拉脱维亚、立陶宛、卢森堡、罗马尼亚、美国、土耳其、乌克兰、西班牙、新西兰	85	0
9	阿曼、阿塞拜疆、巴基斯坦、巴勒斯坦、波斯尼亚和黑塞哥维那、朝鲜、菲律宾、哈萨克斯坦、吉尔吉斯斯坦、卡塔尔、马耳他、蒙古、塞浦路斯、沙特阿拉伯、斯里兰卡、斯洛文尼亚、塔吉克斯坦、土库曼斯坦、乌兹别克斯坦、叙利亚、亚美尼亚、越南	86	0
10	俄罗斯	103	0
11	巴西	105	0

续表

区域	国家/地区	资费标准（元/kg）	挂号服务费（元/包裹）
12	阿尔巴尼亚、阿尔及利亚、阿富汗、阿根廷、阿拉伯联合酋长国、阿森松岛（英）、埃及、埃塞俄比亚、安道尔、安哥拉、巴布亚新几内亚、巴林、巴拿马、贝宁、冰岛、博茨瓦纳、不丹、布基纳法索、布隆迪、赤道几内亚、东帝汶、东帝汶、东萨摩亚（美）、多哥、厄瓜多尔、厄立特里亚、法罗群岛（丹）、法属波利尼西亚、法属南部和南极领地、梵蒂冈、斐济、佛得角、冈比亚、刚果、刚果（金）、哥伦比亚、格鲁吉亚、古巴、关岛（美）、黑山、基里巴斯、吉布提、几内亚、几内亚比绍、加纳、加蓬、柬埔寨、津巴布韦、科摩罗、科特迪瓦、科威特、肯尼亚、莱索托、老挝、黎巴嫩、利比里亚、利比亚、列支敦士登、留尼汪岛、卢旺达、马达加斯加、马尔代夫、马拉维、马里、马里亚纳群岛、马其顿、马绍尔群岛、马约特岛、毛里求斯、毛里塔尼亚、孟加拉国、秘鲁、密克罗尼西亚（美）、缅甸、摩尔多瓦、摩洛哥、摩纳哥、莫桑比克、墨西哥、纳米比亚、南非、南乔治亚与南桑威奇群岛、瑙鲁、尼泊尔、尼日尔、尼日利亚、纽埃岛（新）、诺福克岛（澳）、帕劳（美）、皮特凯恩群岛、塞尔维亚、塞拉利昂、塞内加尔、塞舌尔、圣诞岛、圣多美和普林西比、圣赫勒拿、圣克里斯托弗和尼维斯、圣马力诺、斯威士兰、苏丹、苏里南、所罗门群岛、索马里、坦桑尼亚、汤加、突尼斯、图瓦卢、托克劳群岛（新）、瓦里斯和富士那群岛（法）、瓦努阿图、委内瑞拉、文莱、乌干达、西撒哈拉、西萨摩亚、新喀里多尼亚群岛（法）、也门、伊拉克、伊朗、英属印度洋领地、约旦、赞比亚、乍得、直布罗陀（英）、中非、科克群岛（新）、桑给巴尔	106	0
13	智利	120	0
14	阿鲁巴岛、安圭拉岛（英）、安提瓜和巴布达、巴巴多斯、巴哈马国、巴拉圭、百慕大群岛（英）、波多黎各（美）、伯利兹、布韦岛、多米尼加共和国、法属圭亚那、福克兰群岛、哥斯达黎加、格林纳达、格陵兰岛、瓜德罗普岛（法）、圭亚那、海地、荷属安的列斯群岛、赫德岛和麦克唐纳群岛、洪都拉斯、加那利群岛、开曼群岛（英）、科科斯岛、马提尼克（法）、美国本土外小岛屿、蒙特塞拉特岛（英）、尼加拉瓜、萨尔瓦多、圣卢西亚、圣皮埃尔岛及密克隆岛、圣文森特岛（英）、斯瓦尔巴群岛（挪）、特克斯和凯科斯群岛（英）、特立尼达和多巴哥、危地马拉、维尔京群岛（美）、维尔京群岛（英）、乌拉圭、牙买加、南极、多米尼克国、圣马丁（荷）、圣巴泰勒米岛、库拉索、圣马丁岛	121	0

注意事项：

以上挂号、平邮的资费表仅供参考，不同地区的资费标准存在一定差异，不同的物流服务商（货代）也有不同的折扣优惠，具体以各地物流服务商的报价为准。

4．揽收方式

北京、上海、深圳、广州等近百个城市或地区的中国邮政邮件处理中心或物流服务商（货代）的收寄点提供揽收服务，揽收方式如下：

- 上门揽收：在约定区域范围内，达到一定数量才可以免费上门揽收。
- 自寄：不限制数量，需自费把处理好的包裹用国内快递或物流寄送至中国邮政邮件处理中心或物流服务商（货代）的收寄点。

- 自送：不限制数量，自行把处理好的包裹送至中国邮政邮件处理中心或物流服务商（货代）的收寄点。

在揽收之前，商户需要进行开户申请或合同签约，才能进行填写面单、打印面单标签、发货揽收等操作。另外，部分二三线城市的邮局并不提供国际小包的收寄服务，商户需要咨询确认。相对而言，由于地域的差异化，部分非邮局的物流服务商（货代）能够提供更加实惠的折扣资费和更加优质的服务，商户可以根据自己的需求进行优先选择。

注意事项：

- 部分邮局由于业务较多，开户条件也会较高，例如必须有公司资质才能开户、要求每次揽收达到80～100票（包裹）。达不到这的条件的商户，可以选择其他的物流服务商（货代）。
- 上门揽收受交通环境的影响较大，难以准时达到约定地点进行揽收。对时效有较高要求的商户可以选择自送，大客户可以与邮局洽谈寻求更加合理的揽收方式和揽收时间。

5．妥投时效

正常情况：15～35天到达目的地。

特殊情况：36～60天到达目的地（巴西90天），特殊情况包括：节假日、政策调整、旺季运力不足、因暴风雪延误、目的地偏远等。

6．物流信息查询

1）面单标签单号格式

挂号：R+字母代码+编号+CN。例如广州小包挂号 RS528485625CN，武汉小包挂号RN650700143CN。

平邮：数字代码+编号。例如广州小包平邮89098578008，武汉小包平邮42011576845。

2）物流信息详情可追踪节点

中国邮政挂号小包提供国内段收寄、封发、交航及目的国妥投等信息。个别目的国因政策原因而不提供任何妥投信息。对于目的国不显示物流信息的，可以向邮局提交查件确认申请，查件确认的周期一般是1～3个月。

中国邮政平常小包+提供国内段收寄、封发、计划交航等信息，不提供国外段跟踪信息。部分地区的中国邮政平常小包+不提供任何物流跟踪信息，也不提供对目的国的查件服务。

3）物流信息详情查询平台

中国邮政官方网站：http://intmail.11185.cn，如图5-2-1所示。

17TRACK：http://www.17track.net，如图5-2-2所示。

AfterShip：https://www.aftership.com，如图5-2-3所示。

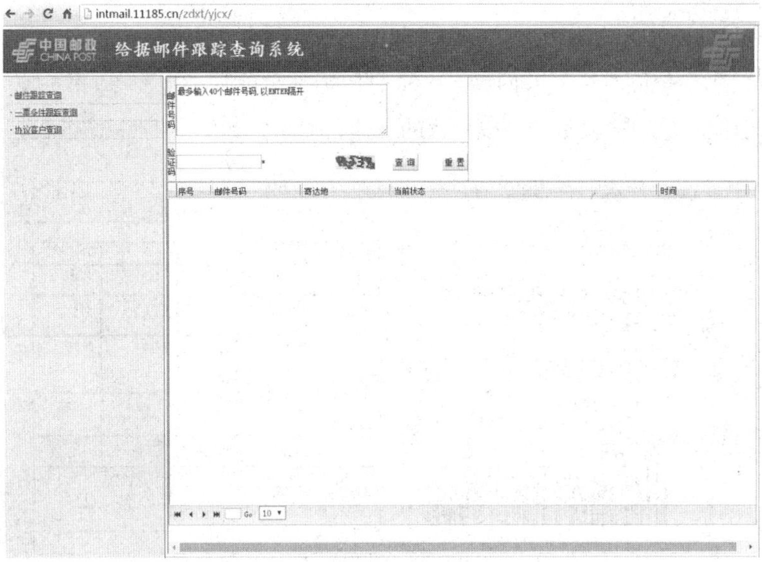

图 5-2-1　中国邮政查询物流信息网址

图 5-2-2　17TRACK 查询物流信息网址

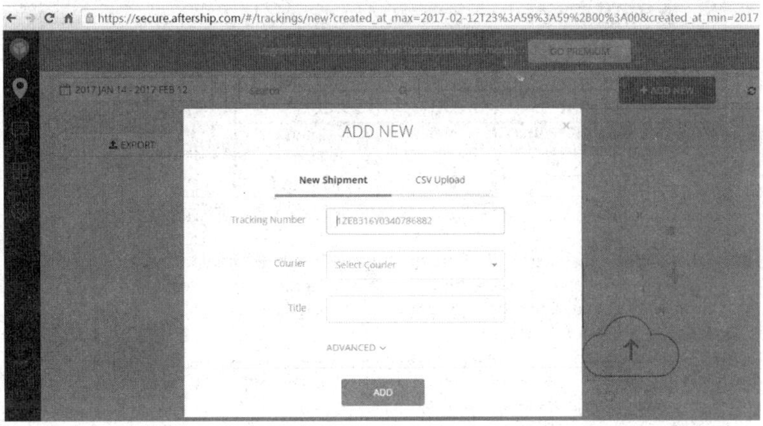

图 5-2-3　AfterShip 跟踪物流信息网址

7. 发货面单标签

中国邮政国际小包面单标签有两种：一种是中国邮政国际小包面单+报关单，另外一种是中国邮政国际小包面单和报关单合并成一张的一体化面单，如图 5-2-4 ~ 图 5-2-6 所示。

中国邮政 CHINA POST 航空 Small Packet BY AIr US美国 5
4401010
FROM:shisha road shijin baidu guangzhou china
RefNO: 5886DEBD108A2B4B0072E32C7
To: Helea Rodriguezs
Adds:2951 W. lowell ave,
#129, Tracy, California UNITED STATES
ZIP:95376 TEL:2099223455 /
退件单位：广州小包大宗收寄处理中心
R RS528485625CN

中国邮政 CHINA POST 报关标签 CUSTOMS DECLARATION 邮2113 CN 22
可以径行开拆 May be opened officially

邮件种类 Category of item（在适当的文字前划 √）	✓	礼品	商品货样
		文件	其他
内件详细名称和数量 Quantity and detailed description		重量（千克）weight(kg)	价值 value
Christmas Light*1 Porduct ID:		0.200	$9.00
协调系统税则号列和货物原产国（只对商品邮件填写）HS tatill number and country of origin of goods (For commerial items only)		总重量(KG) Total weight (KG)	总价值 Total value (USD)
CN		0.200	USD:9.00

我保证上述准确无误，本函件未装法律或邮政和海关规章禁止寄违禁的任何危险物品（I the undersingned,certify the particulars given in this declaration are correct and this this item does not contain any dangerous artickes prohibited by legislation or by postal customs regulations.）
寄件人签字 (Sender's signature)：

图 5-2-4　中国邮政挂号小包面单+报关单

中国邮政 CHINA POST 航空 Small Packet BY AIr US美国
协议客户：4401010
FROM:shisha road shijin baidu guangzhou china
To:Helea Rodriguezs
Adds:2951 W. lowell ave,
#129, Tracy, California UNITED STATES ZIP:95376 TEL:2099223455 Phone:
退件单位：广州小包大宗收寄处理中心
16 RS528485625CN

报关签条 CUSTOMS DECLARATION	可以径行开拆 May be opened officially	请先阅读背面的注意事项 see Instrictions on the	航空	Guanzhou China
邮件种类 Category of Item	其他 other		PAP AVION	已验视
内件详细名称和数量Quantity and detailed description	重量（千克）weight(kg)	价值 value	小包邮件	单位：广州小包中心
Christmas Light*1	0.200	$9.00	PETIT PAQUET	验视人：方静霞
协调系统税则号列和货物原产国(只对商品邮件填写)HS tatill number and country of origin	总重量 Total weight	总价值 Total value		SZ-51
CN	0.200	USD:9.00		

我保证上述准确无误，本函件未装法律或邮政和海关规章禁止寄违禁的任何危险物品
I the undersingned,certify the particulars given in this declaration are correct and this this item does not contain any dangerous artickes prohibited by legislation or by postal customs regulations.
寄件人签字 Sender'ssignature: 2017/2/12

图 5-2-5　中国邮政挂号小包一体化面单

中国邮政 CHINA POST FROM: 自编号:5886DEBD108A2B4	US	美国
	SHIP TO: Helia Rodriguez 2941 W. lowell ave, #109, Tracy, California UNITED STATES ZIP:95376 Phone:209922325/	
UNTRACKED	89098578008	

description of contents	Kg.	Val(US $)
Christmas LED Light	0.200kg	9.00
Total Gross Weight(KG)	0.200	9.00

退件单位：

I the undersigned certify that the particulars given in this declaration are correct and this item does not contain any angerous articles prohi bited by legislation or by postal or customs regulations

寄件人签字(Sender’ s signature)：　　CN22

图 5-2-6　中国邮政平常小包一体化报关单

报关单填写说明如图 5-2-7 所示。

中国邮政 CHINA POST	报关标签 CUSTOMS DECLARATION	邮2113 CN 22

可以径行开拆 May be opened officially

邮件种类 Category of item (在适当的文字前划 √)		礼品		商品货样
		文件	√	其他 1

内件详细名称和数量 Quantity and detailed description	重量（千克） weight(kg)	价值 value
Christmas Light*1　2 Porduct ID:	0.200　3	$9.00　4
协调系统税则号列和货物原产国(只对商品邮件填写) HS tatill number and country of origin of orgin of goods (For commerial items only)	总重量(KG) Total weight (KG)	总价值 Total value (USD)
CN	0.200　5	USD:9.00　6

我保证上述准确无误，本函件未装法律或邮政和海关规章禁止寄违禁的任何危险物品（I the undersingned, certify the particulars given in this declaration are correct and this this item does not contain any dangerous artickes prohibited by legislation or by postal customs regulations.）

寄件人签字 (Sender's signature)：________7________

图 5-2-7　中国邮政挂号小包报关单填写说明

① 针对邮件的种类打钩。

② 填写邮件内载的名称和数量。

③ 填写邮件的重量。

④ 填写邮件的价值。

⑤ 邮件的总重量。

⑥ 邮件的总价值。

⑦ 寄件人手写签字。

8．退件说明

中国邮政国际小包若出现国外收件地址不正确、收件人拒收、安检没通过等问题，邮件可从国外返还至寄件人地址。邮件退回来一般不会产生邮费，但已经寄送出去发生的邮费不退。退件的周期一般达 1 个月至 6 个月之久，个别国家甚至超过一年。邮件一般是退至寄件人地址所属的邮局或物流服务商（货代），寄件人可以去邮局或物流服务商（货代）处领取邮件。去邮局领取的，需提供物流单号和身份证、手机号等信息。

9．理赔保险

中国邮政国际小包发生丢件等问题之后，目前常见的赔付说明如表 5-2-6 所示。

表 5-2-6　中国邮政挂号小包报关单赔付说明

问　　题	赔付说明
包裹还未上网不能查询物流信息，但已确认丢失	单个包裹按照实际损失价值赔偿，退运费
包裹已上网可查询物流信息后，经中国邮政确认存在丢失、破损、少件、物品错误等问题	单个包裹按照实际损失价值赔偿，不退运费，赔付上限如下： （1）中国邮政挂号小包：300 元 （2）中国邮政平常小包+：30 元

个别物流服务商（货代）或电商平台有其自己的投保服务和合作协议，提供额外的赔付，具体以各自的赔付说明为准。在赔付之前，一般要向邮局提交查件确认申请。邮局查件确认丢件属实之后，才能进行赔付。大多数情况下，丢件等问题因举证困难，导致能够获得赔偿的概率很低。

此外，中国邮政国际小包可以提供额外的保险服务，可向邮局申请投保，费率较低，手续方便，具体资费和理赔标准以邮局提供的为准。部分物流服务商（货代）申请了投保服务，可以由物流服务商（货代）申请理赔。

10．免责条款

- 因托寄物固有瑕疵或本质成分而导致的损失或损坏；目的地海关当局因货件疑似不合法而产生的扣关、清关延误；错误的商品说明、错误申报、过低错误申报或其他原因导致货件遭充公、毁灭、没收或扣留等。
- 不妥善的包装导致货件的延误或损毁。

- 更改收件人姓名、地址或未派送成功的退件再次投寄而导致派递延误及未能完成此额外服务的。
- 投交时邮件封装完好，无拆动痕迹，且收件人已按规定手续签收，事后收件人发现内件有遗失或损毁的。
- 因天灾、政治因素、工潮、核爆炸或战争而导致的延误、损失或破坏。

5.2.2　国外邮政国际小包

国外邮政国际小包是指除中国以外的其他国家的邮政航空国际小包，提供平邮和挂号两种服务类型。国外邮政国际小包一般是以国家名称开头进行命名，例如比较常用的有荷兰邮政小包、新加坡邮政小包、瑞典邮政小包、瑞士邮政小包、美国邮政小包、土耳其邮政小包、英国邮政小包、比利时邮政小包、俄罗斯邮政小包等。国内的跨境电商商户通常会去掉“邮政”二字，使其简称更加易读，例如荷兰邮政小包简称“荷兰小包”，土耳其邮政小包简称“土耳其小包”，以此类推。

国外邮政国际小包在带电产品、纯电池、液体及固体化妆品等寄送限制方面比中国邮政国际小包更加宽松，从而成为中国跨境电商出口零售领域非常重要的跨境物流渠道。由于国外邮政国际小包种类较多，其服务及要求也大体一致，和中国邮政国际小包也比较接近，所以下面仅以新加坡小包、荷兰小包为例进行说明，其他的请参考各大物流服务商（货代）提供的介绍。

1．新加坡小包

新加坡邮政航空小包裹简称新加坡邮政小包或新加坡小包，是新加坡邮政推出的一项针对重量在 2kg 以下的货物的一种邮政小包服务，可发带电商品，具有时效好、通关能力强的特点，可寄达全球 253 个国家及地区的邮政网点。

1）线路简介

（1）主要优势是可发带电产品（但不能发任何纯电池）。

（2）时效较快：香港直航至新加坡邮政，再由新加坡转寄到全球多个国家或地区。货物到达新加坡邮政后无须二次分拣，最大程度上减少了货物在新加坡邮政处理中心的停留时间。

（3）派送范围广：覆盖全球 253 个国家或地区。

（4）物流信息可查询：提供国内段交接，以及包裹从新加坡发出到目的国妥投等跟踪信息。一般发货后 1～2 个工作日即可在线查询包裹详细派送信息。

（5）交寄便利：深圳、义乌、上海、广州、厦门等多地的物流服务商（货代）提供上门揽收服务，非揽收区域商户可自行寄送至物流服务商（货代）提供的仓库。

（6）赔付保障：对平邮和挂号小包均提供保险服务，理赔速度较快。

2）寄送要求

新加坡小包对包裹重量和体积的要求如表5-2-7所示。

表5-2-7　新加坡小包重量和体积要求

包裹形状	重量限制	最大体积限制	最小体积限制
方形包裹	小于2kg（不包含）	长+宽+高≤90cm	表面尺码不得小于9cm×14cm
		单边长度≤60cm	宽度≥9cm
圆柱形包裹		2倍直径及长度之和≤104cm	2倍直径及长度之和≥17cm
		单边长度≤90cm	单边长度≥10cm

新加坡小包对货物类型要求如下：

- 对于带电产品，需要根据要求对电池进行包装隔离绝缘处理。
- 不能寄运法律所规定的禁运物品。
- 不能寄运航空公司禁止寄运的物品。

3）资费标准

新加坡小包运费根据包裹重量按g计费，挂号1g起重，平邮10g起重，每个单件包裹限重在2kg以内。不同国家或地区的挂号服务费不同，平邮有额外的处理费用。新加坡小包挂号详细资费标准如表5-2-8所示。

表5-2-8　新加坡小包挂号资费标准（仅供参考）

区域	国家/地区	配送服务费（元/kg）	挂号服务费（元/包裹）
1	澳大利亚、荷兰、瑞士	79	8
2	德国、瑞典、西班牙、新西兰、意大利	83	9
3	奥地利、韩国、马来西亚、日本、泰国、印度尼西亚、越南	86	9
4	法国、加拿大、美国、英国	87	8
5	比利时	92	9
6	菲律宾、中国台湾、文莱	101	13
7	澳门特别行政区、巴布亚新几内亚、巴基斯坦、不丹、朝鲜、东帝汶、法属波利尼西亚、斐济、关岛（美）、基里巴斯、柬埔寨、老挝、马尔代夫、马里亚纳群岛、马绍尔群岛、蒙古、孟加拉国、密克罗尼西亚（美）、缅甸、瑙鲁、尼泊尔、纽埃岛（新）、帕劳（美）、斯里兰卡、所罗门群岛、汤加、图瓦卢、瓦努阿图、西萨摩亚、希腊、香港特别行政区、新喀里多尼亚群岛（法）、印度	102	13
8	以色列	109	9
9	俄罗斯、挪威、乌克兰	114	13
10	阿尔巴尼亚、阿塞拜疆、爱尔兰、爱沙尼亚、白俄罗斯、保加利亚、冰岛、波兰、丹麦、梵蒂冈、芬兰、格陵兰岛、格鲁吉亚、哈萨克斯坦、黑山、吉尔吉斯斯坦、捷克、克罗地亚、拉脱维亚、立陶宛、列支敦士登、卢森堡、罗马尼亚、马耳他、	118	13

续表

区域	国家/地区	配送服务费（元/kg）	挂号服务费（元/包裹）
10	马其顿、摩尔多瓦、摩纳哥、葡萄牙、塞尔维亚、塞浦路斯、圣马力诺、斯洛伐克、斯洛文尼亚、塔吉克斯坦、土耳其、土库曼斯坦、乌兹别克斯坦、匈牙利、亚美尼亚、直布罗陀（英）	118	13
11	阿根廷、巴西	124	13
12	东萨摩亚（美）、哥伦比亚、赫德岛和麦克唐纳群岛、科科斯岛、科克群岛（新）、墨西哥、诺福克岛（澳）、皮特凯恩群岛、圣诞岛、托克劳群岛（新）、智利	126	13
13	阿尔及利亚、阿富汗、阿拉伯联合酋长国、阿鲁巴岛、阿曼、阿森松岛（英）、埃及、埃塞俄比亚、安哥拉、安圭拉岛（英）、安提瓜和巴布达、巴巴多斯、巴哈马国、巴拉圭、巴勒斯坦、巴林、巴拿马、百慕大群岛（英）、贝宁、波多黎各（美）、玻利维亚、伯利兹、博茨瓦纳、布基纳法索、布隆迪、布韦岛、赤道几内亚、多哥、多米尼加共和国、多米尼克国、厄瓜多尔、厄立特里亚、法属圭亚那、法属南部和南极领地、佛得角、福克兰群岛、冈比亚、刚果、刚果（金）、哥斯达黎加、格林纳达、古巴、瓜德罗普岛（法）、圭亚那、海地、荷属安的列斯群岛、洪都拉斯、吉布提、几内亚、几内亚比绍、加纳、加蓬、津巴布韦、喀麦隆、卡塔尔、开曼群岛（英）、科摩罗、科特迪瓦、科威特、肯尼亚、库拉索、莱索托、黎巴嫩、利比里亚、利比亚、留尼汪岛、卢旺达、马达加斯加、马拉维、马里、马提尼克（法）、马约特岛、毛里求斯、毛里塔尼亚、蒙特塞拉特岛（英）、秘鲁、摩洛哥、莫桑比克、纳米比亚、南非、南极、南苏丹、尼加拉瓜、尼日尔、尼日利亚、萨尔瓦多、塞拉利昂、塞内加尔、塞舌尔、桑给巴尔、沙特阿拉伯、圣巴泰勒米岛、圣多美和普林西比、圣赫勒拿、圣克里斯托弗和尼维斯、圣卢西亚、圣马丁（荷）、圣皮埃尔岛及密克隆岛、圣文森特岛（英）、斯威士兰、苏丹、苏里南、索马里、坦桑尼亚、特克斯和凯科斯群岛（英）、特立尼达和多巴哥、突尼斯、瓦里斯和富士那群岛（法）、危地马拉、维尔京群岛（美）、维尔京群岛（英）、委内瑞拉、乌干达、乌拉圭、西撒哈拉、叙利亚、牙买加、也门、伊拉克、伊朗、约旦、赞比亚、乍得、中非	129	13
14	安道尔、奥尔德尼岛、奥兰群岛、波斯尼亚和黑塞哥维那、法罗群岛（丹）、根西岛（英）、加勒比荷兰、加那利群岛、科索沃、马恩岛（英）、美国本土外小岛屿、南乔治亚与南桑威奇群岛、圣马丁岛、斯瓦尔巴群岛（挪）、英属印度洋领地、泽西岛（英）	130	13

4）妥投时效

正常情况下 15～35 天后可到达目的地。节假日、因暴风雪延误、目的地偏远等特殊情况除外。常见目的地区的妥投时效如表 5-2-9 所示。

表 5-2-9　新加坡小包常见目的地妥投时效

目的地	参考时效（工作日）
东南亚	5～10
西欧	7～15
东欧	7～20

续表

目的地	参考时效（工作日）
美国	7 ~ 15
加拿大	7 ~ 15
澳大利亚	7 ~ 15

注意事项：

新加坡小包不是直发线路，存在中转地中转过程，发货 1 ~ 3 个工作日后才能上网查询。

5）物流信息查询

物流信息详情查询平台：

- 新加坡邮政：http://www.singpost.com
- 17TRACK：http://www.17track.net
- AfterShip：https://www.aftership.com

6）发货面单标签

新加坡邮政小包挂号面单标签如图 5-2-8 所示。

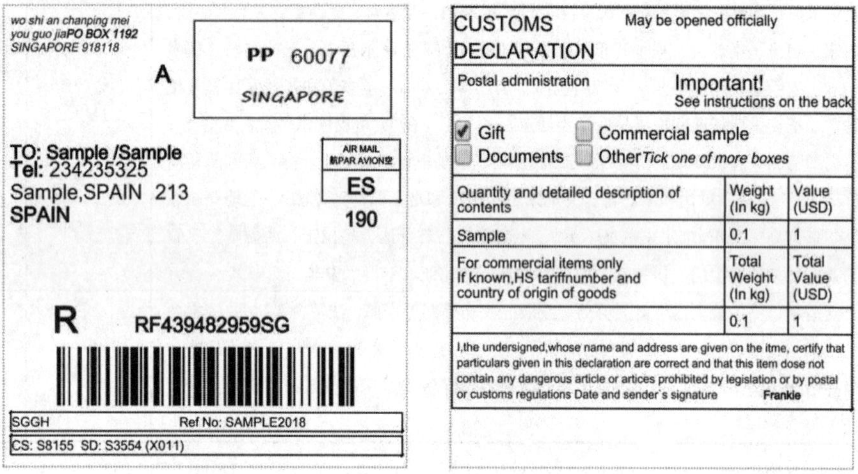

图 5-2-8　新加坡挂号小包面单

7）退件说明

因在目的地无法投递产生的退件一般有两种处理方式。

（1）弃货：直接在当地销毁邮件，不产生任何费用，处理手续也非常简单。

（2）退回：退件是从目的地国家或地区退至新加坡邮政处理中心，然后退至香港地区，再到中国内地。因此，会有多个退件地点供选择，并产生不同的退件费用，具体以各大物流商的退件资费为准。一般来说，商户都是选择退回至中国内地。退回至中国内地可能产生进口关税等费用，需要商户承担。退件的周期一般长达 3～4 个月，个别国家可能会超过一年。邮件一般是退至物流服务商（货代）所在地收寄点，寄件人可以向物流服务商（货代）索取邮件。

2．荷兰小包

荷兰邮政小包，简称荷兰小包，是荷兰邮政（TNT POST）专门为电子商务商户推出的一项欧洲快捷小包业务。该服务立足于荷兰，辐射整个欧洲，依托荷兰邮政的网络和清关系统，打造高品质区域性小包服务，具有清关顺利、派送快速、查询详细的特点。荷兰小包最主要的优势是可以寄带电池的包裹。

1）线路简介

（1）主要优势是可寄带电货物，包括内置电池、配套电池、移动电源等，但不能寄纯电池。

（2）价格实惠：在部分国家的资费低于中邮小包。在欧洲主要国家，500g 以上的货物相对于市场上主要的小包有一定的价格优势。

（3）派送时效性强：市场上主流的邮政小包服务的时效一般是 7～15 个工作日，荷兰小包到欧洲主要国家只需 5～10 个工作日。

（4）追踪查询详细：对欧洲主要国家，如英法德意等国，都可以查询直到签收，追踪轨迹详细，接近于快递。

2）寄送要求

荷兰小包对包裹重量和体积的限制如表 5-2-10 所示。

表 5-2-10　荷兰小包重量和体积限制

包裹形状	重量限制	最大体积限制	最小体积限制
方形包裹	小于 2kg（不包含）	长+宽+高≤90cm	宽度≥9cm，长度≥14cm
		单边长度≤60cm	宽度≥9cm
圆柱形包裹		2 倍直径及长度之和≤104cm	2 倍直径及长度之和≥17cm
		单边长度≤90cm	单边长度≥10cm

荷兰小包对货物类型的要求如下：

- 带电产品需要根据要求对电池进行包装隔离绝缘处理，每个产品不能超过两个配套电池。
- 带电产品的电池只能是干电池或固体电池，不能是液体类的电池。
- 国际航空条款规定的不能邮寄或限制邮寄的所有货物，化妆品、粉末、液体、易燃易爆物品等危险品，以及烟酒、现金及有价证券、侵权产品等，均不能邮寄。

3）资费标准

荷兰小包运费根据包裹重量按 g 计费，一般是 1g 起重，每个单件包裹限重在 2kg 以内。

不同的物流服务商（货代）之间存在一定的资费差异。下面以某物流服务商的荷兰小包挂号资费标准作为参考，如表 5-2-11 所示。

表 5-2-11　荷兰小包重量和体积要求

区域	国家/地区	配送服务费（元/kg）	挂号服务费（元/包裹）
1	捷克、斯洛文尼亚、立陶宛、拉脱维亚、罗马尼亚、波兰、西班牙、斯洛伐克、比利时、美国	68	14
2	奥地利、芬兰、加拿大、葡萄牙、日本	80	14
3	冰岛、希腊、澳大利亚、新西兰	89	14
4	俄罗斯、保加利亚等	103	14
5	匈牙利、意大利、法国	91	14
6	世界其他国家	112	14
7	大洋洲其他地区	155	14
8	爱沙尼亚、英国	75	14
9	丹麦、卢森堡、德国、瑞典	101	14
10	瑞士	110	14
11	挪威	128	14
12	荷兰	150	14

4）妥投时效

正常情况下，包裹在 5～10 个工作日后可到达目的地。节假日、因暴风雪延误、目的地偏远等特殊情况除外。荷兰小包的妥投时效如表 5-2-12 所示。

表 5-2-12　荷兰小包妥投参考时效

荷兰小包妥投参考时效	
时效（工作日）	比　例
≤10	46.81%
≤12	62.87%
≤15	72.55%
≤20	79.16%
≤25	82.23%
≤30	83.60%
>30	8.76%
妥投	92.36%
未妥投	7.64%

注意事项：

荷兰小包不是走直发线路，存在中转地中转过程，发货 1～3 个工作日后才能上网查询。

5）物流信息查询

物流信息详情查询平台：

- 荷兰邮政：https://www.postnl.nl 或 http://www.postnl.post
- 17TRACK：http://www.17track.net
- AfterShip：https://www.aftership.com

6）发货面单标签

荷兰小包挂号面单标签如图 5-2-9 所示。

图 5-2-9　荷兰小包挂号面单标签

7）退件

因在目的地无法投递产生的退件一般有两种处埋方式。

（1）弃货：直接在当地销毁邮件，不产生任何费用，处理手续也非常简单。

（2）退回：退件是从目的地国家或地区退至中国大陆。退件会产生退件费用，具体以各大物流服务商（货代）的退件资费为准。退件时间长达 3 ~ 6 个月。

5.2.3　国际 e 邮宝

国际 e 邮宝是中国邮政为适应国际电子商务寄递市场的需要，为中国电商商户量身定制的一款全新经济型国际邮递服务。国际 e 邮宝主要是针对轻小件物品的空邮服务，是为中国电商商户提供的发向美国、加拿大、英国、法国、澳大利亚等超过 32 个国家或地区的包裹寄递服务。

国际 e 邮宝隶属于中国邮政速递物流股份有限公司，官方网站是 http://shipping.ems.com.cn，与中国邮政国际小包不同，如图 5-2-10 所示。

图 5-2-10　国际 e 邮宝官方网站

1. 线路介绍

- 经济实惠，首重 50 克，续重按照每克计算。
- 时效快，大部分情况下 7 ~ 10 个工作日即可妥投。
- 上网快，自送的最快 1 个小时内即可上网查询跟踪信息。
- 专业性强，为中国电商商户量身定制，比中国邮政小包递送速度快。
- 服务优良，提供包裹跟踪号，可跟踪妥投信息。
- 揽收方便，大部分国际 e 邮宝服务网点全年不休，天天提供收寄服务。

2. 寄送限制

国际 e 邮宝对包裹重量和体积的要求如表 5-2-13 所示。

表 5-2-13　国际 e 邮宝重量和体积要求（与中邮小包有差异）

<table>
<tr><th>包裹形状</th><th>重量限制</th><th>最大体积限制</th><th>最小体积限制</th></tr>
<tr><td rowspan="2">方形包裹</td><td rowspan="4">小于 2kg（不包含）</td><td>长+宽+高≤90cm</td><td>宽度≥11cm，长度≥14cm</td></tr>
<tr><td>单边长度≤60cm</td><td>宽度≥9cm</td></tr>
<tr><td rowspan="2">圆柱形包裹</td><td>2 倍直径及长度之和≤104cm</td><td>2 倍直径及长度之和≥17cm</td></tr>
<tr><td>单边长度≤90cm</td><td>单边长度≥11cm</td></tr>
</table>

国际 e 邮宝对货物类型的要求如下：

- 向部分目的地国家/地区能寄送内置电池产品，发货时要按要求独立包装和分拣。
- 普通物品都能寄送，但不能邮寄国家明令禁止出口的货物，如航空禁运物品、侵权产品等。

3．资费标准

对不同国家或地区，国际e邮宝的配送费不同，处理费也有所不同。配送费按g计算，部分国家路向要求起重50g，包裹重量都不能超过2kg。目前的国际e邮宝支持32个以上的国家或地区，其资费标准如表5-2-14所示。

表5-2-14 国际e邮宝资费表

国家或地区	配送费（元/g）	起　重	处理费（元/件）
美国	0.075	起重50g，不足50g按50g计费	9
俄罗斯	0.1		10
乌克兰	0.1		8
新西兰	0.075		9
日本	0.04		12
加拿大	0.065	无	19
挪威			
澳大利亚	0.06		19
法国			
德国			
英国	0.065		17
以色列			
沙特阿拉伯	0.05		26
中国香港	0.035		17
韩国	0.045		22
马来西亚	0.05		22
新加坡	0.05		22
土耳其	0.065		22
奥地利	0.065		22
比利时	0.065		22
瑞士	0.065		22
丹麦	0.065		22
匈牙利	0.065		22
意大利	0.065		22
卢森堡	0.065		22
荷兰	0.065		22
波兰	0.065		22
瑞典	0.065		22
芬兰	0.07		22
爱尔兰	0.07		22
葡萄牙	0.07		22
墨西哥	0.095		22
巴西	0.073		38

注意事项：

- 个别国际e邮宝网点或部分物流服务商（货代）未能支持上表中所有的国家路向，电商商户寄送包裹前需要弄清楚。
- 邮件包裹量大的，国际e邮宝网点或部分物流服务商（货代）会提供一定的优惠折扣，以实际的报价和优惠条件为准。

4. 投递范围

投递范围一般能覆盖目的地国家或地区的本土全境，但个别国家或地区会有限制，说明如下。

（1）美国——本土、本土以外所有属地及其海外军邮地址均可投递。

（2）英国——本土及海峡群岛、马恩岛均可投递。

（3）法国——仅本土区域可投递，邮编开头为 01 ~ 95 的地区及其海外属地无法投递，包括科西嘉、瓜德罗普、马提尼克、法属圭亚那、留尼旺、圣皮埃尔和密克隆、马约特。

（4）德国——无法覆盖区域和邮编如下。

Hiddensee：18565；North Friesian Islands：25846-25847，25849，25859，25863，25869，25929-25933，25938-25942，25946-25949，25952-25955，25961-25970，25980，25985-25986，25988-25990，25992-25994，25996-25999；East Friesian Islands：26465，26474，26486，26548，26571，26579，26757；Helgoland：27498；Chiemsee Lake：83256。

（5）其他国家——仅本土可投递，不包括本土以外的属地。

（6）可以投递到军事基地等地，但是投递信息不保证可查询。

5. 妥投时效

一般情况下，国际e邮宝可在7 ~ 10个工作日内完成妥投，节假日、政策调整、旺季运力不足、因暴风雪延误、目的地偏远等特殊情况除外。妥投时效如表5-2-15所示。

表5-2-15 国际e邮宝妥投时效表

国际e邮宝妥投时效参考	
国　家	参考时效（工作日）
美国、英国	5 ~ 10
沙特、乌克兰、俄罗斯	7 ~ 15
墨西哥	7 ~ 20
巴西	10 ~ 20
其他国家	7 ~ 10

6．面单

国际 e 邮宝面单标签如图 5-2-11 ~ 图 5-2-13 所示（图片中为示例，非真实地址）。

图 5-2-11　国际 e 邮宝-美国

图 5-2-12　国际 e 邮宝-英国

图 5-2-13　国际 e 邮宝-法国

7．物流查询

物流信息详情查询平台：

- 国际 e 邮宝：http://www.ems.com.cn/english.html
- 17TRACK：http://www.17track.net
- AfterShip：https://www.aftership.com

签收信息：

国际 e 邮宝提供妥投状态信息，但不提供客户签名的签收信息（不提供收件人签收证明）。妥投信息如图 5-2-14 所示。

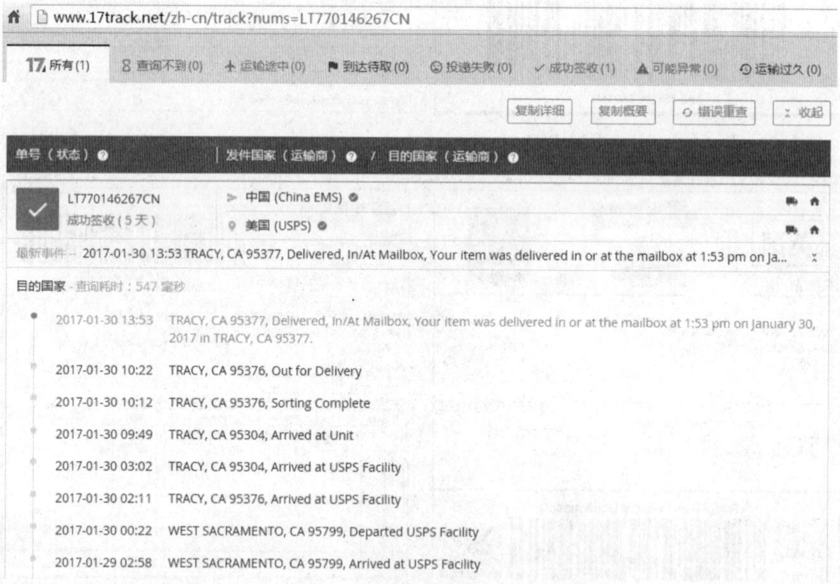

图 5-2-14　国际 e 邮宝-美国妥投信息

8．退件丢件

退件说明：

- 出口时安检或海关退回的邮件，将退回寄件人。
- 对于无法投递或收件人拒收等其他原因引起的退件，目的国将定期把邮件汇总退回中国（德国路向的 e 邮宝暂不提供集中退回的服务），由中国邮政退给寄件人。
- 退件不收费，但已经发生的配送费用不退。
- 从目的国退回的退件时效一般是 1 ~ 3 个月。
- 不支持指定退货地点等个性化退件服务。

丢件赔付：

- 不提供任何邮件的查单服务，对丢失、延误、损毁等情况也不提供任何补偿或赔偿。

- 对目的地国家或地区的物流信息不显示、没有妥投信息等问题不做任何承诺和赔偿。
- 客户可以另外购买保险，购买了保险的按保险服务标准进行处理。

9. 揽收网点

揽收方式：

- 上门揽收：中国邮政速递人员上门揽收。5 件包裹起免费揽收，不足 5 件的加收 5 元/次的操作费用。
- 商户自送：电商商户自行把邮件包裹送到国际 e 邮宝收寄网点。
- 商户寄送：不支持任何方式的寄送。

目前邮政速递人员上门揽收的城市超过 32 个：北京、天津、青岛、苏州、南京、上海、杭州、宁波、义乌、温州、福州、漳州、厦门、广州、深圳、东莞、泰州、金华、莆田、佛山、中山、嘉兴、成都、武汉、沈阳、大连、石家庄、郑州、南阳、昆明、无锡、重庆等。

服务网点：

国际 e 邮宝的服务网点是相对独立的，与邮局的中国邮政国际小包服务网点有区别，国际 e 邮宝服务网点可以揽收国际 e 邮宝和 EMS，但不能揽收中国邮政国际小包，反之亦然。

目前，国际 e 邮宝服务网点超过 305 个，具体请登陆国际 e 邮宝网站查询。

注意事项：

- 国际 e 邮宝官方网站的客服 QQ 是 800111835，全国统一客户服务电话是 11183。
- 各个服务网点不提供联系人和联系电话，但商户可前往服务网点咨询揽收详情。
- 国际 e 邮宝的面单标签，可以在国际 e 邮宝官方网站申请账户开通后获取（如图 5-2-15 所示），也可以直接使用各大电商平台提供的，或者通过其他物流服务商（货代）的物流系统获取。

图 5-2-15　国际 e 邮宝官方网站注册申请账户

- 国际 e 邮宝的面单标签通用性强，不限制使用地区，可以在不同的服务网点自由寄送，费用现结。大客户另有约定的除外。

5.2.4 国际 EMS

国际 EMS 是指全球邮政特快专递，属于国际快递的一种，是各个国家或地区的邮政合办的一项特殊邮政业务，提供递送国际紧急信函、文件资料、金融票据、商品货样等各类文件资料和物品服务。国际 EMS 清关能力强，妥投时效快，无须加收燃油附加费。

国际 EMS 业务是与各个国家或地区邮政合办的，因而在各国家或地区的邮政、海关、航空等部门均享有优先处理权。这也是国际 EMS 与 DHL、UPS、FedEx、TNT 等国际商业快递的重要区别所在。

一般而言，EMS 是指邮政特快专递，包括国内 EMS（国内特快专递）和国际 EMS，两者资费不同，面单不同，配送服务也不同，但通常统称为 EMS。本书主要介绍国际 EMS。

EMS 官方网站是 http://www.ems.com.cn，如图 5-2-16 所示。

图 5-2-16　EMS 官方网站

1. 优势介绍

- 服务范围广：国际 EMS 可到达全球 220 个国家或地区。

- 时效稳定：最快可当天上网跟踪，大大节省了快件在国内运输的时间。依赖全球邮政所拥有的超过 2.6 亿个投递点的网络终端，妥投签收时效有保障。
- 通关能力强：由各个国家或地区的邮政统一清关，通关有保障。
- 实时跟踪：可以查询交寄邮件的全程信息。

2. 寄送要求

- 尺寸限制：单个包裹长、宽、高任一边必须小于 1.5 米，最短面周长+最长单边必须小于 3 米。
- 重量限制：单个包裹的计费重量不得超过 30kg，不同地区略有差异。计费重量的计算如表 5-2-16 所示。

表 5-2-16　计费重量的计算说明

包裹尺寸	计费重量
包裹最长单边 ＜60 cm	按实际重量计算，不算体积重量
包裹最长单边 ≥60 cm	计算体积重量： 体积重量 ＝ 长(cm)×宽(cm)×高(cm) /8000 取实际重量和体积重量中较大的作为计费重量

- 物品类型：以普通物品为主，个别地区能够寄送含内置电池的电子产品。
- 禁寄物品：

（1）国家法律、法规、行政规章明令禁止流通、寄递或进出境的物品，如国家秘密文件和资料、国家货币及伪造的货币和有价证券、仿真武器、管制刀具、珍贵文物、濒危野生动物及其制品等。

（2）各个电商平台禁止销售的侵权商品。

（3）各寄达国（地区）禁止寄递进口的物品。

（4）航空禁运品，如液体、粉末及含液体或粉末的物品等。

- 常见安检退回物品：

（1）带磁产品、带电产品、电动机、电子类产品、电器类产品、灯泡及密封性良好无法验视的产品。

（2）车载 DVD、电动按摩器、电动玩具、气动工具、泵、电磁阀、液压或气压产品、充气的球类产品等。

（3）带液体产品，如水笔、圆珠笔、面膜等。

（4）带有刀、剑、枪等武器外形的玩具。

3. 资费标准

国际 EMS 按起重 500 克、续重 500 克计费，无燃油附加费，每票货件另有 4 元国内报关处理费，其物品类标准资费如表 5-2-17 所示。

表 5-2-17 国际 EMS 物品类资费表

区域	国际 EMS		首重费（元）500 克及以内	续重费（元）每 500 克	处理费
	特快专递通达国家或地区	中速快件通达国家或地区			
一区	中国香港、中国澳门	/	150	30	4 元/件（票）
二区	日本、韩国、蒙古、中国台湾	/	180	40	
三区	马来西亚、新加坡、泰国、越南、柬埔寨	印度尼西亚、菲律宾	190	45	
四区	澳大利亚、新西兰、巴布亚新几内亚	文莱、新喀里多尼亚	210	55	
五区	比利时、英国、丹麦、芬兰、希腊、爱尔兰、意大利、卢森堡、马耳他、挪威、瑞士、葡萄牙、德国、瑞典	法国、荷兰、西班牙、奥地利、斐济、瓦努阿图	280	75	
六区	美国	加拿大	240	75	
七区	巴基斯坦、斯里兰卡、老挝、土耳其、尼泊尔	印度、孟加拉、直布罗陀、缅甸	325	90	
八区	巴西、古巴、圭亚那	阿根廷、哥伦比亚、墨西哥、秘鲁、巴拿马、巴哈马、巴巴多斯、智利、玻利维亚、哥斯达黎加、厄瓜多尔、多米尼加联邦、特立尼达和多巴哥、多米尼加共和国、萨尔瓦多、海地、格林纳达、危地马拉、洪都拉斯、牙买加、巴拉圭、乌拉圭、委内瑞拉	335	100	
九区	巴林、伊拉克、乌干达、约旦、以色列、阿曼、卡塔尔、科威特、伊朗、马达加斯加、叙利亚、科特迪瓦、吉布提、塞内加尔、肯尼亚、突尼斯、阿联酋	塞浦路斯、博茨瓦纳、刚果（金）、刚果（布）、布基纳法索、乍得、埃及、埃塞俄比亚、厄立特里亚、加蓬、加纳、几内亚、马里、也门、摩洛哥、莫桑比克、几内亚比绍、尼加拉瓜、马尔代夫、尼日利亚、卢旺达、格陵兰岛、沙特阿拉伯、尼日尔、利比里亚、阿尔及利亚、黎巴嫩、冈比亚、莱索托、利比亚、马拉维、毛里塔尼亚、毛里求斯、纳米比亚、塞舌尔、索马里、南非、苏丹、苏里南、坦桑尼亚、多哥、赞比亚、津巴布韦、安哥拉、佛得角、斯威士兰	445	120	
十区	开曼群岛、白俄罗斯、捷克、哈萨克斯坦、俄罗斯、拉脱维亚	克罗地亚、爱沙尼亚、匈牙利、波兰、罗马尼亚、乌克兰、汤加、阿尔巴尼亚、保加利亚、亚美尼亚、阿塞拜疆、格鲁吉亚、立陶宛、马其顿、塞尔维亚、黑山共和国、斯洛伐克、斯洛文尼亚、塔吉克斯坦、吉尔吉斯斯坦、图瓦卢、乌兹别克斯坦、土库曼斯坦、摩尔多瓦、朝鲜、冰岛、关岛、塞班、东萨摩亚、西萨摩亚、安道尔、所罗门群岛、塔希提、加	455	120	

续表

区域	国际 EMS		首重费（元）	续重费（元）	处理费
	特快专递通达国家或地区	中速快件通达国家或地区	500克及以内	每500克	
十区	开曼群岛、白俄罗斯、捷克、哈萨克斯坦、俄罗斯、拉脱维亚	那利群岛、海峡群岛、蒙特塞+拉特、圣多美、安圭拉、安提瓜和巴布达、阿鲁巴、百慕大、瓜德罗普、马提尼克、波多黎各、科摩罗群岛、库克群岛、法属圭亚那、马绍尔群岛、马约特、瑙鲁、留尼汪岛、英属维尔京群岛、美属维尔京群岛、库腊索岛（荷属）、特克斯和凯科斯群岛、圣巴泰勒米、圣尤斯特歇斯、圣基茨、圣卢西亚、圣马丁、圣文森特、基里巴斯	455	120	

各地区的国际EMS服务网点为大客户的包裹提供4~6折的优惠，不同的物流服务商（货代）或电商平台可以为个人等普通客户提供不同重量区间的折扣优惠，某货代提供的优惠后的物品类参考资费如表5-2-18所示。

表5-2-18　国际EMS物品类资费表（折后）

区域	国家或地区	首重费（元）	续重费（元）	处理费
		500克及以内	每500克	
一区	中国香港、中国澳门、中国台湾	72	13	4元/件（票）
二区	日本	67	14	
	朝鲜、韩国	72	16	
三区	菲律宾、柬埔寨、马来西亚、蒙古、泰国、新加坡、印度尼西亚、越南	76	17	
四区	澳大利亚、巴布亚新几内亚、新西兰	92	23	
五区	美国	95	29.5	
六区	爱尔兰、奥地利、比利时、丹麦、德国、法国、芬兰、加拿大、卢森堡、马耳他、挪威、葡萄牙、瑞典、瑞士、西班牙、希腊、意大利、英国	110	28.5	
七区	巴基斯坦、老挝、孟加拉国、尼泊尔、斯里兰卡、土耳其、印度	131	38	
八区	阿根廷、阿联酋、巴拿马、巴西、白俄罗斯、波兰、俄罗斯、哥伦比亚、古巴、圭亚那、捷克、秘鲁、墨西哥、乌克兰、匈牙利、以色列、约旦	131	45.5	
九区	阿曼、埃及、埃塞俄比亚、爱沙尼亚、巴林、保加利亚、博茨瓦纳、布基纳法索、刚果（布）、刚果（金）、哈萨克斯坦、吉布提、几内亚、加纳、加蓬、卡塔尔、开曼群岛、科特迪瓦、科威特、克罗地亚、肯尼亚、拉脱维亚、卢旺达、罗马尼亚、马达加斯加、马里、摩洛哥、莫桑比克、尼日尔、尼日利亚、塞内加尔、塞浦路斯、沙特阿拉伯、突尼斯、乌干达、叙利亚、伊朗、乍得	173	45.5	

4．妥投时效

国际 EMS 的妥投时效通常为 3 ~ 8 个工作日，不包括清关的时间。由于各个国家或地区的邮政、海关处理的时间长短不一，有些国家的包裹投递时间可能会长一些。部分国家/地区妥投时效如表 5-2-19 所示。

表 5-2-19　部分国家/地区国际 EMS 妥投时效

区　域	参考时效（工作日）
港澳台、东南亚等	3 ~ 5
欧美	5 ~ 10
澳大利亚	4 ~ 8
巴西	7 ~ 20
其他国家/地区	7 ~ 25（特快和中速）

5．面单标签

国际 EMS 面单如图 5-2-17 所示。

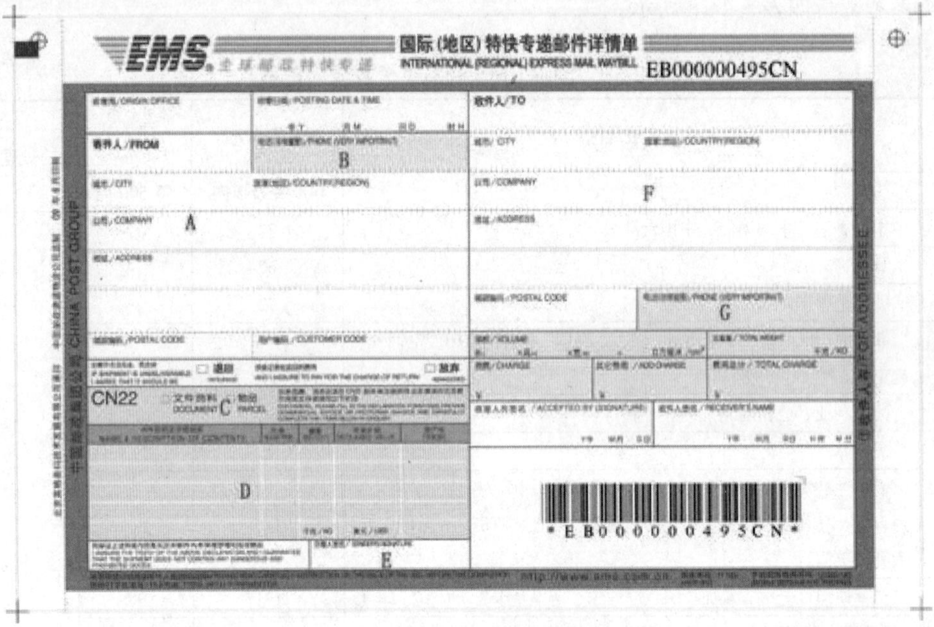

图 5-2-17　国际 EMS 面单

如果通过物流服务商（货代）选择国际 EMS 渠道发货，就会产生临时中转的面单标签和单号，如图 5-2-18 所示。这种中转面单和单号，并不是最终寄往国家或地区路向的国际 EMS 面单和快递单号，不同货代提供的也略有差异。在交货给货代之后，货代再贴上正式的国际 EMS 面单，并提供正式的国际 EMS 面单和快递单号给商户。

图 5-2-18　某货代的国际 EMS 中转面单标签

6. 快递查询

国际 EMS 快递信息详情查询平台：

- EMS：http://www.ems.com.cn 或 http://www.11183.com.cn 或 http://www.ems183.cn
- 17TRACK：http://www.17track.net
- AfterShip：https://www.aftership.com

7. 退件丢件

开单查询：

自交寄之日起满 15 天后接受查单，查询期是 1 ~ 3 个月。

赔偿标准：

（1）邮寄时未在详情单上申报价值的物品类邮件发生丢失、损毁的，每件赔偿 400 元人民币。

（2）已申报价值的物品类邮件发生丢失、损毁的，按申报的实际价值赔偿，内件部分丢失、损坏的物品，按实际损失赔偿，但最高赔偿额均不超过每件 500+60w 元人民币。w 为用整千克数表示的邮件重量，小数点后尾数计为 1 千克。

（3）已收取的邮费和特殊查询费不退，不赔偿。

（4）支付赔偿时限：确定邮件发生丢失、损毁、短少或延误后一周内。

免责条款：

EMS 邮件在寄递过程中因非客户过失而发生丢失、短少、损毁和延误，邮局予以赔偿。但对间接损失和未实现的利益不承担赔偿责任。属于下列情况的，邮局不承担赔偿责任。

（1）由于不可抗力造成的（保价邮件除外）。

（2）寄递的物品违反禁寄或限寄规定的，经主管机关没收或依照有关法规处理的。

（3）交寄时邮件封装完好，无拆动痕迹，且收件人已按规定手续签收，事后收件人发现内件短少或损毁的。

（4）由于客户的责任或所寄物品本身的原因造成邮件损失或延误的。

（5）客户自交寄邮件之日起至查询期满未查询又未提出赔偿要求的。

（6）国际邮件被寄达国按其国内法令扣留、没收或销毁的。

（7）对于装有液体和易于液化的物品、玻璃制品和类似的易碎物品或易腐烂物品的包裹发生损坏情况时不负任何补偿责任的国家有：沙特阿拉伯、玻利维亚、刚果民主共和国、埃及、伊拉克、菲律宾、苏丹、土耳其、也门、黎巴嫩等。

8．揽收方式

EMS 网站平台（www.11183.com.cn）、全国统一的 7×24 小时的呼叫平台（11183）和遍布城乡的邮政营业网点，均可支持预约揽收，但是费用较高。目前，大部分普通电商商户会选择物流服务商（货代）的国际 EMS 服务，其资费更加实惠。相对而言，物流服务商（货代）也是 EMS 的大客户，因此享有大客户折扣优惠。揽收方式及其差异说明如表 5-2-20 所示。

表 5-2-20　国际 EMS 揽收方式说明

揽收方式	全国各个 EMS 服务网点	物流服务商（货代）约定地点
上门揽收	1 件起免费上门揽收， 可致电 11183 预约上门	大部分支持 1 件起免费上门揽收， 按货代要求预约上门
商户自送	接受自送，无须预约	接受自送，无须预约
商户寄送	不接受	接受寄送，按货代指定地址寄送
差异说明	上网非常快，按标准资费收取，费用非常高，对大客户才有资费优惠	有中转面单，有一定的延迟时间差才能上网查询，资费直接享有折扣优惠

5.3　商业快递介绍

国际快递是指在两个或两个以上国家（或地区）之间的从门到门的快递、物流业务。国家（或地区）与国家（或地区）传递信函、商业文件及物品的递送业务，即是通过国家之间的边境口岸和海关对快件进行检验放行的运送方式。国际快件到达目的地国家（或地区）之后，需要在目的地国家（或地区）进行再次转运，才能将快件送达最终目的地。

知名的商业国际快递有 DHL、FedEx、UPS、TNT，它们被称为“四大国际快递”。四大国际快递有各自的特点和优势，因为送达时效极快、配送范围广、门到门服务好、清关能力强、客户服务优秀而备受欢迎。除四大国际快递之外，还有不少常见的国际快递，它们都有各自的特色和优势，如表 5-3-1 所示。

表 5-3-1　常见的国际快递

四大国际快递	其他国际快递
DHL 快递（敦豪物流） FedEx（联邦快递） UPS（联合包裹） TNT（天地快件）	EMS、OCS、Toll、DPEX、AAE、GLEX、GLS、Aramex、SPSR、Asendia、Yodel、Hermes、SDA、LWE、DPD、BRT、Meest、Group、One World、Colis Prive、RR Donnelley、SF Express……

5.3.1　DHL

DHL 是一家全球性的国际快递公司，提供专业的运输、物流服务，为全球最大的递送网络之一，在五大洲拥有 34 个以上的销售办事处及 44 个邮件处理中心。其运输网络覆盖全球 220 多个国家或地区。

DHL 的中文全称是敦豪航空货运公司，是全球著名的德国邮政集团 Deutsche Post DHL Group 旗下公司。

国内 DHL 是敦豪公司与中外运合资的，称为中外运敦豪。在香港，敦豪公司独资注册成立了敦豪国际。中国内地 DHL 和中国香港 DHL 官方网址如下（见图 5-3-1）：

- 内地 DHL 官方网站：http://www.cn.dhl.com
- 香港 DHL 官方网站：http://www.dhl.com.hk

图 5-3-1　内地 DHL 官方网站

1．优势介绍

（1）范围广，服务覆盖 220 个国家及地区。

（2）时效极快，全球派送 2 ~ 7 个工作日妥投。

（3）价格优惠，容易获得官方公布资费价的 3 ~ 6 折。

（4）清关能力强，在美国、西欧有特别强的清关能力。

（5）查询容易，可在线查询全程详细包裹派送信息。

（6）上网速度快，最快 1 个小时可上网查询，次日即可发往目的地。

2．寄送要求

1）尺寸限制

单个包裹长、宽、高任一边小于 1.2m，超过 1.2m 需收取超长附加费 260 元/票。

2）重量限制

单个包裹的计费重量不得超过 70kg，超过 70kg 需收取超重附加费 260 元/票。计费重量的计算如表 5-3-2 所示。

表 5-3-2　DHL 计费重量的计算说明

重量计算	计费重量
实际重量	取实际重量和体积重量中较大的作为计费重量
计算体积重量： 体积重量 ＝ 长(cm) × 宽(cm)×高(cm) /5000	

3）物品类型

内地 DHL：

- 以普货为主。
- 寄送电池及含电池的物品时，需提供 MSDS 证明和电池信（需提供正本），否则无法寄送。
- 寄送名牌产品需提供正规购买发票或授权书，否则无法寄送。

香港 DHL：

- 以普货为主。
- 可寄内置电池的产品，需提供形式发票、商业发票和产品清单。

4）禁寄物品

- 国家法律、行政规章明令禁止流通、寄递或进出境的物品，如国家秘密文件和资料、国家货币及伪造的货币和有价证券、仿真武器、管制刀具、珍贵文物、濒危野生动物及其制品等。

- 各个电商平台禁止销售的侵权商品。
- 各寄达国（地区）禁止寄递进口的物品。
- 航空禁运品，如液体、粉末以及含液体或粉末的物品等。
- 电动机、发动机之类产品。

5）常见安检退回物品

- 食品及动植物产品：茶叶、方便面、竹制品等。
- 所有化妆品、铅笔、水笔、带有香包的物品等。
- 药品和医疗用品：所有药品。
- 管制刀具、疑似刀具等。
- 带有液体的产品：体温计等。
- 易燃易爆物品：火柴、柴油、酒精、户外求生生火工具等。
- 带有磁性的物品：磁铁等磁性材料、音响等音响器材、电机、指南针、线圈等。
- 其他：提单、假币、货币、手机、电脑、粉末状物品、烟草、音像制品（光碟）等。

3. 资费标准

内地 DHL 按起重 500g、续重 500g 计费，单件包裹的重量在 21kg 以下的资费（单位：元）如表 5-3-3 所示。

表 5-3-3　内地 DHL 资费表（未含燃油附加费等费用）

区域	目的地	文件资料		包裹	
		起重	续重	起重	续重
		0.5kg	0.5kg	0.5kg	0.5kg
1	中国香港、中国澳门	90	30	150	30
2	韩国、中国台湾	120	45	210	45
3	日本	130	45	220	45
4	文莱、印度尼西亚、柬埔寨、老挝、马来西亚、菲律宾、新加坡、泰国、越南	180	55	280	55
5	美属萨摩亚、澳大利亚、库克群岛、斐济群岛、关岛、基里巴斯、朝鲜、塞班岛、新喀里多尼亚、瑙鲁、新西兰、塔希提、巴布亚新几内亚、所罗门群岛、汤加、东帝汶、图瓦卢、瓦努阿图、萨摩亚	180	55	260	55
6	加拿大、美国	200	80	300	80
7	安道尔、奥地利、比利时、瑞士、德国、丹麦、西班牙、芬兰、法国、英国、根西岛、直布罗陀、格陵兰岛、希腊、意大利、泽西岛、列支敦士登、卢森堡、摩纳哥、马耳他、荷兰、挪威、葡萄牙、瑞典、土耳其	210	80	320	80
8	阿联酋、孟加拉、塞浦路斯、埃及、以色列、印度、约旦、科威特、黎巴嫩、斯里兰卡、缅甸、马尔代夫、尼泊尔、阿曼、巴基斯坦、卡塔尔、沙特阿拉伯、苏丹、叙利亚、也门、伊朗、巴林、不丹	280	100	400	100
9	阿富汗、安提瓜、安圭拉、阿尔巴尼亚、亚美尼亚、安哥拉、阿根廷、阿鲁巴、阿塞拜疆、波斯尼亚和黑塞哥维那、巴巴多斯、保加利亚、布隆迪、贝宁、百慕大、玻利维	360	115	550	115

续表

区域	目的地	文件资料		包裹	
		起重	续重	起重	续重
		0.5kg	0.5kg	0.5kg	0.5kg
9	亚、巴西、巴哈马、博茨瓦纳、白俄罗斯、伯利茨、刚果民主共和国、中非共和国、刚果、科特迪瓦、智利、喀麦隆、哥伦比亚、哥斯达黎加、古巴、佛得角、捷克、吉布提、多米尼加、多米尼加共和国、阿尔及利亚、厄瓜多尔、爱沙尼亚、厄立特里亚、埃塞俄比亚、福克兰群岛、法罗群岛、加蓬、格林纳达、格鲁吉亚、加纳、冈比亚、几内亚、瓜德罗普、赤道几内亚、危地马拉、圭亚那、洪都拉斯、克罗地亚、海地、匈牙利、牙买加、肯尼亚、吉尔吉斯斯坦、科摩罗、圣基茨、开曼群岛、哈萨克斯坦、圣卢西亚岛、利比里亚、莱索托、立陶宛、拉脱维亚、利比亚、摩洛哥、摩尔多瓦、马达加斯加、马绍尔群岛、马其顿、马里、蒙古、马提尼克、毛里塔尼亚、蒙特塞拉岛、毛里求斯、马拉维、墨西哥、莫桑比克、纳米比亚、尼日尔、尼日利亚、尼加拉瓜、巴拿马、秘鲁、波兰、波多黎各、巴拉圭、留尼汪岛、罗马尼亚、俄罗斯、卢旺达、塞舌尔、斯洛文尼亚、斯洛伐克、塞拉里昂、塞内加尔、索马里、萨尔瓦多、斯威士兰、乍得、多哥、塔吉克斯坦、土库曼斯坦、突尼斯、特立尼达和多巴哥、坦桑尼亚、乌克兰、乌干达、乌拉圭、乌兹别克斯坦、委内瑞拉、南斯拉夫、南非、赞比亚、津巴布韦	360	115	550	115

注意事项：

- 以上报价仅供参考，大客户通常可以获得3～6折的优惠，实际以内地DHL官方网站或合同约定的为准。DHL官方网站查询资费网址是http://dct.dhl.com。
- 对寄往非DHL常规服务区域的快件，将征收偏远地区服务费，收费标准为每千克2.5元，每票最低收取125元。DHL查询偏远地区网址为：http://remoteareas.dhl.com/jsp/first.jsp。
- 燃油附加费：每月变更一次，以DHL官方公布值为准。
- 更改地址手续费：收费标准为100元/票。
- 各国关税：以各个国家具体的清关费用为准。一般是申报价值高的产生的关税比较高，如果申报的价值比实际价值低很多，可能会产生比较高的罚金。如果收件人拒绝支付关税，关税将自动由发件人承担。

香港DHL计费方式和内地DHL一致：按起重500克、续重500克计费，单件包裹的重量在21kg以下的某货代的资费表（单位：元）如表5-3-4所示。

表5-3-4　香港DHL资费表（含折扣，但不含燃油附加费等费用）

区域	目的地	文件资料		包裹	
		起重	续重	起重	续重
		0.5kg	0.5kg	0.5kg	0.5kg
1	中国澳门	97.9	32	94.2	31.7
2	新加坡、菲律宾、韩国、文莱、中国台湾、马来西亚、泰国	69.3	21.8	74.3	20.5
3	日本	83.1	36.3	104.4	30.9

续表

区域	目的地	文件资料		包裹	
		起重	续重	起重	续重
		0.5kg	0.5kg	0.5kg	0.5kg
4	澳洲、新西兰	83.1	36.3	95.8	34.4
5	印尼、柬埔寨、老挝、越南	83.1	36.3	95.8	34.4
6	东南亚、朝鲜、南太平洋国家	159.3	43.3	179.1	44.6
7	印度、斯里兰卡	159.3	43.3	179.1	44.6
8	巴基斯坦	137.3	29.5	132.7	29.3
9	美国	103	29.5	132	18.3
10	加拿大	97	27.8	120	17.2
11	墨西哥	97	33.8	130	24.8
12	德国、比利时、英国、法国、意大利、卢森堡、荷兰、圣马力诺	102.3	26.1	96	21
13	奥地利、丹麦、芬兰、希腊、根西岛、爱尔兰共和国、泽西岛、挪威、葡萄牙、西班牙、瑞典、瑞士	102.3	26.1	96	21
14	保加利亚、塞浦路斯、爱沙尼亚、拉脱维亚、立陶宛、马耳他、斯洛伐克、斯洛文尼亚	102.3	26.1	96	21
15	捷克、匈牙利、波兰、罗马尼亚	102.3	26.1	96	21
16	安道尔、加那利群岛、非罗岛、直布罗陀、格陵兰、冰岛	164.6	36.3	136.6	28
17	阿富汗、科索沃、俄罗斯等	164.6	36.2	160.1	34
18	阿联酋、巴林、卡塔尔、科威特、约旦	137	30.2	132.7	28
19	土耳其	137	30.2	132.7	28
20	伊拉克、以色列、黎巴嫩、阿曼、沙特阿拉伯、苏丹、叙利亚、也门	137	30.2	132.7	28
21	埃及	152.2	34.4	147.3	32.2
22	厄立特里亚、埃塞俄比亚、肯尼亚、利比亚、南非、乌干达	152.2	34.4	147.3	32.2
23	非洲其他国家（刚果、多哥）	152.2	34.4	147.3	32.2
24	安哥拉、刚果民主共和国、科特迪瓦	210.3	73.7	251.5	68.1
25	布基纳法索、几内亚共和国、利比里亚、马里、尼日尔、塞拉里昂	210.3	73.7	251.5	68.1
26	多米尼加、洪都拉斯、巴拿马、委内瑞拉	147	31.9	142.1	29.7
27	智利、哥斯达黎加、多米尼加共和国、秘鲁、特立尼达和多巴哥	147	42.1	142.1	39.9
28	阿根廷、巴西、古巴、牙买加、乌拉圭	147	42.1	142.1	39.9
29	安圭拉、安提瓜、阿鲁巴、巴哈马等	147	42.1	142.1	39.9
30	巴拉圭	147	31.9	142.1	29.7

注意事项：

- 香港 DHL 的包裹需要由物流服务商（货代）经过集中出口中转至香港后再发货、上网。
- 内地 DHL 无法寄送香港 DHL 的包裹，反之亦然。

4. 妥投时效

DHL 在全球 220 个国家及地区的平均妥投时效为 2 ~ 7 个工作日，节假日、因暴风雪班机延误等特殊情况除外。香港 DHL 由于存在中转过程，有一定的时间差。内地 DHL 和香港 DHL 的妥投参考时效如表 5-3-5 所示。

表 5-3-5　DHL 妥投时效参考

区域	内地 DHL		香港 DHL	
	中转	妥投时效（工作日）	中转至香港（工作日）	妥投时效（工作日）
全球派送	无中转，直发	2 ~ 7	1 ~ 2	2 ~ 7

5. 快递查询

DHL 快递信息详情查询平台：

- 内地 DHL：http://www.cn.dhl.com
- 香港 DHL：http://www.dhl.com.hk
- 17TRACK：http://www.17track.net
- AfterShip：https://www.aftership.com

签收信息：

支持查件，并提供妥投状态信息和客户签名的签收证明信息。

6. 赔付标准

赔付标准：

对于货物破损、丢失或投递延误的，最高赔付每千克 20 美元，结合申报金额，取两者中较低的，且最高的赔付金额不超过 100 美元。另外投保的，按保险约定执行。

退件说明：

（1）收件人拒收、寄件人主动要求退件等非 DHL 失误引起的退件，其回程运费、税金等一切费用，全部由寄件人承担。

（2）如果是 DHL 导致的无法投递等情况而被退回的，退件是免费的。

（3）部分国家或地区不能弃件，只能强制退件。

（4）支持弃件的国家或地区，在当地销毁也会产生费用，资费不一。

7. 揽收方式

揽收方式及其差异说明如表 5-3-6 所示。

表 5-3-6　内地 DHL 揽收方式说明

揽收方式	中国各个 DHL 服务网点	物流服务商（货代）约定地点
揽收范围	仅限内地 DHL	内地 DHL 和香港 DHL 均可
上门揽收	1 件起免费上门揽收 致电 95380 预约上门	大部分支持 1 件起免费上门揽收 按货代要求预约上门
商户自送	接受自送，必须电话预约	接受自送，无须预约
商户寄送	不接受	接受寄送，按货代指定地址寄送。寄送过程存在时间差

续表

揽收方式	中国各个 DHL 服务网点	物流服务商（货代）约定地点
差异说明	最快 1 个小时可上门揽收，上网非常快，按标准资费收取，费用较高。大客户才有资费优惠。	都有中转面单，有 1～2 个工作日的延迟时间差才能上网查询，资费直接享有折扣优惠。

5.3.2 FedEx

FedEx 全称是 Federal Express，即联邦快递，是全球规模最大的快递运输公司之一，服务范围遍及 220 个国家和地区，是一项服务覆盖范围广、安全可靠、时效快、门到门的国际速递服务，适合运送较高价值、对时效要求较高的货件。

中国内地 FedEx 和中国香港 FedEx 是相对独立的，其官方网址如下：

- 内地 FedEx 官方网站：http://www.fedex.com/cn/
- 香港 FedEx 官方网站：http://www.fedex.com/hk/

1. 服务介绍

FedEx 服务分为优先型（IP）和经济型（IE）两种：

FedEx IP：FedEx International Priority，联邦快递优先型服务。

FedEx IE：FedEx International Economy，联邦快递经济型服务。

FedEx IP 妥投时效更短，FedEx IE 资费更加实惠，两者的妥投时效对比如表 5-3-7 所示。

表 5-3-7　FedEx IP 和 FedEx IE 妥投时效对比

服务	内地 FedEx		香港 FedEx		
	可配送国家或地区	参考时效（工作日）	可配送国家或地区	中转至香港（工作日）	参考时效（工作日）
FedEx IP	200 多个	2～6	200 多个	1～2	2～6
FedEx IE	90 多个	4～10	90 多个	1～2	4～10

2. 寄送要求

- 尺寸限制：单件最大长度为 270cm；单件最大尺寸：长+2×宽+2×高 = 327cm。
- 重量限制：单个包裹的计费重量不得超过 68kg。计费重量的计算如表 5-3-8 所示。

表 5-3-8　FedEx 计费重量的计算说明

重量计算	计费重量
实际重量	取实际重量和体积重量中较大的作为计费重量。
计算体积重量： 体积重量 = 长(cm) × 宽(cm) × 高(cm) /5000	

物品类型：

（1）内地 FedEx：以普货为主。寄送带锂电池的物品时，需提供 MSDS 证明和电池信（需提供正本），否则无法寄送。不接收纯电池产品及仿牌产品。

（2）香港 FedEx：以普货为主。可寄内置电池的产品，需提供形式发票、商业发票和产品清单。不接收纯电池产品及仿牌产品。

3. 资费参考

内地 FedEx 参考资费标准（单位：元）如表 5-3-9 所示。

表 5-3-9　内地 FedEx 资费表（部分国家/地区，仅供参考）

服务	重量区间	中国香港、中国澳门	中国台湾、新加坡、韩国	日本	印度尼西亚、菲律宾、蒙古	澳大利亚、新西兰、柬埔寨	德国、英国、法国	巴西、智利、阿根廷	俄罗斯、南非、土耳其	美国西部 2	美国其他地区、加拿大、墨西哥
内地 FedEx IP	0.5 kg	188	266	251	284	285	376	469	480	325	333
	1 kg	230	325	318	347	374	474	588	605	428	436
内地 FedEx IE	0.5 kg	162	228	229	237	243	336	375	440	260	265
	1 kg	192	277	278	287	316	423	475	537	343	348

香港 FedEx 参考资费标准（单位：元）如表 5-3-10 所示。

表 5-3-10　香港 FedEx 资费表（折后，部分国家/地区，仅供参考）

服务	重量区间	中国澳门	中东等	墨西哥、加拿大	日本	泰国	菲律宾	印度尼西亚	澳大利亚	中国台湾	新加坡	韩国	美国一区	美国二区、波多黎各
香港 FedEx IP	0.5 kg	95.5	198.7	118	76.4	87.6	68.2	109.9	153.3	70.1	87.5	76.3	119.5	122.7
	1 kg	116.9	245.1	137.7	89.6	86.9	82.6	130.9	183.3	85.1	86.9	92.8	138.8	142.9
香港 FedEx IE	0.5 kg	82.6	196.2	115.6	65.1	73.4	58.7	95.4	126.7	60.1	71.7	65.3	114.3	117.7
	1 kg	93.4	238.8	131.4	74.9	76.9	65.2	110.7	147.8	67	77	72.7	126	133.7

以上资费标准仅供参考，最终以内地 FedEx、香港 FedEx 官方网站公布的或者物流服务商（货代）提供的为准。

4. 附加费用

（1）燃油附加费：每月变动，燃油费率以 FedEx 官方公布的最新费率为准。

（2）偏远地区附加费：寄往偏远地区的包裹需加收偏远地区附加费，参考费用（货币单位为人民币元）：4 元×重量（kg）×（1+当月燃油费）或者 180 元×（1+当月燃油费），两者取较高者计费。偏远地区可在联邦官方网站上查询。

（3）更改地址费用为：100 元/票×（1+当月燃油费）。

（4）住宅交付附加费：25 元/票×（1+当月燃油费）。若已收取偏远地区派送附加费，则不再收取此住宅附加费。

（5）其他可能产生的关税、罚金、退件等费用。

5.3.3 UPS

UPS 全称是 United Parcel Service，即联合包裹速递服务公司。UPS 是世界上最大的快递承运商与包裹递送公司，1907 年成立于美国，作为世界上最大的快递承运商与包裹递送公司，UPS 同时也是专业的运输、物流、资本与电子商务服务的领导性提供者。UPS 每天都在世界上 200 多个国家和地区管理着物流、资金流与信息流。

UPS 官方网站网址如下：

- 中国内地 UPS 官方网站：https://www.ups.com/cn
- 中国香港 UPS 官方网站：https://www.ups.com/hk

1. 服务介绍

UPS 提供四种类型的快递服务，服务及其参考时效如表 5-3-11 所示。

表 5-3-11　UPS 四种服务和参考时效

英文名称	说明	内地 UPS	香港 UPS	
		参考时效（工作日）	中转至香港（工作日）	参考时效（工作日）
UPS Worldwide Express Plus	全球特快加急	1～3	/	1～3
UPS Worldwide Express	全球特快	1～5	/	1～5
UPS Worldwide Express Saver	全球速快（红单）	2～6	1～2	2～6
UPS Worldwide Expedited	全球快捷（蓝单）	4～8	1～2	4～8

2. 寄送要求

- 尺寸限制：单件最大长度为 270cm；单件最大尺寸为长+2×宽+2×高＝330cm。
- 体积重量限制：单个包裹的计费重量不得超过 68kg。计费重量的计算如表 5-3-12 所示。

表 5-3-12　UPS 计费重量的计算说明

重量计算	计费重量
实际重量	取实际重量和体积重量中较大的作为计费重量
计算体积重量：体积重量 ＝ 长(cm)×宽(cm)×高(cm) /5000	

UPS 对体积和重量要求非常严格，还有以下重复加收条款。

（1）符合以下条件的货件，每件须加 40 元：

- 不规则货物。
- 非纸箱包装。
- 最长边超过 152cm。
- 第二长边超过 76cm。

- 单件实重超过 32kg。

（2）符合以下条件的货件，每件须加 388 元：

- 最长边超过 270cm。
- 2 条短边之和 × 2+长边超过 330cm（但不能超过 419cm，否则要再加收 388 元/件）。
- 单件实重超过 68kg（包括 68kg）。

以上两条都是重复收费，只要符合加收条件，两条将一起加收。

注意事项：UPS 不接收单件重量超过 70 千克的包裹，但每票总重量无限制。

物品类型：

（1）内地 UPS：普货。带电产品属于限制寄送的物品，一般情况下不能寄送。寄送带电池的物品时，需提供 MSDS 证明和电池信（需提供正本），还必须在运单及发票上注明电池类别、型号、能量（WH 值）、电压（V）、容量（MAH 或 AH）、电池芯或电池的数量及重量，并符合包装要求（如独立包装等）。

（2）香港 UPS：普货。个别物流服务商（货代）的特别渠道可寄内置电池的产品、纯电池等，寄件人需提供形式发票、商业发票和产品清单，并对产品进行绝缘或独立包装处理。

3. 资费说明

内地 UPS 资费查询网址（如图 5-3-2 所示）：

https://www.ups.com/cn

图 5-3-2　内地 UPS 资费查询

香港 UPS 资费查询网址（如图 5-3-3 所示）：

https://www.ups.com/hk

图 5-3-3　香港 UPS 资费查询

注意事项：香港 UPS 的资费一般可以参考各大物流服务商（货代）提供的折扣优惠后的报价。

4．附加费用

（1）燃油附加费：每月变动，以 UPS 官方网站当月的费率为准。

（2）偏远地区附加费：3.5 元/kg×(1+当月燃油费)，最低一票收 171 元×(1+当月燃油费)。

（3）更改地址费用：每件加收 77 元，每票最高 273 元。

（4）如发生退件，寄件人需支付目的地进口关税款附加费 125 元/票。

（5）收件人拒付关税、价值申报过低罚金等清关费用。

5.3.4　TNT

TNT 全称是 Thomas Natinal Transport，即天地快件有限公司，TNT 是全球领先的快递邮政服务供应商。成立于 1946 年，总部位于荷兰的 TNT 邮政集团，是全球最大的快递公司之一。TNT 为企业和个人客户提供全方位的快递和邮政服务，覆盖全球 200 多个国家和地区，每天递送上百万件包裹、文件和托盘货物。

TNT 官方网站网址如下：

- 中国内地 TNT 官方网站：https://www.tnt.com/express/zh_cn/site/home.html
- 中国香港 TNT 官方网站：https://www.tnt.com/express/zh_hk/site/home.html

1．服务介绍

TNT 包括 Global Express 全球快递和 Economy Express 经济快递两种服务类型。两种服务的送达速度都非常快，其中 Global Express 全球快递在全球范围内指定时间的限时限日送达服务，更是 TNT 的最大特色。

- Global Express 全球快递

提供快递市场中范围最广的限时与限日包裹递送服务，如表 5-3-13 所示。

参考时效：2～4 个工作日。

表 5-3-13　TNT 全球快递服务类型

类型	Special Services 特别快递	9:00 Express 朝九快递	10:00 Express 朝十快递	12:00 Express 中午快递	Express 快递
寄送时效	当天递送，如可能	次日递送，下一工作日保证 9 点前送达	次日递送，下一工作日保证 10 点前送达	次日递送，下一工作日保证中午前送达	次日递送，下一工作日下班前送达
寄送物品	文件、包裹和货物	文件和包裹	文件和包裹	文件、包裹和货物	文件、包裹和货物
寄送范围	全球	全球 40 个以上国家的主要城市	全球 45 个以上国家的主要城市	全球 65 个以上国家的主要城市	全球
重量要求	无限制	最多 210 千克	最多 210 千克	最多 500 千克	最多 500 千克

- Economy Express 经济快递

不太紧急的包裹和较重货物的递送，可以选择经济快递服务，以降低成本，如表 5-3-14 所示。

参考时效：2～7 个工作日。

表 5-3-14　TNT 经济快递服务类型

类型	12:00 Economy Express 12:00 经济快递	Economy Express 经济快递
寄送时效	指定工作日的中午之前安全送达	指定工作日下班前送达
寄送物品	包裹和货物	包裹和货物
寄送范围	25 个以上欧洲国家的主要城市	全球
重量要求	最多 500 克	最多 1500 千克

2. 寄送要求

1）重量计算

对实际重量和体积重量都进行计算，取实际重量和体积重量中较大的作为最终的计费重量。体积重量的计算公式如表 5-3-15 所示。

表 5-3-15　TNT 重量计算公式

服务类型	体积重量计算公式
Special Services 特别快递	长(m)×宽(m)×高(m)×167
Express 快递	长(m)×宽(m)×高(m)×200
9:00 Express 朝九快递	
10:00 Express 朝十快递	长(m)×宽(m)×高(m)×200
12:00 Express 中午快递	
Economy Express 经济快递	

2）体积和重量限制

不同的目的地，有不同的标准尺寸、重量和体积限制。一般建议联系 TNT 官方网站客服具体咨询确认。部分目的地的尺寸重量限制如表 5-3-16 所示。

表 5-3-16　TNT 体积和重量限制

类　型	9:00 Express 朝九快递	10:00 Express 朝十快递	12:00 Express 中午快递	Express 快递
最大体积：长(m)×宽(m)×高(m)	2.4 × 1.2 × 1.5	2.4 × 1.2 × 1.5	2.4 × 1.2 × 1.5	2.4 × 1.2 × 1.5
最大单件重量（无托盘）	30 kg	30 kg	70 kg	70 kg
最大单件重量（有托盘）	N/A	N/A	500 kg	500 kg
最大货物重量	210 kg	210 kg	500 kg	500 kg

3）物品类型

（1）内地 TNT：普货，合规达标的内置电池的产品、纯电池、移动电源等（有 MSDS 证明等多种文件证明资料才能寄送）。

（2）香港 TNT：普货，个别物流服务商（货代）的特别渠道可以寄送合规达标的内置电池的产品、纯电池、移动电源等。

3. 资费说明

内地 TNT 资费查询网址（如图 5-3-4 所示）：

https://www.tnt.com/express/zh_cn/site/home/send-parcel-now.html

图 5-3-4　内地 TNT 资费查询

香港 TNT 资费查询网址（如图 5-3-5 所示）：

https://www.tnt.com/express/zh_hk/site/home/send-parcel-now.html

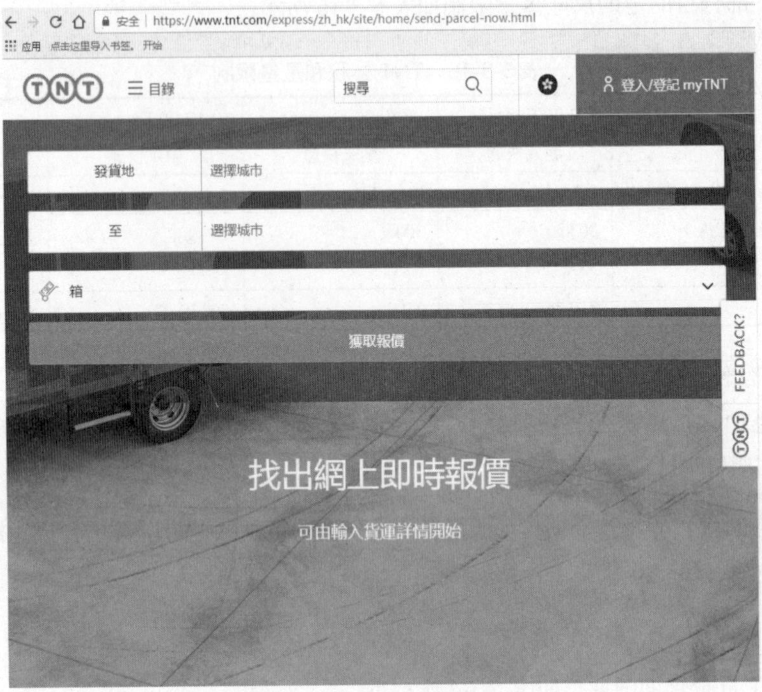

图 5-3-5　香港 TNT 资费查询

注意事项：香港 TNT 的资费一般可以参考各大物流服务商（货代）提供的打折优惠后的报价。

4．附加费用

当通过 TNT 运送托运物时，会有以下附加费：

（1）燃油附加费：TNT 按照每月变动的指数收取每票货运的燃油附加费。

（2）偏远地区附加费：对于一些偏远地区，因产生了额外费用，会加收额外的偏远地区附加费。

（3）增强安全附加费：所有货物均收取增强安全附加费。费率为每千克 0.05 欧元，每票最低 0.50 欧元，最高 10.00 欧元。

5.3.5　四大国际快递对比

DHL、FedEx、UPS、TNT 四大国际快递各有自己的特点和优势，如表 5-3-17 所示。相对而言，只有更合适的国际快递，没有绝对的先后排名。电商商户可以根据自己的产品类型和目的地选择合适的国际快递。

表 5-3-17　四大国际快递特点对比

国际快递	特　点
DHL	(1)到西欧、北美优势明显，尤其是小件，香港 DHL 更显著。 (2)网点最多，可达全球 220 个国家或地区。 (3)20 ~ 70 千克的货物性价比最高。 (4)到欧洲一般 2 ~ 4 个工作日，到东南亚一般 2 ~ 3 个工作日。 (5)常见资费折扣：3 ~ 6 折。
FedEx	(1)到东南亚地区优势显著。 (2)到美国、墨西哥、加拿大等国，50 千克以上的货物价格优势明显。 (3)21 千克以上的大件货物，到南美洲的性价比高。 (4)常见资费折扣：3 ~ 6 折。
UPS	(1)速度很快，服务好。 (2)美国、加拿大、南美等美洲线路优势显著。 (3)到英国、日本等快件优势明显。 (4)一般 2 ~ 4 个工作日可送达。 (5)可送达全球 200 多个国家或地区。 (6)常见资费折扣：2 ~ 5 折。
TNT	(1)可免费、及时、准确地全程追踪查询货物。 (2)速度很快，西欧通关能力强，提供报关代理服务。 (3)在欧洲和西亚、中东及政治、军事不稳定的国家有绝对优势。 (4)2 ~ 4 个工作日通达全球，西欧更是 1 ~ 3 个工作日可送达。 (5)纺织品类大件货物到西欧、澳大利亚、新西兰有优势。 (6)常见资费折扣：1 ~ 5 折。

5.4　专线物流介绍

专线物流是物流服务商（货代）独立开发的专线专发的，从起始地以空运、海运、陆运等综合方式运送到目的地国家或地区的物流服务。专线物流最大的特点是向指定国家可发带电产品，时效快，资费性价比高，清关顺利。

5.4.1　挂号专线

挂号专线物流服务，又称专线小包、小包专线，专门针对跨境电商商户，计费方式灵活，头程或尾程使用了快递运送，全程妥投时效快，费用相对低廉。

常见的挂号专线有各类国际专线、电商专线、空运专线等，简单分类如表 5-4-1 所示。

表 5-4-1　挂号专线物流分类说明

类　型	常见名称
区域性专线	欧洲专线、北美专线、南美专线、中东专线、东南亚专线、非洲专线等
单路向专线	美国专线、英国专线、法国专线、德国专线、意大利专线、西班牙专线、澳洲专线、巴西专线、日本专线、俄罗斯专线等

挂号专线除目的地不同之外，大多数有近似的特点，下面仅介绍欧洲专线、北美专线，以供参考。不同的物流服务商（货代），在服务和资费方面存在一定的差异，具体以各个物流服务商（货代）的为准。

1. 欧洲专线

欧洲专线是为跨境电商商户立足欧洲市场销售较高价值的商品而量身定制的优质高效的物流服务，该服务利用香港充足的空运资源与英国清关的优势，打造出时效快、清关强的跨境电商专线服务，特别适合运送价值高、要求时效的轻小物品。

1）服务优势

（1）可发带电产品。

（2）妥投时效快，全程运送 3 ~ 7 个工作日。

（3）按克计费，无首重，可寄送最大重量为 30 千克。

（4）目的地（尾程）派送采用本地快递派送，非常快。

（5）可全程在线追踪物品，带签收信息。

（6）在英国一次清关，在欧洲境内无二次清关费用，可有效避免德国、意大利等海关的烦琐手续和导致的滞留。

2）资费参考（如表 5-4-2 所示）

表 5-4-2　欧洲专线资费参考

国家	妥投时效（工作日）	重量限制（kg）	尺寸限制	处理费（元/件）	千克重（元/kg）	
					0～2kg	2.001～3kg
英国	3 ~ 5	0 ~ 30	L≤120cm L×W×H≤0.23m³	20	38	40
西班牙	5 ~ 7	0 ~ 30	L+W+H≤210cm L≤120cm	22	47	45
德国	5 ~ 7	0 ~ 30	L+W+H≤270cm	22	47	45
意大利	5 ~ 7	0 ~ 30	L≤120cm	40	52	50
法国	5 ~ 7	0 ~ 30	L≤100cm L+W+H≤150cm	25	52	50
爱尔兰	5 ~ 7	0 ~ 30	L≤100cm L+W+H≤270cm	40	52	50

3）关税标准

（1）申报价值≤18.44 美元，附加税=0。

（2）18.44 美元<申报价值≤160 美元，附加税=(申报价值+关税)×25%。

（3）申报价值>160 美元，附加税=(申报价值+关税)×30%。

2. 北美专线

北美专线是专门为跨境电商商户服务，将目的地国家邮政和本土快递服务接合的一条专门针对北美客户的专线。

1）服务优势

（1）可发带电产品。

（2）妥投时效快，全程运送 6～8 个工作日。

（3）按克计费，无首重。

（4）目的地国家专业清关。

（5）可全程在线追踪物品，带签收信息。

2）资费参考（如表 5-4-3 所示）

表 5-4-3　北美专线资费参考

国　家	妥投时效（工作日）	重量限制（kg）	尺寸限制	处理费（元/件）	千克重（元/kg）
加拿大	6～8	0～2	L≤60cm L+W+H≤90cm	25	66
美国	6～8	0～2	L≤60cm L+W+H≤90cm	25	66

3）违禁品及申报说明

（1）禁运产品：纯电池，仿牌产品，液体，粉末，食品，鲜货，药品，腐蚀性物品，易燃易爆品及军火武器等违禁品。

（2）内置电池产品如手表、平板、手机等货物可以接受，寄件人应尽可能提供 MSDS，以保证通关速度。

（3）描述物品请不要使用 Sample、Accessories、Gift、Parts、Tools 等笼统字眼。

注：挂号专线物流服务商可选用 Wish 邮、万欧国际、万邑通、欧速通、欧陆通、顺丰等。

5.4.2 平邮专线

平邮专线是专门针对跨境电商商户，为平邮类国际小包提供专线专发的专属物流服务。经济小包类专线的显著特点是妥投速度比一般的平邮类国际小包更快，部分渠道还可发带电产品。比较常见的有欧洲专线平邮、西班牙专线平邮、欧邮宝、新澳宝、燕邮宝等。

1. 欧洲专线平邮

欧洲专线平邮是针对跨境电商商户及欧洲国家路向推出的一条时效快、优惠多的专线类平邮服务，妥投时效一般是 7 ~ 15 个工作日。

1）可寄送物品范围

普货，内置电池物品。

2）配送国家

德国，法国，意大利，西班牙，奥地利，芬兰，荷兰，丹麦，希腊，卢森堡，瑞典，葡萄牙，保加利亚，比利时，爱尔兰，塞浦路斯，捷克，匈牙利，拉脱维亚，立陶宛，马耳他，波兰，罗马尼亚，斯洛伐克，斯洛文尼亚，爱沙尼亚等。

3）资费参考（如表 5-4-4 所示）

表 5-4-4 北美专线资费参考

国 家	时效（工作日）	重量限制（kg）	尺寸限制	千克重（元/kg）	处理费
英国	7 ~ 10	0 ~ 2kg 50g 起重	L≤60cm L+W+H≤90cm	88	0
西班牙	7 ~ 10		L≤60cm L+W+H≤90cm	88	0
法国	7 ~ 10		L≤60cm L+W+H≤90cm	88	0
意大利	7 ~ 10		L≤60cm L+W+H≤90cm	88	0

4）重量与体积限制

- 重量：不超过 2kg/票。
- 体积：包装最大单边尺寸不超过 600mm，长+宽+高不超过 900mm。
- 需计抛重（体积重），公式为长(cm)×宽(cm) × 高(cm)/6000，抛重与实重都不能超过 2kg。

2. 美国专线平邮

美国专线平邮是物流服务商（货代）与美国当地邮政（USPS）合作的非挂号物流服务，覆盖美国全境。

1）服务优势

（1）价格优惠，服务质量好。

（2）妥投时效为 7 ~ 10 个工作日。

（3）可发普货、配套电池产品、带电池产品，不能发仿牌及敏感产品、易燃易爆品、液体类产品等。

2）资费参考

（1）90 元/kg+处理费 2 元/件。

（2）最大重量：2kg。

（3）按克计费，单个包裹不足 100g 的按照 100g 计费。

3）尺寸限制

包裹最大规格为：40(cm) × 40(cm) × 40(cm)。

注：平邮专线物流服务商可选用 Wish 邮、万欧国际、递四方、出口易、飞特、云途等。

5.5　Wish 线上发货平台

5.5.1　线上发货平台介绍

为了给 Wish 商户提供专属物流解决方案，Wish 推出了 Wish 线上发货平台，为商户提供下单、揽收、配送、跟踪查询等物流服务。

Wish 线上发货平台包括官方物流产品 Wish 邮、Wish 达、Wish 速和第三方物流服务商提供的物流服务。官方物流产品中，Wish 邮集成的是平邮类产品，特点是经济、稳定；Wish 达集成的是妥投类产品，特点是高效、安全，与一般的挂号类和专线类产品相比，Wish 达所有的线路全程配备了物流时效保险，并且 Wish 达部分重点国家路向，采取了智能化多渠道匹配，突破了 2 千克限制，并能承运部分内置电池货物；Wish 速集成的是快递类产品，其特点是便捷、快速，客单价高且时效要求极高的商品可以全球直达。

随着平台的快速发展，2017 年 Wish 线上发货平台也将进行全新升级，具体调整请以 Wish 官方公告及展示为准。

5.5.2　操作示例

我们以 Wish 邮中邮小包为例，简单介绍创建 Wish 邮订单的操作步骤。

（1）打开网页 http://wishpost.wish.com/，注册或登录 Wish 账户，如图 5-5-1 所示。

（2）点击“创建订单”菜单，在物流渠道中选择“Wishpost-China Post”选项，如图 5-5-2、图 5-5-3 所示。

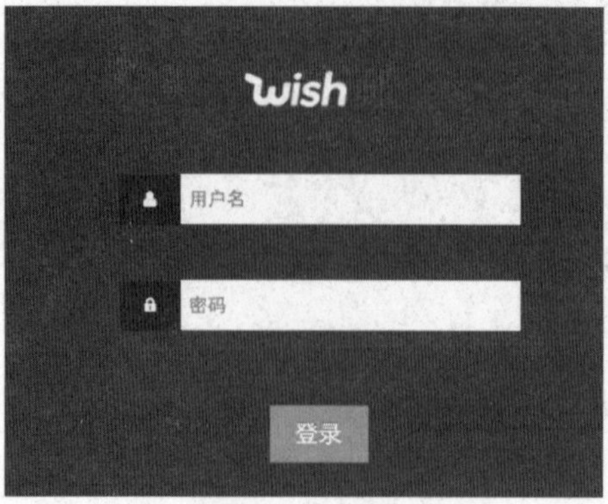

图 5-5-1　登录 Wish 邮

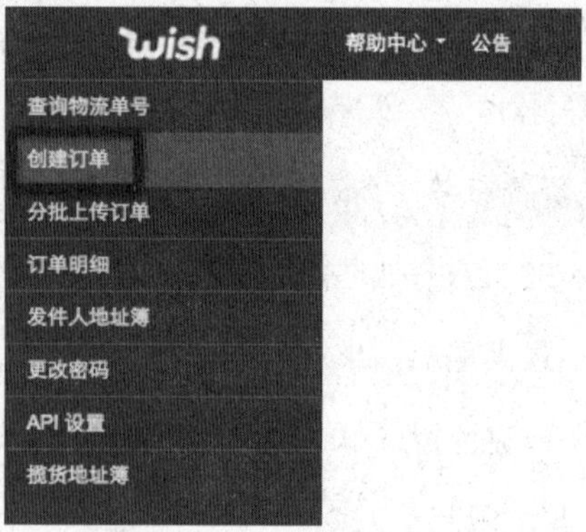

图 5-5-2　创建订单

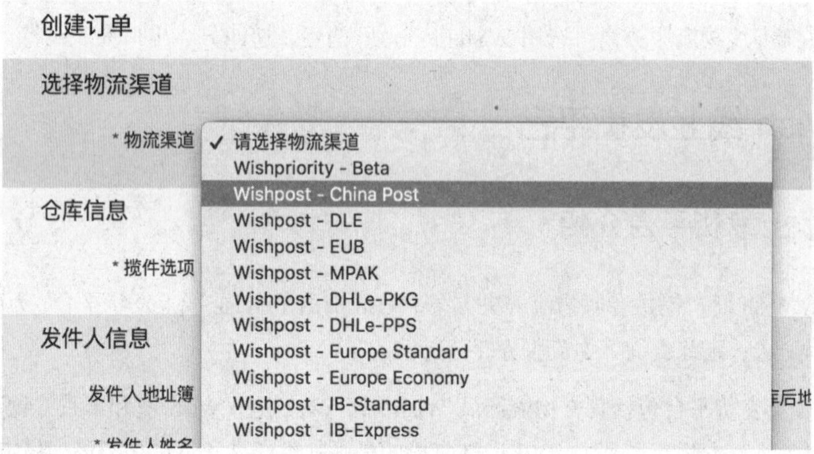

图 5-5-3　选择物流渠道

（3）选择仓库信息。选择中邮分仓及揽收选项（自送至分仓或上门揽收），如图 5-5-4 所示。

图 5-5-4　选择仓库

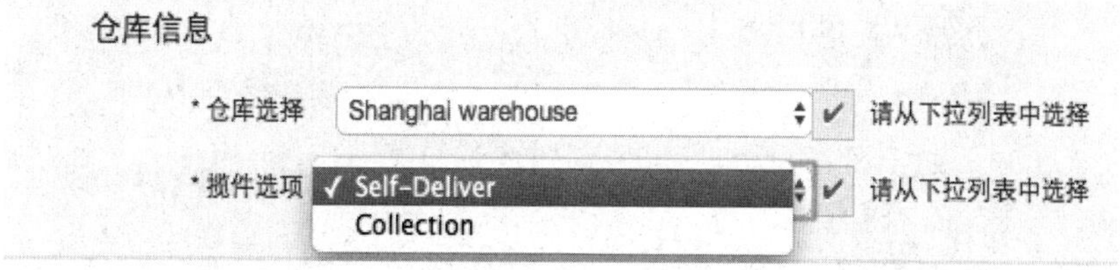

图 5-5-4　选择仓库（续）

（4）填写发件人信息。用英语填写商户自己的真实信息，如图 5-5-5 所示。

图 5-5-5　填写发件人信息

（5）填写收件人信息。所有信息都用英语填写，收件人所在国家在下拉菜单中选择，如图 5-5-6 所示。

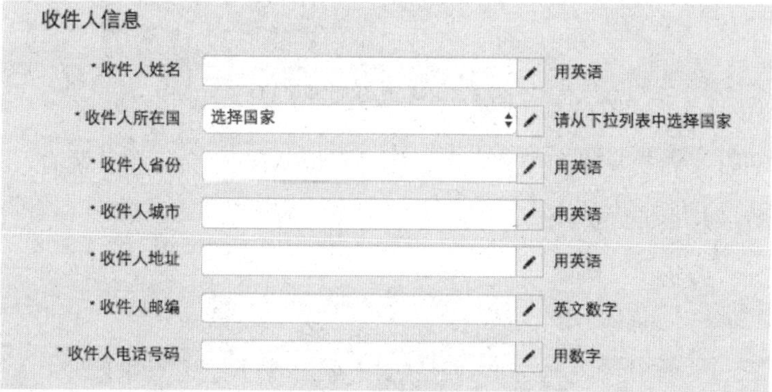

图 5-5-6　填写收件人信息

如果收件人的信息中有用到达国家语言写的地址（例如寄送到俄罗斯的包裹，可能会有俄语的收件人地址信息），就可以填写到达国语言地址，也可以在打印面单时选择到达国语言地址，如图 5-5-7 所示。

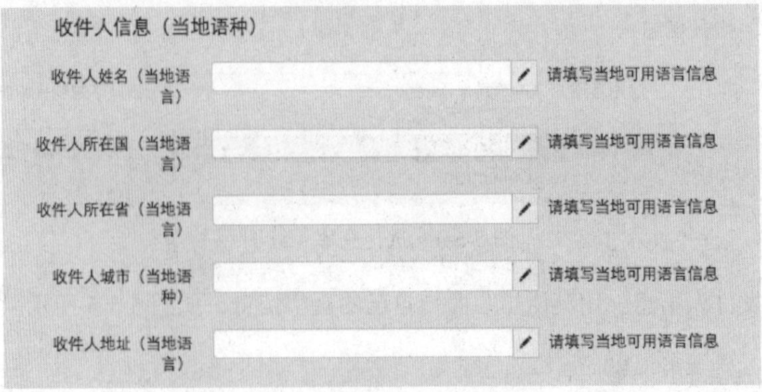

图 5-5-7　用当地语言填写

（6）选择邮寄类型（平邮/挂号）、包裹类型、产品名、数量、重量及申报价值等信息，如图 5-5-8 所示。

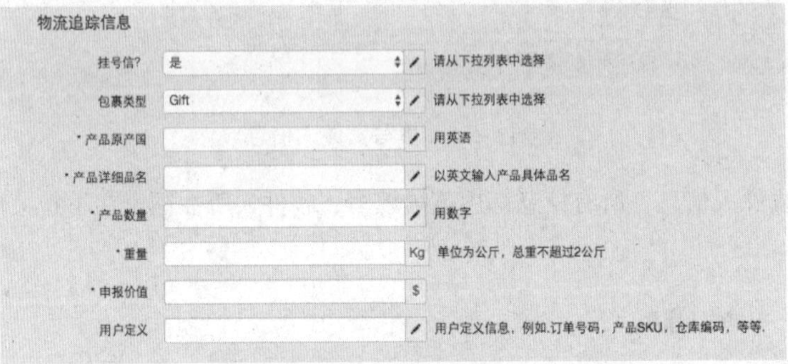

图 5-5-8　填写邮寄信息

（7）填入 Wish 平台交易号和交易金额，如果不是 Wish 平台订单，就输入原平台交易号和原平台交易金额，如图 5-5-9 所示。

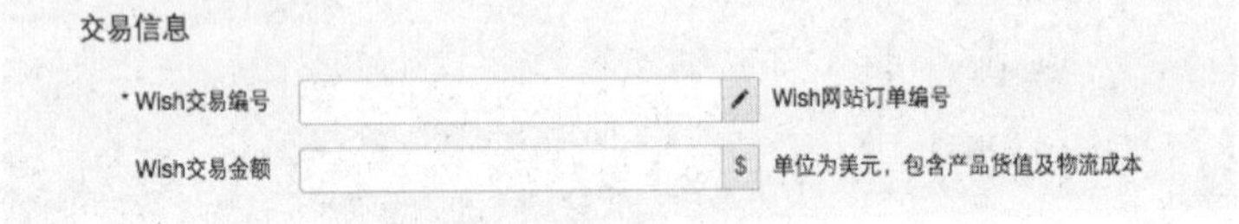

图 5-5-9　填写交易信息

（8）填写完毕后，点击提交，完成运单的创建。

另外，商户也可以批量创建，或者用第三方 ERP（如芒果店长、店小秘等，绝大多数主流 ERP 均已对接 Wish 邮）进行订单的批量处理。

5.6　欧美海外仓常用物流渠道介绍

2016 年末，Wish Express（WE）项目如火如荼地开展起来了，许多传统的直邮商家也陆续开始尝试海外仓的模式，海外仓运营的模式早在 2010 年一开始就有商户在尝试，也有很多早期的 eBay 商户通过海外仓的运营模式，在 2012 ~ 2015 年取得了飞速的发展。随着 2012 年亚马逊平台的大力宣传，越来越多的商户熟知了 FBA（Fulfillment By Amazon）的操作，伴随而来的是各种服务商及各种头程（即货物从中国发往目的国仓库）和尾程（即最后一千米派送）服务渠道的日趋完善，如今的 WE 项目，与 eBay 平台的海外仓扶持计划相似，鼓励商户将货物存放在目的地国家，以缩短送达时效，提高消费者的购物体验。

能让用户在更短的时间内收到所购买的产品，无疑会大大提高产品的购买转化率，更快的送达时间在账户评价上也能取得更好的表现，但是海外仓的运作与国内直发有非常大的区别，所以不同情况的商户在参与 WE 项目时所应注意的事项也有所不同，总体来说，海外仓的使用在库存控制、头程物流时效、头程清关、售价控制、尾货处理等方面都需要一个成熟的解决方案。

5.6.1　海外仓的概念与流程

首先我们来看使用海外仓的基本流程，如图 5-6-1 所示。从图中我们可以看出，使用海外仓的环节可以简单地分为六大板块，对于产品较为集中的商户，做相应的产品出口报关，申请税务补贴也是必要环节。

在使用海外仓的整个环节中，对于头程和尾程都通过服务商的商户，只有货物的采购、封发掌握在商户自己手中，对于头程和尾程，商户通常可以按照自己的需求选择不同的服务商。

图 5-6-1　使用海外仓的基本流程

目前也有很多商户在海外拥有了自己完全管理的仓库和派送点，我们建议在海外仓订单低于每日 400 件（一个月的稳定销量）的情况下，不要采用自建海外仓的模式，在达到一定的订单基数之后，也需要用自己从海外物流渠道（类似于 USPS、Royal Mail）获取的价格和服务商的价格进行对比分析。通常各国邮政的价格都可以通过其网站上的报价获得，也可以通过邮件与当地的物流渠道代理确认价格。自建海外仓在物流费用和处理的效率上自然会比服务商更有优势，但是管理成本高，涉及当地法规的问题处理起来非常烦琐，所以建议大家结合自身产品情况和订单基数来慎重考虑。

服务商收取费用通常分为上门提货费（包括装箱、拖车的费用）、仓库租赁费、订单操作费、清关费、关税（增值税）、头程费用、尾程费用，以及其他增值费用，在选择服务商时，需要明确对方的收费方式，以及所有会产生费用的项目。很多商户倾向于选择双清、包税及类似的省事的服务，但是很多时候产生的费用并不是想象中那么简单，所以还是建议商户在确立合作前弄清楚哪些环节的费用不能节省。

在使用海外仓的整个环节中，清关环节的风险是比较高的，建议在头程使用海运方式时，对于承运商的清关能力及货品自身的风险性做好评估。

5.6.2 欧美常用海外物流渠道

1. 头程

头程渠道分为海运、空运、陆运三种，就目前的销售市场来看，美国以海运和空运为主，欧洲三种渠道都有使用。

1）空运渠道

空运渠道又分为商业快递和空运两种。通常去往美国的空运时效是 3 ~ 8 天，欧洲地区是 5 ~ 10 天，影响时效的主要因素有排仓（航班情况）、清关、目的国天气等。

空运速度快，但是价格高，对产品也有一定的要求（对纯电产品尤为敏感），同时物流商在计算价格的时候会分别计算实际重量和体积重量，取较重的值作为重量参数，所以对于体积较大的产品也不建议用空运的形式。

空运的头程方式适合产品推广前期试销、补货，以及部分货值较高但是重量较轻的产品。

对于目前的 WE 项目，大部分商户还没有稳定的海外仓爆款，空运的形式必不可少，所以对于空运环节会涉及的问题需要多加注意。

2）海运渠道

通常在有了稳定的海外仓爆款之后，海运渠道渐渐会被部分商户考虑。海运分为拼柜、小柜、高柜，通常前期都是以拼柜为主。需要注意的是，许多货代在拼柜时会混杂多家的货物，所以通常在时效、清关安全性上都有很大的风险，需要商户在发货前考虑清楚。通常去美国西海岸的海运时效为 25 ~ 35 天，欧洲为 35 ~ 50 天，旺季会延迟一到两周，如果遇到极端天气或者罢工等情况，需要及时用空运形式补充库存。

3）陆运渠道

随着欧亚铁路的贯通，主做欧洲市场的商户开始大量尝试陆运渠道，陆运价格目前比较划算，有条件的可以尝试一下。

2. 尾程

最后一千米派送的主要渠道通常是当地国家的官方邮政，目前的三大快递 DHL、FedEx、UPS 在主流国家也都有相应的商业派送服务。需要注意的是，许多国家的信封渠道是没有签收服务的，包裹类在美国也会有分区价格，所以在选择渠道前，需要对自己的产品、主要的客户群体做统计，确保物流价格的最优化。

欧洲地区的尾程派送价格十分有优势，所以商户可以重点考虑欧洲的海外仓。

与国内直邮相比，越重的产品在使用海外仓尾程派送时的优势越明显，所以建议商户在选择海外仓产品时重点考虑重量在 400 克以上的产品。

5.6.3　海外仓使用注意要点

1. 库存控制

常年做海外仓的商户都有一个痛点，就是好卖的产品经常断货，不好卖的产品滞销，长期得不到处理。在货物的处理方面，国内与海外最大的区别就是对尾货的处理方式。国内库存可以通过与供应商协商退货、换货，或者用分销的形式快速周转；如果海外仓的货物滞销，就只能想办法通过当地渠道处理，因为退回国内需要支付高昂的运费及关税，得不偿失。所以在控制海外仓库存时，首先要保证自己的物流头程渠道时效可控，在这个环节不能单纯地比较价格，更需要在时效、清关方面对服务商做综合考评。确定时效之后，还需要做好三批库存的准备，即海外库存、运输途中库存、工厂生产库存。

通常海外仓库存周转率需要达到 60%以上（空运），能健康运行海外仓的商户，利润和成长速度往往会超过直邮商户，但是能否控制住销售、库存、头程时效将是一大难题。

2. 产品品质

如上所述，海外仓产品的处理只能当地化，所以当产品成批次地出现问题时，对于商户的影响是灾难性的。对于海外仓的产品，在入库和出库前必须进行抽检或者全检，也建议商户选取自己熟悉领域的产品进行海外仓的尝试。

3. 服务时效

针对 Wish 的 WE 项目，在服务时效上有相关的要求，如图 5-6-2 所示。

图 5-6-2　服务时效

所以 WE 项目的商户不是简单地将货物交给服务商就可以高枕无忧了，需要针对妥投率（尾程渠道选择）、有效跟踪比例（海外平邮不建议）、妥投时长（尾程渠道选择）、延时到达率（尾程服务商情况）、预履行取消率（库存管理情况）进行每日监控。

4. 产品选择

WE 项目未来的发展空间非常宽广，但是并不是每一个产品都适合海外仓的运作，对于货值较低、重量较轻的产品，海外仓的定价里包含了头程、尾程，以及不得不考虑的货物损耗成本，头程其他项费用远远高于货值，直邮的定价将远低于海外仓定价，以一个重量 100 克的产品为例，在不计算关税及仓租的情况下，海外仓定价将是国内仓的近 3 倍（如图 5-6-3 所示），对于这类产品不建议大家重点选择海外仓。

单价	重量	头程成本	尾程成本	Wish邮平邮	平台费	退款率	汇率	毛利	海外仓定价	中国仓定价
5	100	2	21.2	7.65	15%	2%	6.8	15%	$6.10	$2.74

图 5-6-3　海外仓产品定价

5. 清关与税务

随着跨境电子商务的发展，各国对于电商企业关税及增值税的要求愈发严格。在直邮模式下，商户对于此类规定对业务发展的影响感觉不甚明显，但是当货物在目的地国家时，各项政策对商户的运营就会有切实的影响。所以在做海外仓之前，针对目的地国家的对清关、专利、VAT 等的要求，建议商户详细解读或者咨询专业的物流服务团队，每个海外仓商户每年在这些事情上的损失都极为惨重，也有很多因此导致无法持续运营的惨痛案例，所以建议商户不要一心求高速发展而忽略这些隐患，不要抱着侥幸的心理来处理这些事情，否则带来的损失会远远大于得到的收益。

5.7 Wish Express

5.7.1 Wish Express 项目介绍

Wish Express 是 Wish 为了更好地满足平台用户对配送时效的要求而发起的极速达项目，需要商家提前将产品运到目的地国家的海外仓，当商家收到订单时，产品从海外仓直接配送至目的地国家的用户手中，从而实现快速配送。Wish Express 项目俗称“海外仓产品项目”，对于 Wish Express 项目中的产品，商户要承诺在规定时效之内交付给用户。

加入 Wish Express 项目的好处：

- Wish Express 产品平均会获得 3 倍多的流量，同时 WE 产品有一些差异化的流量入口，例如 APP WE Tab、Search WE Tab、详情页 WE 产品推荐栏等。
- 产品会带有 Wish Express 徽章标识（如图 5-7-1 和图 5-7-2 所示），此标识告知用户将快速收到产品，将会极大地提升转化率。
- 加入 Wish Express 项目的商户将获得 Wish 退货项目的资格，Wish Express 的产品可以退至设定的海外仓（目前只针对美国，其他市场功能开发中），从而降低退款率。
- 加入 Wish Express，产品将会快速到达用户手中，从而提升产品的整体评分，并很快获得评价，缩短产品成长周期和回款周期。
- 平台会针对 Wish Express 项目提供更多的产品支持，例如营销、客服权限等。

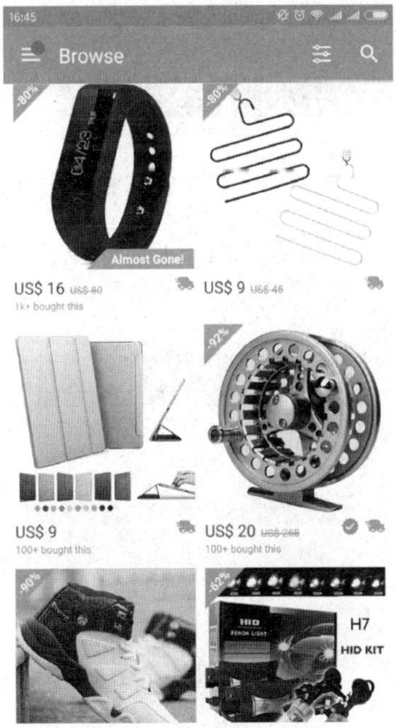

图 5-7-1 App 中的海外仓产品（“车辆”徽章标识）

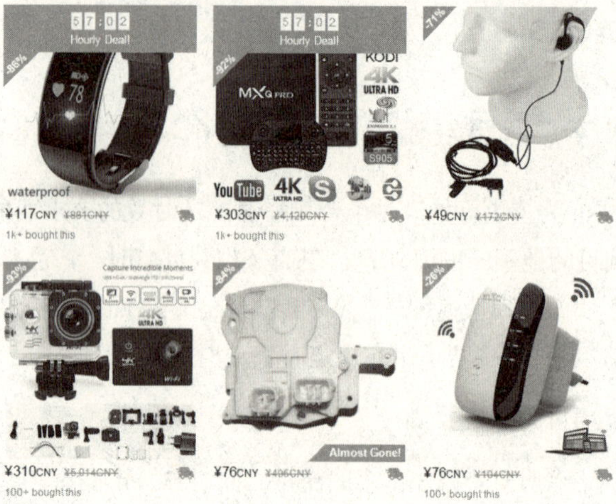

图 5-7-2　wish.com 中的海外仓产品（“车辆”徽章标识）

5.7.2　如何加入 Wish Express

申请开通 Wish Express 的步骤如下。

（1）在商户后台首页的 Wish Express 提示框点击“了解更多信息”按钮进入 Wish Express 介绍页面，如图 5-7-3 所示。

图 5-7-3　商户后台首页 Wish Express 提示框

商户也可以通过后台首页右上角的菜单“账户”→“Wish Express”进入 Wish Express 介绍页面，如图 5-7-4 所示。

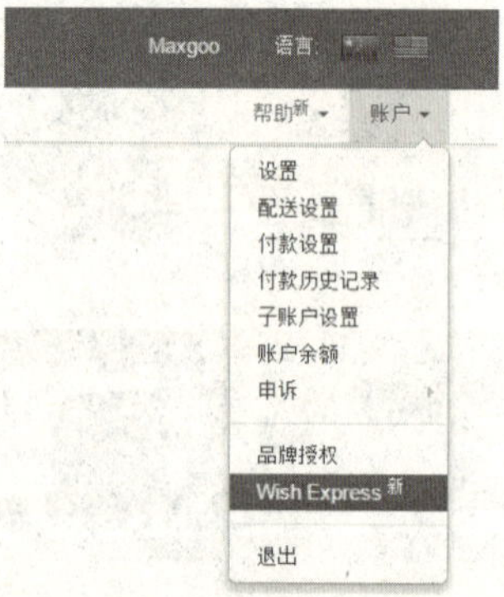

图 5-7-4　商户后台首页右上角的 Wish Express 菜单选项

（2）在 Wish Express 介绍页面，点击“现在加入”按钮，如图 5-7-5 所示。

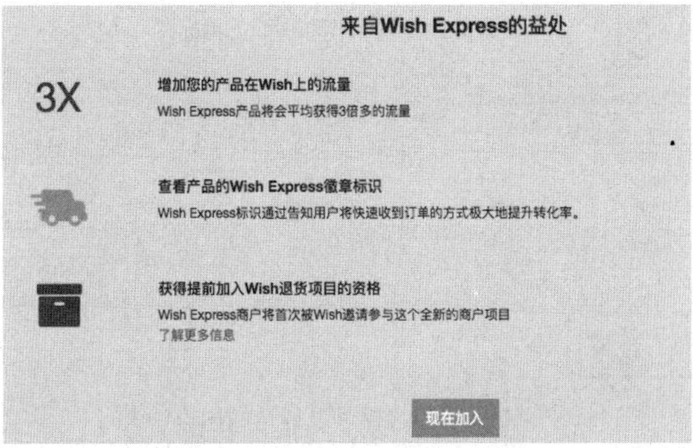
来自Wish Express的益处
3X
增加您的产品在Wish上的流量
Wish Express产品将会平均获得3倍多的流量
查看产品的Wish Express徽章标识
Wish Express标识通过告知用户将快速收到订单的方式极大地提升转化率。
获得提前加入Wish退货项目的资格
Wish Express商户将首次被Wish邀请参与这个全新的商户项目
了解更多信息
现在加入

图 5-7-5　点击“现在加入”按钮

（3）阅读服务条款后，点击“Accept and Sign Up”或“Accept and Join Now”按钮接受服务条款，如图 5-7-6 和图 5-7-7 所示。

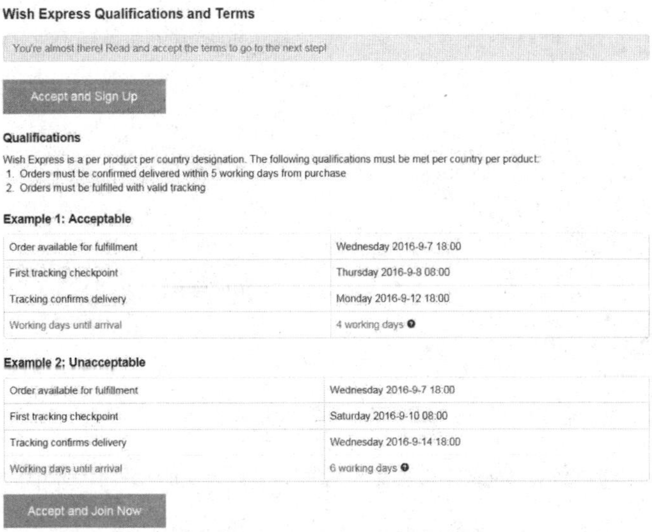
Wish Express Qualifications and Terms
You're almost there! Read and accept the terms to go to the next step!
Accept and Sign Up
Qualifications
Wish Express is a per product per country designation. The following qualifications must be met per country per product:
1. Orders must be confirmed delivered within 5 working days from purchase
2. Orders must be fulfilled with valid tracking
Example 1: Acceptable
Order available for fulfillment
Wednesday 2016-9-7 18:00
First tracking checkpoint
Thursday 2016-9-8 08:00
Tracking confirms delivery
Monday 2016-9-12 18:00
Working days until arrival
4 working days
Example 2: Unacceptable
Order available for fulfillment
Wednesday 2016-9-7 18:00
First tracking checkpoint
Saturday 2016-9-10 08:00
Tracking confirms delivery
Wednesday 2016-9-14 18:00
Working days until arrival
6 working days
Accept and Join Now

图 5-7-6　接受服务条款

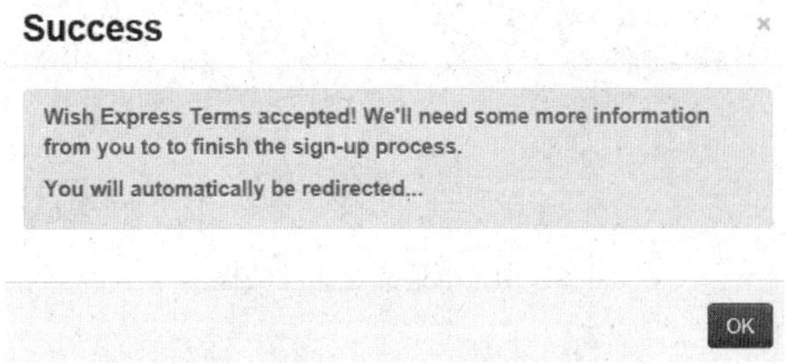
Success
Wish Express Terms accepted! We'll need some more information from you to to finish the sign-up process.
You will automatically be redirected...
OK

图 5-7-7　接受服务条款成功提示

（4）选择可以在规定时效内运达的国家，并点击“现在申请”按钮，如图 5-7-8 所示。

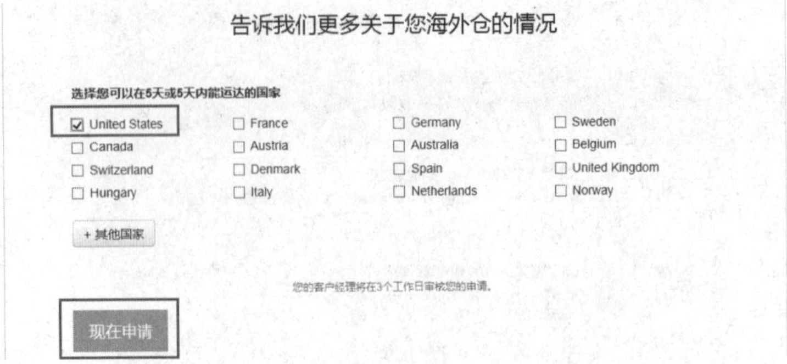

图 5-7-8　选择可以运达的国家

点击“+其他国家”按钮可以选择增加其他的国家，如图 5-7-9 所示。

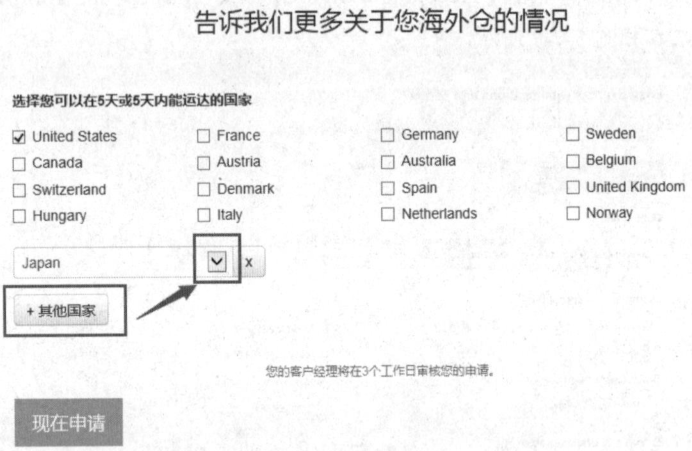

图 5-7-9　增加其他国家

（5）等待客户经理审核，审核时间是 1 ~ 3 个工作日，如图 5-7-10 和图 5-7-11 所示。

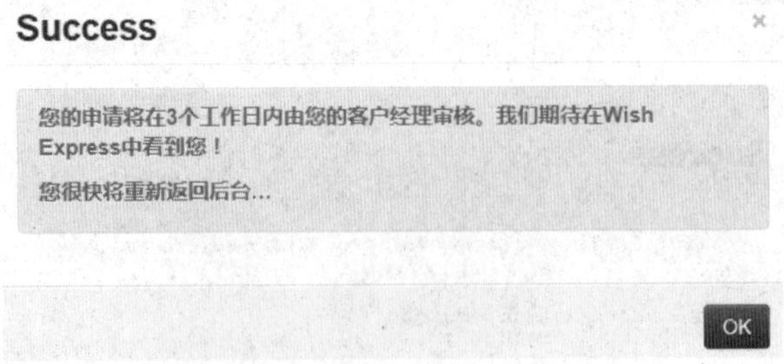

图 5-7-10　申请提交成功的提示

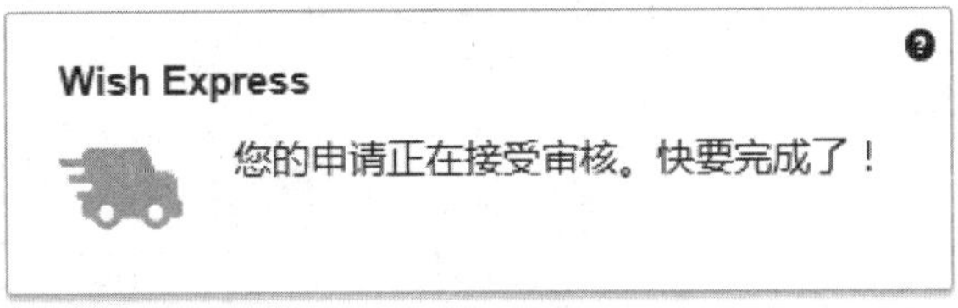

图 5-7-11　商户后台的等待审核提示

5.7.3　为产品设置 Wish Express 配送国家

申请加入 Wish Express 成功之后，可根据各国的配送时限为 Wish Express 产品独立设置配送国家。为产品设置 Wish Express 配送国家，商户可以通过手动编辑或用 CSV 文件上传来编辑。

1．手动编辑 Wish Express 配送国家

点击“产品”→“为现存产品编辑 Wish Express 目的国”→“手动”菜单，到产品列表页面，如图 5-7-12 所示。

图 5-7-12　手动编辑 Wish Express 配送国家菜单选项

找到需要设置 Wish Express 配送国家的产品，点击“措施”→“编辑 Wish Express 设置”菜单，如图 5-7-13 所示。

选择配送国家，勾选“Wish Express 启用”选项，如图 5-7-14 所示。

图 5-7-13　编辑 Wish Express 设置菜单选项

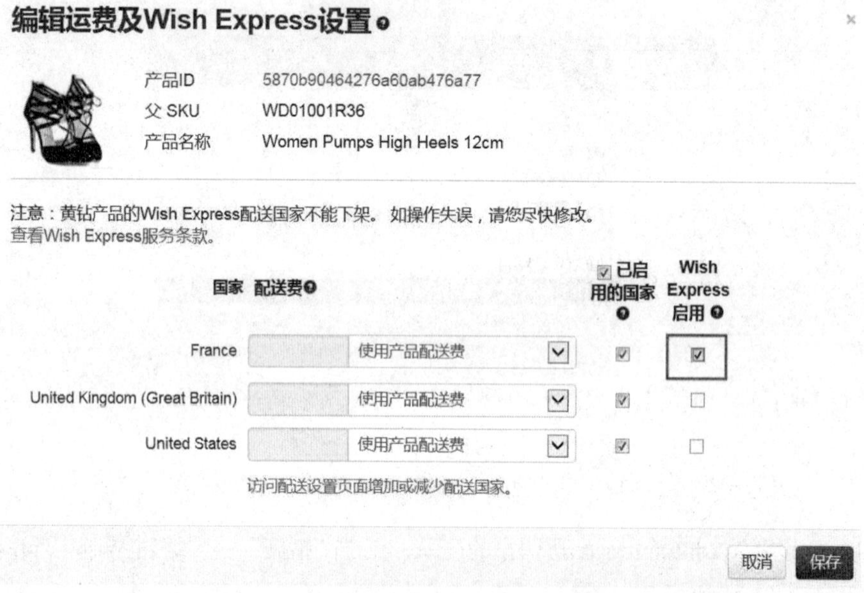

图 5-7-14　编辑 Wish Express 设置菜单选项

使用默认产品配送费的，直接点击“保存”按钮即可。如果需要更改配送费用，选择“设置运费”选项，并填写运费，然后点击“保存”按钮，如图 5-7-15 和图 5-7-16 所示。

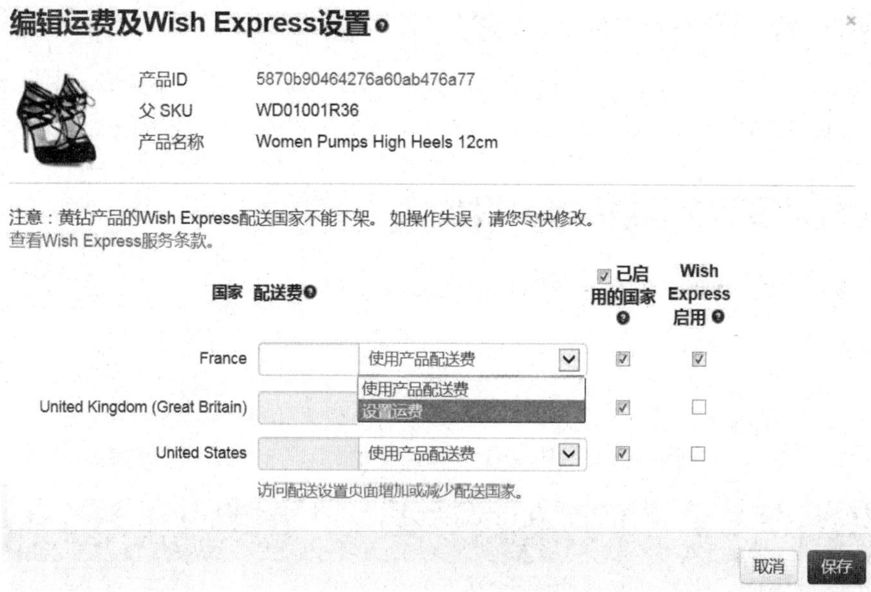

图 5-7-15　选择设置运费选项

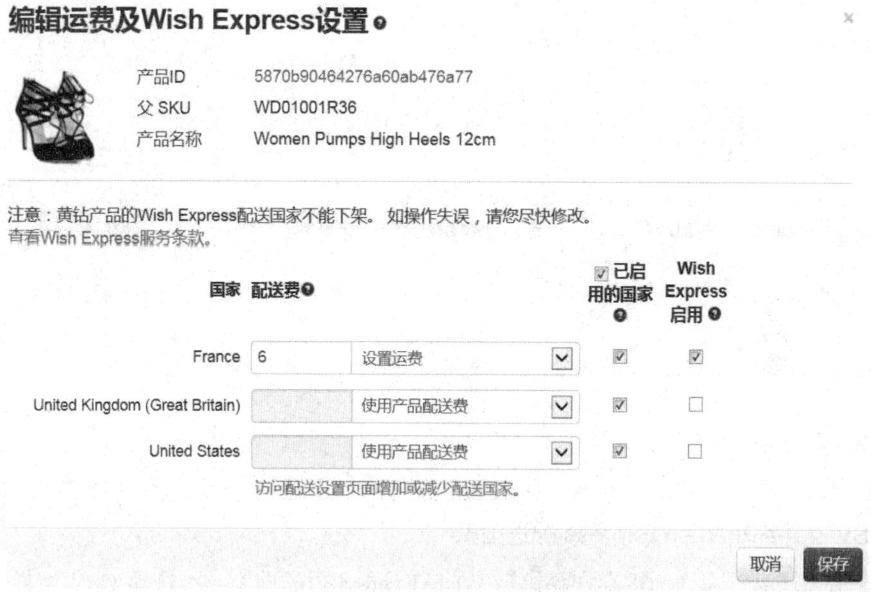

图 5-7-16　填写运费

注意事项：

- 促销（黄钻）产品无法禁用 Wish Express 配送国家。
- 促销（黄钻）产品不能提高配送费（运费）。
- 需要提高运费的产品，可重新上传为一个新产品，再设置 Wish Express 配送国家。
- 点击“访问配送设置页面增加或减少配送国家”按钮可以调整配送国家。

- 参加了 Wish Express 的产品，需要商户自行备货并提前配送至海外仓。

为产品设置 Wish Express 配送国家成功之后，查看产品时会发现“WishExpress”标志，如图 5-7-17 和图 5-7-18 所示。

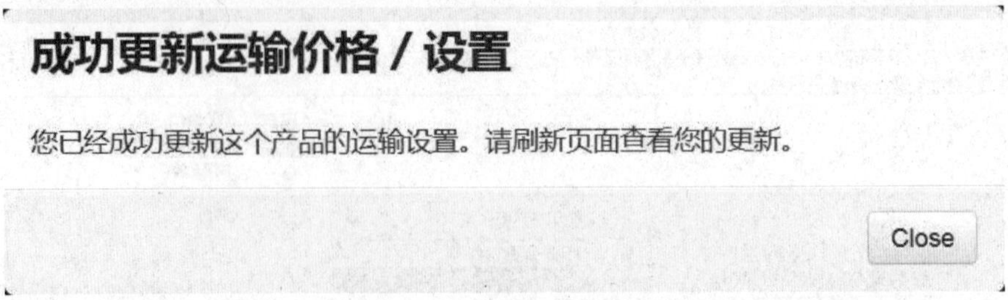

图 5-7-17　设置成功提示

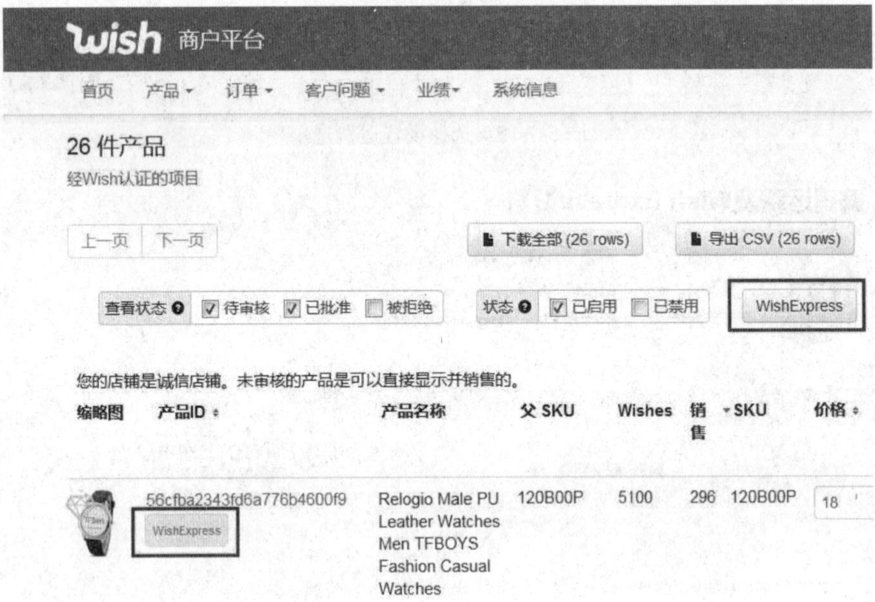

图 5-7-18　产品 ID 下方带有“WishExpress”标志

2. 用 CSV 文件编辑 Wish Express 配送国家

- 点击“产品”→“为现存产品编辑 Wish Express 目的国”→“产品 CSV 文件”菜单，打开 CSV 文件上传页面，如图 5-7-19 所示。

图 5-7-19　用 CSV 文件编辑 Wish Express 目的国菜单选项

下载 XLSX 文件示例模板，并根据要求填写 SKU 和配送国家信息，如图 5-7-20 和图 5-7-21 所示。

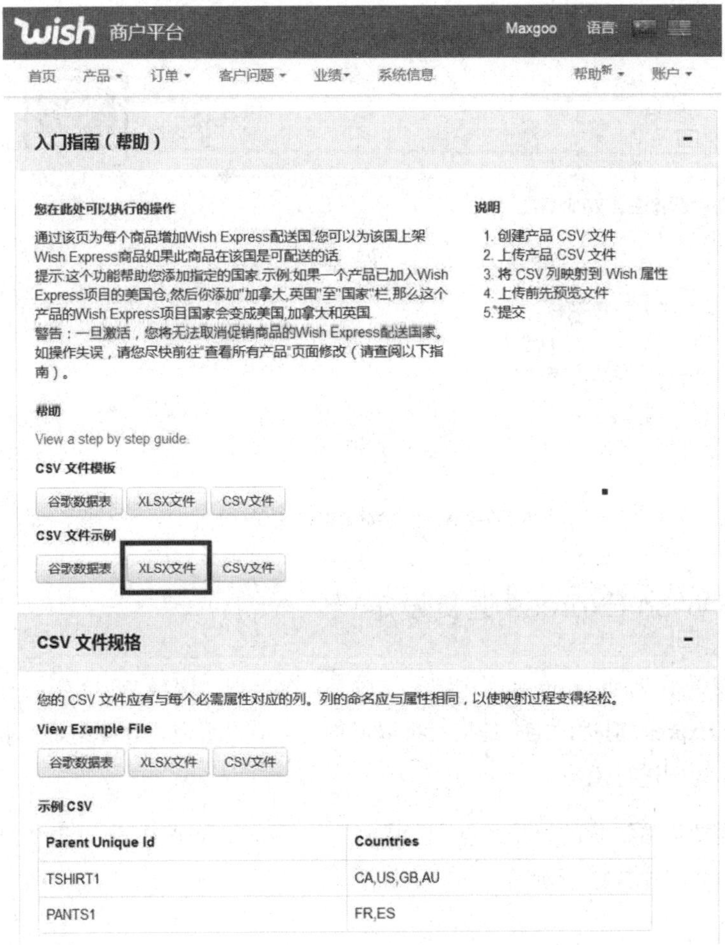

图 5-7-20　下载 XLSX 文件示例模板

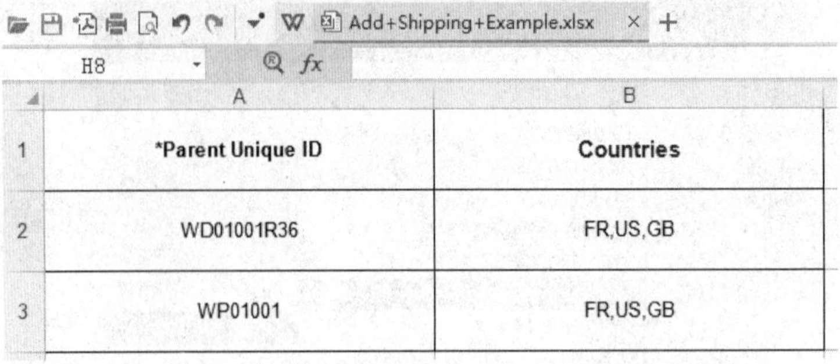

图 5-7-21　在 XLSX 文件模板填写 SKU 和配送国家

- 生成 CSV 文件，并进行上传，如图 5-7-22 所示。

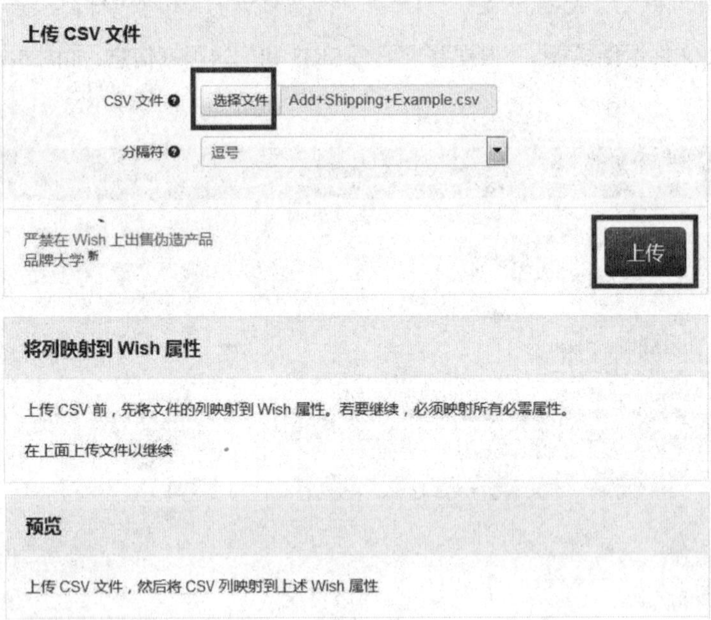

图 5-7-22　上传编辑好的 CSV 文件

5.7.4　编辑 Wish Express 退货设定

在为产品设置了 Wish Express 配送国家之后，就会出现“编辑 Wish Express 退货设定”选项。“编辑 Wish Express 退货设定”是指对可以退货的产品设置退货仓库地址。下面以海外仓美国仓的退货仓库为例进行说明。

（1）选择需要设置退货的产品，点击“措施”→“编辑 Wish Express 退货设定”菜单打开退款条款页面，如图 5-7-23 所示。

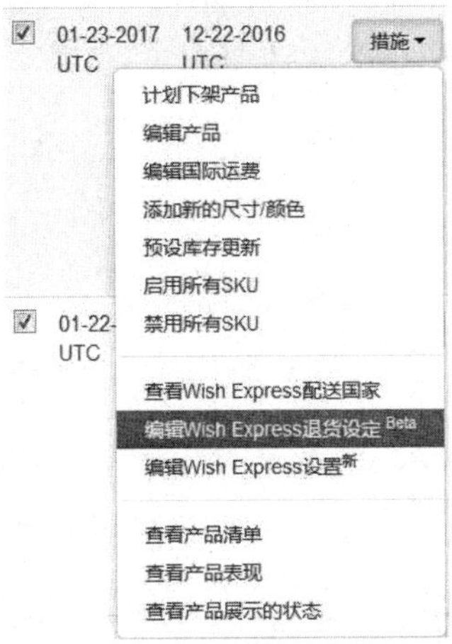
01-23-2017 UTC
12-22-2016 UTC
措施
计划下架产品
编辑产品
编辑国际运费
添加新的尺寸/颜色
预设库存更新
启用所有SKU
禁用所有SKU
查看Wish Express配送国家
编辑Wish Express退货设定 Beta
编辑Wish Express设置新
查看产品清单
查看产品表现
查看产品展示的状态

图 5-7-23　“编辑 Wish Express 退货设定”选项

（2）仔细阅读退货服务条款后，点击“同意”按钮，如图 5-7-24 和图 5-7-25 所示。

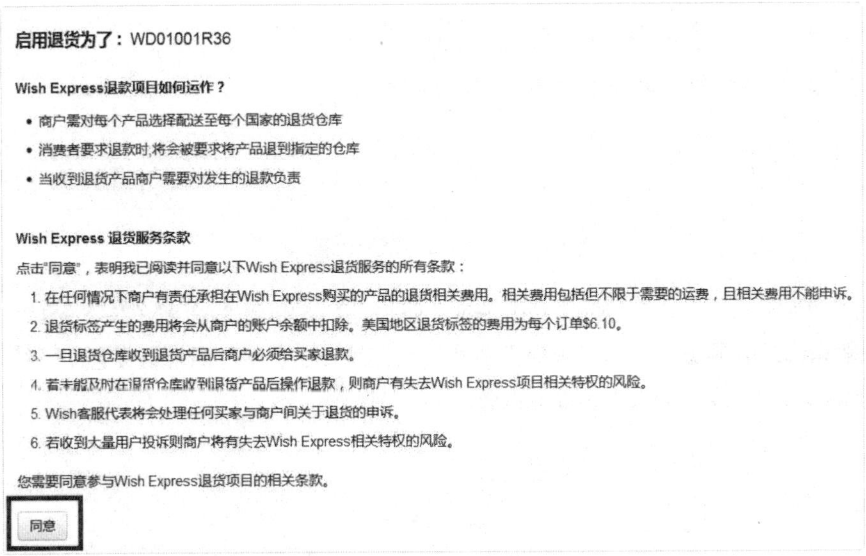
启用退货为了：WD01001R36
Wish Express退款项目如何运作？
• 商户需对每个产品选择配送至每个国家的退货仓库
• 消费者要求退款时,将会被要求将产品退到指定的仓库
• 当收到退货产品商户需要对发生的退款负责
Wish Express 退货服务条款
点击"同意"，表明我已阅读并同意以下Wish Express退货服务的所有条款：
1. 在任何情况下商户有责任承担在Wish Express购买的产品的退货相关费用。相关费用包括但不限于需要的运费，且相关费用不能申诉。
2. 退货标签产生的费用将会从商户的账户余额中扣除。美国地区退货标签的费用为每个订单$6.10。
3. 一旦退货仓库收到退货产品后商户必须给买家退款。
4. 若未能及时在退货仓库收到退货产品后操作退款，则商户有失去Wish Express项目相关特权的风险。
5. Wish客服代表将会处理任何买家与商户间关于退货的申诉。
6. 若收到大量用户投诉则商户将有失去Wish Express相关特权的风险。
您需要同意参与Wish Express退货项目的相关条款。
同意

图 5-7-24　同意退货服务条款

是否同意Wish Express退货条款？
请确认您已阅读并同意所有Wish Express退货的服务条款。
取消
确认

图 5-7-25　确认同意退货服务条款

（3）同意退货服务条款之后，来到启用退货页面，点击“对此产品启用退货”按钮启用退货功能，如图 5-7-26 和图 5-7-27 所示。

wish 商户平台
Maxgoo 语言
首页 产品 订单 客户问题 业绩 系统信息
帮助新 账户
启用退货为了：WD01001R36
Women Pumps High Heels 12cm
ID: 5870b90464276a60ab476a77
SKU: WD01001R36
对此产品启用退货
备注：目前在测试版本中只支持美国地区
协定退货仓库
• 商户可在每个国家选择一个产品退货的退货仓库
• 消费者要求退款时，将会被要求将产品退到指定的仓库
• 当收到退货产品时，商户需要对发起的退款进行负责
• 退货标签产生的费用将会从商户的账户余额中扣除。美国地区退货标签的费用为每个订单$6.10
• 点击这里来了解更多

图 5-7-26 点击“对此产品启用退货”

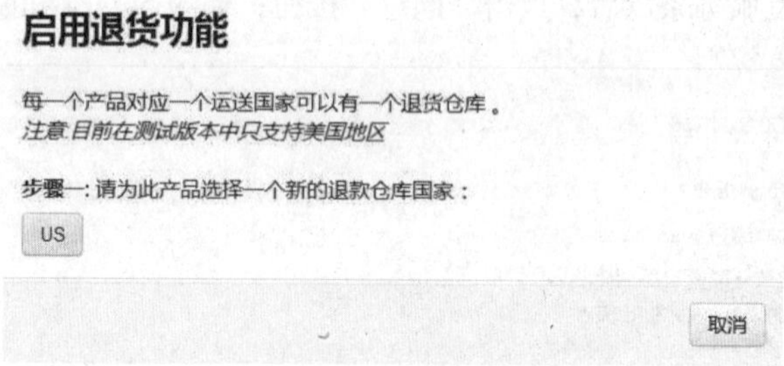
启用退货功能
每一个产品对应一个运送国家可以有一个退货仓库。
注意：目前在测试版本中只支持美国地区
步骤一：请为此产品选择一个新的退款仓库国家：
US
取消

图 5-7-27 设置退货仓库国家

（4）增加退货仓库，并填写退货仓库地址，如图 5-7-28 和图 5-7-29 所示。海外仓产品的退货仓库一般由海外仓服务商（货代）提供地址，或者是自建仓库。如果退货仓库已经设置，不需要重新增加退货仓库，那么本步骤可以省略。

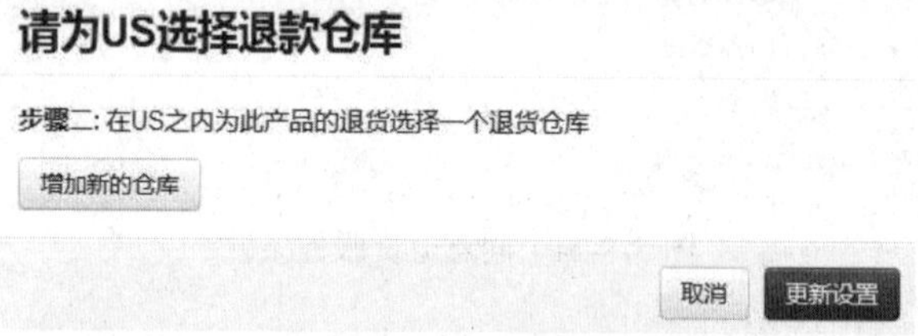
请为US选择退款仓库
步骤二：在US之内为此产品的退货选择一个退货仓库
增加新的仓库
取消
更新设置

图 5-7-28 点击“增加新的仓库”

图 5-7-29 填写退货仓库地址

（5）点击“更新设置”，完成退货仓库的设置，如图 5-7-30 和图 5-7-31 所示。

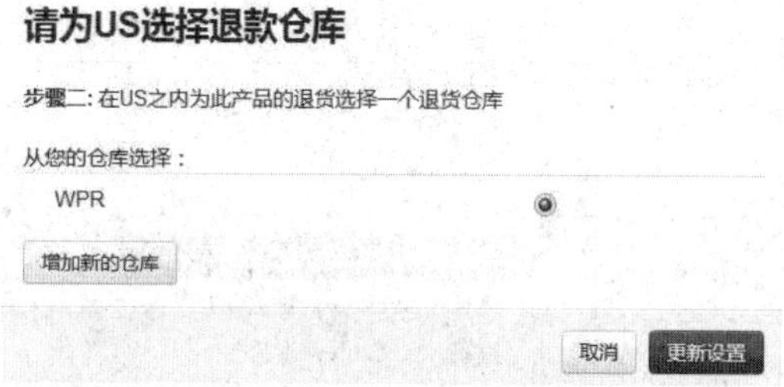

图 5-7-30 点击“更新设置”确认退货仓库

图 5-7-31 设置退货仓库成功后的详情

注意事项：

- Wish 将会为用户预备退货标签面单，该标签面单成本由商户承担。
- 商户将承担因任何原因导致的退货操作处理费、配送费等退货成本费用。
- 商户无法对退货引起的退款责任进行申诉。
- 非 Wish Express 的产品没有“编辑 Wish Express 退货设定”选项。

5.7.5 查看 Wish Express 配送国家

为产品设置了 Wish Express 配送国家之后，可以点击“措施”→“查看 Wish Express 配送国家”菜单，快速查看该产品的 Wish Express 配送国家，如图 5-7-32 和图 5-7-33 所示。

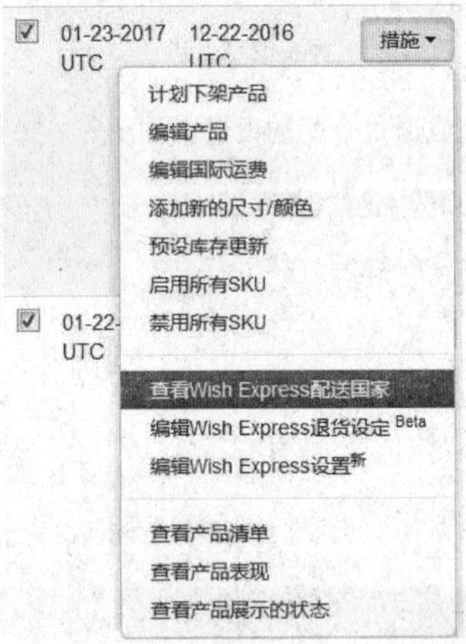

图 5-7-32 “查看 Wish Express 配送国家”菜单选项

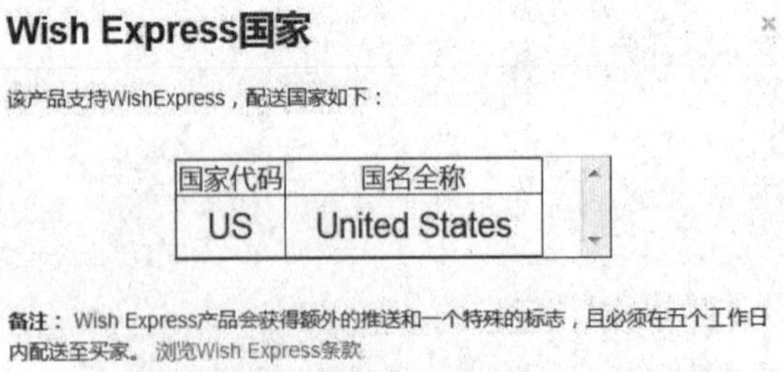

图 5-7-33 该产品的 Wish Express 配送国家为美国

5.7.6　查看 Wish Express 产品表现

商户可以通过“业绩”→“Wish Express 表现”菜单查看所有 Wish Express 产品的产品表现，如图 5-7-34 所示。

商户也可以通过 Wish Express 产品的“措施”→“查看产品表现”快速查看 Wish Express 产品的产品表现，如图 5-7-35 所示。

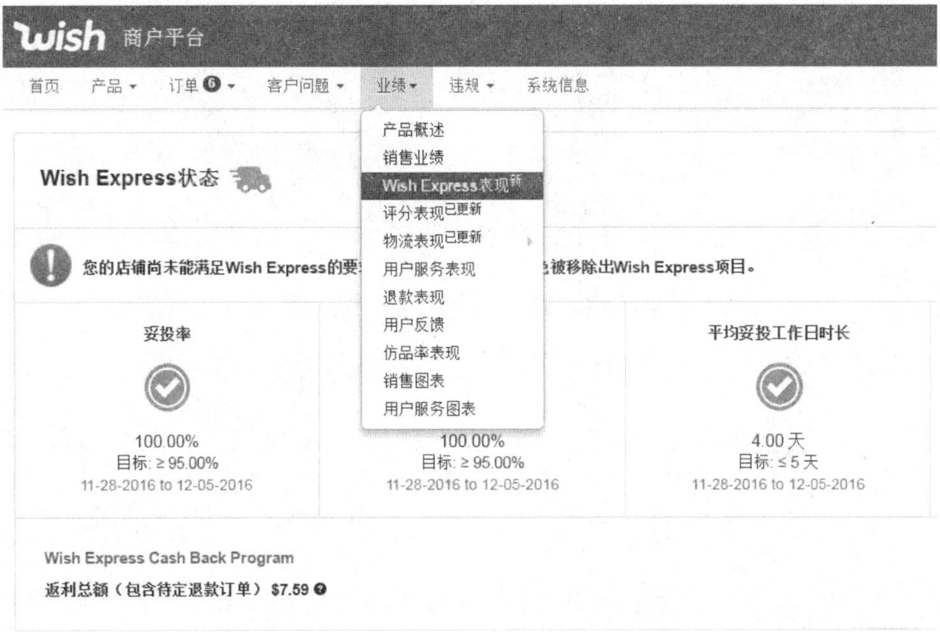

图 5-7-34　“Wish Express 表现”的菜单选项

图 5-7-35　Wish Express 产品的“查看产品表现”菜单选项

Wish Express 产品表现包括 Wish Express 状态、指标数据总览、单个产品的 Wish Express 表现明细数据，如图 5-7-36 和图 5-7-37 所示。

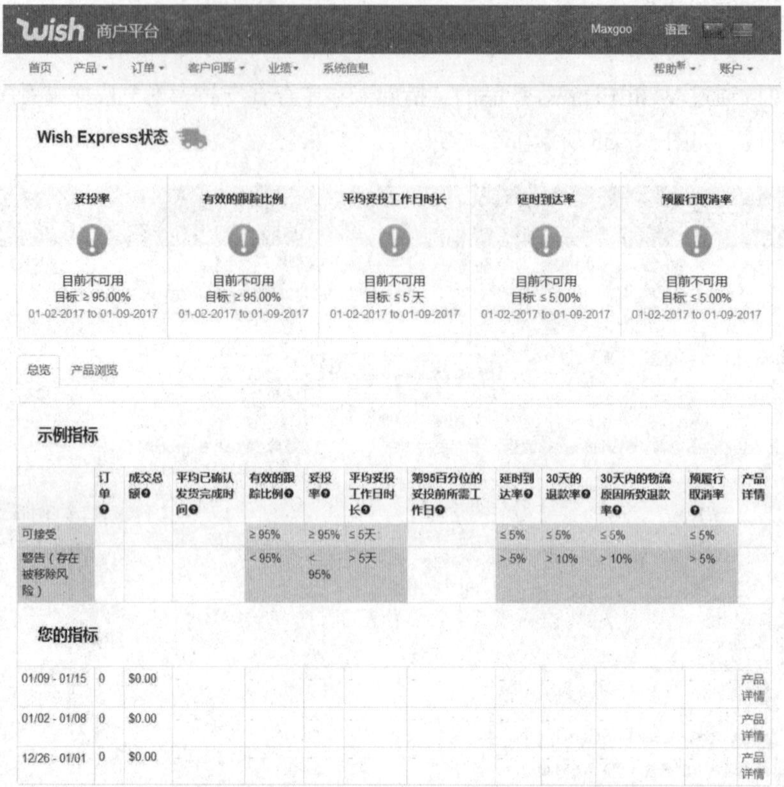

	订单	成交总额	平均已确认发货完成时间	有效的跟踪比例	妥投率	平均妥投工作日时长	第95百分位的妥投前所需工作日	延时到达率	30天的退款率	30天内的物流原因所致退款率	预履行取消率	产品详情
可接受				≥ 95%	≥ 95%	≤ 5天		≤ 5%	≤ 5%	≤ 5%	≤ 5%	
警告（存在被移除风险）				< 95%	< 95%	> 5天		> 5%	> 10%	> 10%	> 5%	

01/09 - 01/15	0	$0.00	-	-	-	-	-	-	-	-	-	产品详情
01/02 - 01/08	0	$0.00	-	-	-	-	-	-	-	-	-	产品详情
12/26 - 01/01	0	$0.00	-	-	-	-	-	-	-	-	-	产品详情

图 5-7-36 Wish Express 产品的总览数据

日期范围	产品 ID	订单	成交总额	平均已确认发货完成时间	有效的跟踪比例	妥投率	平均妥投工作日时长	第95百分位的妥投前所需工作日	延时到达率	30天的退款率	30天内的物流原因所致退款率	预履行取消率
01/09 - 01/15	58592e44acd2a84fc6f0a6	0	$0.00	-	-	-	-	-	-	-	-	-
01/09 - 01/15	5860d2e14419fe4cfdcbf9	0	$0.00	-	-	-	-	-	-	-	-	-
01/09 - 01/15	5825bfd827e1ab48a3f67b	0	$0.00	-	-	-	-	-	-	-	-	-
01/09 - 01/15	5854e7b1781ebe54296eb	0	$0.00	-	-	-	-	-	-	-	-	-

图 5-7-37 单个产品的 Wish Express 表现

注意事项：

（1）商户需要每周查看自己的 WE 项目数据表现，确保自己的相关数据表现满足平台要求，否则会被 WE 项目剔除。

（2）如果数据不达标，商户要在保证库存稳定的前提下，通过数据分析有针对性地优化仓储或者尾程派送环节。

（3）商户被WE项目剔除之后，可以在两周之后重新申请加入（WE数据表现页面里会出现对应的重新申请入口），每个账号一共有5次操作WE项目的机会。

（4）如果因为非自身原因被WE项目剔除，可以提供证据做申诉，申诉成功不会占用5次移除的额度。

5.7.7 Wish Express 常见问题

（1）Wish Express在我的配送国家是否可执行?

Wish Express是将单个产品配送到单个国家的方案。如果您能保证在配送时效之内将产品P配送到国家C，那您的产品符合加入Wish Express的条件。

（2）如何下架Wish Express产品?

您可以通过联系您的Wish客户经理来下架Wish Express产品。

（3）如何确认产品已经加入Wish Express?

通过点击商户后台的“查看所有产品”菜单，可以看到ID下方带有蓝色“Wish Express”标记的产品，它们即Wish Express产品。亦可在“查看所有产品”页面点击“Wish Express”按钮查看您所有的Wish Express产品。

在wish.com或App内，Wish Express产品会带有特殊徽章，表示已加入该项目。

（4）如何确认该订单是Wish Express订单?

通过点击商户后台的“订单历史记录”菜单，可以看到ID下方带有蓝色“Wish Express”标记的订单，它们即Wish Express订单。

（5）如何查看Wish Express的产品表现?

通过点击商户后台的“业绩”→“Wish Express表现”菜单，可以查看Wish Express的产品表现。

（6）周六、周日计算在配送时效内吗?

Wish Express订单需要在规定的配送时效内妥投。工作日为周一到周五，不含周六、周日。

（7）Wish Express订单必须带有跟踪单号吗?

所有订单都要带有有效的跟踪单号。

（8）参加Wish Express的促销产品可以提高运费吗?

Wish 的促销产品价格都不能提高。如需使用更快的物流方式而不得不提高促销产品的运费，请重新上架该产品，并使用对应的新产品 ID 申请加入 Wish Express。

（9）如果我不能在规定的配送时效内妥投订单，那么对我的账户有什么影响？

未能在规定配送时效内妥投的 Wish Express 订单将被标记为延迟到达订单，如果因为货物延迟而产生了退款，商户将承担退款费用。

（10）Wish Express 是一个履行订单项目吗？

Wish Express 不是一个履行订单项目。商户必须确保配送至消费者的订单在规定的配送时效内妥投。

5.8 FBW 认证海外仓

FBW 是 Fulfilled By Wish 的简写，商户将产品集中运送到 Wish 认证的海外仓，当接到订单后由 Wish 安排进行尾程派送。FBW 认证海外仓是 Wish 海外仓（Wish Express）的一种。

海外仓主要有自建海外仓和第三方海外仓两种形式。Wish FBW 认证海外仓是 Wish 与第三方海外仓公司合作，且已通过认证的一种海外仓形式。

5.8.1 FBW 认证海外仓的优势

- 被剔除 5 次 WE 资格的账号，仍然可以通过 FBW 项目参加 WE 项目。
- 正常产品享有 3 倍及更多流量。
- 无须 WE 审核期，产品更快速加入 WE 项目。
- 作为等级为 1 的物流方式，享有前端差异化标识展示及更快的支付结算时间。
- 因仓储物流导致的配送延误，订单可免责，保证产品仍然在 Wish Express 项目中。
- FBW 的订单执行和尾程派送由 FBW 认证仓来执行。
- 可以更高效地利用资金。海外认证仓内的作业费及尾程运费在 Wish 商户账户内扣减。
- 爱沙尼亚仓库为保税仓，进出仓库更便捷（适用于 FBW-EU）。
- 欧洲 VAT 税务问题商户无忧，由客户承担（适用于 FBW-EU）。

（目前 FBW-US 认证海外仓建在美国洛杉矶，FBW-EU 认证海外仓建在欧洲爱沙尼亚保税仓。）

5.8.2　FBW 认证海外仓的申请方法（以 FBW-US 为例）

1. 获得使用 FBW 的权限

1）有意愿且确认要做 FBW-US 美国认证仓

提供标题：merchant ID，FBW-US。

企业提供账户的营业执照，个人提供注册人身份证。

企业性质账户提供：营业执照，企业英文版 W-8BEN 税表（需用英文填写，盖章签字后提供彩色扫描件）。

个人性质账户提供：身份证正反面，个人英文版 W-8BEN 税表（需用英文填写，签字后提供彩色扫描件）。

用英文填写完整的 FBW 申请表格。

详细准备资料可询问账户管理员。请附上以上信息和附件，用英文邮件发送到邮箱 fbw-ms@wish.com。

2）有意愿且确认要做 FBW-EU 欧洲认证仓

提供标题：merchant ID，FBW-EU。

企业提供账户的营业执照，个人提供注册人身份证。

用英文填写完整的 FBW 申请表格。

详细准备资料可询问账户管理员。请附上以上信息和附件，用英文邮件发送到邮箱 fbw-ms@wish.com。

开通前后的状态栏如图 5-8-1、图 5-8-2 所示。

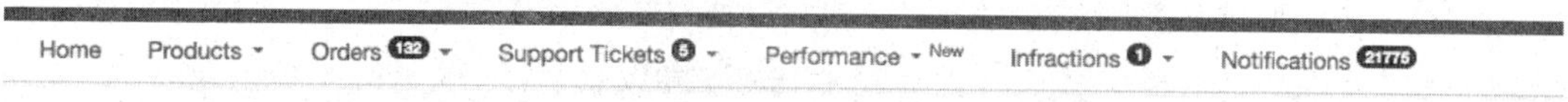

图 5-8-1　开通前

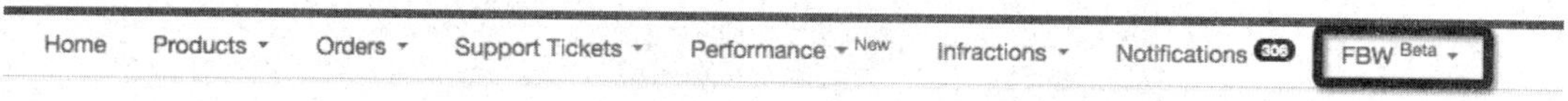

图 5-8-2　开通后

2. 通过产品审核

（1）登录商户后台，在导航栏找到 FBW 功能，如图 5-8-3 所示。

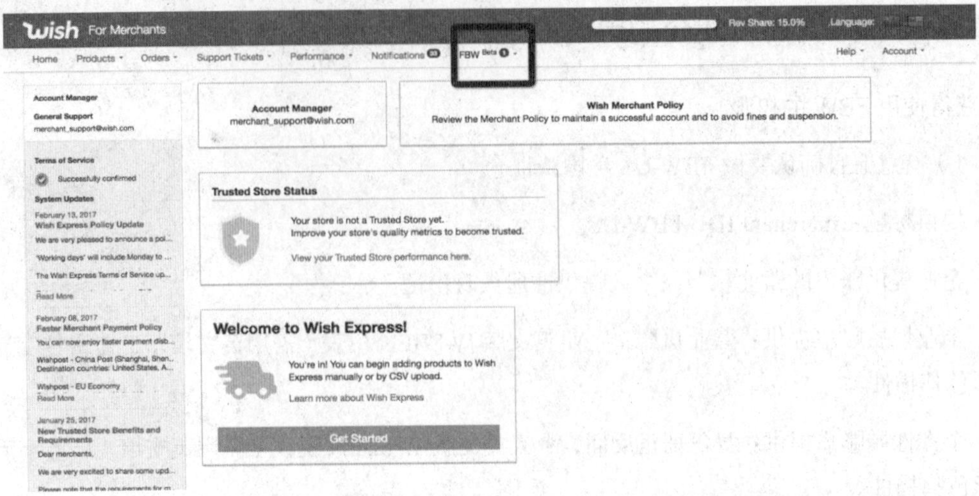

图 5-8-3　找到 FBW 功能

（2）请确认您可以看到如下的美国仓选项，如图 5-8-4 所示。

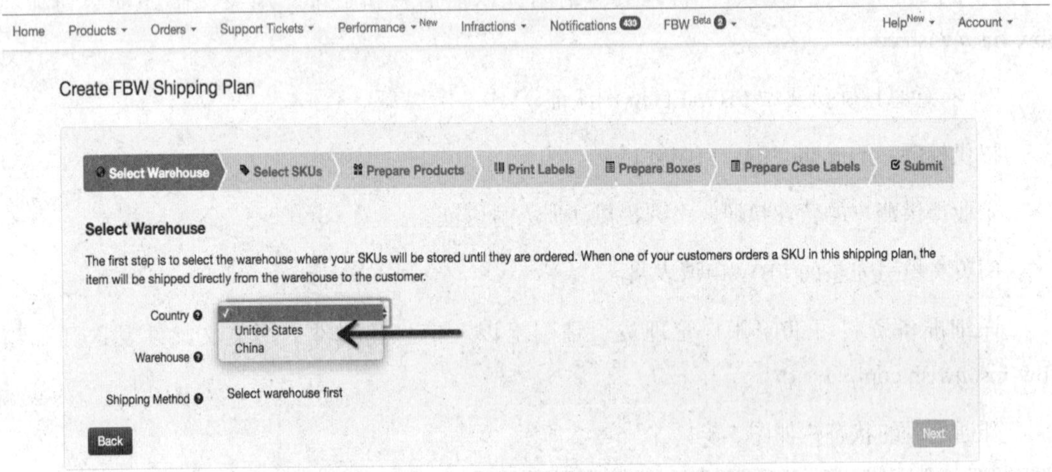

图 5-8-4　选择相应 FBW 仓

（3）请确认您的店铺中已上架要参加 FBW 的产品，如图 5-8-5 所示。

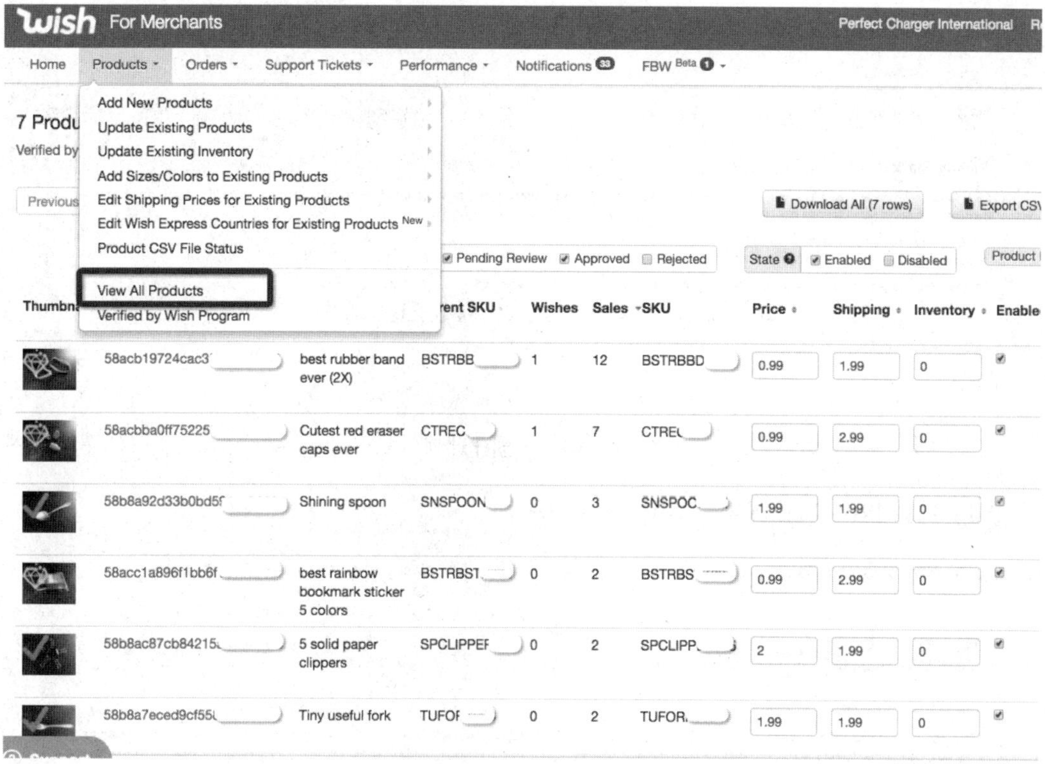

图 5-8-5　选择 FBW 产品

3. 后台创建海外仓配送计划

（1）创建一个新的 FBW 配送计划，如图 5-8-6 所示。

请确认产品是“已批准”的状态，而非“待审核”状态。

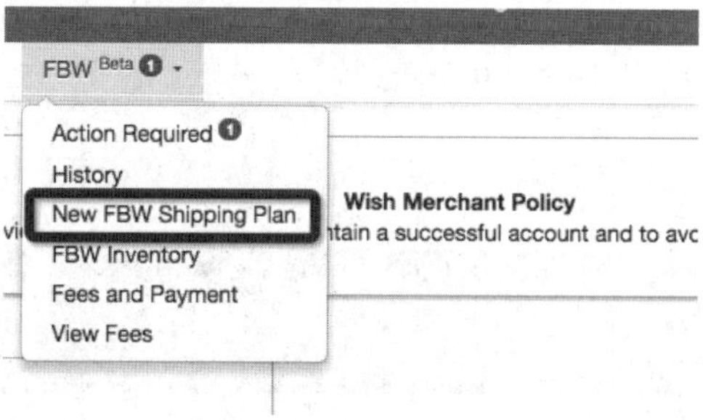

图 5-8-6　创建 FBW 配送计划

（2）在创建 FBW 配送计划的首页，如图 5-8-7 所示。

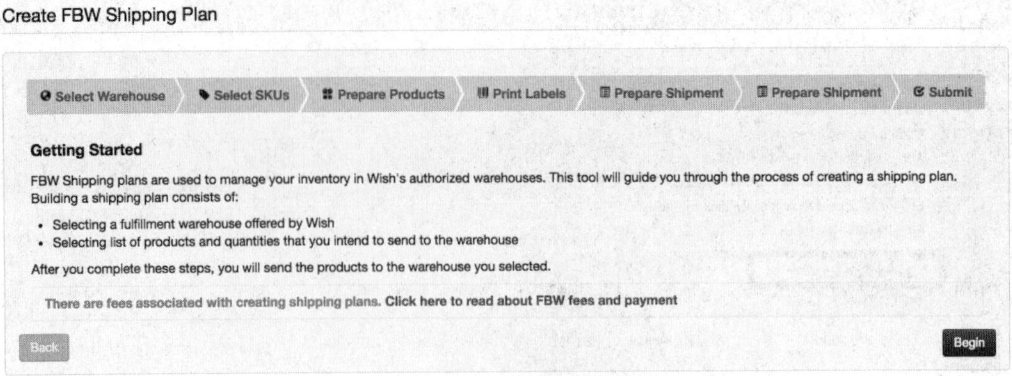
Create FBW Shipping Plan
Select Warehouse
Select SKUs
Prepare Products
Print Labels
Prepare Shipment
Prepare Shipment
Submit
Getting Started
FBW Shipping plans are used to manage your inventory in Wish's authorized warehouses. This tool will guide you through the process of creating a shipping plan.
Building a shipping plan consists of:
• Selecting a fulfillment warehouse offered by Wish
• Selecting list of products and quantities that you intend to send to the warehouse
After you complete these steps, you will send the products to the warehouse you selected.
There are fees associated with creating shipping plans. Click here to read about FBW fees and payment
Back
Begin

图 5-8-7　创建计划

（3）选择 FBW 所在国家，如图 5-8-8 所示。

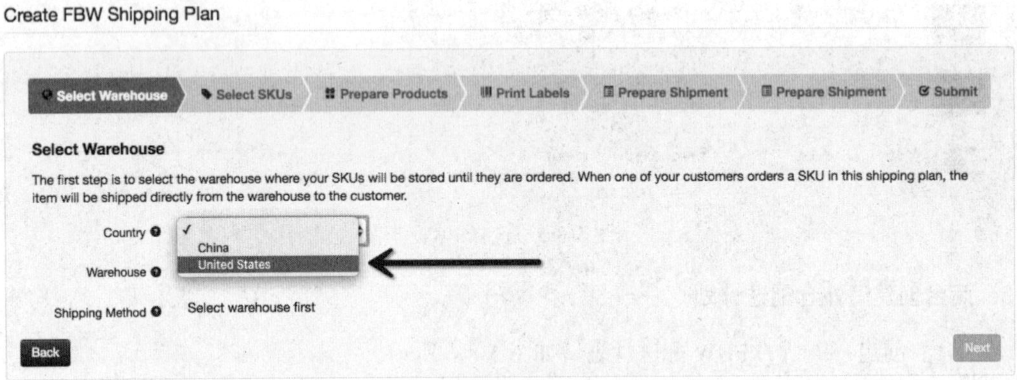
Create FBW Shipping Plan
Select Warehouse
Select SKUs
Prepare Products
Print Labels
Prepare Shipment
Prepare Shipment
Submit
Select Warehouse
The first step is to select the warehouse where your SKUs will be stored until they are ordered. When one of your customers orders a SKU in this shipping plan, the item will be shipped directly from the warehouse to the customer.
Country
China
United States
Warehouse
Shipping Method
Select warehouse first
Back
Next

图 5-8-8　选择 FBW 所在国家

（4）选择 FBW 海外仓，如图 5-8-9 所示。

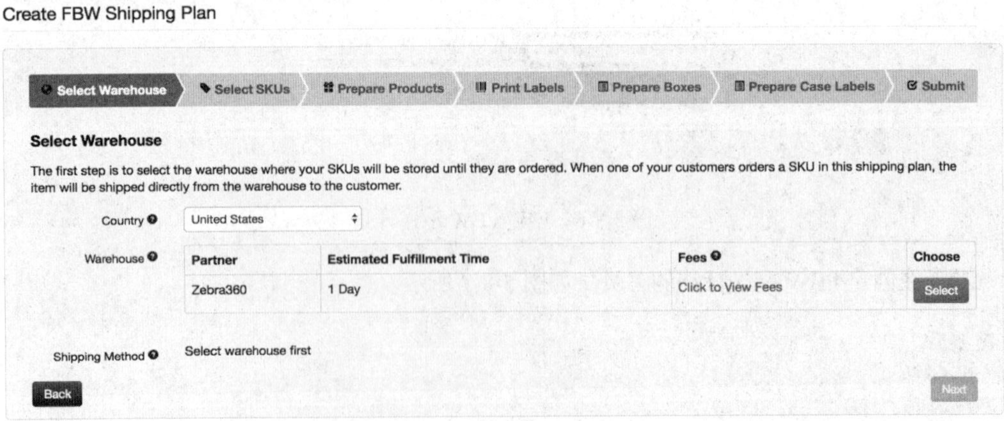
Create FBW Shipping Plan
Select Warehouse
Select SKUs
Prepare Products
Print Labels
Prepare Boxes
Prepare Case Labels
Submit
Select Warehouse
The first step is to select the warehouse where your SKUs will be stored until they are ordered. When one of your customers orders a SKU in this shipping plan, the item will be shipped directly from the warehouse to the customer.
Country
United States
Warehouse
Partner
Estimated Fulfillment Time
Fees
Choose
Zebra360
1 Day
Click to View Fees
Select
Shipping Method
Select warehouse first
Back
Next

图 5-8-9　选择 FBW 海外仓

（5）选择将产品运送到海外仓的运输方式，如图 5-8-10 所示。

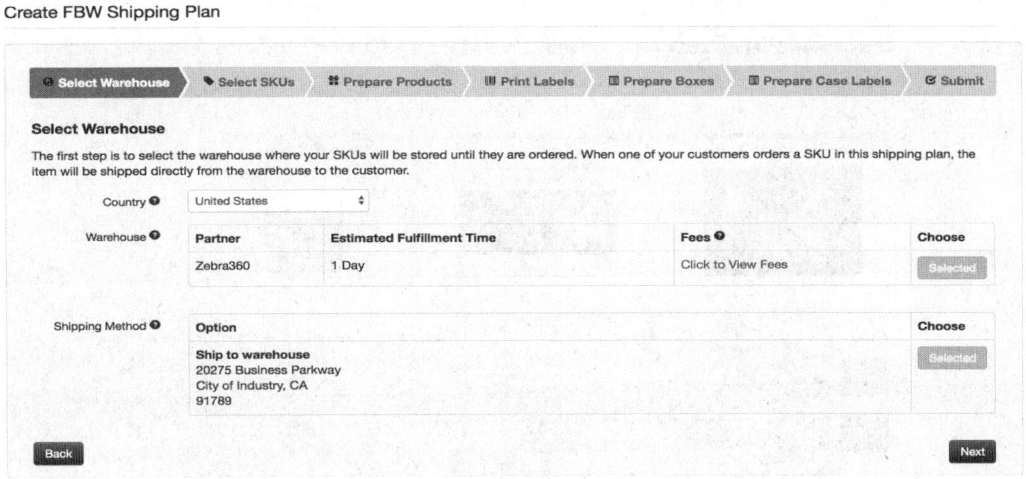

图 5-8-10　选择产品

（6）选择相关 SKU，并设置数量，如图 5-8-11 所示。

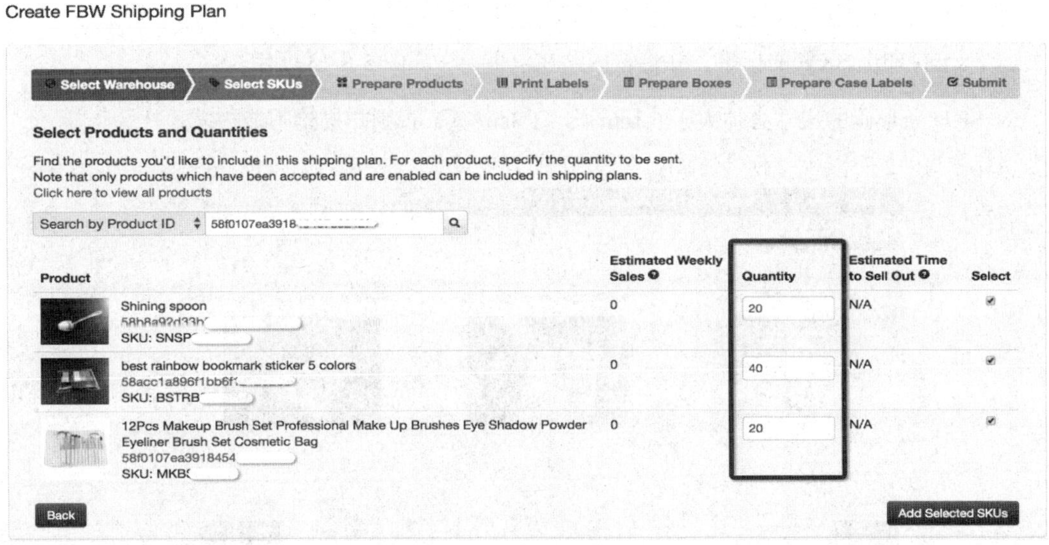

图 5-8-11　选择 SKU

（7）准备运送产品，如图 5-8-12 所示。

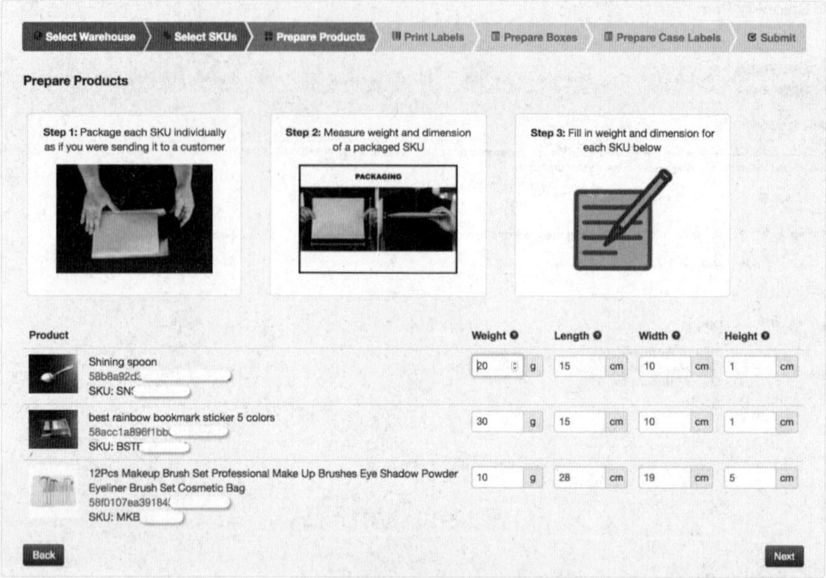

图 5-8-12　准备运送产品

（8）打印出 SKU 的标签，并将它们贴在包裹上，如图 5-8-13 所示。

SKU 条形码的尺寸必须大于 5.1cm 长、1.3cm 宽，否则扫描枪不能扫描。

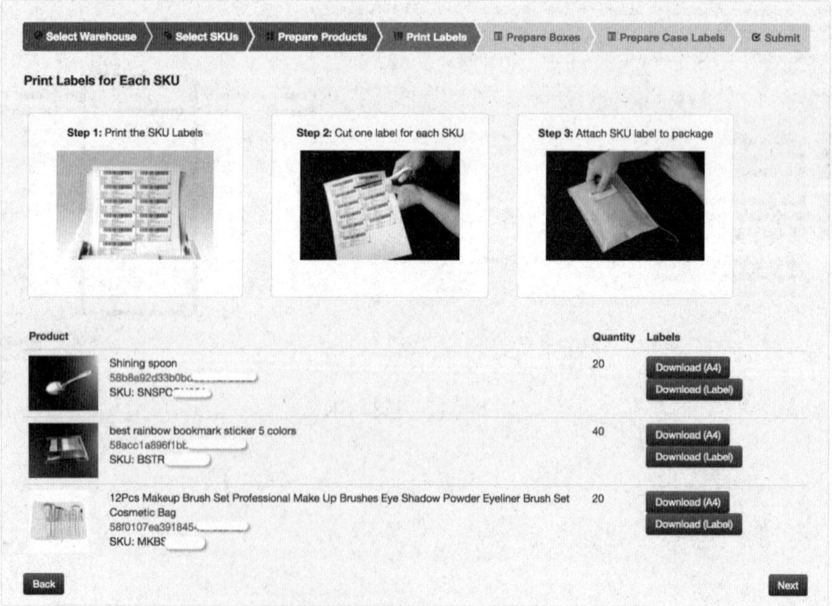

图 5-8-13　SKU 标签

（9）准备配送计划后确认提交，如图 5-8-14 所示。

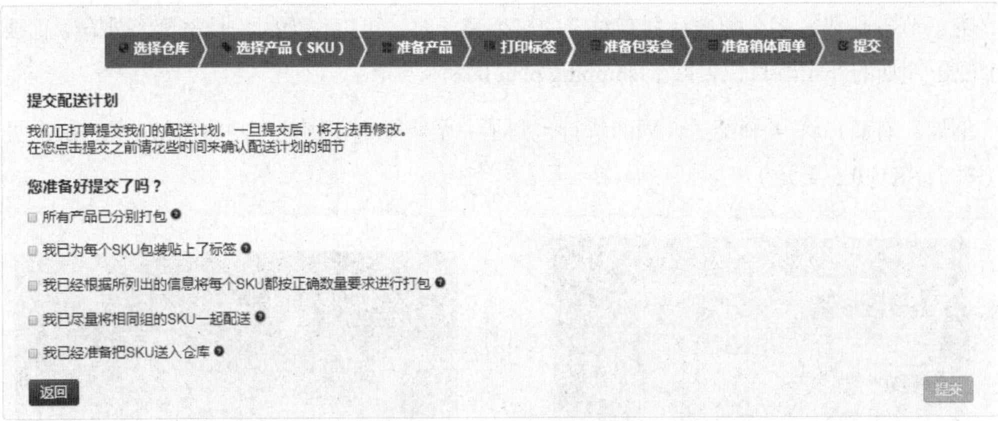

图 5-8-14　确认提交配送计划

（10）如果您已完成上述操作，然后请打印箱单，并贴到外箱上，如图 5-8-15 所示。

图 5-8-15　打印箱单

（11）如果已完成上述操作，然后请打印货单，并放进箱子里，如图 5-8-16 所示。

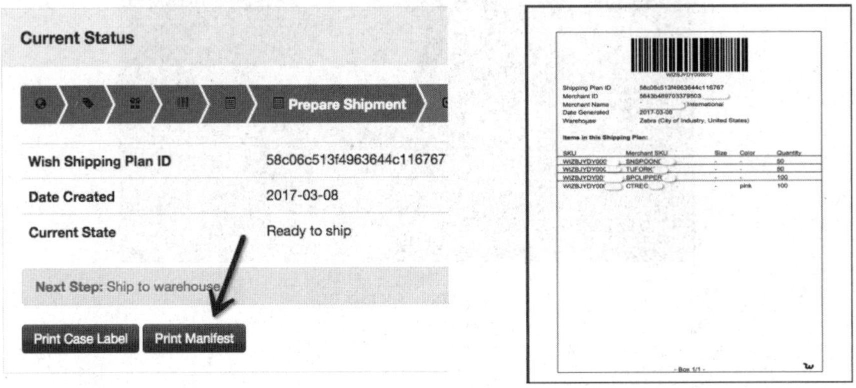

图 5-8-16　打印货单

注意：

一个箱子仅能存放一个配送计划中的产品，如图 5-8-17 所示。

为了节省邮费，多个配送计划有对应的多个箱子时，可以作为同一批寄到海外仓，但要在每个配送计划的外箱醒目位置贴上 shipping plan ID。

例如：有商户将 4 个配送计划的货打包到了一个箱子中，则此商户将会被收取 SKU 处理费（每个 SKU 0.5 美元）。

图 5-8-17　错误的打包方式

又如：在一个 shipping plan 计划内，请将相同的 SKU 打包在一起，以减少分拣工作，如图 5-8-18 所示。如果 SKU 未按照要求分开组合打包，我们将会按照每个 SKU 收取 0.5 美元收费。

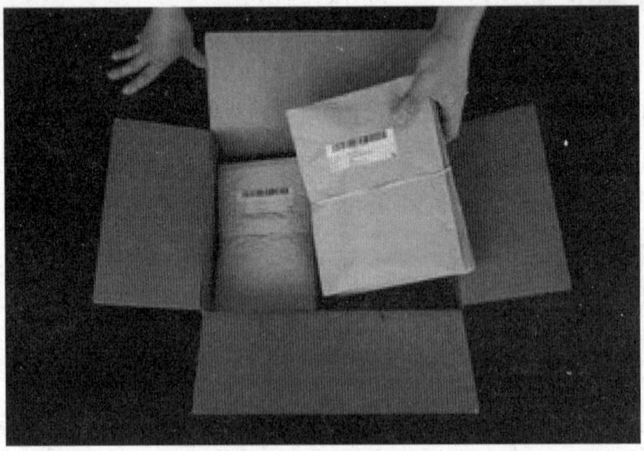

图 5-8-18　SKU 打包

4．将所选产品运到 FBW 海外仓

（1）把产品运送到仓库，如图 5-8-19 所示。

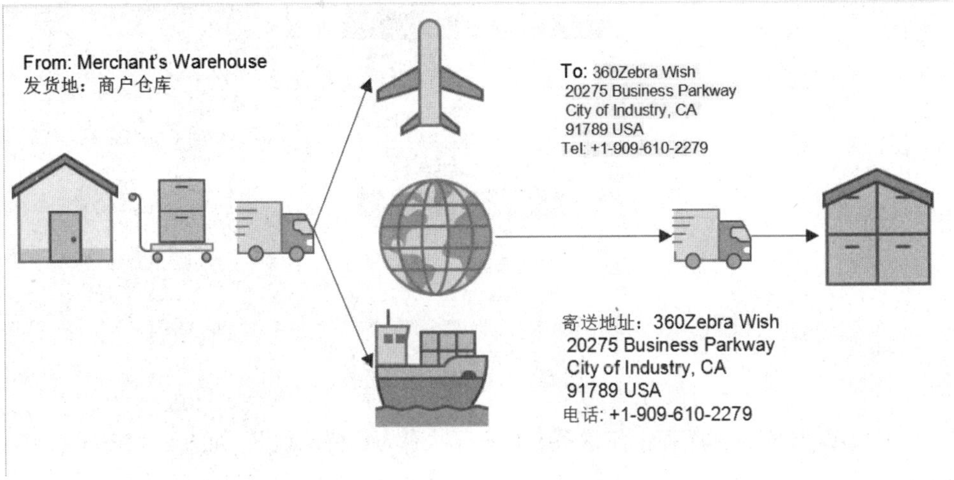

图 5-8-19　海外仓地址

（2）回到您的配送计划界面，点击“Shipped to warehouse”按钮，如图 5-8-20 所示。

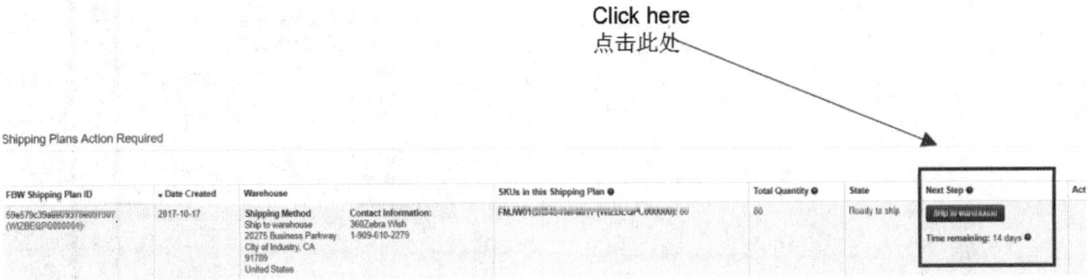

图 5-8-20　发货至仓库

（3）发货后，在商户后台更新物流跟踪单号。路径：FBW Beta→历史记录→选择配送计划 ID→查看详情信息→添加更多→选择物流服务商→输入物流跟踪单号→点击提交，如图 5-8-21 所示。

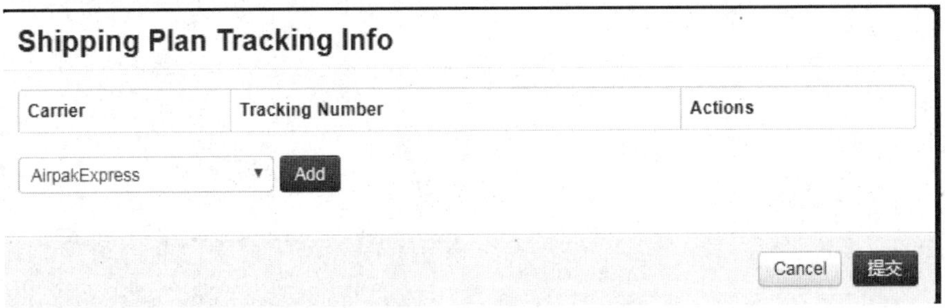

图 5-8-21　更新物流跟踪单号

5．解决潜在的实际库存缺漏问题

（1）FBW 仓库收到货后，您可以在此处查看库存，如图 5-8-22 所示。

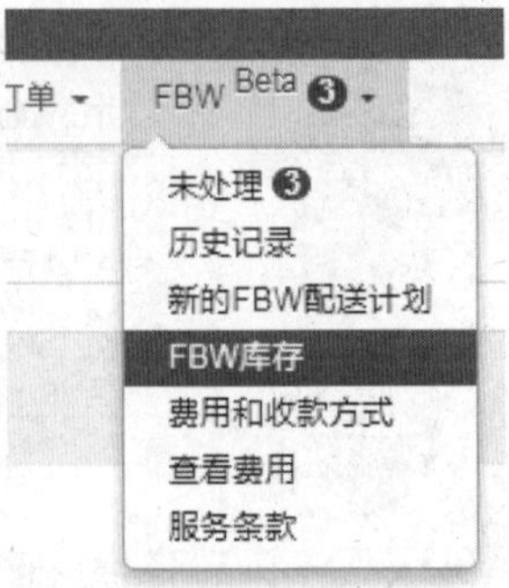

图 5-8-22　查看库存

（2）在 FBW 仓库收到库存之前，系统的库存状态为“待确认”，如图 5-8-23 所示。

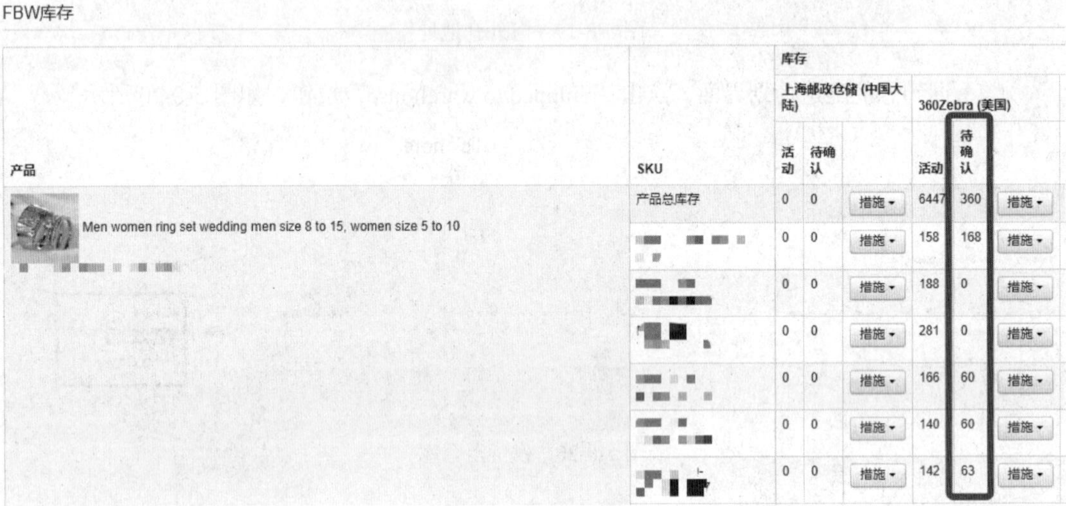

FBW库存

		库存					
		上海邮政仓储 (中国大陆)			360Zebra (美国)		
产品	SKU	活动	待确认		活动	待确认	
Men women ring set wedding men size 8 to 15, women size 5 to 10	产品总库存	0	0	措施	6447	360	措施
	[redacted]	0	0	措施	158	168	措施
	[redacted]	0	0	措施	188	0	措施
	[redacted]	0	0	措施	281	0	措施
	[redacted]	0	0	措施	166	60	措施
	[redacted]	0	0	措施	140	60	措施
	[redacted]	0	0	措施	142	63	措施

图 5-8-23　待确认库存

（3）FBW 仓库收到货后，系统的库存状态就会转为可以售卖的有效库存，如图 5-8-24 所示。

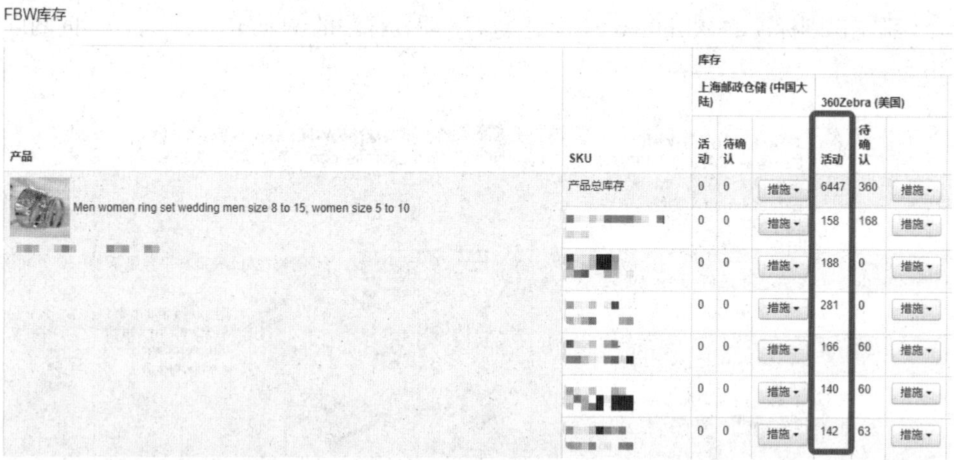

图 5-8-24　可售卖库存

（4）解决录入库存数量不一致问题（需要发送确认邮件）。

有时，我们在仓库收到的库存数量与商户在配送计划中报告的数量不一致。如果遇到此类情况，目前我们将人工联系您进行确认。之后，这类确认工作将成为系统功能，并在此类情况发生时自动提醒，但在系统自动化功能实现之前，我们将通过邮件联系您进行确认。

根据我们目前的观察，发生库存不一致问题的主要原因如下（示例）：商户的运营人员创建了配送计划，例如，设置 SKU 为 ABC 的产品数量为 100，并将配送计划提交至 FBW。操作员将此配送计划交给中国仓库配送人员去配货，中国仓库配送人员发现 ABC 的产品仓库里仅有 90 件，于是仅配送了 90 件 ABC 的产品。

所以，请确保 Wish 商户运营人员与中国仓库配送管理人员在创建后台 shipping plan 时已确认库存和配送信息。

如果有库存不一致现象，将会使您的库存确认工作延缓 2～3 个工作日，所以请协助我们避免此类情况发生。

6．FBW 的一些细节

（1）FBW-US 库存活跃的产品将自动被标记为 Wish Express 产品，如图 5-8-25 所示。

图 5-8-25　在线产品

（2）系统识别标注的 Wish Express 标志与商户手动标注的 Wish Express 标志之间的区别，如图 5-8-26 所示。

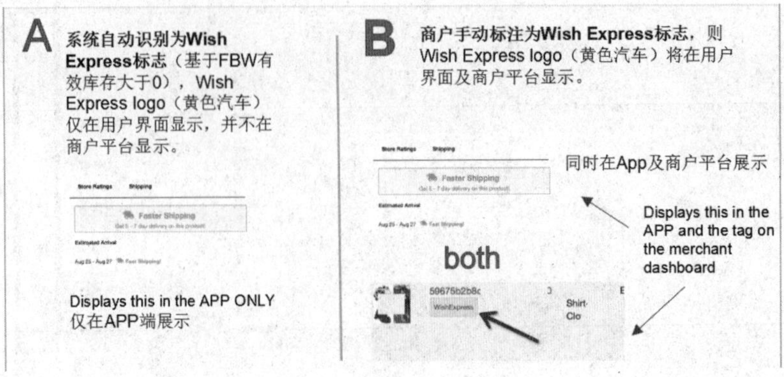
A
系统自动识别为Wish Express标志（基于FBW有效库存大于0），Wish Express logo（黄色汽车）仅在用户界面显示，并不在商户平台显示。
Faster Shipping
Displays this in the APP ONLY
仅在APP端展示
B
商户手动标注为Wish Express标志，则Wish Express logo（黄色汽车）将在用户界面及商户平台显示。
同时在App及商户平台展示
Displays this in the APP and the tag on the merchant dashboard
both

图 5-8-26　两种标志的区别

（3）理解您的库存数（示例）。

总数=商户平台的 FBW 库存+已完成订单+待处理订单。

总数：配送计划中显示的入库库存总数，数量为 100。

商户平台记录的 FBW 库存：前往“商户平台”→“FBW（beta）”→“FBW 库存”查询，数量为 50。

已完成订单：前往“商户平台”→“订单”→“历史记录”查询 FBW 订单，数量为 30。

待处理订单：此时后台没有显示，数量为 20。

所以总数为：50+30+20=100。

（4）库存存储阶段，取回或处置库存。

您在 FBW 斑马仓有 90 天的免费存储期。90 天后，若您的产品仍有库存，则需要开始支付费用。若您不希望支付仓储费用。您可以要求将您的库存产品转运至别处（例如，运至您的朋友处）。

（5）fbw-ms@wish.com 的用途。

- 协助商户加入 FBW-US。
- 解决库存差异问题。
- 指导创建配送计划。
- 收集来自商户及客户经理的反馈以优化 FBW 项目。
- 调查任意 FBW 操作问题。
- 解决与 FBW 相关的商户支持问题。

5.8.3　常见问题解答

（1）如何为我的账户开启 FBW 功能？

答：您需要联系您的账户管理员来为您开启 FBW 功能。若您没有直接对接的客户经理，请发送英文邮件至 fbw-ms@wish.com 询问申请流程。

（2）一个账户可以同时申请 FBW-EU 和 FBW-US 吗？

答：可以，只要准备好两套申请材料。

（3）账户为企业店铺，可以一次申请多个店铺的 FBW-US 吗？

答：可以。但如果多个账户注册人不同，注册公司不同，需要一个店铺一套材料。注意，FBW 海外仓备货库存不共享，不同账户需要准备不同的 shipping plan。

（4）FBW-US 是否有税表填写指南？

答：没有税表填写指南。个人和公司的信息一定要填写完整，一定要真实填写与注册账户信息一致的信息（公司营业执照号、身份证号码等）。

（5）FBW-US 或者 FBW-EU 报价有问题，该如何咨询？

答：有具体问题请联系各个 FBW 认证海外仓的对接人。Wish 提供的价格仅供参考。

（6）如果 FBW 功能没有开启怎么办？

答：通过邮件申请后，请耐心等待 3 ~ 5 个工作日。

请按照申请要求，核对一下资料是否正确，不正确的请发邮件重新申请。

如确认资料正确，也请发邮件到 fbw-ms@wish.com。

（7）两个店铺的产品可以发同一个头程去海外仓库，它们会关联吗？

答：不会。

（8）FBW 认证海外仓对外箱子的规格有要求吗？

答：请先联系认证海外仓及配送到认证海外仓的物流公司，确认有没有问题。如果箱子体积和重量异常大，建议发邮件到 fbw-ms@wish.com 进行咨询。

（9）FBW 对带电类、液体类产品有什么要求？

答：能寄到对应的认证仓，就可以正常发货，所以需要联系认证海外仓来进行确认。

（10）如果不小心多做了两个 FBW 的计划，但不发货或者自己取消的话，对店铺有影响吗？

答：没有影响。建议商户先确认好是否将货备至海外仓，再创建 FBW 配送计划。

（11）货已经到 FBW 海外仓两天了，还没上架，我需要联系谁呢?

答：向头程物流商询问一下货物是否已被签收，是否已经送到 FBW 海外仓库。FBW 认证海外仓需要用 2 ~ 3 个工作日核对产品，检查 SKU 和数量。如果还是没有更新，建议提供商户 ID、shipping plan ID、头程物流商及物流跟踪单号，发英文邮件至 fbw-ms@wish.com 进行咨询。

（12）我的配送计划已失效，但已将产品发货至海外仓，我该怎么做?

答：通常您仅有 15 天时间来完成配送计划。一旦您创建了配送计划，请确保点击了“发送至海外仓”。若您的配送计划已失效，而在配送时使用了旧的货物清单，请立即联系 fbw-ms@wish.com。我们将通知仓库管理员以做应对。

（13）我发了 60 个产品到 FBW 欧洲仓，应该是昨天晚上上架的，今天早上一看就剩 55 个了，是开始出单售卖了吗?

答：有可能。有可能 Wish 接到订单还在审核中，后台还没有显示信息。之后可以通过“FBW”→“历史记录”查看 FBW 认证海外仓的订单。如果过了 5 个工作日，仍然没见到 FBW 的库存恢复且没有历史记录，请发英文邮件至 fbw-ms@wish.com 进行咨询。

第 6 章 产品管理

6.1 手动添加新产品

手动添加新产品是指在 Wish 后台手动添加单个新产品，位于“产品”→“添加新产品”→“手动”菜单，如图 6-1-1 所示。

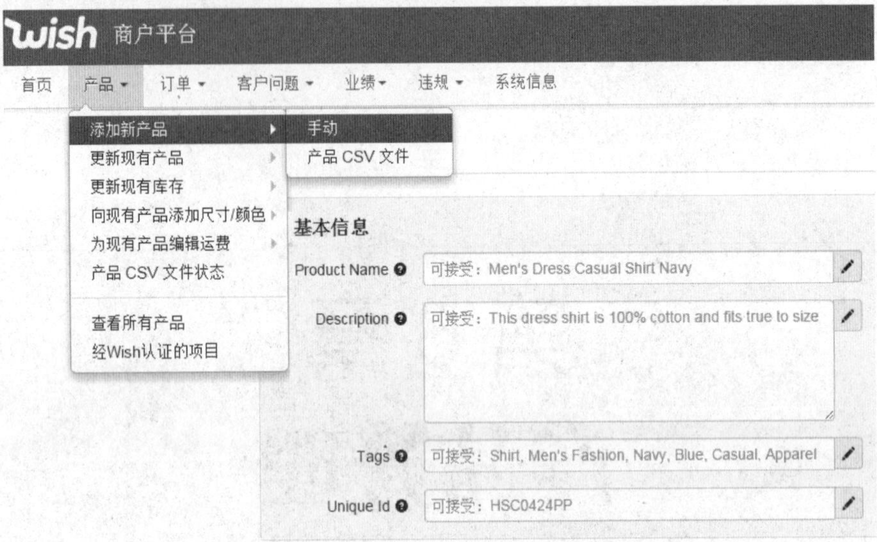

图 6-1-1　手工添加新产品

6.1.1 基本信息

基本信息包括产品的标题、描述、标签和 SKU，如图 6-1-2 所示。

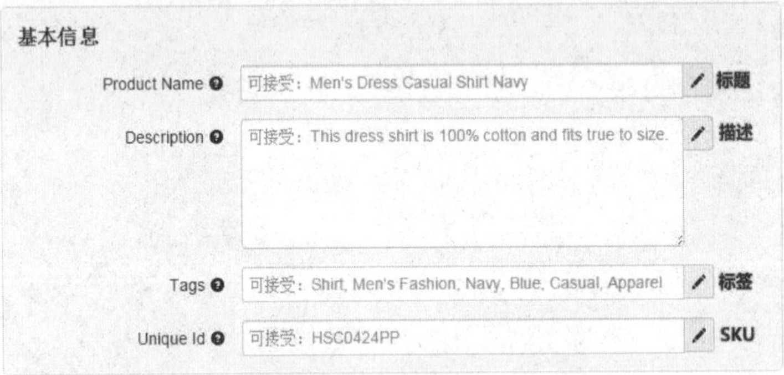

图 6-1-2　产品基本信息

1．标题

Product Name 直译是“产品名称”，用于告知用户产品是什么，并帮助用户搜索到产品。官方推荐标题写法：关键词+品牌名+属性词（产品适用者的年龄、性别，产品名字、产品材质、产品类型等），产品名称长度控制在 200 个字符以内。

举例如下：

- 可接受：3.6 inch Screen HD Car Auto MP5 Player with Rearview Camera Universal Bluetooth USB MP3 MP4 FM Radio Stereo Audio SD AUX In Dash (Size: with camera)
- 可接受：Xmas Gift Sons of Anarchy Thickening cotton-padded jacket SOA winter warm Hoodie Flannel Coats Soft Comfort Cashmere Sweatshirts
- 不可接受：Best Price!!! **CHEAP** Baby Stroller!!!

标题填写如图 6-1-3 所示。

图 6-1-3　产品标题填写

优秀产品标题如图 6-1-4 所示。

图 6-1-4　优秀产品标题

注意事项：

- 产品名称必须清楚准确，尽量简短，且应能描述要销售的产品。
- 标题后面可加上 Color、Size 等通用产品类型词。

- 不要添加无意义的!、@、#、$、%、*等符号。
- Cheap、Hot、New、Free Shipping、Promotion、Discount、Fat MM 等词不能使用。

2．描述

描述就是对产品的详细、精确的叙述。对描述的要求如下。

- 默认用英文填写，限 1000 个字符、500 行以内，且只有前 250 个字符显示在初始的手机端页面上。
- 不能包含任何 HTML 代码，不能出现有关店铺政策的详细信息，不能出现其他店铺特定的语言或多行信息。
- “换行”字符（如“enter”或“return”）将导致您的文件出现问题。
- 有关大小、合身度，以及尺寸的信息对服装类产品的销售都很有帮助。
- 在描述数字时，用阿拉伯数字代替英文单词，如用“5”代替“five”。
- 不要用特定字符，如®、©、™。
- 描述中明确告知包裹内容，不要有拼写错误。

举例如下：

- 可接受：This dress shirt is 100% cotton and fits true to size.
- 不可接受：This <b>dress shirt</b> is 100% cotton and <i>fits true to size</i>.

描述填写如图 6-1-5 所示。

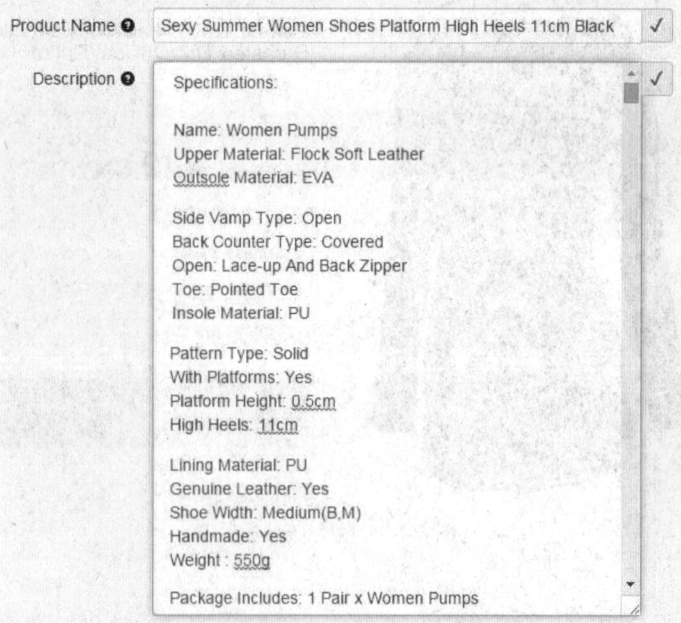

图 6-1-5　产品描述填写

优秀的产品描述如图 6-1-6 所示。

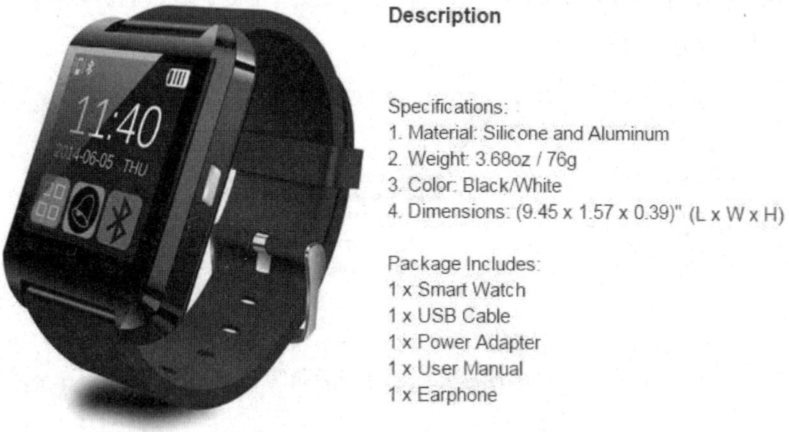

图 6-1-6 优秀的产品描述

注意事项：

- 如果产品数量的单位是特殊的，需要标注清楚。例如一双、一打、一箱等。
- 产品的独特性或差异性可以在描述中最前面的位置展示，让客户直接了解产品优势。
- 描述需要简洁，外国人的阅读习惯和中国人有较大差异，繁杂的描述容易引起客户反感。
- 不需要在描述中重复填写物流渠道、妥投时效等物流信息。
- 如果描述文字确实较多，可以留一行空白，增强文字排版美观性。

3. 标签

标签是指分配给源文件中每个产品的非层次结构关键词。此类元数据有助于描述产品和为产品分类，且方便用户在 wish.com 上浏览或搜索时再次找到。产品标签之间应该用英文逗号分隔。添加的标签越多，描述的准确性越高，您的产品被推送到用户面前的概率越大。每个产品最多 10 个标签，如果添加的标签超过 10 个，多余的标签将会被忽略。

常见的标签写法：产品品类名称+产品属性词/修饰词+产品使用场景。

举例如下：

- 可接受：Shirt, Men's Fashion, Navy, Blue, Casual, Apparel
- 可接受：Women's Fashion, Jewelry & Watches
- 可接受：Men's Fashion, Suits, Mafia, Silk Tie, Ties
- 不可接受：Clearance Items
- 不可接受：Cheap Cheap Cheap
- 不可接受（标签太多）：Fashion, Suits, Ties, Silk Ties, Men's Suits, Italian Made Suits, Italian, Men's Fashion, Hand Crafted, Silk, High Quality

填写标签输入英文时，会弹出多个常用标签列表以方便选择，这时用鼠标（或键盘上的上下方向键）在下拉菜单中选择想要的标签并单击（或按回车键）进行确认即可，如图 6-1-7 所示。建议商户优先选择下拉菜单。

图 6-1-7　产品标签填写

如果输入的标签是没有的，会有提示创建新标签，选择“Create new tag：XXX”确认即可，如图 6-1-8 所示。

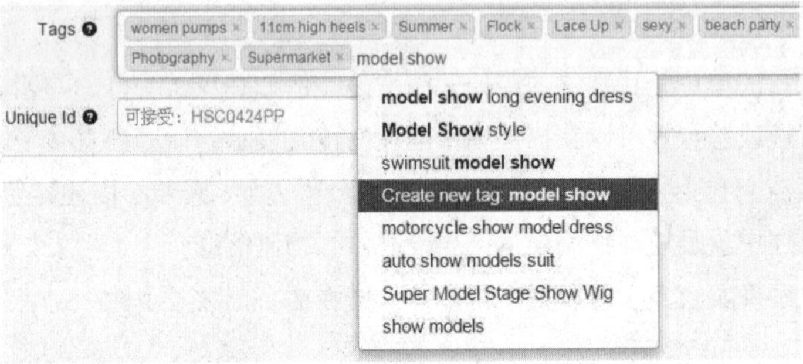

图 6-1-8　创建新的产品标签

注意事项：

- 标签一般由 2 ~ 3 个单词组成，部分品牌词可以在标签中合理出现。
- 标签比关键词的范围更广，标签可以从产品属性出发，选择多维度的描述性形容词或者产品应用场景词。
- Wish 会自动对产品标签进行补充优化，会自动增加更多的标签，另外在第三方数据分析工具，如 ERP、海鹰数据平台、米库数据平台中，还会有“卖家自填标签”和“Wish 优化标签”，如图 6-1-9 所示。

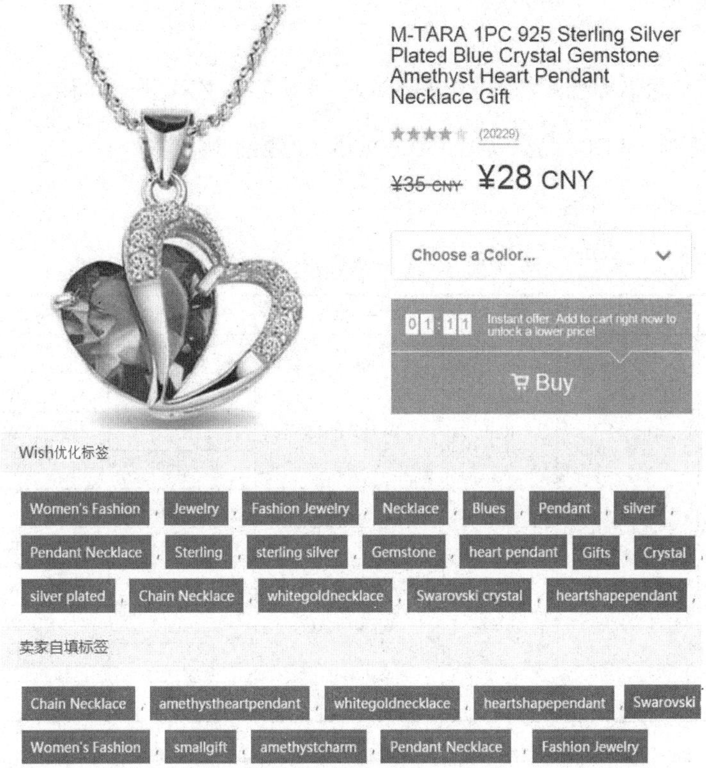

图 6-1-9　Wish 自动优化产品标签

4. Unique Id

Unique Id 是指商户自己在内部使用以标识此商品的唯一 SKU 编号。Wish 会使用 SKU 编号识别、跟踪、更新和报告该产品。

举例如下：

- 可接受：HSC0424PP
- 可接受：112123343455432
- 不可接受：2
- 不可接受：a

SKU 定义说明：

SKU=Stock Keeping Unit（库存量单位），基本上包括三个概念：品项、编码、单位。为便于理解，SKU 通常定义为保存库存控制的最小可用单位。例如一款女装中粉红色的 S 码是一个 SKU，M 码是一个 SKU，L 码也是一个 SKU。所以一般来说一款女装有 S、M、L、XL、XXL、XXXL 等 6 个 SKU。

举例如下：

一款女裙有红色、绿色两种颜色，有S、M、L、XL、XXL等5个码数。

SKU编号规则：WD01品类+001（款式编码）+颜色+码数

其SKU如表6-1-1所示。

表6-1-1　一款女裙的SKU

产　品	父SKU	颜　色	子SKU	尺　码	子SKU
Women Dress	WD01001	Red	WD01001R	S	WD01001RS
				M	WD01001RM
				L	WD01001RL
				XL	WD01001RXL
				XXL	WD01001RXXL
		Green	WD01001G	S	WD01001GS
				M	WD01001GM
				L	WD01001GL
				XL	WD01001GXL
				XXL	WD01001GXXL

参考以上写法，以高跟鞋为例，若有一个颜色和多个码数，则先填写Unique Id（如图6-1-10所示），然后在后面具体的码数中填写对应的SKU。

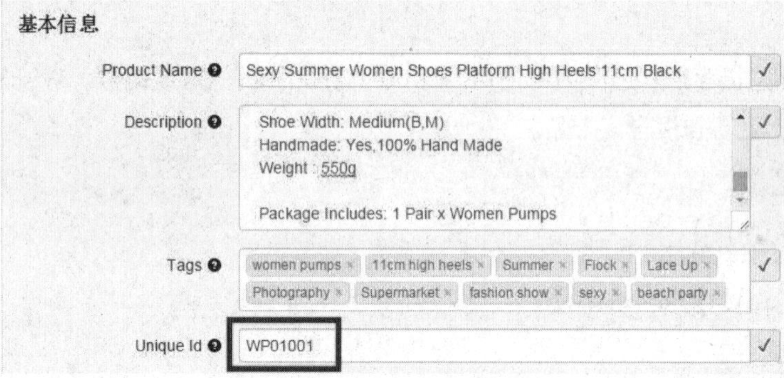

图6-1-10　Unique Id填写

注意事项：

- SKU规范化使用是ERP系统使用的前提条件，否则会引起产品混乱。
- SKU主要是商户内部使用的，可自由编写，没有强制要求和规则，商户自己方便使用即可。

6.1.2　主图和副图

产品图片包括产品的主图片、额外图片两个部分，如图 6-1-11 所示。

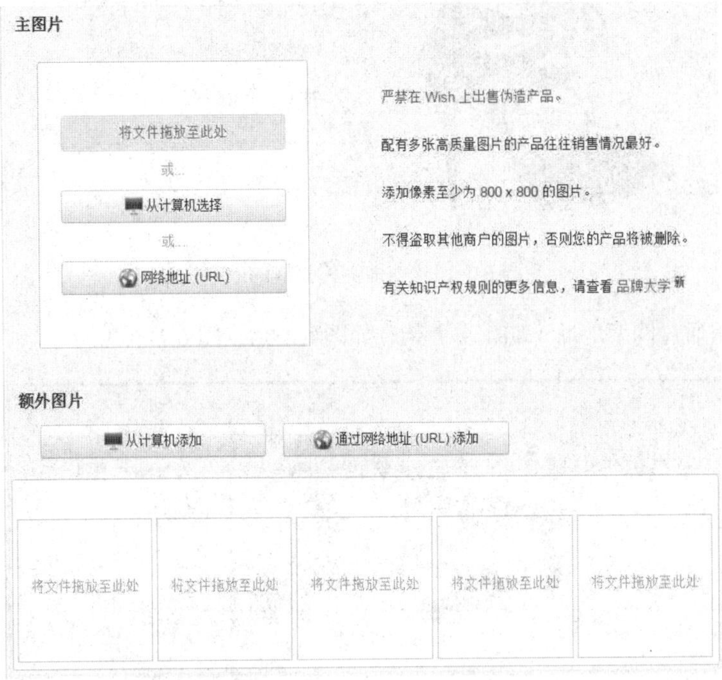

图 6-1-11　产品图片上传

1. 主图片

主图片是指用户看到的该产品的第一个图片。主图片规格建议是正方形的，并且大于或等于 800px×800px。

主图上传有两种方式，一种是通过本地计算机上传，如图 6-1-12、图 6-1-13 所示。

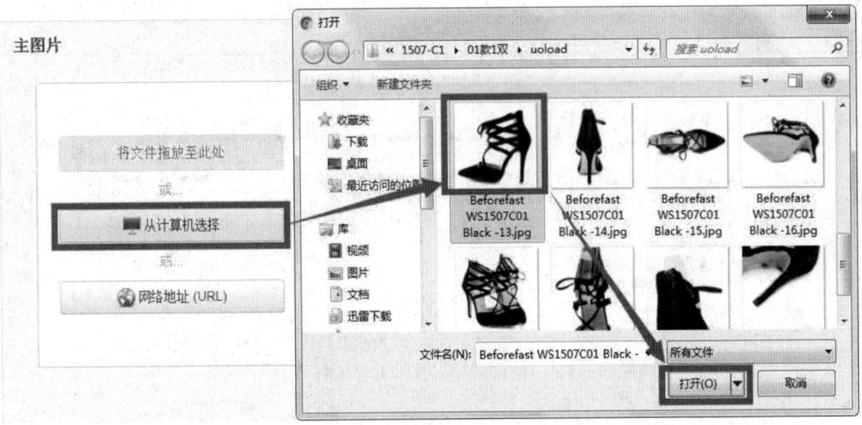

图 6-1-12　选择本地计算机产品图片并点击打开

图 6-1-13　本地上传完成的效果

另外一种是通过网络地址（URL）上传，如图 6-1-14 ~ 图 6-1-16 所示。

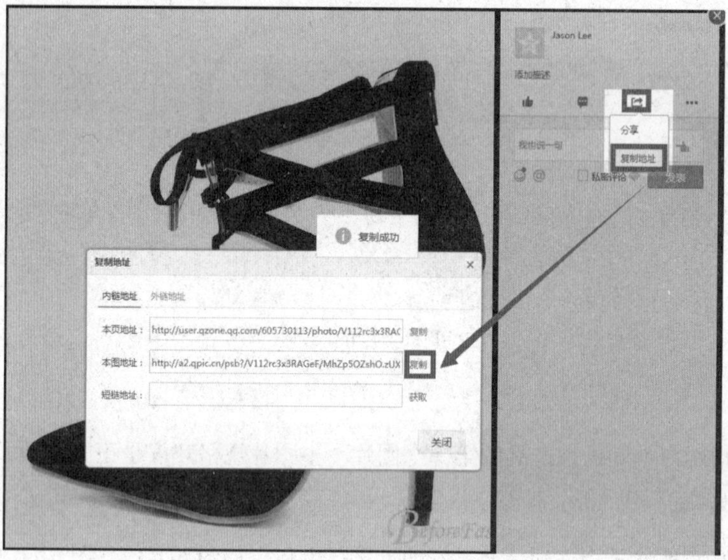

图 6-1-14　复制已经上传到网盘的产品图片 URL

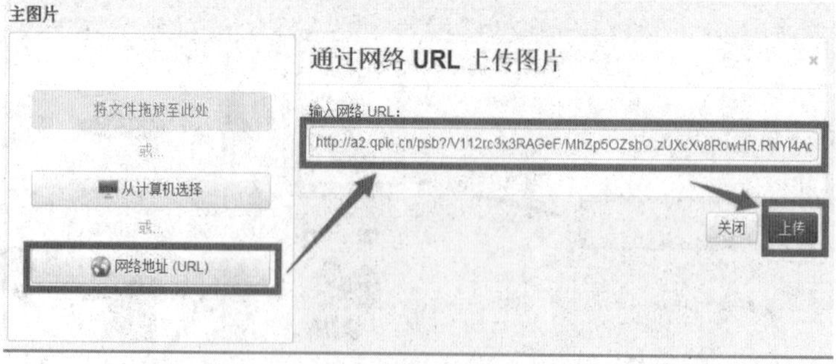

图 6-1-15　粘贴产品图片 URL 并点击上传

图 6-1-16　通过网络地址上传完成的效果

注意事项：

- 在网络条件不佳的情况下，通过网络地址上传比本地计算机上传更加稳定。
- 通过网络地址上传支持百度网盘、QQ 空间相册等多种网络方式。
- 建议每个产品图片文件大小在 150KB 以下，不建议大于 500KB，否则上传可能不成功。
- 产品图片上传，使用 https://china-merchant.wish.com 后台速度更快。

2. 额外图片

额外图片是指除主图片以外的产品图片，这里最多可以上传 10 张图片。

通过本地计算机上传，支持多个图片文件同时上传，操作步骤如图 6-1-17、图 6-1-18 所示。

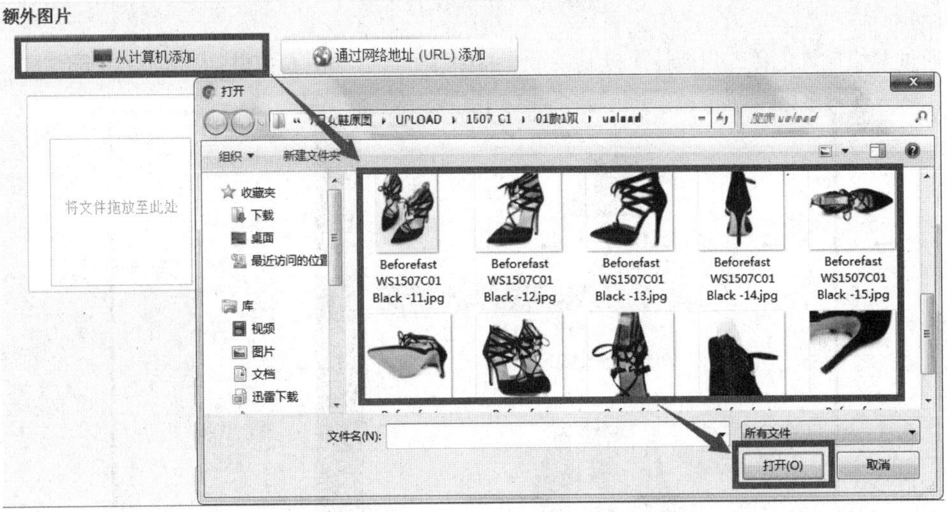

图 6-1-17　同时选择多个产品图片并点击打开

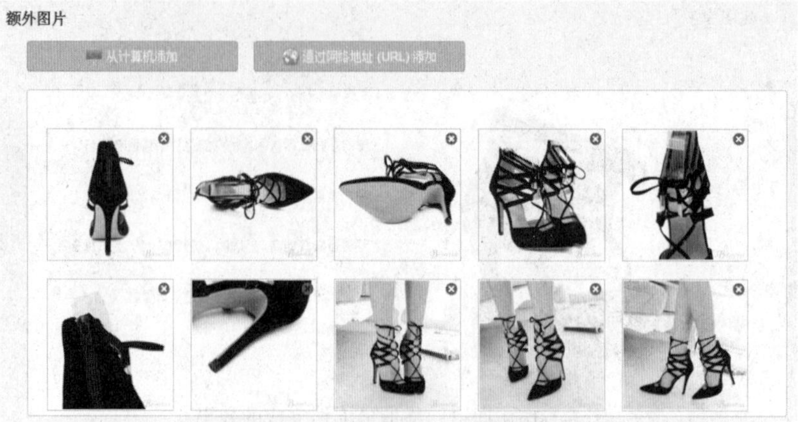

图 6-1-18　多个产品上传完成效果

点击产品图片右上角的“×”按钮可以删除该图片。多个产品图片上传的速度，受网络环境影响较大，商户需要耐心等待上传完成。图 6-1-19 中的情况是产品图片还在上传过程中。

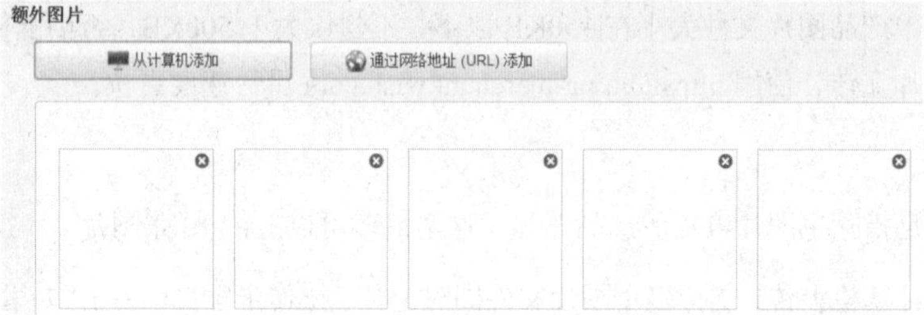

图 6-1-19　产品上传未完成

通过网络地址上传，只能逐个复制单个产品图片上传，如图 6-1-20 ~ 图 6-1-22 所示。

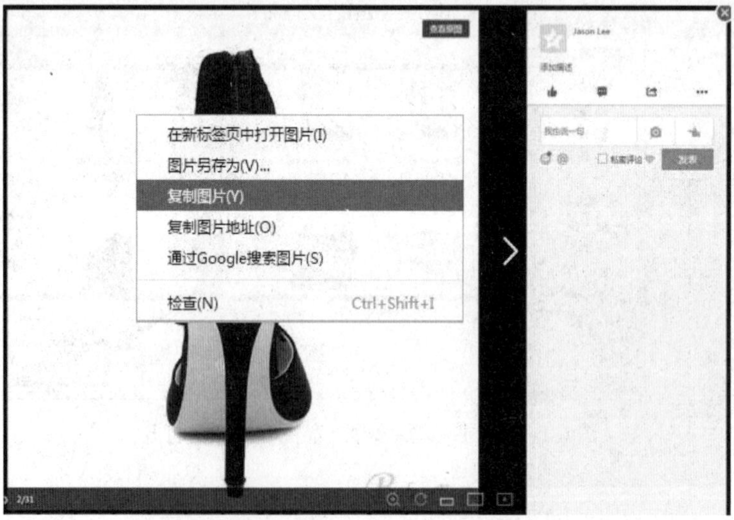

图 6-1-20　逐个复制产品图片 URL（图中是谷歌浏览器下的 QQ 空间相册）

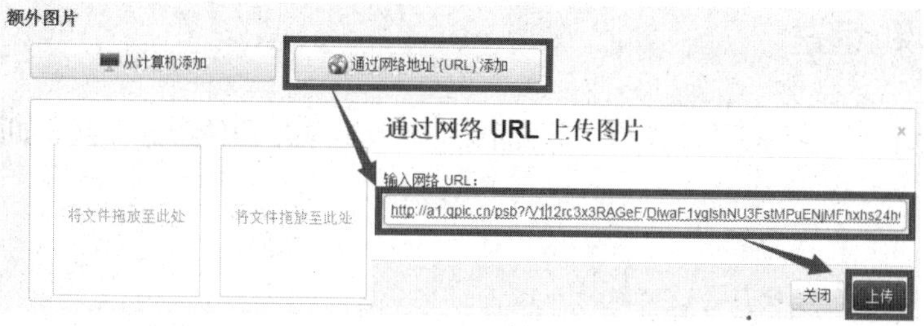

图 6-1-21　逐个粘贴产品图片 URL 并点击上传

图 6-1-22　产品图片 URL 逐个上传完成的效果

注意事项：

- 产品上传出现网络异常、未知错误、图片不显示等问题，大多数和网络环境有关。
- 使用跨境电商专用的 ERP 系统能方便地批量上传产品图片，减少网络环境引起的上传异常。
- 在产品上传时，额外图片最多只能上传 10 张，但在产品上传成功之后，在该产品的“手动更新产品”→“措施”→“编辑产品”里面，可以再补充额外的 10 张产品图片，如图 6-1-23 所示。

图 6-1-23　再增加 10 张产品图片

6.1.3 库存和运送

库存和配送部分包括产品销售价、产品库存、产品运费、预估配送时间，如图 6-1-24 所示。

图 6-1-24 库存和配送选项

1. 产品销售价（Price）

产品销售价就是指该产品在 Wish 平台销售给客户的销售价格，包括了产品成本、利润和 Wish 平台收取的 15%佣金等主要部分，常见的结构组成如下：

产品销售价=产品采购成本+利润+Wish 平台 15%佣金+收款手续费

在实际运用中，产品销售价还会涉及多个成本细节因素，商户可以根据自己的实际需求进行调整。下面以比较简单的计算公式为例讲解。

产品销售价(美元)=产品采购成本(元)÷当前美元汇率÷(100% − 利润率 − Wish 佣金率 − 收款手续费率)

如表 6-1-2 所示，三种不同类型的产品，有不同的利润率，在不同的时间段，有不同的汇率，计算得出了不同的销售价。

表 6-1-2 三种产品的销售价计算结果

产 品	产品采购成本	当前美元汇率	产品利润率	Wish 佣金率	收款手续费率	产品销售价
A.戒指	3.6 元/个	6.95	10%	15%	1%	1 美元
B.背心	9.3 元/件	6.98	16%	15%	1%	2 美元
C.鞋子	78 元/双	6.90	15%	15%	1%	17 美元

这三种产品的销售价计算过程如下：

产品 A：流行饰品戒指，采购成本均价 3.6 元/个，当前美元汇率是 6.95，利润率 10%，Wish 佣金率 15%，收款手续费率 1%。

产品 A 销售价=3.6 元÷6.95÷(100% − 10% − 15% − 1%)=0.7 美元≈1 美元

由于 Wish 平台销售价都是整数，因此该产品销售价是 1 美元。

产品 B：夏季女背心，采购成本均价 9.3 元/件，当前美元汇率是 6.98，利润率 16%，Wish 佣金率 15%，收款手续费率 1%。

产品 B 销售价=9.3 元÷6.98÷(100% − 16% − 15% − 1%）=1.96 美元≈2 美元

产品 C：夏季女高跟鞋，采购成本 78 元/双，当前美元汇率是 6.90，利润率 15%，Wish 佣金率 15%，收款手续费率 1%。

产品 C 销售价=78 元÷6.90÷(100% − 15% − 15% − 1%)=16.38 美元≈17 美元

注意事项：

- Wish 平台对每一笔订单的销售额扣除 15%的佣金。
- 产品销售价都是以整数计算的，最低默认是 1 美元整。
- Wish 后台默认以美元作为标准价格，填写用美元表示的销售价即可，不需要填写用其他货币表示的售价。
- 产品在不同国家销售时，产品销售价会自动转换成支持的货币价格。
- 美元汇率小幅度变动是正常现象，不需要频繁调整产品销售价格。
- 产品销售价越低，需要精确计算的成本数值越多。
- 对于海外仓产品，需要把海外仓的相关费用分摊到产品采购成本里面进行计算。
- 不同海外仓的产品销售价一般是不同的，需要独立计算。
- 退款率一般不会放在产品销售价中作为成本计算项目。

目前，Wish 对优质产品拥有自动调价（升价或降价）的权利，产生的销售成交额仍然按照商户设定的产品销售价结算给商户。即：Wish 升价所增加的销售金额不会给予商户，而是由 Wish 平台所得；Wish 降价所减少的销售金额也不会扣除商户的，而是由 Wish 平台承担，如表 6-1-3 所示。

表 6-1-3　Wish 自动调价对商户所得的结算金额无影响

商户产品原价	Wish 调价后	差　价	Wish 额外所得	商户所得结算金额
1 美元	2 美元	1 美元	1 美元	1 美元
2 美元	4 美元	2 美元	2 美元	2 美元
17 美元	14 美元	-3 美元	-3 美元	17 美元

Wish 对优质产品自动调价，会对该产品的转化率产生影响，导致该产品的订单量增加或减少。如果该产品的订单量没有变化或持续减少，Wish 会在一定时间之后自动恢复原价。

2. 库存（Quantity）

库存是指该产品的库存数量。库存最大值为 50 万件，超过此值的库存量将会自动降低。

举例如下：

- 可接受：1200。
- 可接受：0。
- 可接受：4。
- 不可接受：In stock。
- 不可接受：Out of Stock。

注意事项：

- 目前 Wish 政策规定：下架 9 天内销售额超过 500 美元的产品会被罚款 50 美元。
- 当库存为 0 时，该产品无法被购买，但该产品不会被自动下架（禁用），商户可以根据自己的实际情况决定是否增加库存。
- 库存不要盲目填写过多，例如没有实际库存或实际库存只有 10 个的，就不要填写 10000 个。一般来说，销售价低（1~20 美元）的产品，库存可以填写几百个、几千个；销售价高（20 美元以上）的产品，库存可以填写几十个、几百个。
- 海外仓产品的库存建议准确填写，否则可能因为突然的大量缺货导致部分客户退款而影响海外仓产品的销售权限。海外仓产品补货存在时间周期，一般在补货到仓之后，再去增加正在销售的产品库存。
- 库存只能填写整数，不能填写库存的单位等额外的文字信息。如果销售的产品存在不同的单位（例如套/打/双/包/箱/袋），需要在前面的“描述”当中标注清楚，如图 6-1-25 所示。

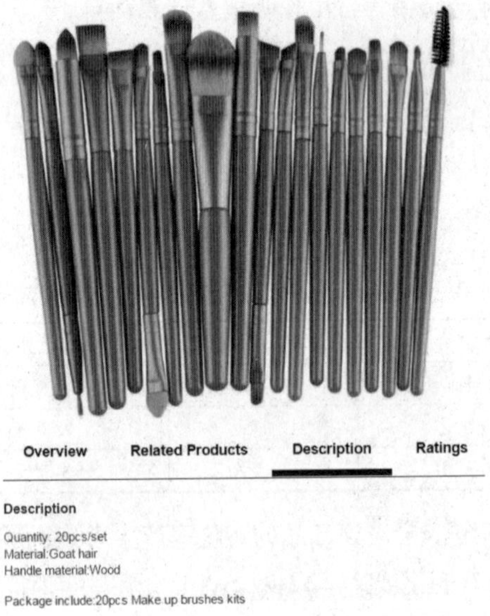

图 6-1-25　产品单位示例

3. 运费（Shipping）

运费是指该产品包裹从始发地经过物流服务商渠道承运，并配送到目的地或配送给目的客户所产生的配送费用。运费计算的关键因素包括产品类型、产品包裹重量和物流渠道，其他因素有更多的成本计算项目，具体可以参考前面的“国际物流”部分内容。下面是比较常用的运费计算公式：

产品运费(美元)=物流成本(元)÷当前美元汇率÷(100% − 利润率 − Wish 佣金率 − 收款手续费率)

如表 6-1-4 所示，以目的国是美国为例，三种不同类型的产品，打包后有不同的重量，使用不同的物流渠道，根据当时的汇率，计算得出了不同的运费。

表 6-1-4　运费计算示例

产　品	产品重量（打包后）	目的国	物流渠道	运费单价	物流成本（元）	当前美元汇率	产品利润率	Wish 佣金率	收款手续费率	运　费
A.戒指	0.055 kg	美国	中国邮政小包平邮	85 元/kg	4.675 元	6.95	10%	15%	1%	1 美元
B.背心	0.155 kg	美国	中国邮政小包挂号	90.5 元/kg+挂号费 8 元	22.0275 元	6.98	16%	15%	1%	5 美元
C.鞋子	0.585 kg	美国	e 邮宝	80 元/kg+挂号费 8 元	55.8 元	6.90	15%	15%	1%	12 美元

这三种产品的运费计算过程如下：

产品 A 运费=4.675 元÷6.95÷(100% − 10% − 15% − 1%)=0.91 美元≈1 美元

产品 B 运费=22.0275 元÷6.98÷(100% − 16% − 15% − 1%)=4.64 美元≈5 美元

产品 C 运费=55.8 元÷6.90÷(100% − 15% − 15% − 1%)=11.72 美元≈12 美元

Wish 对产品销售价和运费都统一收取 15%的佣金，为了平衡产品销售价和运费，在运费的计算过程中，常常会把产品的利润率也计算到运费中去。商户可以根据自己的实际需求调整运费计算中产品利润率。例如产品的利润率不参与计算的运费，只需要把计算公式中的利润率填写为 0 即可，如表 6-1-5 所示。

表 6-1-5　产品利润率不参与计算的运费示例

产品	产品重量（打包后）	目的国	物流渠道	运费单价	物流成本（元）	当前美元汇率	产品利润率	Wish 佣金率	收款手续费率	运费
A.戒指	0.055 kg	美国	中国邮政小包平邮	85 元/kg	4.675 元	6.95	0	15%	1%	1 美元
B.背心	0.155 kg	美国	中国邮政小包挂号	90.5 元/kg+挂号 8 元	22.0275 元	6.98	0	15%	1%	4 美元
C.鞋子	0.585 kg	美国	e 邮宝	80 元/kg+挂号 9 元	55.8 元	6.90	0	15%	1%	10 美元

注意事项：

- 运费也是按整数计算的，最低默认是 1 美元整。例如你把运费写成 0.4 美元，Wish 仍然会按最低整数 1 美元去收取客户 1 美元的运费，但是 Wish 和商户是按 0.4 美元结算，多出的 0.6 美元由 Wish 所得。
- 运费计算与最终收取的运费存在±5%浮动差异是正常现象，运费最终收取金额以物流服务商的收取金额为准。如果最终运费差异过大，需要核实是否漏寄、多寄或有其他的关税、偏远地区附加费等费用产生。
- 如果是海外仓产品，需要按海外仓所在国家的物流费用进行独立的运费计算。
- 物流成本（元）可以通过第三方 ERP 系统或物流服务商的物流系统的"运费试算"功能快速获得，具体操作因 ERP 系统或物流系统的不同会有细微差异，如图 6-1-26 所示。

*目的国家：US 美国 UNITED STATES

重量：KG 体积：长 * 宽 * 高

运输方式	重量	总费用
中邮平邮(武汉)	0.155	11.86
WISH平邮(广州仓)	0.155	12.52
中邮平邮(广州)	0.155	13.18
外邮平邮(香港)	0.155	14.73
E邮宝深圳-(带电)	0.155	21.40
E邮宝广州-(普货)	0.155	21.40
中邮挂号-广州	0.155	22.03
外邮挂号-马邮	0.155	24.38
外邮挂号-新加坡	0.155	26.33

图 6-1-26　某物流（货代）系统的运费试算功能

Wish 支持同一个产品对不同国家收取不同的运费，不同国家的运费计算方法和前面的运费计算一致，如表 6-1-6 所示。

表 6-1-6　其他国家的运费计算

产品	产品重量（打包后）	目的国	物流渠道	运费单价	物流成本	当前美元汇率	产品利润率	Wish 佣金率	收款手续费率	运费
A.戒指	0.055 kg	美国	中国邮政小包平邮	85 元/kg	4.675 元	6.95	10%	15%	1%	1 美元
		英国		83 元/kg	4.565 元	6.95	10%	15%	1%	1 美元
B.背心	0.155 kg	美国	中国邮政小包挂号	90.5 元/kg+挂号 8 元	22.0275 元	6.98	16%	15%	1%	5 美元
		挪威	中国邮政小包挂号	81 元/kg+挂号 8 元	20.555 元	6.98	16%	15%	1%	5 美元
C.鞋子	0.585 kg	美国	e 邮宝	80 元/kg+挂号 9 元	55.8 元	6.90	15%	15%	1%	12 美元
		法国	e 邮宝	60 元/kg+挂号 19 元	54.1 元	6.90	15%	15%	1%	12 美元

值得注意的是，当前产品的运费，只是该产品的基础标准运费，默认适合所有允许销售的国家。要想对产品设置不同的运费，并不是在这里填写，而是在产品上传发布之后，再针对该产品设置国际运费，菜单路径是："产品"→"更新现有产品"→"手动"→选择要编辑的产品"→"编辑国际运费"，如图 6-1-27 所示。

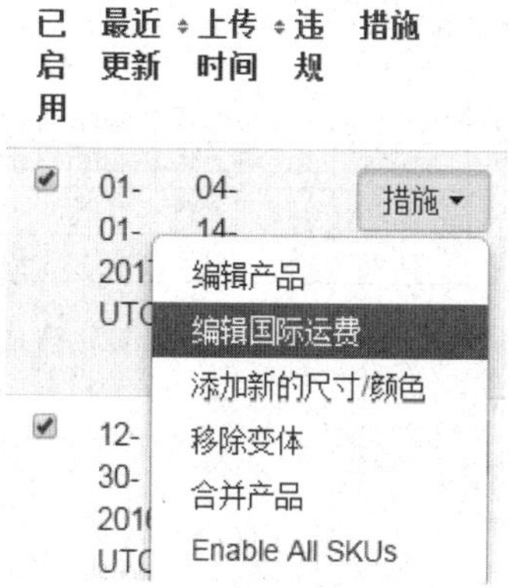

图 6-1-27　在"编辑国际运费"中填写其他国家运费

结合前面的产品销售价，产品 A、B、C 的总价如表 6-1-7 所示。

表 6-1-7　产品的真实总价

产　品	产品销售价	运　费	总　价
A.戒指	1 美元	1 美元	2 美元
B.背心	2 美元	5 美元	7 美元
C.鞋子	17 美元	12 美元	29 美元

运费超过产品销售价是常见的情况。为了平衡产品销售价和运费，往往会调整真实的产品销售价和真实运费，调整后的总价仍然不变，产品销售价和运费会有变化，如表 6-1-8 所示。

表 6-1-8　调整后的产品销售价和运费

产　品	产品销售价（调整后）	运费（调整后）	总　价
A.戒指	1 美元	1 美元	2 美元
B.背心	4 美元	3 美元	7 美元
C.鞋子	24 美元	5 美元	29 美元

在实际使用中，使用 Excel 计算公式可以快速计算得到产品销售价和运费，如图 6-1-28～图 6-1-31 所示。

G2 fx =B2*E2+F2

产品	产品重量	目的国	物流渠道	运费单价(RMB)	挂号/杂费	物流成本(RMB)	当前美元汇率	产品利润率	Wish佣金率	收款手续费率	运费（USD）	产品采购成本(RMB)	产品销售价	总价
A.戒指	0.055	美国	中国邮政小包平邮	85	0	4.675	6.95	0.15	0.15	0.01	**0.97**	3.6	**0.75**	1.73
A.戒指	0.055	英国		83	0	4.565	6.95	0.15	0.15	0.01	**0.95**	3.6	**0.75**	1.70
B.背心	0.155	美国	中国邮政小包挂号	90.5	8	22.0275	6.98	0.15	0.15	0.01	**4.57**	9.3	**1.93**	6.50
B.背心	0.155	挪威		81	8	20.555	6.98	0.15	0.15	0.01	**4.27**	9.3	**1.93**	6.20
C.鞋子	0.585	美国	E邮宝	80	9	55.8	6.9	0.15	0.15	0.01	**11.72**	78	**16.38**	28.10
C.鞋子	0.585	法国		60	19	54.1	6.9	0.15	0.15	0.01	**11.36**	78	**16.38**	27.75
C.鞋子	0.585	英国		65	17	55.025	6.9	0.15	0.15	0.01	**11.56**	78	**16.38**	27.94
C.鞋子	0.585	德国		60	19	54.1	6.9	0.15	0.15	0.01	**11.36**	78	**16.38**	27.75
C.鞋子	0.585	巴西		80	25	71.8	6.9	0.15	0.15	0.01	**15.08**	78	**16.38**	31.46

图 6-1-28　使用 Excel 公式计算物流成本

L2 fx =G2/H2/(1-I2-J2-K2)

产品	产品重量	目的国	物流渠道	运费单价(RMB)	挂号/杂费	物流成本(RMB)	当前美元汇率	产品利润率	Wish佣金率	收款手续费率	运费（USD）	产品采购成本(RMB)	产品销售价	总价
A.戒指	0.055	美国	中国邮政小包平邮	85	0	4.675	6.95	0.15	0.15	0.01	**0.97**	3.6	**0.75**	1.73
A.戒指	0.055	英国		83	0	4.565	6.95	0.15	0.15	0.01	**0.95**	3.6	**0.75**	1.70
B.背心	0.155	美国	中国邮政小包挂号	90.5	8	22.0275	6.98	0.15	0.15	0.01	**4.57**	9.3	**1.93**	6.50
B.背心	0.155	挪威		81	8	20.555	6.98	0.15	0.15	0.01	**4.27**	9.3	**1.93**	6.20
C.鞋子	0.585	美国	E邮宝	80	9	55.8	6.9	0.15	0.15	0.01	**11.72**	78	**16.38**	28.10
C.鞋子	0.585	法国		60	19	54.1	6.9	0.15	0.15	0.01	**11.36**	78	**16.38**	27.75
C.鞋子	0.585	英国		65	17	55.025	6.9	0.15	0.15	0.01	**11.56**	78	**16.38**	27.94
C.鞋子	0.585	德国		60	19	54.1	6.9	0.15	0.15	0.01	**11.36**	78	**16.38**	27.75
C.鞋子	0.585	巴西		80	25	71.8	6.9	0.15	0.15	0.01	**15.08**	78	**16.38**	31.46

图 6-1-29　使用 Excel 公式计算运费

N2 fx =M2/H2/(1-I2-J2-K2)

产品	产品重量	目的国	物流渠道	运费单价(RMB)	挂号/杂费	物流成本(RMB)	当前美元汇率	产品利润率	Wish佣金率	收款手续费率	运费（USD）	产品采购成本(RMB)	产品销售价	总价
A.戒指	0.055	美国	中国邮政小包平邮	85	0	4.675	6.95	0.15	0.15	0.01	**0.97**	3.6	**0.75**	1.73
A.戒指	0.055	英国		83	0	4.565	6.95	0.15	0.15	0.01	**0.95**	3.6	**0.75**	1.70
B.背心	0.155	美国	中国邮政小包挂号	90.5	8	22.0275	6.98	0.15	0.15	0.01	**4.57**	9.3	**1.93**	6.50
B.背心	0.155	挪威		81	8	20.555	6.98	0.15	0.15	0.01	**4.27**	9.3	**1.93**	6.20
C.鞋子	0.585	美国	E邮宝	80	9	55.8	6.9	0.15	0.15	0.01	**11.72**	78	**16.38**	28.10
C.鞋子	0.585	法国		60	19	54.1	6.9	0.15	0.15	0.01	**11.36**	78	**16.38**	27.75
C.鞋子	0.585	英国		65	17	55.025	6.9	0.15	0.15	0.01	**11.56**	78	**16.38**	27.94
C.鞋子	0.585	德国		60	19	54.1	6.9	0.15	0.15	0.01	**11.36**	78	**16.38**	27.75
C.鞋子	0.585	巴西		80	25	71.8	6.9	0.15	0.15	0.01	**15.08**	78	**16.38**	31.46

图 6-1-30　使用 Excel 公式计算产品销售价

N6　=M6/H6/(1-I6-J6-K6)

产品	产品重量	目的国	物流渠道	运费单价(RMB)	挂号/杂费	物流成本(RMB)	当前美元汇率	产品利润率	Wish佣金率	收款手续费率	运费(USD)	产品采购成本(RMB)	产品销售价	总价
A.戒指	0.055	美国	中国邮政小包平邮	85	0	4.675	6.95	0.15	0.15	0.01	**0.97**	3.6	0.75	1.73
A.戒指	0.055	英国		83	0	4.565	6.95	0.15	0.15	0.01	**0.95**	3.6		
B.背心	0.155	美国	中国邮政小包挂号	90.5	8	22.0275	6.98	0.15	0.15	0.01	**4.57**	9.3		
B.背心	0.155	挪威		81	8	20.555	6.98	0.15	0.15	0.01	**4.27**	9.3		
C.鞋子	0.585	美国	E邮宝	80	9	55.8	6.9	0.15	0.15	0.01	**11.72**	78		
C.鞋子	0.585	法国		60	19	54.1	6.9	0.15	0.15	0.01	**11.36**	78		
C.鞋子	0.585	英国		65	17	55.025	6.9	0.15	0.15	0.01	**11.56**	78		
C.鞋子	0.585	德国		60	19	54.1	6.9	0.15	0.15	0.01	**11.36**	78		
C.鞋子	0.585	巴西		80	25	71.8	6.9	0.15	0.15	0.01	**15.08**	78		

图 6-1-31　单击已有公式右下角的“+”并下拉即可批量计算

注意事项：

- 以上对产品销售价和运费的计算仅供参考，商户可以根据自己的实际需求进行调整。
- 除使用 Excel 计算公式外，使用专业 ERP 系统来计算产品销售价和运费更加易于管理。

4．配送时间（Shipping Time）

配送时间是指从客户下订单到客户收到订单的配送包裹的预估时间。由于这个时间是预估时间，商户可以相对宽松地勾选，如果预设的时间范围不符合自己的情况，那么可以填写其他预估时间，如图 6-1-32 所示。

图 6-1-32　填写其他预估时间

注意事项：

- 配送时间不要盲目地写很大的时间范围，例如 5 ~ 60 天，否则会影响客户购买而降低转化率。
- 海外仓产品的配送时间需要按照 Wish Express 政策填写。
- Wish 会自动优化配送时间。配送时间不是绝对不变的预估时间范围，Wish 会在该产品产生订单之后自动计算所有订单的真实配送时间的平均值，并用该平均值去代替该产品的配送时间，如表 6-1-9 所示。

表 6-1-9　Wish 自动优化配送时间

产　　品	商户填写（后台）	订单实际配送时间	Wish 自动优化（前端展示）
A	5 ~ 10 天	7 ~ 12 天	7 ~ 12 天
B	5 ~ 20 天	5 ~ 10 天	5 ~ 10 天
C	7 ~ 14 天	10 ~ 20 天	10 ~ 20 天
D	20 ~ 30 天	15 ~ 20 天	15 ~ 20 天

虽然这里的配送时间是预估的时间范围，但是在订单的实际配送时间方面，是有 Wish 政策约束的。如果商户的订单实际配送时间超过规定的该国家的时间标准，订单将会被退款，并由商户承担 100%的退款费用。该 Wish 规定非常重要，建议详细阅读并深刻理解，可参考前面“Wish 政策”部分的内容，详见 Wish 后台右上角菜单“帮助”→“Wish 政策”→“7.退款责任”→“7.5”→“了解主要国家/地区对应的 X”，如表 6-1-10 所示。

表 6-1-10　各个国家的最长配送时间标准

Country	Country Code	X Days
United States	US	15 Days
France	FR	16 Days
Canada	CA	18 Days
Spain	ES	21 Days
Switzerland	CH	17 Days
Italy	IT	21 Days
Japan	JP	13 Days
Denmark	DK	16 Days
Belgium	BE	16 Days
Great Britain	GB	12 Days
Sweden	SE	20 Days
Norway	NO	18 Days
Ireland	IE	23 Days
Brazil	BR	29 Days
Poland	PL	18 Days
Finland	FI	17 Days
Singapore	SG	16 Days
Portugal	PT	19 Days
Australia	AU	14 Days
Czech Republic	CZ	17 Days
Germany	DE	16 Days
Malaysia	MY	20 Days
Croatia	HR	15 Days
Puerto Rico	PR	13 Days
Mexico	MX	22 Days
Greece	GR	23 Days
Netherlands	NL	15 Days
Turkey	TR	22 Days
New Zealand	NZ	14 Days
South Korea	KR	12 Days
Russia	RU	23 Days
Israel	IL	23 Days

续表

Country	Country Code	X Days
Austria	AT	15 Days
Argentina	AR	33 Days
United Arab Emirates	AE	24 Days
Slovakia	SK	17 Days
Hungary	HU	17 Days
Chile	CL	20 Days
India	IN	26 Days
Costa Rica	CR	33 Days
Saudi Arabia	SA	33 Days
Colombia	CO	31 Days
Kuwait	KW	30 Days
South Africa	ZA	37 Days
Peru	PE	31 Days
Ecuador	EC	33 Days

部分新增加的销售国家并未及时添加到 Wish 政策里面，但这并不影响实际的配送时间标准，具体以 Wish 的实际标准为准。

每个国家的最大配送时间标准都是不同的，因此引起的退款情况也不相同，示例如表 6-1-11 所示。

表 6-1-11　与最长配送时间标准相关的退款示例

示例	客户下单金额	国家	最长配送时间	实际配送妥投时间	物流跟踪单号信息	客户请求	商户责任	商户所得
1	20 美元	美国	15 天	10 天	Confirmed delivered	妥投后，客户说没有收到货，请求退款。商户能提供签收证据。	0	20 美元
2	21 美元	美国	15 天	11 天	Confirmed delivered	妥投后，客户说没有收到货，请求退款。商户无法提供签收证据。	100%	0
3	22 美元	美国	15 天	12 天	Confirmed delivered	妥投后，客户没有任何异议。	0%	22 美元
4	12 美元	法国	16 天	15 天	Confirmed delivered	才第 10 天，客户就说配送时间太长了，请求退款	0	12 美元
5	10 美元	美国	15 天	18 天	Confirmed delivered	妥投后，客户说配送时间太长了，请求退款。	100%	0
6	15 美元	西班牙	21 天	大于 21 天	Not confirmed	没有妥投的跟踪信息，客户说配送时间太长了，请求退款（使用平邮常见的退款情况）。	100%	0
7	16 美元	西班牙	21 天	17 天	Not confirmed	没有妥投的跟踪信息，客户主动确认收到货物，也不请求退款。	100%	16 美元

续表

示例	客户下单金额	国家	最长配送时间	实际配送妥投时间	物流跟踪单号信息	客户请求	商户责任	商户所得
8	25 美元	英国	12 天	13 天	Confirmed delivered	妥投后，客户请求退款。	100%	0
9	30 美元	英国	12 天	14 天	Confirmed delivered	妥投后，客户确认收到，也不做任何退款请求（客户无异议，不会退款）。	100%	30 美元

商户在发布产品时填写了配送时间之后，在后续的 Wish 运营中，需要重视并跟进该产品订单对应的物流渠道的实际配送情况。

综合以上的产品销售价、运费、库存、配送时间，以女鞋为示例，填写完库存和运送，如图 6-1-33 所示。

图 6-1-33　库存和运送填写

6.1.4　颜色

颜色就是指产品的主体颜色。颜色需要按照 Wish 提供的颜色种类来匹配选择。Wish 支持的颜色超过 1200 种，商户不能使用 Wish 不支持的颜色，也不能自定义颜色。Wish 提供了比较常用的颜色种类，如图 6-1-34 所示。

图 6-1-34　Wish 常用颜色种类

如果常用颜色种类中没有想要的颜色，那么可以在“其他”选项的输入框中，输入颜色的英文词汇搜索相关联的颜色种类，如图 6-1-35 所示。如果提示框中也没有想要的颜色种类，那么可以找相近的颜色使用。

图 6-1-35　在提示框中查找其他颜色种类

注意事项：

- 颜色不是必填选项，如果产品不需要使用颜色，那么可以不选择，留空即可。
- Multicolor 选项适用于多个颜色的单一产品，如果产品本身有多种颜色，选择其中一种比较容易区分的颜色种类作为主体颜色即可，如图 6-1-36 所示。

图 6-1-36　选择易于区分的颜色作为主体颜色

6.1.5 尺码

尺码泛指产品的规格，包括男装、女装、婴儿/儿童服装、婴儿/儿童鞋、额外的服装、数字、文胸、男鞋、女鞋、通用鞋码、MacBook、智能手机/平板电脑、游戏设备、耳机、床上用品、内存条、面积、长度、体积、电压、瓦数、重量、形状、电插头、男式西服和礼服、自定义、其他等 27 个选项，如图 6-1-37 所示。

尺码

Men's Apparel | **Women's Apparel** | Infant/Child | Infant/Child Shoes | Additional Apparel Sizes | Numbers | Bras | Men's Shoes | Women's Shoes | Shoes | MacBooks | Smartphones/Tablets | Gaming | Headphones | Bedding | Memory | Area | Length | Volume | Voltage | Wattage | Weight | Shapes | Electric Plugs | Men's Suit and Tuxedos | Custom | Others

Women's Apparel

	Bust/Chest		Waist		Hip	
	厘米	英寸	厘米	英寸	厘米	英寸
☐ XXS	80 - 83 (cm)	31.5" - 32.5"	60 - 62 (cm)	23.5" - 24.5"	86 - 89 (cm)	34" - 35"
☐ XS	83 - 85 (cm)	32.5" - 33.5"	62 - 65 (cm)	24.5" - 25.5"	89 - 91 (cm)	35" - 36"
☐ S	85 - 88 (cm)	33.5" - 34.5"	65 - 67 (cm)	25.5" - 26.5"	91 - 94 (cm)	36" - 37"
☐ M	90 - 93 (cm)	35.5" - 36.5"	70 - 72 (cm)	27.5" - 28.5"	97 - 99 (cm)	38" - 39"
☐ L	97 - 100 (cm)	38" - 39.5"	76 - 80 (cm)	30" - 31.5"	103 - 107 (cm)	40.5" - 42"
☐ XL	104 - 109 (cm)	41" - 43"	84 - 88 (cm)	33" - 34.5"	110 - 116 (cm)	43.5" - 45.5"
☐ XXL	110 - 116 (cm)	43.5" - 45.5"	91 - 95 (cm)	36" - 37.5"	116 - 123 (cm)	45.5" - 48.5"

图 6-1-37 多种产品规格可选择

以女装类的连衣裙为例，尺码包括 XXS ~ XXL 等多种，商户根据自己的产品规格选择对应的尺码即可，如图 6-1-38 所示。

Women's Apparel

	Bust/Chest		Waist		Hip	
	厘米	英寸	厘米	英寸	厘米	英寸
☐ XXS	80 - 83 (cm)	31.5" - 32.5"	60 - 62 (cm)	23.5" - 24.5"	86 - 89 (cm)	34" - 35"
☐ XS	83 - 85 (cm)	32.5" - 33.5"	62 - 65 (cm)	24.5" - 25.5"	89 - 91 (cm)	35" - 36"
☐ S	85 - 88 (cm)	33.5" - 34.5"	65 - 67 (cm)	25.5" - 26.5"	91 - 94 (cm)	36" - 37"
☑ M	90 - 93 (cm)	35.5" - 36.5"	70 - 72 (cm)	27.5" - 28.5"	97 - 99 (cm)	38" - 39"
☑ L	97 - 100 (cm)	38" - 39.5"	76 - 80 (cm)	30" - 31.5"	103 - 107 (cm)	40.5" - 42"
☑ XL	104 - 109 (cm)	41" - 43"	84 - 88 (cm)	33" - 34.5"	110 - 116 (cm)	43.5" - 45.5"
☐ XXL	110 - 116 (cm)	43.5" - 45.5"	91 - 95 (cm)	36" - 37.5"	116 - 123 (cm)	45.5" - 48.5"

图 6-1-38 选择产品对应的尺码

6.1.6　产品变量

选择了尺码之后，会有“产品变量”需要填写，包括 SKU、产品销售价和库存数量。根据前面讲到的相关内容说明，每一个尺码都会对应一个 SKU，不同 SKU 可能有不同的价格和库存数量，必须填写产品变量内容，如表 6-1-12、图 6-1-39 所示。

表 6-1-12　女裙 SKU

产　品	SKU
女连衣裙 红色	WD01001R
M	WD01001RM
L	WD01001RL
XL	WD01001RXL

图 6-1-39　填写产品变量内容

值得注意的是，服装类目的尺码会因各国的尺码标准不同而存在一定的差异。Wish 提供的尺码是相对通用的国际标准尺码，Wish 在不同的国家销售服装产品时，会自动把这个标准尺码转换为该国家的常用尺码。商户在售卖服装类产品时，需要优先选择国际标准码或欧码的服装，这样才能更合适地匹配对应的尺码。如果服装本来是中国尺码的，那么需要商户自行把产品尺码转换标准尺码，如表 6-1-13、表 6-1-14 所示。

表 6-1-13　美国女装尺码

美国女装尺码表（仅供参考）										
尺码 Size	2	4	6	8	10	12	14	16	18	20
胸围 Bust（inch）	32.5	33.5	34.5	35.5	36.5	38	39.5	41	43	45
腰围 Waist（inch）	24	25	26	27	28	29.5	31	32.5	34.5	36.5
臀围 Hip（inch）	34.5	35.5	36.5	37.5	38.5	40	41.5	43	45	47
胸围 Bust（cm）	82.5	85	87.5	90	92.5	96.5	100.5	104	109	114
腰围 Waist（cm）	61	63.5	66	68.5	71	75	79	82.5	87.5	93
臀围 Hip（cm）	87.5	90	93	95	98	101.5	105.5	109	114	119

表 6-1-14　国际女装尺码对照

国际女装尺码对照表（女士服装，仅供参考）							
国家/地区	尺码						
国际标准	XS	S	M	L	XL	XXL	XXXL
中国	S	M	L	XL	XXL	XXXL	—
美国	2	4	6	8	10	12	14
英国	6	8	10	12	14	16	18
欧洲	32	34	36	38	40	42	44
法国	34	36	38	40	42	44	46
意大利	38	40	42	44	46	48	50

除服装以外，其他产品的尺码也按照类似的思路操作：匹配正确的国际标准。

如果尺码的选项无法满足产品规格要求，可以通过“自定义”选项进行自定义，常见的产品附带赠品、多产品组合等都是使用自定义功能实现的，如图 6-1-40 所示。

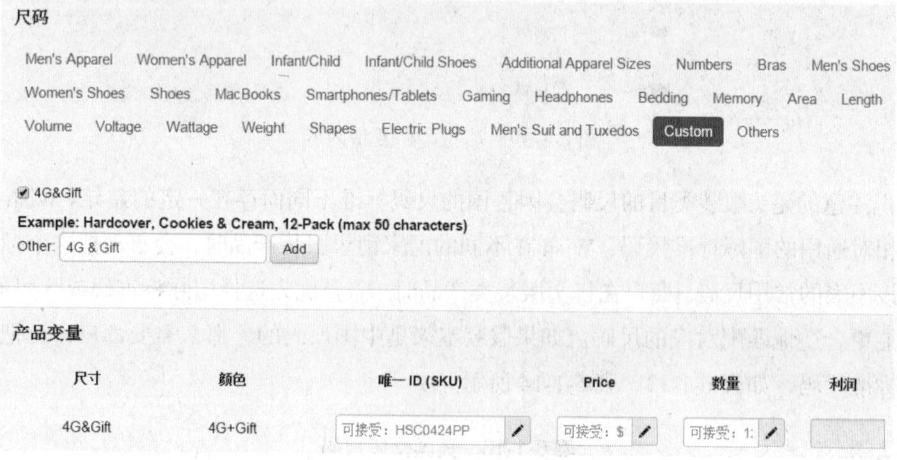

图 6-1-40　自定义组合型产品规格

注意事项：

- 尺码也不是必填选项，如果单一产品用不上尺码，可不用选择，留空即可。
- 尺码不匹配的，尤其是服装类产品，容易产生因“产品不合适”导致的退款。
- 尺码转换最简单的方法就是参考其他电商平台的同类产品。
- 若存在不一致的尺码，商户需自行在图片或描述中注明非标准尺码的实际尺寸。

接着前面的女鞋示例，填写完颜色和产品变量，如图 6-1-41、图 6-1-42 所示。

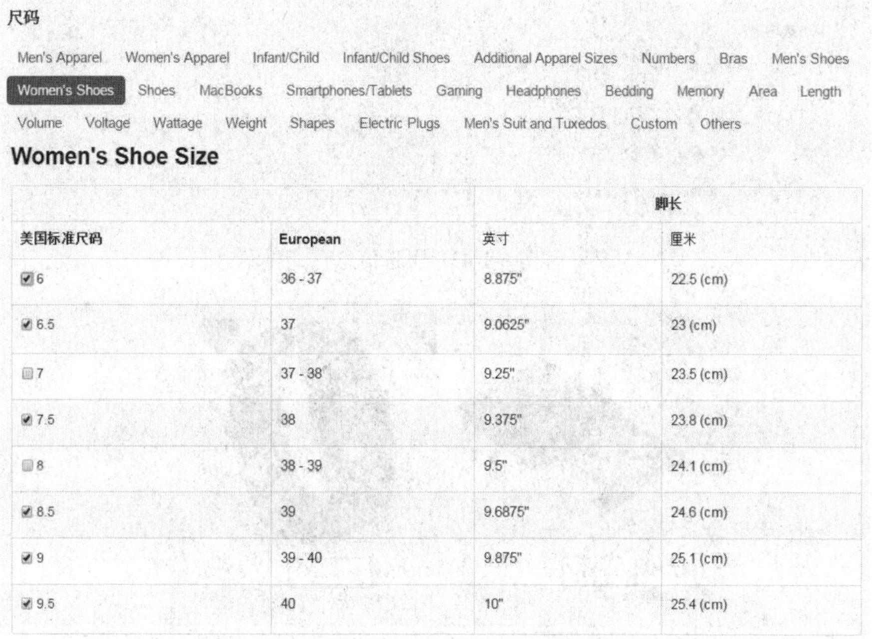

		脚长	
美国标准尺码	European	英寸	厘米
☑ 6	36 - 37	8.875"	22.5 (cm)
☑ 6.5	37	9.0625"	23 (cm)
☐ 7	37 - 38	9.25"	23.5 (cm)
☑ 7.5	38	9.375"	23.8 (cm)
☐ 8	38 - 39	9.5"	24.1 (cm)
☑ 8.5	39	9.6875"	24.6 (cm)
☑ 9	39 - 40	9.875"	25.1 (cm)
☑ 9.5	40	10"	25.4 (cm)

图 6-1-41　选择正确的女鞋码数

尺寸	颜色	唯一 ID (SKU)	Price	数量	利润
6		WP01001B36	23	50	
6.5		WP01001B37	23	80	
7.5		WP01001B38	24	150	
8.5		WP01001B39	24	200	
9		WP01001B40	25	200	
9.5		WP01001B41	26	50	

图 6-1-42　填写女鞋产品 SKU、价格、库存

6.1.7　可选信息

可选信息是指可以选填的内容，这类信息也可以留空不填写，如图 6-1-43 所示。

1．建议零售价（MSRP）

MSRP 是指制造商的建议零售价，默认单位是美元。建议大家填写此字段，它将在 Wish 的产品销售价上方显示为带删除线的价格，如图 6-1-44 所示。该选项只能是数字，不得包含其他文字。

图 6-1-43　可选信息

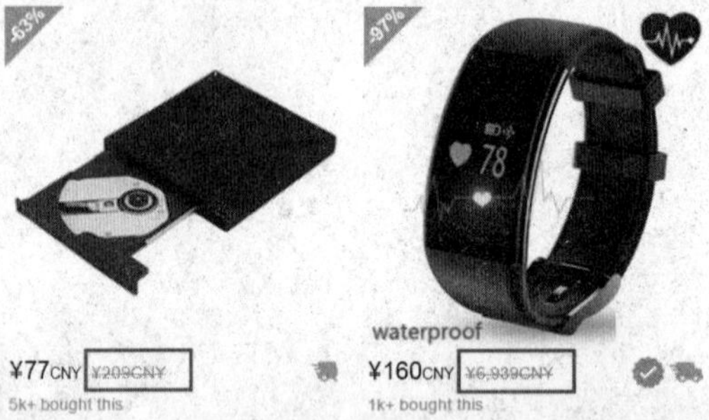

图 6-1-44　MSRP 在 Wish 产品中出现的位置和效果（不同国家显示的货币不同）

举例如下：

- 可接受：$19.00。
- 可接受：19.99。
- 不可接受：19.99 + S/H。

注意事项：

- MSRP 和服装中的“吊牌价格”，超市中促销中的“原价”类似，可以起到促销提示作用。
- 建议商户都填写 MSRP，MSRP 可以自由填写，但不要低于产品销售价，也不要高得过分。

2. 品牌（Brand）

品牌就是产品的名牌或制造商名称。

举例如下：

- 可接受：New Brand。
- 有品牌授权的条件下，可接受：Sony。

注意事项：

- 自主品牌可以填写，也可以不填写。
- 有品牌授权的建议填写，这对客户辨识品牌产品有帮助。

- 没有品牌授权的不能填写，否则会触犯知识产权而被判产品侵权。

3．通用产品代码（UPC）

通用产品代码是由 12 位数字组成的，不包含字母或其他字符，用于跟踪店内商品，在销售时扫描的条形码也是由它构成的。UPC 码是美国统一代码委员会制定的一种商品用条形码，主要用于美国和加拿大地区。UPC 码需要产品所属人去申请办理并缴纳费用才能获得。目前，Wish 对 UPC 码不做要求，商户可以填写，也可以不填写。

举例如下：

- 可接受：716393133224。
- 不可接受：asdf884445ds。

注意事项：

- 正版 UPC 码需要付费购买。
- 填写虚假的 UPC 码没有任何意义。

6.1.8　摘要

摘要是指对未填写或填写错误的必填选项信息的说明或提示，如图 6-1-46、图 6-1-47 所示。

摘要
您未填写产品名称。
清除
提交

图 6-1-46　未填写产品名称提示

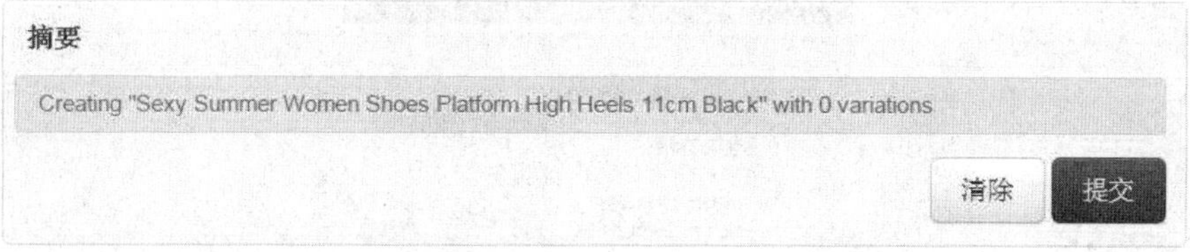
摘要
Creating "Sexy Summer Women Shoes Platform High Heels 11cm Black" with 0 variations
清除
提交

图 6-1-47　未填写产品变量提示

至此，点击“提交”按钮，即可完成一个产品的添加，如图 6-1-48 所示。

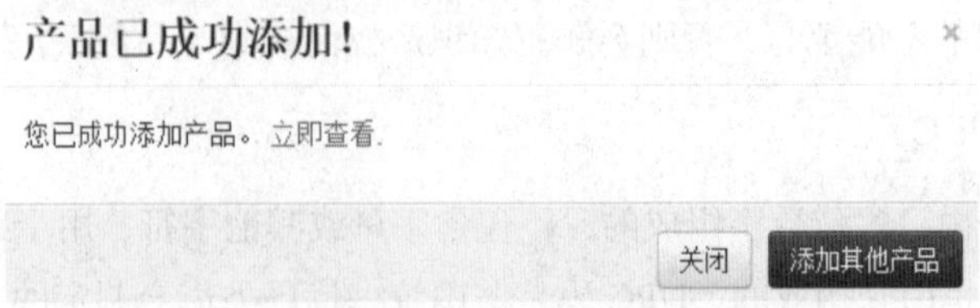

图 6-1-48　产品添加成功

产品添加成功之后，在后台“产品”→“查看所有产品”菜单或者在“产品”→“更新现有产品”→“手动”菜单可以查看已经上传的产品，如图 6-1-49 所示。

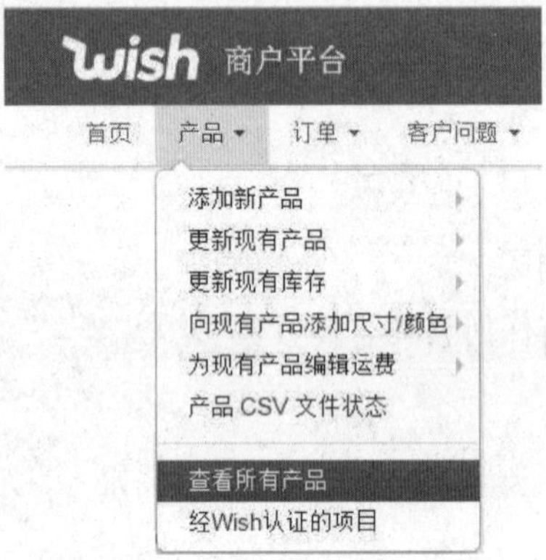

图 6-1-49　查看已经添加的产品

6.2　用 CSV 文件批量添加新产品

使用 CSV 文件批量添加新产品是指根据指定的 Excel 模板批量填写新产品信息之后生成 CSV 文件并上传到 Wish 后台的过程。位于后台“产品”→“添加新产品”→“产品 CSV 文件”菜单，如图 6-2-1、图 6-2-2 所示。

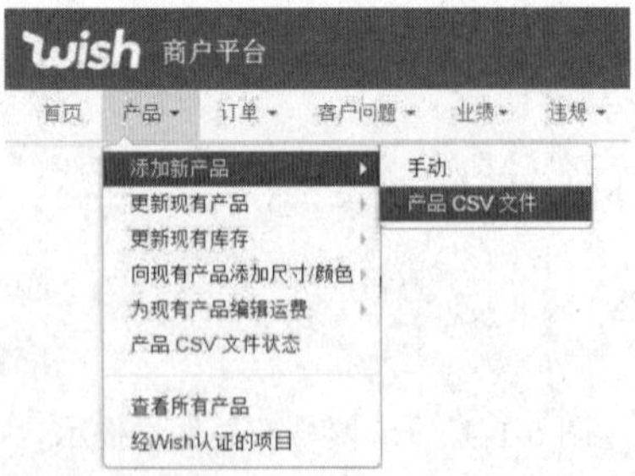

图 6-2-1　菜单选项：用 CSV 文件添加新产品

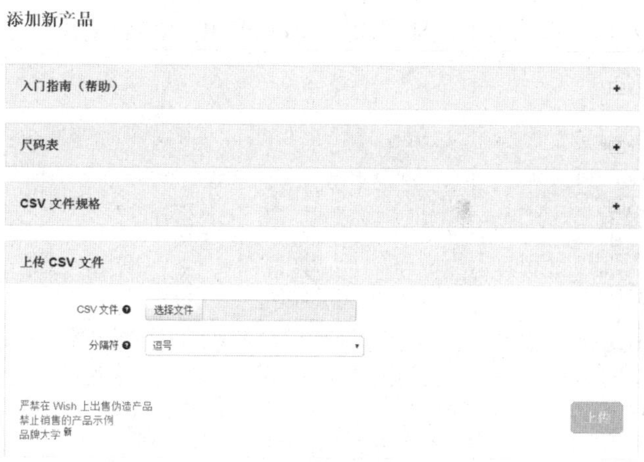

图 6-2-2　用 CSV 文件添加新产品界面

点击“入门指南”右边的“+”，可以展开使用 CSV 文件的说明，如图 6-2-3 所示。

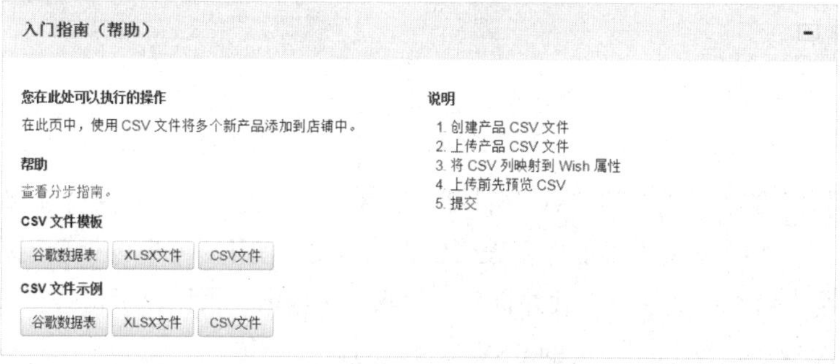

图 6-2-3　入门指南（帮助）

在“CSV 文件模板”里面点击下载“XLSX 文件”和“CSV 文件”，打开后看到的模板格式如图 6-2-4 所示。

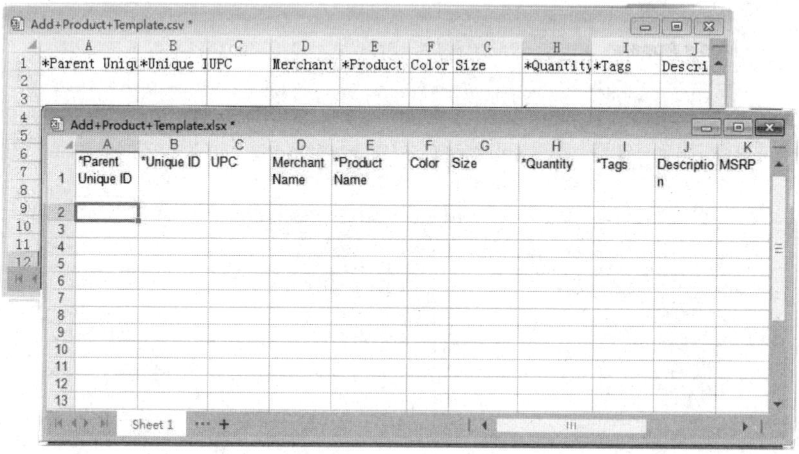

图 6-2-4　XLSX 文件和 CSV 文件

在“CSV 文件示例”里面点击下载“XLSX 文件”和“CSV 文件”，打开后看到的示例效果如图 6-2-5 所示。

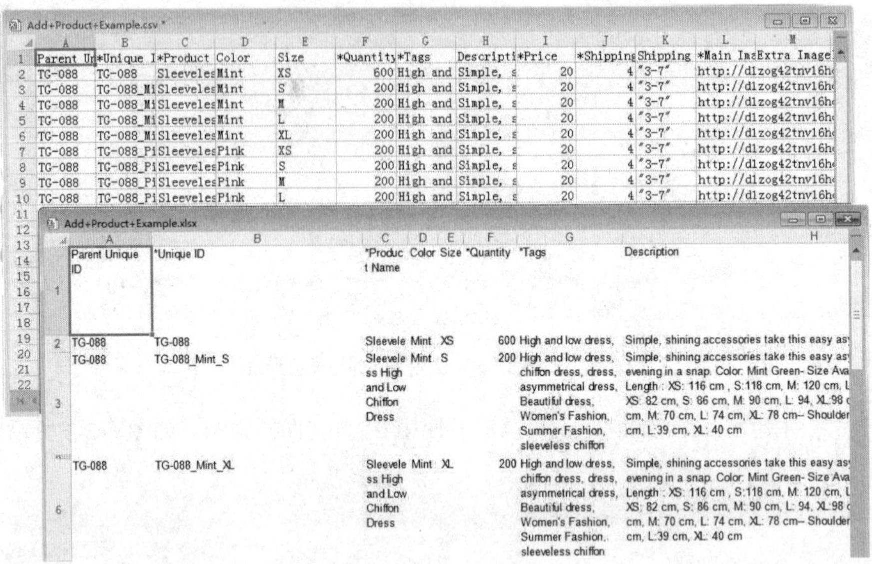

图 6-2-5　XLSX 文件示例和 CSV 文件示例

“谷歌数据表”是在线预览的 CSV 文件和 XLSX 文件。由于 XLSX 文件能保存文字、行高、列宽等表格格式，而 CSV 文件不能保存表格格式，为便于使用，一般的处理流程是：把“CSV 文件模板”中的“XLSX 文件”下载并打开，删除示例数据，根据模板格式要求填写产品信息之后，生成 CSV 文件，然后用生成的 CSV 文件进行产品上传。

点击“尺码表”右侧的“+”，可以看到男士服装尺码表和女士服装尺码表，此处仅供参考，如图 6-2-6 所示。

尺码表 −

Men's Apparel

	Chest		Waist		Neck		Sleeve	
	厘米	英寸	厘米	英寸	厘米	英寸	厘米	英寸
XS	76 - 81 (cm)	30" - 32"	61 - 66 (cm)	24" - 26"	33 - 34 (cm)	13" - 13.5"	79 - 81 (cm)	31" - 32"
S	86 - 91 (cm)	34" - 36"	71 - 76 (cm)	28" - 30"	36 - 37 (cm)	14" - 14.5"	81 - 84 (cm)	32" - 33"
M	97 - 102 (cm)	38" - 40"	81 - 86 (cm)	32" - 34"	38 - 39 (cm)	15" - 15.5"	84 - 86 (cm)	33" - 34"
L	107 - 112 (cm)	42" - 44"	91 - 97 (cm)	36" - 38"	41 - 42 (cm)	16" - 16.5"	86 - 89 (cm)	34" - 35"
XL	117 - 122 (cm)	46" - 48"	102 - 107 (cm)	40" - 42"	43 - 44 (cm)	17" - 17.5"	89 - 91 (cm)	35" - 36"
XXL	127 - 132 (cm)	50" - 52"	112 - 117 (cm)	44" - 46"	46 - 47 (cm)	18" - 18.5"	91 - 94 (cm)	36" - 37"
XXXL	137 - 142 (cm)	54" - 56"	122 - 127 (cm)	48" - 50"	48 - 50 (cm)	19" - 19.5"	94 - 97 (cm)	37" - 38"
XXXXL	147 - 152 (cm)	58" - 60"	132 - 137 (cm)	52" - 54"	51 - 52 (cm)	20" - 20.5"	97 - 99 (cm)	38" - 39"
XXXXXL	157 - 163 (cm)	62" - 64"	142 - 147 (cm)	56" - 58"	53 - 55 (cm)	21" - 21.5"	99 - 102 (cm)	39" - 40"

图 6-2-6　男女服饰尺码表

Women's Apparel

	Bust/Chest		Waist		Hip	
	厘米	英寸	厘米	英寸	厘米	英寸
XXS	80 - 83 (cm)	31.5" - 32.5"	60 - 62 (cm)	23.5" - 24.5"	86 - 89 (cm)	34" - 35"
XS	83 - 85 (cm)	32.5" - 33.5"	62 - 65 (cm)	24.5" - 25.5"	89 - 91 (cm)	35" - 36"
S	85 - 88 (cm)	33.5" - 34.5"	65 - 67 (cm)	25.5" - 26.5"	91 - 94 (cm)	36" - 37"
M	90 - 93 (cm)	35.5" - 36.5"	70 - 72 (cm)	27.5" - 28.5"	97 - 99 (cm)	38" - 39"
L	97 - 100 (cm)	38" - 39.5"	76 - 80 (cm)	30" - 31.5"	103 - 107 (cm)	40.5" - 42"
XL	104 - 109 (cm)	41" - 43"	84 - 88 (cm)	33" - 34.5"	110 - 116 (cm)	43.5" - 45.5"
XXL	110 - 116 (cm)	43.5" - 45.5"	91 - 95 (cm)	36" - 37.5"	116 - 123 (cm)	45.5" - 48.5"

图 6-2-6　男女服饰尺码表（续）

点击“CSV 文件规格”右边的“+”，可以看到模板文件的属性说明，如图 6-2-7 所示。

CSV 文件规格　—

您的 CSV 文件应有与每个必需属性对应的列。列的命名应与属性相同，以使映射过程变得轻松。

View Example File

谷歌数据表　XLSX文件　CSV文件

示例 CSV

Unique Id	Price	Product Name	Quantity	Shipping	Main Image URL	Tags
TSHIRT1-XS-RED	$12.00	Men's T-Shirt	100	$3.00	http://www.yourwebsite.com/images/dress.jpg	tshirt, me
PANTS1-S-BLUE	$12.00	Men's T-Shirt	110	$3.00	http://www.yourwebsite.com/images/dress.jpg	tshirt, me

必需属性

Unique Id　Price　Product Name
Quantity　Shipping　Main Image URL
Tags　Description

可选属性

Parent Unique Id　Size　Color
MSRP　Brand　Landing Page URL
Extra Image URL　UPC　Shipping Time
Extra Image URL 1　Extra Image URL 2　Extra Image URL 3
Extra Image URL 4　Extra Image URL 5　Extra Image URL 6
Extra Image URL 4　Extra Image URL 5　Extra Image URL 6
Extra Image URL 10

图 6-2-7　CSV 文件规格说明

SKU、产品销售价、标题、库存、运费、主图、标签、描述是必填选项，都必须填写，否则上传会出错；其他的是可选属性，可以不填写，留空即可。点击属性前面的“？”，会有相关说明或提示，如图 6-2-8 所示。

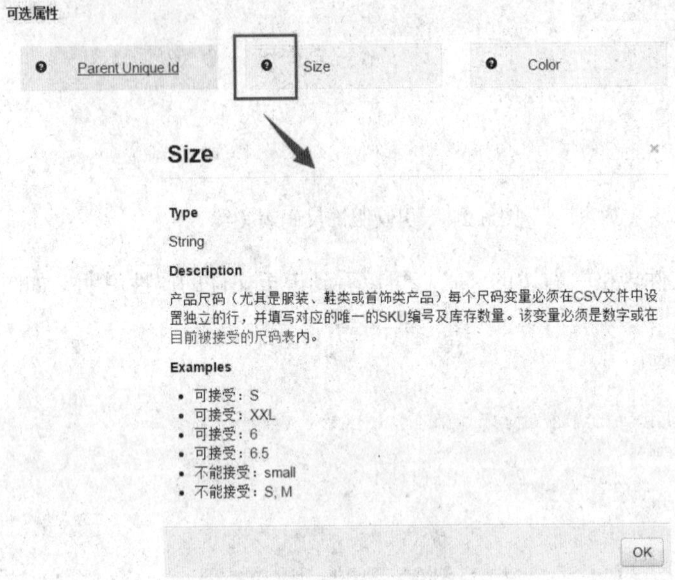

图 6-2-8　属性说明

对于入门指南、尺码表、CSV 文件规格这三项内容，商户如果已经熟练使用，就可以直接略过，直接进入“上传 CSV 文件”的步骤。

1. 下载 XLSX 文件（见图 6-2-9）

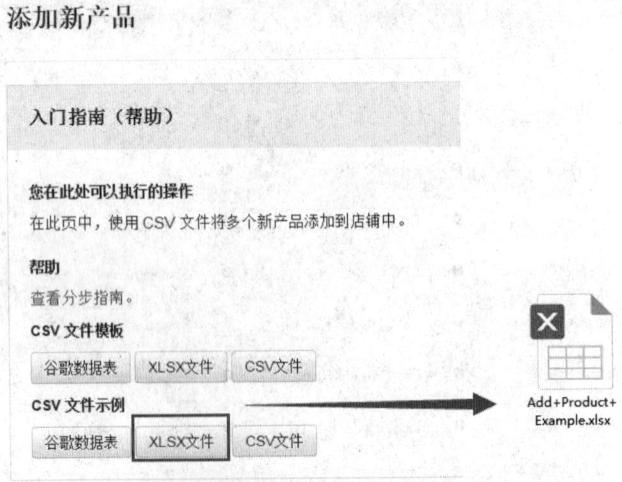

图 6-2-9　下载 XLSX 文件

2．批量填写产品信息

以表 6-2-1 中的产品为例，删除下载的 XLSX 示例文件里面的示例数据，并填写产品信息，如图 6-2-10 所示。

表 6-2-1　示例产品

产　　品	产　　品	SKU
女高跟鞋红色	36	WD01001R36
	37	WP02003R37
	38	WP02003R38
	39	WP02003R39
	40	WP02003R40
女高跟鞋黑色	37	WP02003B37
	38	WP02003B38
	39	WP02003B39
	40	WP02003B40
	41	WP02003B41
女连衣裙绿色	S	WD01001GS
	M	WD01001GM
	L	WD01001GL
	XL	WD01001GXL
	XXL	WD01001GXXL

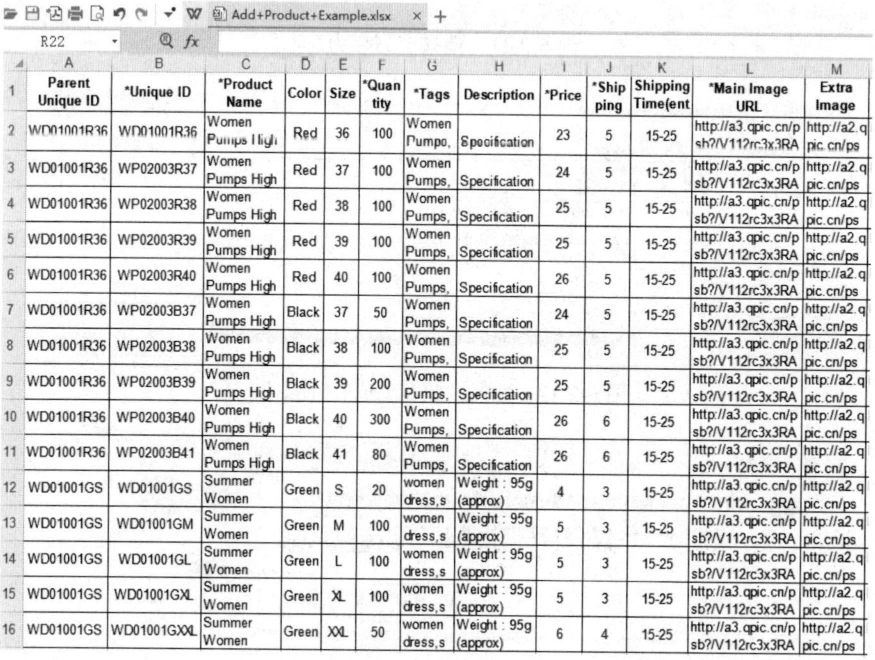
Add+Product+Example.xlsx
R22

	A	B	C	D	E	F	G	H	I	J	K	L	M
1	Parent Unique ID	*Unique ID	*Product Name	Color	Size	*Quantity	*Tags	Description	*Price	*Shipping	Shipping Time(ent	*Main Image URL	Extra Image
2	WD01001R36	WD01001R36	Women Pumps High	Red	36	100	Women Pumps,	Specification	23	5	15-25	http://a3.qpic.cn/psb?/V112rc3x3RA	http://a2.qpic.cn/ps
3	WD01001R36	WP02003R37	Women Pumps High	Red	37	100	Women Pumps,	Specification	24	5	15-25	http://a3.qpic.cn/psb?/V112rc3x3RA	http://a2.qpic.cn/ps
4	WD01001R36	WP02003R38	Women Pumps High	Red	38	100	Women Pumps,	Specification	25	5	15-25	http://a3.qpic.cn/psb?/V112rc3x3RA	http://a2.qpic.cn/ps
5	WD01001R36	WP02003R39	Women Pumps High	Red	39	100	Women Pumps,	Specification	25	5	15-25	http://a3.qpic.cn/psb?/V112rc3x3RA	http://a2.qpic.cn/ps
6	WD01001R36	WP02003R40	Women Pumps High	Red	40	100	Women Pumps,	Specification	26	5	15-25	http://a3.qpic.cn/psb?/V112rc3x3RA	http://a2.qpic.cn/ps
7	WD01001R36	WP02003B37	Women Pumps High	Black	37	50	Women Pumps,	Specification	24	5	15-25	http://a3.qpic.cn/psb?/V112rc3x3RA	http://a2.qpic.cn/ps
8	WD01001R36	WP02003B38	Women Pumps High	Black	38	100	Women Pumps,	Specification	25	5	15-25	http://a3.qpic.cn/psb?/V112rc3x3RA	http://a2.qpic.cn/ps
9	WD01001R36	WP02003B39	Women Pumps High	Black	39	200	Women Pumps,	Specification	25	5	15-25	http://a3.qpic.cn/psb?/V112rc3x3RA	http://a2.qpic.cn/ps
10	WD01001R36	WP02003B40	Women Pumps High	Black	40	300	Women Pumps,	Specification	26	6	15-25	http://a3.qpic.cn/psb?/V112rc3x3RA	http://a2.qpic.cn/ps
11	WD01001R36	WP02003B41	Women Pumps High	Black	41	80	Women Pumps,	Specification	26	6	15-25	http://a3.qpic.cn/psb?/V112rc3x3RA	http://a2.qpic.cn/ps
12	WD01001GS	WD01001GS	Summer Women	Green	S	20	women dress,s	Weight : 95g (approx)	4	3	15-25	http://a3.qpic.cn/psb?/V112rc3x3RA	http://a2.qpic.cn/ps
13	WD01001GS	WD01001GM	Summer Women	Green	M	100	women dress,s	Weight : 95g (approx)	5	3	15-25	http://a3.qpic.cn/psb?/V112rc3x3RA	http://a2.qpic.cn/ps
14	WD01001GS	WD01001GL	Summer Women	Green	L	100	women dress,s	Weight : 95g (approx)	5	3	15-25	http://a3.qpic.cn/psb?/V112rc3x3RA	http://a2.qpic.cn/ps
15	WD01001GS	WD01001GXL	Summer Women	Green	XL	100	women dress,s	Weight : 95g (approx)	5	3	15-25	http://a3.qpic.cn/psb?/V112rc3x3RA	http://a2.qpic.cn/ps
16	WD01001GS	WD01001GXXL	Summer Women	Green	XXL	50	women dress,s	Weight : 95g (approx)	6	4	15-25	http://a3.qpic.cn/psb?/V112rc3x3RA	http://a2.qpic.cn/ps

图 6-2-10　在 XLSX 模板文件里面填写产品信息

注意事项：

- 填写 Parent Unique ID 最简单的方式就是选择该产品的第一个 Unique ID（即 SKU）作为 Parent Unique ID。
- 尺码、颜色并不是必填选项，部分产品没有这种需要，可以不填写，但 Wish 会提示建议填写，商户可以忽略提示，这并不影响上传结果。
- 产品图片需要批量上传到 QQ 空间、百度网盘等处，并把图片 URL 逐个复制到对应的 "Extra Image URL" 选项中。

3. 生成 CSV 文件

以 WPS 表格为例，点击"文件"→"另存为"菜单，在弹出的对话框的"文件类型"中选择"CSV（逗号分隔）"，WPS 会让用户选择是否去掉不兼容的格式，在此选择"是"按钮，则导出 CSV 文件的步骤就完成了，如图 6-2-11 ~ 图 6-2-13 所示。

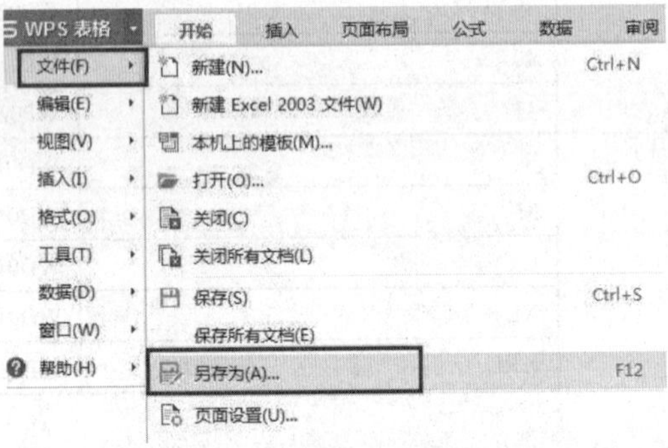

图 6-2-11　选择"另存为"

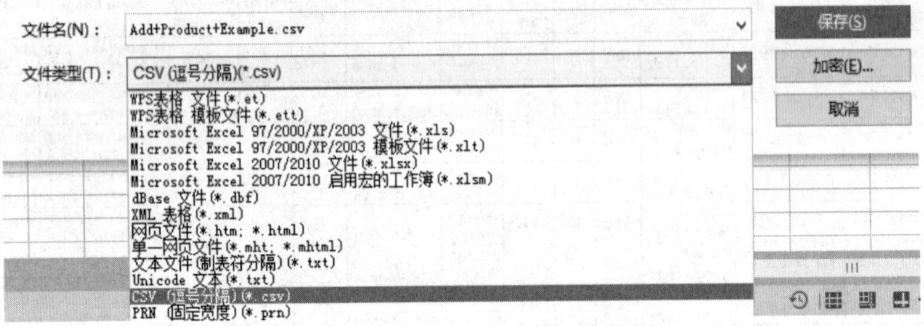

图 6-2-12　选择"CSV（逗号分隔）"

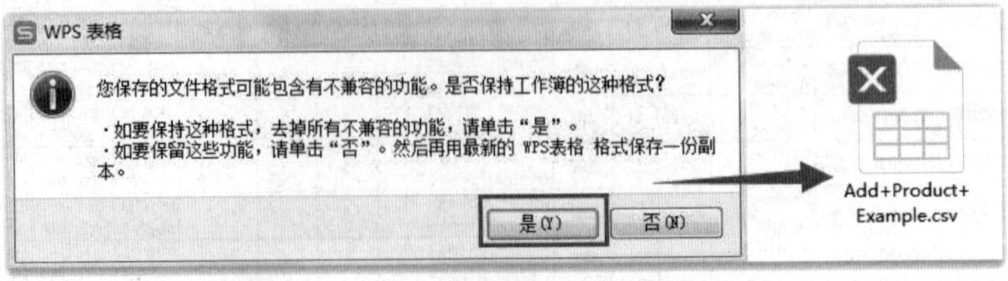

图 6-2-13　选择"是"

4. 上传 CSV 文件

生成 CSV 文件之后，进行上传操作，如图 6-2-14 ~ 图 6-2-26 所示。

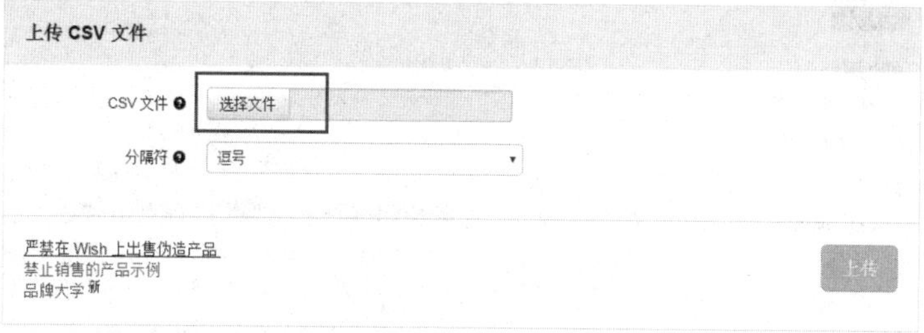

图 6-2-14　点击选择文件

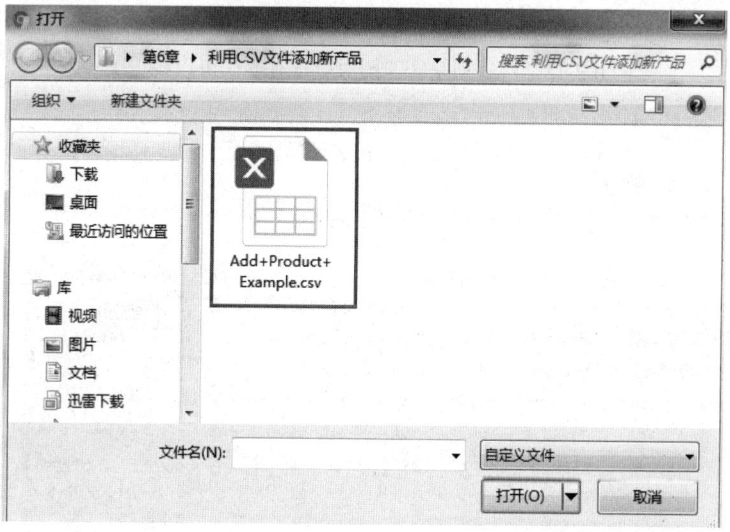

图 6-2-15　选择生成的 CSV 文件

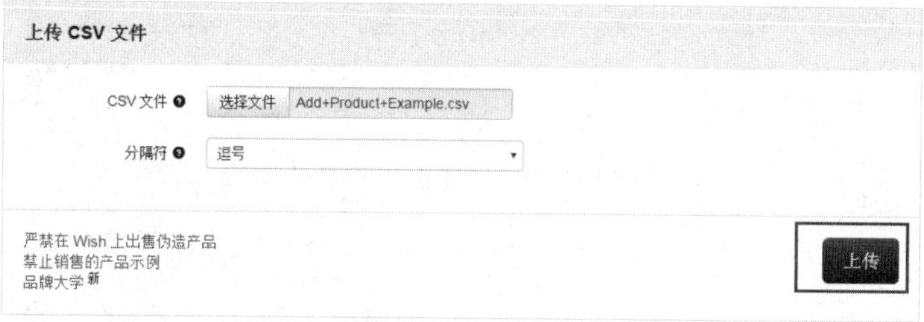

图 6-2-16　点击“上传”按钮

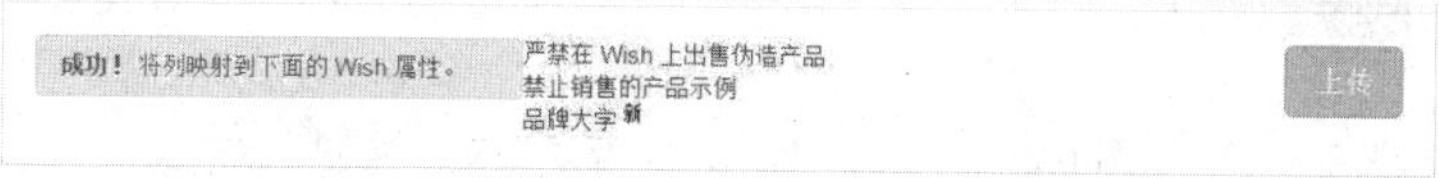

图 6-2-17　上传成功

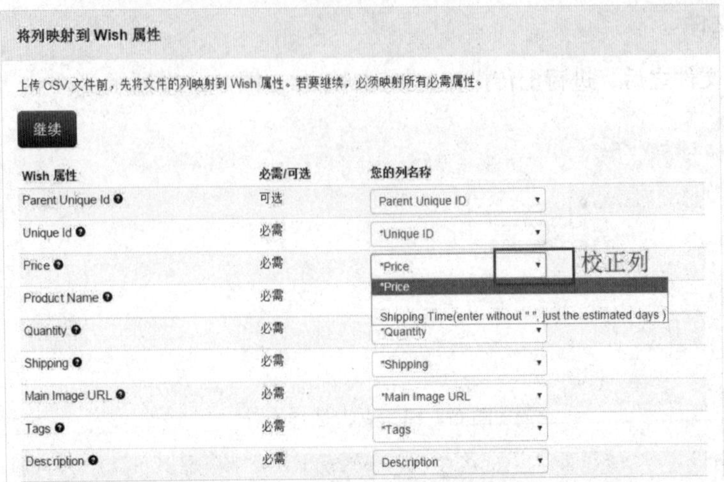

图 6-2-18　检查列是否匹配对应（有错误可以校正）

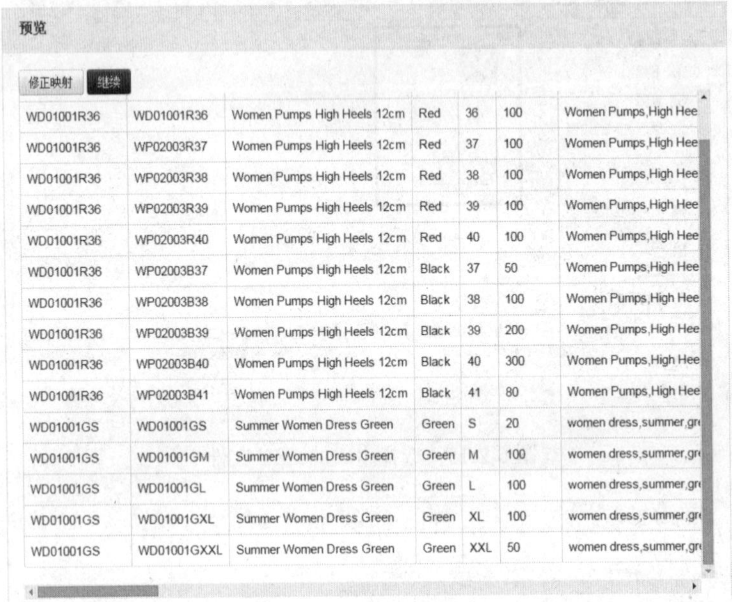

WD01001R36	WD01001R36	Women Pumps High Heels 12cm	Red	36	100	Women Pumps,High Hee
WD01001R36	WP02003R37	Women Pumps High Heels 12cm	Red	37	100	Women Pumps,High Hee
WD01001R36	WP02003R38	Women Pumps High Heels 12cm	Red	38	100	Women Pumps,High Hee
WD01001R36	WP02003R39	Women Pumps High Heels 12cm	Red	39	100	Women Pumps,High Hee
WD01001R36	WP02003R40	Women Pumps High Heels 12cm	Red	40	100	Women Pumps,High Hee
WD01001R36	WP02003B37	Women Pumps High Heels 12cm	Black	37	50	Women Pumps,High Hee
WD01001R36	WP02003B38	Women Pumps High Heels 12cm	Black	38	100	Women Pumps,High Hee
WD01001R36	WP02003B39	Women Pumps High Heels 12cm	Black	39	200	Women Pumps,High Hee
WD01001R36	WP02003B40	Women Pumps High Heels 12cm	Black	40	300	Women Pumps,High Hee
WD01001R36	WP02003B41	Women Pumps High Heels 12cm	Black	41	80	Women Pumps,High Hee
WD01001GS	WD01001GS	Summer Women Dress Green	Green	S	20	women dress,summer,gr
WD01001GS	WD01001GM	Summer Women Dress Green	Green	M	100	women dress,summer,gr
WD01001GS	WD01001GL	Summer Women Dress Green	Green	L	100	women dress,summer,gr
WD01001GS	WD01001GXL	Summer Women Dress Green	Green	XL	100	women dress,summer,gr
WD01001GS	WD01001GXXL	Summer Women Dress Green	Green	XXL	50	women dress,summer,gr

图 6-2-19　预览上传的效果

图 6-2-20　确认无误，点击“提交”按钮

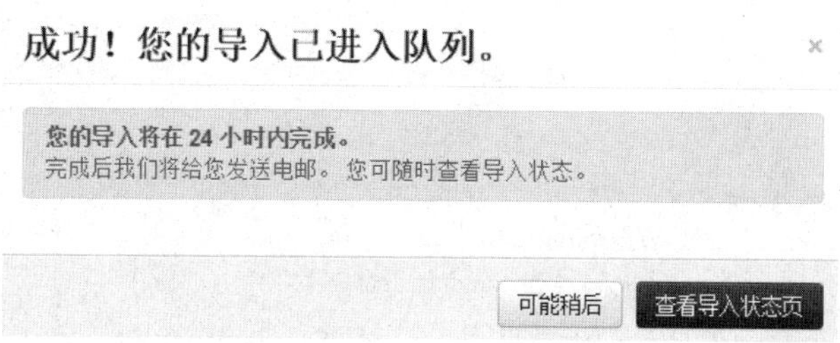

图 6-2-21　提交成功，等待 Wish 导入处理（一般 5 ~ 10 分钟）

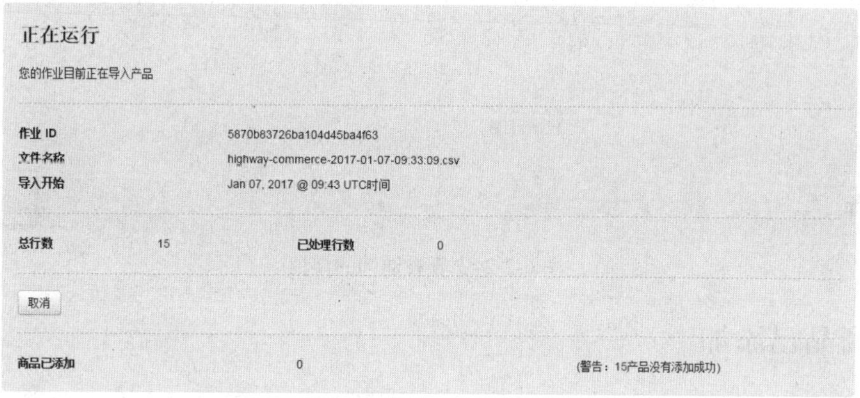

图 6-2-22　点击“查看导入页”可看到 Wish 处理状态

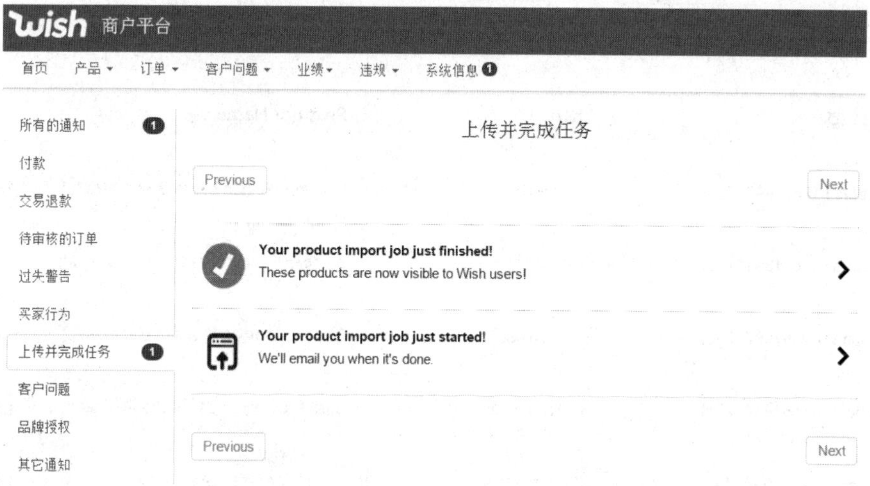

图 6-2-23　产品上传成功通知（同时会有邮件通知）

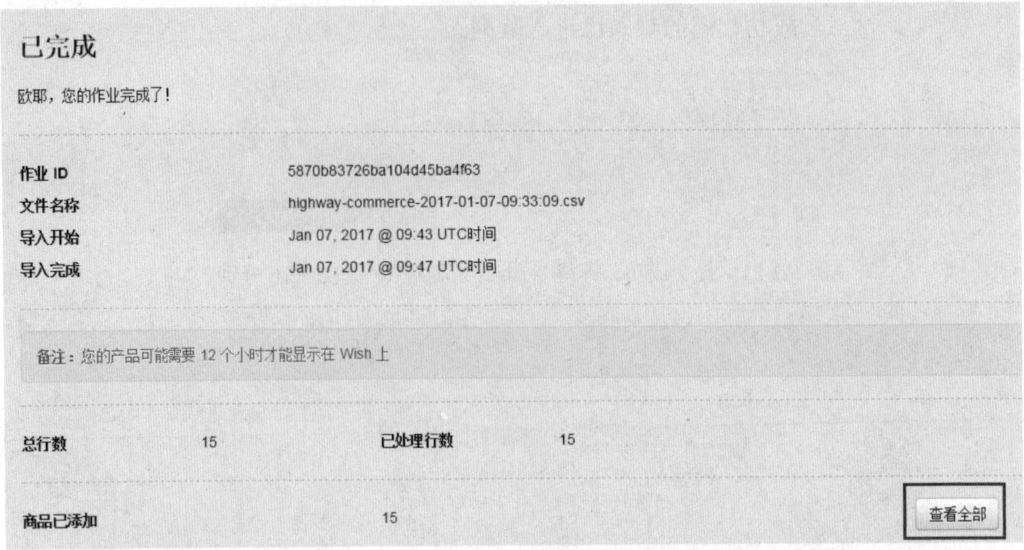

图 6-2-24　查看通知的详情

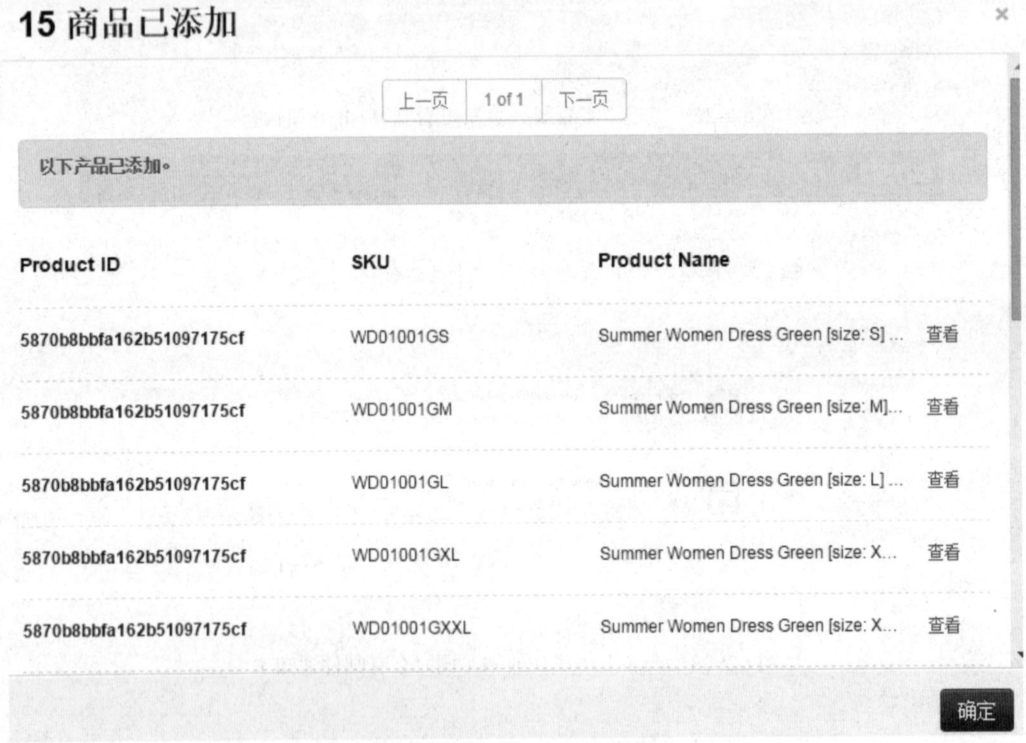

图 6-2-25　提示产品已经成功添加

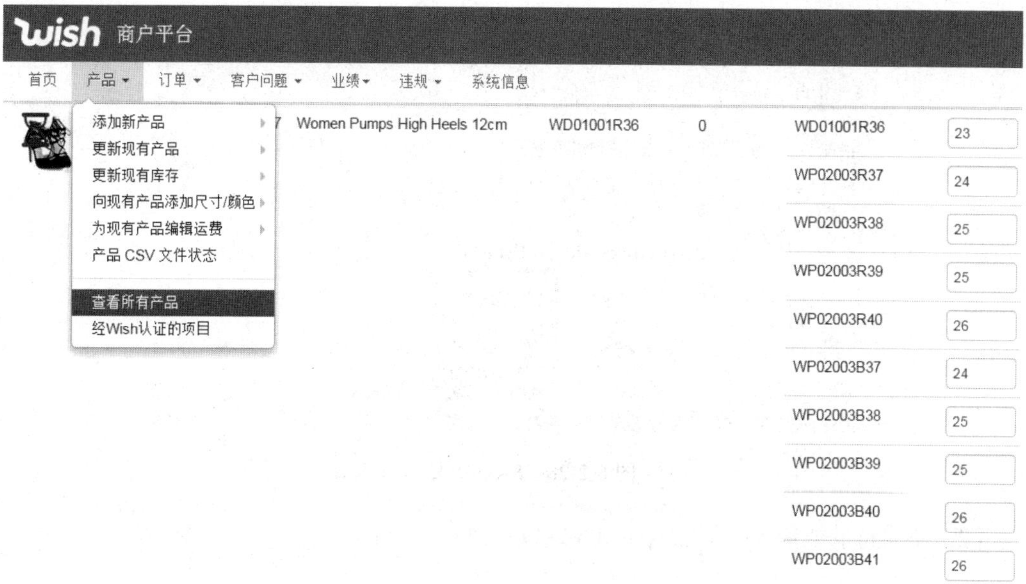

图 6-2-26　可在“查看所有产品”中检查已经上传的产品

至此，使用 CSV 文件批量添加新产品的操作就完成了。在实际的上传过程中，比较常见的错误如下。

（1）SKU 已经添加过或重复添加，如图 6-2-27、图 6-2-28 所示。

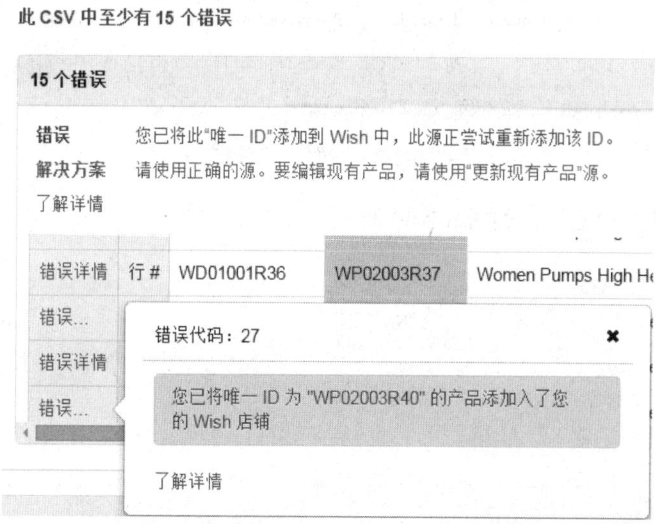

图 6-2-27　SKU 已经存在（已经有产品使用过）

此 CSV 中至少有 5 个错误

5 个错误

错误 您正在尝试对相同的SKU做多项变化。所有重复的SKU都是未更改的。

解决方案 从你的CSV文件中移除除了每个SKU的行的其余全部。

		Parent Unique Id	Unique Id	Product Name
错误详情	行 #	WD01002R36	WD01002R36	Women Pumps High Heels 12cm
错误详情	行 #	WD01002R36	WD01002R36	Women Pumps High Heels 12cm
错误...	行 #	WD01002R36	WD01002R38	Women Pumps High Heels 12cm

图 6-2-28　SKU 重复填写

（2）不支持的或错误的颜色，如图 6-2-29 所示。

此 CSV 中至少有 1 个错误

1 个错误

错误 此行的尺码或颜色值不在 Wish 接受的尺码/颜色范围内。

解决方案 查看我们接受的尺码和颜色列表，并提供可以接受的尺码或颜色。您可能还要求添加新项。

了解详情

		Parent Unique Id	Unique Id	Product Name	Color	Size	Quantity
错误详情	行 #	WD01002R35	WD01002R36	Women Pumps High Heels 12cm	Red Light	36	100

图 6-2-29　颜色填写错误

（3）必填属性选项漏写，如图 6-2-30 所示。

此 CSV 中至少有 1 个错误

1 个错误

错误 您的 CSV 文件缺少一个与必填属性对应的列

解决方案 编辑 CSV 文件，以提供与所缺属性对应的列和数据。

了解详情

Description	Price	Shipping	Main Image URL	Extra Image URL
Specifications: Name: Women Pum...	25	5		http://a2.qpic.cn/psb?/V112rc3x3R...

图 6-2-30　漏写主图 URL

（4）未填写尺码警告提示（对于无尺码、无颜色信息的产品可以忽略该提示），如图 6-2-31 所示。

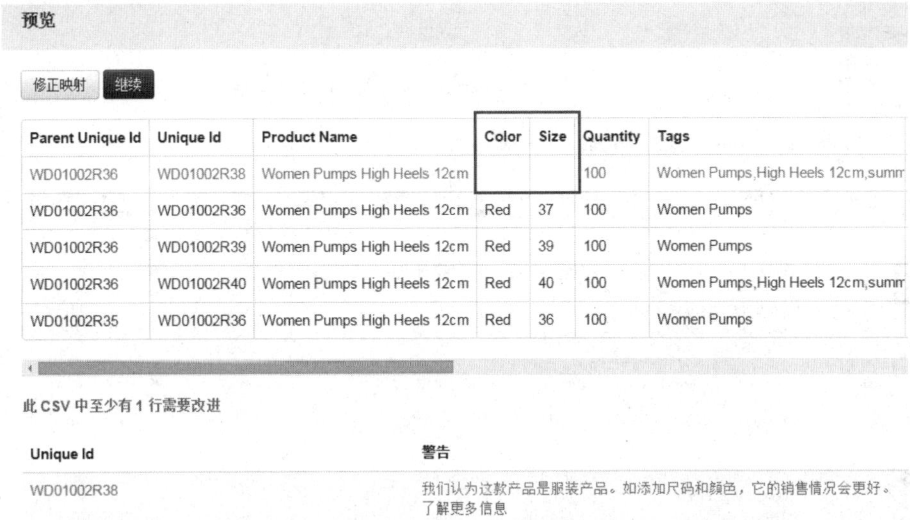

图 6-2-31　漏写颜色和尺码

6.3　编辑产品

6.3.1　产品信息与图片修改

手动更新现有产品，位于“产品”→“更新现有产品”→“手动”菜单，如图 6-3-1、图 6-3-2 所示。

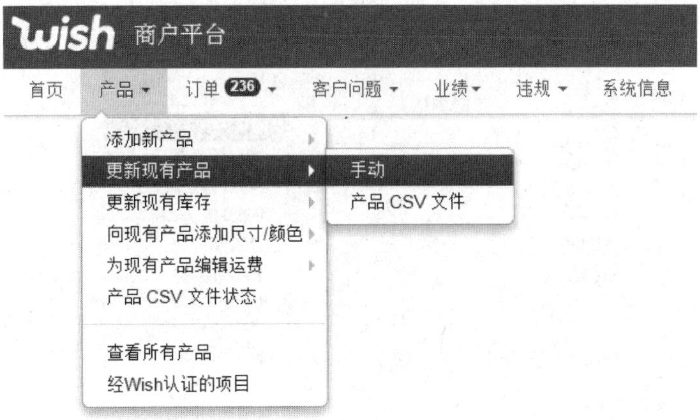

图 6-3-1　更新现有产品菜单

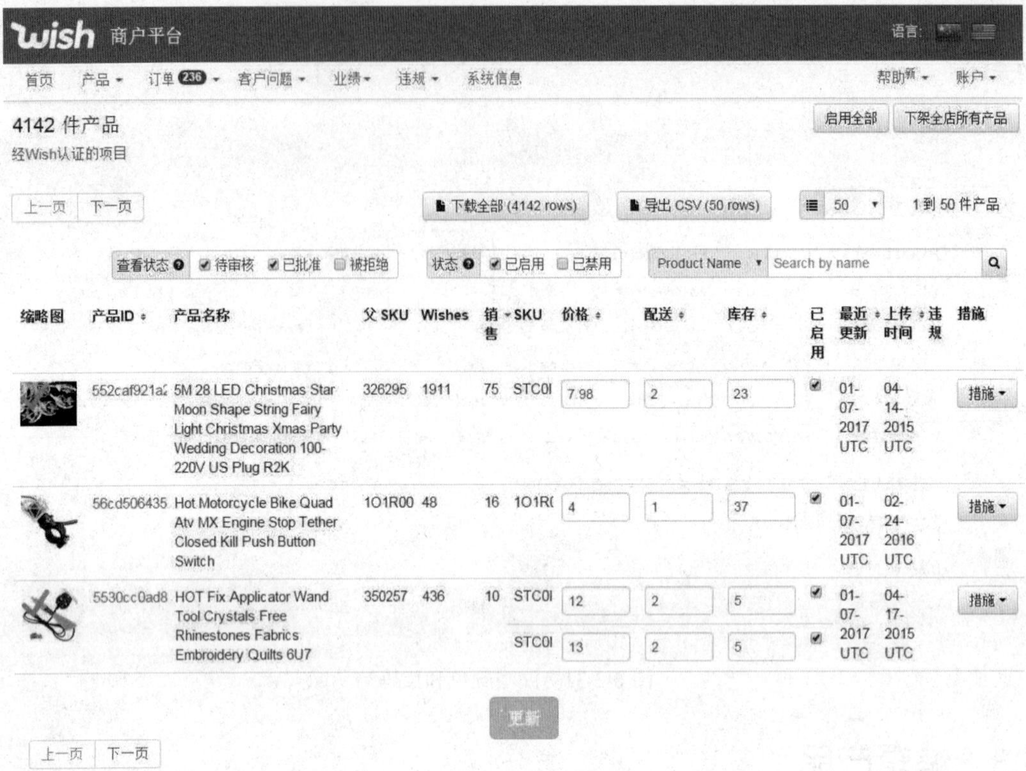

图 6-3-2　产品列表页面

在产品列表页找到自己想要编辑的产品，在该产品的右侧点击“措施”→“编辑产品”，进入该产品的编辑界面，如图 6-3-3、图 6-3-4 所示。

图 6-3-3　编辑产品选项

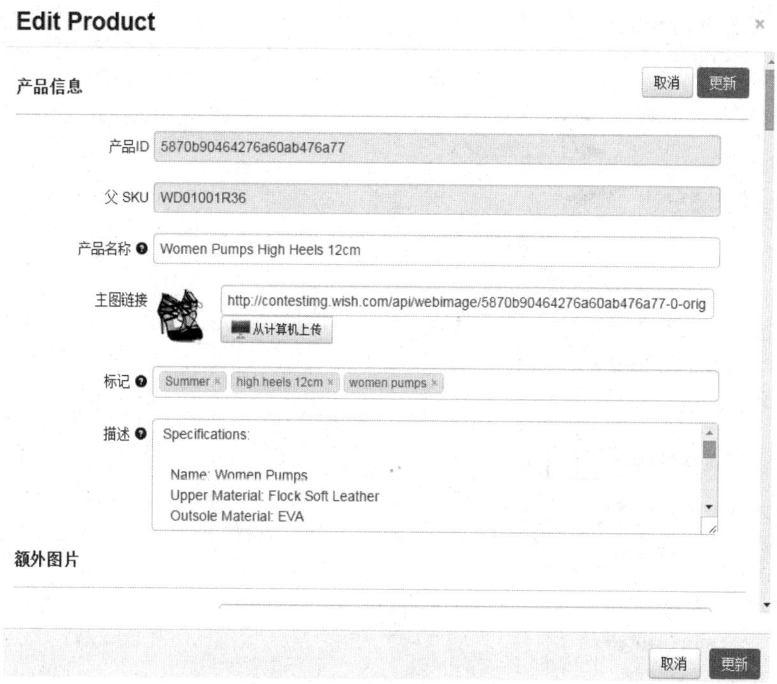

图 6-3-4　编辑产品信息

选择需要更新的内容，例如标题、主图、标签、描述、额外图片、可选信息、各个 SKU 信息等，分别进行修改，点击“更新”按钮即可。具体的操作步骤和前面的手动添加新产品大体一致，不再重复陈述，如图 6-3-5 ~ 图 6-3-7 所示。

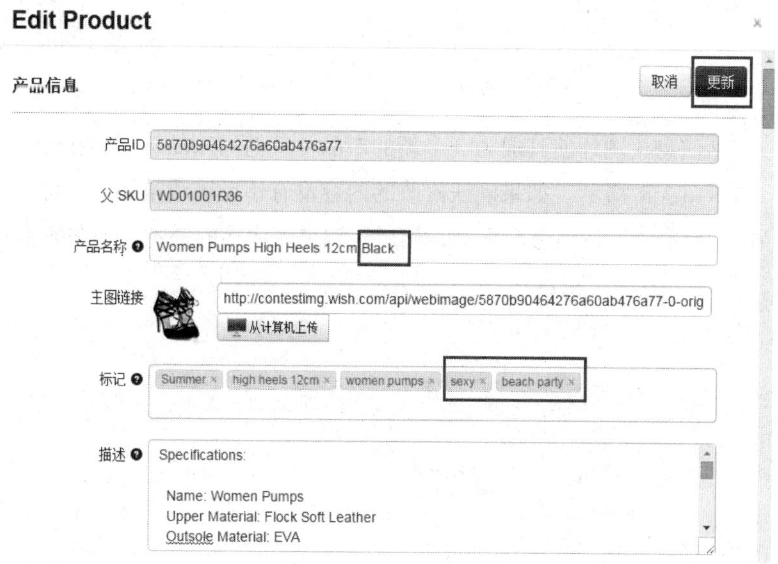

图 6-3-5　编辑产品信息

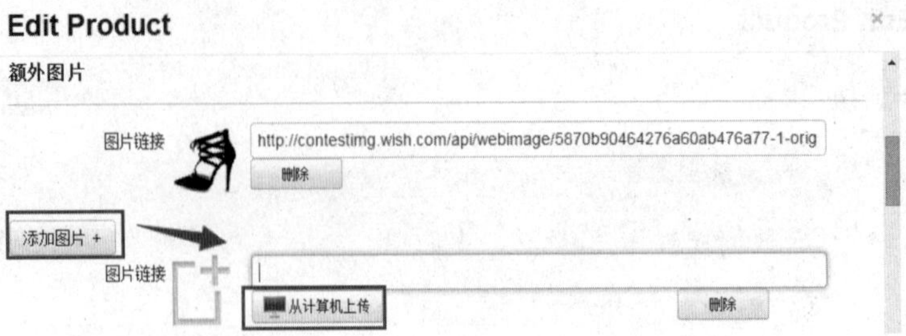

图 6-3-6　添加额外的图片

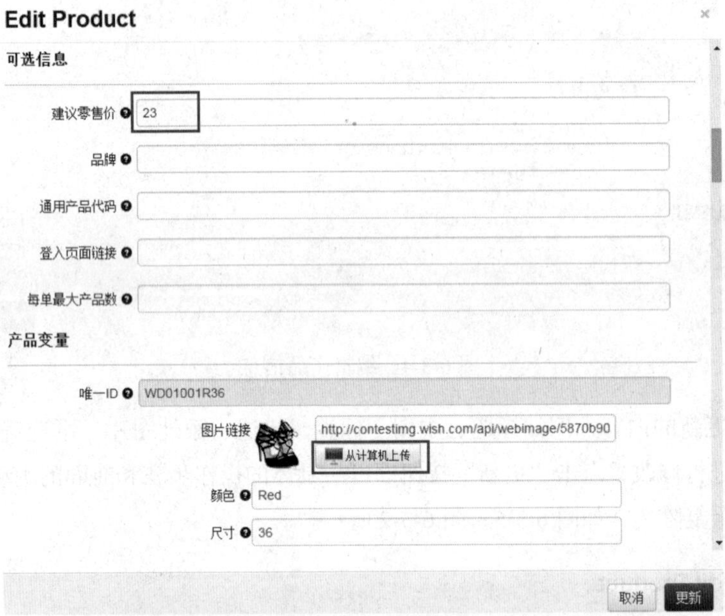

图 6-3-7　编辑可选信息和各个 SKU 的信息

如果修改产品信息、图片使其成为一个新的产品（其他的产品），则会弹出将会被罚款 10 美元的警告，如图 6-3-8 所示。如果确认修改的内容没有违反该政策要求，可以直接点击“更新并提交产品以进行审核”按钮进行提交，然后得到更新成功的提示，如图 6-3-9 所示。

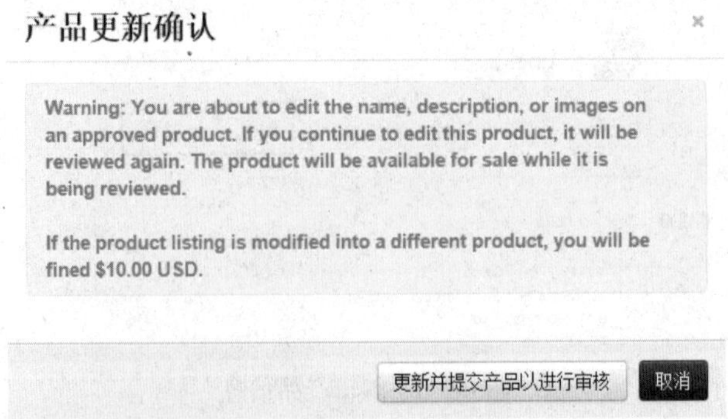

图 6-3-8　更新产品信息会出现警告

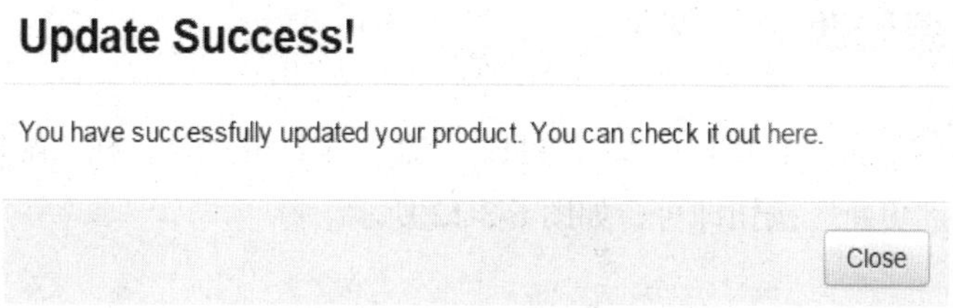

图 6-3-9　更新产品信息成功

注意事项：

- 产品 ID 和父 SKU 不能更改，也不能删除。如果添加新产品时父 SKU 填写有错误，那么只能把该父 SKU 产品下架，重新上传一个父 SKU 正确的新产品，如图 6-3-10 所示。

图 6-3-10　产品 ID 和父 SKU 无法修改

- 添加新产品的时候，只能上传 10 张额外的产品图片，但点击“编辑产品”里面的“添加图片+”按钮可以在已有的 10 张额外图片的基础上，再增加 10 张额外的产品图片。即通过更新产品信息的方式，额外图片总共可以增加到 20 张，如图 6-3-11 所示。

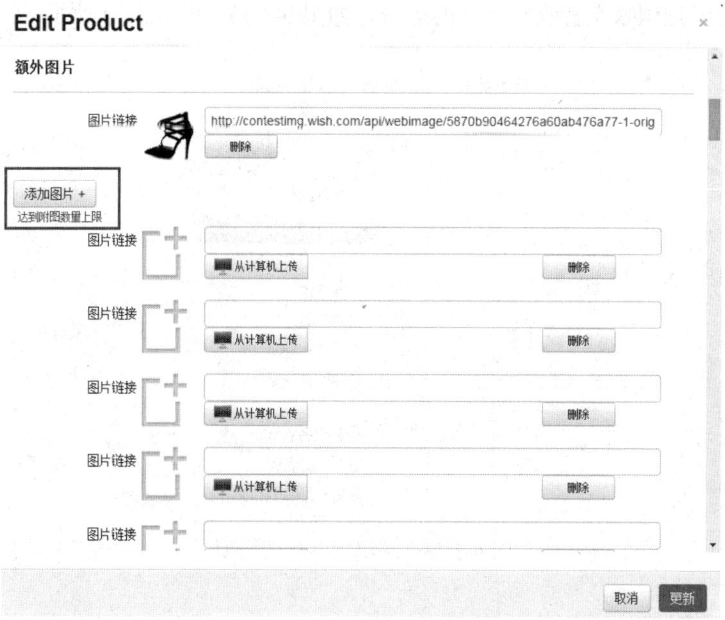

图 6-3-11　额外图片可以增加到 20 张

6.3.2 产品运费修改

编辑现有产品的运费，直接在产品列表页找到想要编辑的产品，在“配送”选项里面填写配送费，然后点击“更新”按钮即可，如图 6-3-12 所示。

缩略图	产品ID	产品名称	父 SKU	Wishes	销售	SKU	价格	配送	库存
	5870b90464276a60ab476a77	Women Pumps 12cm	WD01001R36	0	0	WD01001R36	23	4	100
						WP02003R37	24	5	100
						WP02003R38	25	5	100
						WP02003R39	25	5	100
						WP02003R40	26	5	100
						WP02003B37	24	5	50
						WP02003B38	25	5	100
						WP02003B39	25	5	200
						WP02003B40	26	6	300
						WP02003B41	26	6	80

图 6-3-12 编辑产品的配送费

上图中的运费是默认适用于所有国家的产品配送费。在“编辑国际运费”选项中，可以对该产品的不同的配送国家设置收取不同的运费，如图 6-3-13、图 6-3-14 所示。

图 6-3-13 编辑国际运费选项

图 6-3-14　选择“设置运费”选项即可填写运费

如果需要调整配送国家并设置运费，请点击“访问配送设置页面增加或减少配送国家”链接，到“配送设置”页面进行设置，如图 6-3-15、图 6-3-16 所示。

图 6-3-15　快捷访问“配送设置”页面

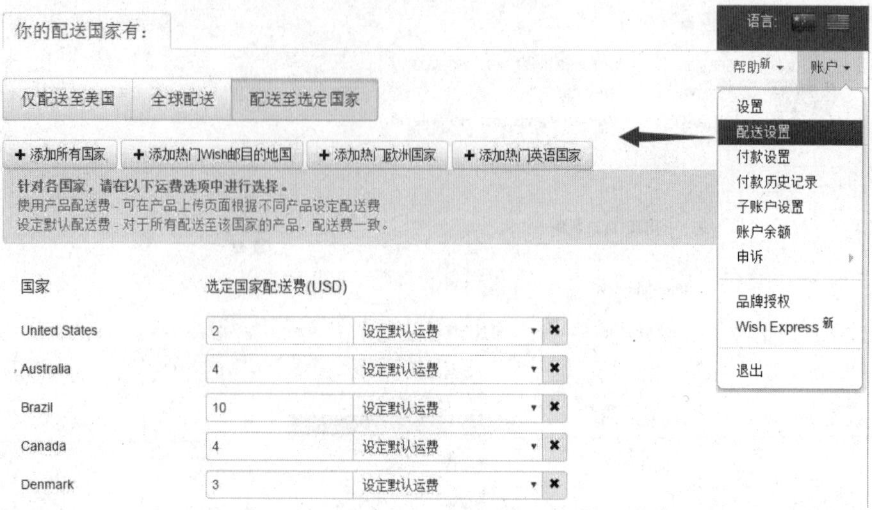

图 6-3-16　配送国家和运费设置

注意事项：

- 政策规定：促销（黄钻）产品不能提高运费。
- 通过“账户”→“配送设置”来提高默认的国家运费，对促销（黄钻）产品是无效的。
- 通过“编辑产品配送费”或“编辑产品国际运费”的方式来试图提高促销（黄钻）产品的运费（见图 6-3-17）也是无效的，会得到图 6-3-18、图 6-3-19 中的提示。

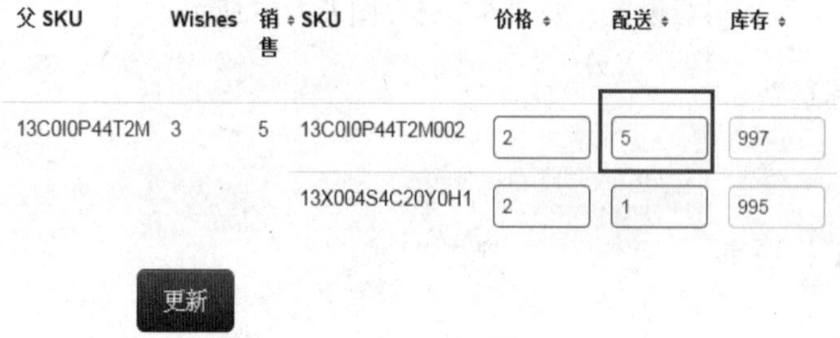

图 6-3-17　尝试提高产品配送费

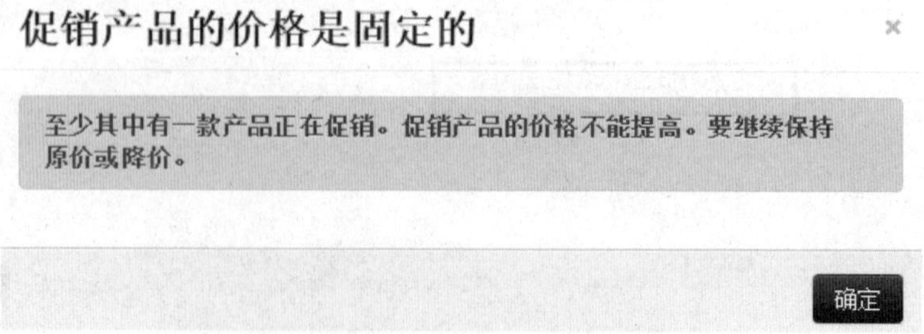

图 6-3-18　试图提高产品配送费时的提示

图 6-3-19　试图提高国际运费时的提示

6.3.3　添加产品尺寸和颜色

添加产品尺寸和颜色，就是为现有产品增加一个尺码或一种颜色，又被称为添加变量，即为产品增加新的子 SKU，如图 6-3-20 所示。

图 6-3-20　添加新的尺寸/颜色选项

以父 SKU 是 WD01001R36 的女高跟鞋，添加的子 SKU 是 WD01001R41 的女高跟鞋为例：尺码是 41 码，产品销售价是 26 美元，运费是 5 美元，库存是 60 双，颜色是红色，如图 6-3-21 所示。

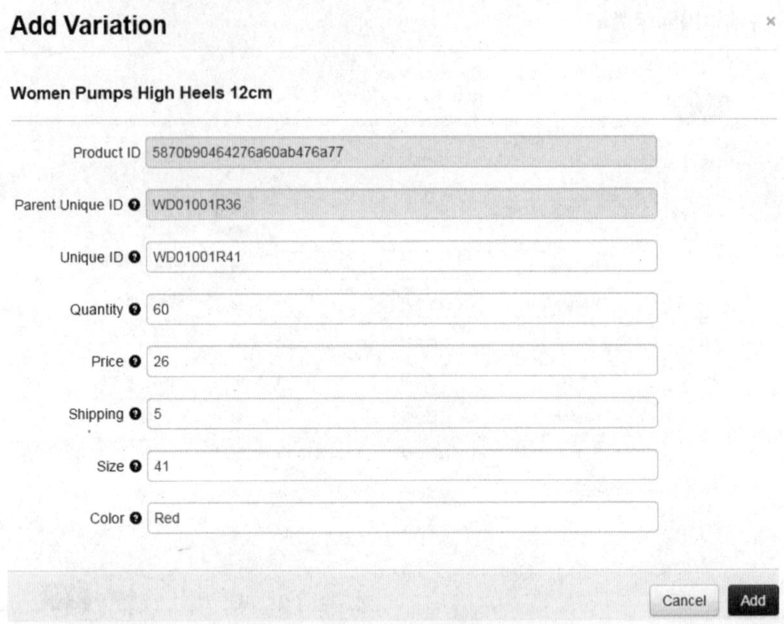

图 6-3-21　添加新的子 SKU

注意事项：

- 已经存在的 SKU 不能重复添加。
- 颜色或尺码，必须至少填其中一项。
- 促销（黄钻）产品不能添加子 SKU，如图 6-3-22 所示。

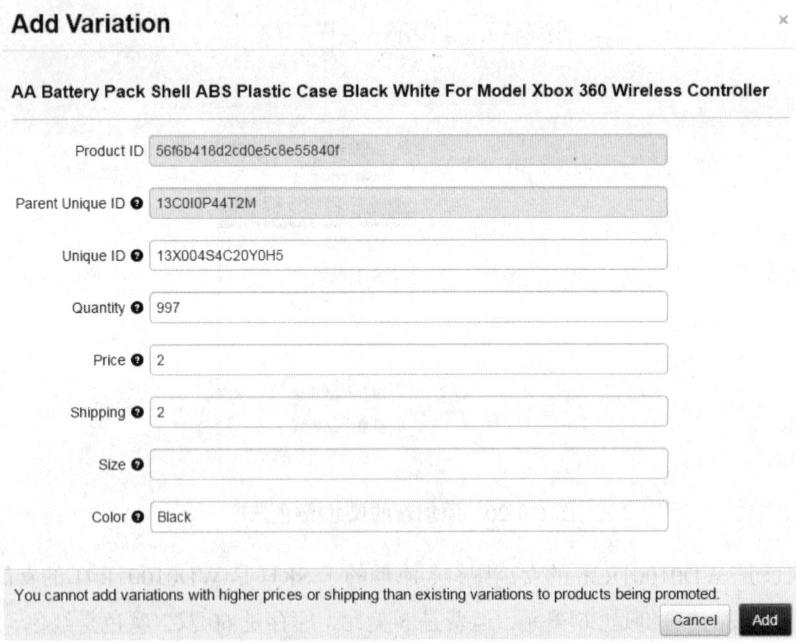

图 6-3-22　促销（黄钻）产品不能添加子 SKU

6.3.4　合并产品

合并产品是指把其他相同类型的产品并入本产品，如图 6-3-23 所示。

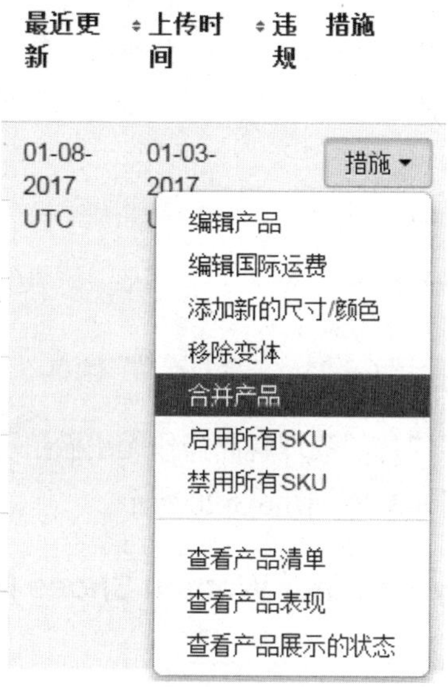

图 6-3-23　合并产品选项

以父 SKU 是 WD01001GS 的产品并入父 SKU 是 WP01001 的产品为例，首先复制需要被合并的产品的父 SKU WD01001GS，如图 6-3-24 所示。

图 6-3-24　复制被合并产品的父 SKU

找到产品 WP01001 并点击"措施"→"合并产品"菜单，如图 6-3-25 所示。

图 6-3-25　“合并产品”菜单

粘贴 WD01001GS 并搜索，勾选“我理解此操作无法撤销”选项，并点击“合并”按钮，就完成了合并产品的操作，如图 6-3-26 ~ 图 6-3-28 所示。

图 6-3-26　点击合并产品

图 6-3-27　合并产品成功

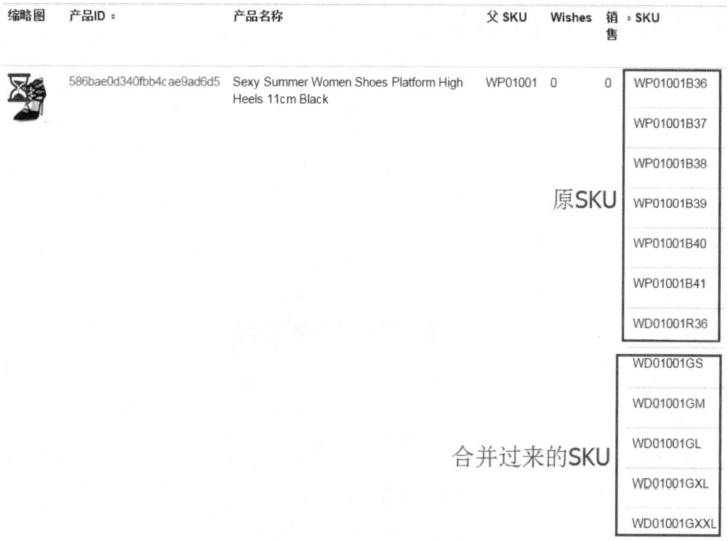

图 6-3-28　合并产品之后的 SKU

注意事项：

- 合并产品是在父 SKU 类型相同的产品之间进行的。
- 合并产品之后是无法撤销的，操作不可逆。
- 促销（黄钻）产品不能与任何产品合并。
- 两个要合并的产品，如果额外图片的总数量超过 10 张，需要把两个产品的额外图片总数删除到 10 张以下才能继续合并，如图 6-3-29 所示。

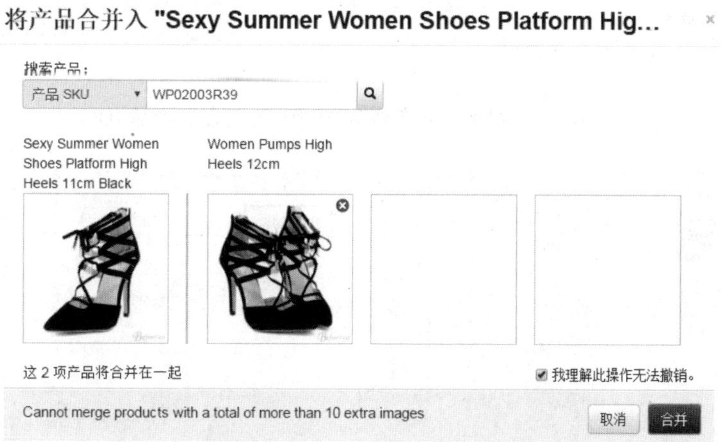

图 6-3-29　额外图片总数超过 10 张的无法合并

6.3.5　移除变体

移除变体又被称为移动变量，是指把本产品的子 SKU 移动到另外一个产品下的过程，该产品会减少一个子 SKU，如图 6-3-30 所示。

图 6-3-30　移除变体选项

在本例中，父 SKU 是 WD01001R36 的产品，把子 SKU 是 WP02003R38 的产品移动到父 SKU 是 WP01001 的产品下，如图 6-3-31 ~ 图 6-3-38 所示。

图 6-3-31　找到目标产品 WP01001 并复制其产品 ID

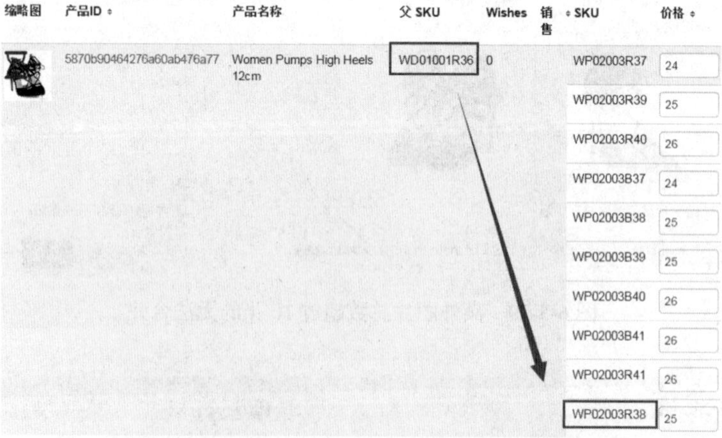

图 6-3-32　找到要移动变体的产品 WD01001R36

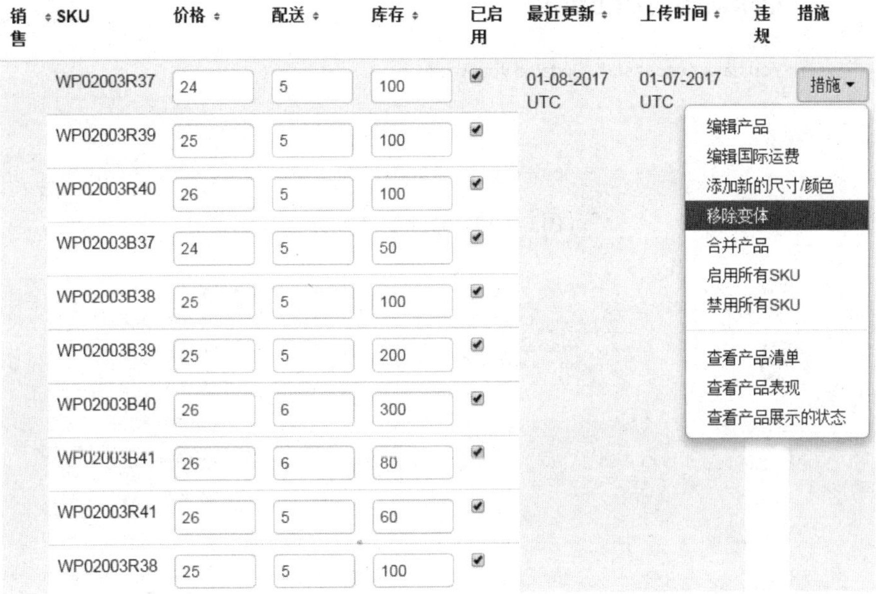

图 6-3-33　点击“移除变体”选项

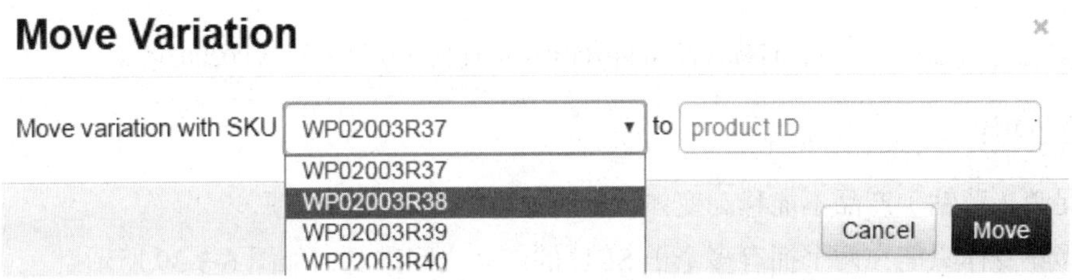

图 6-3-34　选择要移动的子 SKU WP02003R38

图 6-3-35　粘贴目标产品 WP01001 的产品 ID

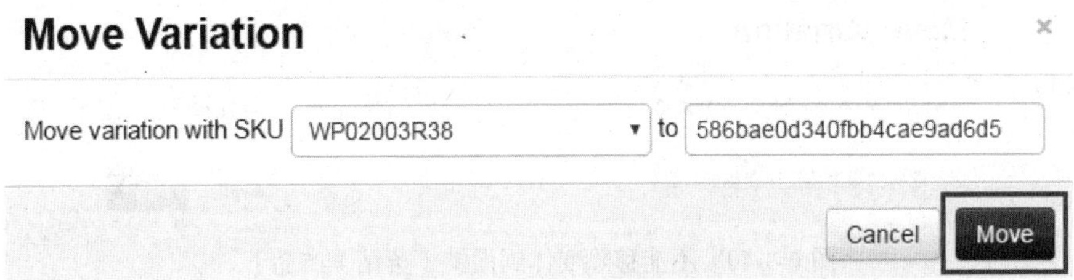

图 6-3-36　点击“Move”按钮

图 6-3-37　移除变量成功

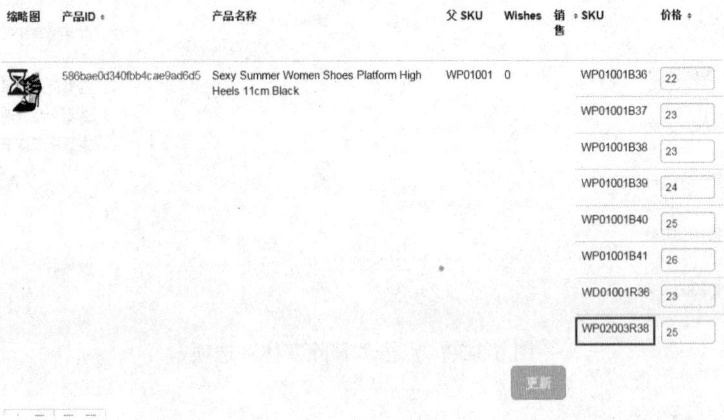

图 6-3-38　在目标产品 WP01001 中检查到移动过来的 WP02003R38

注意事项：

- 促销（黄钻）产品不能移动变体，没有“移除变体”的选项。
- 移除变体只能在两个拥有多个子 SKU 的产品之间进行，如图 6-3-39 所示。
- 非促销（黄钻）产品不能移除变体到促销（黄钻）产品下，如图 6-3-40 所示。
- 在满足前面三个条件的前提下，不同类型的产品之间，也可以相互移除变体。

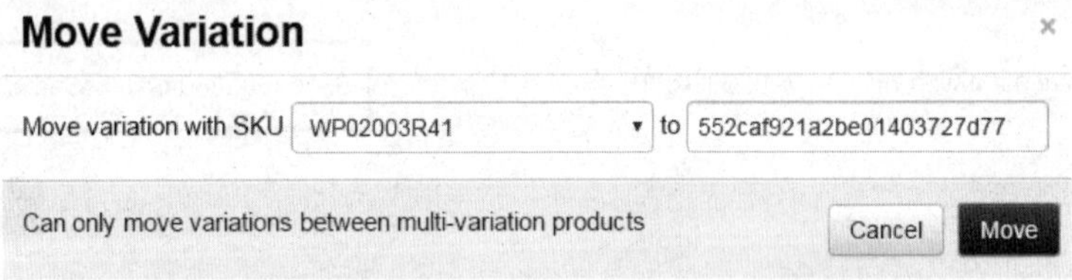

图 6-3-39　移除变体必须在多个变量的产品之间进行

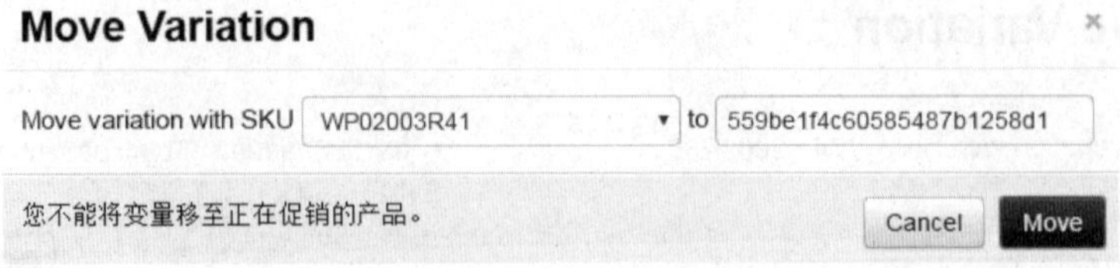

图 6-3-40　不能移除变体到促销（黄钻）产品下

6.3.6　产品上架与下架

1．查看所有已上架的产品

在产品列表里面，默认勾选“已启用”，即默认显示所有在线销售的产品，如图 6-3-41 所示。

图 6-3-41　产品列表默认显示已上架的产品

2．查看所有已上架和已下架的产品

在产品列表里面，勾选“已禁用”之后，所有已经下架的产品也会显示出来，如图 6-3-42 所示。

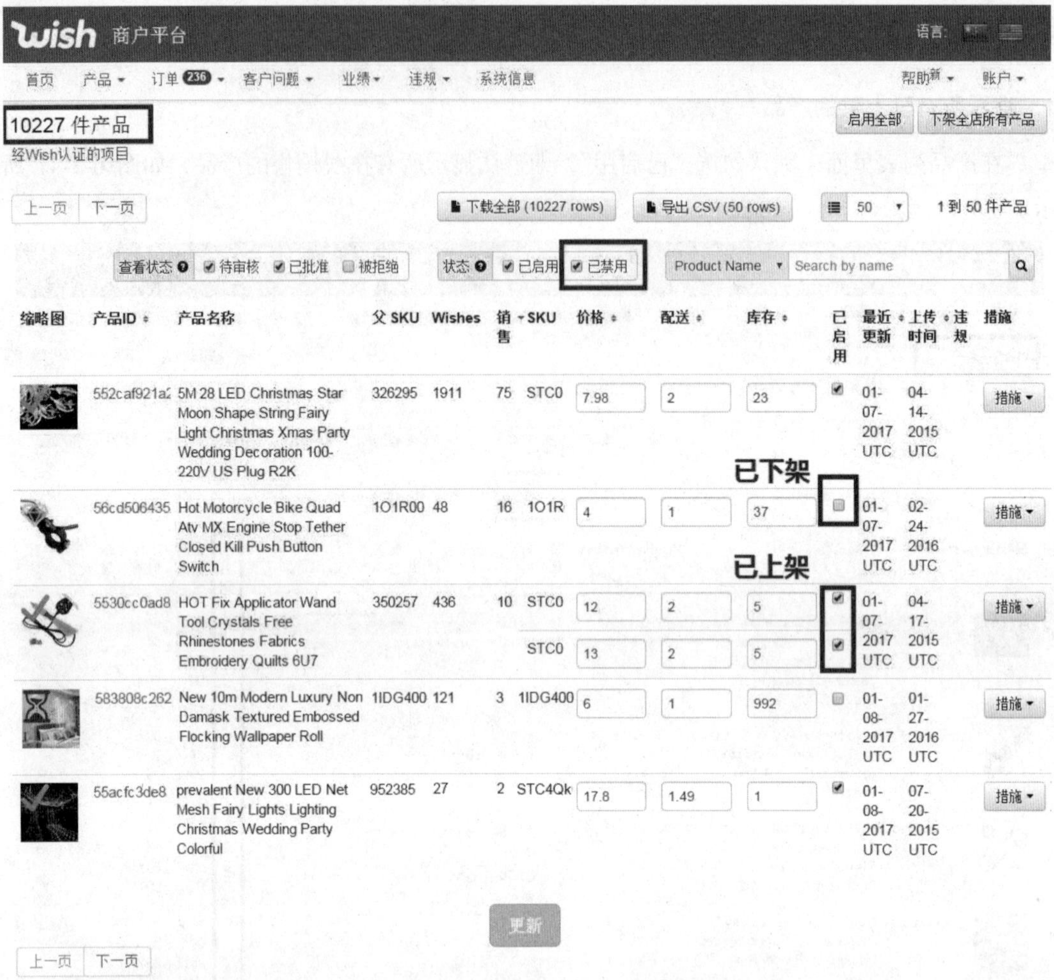

图 6-3-42 已经上架和已经下架的产品

3. 仅查看所有已下架的产品

在产品列表里面，去掉对“已启用”的勾选，单独勾选“已禁用”，就只显示已经下架的产品了，如图 6-3-43 所示。

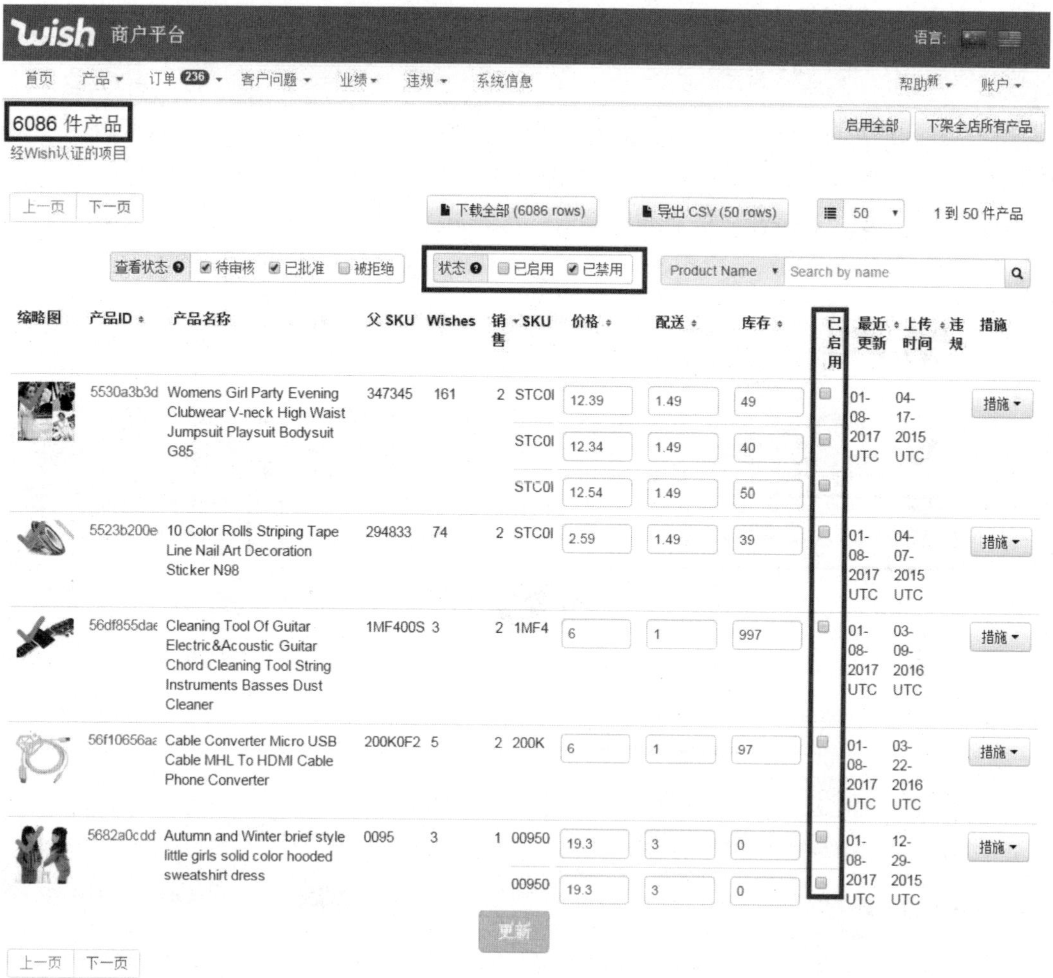

图 6-3-43　已经下架的产品

4．下架产品

在产品列表里面，找到要下架的产品，去掉对“已启用”选项的勾选，然后点击“更新”按钮，就可以下架产品，如图 6-3-44 ~ 图 6-3-46 所示。

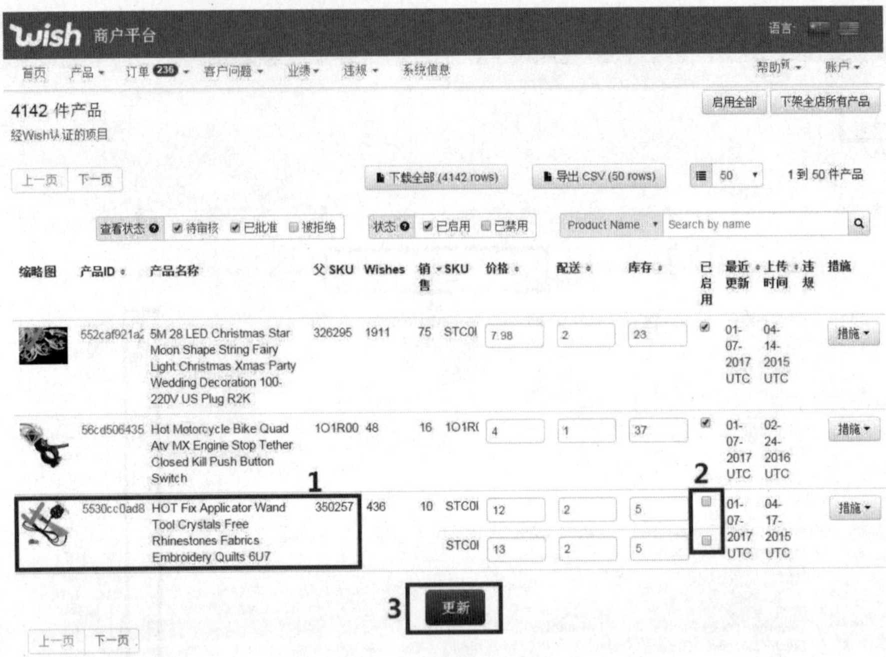

图 6-3-44　下架产品

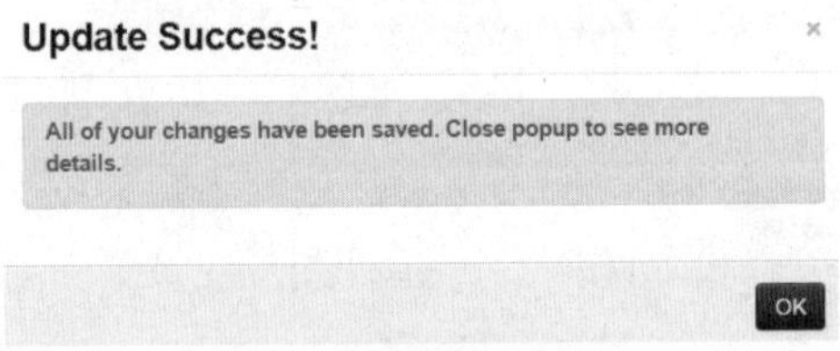
Update Success!
All of your changes have been saved. Close popup to see more details.
OK

图 6-3-45　下架产品成功

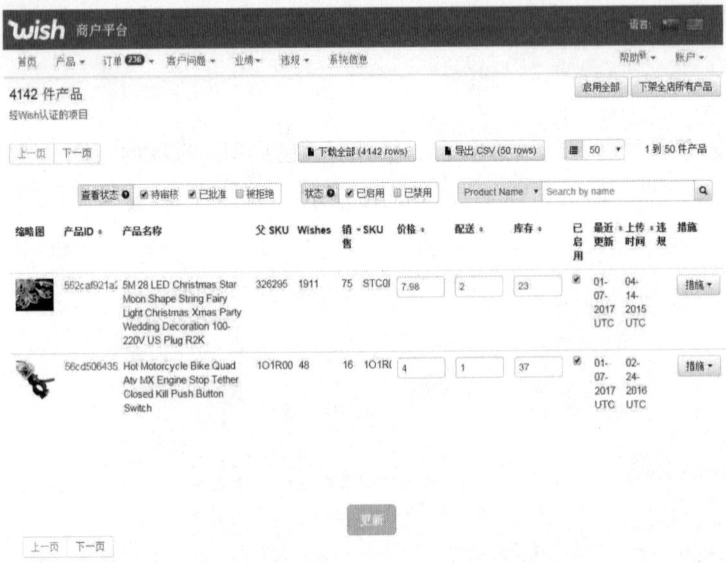

图 6-3-46　下架之后的产品不再显示

5．上架产品

在产品列表里面，去掉对“已启用”的勾选，单独勾选“已禁用”，找到要上架的产品，对该产品“已启用”选项进行勾选，然后点击“更新”按钮，就可以上架产品，如图 6-3-47～图 6-3-49 所示。

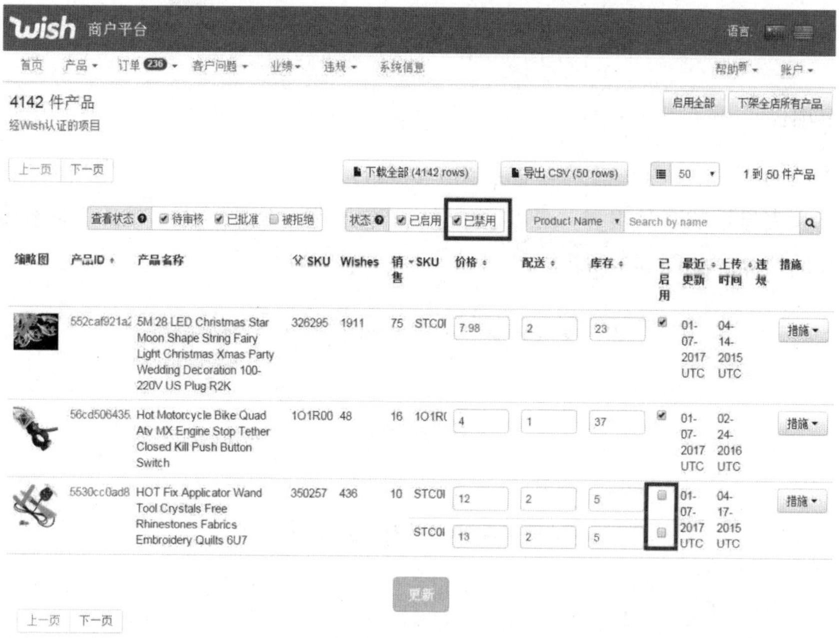

图 6-3-47　勾选“已禁用”后找到要上架的产品

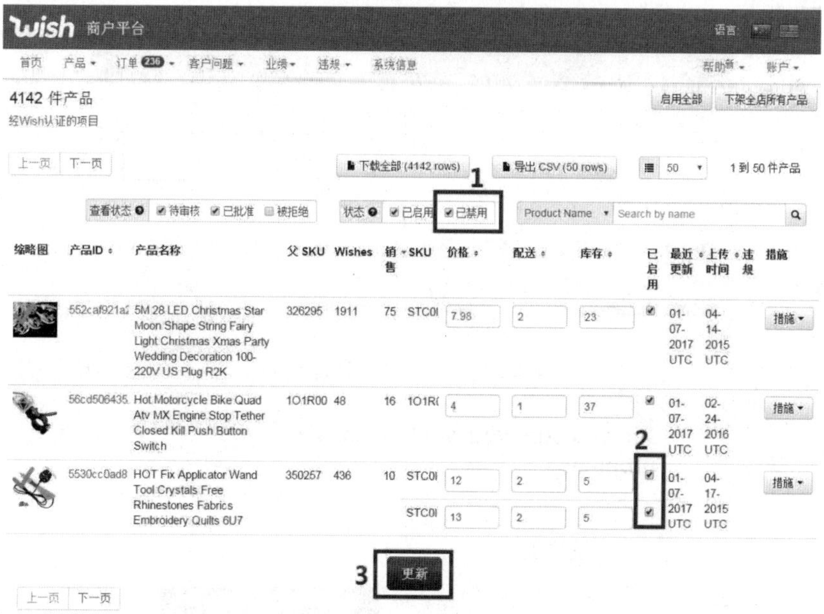

图 6-3-48　上架产品

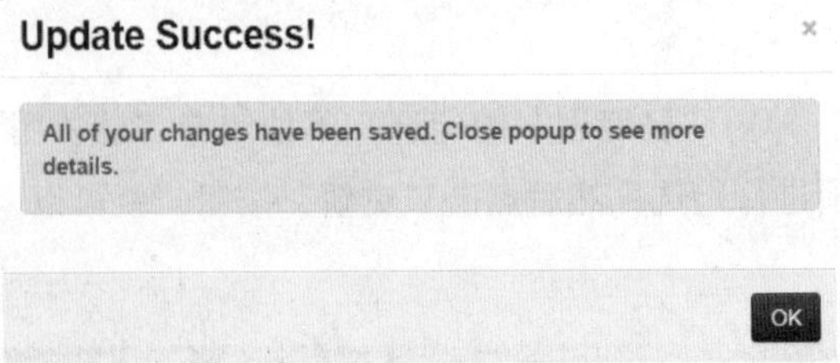

图 6-3-49　上架产品成功

注意事项：

- 新添加的产品默认就是上架（已启用）状态。
- 产品列表显示的产品很多，可以通过输入产品标题、SKU、ID、标签等内容查找自己想要找的产品，如图 6-3-所示。

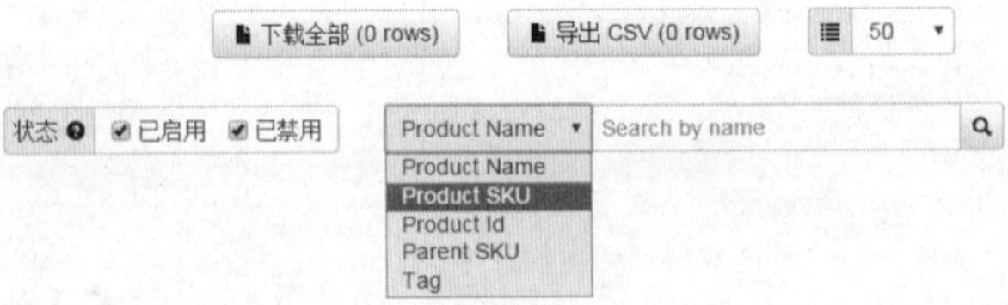

图 6-3-50　上架产品成功

6．下架全店所有产品

下架全店所有产品就是对全店的所有已经上架的产品一次性进行下架处理。操作按钮位于店铺后台右上角，如图 6-3-51、图 6-3-52 所示。

图 6-3-51　下架全店产品按钮

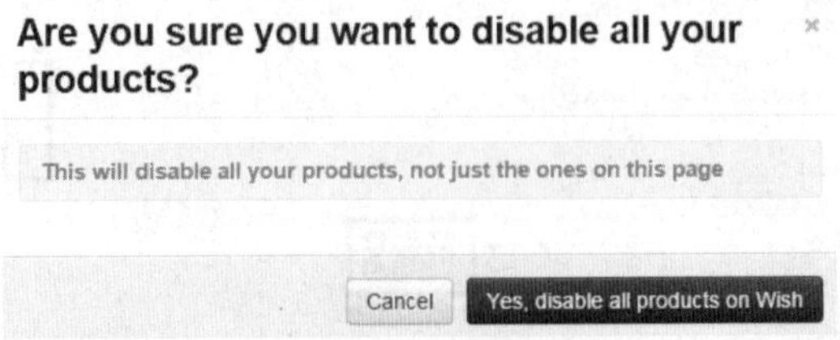

图 6-3-52　点击按钮之后提示确认

注意事项：

- “下架全店所有产品”的操作一般极少使用。
- 原来已经下架的产品，不会重复下架。

7．启用全店所有产品

启用全店所有产品就是对全店的所有已经下架的产品一次性进行上架处理，如图 6-3-53、图 6-3-54 所示。

图 6-3-53　点击“启用全部”按钮

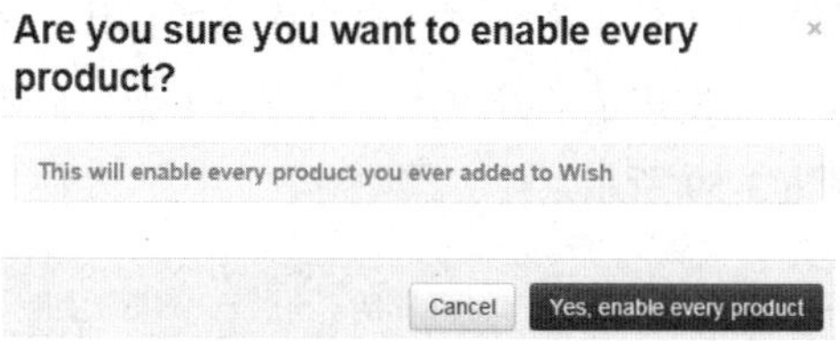

图 6-3-54　确认启用全店所有产品

注意事项：

- 该操作是对全店所有产品进行上架处理，不想上架的产品也会被上架。
- 仿品、禁售品等“被拒绝”的产品不会被上架，也不能上架。

8．启用所有 SKU

启用所有 SKU 是对单个产品的所有 SKU 批量启用的快捷操作，如图 6-3-55 所示。

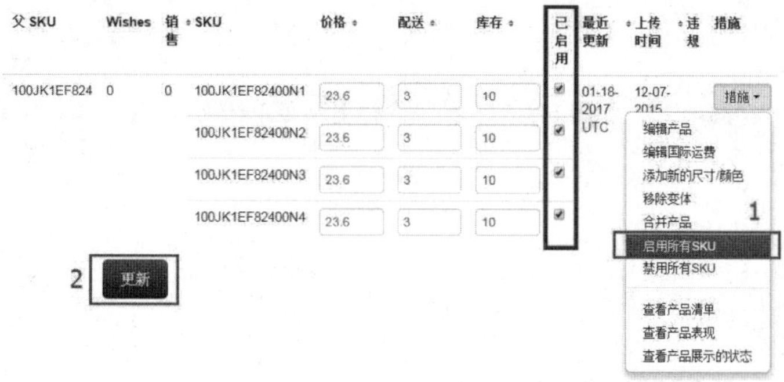

图 6-3-55　启用该产品的所有 SKU

9．禁用所有 SKU

禁用所有 SKU 是对单个产品的所有 SKU 批量禁用的快捷操作，如图 6-3-56 所示。

图 6-3-56　禁用该产品的所有 SKU

6.3.7　预设库存更新

预设库存更新是指对促销（黄钻）产品进行减少库存的操作。该功能的主要作用是对缺货或不再售卖的促销（黄钻）产品按规定的减少库存的方式下架，而不受“黄钻产品下架处罚政策”影响，如图 6-3-57 ~ 图 6-3-59 所示。

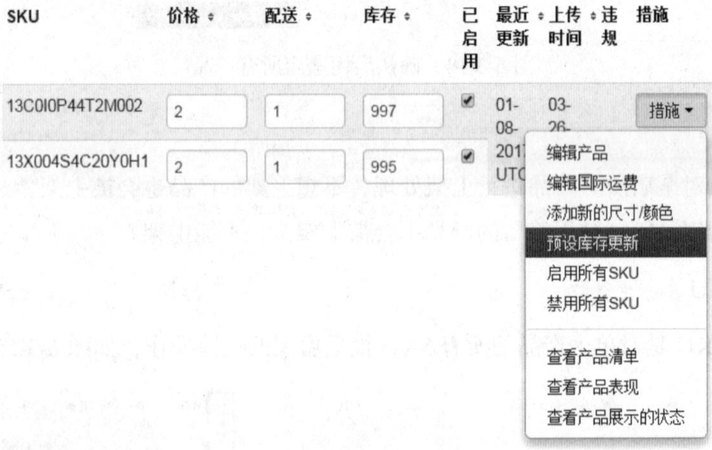

图 6-3-57　预设库存更新菜单选项

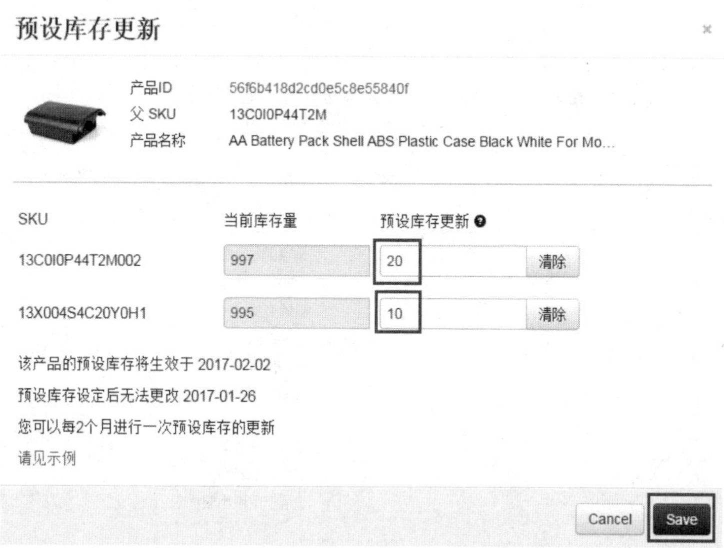

图 6-3-58　填写预设库存并点击“Save”按钮保存

图 6-3-59　预设库存设置成功

图示说明：

（1）为上图中产品设置“预设库存更新”操作的日期是 2017-01-20。

（2）该产品的预设库存将在 2017-02-02 开始生效。

（3）预设库存设定后在 2017-01-26 起不能再更改，在这个时间之前，还可以更改预设库存。

（4）SKU 是 13C0I0P44T2M002 的产品从 2017-02-02 开始按库存 20 个进行售卖，卖完 20 个之后，库存为 0，该产品处于缺货状态，客户将不能购买。

（5）SKU 是 13X004S4C20Y0H1 的产品从 2017-02-02 开始按库存 10 个进行售卖，卖完 10 个之后，库存为 0，该产品处于缺货状态，客户将不能购买。

注意事项：

- 产品库存售完之后，需要商户对该产品手动补充库存。
- 对非促销（黄钻）产品没有此功能，如图 6-3-60 所示。
- 一般在促销（黄钻）产品缺货时间较长时使用该功能。
- 使用预设库存更新功能之后，该产品的推送流量相对会减少。
- Wish 对允许设置的时间有限制，商户可以每 2 个月进行一次预设库存的更新。

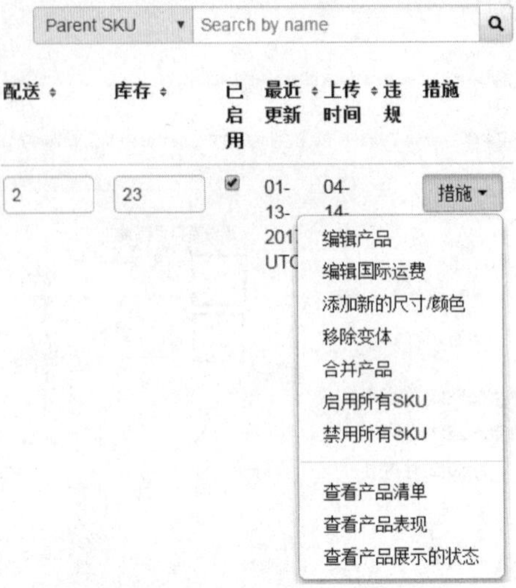

图 6-3-60　非促销（黄钻）产品没有“预设库存更新”功能

6.3.8　计划下架产品

计划产品下架是指对促销（黄钻）产品进行下架的操作。该功能的主要作用是使处于假期中的或临时缺货的促销（黄钻）产品按计划的时间下架，而不受“黄钻产品下架处罚政策”影响，如图 6-3-61 ~ 图 6-3-64 所示。

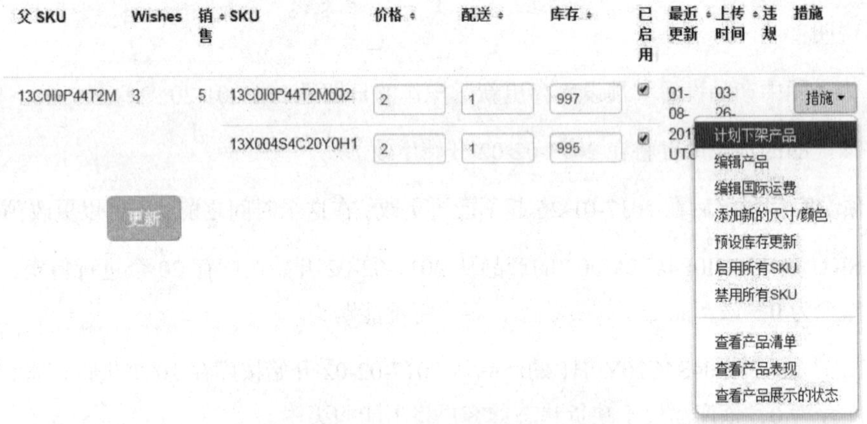

图 6-3-61　促销（黄钻）产品的计划下架产品菜单

图 6-3-62 计划下架产品

图 6-3-63 选择该产品需要下架的时间

图 6-3-64 操作成功

注意事项：

- 产品下架之后，再上架时需要商户对该产品进行手动操作。
- 对非促销（黄钻）产品没有此功能。

- 一般在促销（黄钻）产品在假期中或临时缺货时使用该功能。
- 使用预设库存更新功能之后，该产品的推送流量相对会减少。
- Wish 对允许设置的次数有限制，商户对每个产品只能使用一次。
- 下架的生效时间是操作完 3 天后，所以要比想要下架的时间提前 3 天进行此操作。
- 在下架时间生效之前，还可以修改计划下架时间，生效之后则不能再修改。

6.4 查看所有产品

查看所有产品，位于"产品"→"查看所有产品"菜单，如图 6-4-1、图 6-4-2 所示。

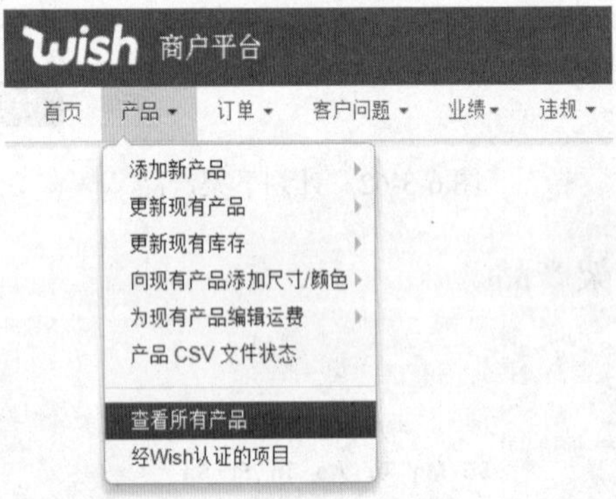

图 6-4-1 查看所有产品菜单

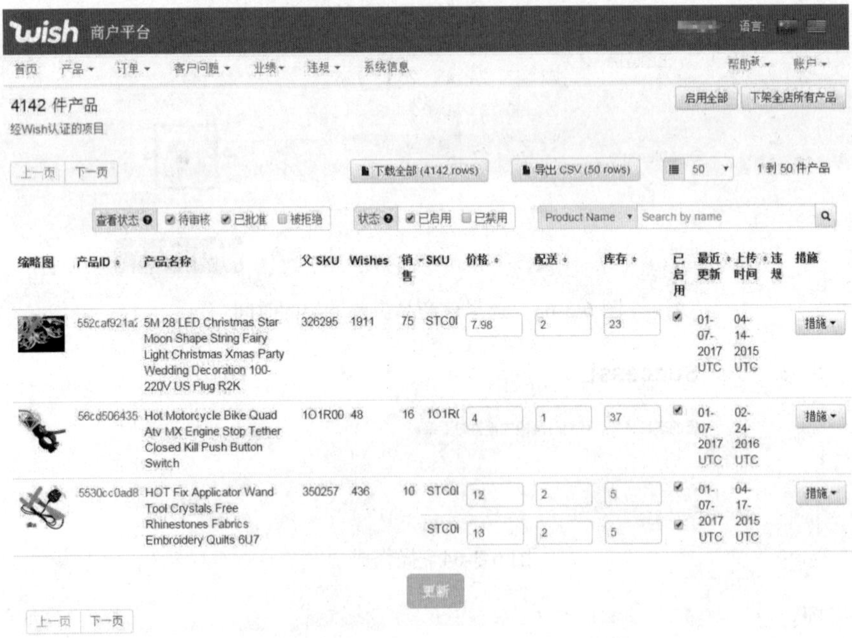

图 6-4-2 产品列表

6.4.1　查看产品清单

查看产品清单就是打开该产品在 wish.com 中的页面查看该产品的信息，包括价格、尺码、颜色、库存、概述、相关产品、产品描述、产品评分、店铺评分、运费等，如图 6-4-3、图 6-4-4 所示。

图 6-4-3　产品列表

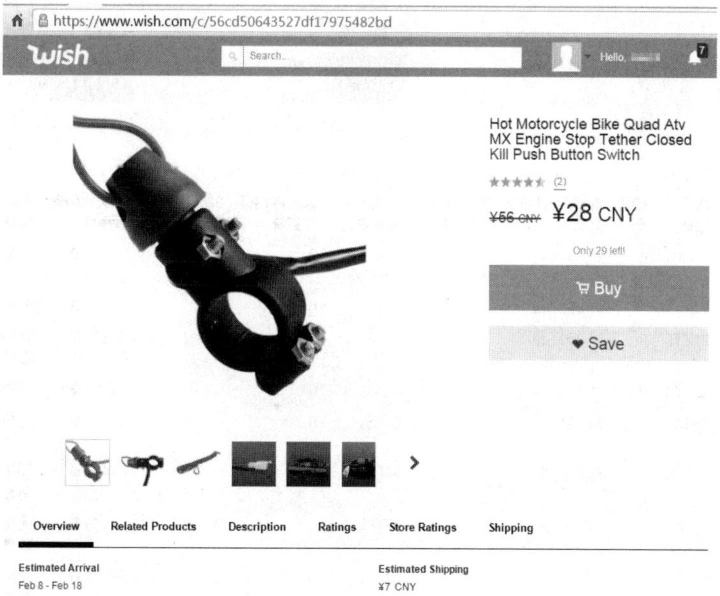

图 6-4-4　在 wish.com 上的产品信息

产品如果还在审核中，则是无法查看的，提示如图 6-4-5 所示。

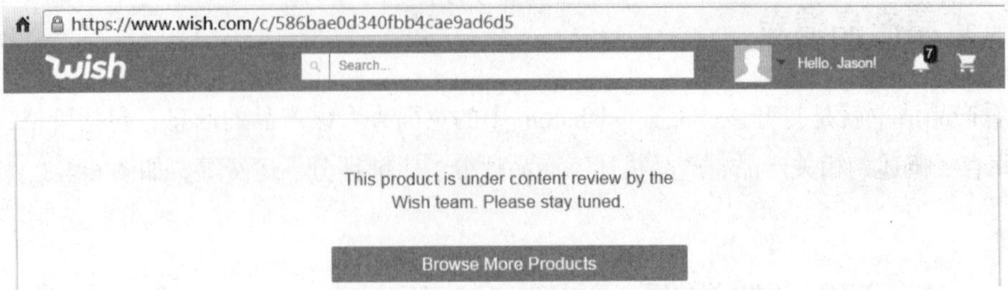

图 6-4-5 还在审核中的产品无法查看

6.4.2 查看产品表现

产品表现是指该产品在近期的销售、流量、订单、退款、产品评分等方面的数据表现情况，如图 6-4-6 ~ 图 6-4-11 所示。

产品表现

表现总览 | 产品展示的状态 | 成交总额和订单量 | 浏览数 | 退款 | 产品评级 | 产品反馈

示例指标

	成交总额	销售	浏览数	订单30天	30天的退款数	30天的退款率	93天内的订单数	93天内的退款数	93天内的退款率	平均评级	平均30天的评级
可接受						< 5%			< 5%	> 4	> 4
不可接受的						> 10%			> 10%	< 2.5	< 2.5
高退款率产品				> 20		> 15%	> 20		> 18%		
难以接受的高退款率产品				> 30		> 20%	> 50		> 25%		

您的指标

导出 CSV

时长	成交总额	销售	浏览数	订单30天	30天的退款数	30天的退款率	93天内的订单数	93天内的退款数	93天内的退款率	平均评级	平均30天的评级
01/09 - 01/15	$17.00	4	14,344	13	0	0.00%	0	0	0.00%	无相关信息	4.50
01/02 - 01/08	$12.75	3	41,827	14	0	0.00%	0	0	0.00%	5.00	4.50
12/26 - 01/01	$12.75	3	74,290	13	0	0.00%	0	0	0.00%	无相关信息	4.00
12/19 - 12/25	$25.50	6	41,675	12	0	0.00%	0	0	0.00%	4.00	4.00
12/12 - 12/18	$8.50	2	24,461	8	0	0.00%	0	0	0.00%	无相关信息	0.00
12/05 - 12/11	$17.00	4	7,303	6	0	0.00%	0	0	0.00%	无相关信息	0.00
11/28 - 12/04	$0.00	0	3,040	2	0	0.00%	0	0	0.00%	无相关信息	0.00
11/21 - 11/27	$11.90	2	554	2	0	0.00%	0	0	0.00%	无相关信息	0.00

图 6-4-6 产品表现总览

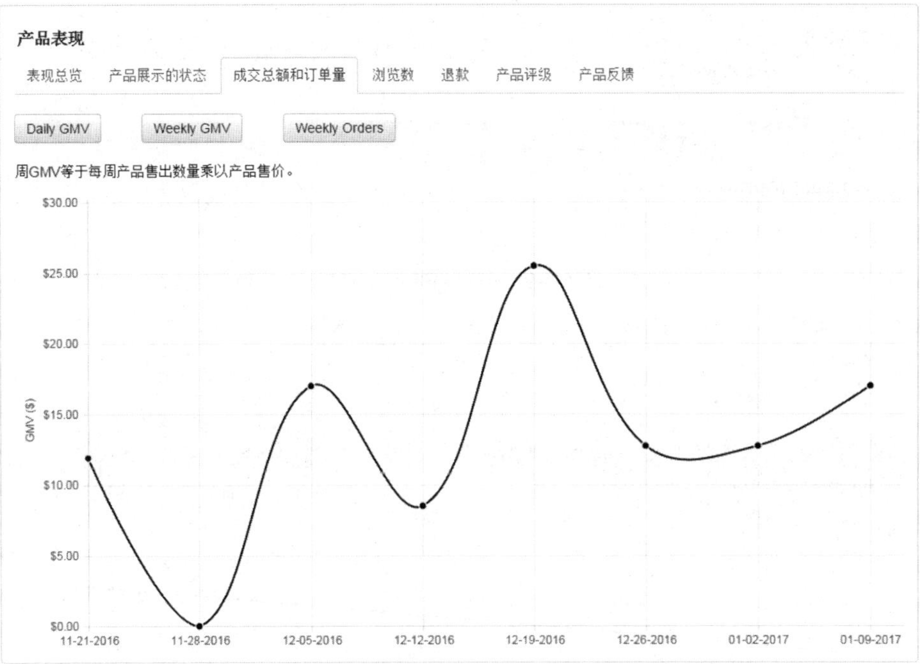

图 6-4-7　周 GMV：该产品的每周销售金额

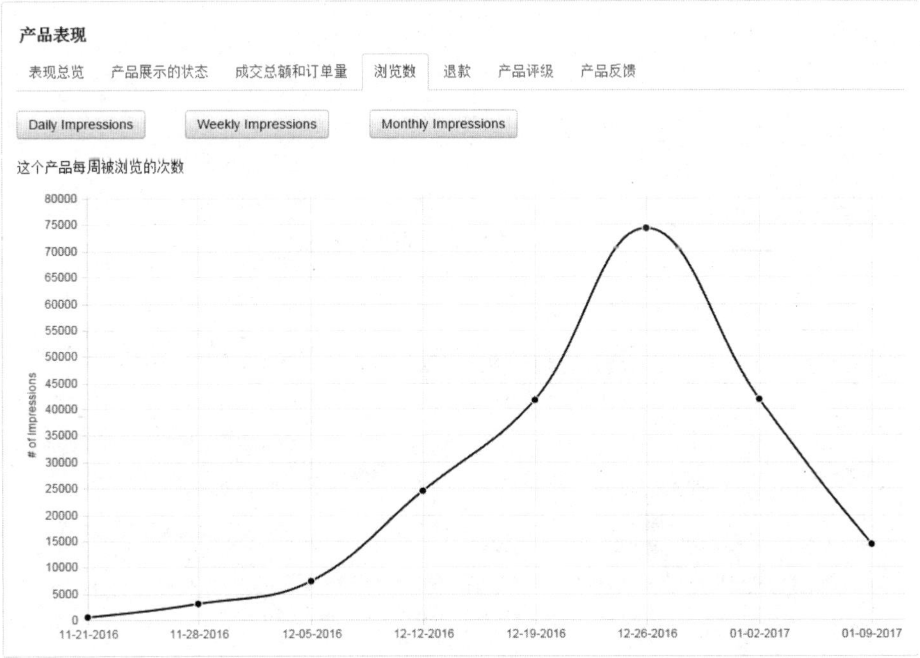

图 6-4-8　该产品每周被浏览的次数（流量）

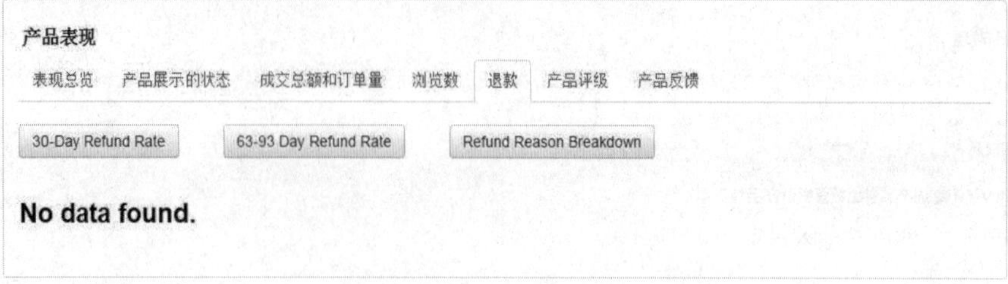

图 6-4-9　该产品的退款表现

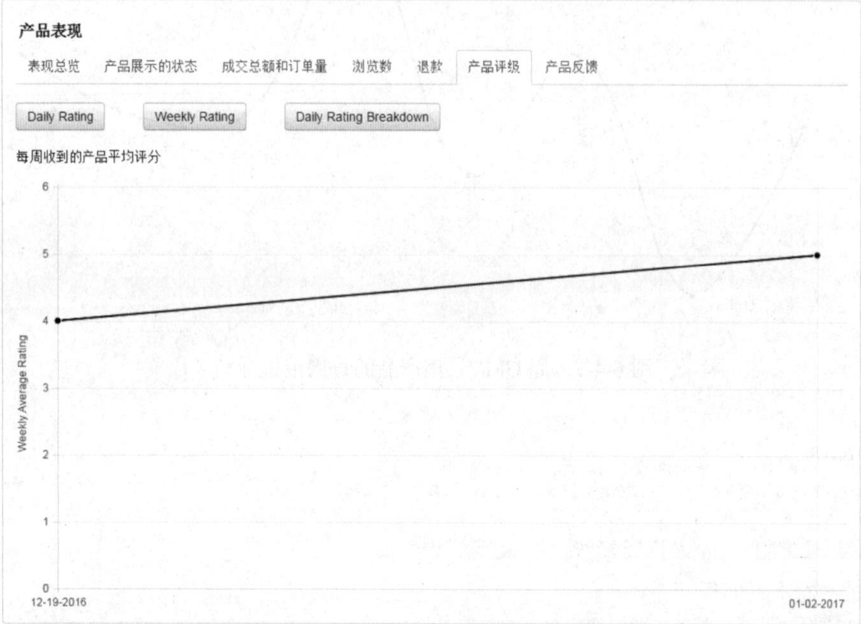

图 6-4-10　该产品每周的评分图表

图 6-4-11　该产品每周的评论列表

6.4.3　查看单个产品展示的状态

查看产品展示的状态是指查看该产品的审核状态，如图 6-4-12、图 6-4-13 所示。

图 6-4-12　审核通过的产品状态

图 6-4-13　待审核的产品状态

6.4.4　查看不同审核状态的所有产品

产品的审核状态的有三种：待审核、已批准、被拒绝。在产品列表中，默认勾选“待审核”和“已批准”两种状态，显示这两种状态的产品，如图 6-4-14 所示。

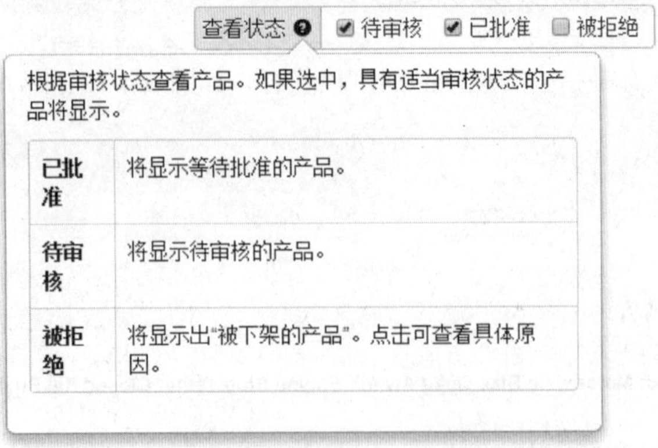

图 6-4-14　产品的三种审核状态

1. 待审核

在产品列表中，单独勾选“待审核”选项，会显示待审核的所有产品，如图 6-4-15 所示。

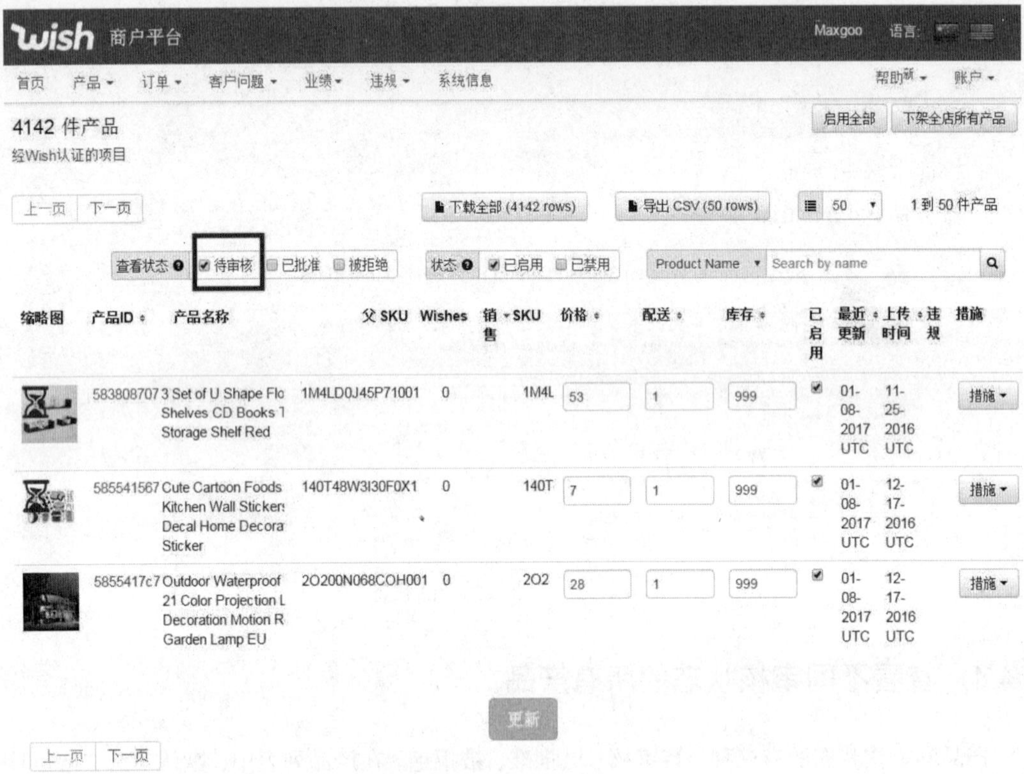

图 6-4-15　查看“待审核”状态的所有产品

2. 已批准

在产品列表中，单独勾选“已批准”选项，会显示已批准的所有产品，如图 6-4-16 所示。

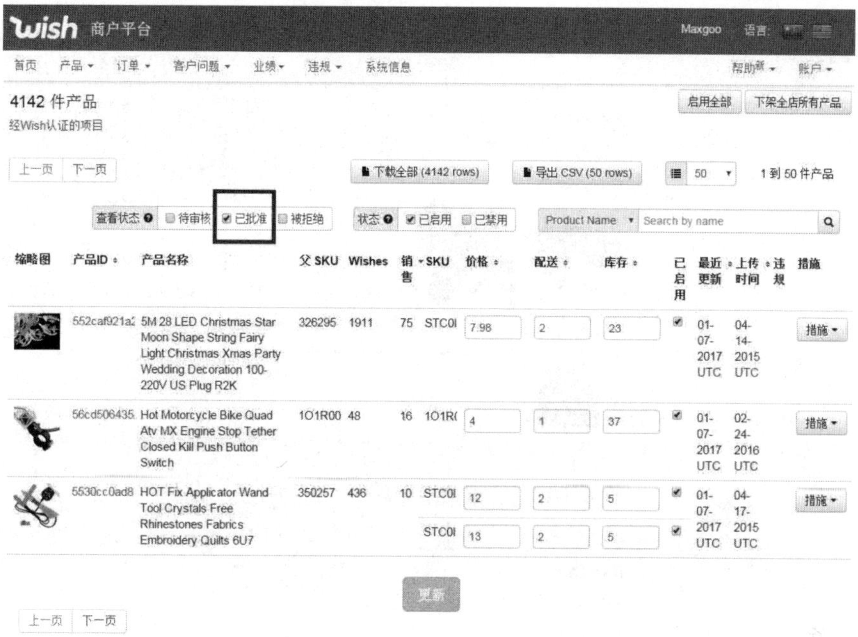

图 6-4-16　查看“已批准”状态的所有产品

3．被拒绝

在产品列表中，单独勾选“被拒绝”选项，会显示被拒绝的所有产品，如图 6-4-17 所示。

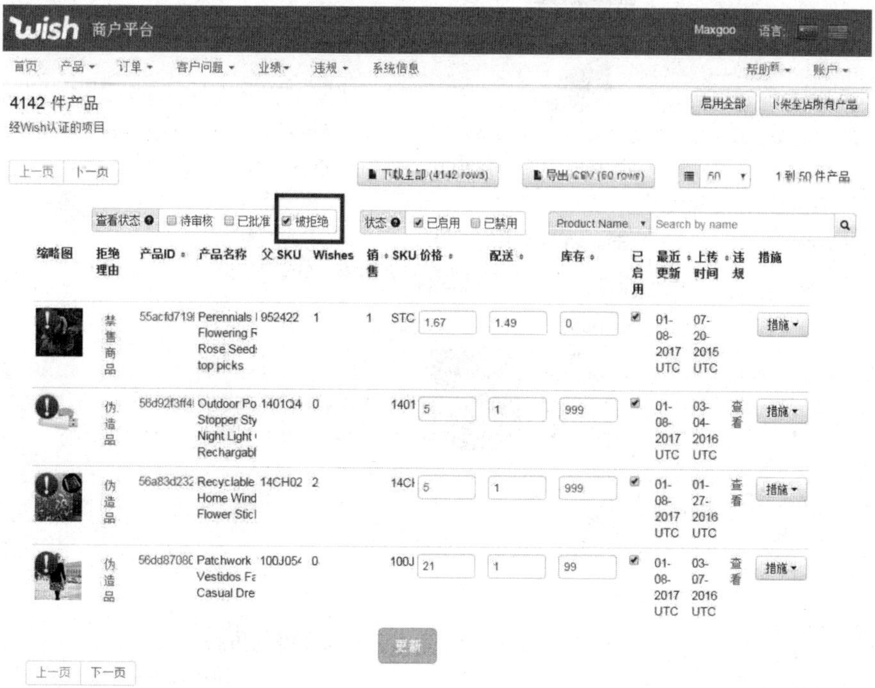

图 6-4-17　查看“被拒绝”状态的所有产品

点击“拒绝理由”选项，可以查看详细的被拒绝的理由，如图 6-4-18 ~ 图 6-4-20 所示。

Reason: 植物种子
产品中含有植物种子
Examples
More Examples
禁售商品

图 6-4-18 “被拒绝”理由：植物种子

Reason: 名人照片
产品图片中含有名人图片
Examples
More Examples
伪造品

图 6-4-19 “被拒绝”理由：名人照片

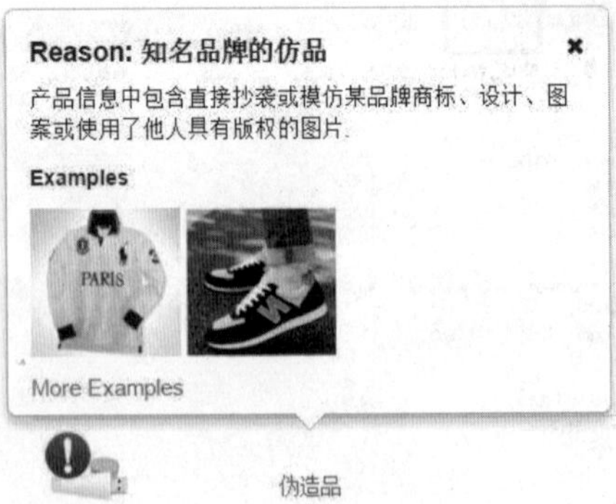
Reason: 知名品牌的仿品
产品信息中包含直接抄袭或模仿某品牌商标、设计、图案或使用了他人具有版权的图片.
Examples
PARIS
More Examples
伪造品

图 6-4-20 “被拒绝”理由：知名品牌的仿品

点击“More Examples”可以看到更多的禁售产品理由，如图 6-4-21 所示。

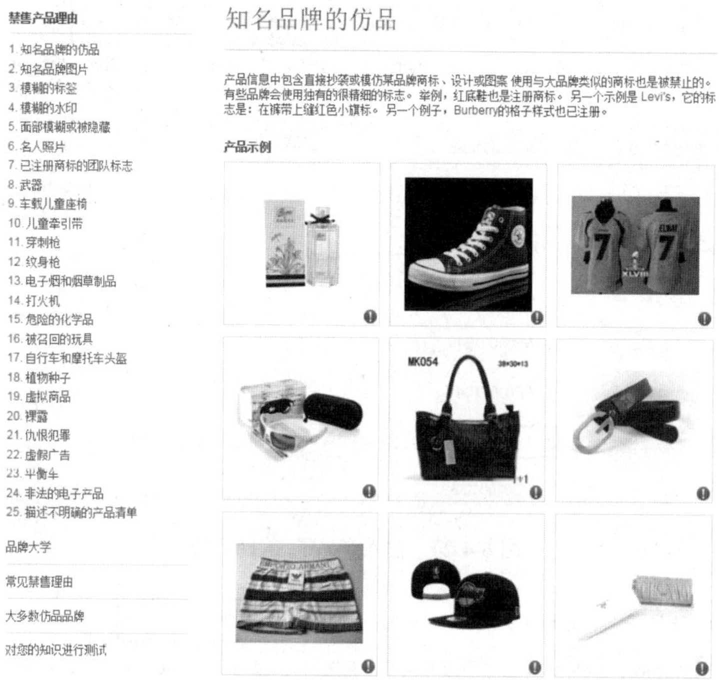

图 6-4-21　禁售产品理由详细说明

6.4.5　查找产品

查找产品的依据有五种：产品名称、子 SKU、父 SKU、产品 ID、产品标签，如图 6-4-22～图 6-4-27 所示。

图 6-4-22　查找产品的五个选项

图 6-4-23　输入产品名称查找

图 6-4-24　输入产品子 SKU 查找

图 6-4-25　输入产品父 SKU 查找

图 6-4-26　输入产品 ID 查找

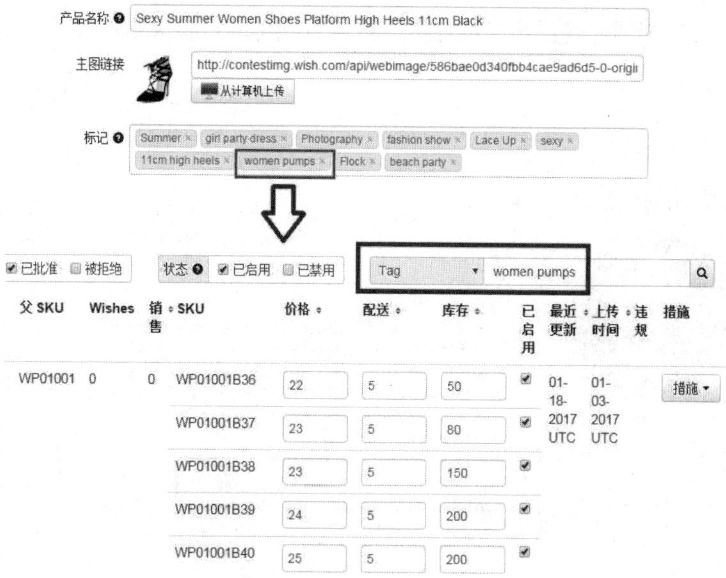

图 6-4-27　输入产品标签查找（相同标签的产品都会被查找到）

6.4.6　重新提交仿品审核

如果诚信店铺的仿品率高于 0.5%，就会失去诚信店铺的状态标识，并且 Wish 后台首页会提示需要“重新提交仿品审核”，如图 6-4-28、图 6-4-29 所示。

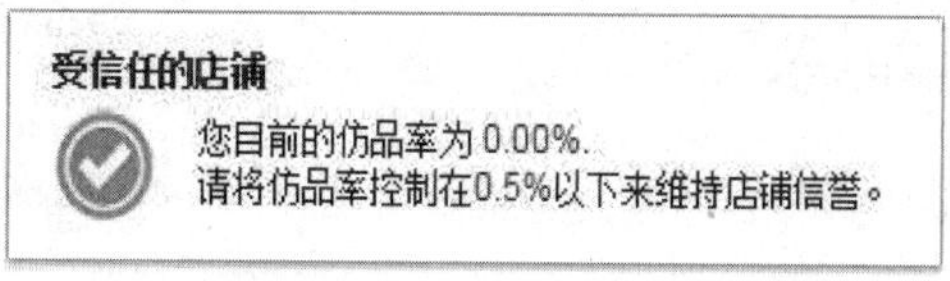

图 6-4-28　诚信店铺标识

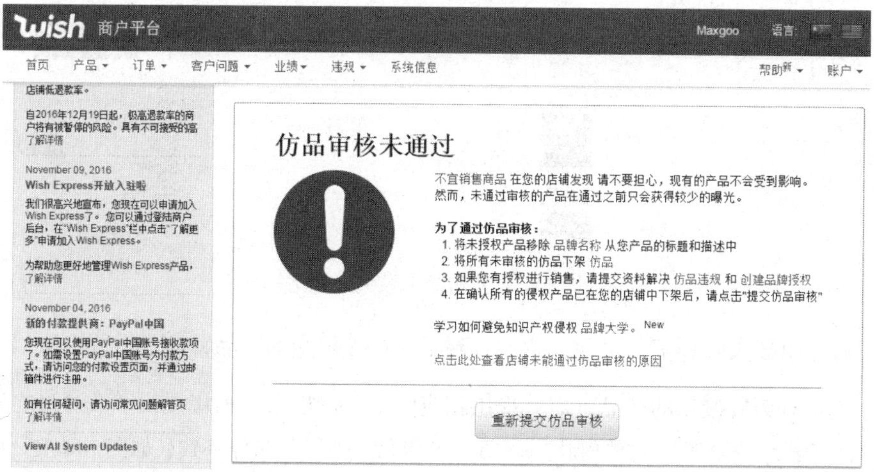

图 6-4-29　“重新提交仿品审核”提示

点击查看店铺未能通过仿品审核的原因，可以看到仿品审核失败的详情，如图 6-4-30、图 6-4-31 所示。

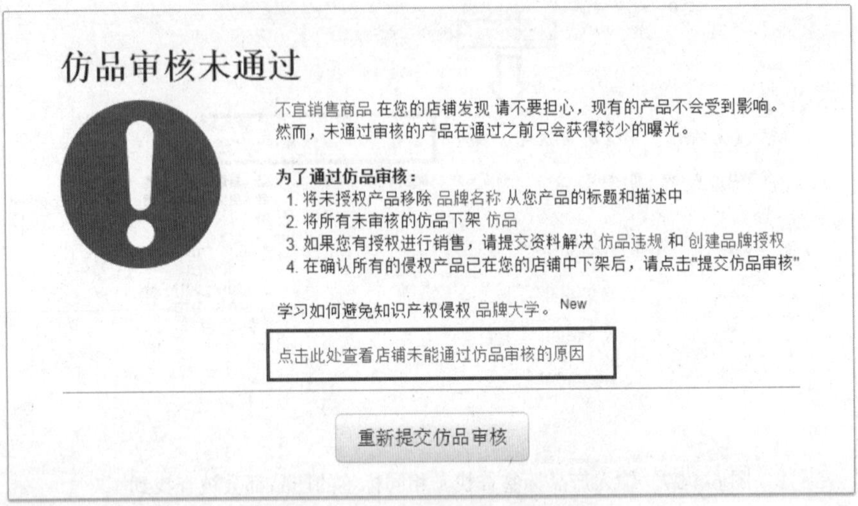
仿品审核未通过
不宜销售商品 在您的店铺发现 请不要担心，现有的产品不会受到影响。
然而，未通过审核的产品在通过之前只会获得较少的曝光。
为了通过仿品审核：
1. 将未授权产品移除 品牌名称 从您产品的标题和描述中
2. 将所有未审核的仿品下架 仿品
3. 如果您有授权进行销售，请提交资料解决 仿品违规 和 创建品牌授权
4. 在确认所有的侵权产品已在您的店铺中下架后，请点击"提交仿品审核"
学习如何避免知识产权侵权 品牌大学。New
点击此处查看店铺未能通过仿品审核的原因
重新提交仿品审核

图 6-4-30　仿品审核未通过的提示

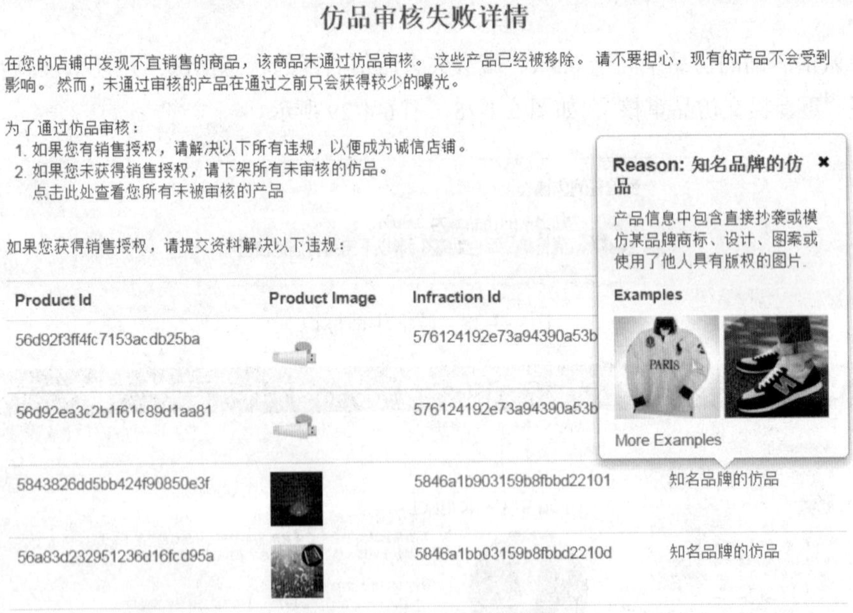
仿品审核失败详情
在您的店铺中发现不宜销售的商品，该商品未通过仿品审核。这些产品已经被移除。请不要担心，现有的产品不会受到影响。然而，未通过审核的产品在通过之前只会获得较少的曝光。
为了通过仿品审核：
1. 如果您有销售授权，请解决以下所有违规，以便成为诚信店铺。
2. 如果您未获得销售授权，请下架所有未审核的仿品。
点击此处查看您所有未被审核的产品
如果您获得销售授权，请提交资料解决以下违规：
Product Id
Product Image
Infraction Id
56d92f3ff4fc7153acdb25ba
576124192e73a94390a53b
56d92ea3c2b1f61c89d1aa81
576124192e73a94390a53b
5843826dd5bb424f90850e3f
5846a1b903159b8fbbd22101
知名品牌的仿品
56a83d232951236d16fcd95a
5846a1bb03159b8fbbd2210d
知名品牌的仿品
Reason: 知名品牌的仿品
产品信息中包含直接抄袭或模仿某品牌商标、设计、图案或使用了他人具有版权的图片。
Examples
PARIS
More Examples

图 6-4-31　仿品审核失败详情

在“仿品审核失败详情”页面，我们看到了审核被拒绝的产品，商户需要采取以下措施。

（1）对于有销售授权的产品，需要提供相应的销售授权书。销售授权审核通过之后，产品就能审核通过，并恢复正常的销售状态。操作步骤和“违规”部分一致，如图 6-4-32、图 6-4-33 所示。

仿品审核失败详情
在您的店铺中发现不宜销售的商品，该商品未通过仿品审核。这些产品已经被移除。请不要担心，现有的产品不会受到影响。然而，未通过审核的产品在通过之前只会获得较少的曝光。
为了通过仿品审核：
1. 如果您有销售授权，请解决以下所有违规，以便成为诚信店铺。
2. 如果您未获得销售授权，请下架所有未审核的仿品。
点击此处查看您所有未被审核的产品
如果您获得销售授权，请提交资料解决以下违规：
Product Id
Product Image
Infraction Id
Counterfeit Reason
56d92f3ff4fc7153acdb25ba
576124192e73a94390a53b52
知名品牌的仿品
56d92ea3c2b1f61c89d1aa81
576124192e73a94390a53b51
知名品牌的仿品
5843826dd5bb424f90850e3f
5846a1b903159b8fbbd22101
知名品牌的仿品

图 6-4-32　点击 Infraction Id 去处理违规产品

违规详情
检测到的问题：侵犯知识产权
阅读更多关于知识产权
这如何影响产品
如何将这款产品重新上架
别担心!想要重新上架产品，请完成以下步骤
选项1. 提供授权以使用此知识产权
联系品牌拥有者获得授权以销售此品牌。查看联系信息。
提交授权以销售此品牌。
了解详情
提供授权
或者
选项2. 编辑产品并去除所有知识产权相关的信息
编辑产品的图片，标题以及文字描述，以去除侵犯知识产权的信息。
了解详情
重新编辑清单

图 6-4-33　点击“提供授权”按钮去提供销售授权

（2）如果这些产品被误判或存在与品牌无关的原因，例如描述出现品牌词、带模糊的标签、带模糊的水印等，可以在“违规详情”中对产品进行编辑修改，并提交审核。审核通过之后，这些产品可以恢复正常的销售状态，如图 6-4-34 所示。

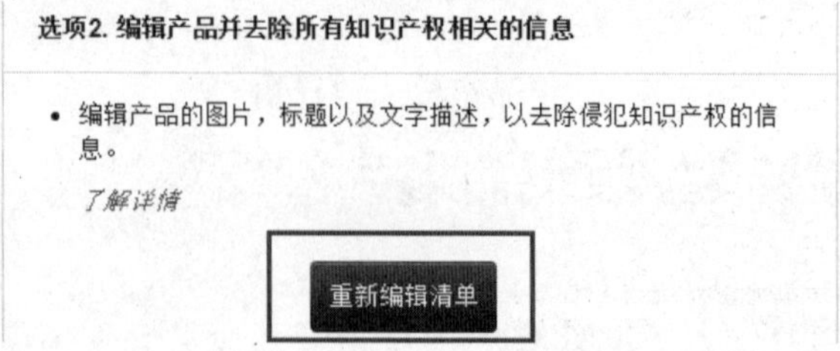
选项2. 编辑产品并去除所有知识产权相关的信息
• 编辑产品的图片，标题以及文字描述，以去除侵犯知识产权的信息。
了解详情
重新编辑清单

图 6-4-34　重新编辑产品信息（参考“违规”章节内容）

（3）如果确认产品没有销售授权，这些产品就不需要处理，也不需要手动下架。因为产品已经处于“被拒绝”状态，是无法上架/下架的，也是无法销售的，如图 6-4-35 所示。

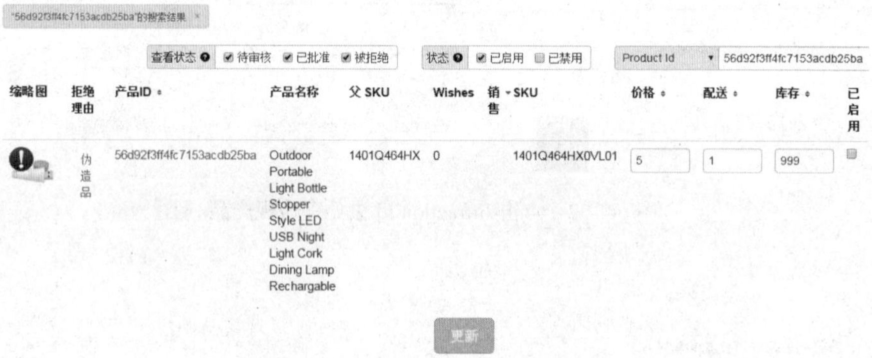
"56d92f3ff4fc7153acdb25ba"的搜索结果
查看状态 待审核 已批准 被拒绝
状态 已启用 已禁用
Product Id 56d92f3ff4fc7153acdb25ba
缩略图 拒绝理由 产品ID 产品名称 父 SKU Wishes 销售 SKU 价格 配送 库存 已启用
仿造品 56d92f3ff4fc7153acdb25ba Outdoor Portable Light Bottle Stopper Style LED USB Night Light Cork Dining Lamp Rechargable 1401Q464HX 0 1401Q464HX0VL01 5 1 999
更新

图 6-4-35　审核被拒绝的产品不需要手动下架

（4）对还在审核中的产品进行重新检查，如果发现有仿品，就需要进行下架处理；如果发现有描述出现品牌词、模糊的标签、模糊的水印等问题的，需要对产品进行重新编辑修改，如图 6-4-36、图 6-4-37 所示。

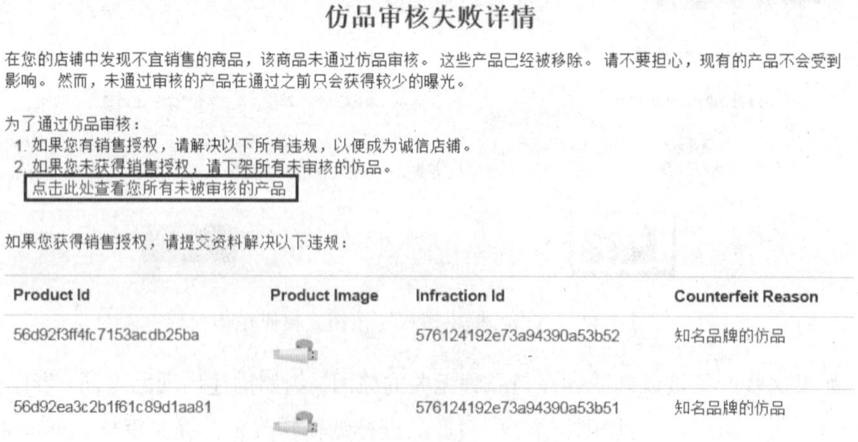
仿品审核失败详情
在您的店铺中发现不宜销售的商品，该商品未通过仿品审核。这些产品已经被移除。请不要担心，现有的产品不会受到影响。然而，未通过审核的产品在通过之前只会获得较少的曝光。
为了通过仿品审核：
1. 如果您有销售授权，请解决以下所有违规，以便成为诚信店铺。
2. 如果您未获得销售授权，请下架所有未审核的仿品。
点击此处查看您所有未被审核的产品
如果您获得销售授权，请提交资料解决以下违规：
Product Id　Product Image　Infraction Id　Counterfeit Reason
56d92f3ff4fc7153acdb25ba　576124192e73a94390a53b52　知名品牌的仿品
56d92ea3c2b1f61c89d1aa81　576124192e73a94390a53b51　知名品牌的仿品

图 6-4-36　点击查看所有未被审核的产品

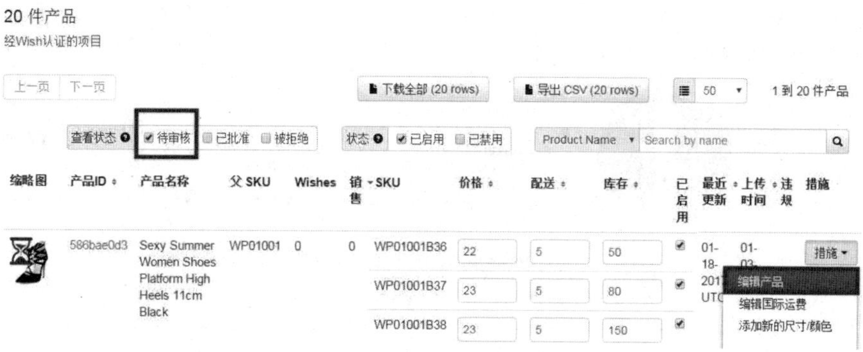

图 6-4-37 重新检查“待审核”状态的产品

在进行了上述操作之后，店铺的仿品率表现低于 0.5%的，可以进行“重新提交仿品审核”操作，如图 6-4-38 ~ 图 6-4-45 所示。

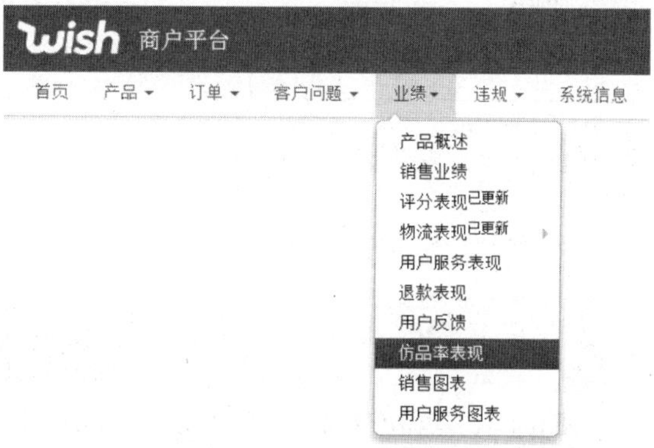

图 6-4-38 查看“仿品率表现”

仿品率表现

每周我们都会随机抽查您店铺内部分还未经过审核的商品，由此确定您的店铺仿品率
仿品率的计算方式是：一段时期内，被判定为仿品的数量除以经过审核的商品总量。
日期范围的计算是基于您的店铺最近一次提交诚信店铺审核和未通过审核的天数，及店铺受信任的天数。店铺当前的日期范围为7。

诚信店铺中的产品将会得到更多曝光并且不需要审核便可销售。
点击这里了解更多诚信店铺相关信息

为保持较低的仿品率，请确保未经审核的产品不存在任何的仿品 如果信任店铺的仿品率高于0.5%则可能失去现有信任店铺的状态。

更多有关仿品，诚信店铺，以及品牌产品的信息，请查看 品牌大学。New

日期范围	经过审核的产品	找到的侵权产品	申诉成功的侵权产品	产品被判为仿品	仿品率
01/09 - 01/16	0	0	0	0	0%
01/08 - 01/15	15	5	1	4	26.67%
01/07 - 01/14	15	5	1	4	26.67%
01/06 - 01/13	15	5	1	4	26.67%
01/05 - 01/12	14	5	1	4	28.57%
01/04 - 01/11	14	5	1	4	28.57%
01/03 - 01/10	13	5	1	4	30.77%
01/02 - 01/09	12	5	1	4	33.33%

图 6-4-39 确认过去一周内的仿品率低于 0.5%

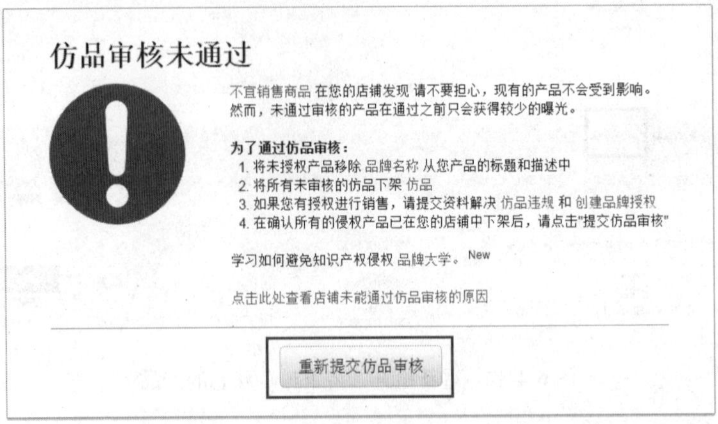
仿品审核未通过
不宜销售商品 在您的店铺发现 请不要担心，现有的产品不会受到影响。
然而，未通过审核的产品在通过之前只会获得较少的曝光。
为了通过仿品审核：
1. 将未授权产品移除 品牌名称 从您产品的标题和描述中
2. 将所有未审核的仿品下架 仿品
3. 如果您有授权进行销售，请提交资料解决 仿品违规 和 创建品牌授权
4. 在确认所有的侵权产品已在您的店铺中下架后，请点击"提交仿品审核"
学习如何避免知识产权侵权 品牌大学。New
点击此处查看店铺未能通过仿品审核的原因
重新提交仿品审核

图 6-4-40　点击“重新提交仿品审核”按钮

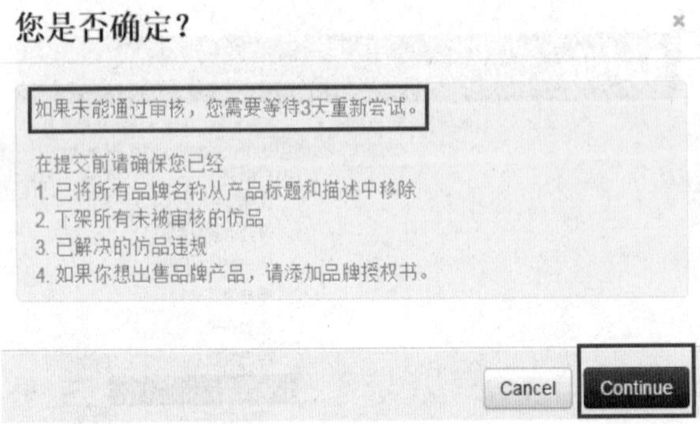
您是否确定?
如果未能通过审核，您需要等待3天重新尝试。
在提交前请确保您已经
1. 已将所有品牌名称从产品标题和描述中移除
2. 下架所有未被审核的仿品
3. 已解决的仿品违规
4. 如果你想出售品牌产品，请添加品牌授权书。
Cancel
Continue

图 6-4-41　点击“Continue”按钮进行确认

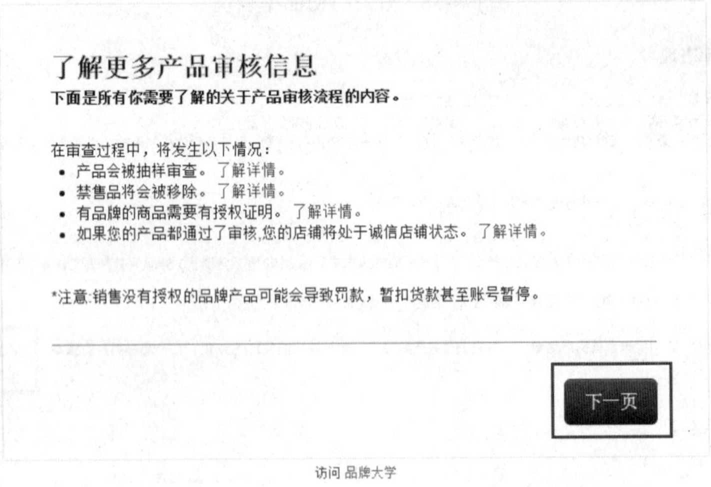
了解更多产品审核信息
下面是所有你需要了解的关于产品审核流程的内容。
在审查过程中，将发生以下情况：
• 产品会被抽样审查。了解详情。
• 禁售品将会被移除。了解详情。
• 有品牌的商品需要有授权证明。了解详情。
• 如果您的产品都通过了审核,您的店铺将处于诚信店铺状态。了解详情。
*注意:销售没有授权的品牌产品可能会导致罚款，暂扣货款甚至账号暂停。
下一页
访问 品牌大学

图 6-4-42　点击“下一步”按钮

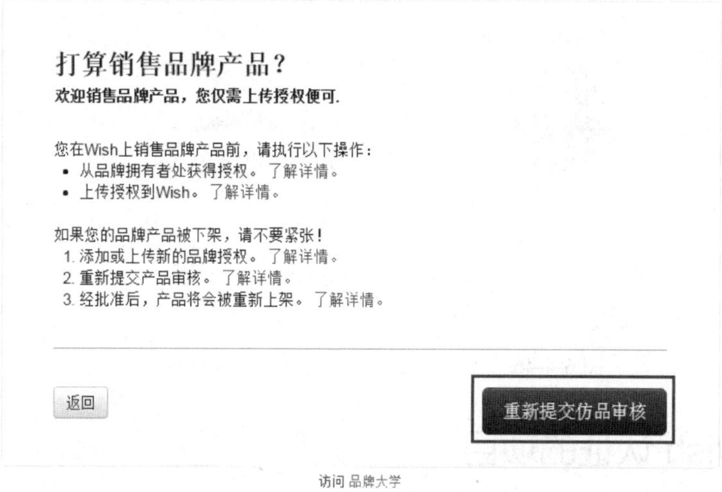
打算销售品牌产品？
欢迎销售品牌产品，您仅需上传授权便可.
您在Wish上销售品牌产品前，请执行以下操作：
• 从品牌拥有者处获得授权。了解详情。
• 上传授权到Wish。了解详情。
如果您的品牌产品被下架，请不要紧张！
1. 添加或上传新的品牌授权。了解详情。
2. 重新提交产品审核。了解详情。
3. 经批准后，产品将会被重新上架。了解详情。
返回
重新提交仿品审核
访问 品牌大学

图 6-4-43　点击“重新提交仿品审核”按钮

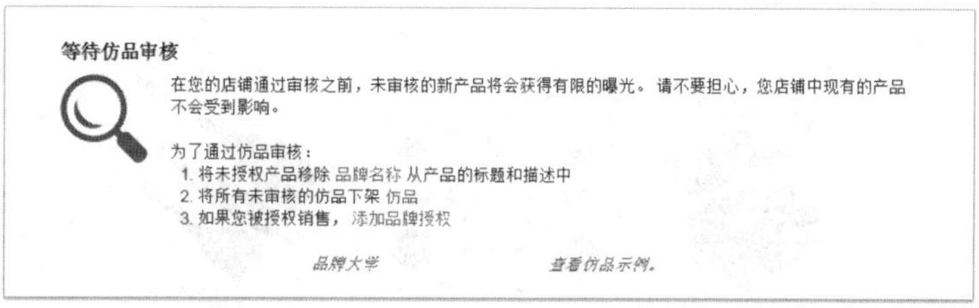
等待仿品审核
在您的店铺通过审核之前，未审核的新产品将会获得有限的曝光。请不要担心，您店铺中现有的产品不会受到影响。
为了通过仿品审核：
1. 将未授权产品移除 品牌名称 从产品的标题和描述中
2. 将所有未审核的仿品下架 仿品
3. 如果您被授权销售，添加品牌授权
品牌大学
查看仿品示例。

图 6-4-44　提交之后 Wish 后台首页的“等待仿品审核”说明

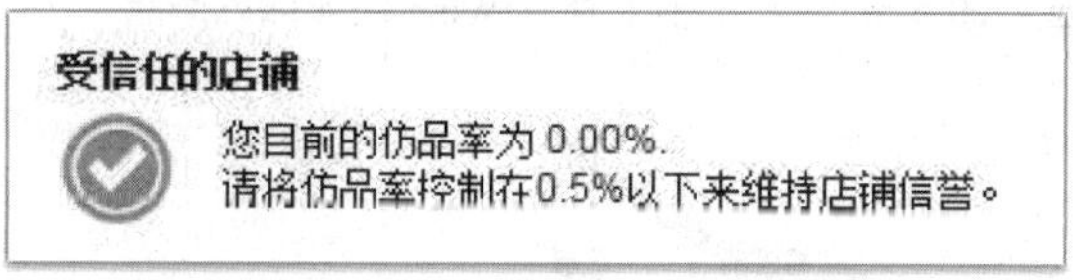
受信任的店铺
您目前的仿品率为 0.00%.
请将仿品率控制在0.5%以下来维持店铺信誉。

图 6-4-45　审核通过之后恢复诚信店铺标识

注意事项：

- 重新提交仿品审核后，审核时间一般是 2 ~ 5 个工作日。
- 如果仿品率表现不低于 0.5%就重新提交仿品审核，会导致审核不通过。
- 如果重新提交仿品审核之后审核仍然未通过，系统将会提示“请你等待等待 3 天后再次提交仿品审核”，如图 6-4-46 所示。

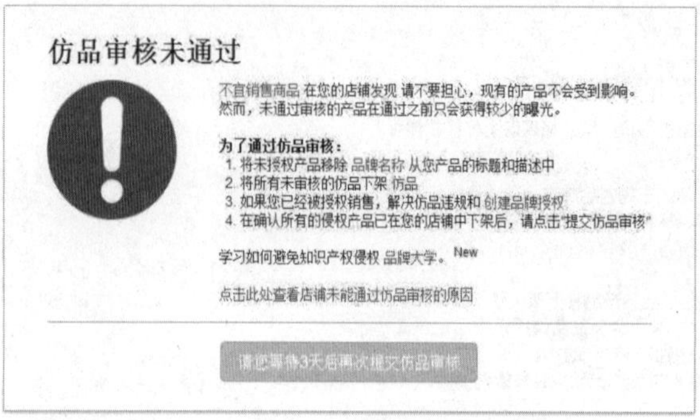
仿品审核未通过
不宜销售商品 在您的店铺发现 请不要担心，现有的产品不会受到影响。
然而，未通过审核的产品在通过之前只会获得较少的曝光。
为了通过仿品审核：
1. 将未授权产品移除 品牌名称 从您产品的标题和描述中
2. 将所有未审核的仿品下架 仿品
3. 如果您已经被授权销售，解决仿品违规和 创建品牌授权
4. 在确认所有的侵权产品已在您的店铺中下架后，请点击"提交仿品审核"
学习如何避免知识产权侵权 品牌大学。New
点击此处查看店铺未能通过仿品审核的原因
请您等待3天后再次提交仿品审核

图 6-4-46　等待 3 天后再次提交仿品审核的提示

6.5　经 Wish 认证的项目

经 Wish 认证的项目是因质量优、评分高、评论好等被 Wish 自动授予 Wish 认证标志的产品，如图 6-5-1 ~ 图 6-5-3 所示。

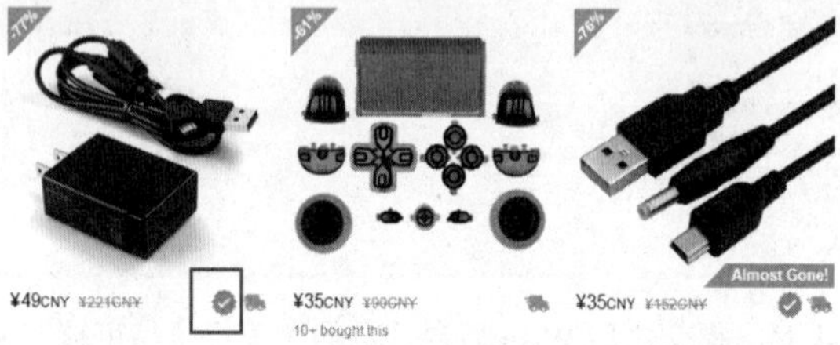
-77%
-61%
-76%
Almost Gone!
¥49CNY ¥221CNY
¥35CNY ¥90CNY
10+ bought this
¥35CNY ¥152CNY

图 6-5-1　在电脑上查看 Wish 认证标志产品

For Sony PSP 1000/PSP Slim & Lite 2000/3000 2In 1 USB Data Charge Cable Cord
¥152 CNY ¥35 CNY
Buy
Save
Overview
Related Products
Description
Store Ratings
Shipping
Estimated Arrival
Jan 27 - Jan 29
Verified by Wish
This product has been inspected and is guaranteed to be the best quality.
Estimated Shipping
¥7 CNY

图 6-5-2　产品的 Wish 认证标志说明

通过 Wish 后台“产品”→“经 Wish 认证的项目”菜单可查看 Wish 认证的产品，如图 6-5-4、图 6-5-5 所示。

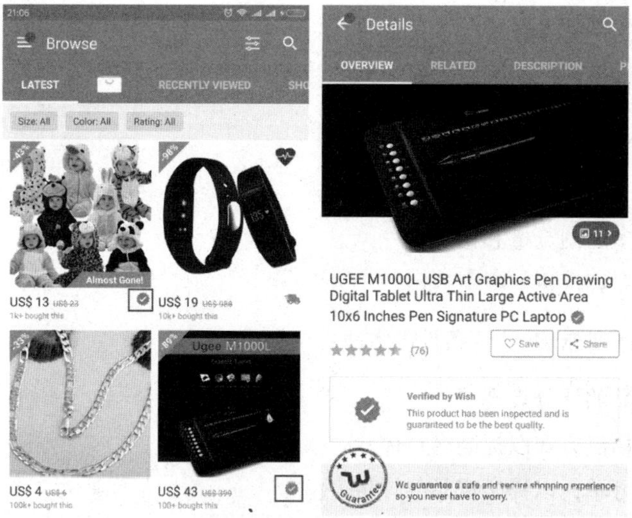
Browse
LATEST
RECENTLY VIEWED
Size: All
Color: All
Rating: All
Almost Gone!
US$ 13
US$ 19
US$ 4
US$ 43
Ugee M1000L
Details
OVERVIEW
RELATED
DESCRIPTION
UGEE M1000L USB Art Graphics Pen Drawing Digital Tablet Ultra Thin Large Active Area 10x6 Inches Pen Signature PC Laptop
(76)
Save
Share
Verified by Wish
This product has been inspected and is guaranteed to be the best quality.
We guarantee a safe and secure shopping experience so you never have to worry.

图 6-5-3　在手机上查看 Wish 认证标志产品

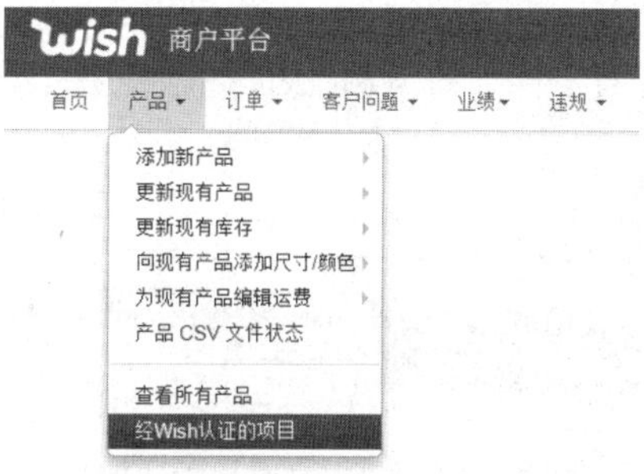
wish 商户平台
首页
产品
订单
客户问题
业绩
违规
添加新产品
更新现有产品
更新现有库存
向现有产品添加尺寸/颜色
为现有产品编辑运费
产品 CSV 文件状态
查看所有产品
经Wish认证的项目

图 6-5-4　“经 Wish 认证的项目”菜单

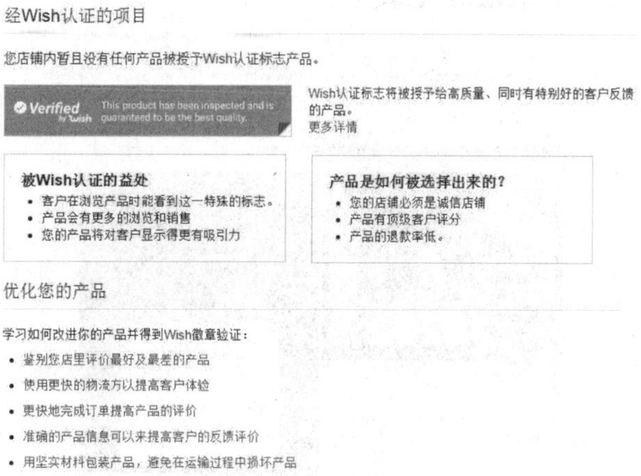
经Wish认证的项目
您店铺内暂且没有任何产品被授予Wish认证标志产品。
Verified by wish
This product has been inspected and is guaranteed to be the best quality.
Wish认证标志将被授予给高质量、同时有特别好的客户反馈的产品。
更多详情
被Wish认证的益处
• 客户在浏览产品时能看到这一特殊的标志。
• 产品会有更多的浏览和销售
• 您的产品将对客户显示得更有吸引力
产品是如何被选择出来的?
• 您的店铺必须是诚信店铺
• 产品有顶级客户评分
• 产品的退款率低。
优化您的产品
学习如何改进你的产品并得到Wish徽章验证:
• 鉴别您店里评价最好及最差的产品
• 使用更快的物流方以提高客户体验
• 更快地完成订单提高产品的评价
• 准确的产品信息可以来提高客户的反馈评价
• 用坚实材料包装产品，避免在运输过程中损坏产品

图 6-5-5　经 Wish 认证的项目介绍

Wish 认证的产品选择条件如下：

- 您的店铺必须是诚信店铺。

- 产品有很好的评分和评价。
- 产品的退款率很低。

产品被 Wish 认证的好处是：

- 客户在浏览产品时能看到这一特殊的标志。
- 产品会有更多的浏览量和销量。
- 您的产品将对客户更有吸引力。

优化产品使其达到 Wish 认证条件的方法：

- 提升店铺产品的评分表现。
- 使用更快的物流方式以提高客户体验。
- 更快地完成订单，以提高产品的评价。
- 准确的产品信息可以提高客户的评价。
- 用坚实的材料包装产品，避免运输过程中的产品损坏。

点击“更多详情”可以查看更详细的 Wish 认证标志说明，如图 6-5-6、图 6-5-7 所示。

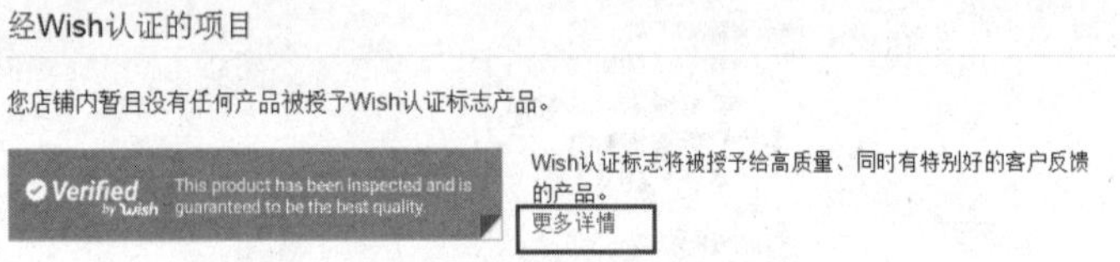
经Wish认证的项目
您店铺内暂且没有任何产品被授予Wish认证标志产品。
Verified by wish
This product has been inspected and is guaranteed to be the best quality.
Wish认证标志将被授予给高质量、同时有特别好的客户反馈的产品。
更多详情

图 6-5-6　点击查看更多详情

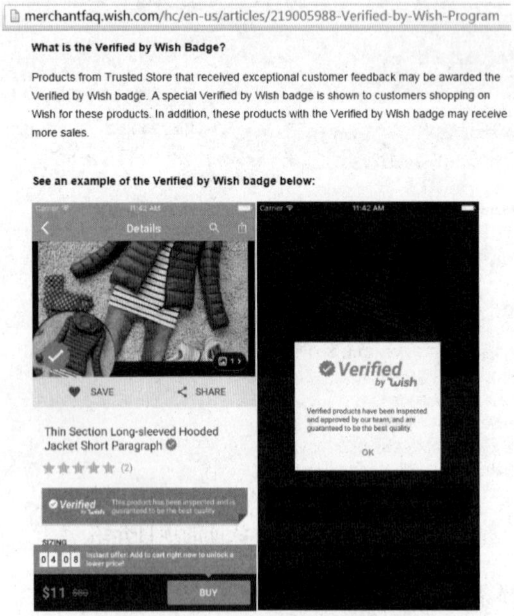
merchantfaq.wish.com/hc/en-us/articles/219005988-Verified-by-Wish-Program
What is the Verified by Wish Badge?
Products from Trusted Store that received exceptional customer feedback may be awarded the Verified by Wish badge. A special Verified by Wish badge is shown to customers shopping on Wish for these products. In addition, these products with the Verified by Wish badge may receive more sales.
See an example of the Verified by Wish badge below:
Details
SAVE
SHARE
Thin Section Long-sleeved Hooded Jacket Short Paragraph
Verified
BUY
Verified by wish
OK

图 6-5-7　Wish 认证标志详细说明

如果产品中已经有被 Wish 认证的产品，会在“经 Wish 认证的项目”下方显示出来，如果没有就不会显示，如图 6-5-8 所示。

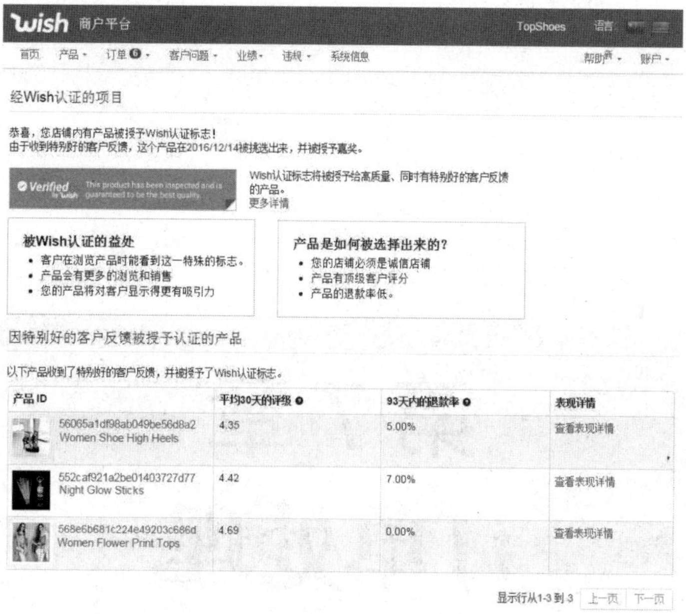

图 6-5-8　被 Wish 认证的产品

点击右侧的“查看产品表现详情”，可以看到该产品表现的详细情况，如图 6-5-9 所示。如果该产品后续的产品表现达不到 Wish 认证产品的条件，该产品的 Wish 认证产品标志将会被自动取消。

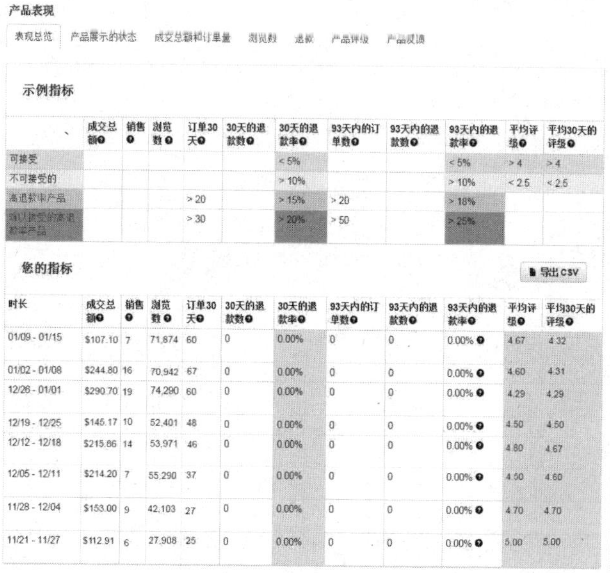

图 6-5-9　Wish 认证产品的产品表现

第 7 章
订单处理

7.1　未处理

在 Wish 后台点击“订单”→“未处理”菜单，打开未处理订单列表页面，如图 7-1-1、图 7-1-2 所示。

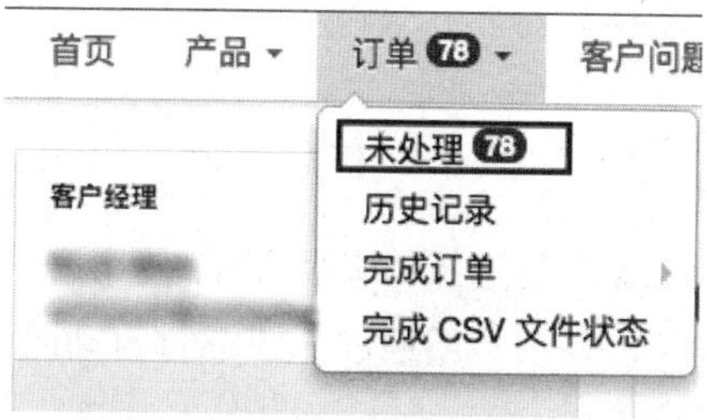

图 7-1-1　未处理菜单

图 7-1-2　未处理订单列表

商户也可以在 Wish 后台首页直接点击“待完成订单”，快速跳转至未处理订单列表，如图 7-1-3 所示。

图 7-1-3　待完成订单

对于未处理的订单，需要商家自行选择物流服务商，使用第三方物流商系统或 ERP 软件生成物流面单，并手动在订单上填写单号，或通过 ERP 软件自动回填单号。

发货流程如下。

（1）在订单右侧“操作”一栏点击“措施”→“配送”菜单，如图 7-1-4 所示。

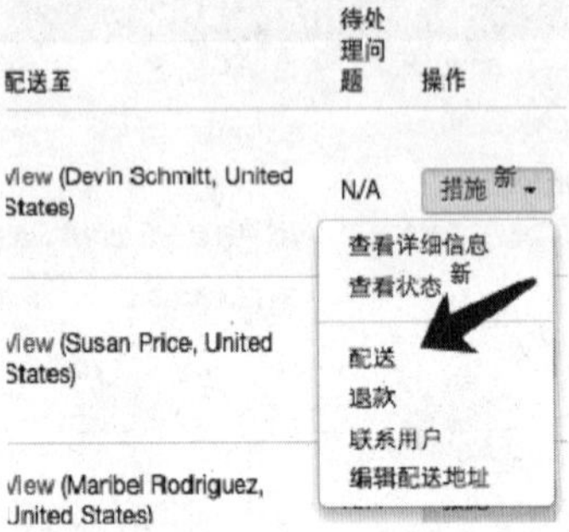

图 7-1-4　配送选项

（2）选择配送服务提供商，如图 7-1-5 所示。

图 7-1-5　选择配送服务提供商

（3）填写跟踪编号，如图 7-1-6 所示。

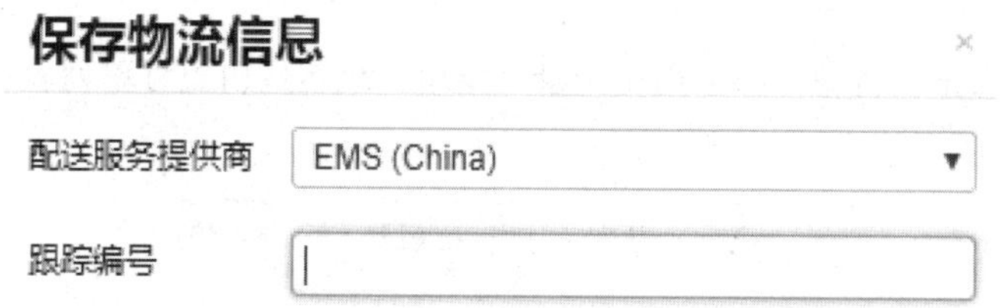

图 7-1-6　填写跟踪编号

（4）确认配送信息，包括配送服务提供商、跟踪编号，如有需要可以针对订单为自己添加备注，点击“保存”，完成配送设置，如图 7-1-7 所示。

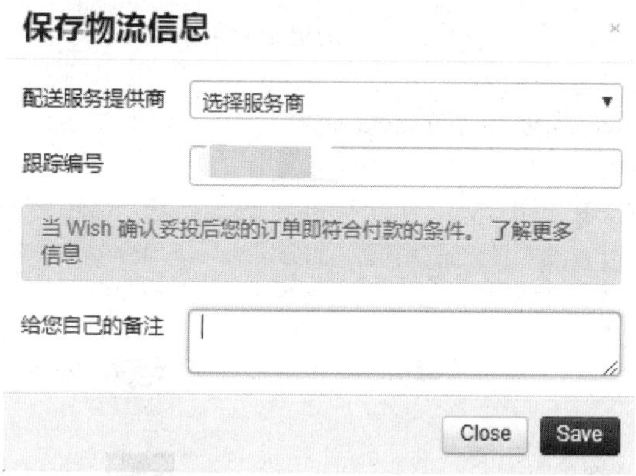

图 7-1-7　确认配送信息并保存

注意事项：

- 寄件人信息和地址信息都需要真实填写，国内段一旦发生退件，包裹会退至此寄件人和地址。
- 物流费用是物流商根据交货时的实际重量收取的，需要另外支付给物流商。
- 物流跟踪编号务必正确填写，单号在上网前仍可修改，单号上网后该信息将无法由商户在后台进行修改。

（5）点击“确认”之后，订单显示“正在处理”，如图 7-1-8 所示。

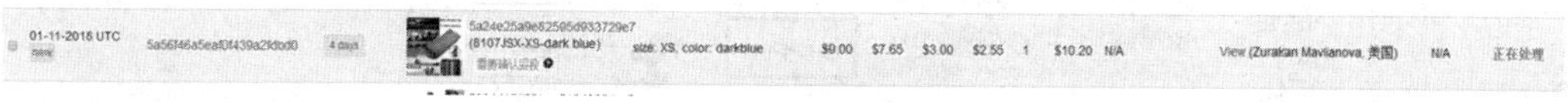

图 7-1-8　正在处理

刷新后，订单跳转至“历史订单”界面。

7.2 历史记录

在 Wish 后台点击“订单”→“历史记录”菜单，跳转到历史订单列表界面，如图 7-2-1、图 7-2-2 所示。

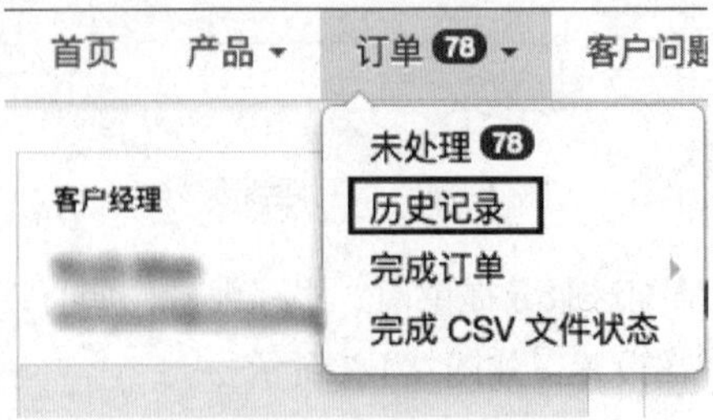

图 7-2-1　历史记录菜单

图 7-2-2　所有历史订单

1. 查看订单状态

订单历史记录列表中的“State”栏，即订单状态栏。订单状态有多种，下面举两个例子进行说明，如图 7-2-3 所示。

图 7-2-3　订单状态

- SHIPPED：已标记为“已配送”状态。即已经填写了物流跟踪单号。
- REFUNDED BY WISH：已被 Wish 退款。点击可查看退款原因，如图 7-2-4 所示。

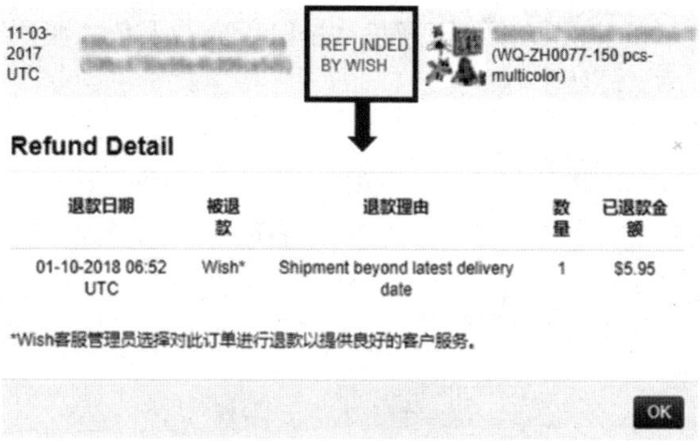

图 7-2-4　订单退款原因

2. 退款订单申诉

对于发生退款的订单，申诉入口如下："历史订单"→找到退款的订单→"not eligible for payment"，如图 7-2-5、图 7-2-6 所示。

图 7-2-5　历史退款订单申诉入口

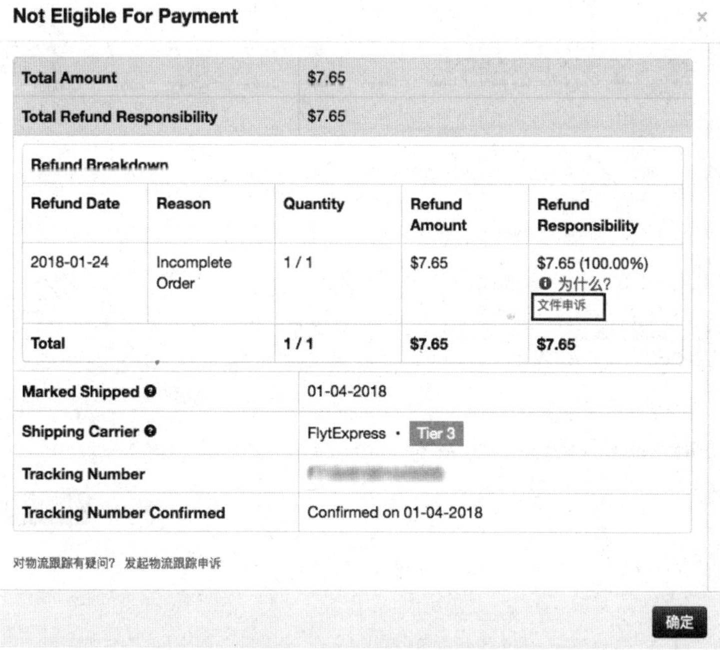

图 7-2-6　发起申诉选项

说明：发起申诉之后的相关操作，可通过 Wish 后台右上角“账户”→“申诉”菜单进行集中处理。

3．联系用户

如果订单配送存在问题，可以联系用户进行沟通确认，路径为“历史订单”→找到对应的订单→“措施”→“联系用户”，如图 7-2-7、图 7-2-8 所示。

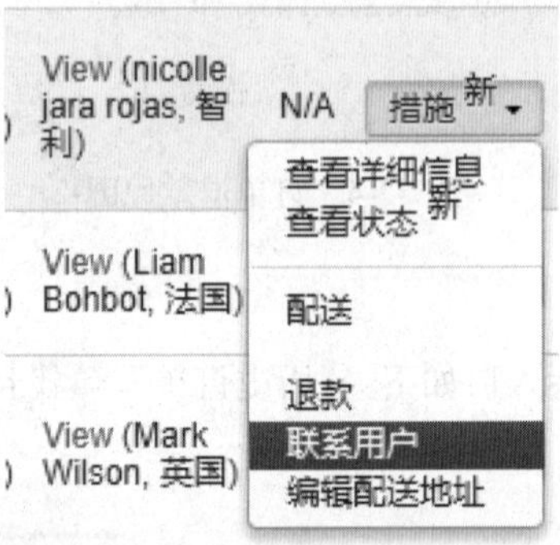

图 7-2-7　联系用户

图 7-2-8　选择沟通问题

问题类型：

- 发货地址有问题，产品无法进行配送。

- 包裹已抵达当地邮局，客户可前去提取。
- 超重的包裹，订单将会使用 2～3 个单独的包裹进行配送。
- 用户需要为清关而支付相关税费（关税）。
- 送货地址有问题，并且产品已被退给寄件人。
- 包裹在运输中丢失了，现已经为您重新寄送产品。
- 物件在配送中被毁坏，并重新发送了新的物件。
- 其他。

4．客户问题快捷入口

历史订单中提供了进入客户问题的快捷入口，路径为“历史订单”→找到对应的订单→“Open Tickets”→点击 Tickets ID，如图 7-2-9、图 7-2-10 所示。

图 7-2-9　查看 Open Tickets

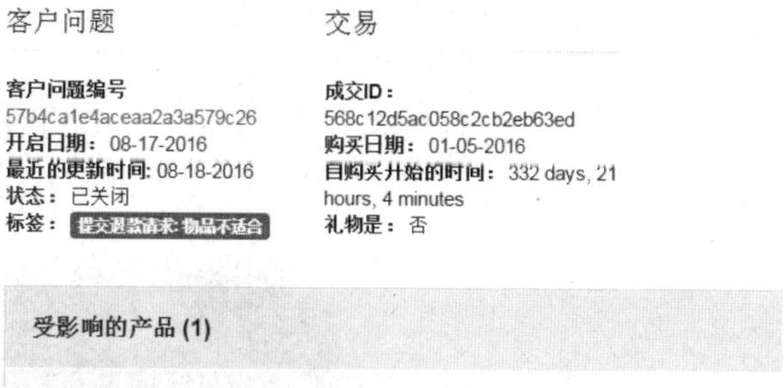

图 7-2-10　该订单的客户问题快捷入口

7.3　发货物料准备

发货物料是指常见的打包发货所需要用到的硬件和辅料，这里仅举例说明以供参考。发货物料需要占用一定的成本，一般都需要商户自费购买使用。另外，个别物流服务商免费提供物流面单和打印服务，商户如果需要使用，可以与自己的物流服务商进行确认。

1．打印机

激光打印机/喷墨打印机：使用 A4 纸，如图 7-3-1 所示。A4 纸的打印机一般价格相对较高，商户可以考虑购买二手的或改装的，或者租用高速打印机。

图 7-3-1　激光打印机

热敏标签打印机：使用 10cm×10cm 标签纸，如图 7-3-2 所示。这是一种专门用于打印热敏标签的打印机，与 A4 纸打印机相比，它的性价比更高。

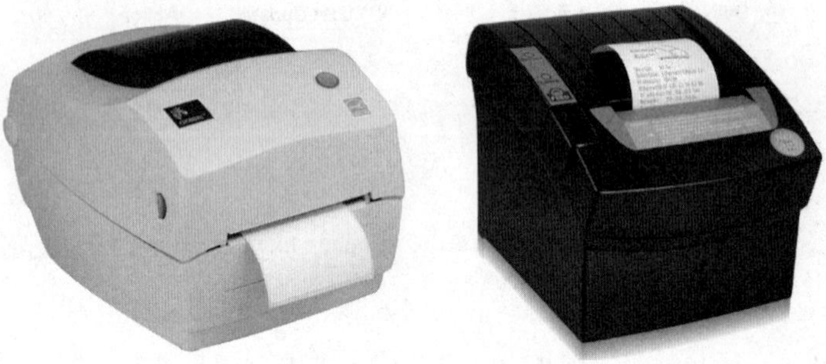

图 7-3-2　热敏标签打印机

2．打印纸

A4 打印纸：建议使用标准的 80g A4 打印纸，它厚度足够，不会轻易卡住，打印的文字足够稳定清晰，如图 7-3-3 所示。

图 7-3-3　A4 打印纸

不干胶标签纸：10cm×10cm。建议使用防油、防水、防酒精的“三防”标签打印纸，如图

7-3-4 所示。

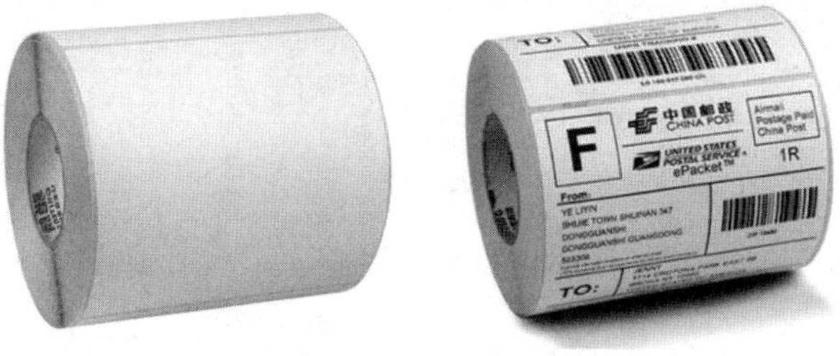

图 7-3-4　不干胶标签纸

常见标准物流面单规格是 10cm×10cm 大小的，需要与标准的 10cm×10cm 热敏标签打印机匹配使用，如图 7-3-5 所示。

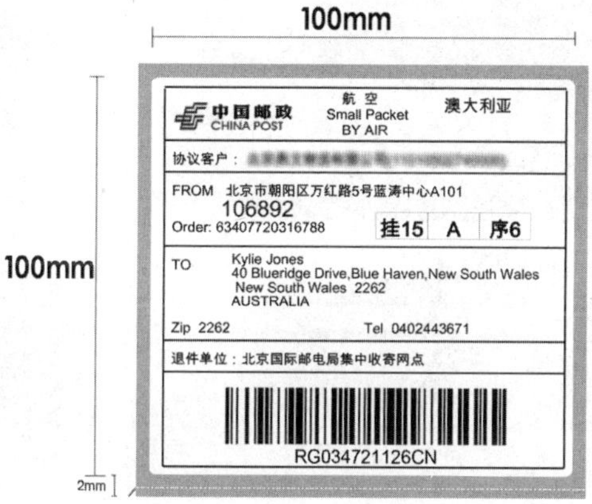

图 7-3-5　标签纸规格大小

3. 包装辅料

包装袋：又被称为快递袋，常见的有纸质和塑料两种材质，适合普通的产品，如图 7-3-6、图 7-3-7 所示。包装袋一般都有多种规格，商户可以根据自己的产品规格去选择合适的。一般要选择质量好的，否则很容易造成破损。

图 7-3-6　塑料快递袋

图 7-3-7　牛皮纸气泡膜信封袋

包装盒：又被称为快递纸箱、飞机盒，有不同的硬度和厚度，因价格不同而有差异。一般选择硬度足够而重量小的来使用，易碎物品需要配合气泡膜一起使用，如图 7-3-8 所示。

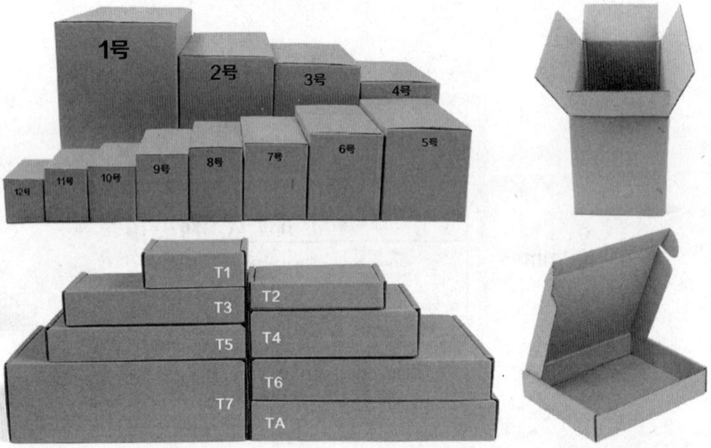

图 7-3-8　包装纸箱

气泡膜：是一种质地轻、透明度高的塑料包装材料，对产品起缓冲保护等作用，常与包装袋、包装盒一起使用，常见宽度：20cm、30cm、40cm、50cm、60cm、80cm，如图 7-3-9 所示。

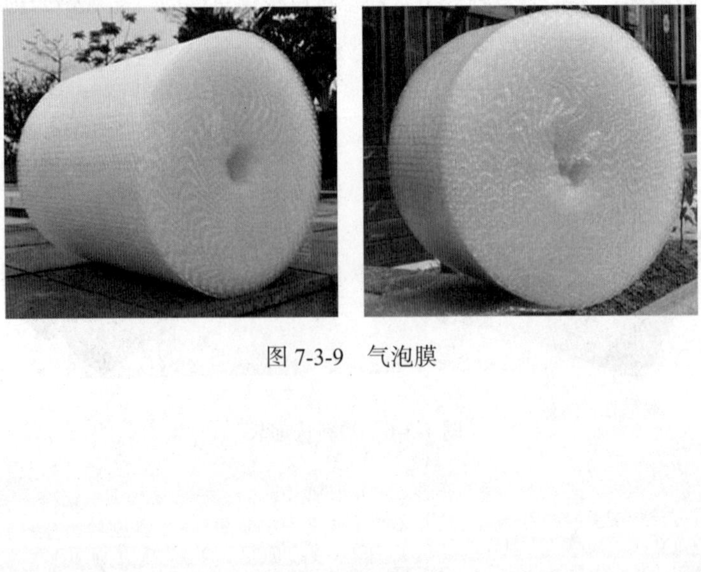

图 7-3-9　气泡膜

图 7-3-9　气泡膜（续）

其他辅料：透明胶、封口胶、编织袋、剪刀等，如图 7-3-10 所示。不同的产品有不同的包装辅料，商户可根据自己的产品选择合适的包装辅料。

图 7-3-10　封口胶和编织袋

4．统计工具

电子秤：又被称为快递称，用于计算重量，如图 7-3-11 所示。选择电子秤要注意重量区间：0 ~ 500g，0 ~ 10kg，0 ~ 30kg，0 ~ 50kg，0 ~ 100kg。重量区间越小，精度越高。对于需要精准统计到 1g 的小物品，建议选用高精度的电子秤。此外，部分可以配合 ERP 系统使用的电子秤，带有计价、计算、计重、无线传输数据等功能，有条件的商户可以考虑多功能的电子秤。

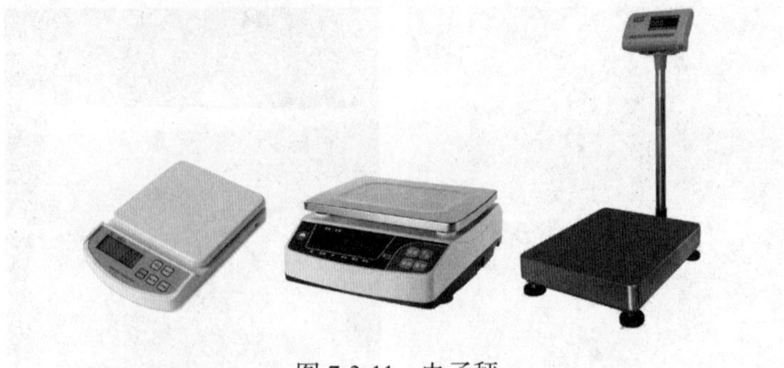

图 7-3-11　电子秤

扫码枪：发货时扫描物流面单跟踪号，自动传输到电脑中或 ERP 系统里，便于发货确认和数量统计。扫码枪一般有无线和有线两种，如图 7-3-12 所示。无线扫码枪的使用灵活，范围广，不受电线的长度限制。

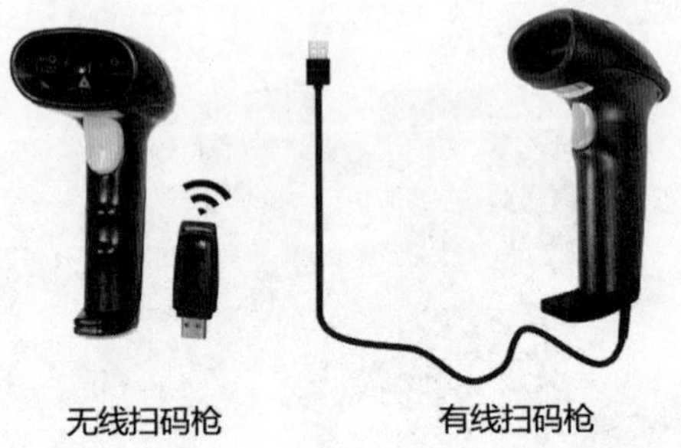

图 7-3-12　无线扫码枪和有线扫码枪

7.4　打包交货

1. 打印面单

根据打印机类型选择合适的面单进行打印，如图 7-4-1、图 7-4-2 所示。

图 7-4-1　10cm×10cm 面单打印效果

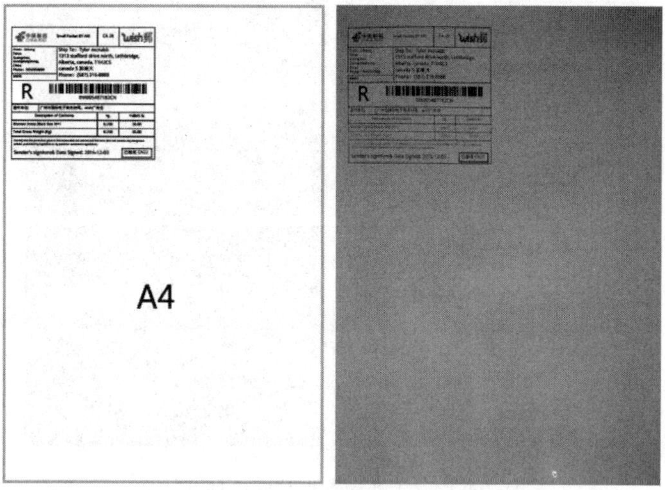

图 7-4-2　A4 面单打印效果

2．打包

根据产品类型，选择合适的辅料对产品进行包装，并进行封口，如图 7-4-3 所示。

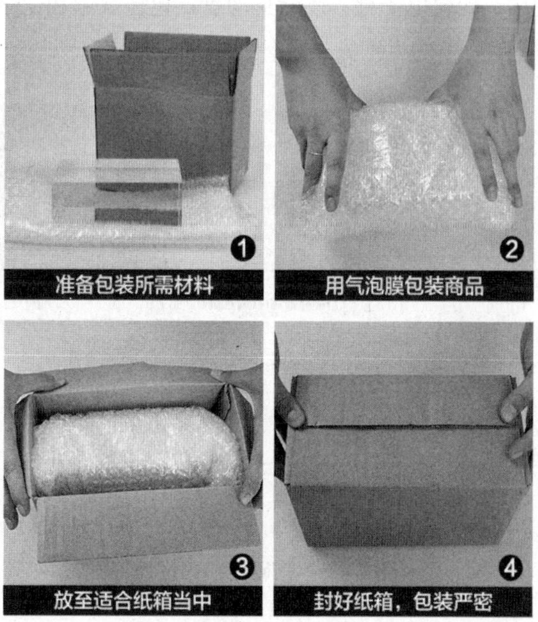

图 7-4-3　打包过程

3．贴面单

若用不干胶标签面单，就可以直接撕下面单，贴到包裹上面。用 A4 纸打印的，需要用剪刀裁剪之后，再用透明胶贴到包裹上面，透明胶要全部覆盖面单，以防止破损，如图 7-4-4 所示。

图 7-4-4　A4 纸和不干胶面单粘贴效果

4．扫码统计

利用扫码枪逐个对包裹的面单进行扫码，面单上的物流跟踪单号被扫描之后会自动传输到电脑或 ERP 系统中，便于确认发货记录和统计包裹数量，如图 7-4-5 所示。扫码枪是非必需品，常常与 ERP 系统一起使用，配合电子秤，还能自动盘点包裹数量和记录包裹重量。订单少的商户不需要采购扫码枪，采用简单的人工方式统计即可。

图 7-4-5　扫码枪扫码过程

5．过秤核算重量

核算重量就是对包裹称重并记录重量，一般有单个包裹过秤和整袋包裹过秤两种方式。单个包裹过秤能够准确记录每个包裹的重量，对于是否存在错寄、漏寄、多寄、少寄的问题能够提供很好的参考数据，如图 7-4-6 所示。整袋包裹过秤是针对整袋包裹总重量的过秤和记录，便于和物流服务商的交货登记和结算。

图 7-4-6　单个包裹过秤

6．预约上门揽收

打包等环节完成之后，需要预约物流服务商（货代）上门揽收。预约上门揽收，一般是通过物流服务商的系统预约，或者通过物流服务商提供的仓库/司机联系方式进行电话预约。上门揽收受交通情况的影响很大，预约时要保证时间节点的宽松。物流服务商上门揽收一般都有不同的要求，对达不到要求的需要额外收费或不上门揽收，实际以各个物流服务商的规定为准，如图 7-4-7 所示。

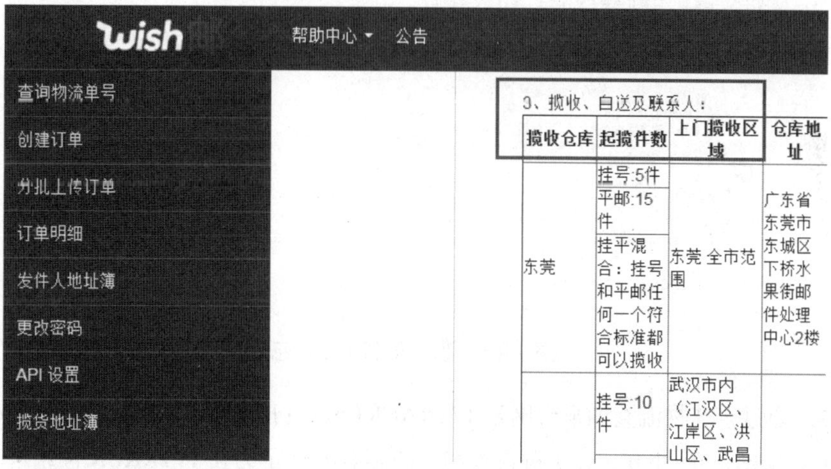

图 7-4-7　Wish 邮上门揽收条件

注意事项：

- 商户如果离物流服务商仓库比较近，可以自行送货至物流服务商仓库。这样能减少上门揽收时因交通问题产生的延误，在一定程度上能够加快包裹上网速度。
- 商户所在区域没有物流服务商时，需要商户自行把所有包裹寄送至物流服务商仓库。寄送过程需要一定的时间，包裹上网时间会受到影响，延迟发货率也存在超标的风险。

7. 上网查询

在交货给物流服务商之后，物流服务商一般在 24～48 小时内完成相关操作，商户通过物流服务商的网站就可以查到物流单号的跟踪信息（物流最新进度信息）。

方法一：在 Wish 后台按路径“订单”→“历史记录”→订单列表→“Shipment Details”→物流跟踪单号→物流最新进度信息进行查询，如图 7-4-8、图 7-4-9 所示。

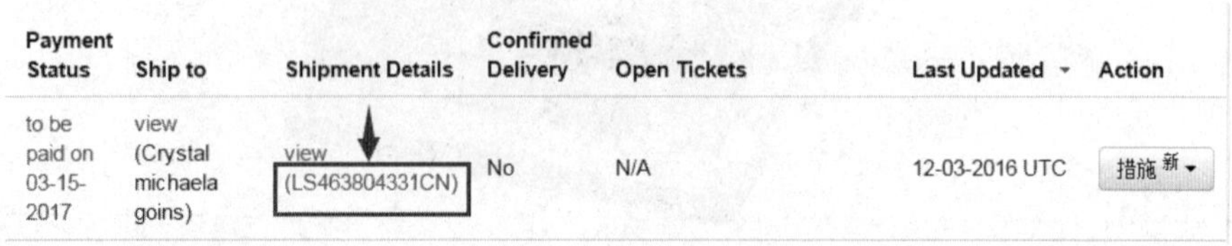

图 7-4-8　点击物流跟踪单号

图 7-4-9　物流最新进度信息

方法二：通过全球物流查询平台网站 17TRACK（网址：http://www.17track.net/）或 AfterShip（网址：https://www.aftership.com/）进行查询。图 7-4-10 所示为在 17TRACK 网站进行查询。

图 7-4-10　批量查询物流跟踪单号

第 8 章
客户问题

8.1　未处理

“未处理”是尚未处理的客户问题，位于 Wish 后台“客户问题”菜单下，如图 8-1-1、图 8-1-2 所示。

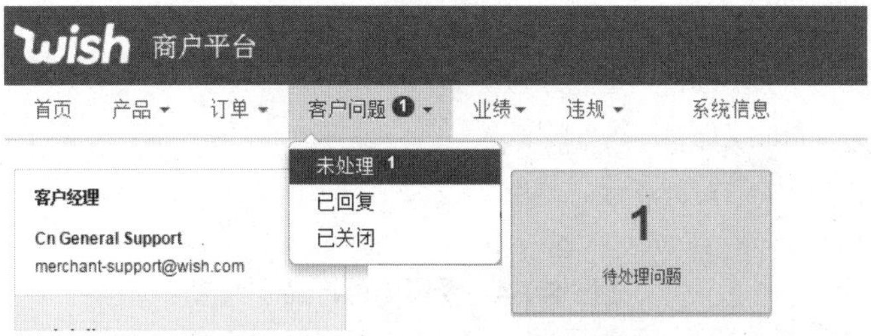

图 8-1-1　未处理的客户问题通知

图 8-1-2　未处理的客户问题

在客户问题右侧的“操作”栏下面点击“查看”按钮，查看客户问题详情，如图 8-1-3 所示。

图 8-1-3　客户问题详情

客户问题详情包括如下三个内容。

1）受影响的产品

点击“受影响的产品”右侧的“+”，可以看到该客户问题涉及哪些产品，如图 8-1-4 所示。

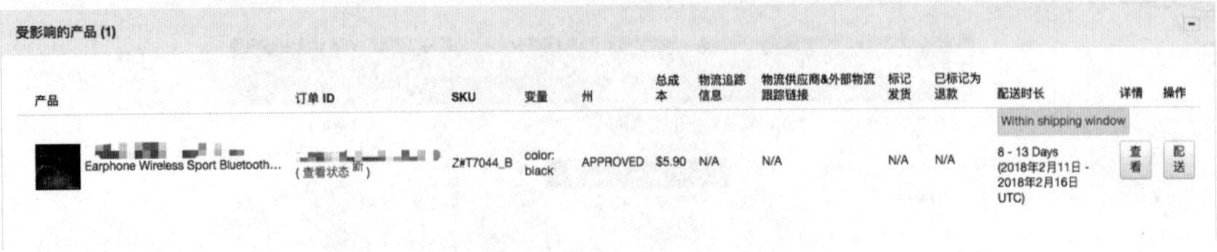

图 8-1-4　受影响的产品

在受影响的产品右侧“操作”栏下面点击下拉箭头，可以看到有“查看”和“配送”两个选项，如图 8-1-5 所示。

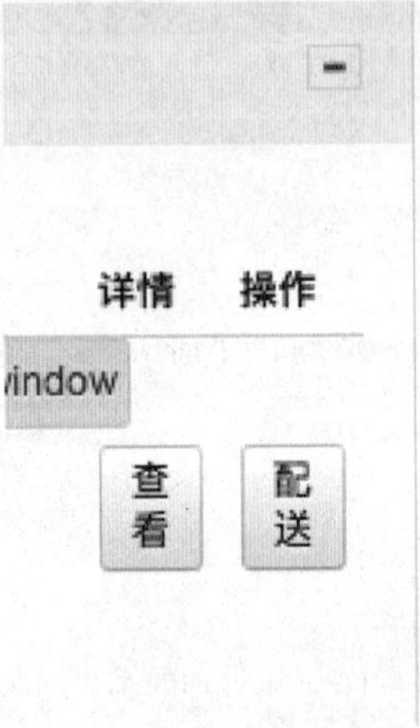

图 8-1-5　商户对客户问题的主动操作选项

操作说明：

- 查看：查看订单详情。
- 配送：进入订单发货页面，填写物流单号和物流服务商。

2）订单详情

点击“订单详情”右侧的“+”，可以看到该客户问题涉及的订单的详情，如图 8-1-6 所示。

图 8-1-6　客户问题涉及的订单

3）项目

点击“项目”右侧的“+”，可以看到该客户提出的问题的详情，如图 8-1-7 所示。

商户可以根据客户的问题进行自主回复，或者直接选择“关闭客户问题”。选择“请求 Wish 支持协助”，将由 Wish 客服对客户的问题进行处理并回复。

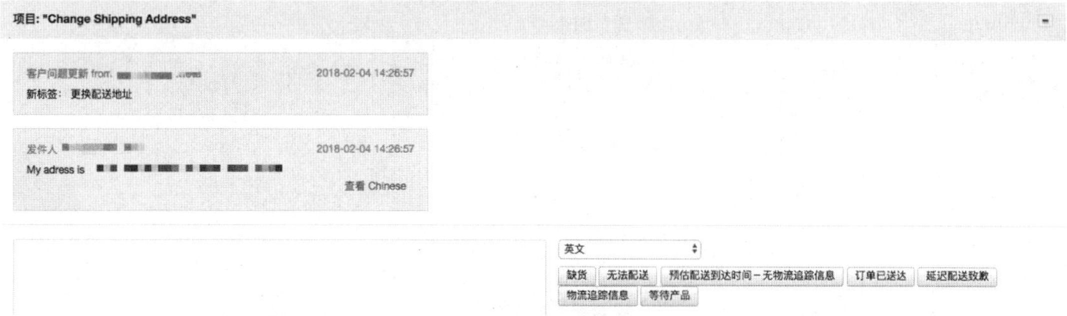

图 8-1-7　客户问题详细情况

Wish 提供了针对常见问题的快捷回复模板，并支持多个国家的语言。在右侧的语言下拉选项中，可以选择回复给客户的语言种类，如图 8-1-8 所示；点击右侧的模板类型（例如“延迟配送致歉”），可以找到对应语言种类的回复信模板，还可以上传图片或 PDF 文件作为辅助证据，如图 8-1-9 所示。

注意事项：

- 商户在回复客户问题的时候，必须针对客户问题认真处理，提供足够的证据或可让客户选择的处理方案。
- 等待商户处理的客户问题，商户一定要回复，否则直接影响 Wish 后台“业绩”→“用户服务表现”里面的“响应客户问题的平均时长（小时）”数据，如图 8-1-10 所示。

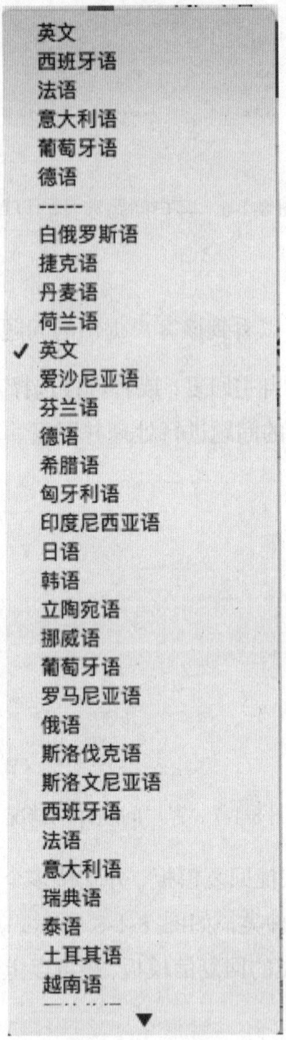

图 8-1-8　选择回复语言种类

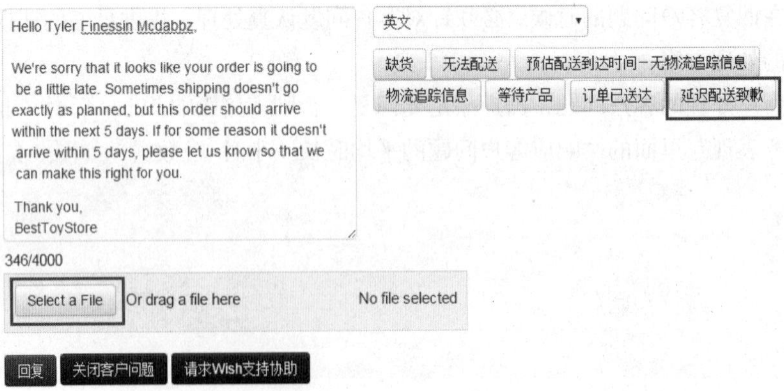

图 8-1-9　选择回复信模板

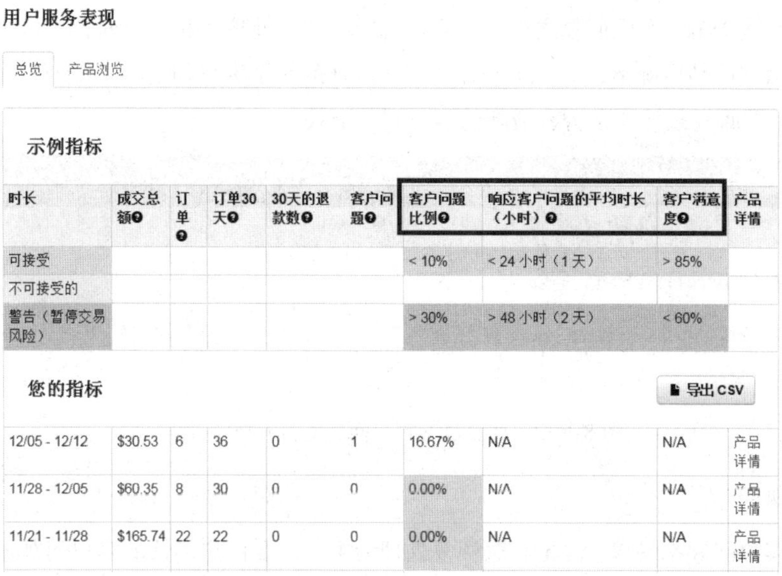

用户服务表现

总览　产品浏览

示例指标

时长	成交总额	订单	订单30天	30天的退款数	客户问题	客户问题比例	响应客户问题的平均时长（小时）	客户满意度	产品详情
可接受						< 10%	< 24 小时（1 天）	> 85%	
不可接受的									
警告（暂停交易风险）						> 30%	> 48 小时（2 天）	< 60%	

您的指标　导出 CSV

时长	成交总额	订单	订单30天	30天的退款数	客户问题	客户问题比例	响应客户问题的平均时长（小时）	客户满意度	产品详情
12/05 - 12/12	$30.53	6	36	0	1	16.67%	N/A	N/A	产品详情
11/28 - 12/05	$60.35	8	30	0	0	0.00%	N/A	N/A	产品详情
11/21 - 11/28	$165.74	22	22	0	0	0.00%	N/A	N/A	产品详情

图 8-1-10　客户问题与用户服务表现

此外，在“未处理”状态下的客户问题，如果没有得到商户的及时回复，Wish 会根据问题类型和时间规则自动分配给 Wish 客服进行回复处理，如图 8-1-11 所示。

项目: "Other Change Request"
客户问题更新 from Tyler Finessin Mcdabbz
2016-12-07 20:51:22
新标签：要求退款/取消订单
发件人 Tyler Finessin Mcdabbz
2016-12-07 20:51:22
My son got into my phone just noticed this purchase and it's not okay with me so if I can get my money back that would be awesome thanks :)
查看 Chinese
发件人 Wish Support
2016-12-07 23:19:54
Hello Tyler,
Thank you for contacting Wish Customer Service.
I understand you've ordered by mistake and want to cancel your order. Your order has already been processed and shipped, so changes won't be possible at this time. I can take action as soon as the order estimated time of arrival has passed, which will be after December 30, 2016.

图 8-1-11　Wish 客服回复客户问题

客户问题被 Wish 客服回复之后，该客户问题在“未处理”状态里面就不再会有通知，如图 8-1-12 所示。这种情况下，商户未必知晓存在这样的一个客户问题，需要商户在“已回复”或“已关闭”里面逐条检查是否有最新的客户问题记录。

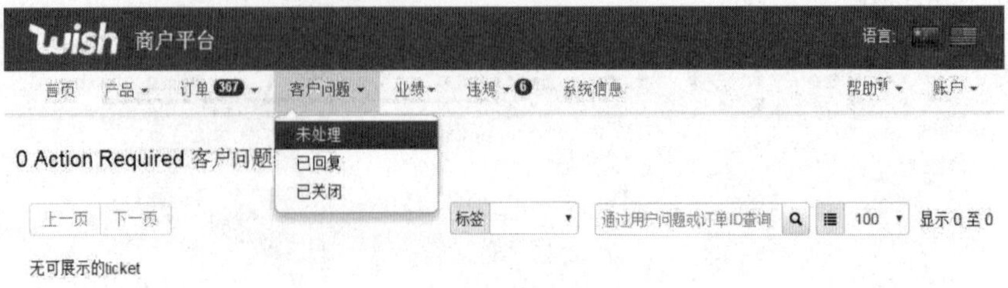

图 8-1-12　回复过的客户问题不再有通知标识

注意事项：

- 目前客户问题都是以 Wish 客服回复处理为主，需要商户确认的客户问题才会在“未处理”里面进行通知。
- 商户在“未处理”里面，未必能够及时看到所有的客户问题通知，因此需要自行及时在“已回复”和“已关闭”里面查看和跟进最新的客户问题。

除此之外，在订单历史记录里面，还提供了订单存在的客户问题的标识和快捷入口，商户也可以通过检查订单历史记录来确认是否有新的客户问题。通过“订单”→“历史记录”进入“History”面板，在“Open Tickets”一栏点击 Tickets ID 即可快速找到客户问题，如图 8-1-13 所示。

图 8-1-13　通过订单历史记录快捷查看客户问题

8.2　已回复

“已回复”是指已经回复过的客户问题，包括 Wish 客服回复的和商户自己回复的，位于 Wish 后台“客户问题”→“已回复”菜单下，如图 8-2-1 所示。

图 8-2-1　已经回复的客户问题

点击“创建日期”或“最近的更新日期”右侧的排序按钮，可以查看最新的客户问题，如图 8-2-2 所示。

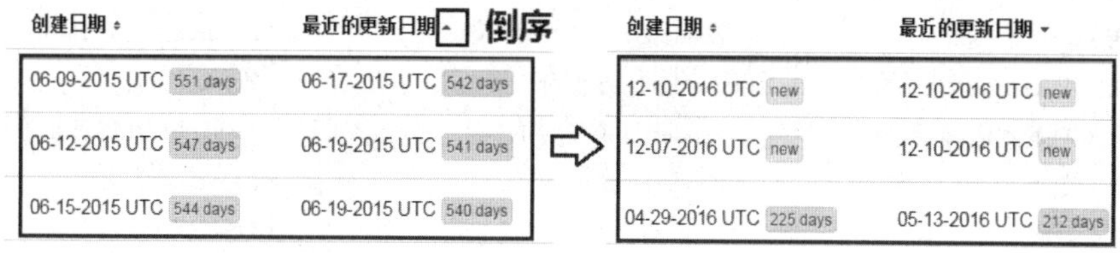

图 8-2-2　查看最新的客户问题

在客户问题面板有“标签”一栏，用贴标签的形式对所有客户问题做了合理的分类，给商户处理客户问题提供了便利，如图 8-2-3 所示。

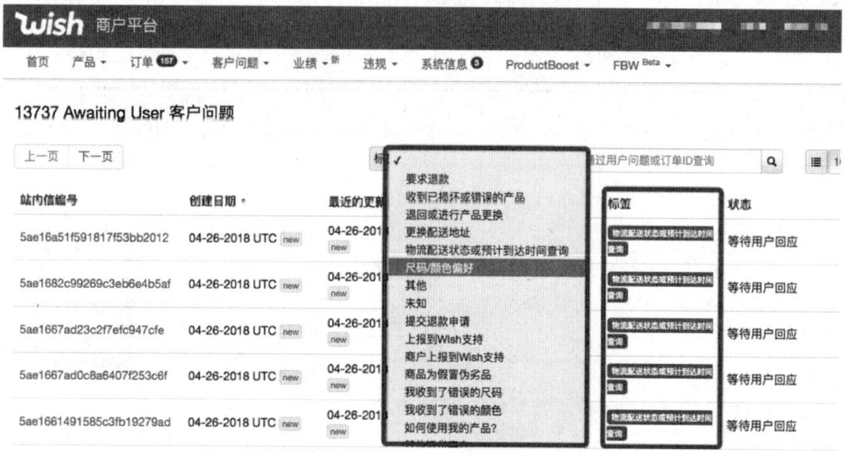

图 8-2-3　客户问题分类标签

用标签对客户问题进行分类，实际上也是对常见客户问题的汇总，如表 8-2-1、表 8-2-2 所示。商户在 Wish 运营过程中，可以根据客户问题较多的类型有针对性地做优化调整。

表 8-2-1　常见客户问题分类

常见客户问题		
要求退款	未知	如何使用我的产品
收到已损坏或错误的产品	提交退款申请	其他退货事宜

续表

常见客户问题		
退回或进行产品更换	上报到 Wish 支持	其他变更请求
更换配送地址	商户上报到 Wish 支持	我的退款申请现在处于什么状态
物流配送状态或预计到达时间查询	商品为假冒伪劣品	退货的状态
尺码/颜色偏好	我收到了错误的尺码	确认退款
其他	我收到了错误的颜色	变更退款
		申请超期付款

表 8-2-2　在线客服系统常见的客户问题

在线客服系统常见客户问题		
（Zendesk）PayPal 的付款方式	（Zendesk）未分配	（Zendesk）请求退款
（Zendesk）信用卡付款	（Zendesk）订单交易失败	（Zendesk）官方 Ebanx
（Zendesk）用 Klama 付款	（Zendesk）重新分配客服	（Zendesk）订单
（Zendesk）Wish 本地通	（Zendesk）心愿清单	（Zendesk）密码重置
（Zendesk）支付被拒绝	（Zendesk）账户	（Zendesk）付款
（Zendesk）促销未应用	（Zendesk）BBB	（Zendesk）新闻
（Zendesk）价格更改	（Zendesk）更改地址	（Zendesk）产品信息
（Zendesk）其他付款方式	（Zendesk）用户支持	（Zendesk）促销
（Zendesk）账户更新	（Zendesk）错误邮箱地址	（Zendesk）退款
（Zendesk）合作伙伴	（Zendesk）HQ	（Zendesk）预计到达的配送时间
（Zendesk）账户密码邮箱	（Zendesk）法律	（Zendesk）Sitejabber
（Zendesk）Wish 邮	（Zendesk）登录	（Zendesk）Wish 信息
	（Zendesk）物流	

在客户问题右侧的“操作”栏下点击“查看”按钮，可以查看客户问题的详情，如图 8-2-4 所示。

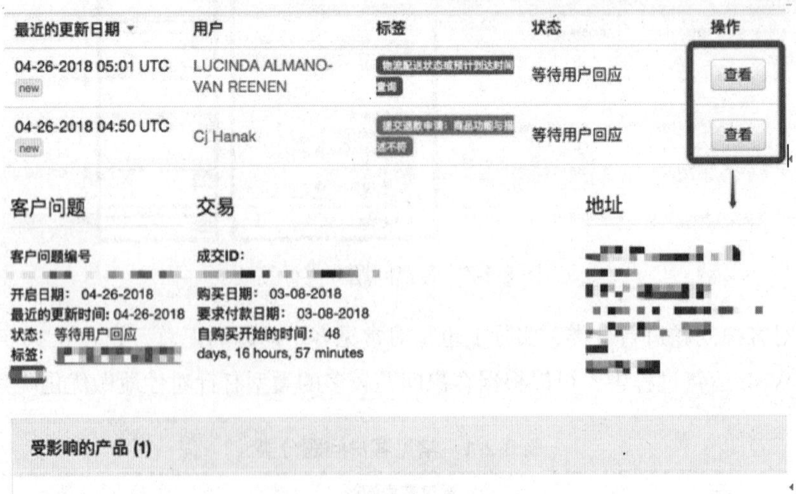

图 8-2-4　客户问题详情

这里的客户问题详情和前面“未处理”状态里面的客户问题详情是大体相同的，在此不再重复陈述。要注意的是，处于“已回复”状态的客户问题，是已经被商户或 Wish 客服回复过的，商户是不能再回复的，只能等待客户回应。如果客户一直不回应，这个客户问题会一直维持在“等待用户回应”状态。

8.3　已关闭

“已关闭”是指已经被回复过，没有争议，可以关闭的客户问题，包括 Wish 客服回复过的和商户自已回复过的客户问题，位于 Wish 后台“客户问题”→“已关闭”菜单下，如图 8-3-1 所示。

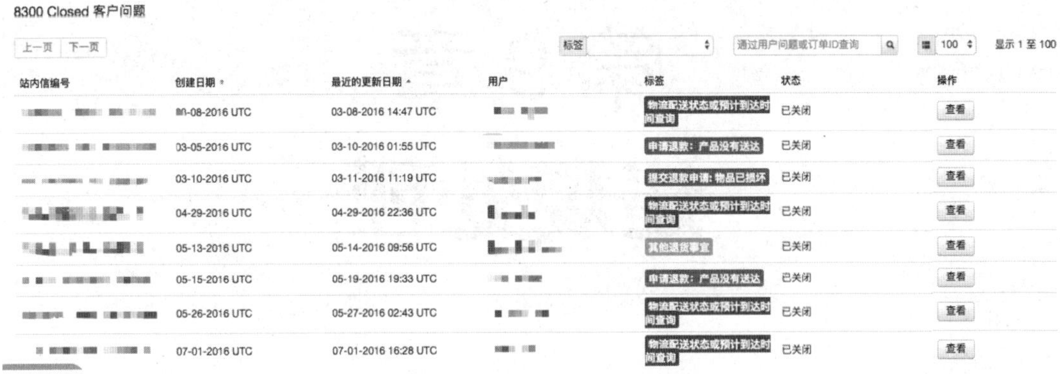

图 8-3-1　已关闭的客户问题

处于“已关闭”状态的客户问题记录，仅供查找和查看客户问题的详情，不能进行其他操作，和“已回复”状态的使用方法基本一致，在此不再重复陈述。

注意事项：

- “未处理”“已关闭”和“已回复”三个状态下的客户问题数的总和，才是客户问题的总数。

第 9 章

违规处理

9.1　知识产权

9.1.1　未处理

通过 Wish 后台“违规”菜单，进入“未处理”知识产权违规产品页，被检测到侵犯了知识产权但还未被处理的产品都列在这里，如图 9-1-1、图 9-1-2 所示。

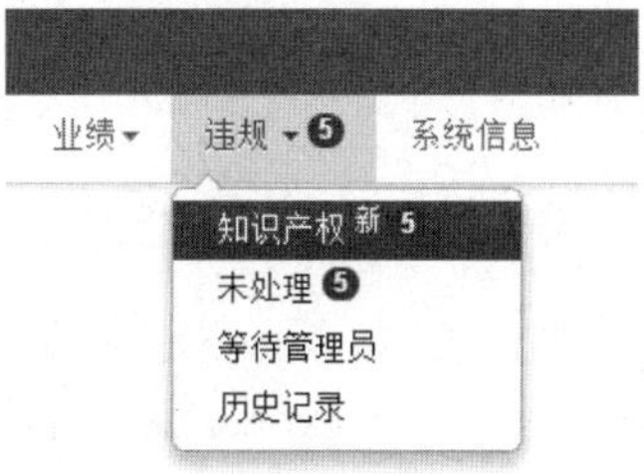

图 9-1-1　未处理菜单

图 9-1-2　未处理知识产权违规产品列表

在产品列表右侧的“详情”一栏，点击“查看”，可以打开该产品的“违规详情”页，如图 9-1-3 所示。

违规详情
检测到的问题：侵犯知识产权
+
阅读更多关于知识产权
+
这如何影响产品
+
如何将这款产品重新上架
别担心!想要重新上架产品，请完成以下步骤
选项1. 提供授权以使用此知识产权
• 提交授权以销售此品牌。
• 此授权必须来自品牌 "Disney".
了解详情
提供授权
或者
选项2. 编辑产品并去除所有知识产权相关的信息
• 编辑产品的图片，标题以及文字描述，以去除侵犯知识产权的信息。
了解详情
重新编辑清单

图 9-1-3　产品违规详情

（1）点击“检测到的问题”右侧的“+”，可以查看侵犯知识产权的具体原因和品牌信息提示，如图 9-1-4 所示。

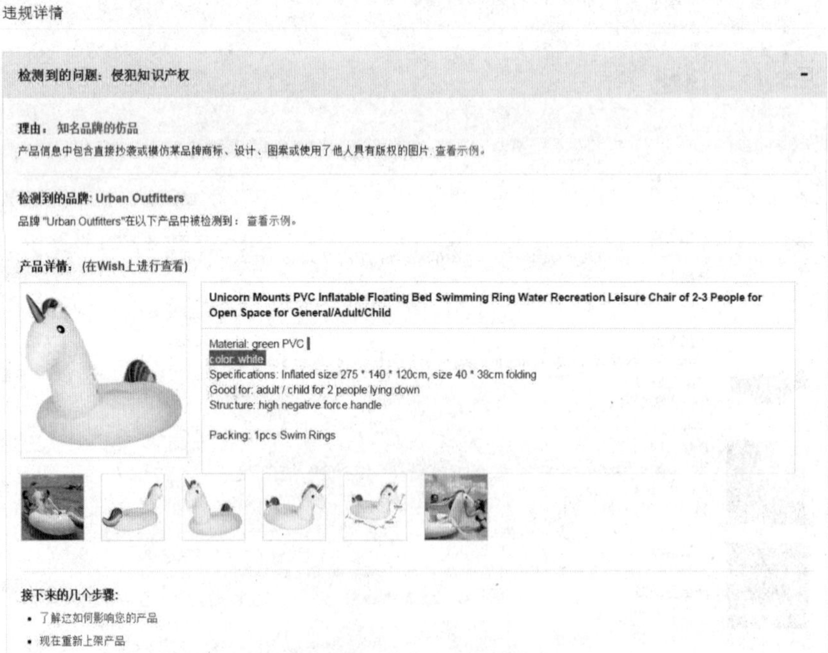
违规详情
检测到的问题：侵犯知识产权
-
理由：知名品牌的仿品
产品信息中包含直接抄袭或模仿某品牌商标、设计、图案或使用了他人具有版权的图片. 查看示例。
检测到的品牌: Urban Outfitters
品牌 "Urban Outfitters"在以下产品中被检测到：查看示例。
产品详情：(在Wish上进行查看)
Unicorn Mounts PVC Inflatable Floating Bed Swimming Ring Water Recreation Leisure Chair of 2-3 People for Open Space for General/Adult/Child
Material: green PVC
color: white
Specifications: Inflated size 275 * 140 * 120cm, size 40 * 38cm folding
Good for: adult / child for 2 people lying down
Structure: high negative force handle
Packing: 1pcs Swim Rings
接下来的几个步骤：
• 了解这如何影响您的产品
• 现在重新上架产品

图 9-1-4　侵犯知识产权的原因

部分品牌会提供联系信息，商户可以尝试联系品牌方，以付费等合理方式获取销售许可授权书，如图 9-1-5 所示。

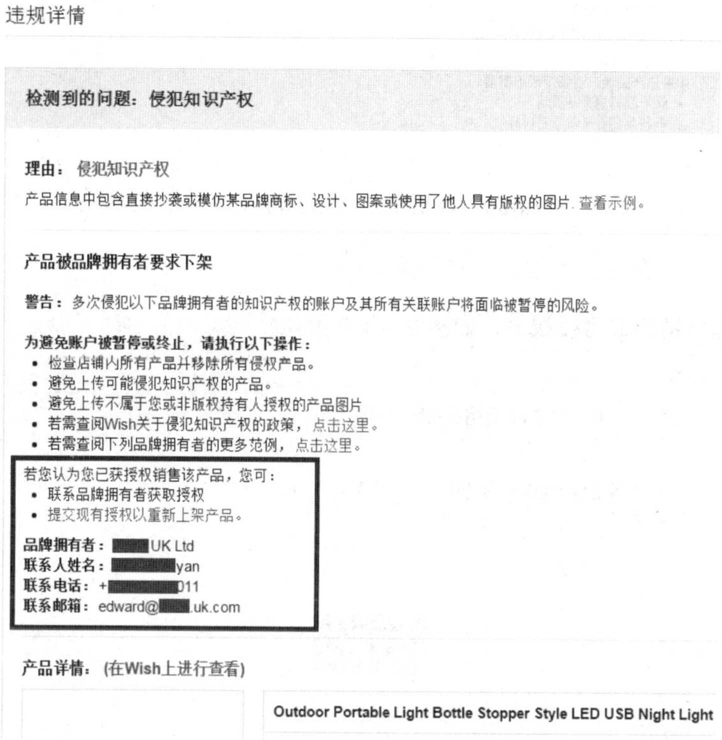
违规详情
检测到的问题：侵犯知识产权
理由：侵犯知识产权
产品信息中包含直接抄袭或模仿某品牌商标、设计、图案或使用了他人具有版权的图片. 查看示例。
产品被品牌拥有者要求下架
警告：多次侵犯以下品牌拥有者的知识产权的账户及其所有关联账户将面临被暂停的风险。
为避免账户被暂停或终止，请执行以下操作：
检查店铺内所有产品并移除所有侵权产品。
避免上传可能侵犯知识产权的产品。
避免上传不属于您或非版权持有人授权的产品图片
若需查阅Wish关于侵犯知识产权的政策，点击这里。
若需查阅下列品牌拥有者的更多范例，点击这里。
若您认为您已获授权销售该产品，您可：
联系品牌拥有者获取授权
提交现有授权以重新上架产品。
品牌拥有者：[redacted]UK Ltd
联系人姓名：[redacted]yan
联系电话：+[redacted]011
联系邮箱：edward@[redacted].uk.com
产品详情：(在Wish上进行查看)
Outdoor Portable Light Bottle Stopper Style LED USB Night Light

图 9-1-5　品牌方联系方式

（2）点击“阅读更多关于知识产权”右侧的“+”，可以查看知识产权帮助、政策和问答，如图 9-1-6 所示。知识产权帮助详细介绍了仿品的定义、鉴别侵犯知识产权行为的步骤、创建合规的产品展示准则。政策里面介绍了学习如何管理您的品牌，以及 Wish 的知识产权规则。

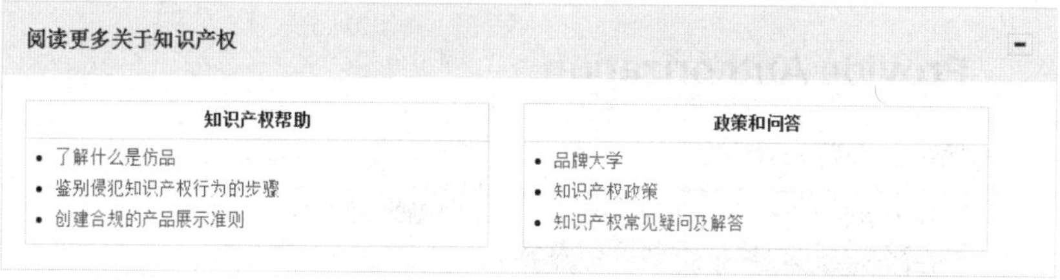
阅读更多关于知识产权
知识产权帮助
了解什么是仿品
鉴别侵犯知识产权行为的步骤
创建合规的产品展示准则
政策和问答
品牌大学
知识产权政策
知识产权常见疑问及解答

图 9-1-6　知识产权帮助

（3）点击“这如何影响产品”右侧的“+”，可以查看产品侵犯了知识产权后会产生哪些后果、产品重新上架的申请通过后的影响，如图 9-1-7 所示。

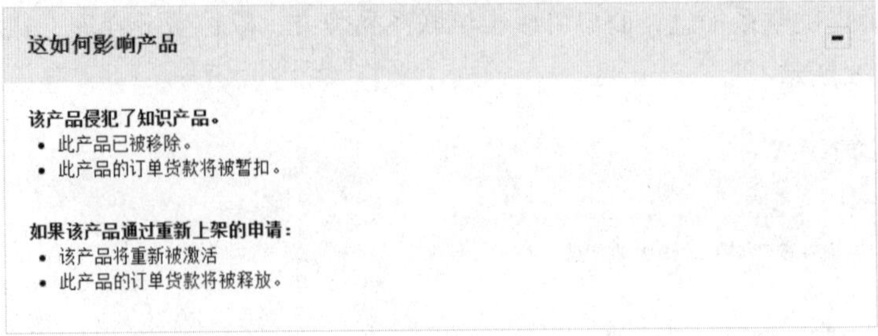
这如何影响产品
该产品侵犯了知识产品。
• 此产品已被移除。
• 此产品的订单货款将被暂扣。
如果该产品通过重新上架的申请：
• 该产品将重新被激活
• 此产品的订单货款将被释放。

图 9-1-7　侵犯知识产权将如何影响产品

（4）要将这款产品重新上架，有两个选项。

选项 1：提供销售许可授权书，如图 9-1-8 所示。

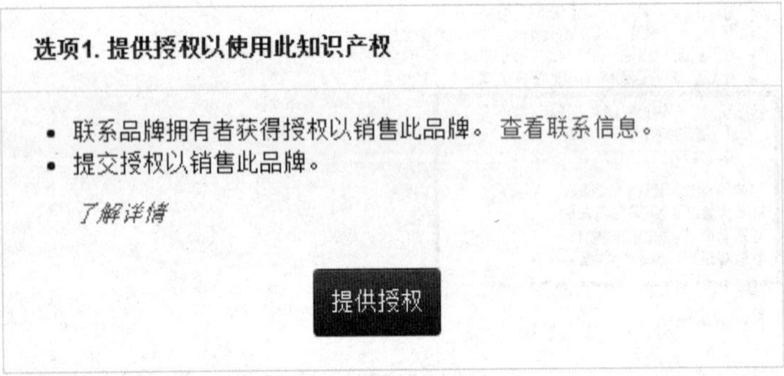
选项1. 提供授权以使用此知识产权
• 联系品牌拥有者获得授权以销售此品牌。查看联系信息。
• 提交授权以销售此品牌。
了解详情
提供授权

图 9-1-8　提供授权选项

点击“提供授权”，进入提供授权证明步骤。如果该产品已经有品牌授权书，直接选择现有的品牌授权即可；如果该授权书是新的，需要点击“添加新的品牌授权”按钮去新建品牌授权，该操作步骤和通过 Wish 后台右上角的“账户”→“品牌授权”来操作的方法是相同的，如图 9-1-9 所示。

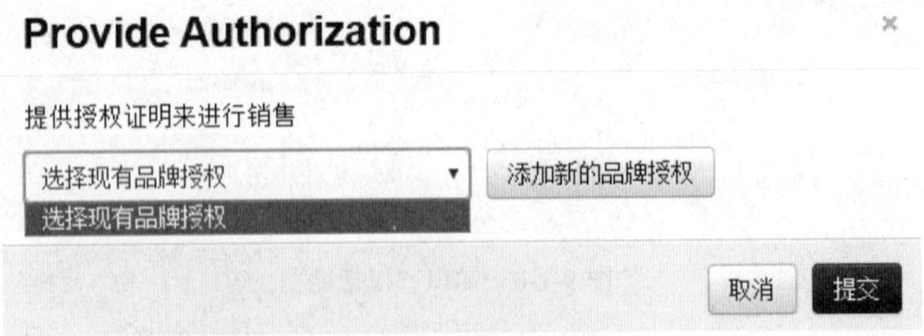
Provide Authorization
提供授权证明来进行销售
选择现有品牌授权
添加新的品牌授权
选择现有品牌授权
取消
提交

图 9-1-9　提交授权

选项 2：编辑产品并去除所有和侵犯知识产权相关的信息，如图 9-1-10、图 9-1-11 所示。

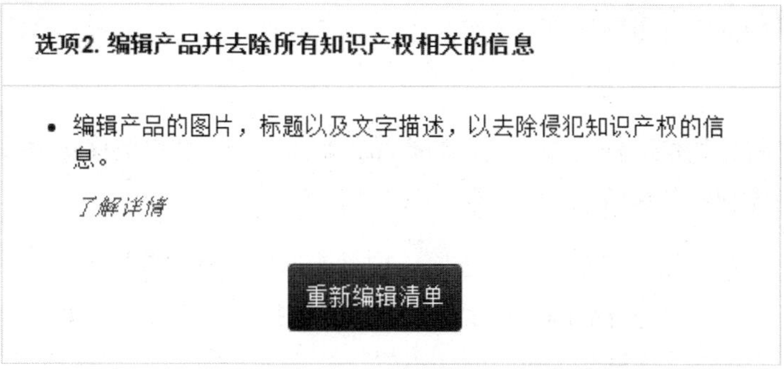

图 9-1-10　编辑产品清单选项

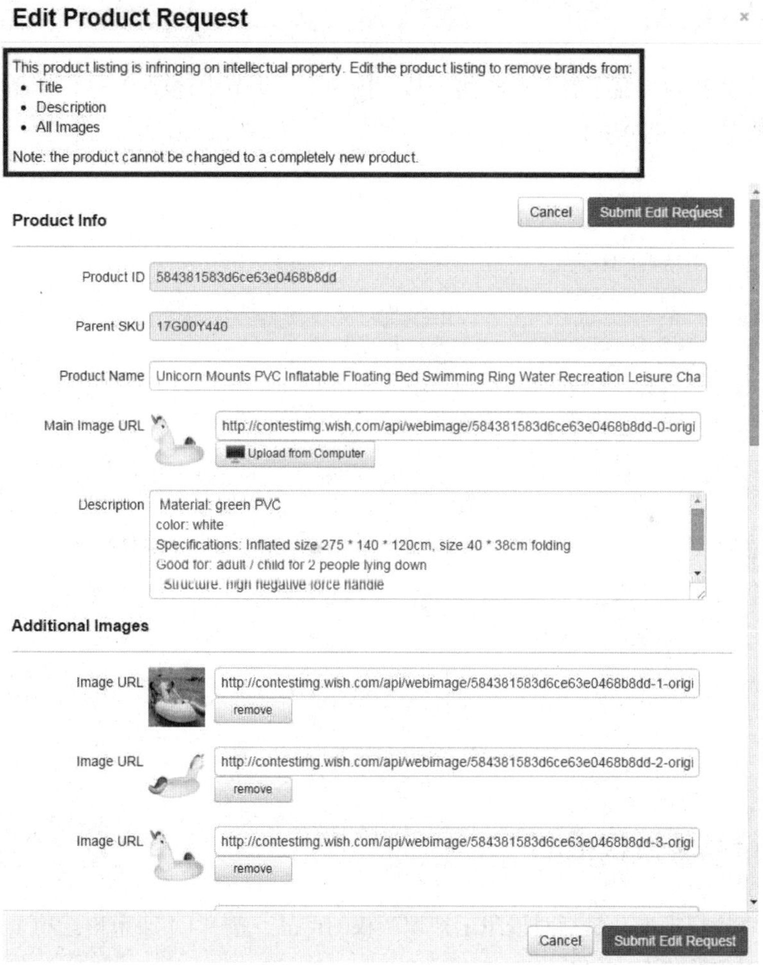

图 9-1-11　编辑产品信息

去除所有和侵犯知识产权相关的信息包括：

- 清除产品标题中含有的品牌信息。
- 清除产品描述中含有的品牌信息。

- 清除所有图片中含有的品牌信息。

注意事项：

- 如果商户将原始产品修改成一个新的产品，那么这个产品将被移除同时账号也将面临被处罚或暂停交易的风险。

产品重新上架的操作，在选项 1 和选项 2 中只能选择一种。选择了选项 1，在相关授权处理完成之后，将会进入“等待品牌授权批准”状态；选择了选项 2，在编辑产品完成之后，将会进入“待编辑”状态。详见 9.1.2 和 9.1.3 小节。

9.1.2 待编辑

“待编辑”是指对侵犯了知识产权的产品，按 9.1.1 小节中选项 2 进行产品编辑之后等待 Wish 审核的状态，如图 9-1-12 所示。

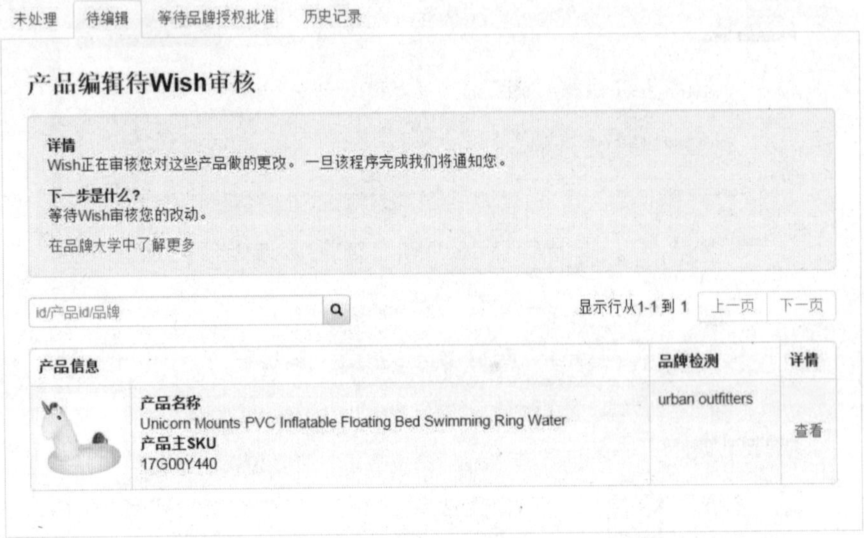

图 9-1-12　产品编辑等待 Wish 审核

9.1.3 等待品牌授权批准

“等待品牌授权批准”是指对侵犯了知识产权的产品，按 9.1.1 小节中选项 1 提交授权书之后等待 Wish 审核的状态，如图 9-1-13 所示。

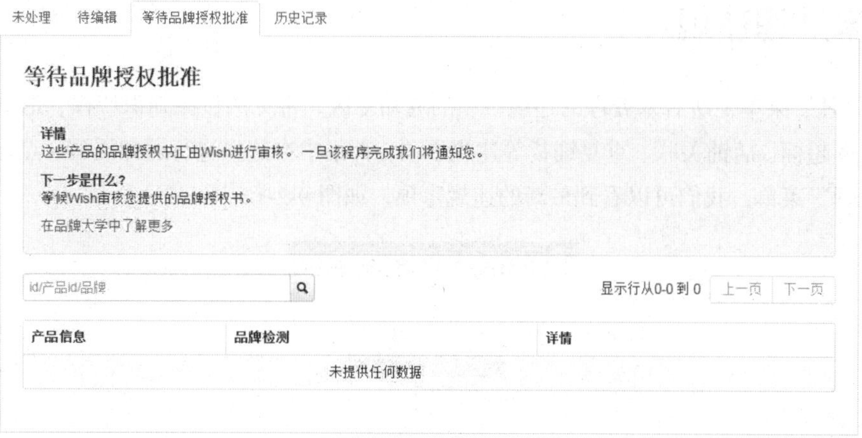

图 9-1-13　等待 Wish 对品牌授权书审核批准

9.1.4　历史记录

“历史记录”是对所有侵犯过知识产权的产品的记录，如图 9-1-14 所示。点击产品右侧的“查看”按钮可以查看该产品的违规详情。

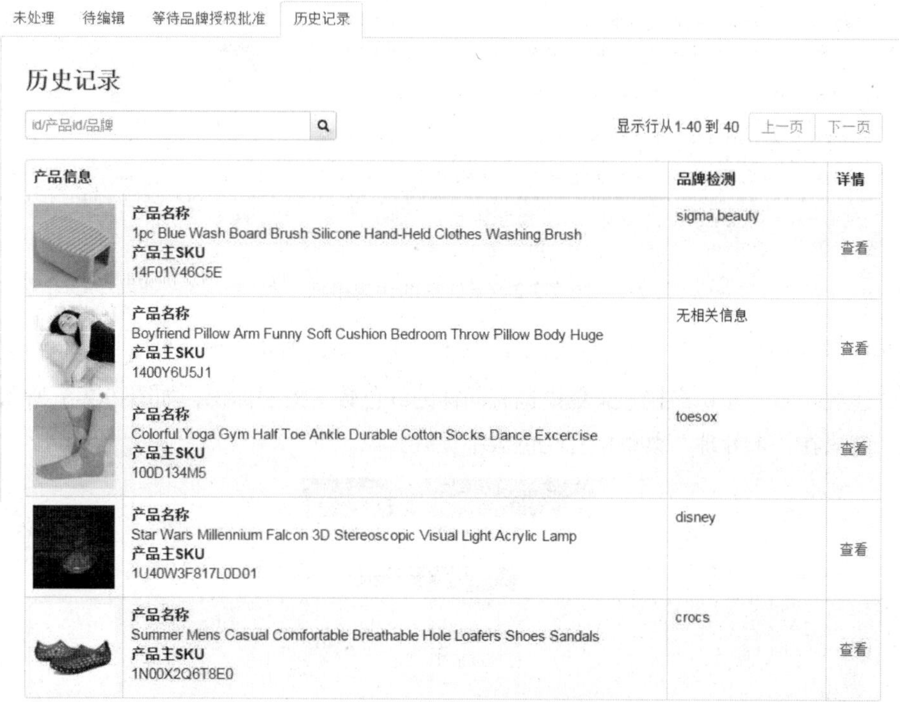

图 9-1-14　侵犯了知识产权的产品

9.2　未处理违规

“未处理”菜单是所有未处理的违规事项的通知专区，常见的侵犯知识产权、退款率过高、延迟发货率超标、店铺关联、重复铺货等违规事项，都集中在这里进行通知提醒。点击“违规”→“未处理”菜单，我们可以看到最新的违规事项，如图 9-2-1、图 9-2-2 所示。

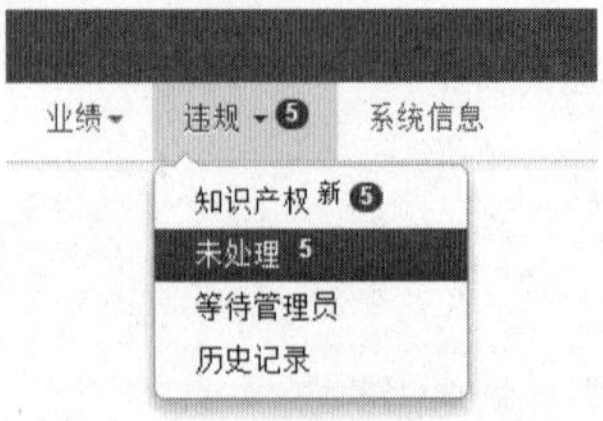

图 9-2-1　未处理违规通知

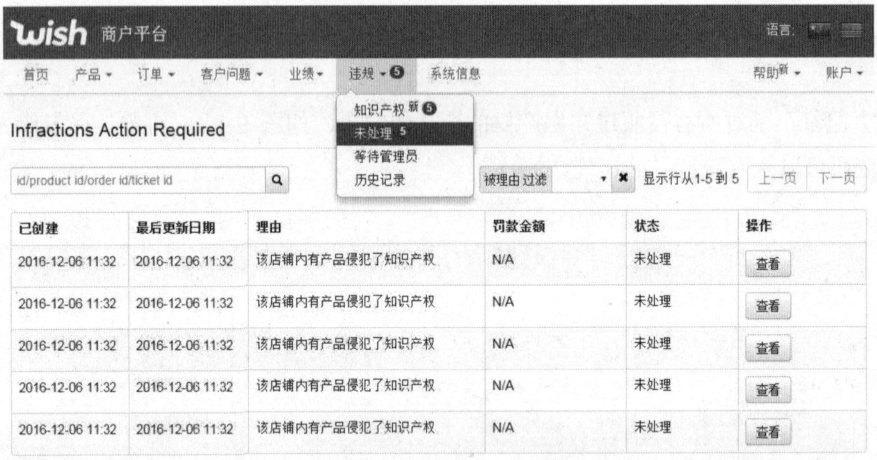

图 9-2-2　未处理的违规事项

违规包括多种类型，侵犯知识产权只是其中一种。未处理的违规如果属于侵犯知识产权范畴，在“违规”→“知识产权”菜单中也有同样的红色数字提醒标识，如图 9-2-3 所示。其他的违规，就只在“未处理”菜单中有红色数字提醒标识。

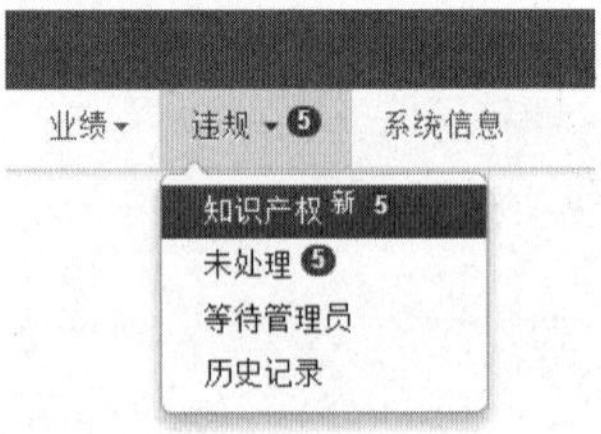

图 9-2-3　未处理的侵犯知识产权行为

点击产品右侧的“查看”菜单，可以看到该产品的违规详情，该违规详情和 9.1.1 小节的一致，在此不再重复陈述，如图 9-2-4 所示。

图 9-2-4　违规详情

如果该违规产品被点击查看了违规详情，“未处理”中就不再显示该产品记录，如图 9-2-5 所示。商户只能通过“违规”→“历史记录”菜单找到并查看违规详情。

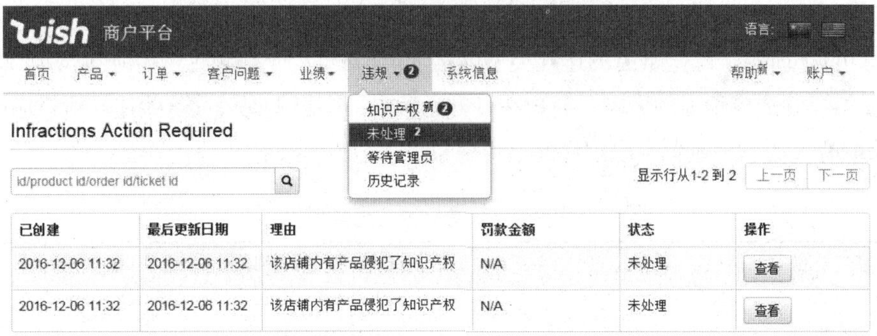

图 9-2-5　被查看之后的未处理违规记录

除侵犯知识产权的违规以外，常见的违规类型（原因）可以在“按理由筛选”下拉选项中看到，如图 9-2-6 所示。

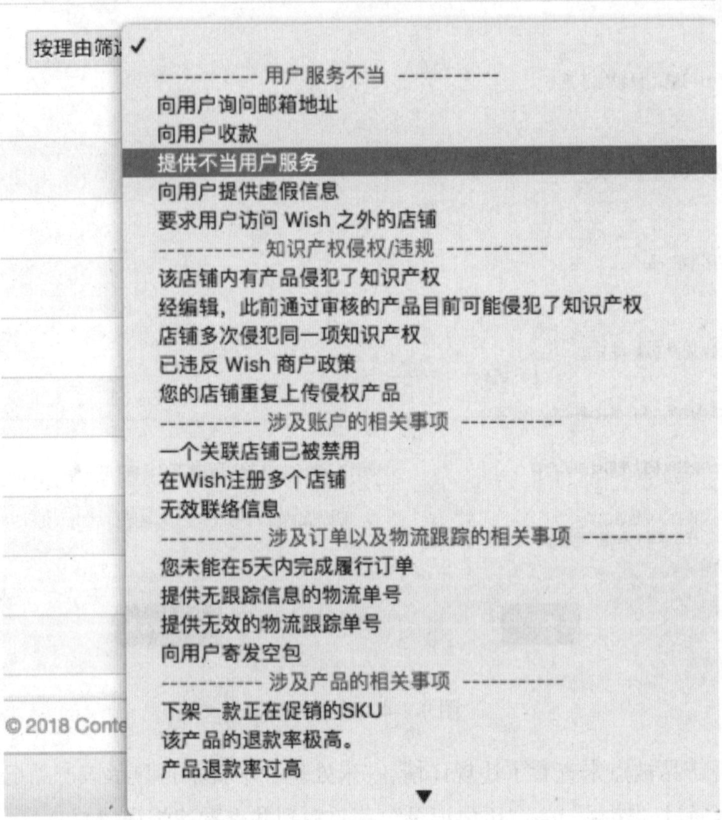

图 9-2-6　未处理的侵犯知识产权行为

如表 9-2-1 所示，这些常见的违规类型多达 36 个，每一个都触犯了相应的 Wish 政策，对 Wish 店铺的运营造成很大的影响。商户在日常运营中，应当重视解读这些违规所对应的政策，并提早采取有效的措施避免发生这样的违规现象。

表 9-2-1　常见的违规类型

用户服务不当	向用户询问邮箱地址 向用户收款 提供不当用户服务 向用户提供虚假消息 要求用户访问 Wish 之外的店铺
知识产权侵权/违规	该店铺内有产品侵犯了知识产权 经编辑，此前通过审核的产品目前可能侵犯了知识产权 店铺多次侵犯同一项知识产权 已违反 Wish 商户政策 重复上传侵权产品
涉及账户的相关事项	一个关联店铺已被禁用 在 Wish 注册多个店铺 无效联络信息

续表

涉及订单以及物流跟踪的相关事项	您未能在 5 天内完成履行订单 提供无跟踪信息的物流单号 提供无效的物流单号 向用户寄发空包
涉及产品的相关事项	下架一款正在促销的 SKU 该产品的退款率极高 产品退款率高 上传了重复产品 此产品的评价过低 这个产品被修改成一个新的产品 产品不再满足 Wish Express 资格 店铺退款率高 店铺频繁将产品清单更改为新产品
涉及店铺的相关事项	店铺极高退款率 店铺高退款率 店铺高拒付率 店铺高延迟发货率 店铺不符合确认妥投政策要求 店铺不满足 Wish Express 资格 店铺因违反 Wish Express 服务协议被罚款 店铺频繁将原产品清单更改为新产品
其他	疑似欺诈 在产品中检测到不合适的内容

9.3　等待管理员

“等待管理员”是指违规被商户处理并提交之后等待 Wish 管理员审核的状态，如图 9-3-1 所示。

图 9-3-1　等待管理员审核的违规记录

点击“查看”按钮可以看到相应产品的重新审核的状态说明，如图 9-3-2 所示。

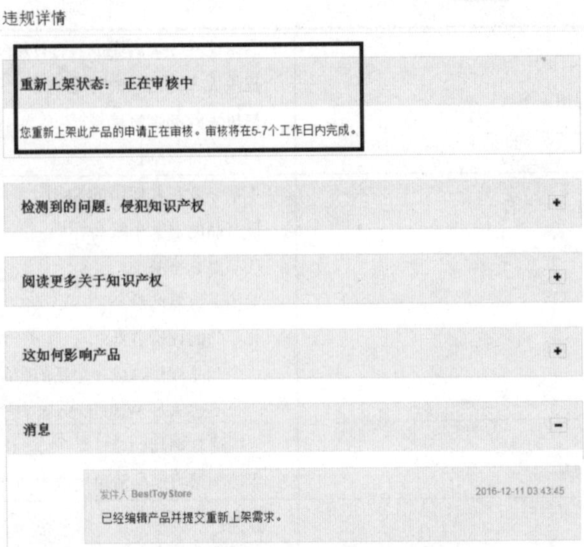

图 9-3-2　产品上架重新审核的状态

9.4　历史记录

“历史记录”是指所有违规事项的历史记录，如图 9-4-1 所示。

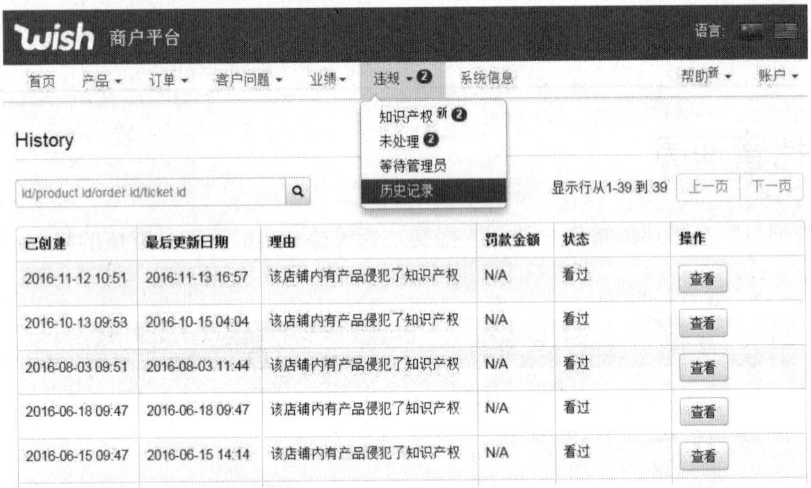

图 9-4-1　所有违规事项的历史记录

注意事项：

- 该历史记录包括侵犯知识产权、退款率过高、延迟发货率超标、店铺关联、重复铺货等所有违规的历史记录，比“违规”→“知识产权”里面的“历史记录”的范围要广。
- 还没有被商户查看或者还在等待管理员审核的违规事项，不会立即在该历史记录里面显示，要等该违规事项被商户放弃处理，或者没有通过 Wish 审核后才会有记录显示出来。

第 10 章

ProductBoost

10.1 ProductBoost 入门

10.1.1 什么是 ProductBoost

1. ProductBoost 概述

ProductBoost（以下简称 PB）是结合商户端数据与 Wish 后台算法，为指定产品增加额外流量的活动。商户可以利用 PB 对自己的产品，尤其是潜力产品的流量进行干涉。参加 PB 活动会产生一定的费用，费用在下一个支付日从商户的账户当期余额上进行扣除。PB 活动的周期商户可以进行自定义设置，下面会具体介绍。

2. ProductBoost 的优势

- 能得到更好的曝光：产品的展示排名可以获得更好的位置。
- 能实现从“0”到“1”的转化：有利于新品快速出单。
- 能更快地凸显热销产品。

3. ProductBoost 产品展示

PB 的流量主要来源于平台搜索，当输入产品关键词搜索后，参加 PB 的产品会出现在搜索结果页面靠前的位置。

举例：搜索“shoes”，在搜索结果页面会出现相关的产品，而参加 PB 项目的产品在搜索结果页面的展示排名将会靠前，如图 10-1-1 所示。

图 10-1-1　搜索“Shoes”及搜索结果展示

10.1.2　如何加入 ProductBoost

登录商户后台，在首页有“加入 ProductBoost 获得更多销量”板块，点击“立即加入”→“创建活动”，如图 10-1-2 所示，或者直接在菜单栏“ProductBoost”下拉列表中选择“创建活动”，如图 10-1-3 所示。商户也可以直接通过链接 https://merchant.wish.com/product-boost 进行 PB 活动的创建。

阅读并同意相关服务条款后，便可以开始创建您的一个 PB 活动。

图 10-1-2　创建 PB 活动

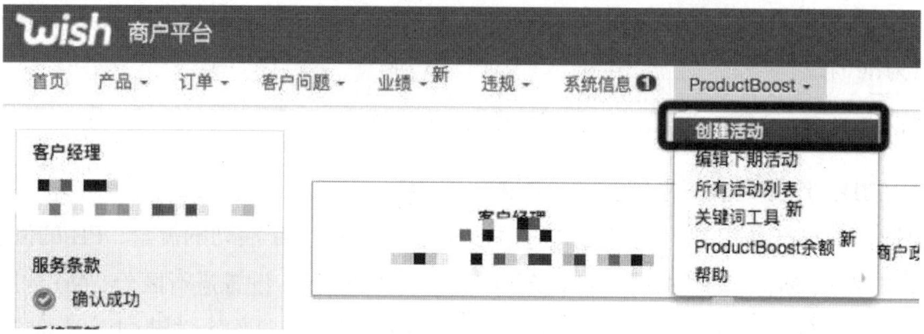

图 10-1-3　创建活动菜单

1．活动设置

进入创建活动的页面之后，首先是对活动名称的设置，如图 10-1-4 所示。可自定义活动名称，中英文字符都可以，该名称方便商户辨识及管理不同的 PB 活动。

图 10-1-4　设置活动名称

2. 计划设置

商户可以根据自己的情况设置开始时间和截止时间，如图 10-1-5 所示。需要注意的是，开始时间必须在系统默认时间的一周之内进行设置，而从开始时间到截止时间的活动运行时长最多为四周。在同一时间段内，商户最多可以运营 100 个 PB 活动，但是同一个产品不能同时出现在时间有交叉的两个活动中。

完成后更新，此次创建的 PB 活动将在截止时间之后自动循环创建直至商户自行取消。所以如果商户不想重复该活动，请取消对该选项的勾选。

图 10-1-5　设置开始和截止时间

3. 促销产品

每一个 PB 活动中最多可以设置 200 个产品，但是同一个产品不能出现在同时进行的多个 PB 活动中，重复提报的产品会被系统自动剔除。参加 PB 活动的产品报名费为 0（以 Wish 后台实时政策为准）。

促销的产品界面如图 10-1-6 所示，其中各项解释如下。

- 产品 ID：产品列表里系统自动分配的产品 ID。
- 关键词：与产品相关的关键词。关键词的设置会影响 PB 活动的流量，PB 的流量主要来源于搜索，所以关键词的设置可以和产品上传中的 Tags 设置进行区分，商户可以更多地从搜索的角度来设定产品的关键词，也可以把关键词工具作为关键词设置的参考，关键词工具会在后面进行介绍。
- 建议竞价：系统会基于商户所设置的关键词进行建议竞价测算，建议商户设置的竞价尽可能等于或接近系统的建议竞价，这样可以获得更多的 PB 流量。
- 我的竞价：以 1000 流量为单位的单个产品可以支付的最大金额，最高竞价为 10 美元，最低竞价为 0.3 美元，即 0.3 美元/1000 流量起。

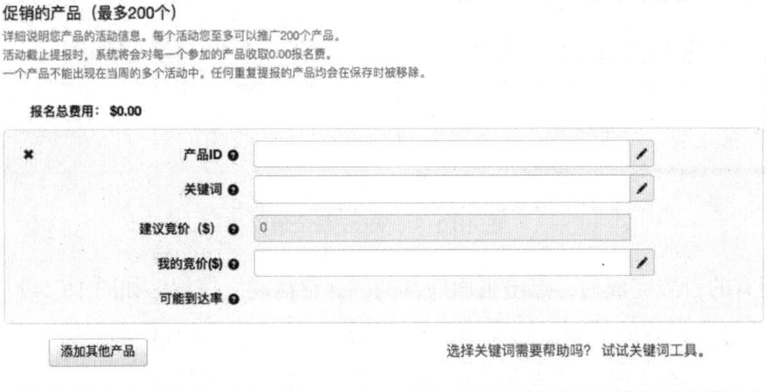

图 10-1-6　促销的产品

4．预算

预算指的是商户愿意为本次 PB 活动所花费的最大金额，每一位商户的后台都会有系统自动计算的默认最高预算金额，如图 10-1-7 所示。

- Wish 总余额：在最近的一个付款日可以支付的店铺货款余额，如图 10-1-8 所示。
- 推广专项金：系统可以透支的最高金额，在第一次创建活动或未被确认金额足够的情况下，商户最高可以透支 200 美元。
- ProductBoost 余额：充值金额。
- 审核中活动的金额：正在进行的 PB 活动所产生的金额。
- 报名总费用：每一个参加 PB 活动的产品报名费，目前报名费为 0。
- 该活动的最高预算：系统默认最高预算金额。该数值=Wish 总余额+推广专项金+PB 余额–审核中活动的金额–报名总费用。

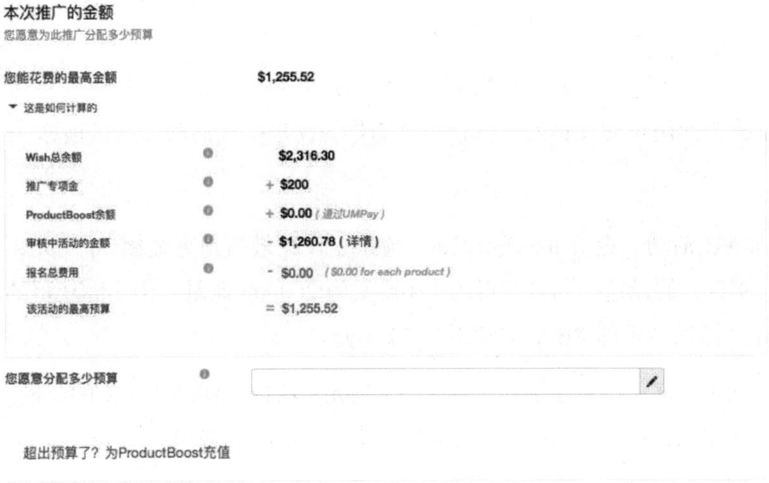

图 10-1-7　预算

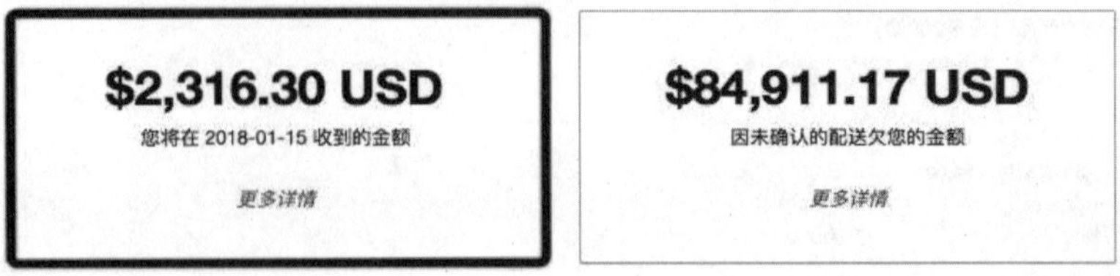

图 10-1-8 Wish 总余额

当以上所有的设置完成后，点击页面底部的“保存活动”按钮，如图 10-1-9 所示。此次设置的 PB 活动将会在设置的计划时间开始，需要注意的是，一旦 PB 活动开始，参加 PB 活动的产品将被系统锁定，不能涨价及降低库存，政策上与黄钻产品等同。

图 10-1-9 保存活动

10.1.3 ProductBoost 活动费用的计算

PB 活动费用如何计算是很多商户所关心的问题，我们通过两个具体的案例来对 PB 活动费用的计算进行解释。

1．案例 1

产品 A 参加 PB 活动，竞价 0.5 美元/1000 流量且没有设置最高预算金额，计划时间 4 月 23 日～4 月 29 日，这一周所获得的 PB 流量为 200000 流量，则该产品所产生的 PB 活动费用计算如下：

总费用=（200000÷1000）×0.5=100 美元

分析：因为该 PB 活动没有设置最高预算金额，所以产生的 PB 活动费用按实际所获得的流量进行计算，系统会使用自动计算的最低预算金额作为商户此次活动的默认预算。

2．案例 2

产品 B 参加 PB 活动，竞价 0.5 美元/1000 流量，设置最高预算金额 50 美元，计划时间 4 月 23 日～4 月 29 日，假设这一周可获得的 PB 流量为 200000 流量，但实际获得的 PB 流量为 100000 流量，该产品所产生的 PB 活动费用为 50 美元。

分析：因为该 PB 活动设置了最高金额为 50 美元，所以该活动当 PB 的流量达到 100000 时系统就会自动结束 PB 流量的分配。活动计划终止后，最终的费用为 50 美元。

10.1.4 ProductBoost 数据表现查看

1. 所有活动列表

如图 10-1-10 所示，通过“所有活动列表”可以查看所有设置过的 PB 活动，包括正在运行的活动和已经结束的活动。活动列表里展示了每一次 PB 活动中商户所设置的预算、费用、付费流量、订单、成交总额、花费与成交额之比，以及活动起止时间。其中花费与成交额之比越低说明此次 PB 活动的投入产出比越低。

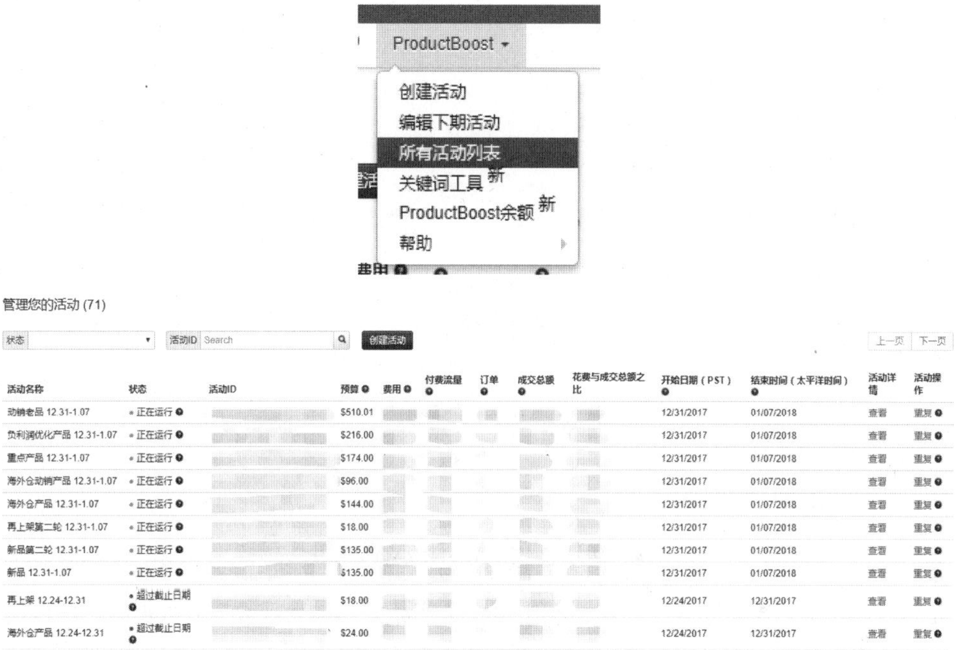

图 10-1-10 所有活动列表

点击活动 ID 或者“活动详情”一栏的“查看”链接，可以查看该 PB 活动的具体数据，如图 10-1-11 所示，进入某一个活动详情之后，可以查看这个 PB 活动内的促销产品，以及该产品的关键词、竞价和流量等信息。

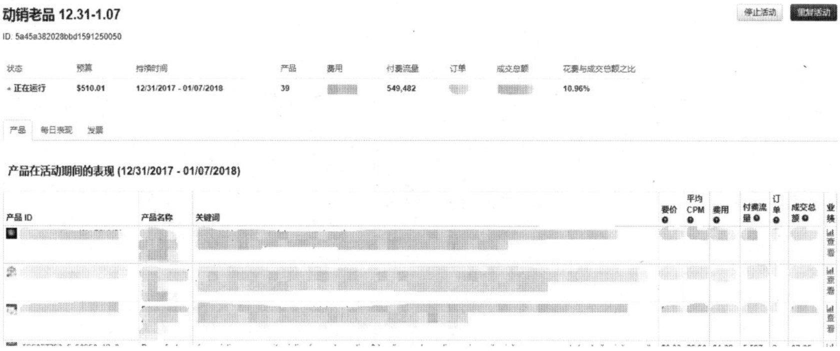

图 10-1-11 产品在活动期间的表现

点开第二个标签“每日表现”，可以很直观地看到参加这一期 PB 活动的所有产品的流量走势曲线。商户通过这些曲线图可以大致判断此次 PB 活动的效果，如图 10-1-12 所示（图中显示为黑白曲线）。

- 蓝色实线：店铺中产品总浏览数。
- 橙色实线：PB 活动中的付费浏览数，如果该曲线突然下降为 0，那很大可能是该 PB 活动的预算已被使用完。
- 粉色虚线：这个时间段内店铺中所产生的总订单量。
- 绿色虚线：店铺中产生的总成交额。

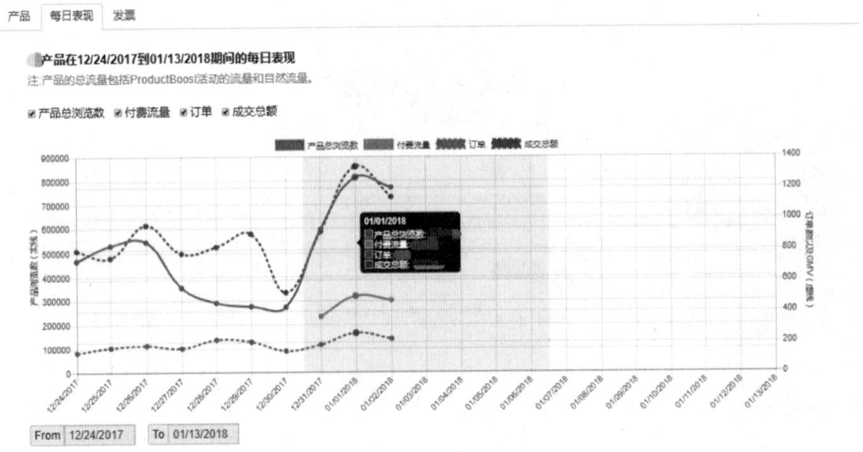

图 10-1-12　产品每日表现曲线图

在曲线图下方，会显示本次 PB 活动中每一个产品的具体表现数据，数据统计从该活动前一周开始，到活动结束后一周终止，总共显示三倍活动周期的产品表现数据，如图 10-1-13 所示。商户可以通过此份数据对比 PB 活动前后的流量及订单数，总结判断出本期 PB 活动对促销产品的影响。

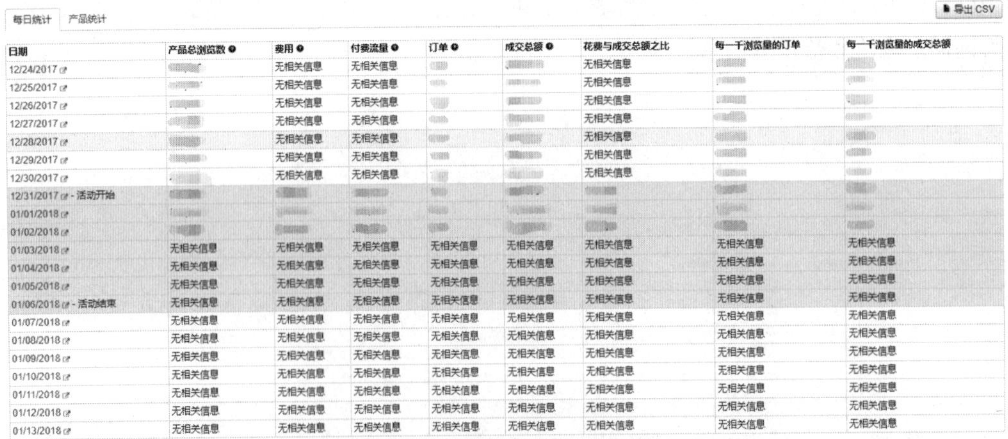

每日统计　产品统计　导出 CSV

日期	产品总浏览数	费用	付费流量	订单	成交总额	花费与成交总额之比	每一千浏览量的订单	每一千浏览量的成交总额
12/24/2017	[illegible]	无相关信息	无相关信息	[illegible]	[illegible]	无相关信息	[illegible]	[illegible]
12/25/2017	[illegible]	无相关信息	无相关信息	[illegible]	[illegible]	无相关信息	[illegible]	[illegible]
12/26/2017	[illegible]	无相关信息	无相关信息	[illegible]	[illegible]	无相关信息	[illegible]	[illegible]
12/27/2017	[illegible]	无相关信息	无相关信息	[illegible]	[illegible]	无相关信息	[illegible]	[illegible]
12/28/2017	[illegible]	无相关信息	无相关信息	[illegible]	[illegible]	无相关信息	[illegible]	[illegible]
12/29/2017	[illegible]	无相关信息	无相关信息	[illegible]	[illegible]	无相关信息	[illegible]	[illegible]
12/30/2017	[illegible]	无相关信息	无相关信息	[illegible]	[illegible]	无相关信息	[illegible]	[illegible]
12/31/2017 - 活动开始	[illegible]	[illegible]	[illegible]	[illegible]	[illegible]	[illegible]	[illegible]	[illegible]
01/01/2018	[illegible]	[illegible]	[illegible]	[illegible]	[illegible]	[illegible]	[illegible]	[illegible]
01/02/2018	[illegible]	[illegible]	[illegible]	[illegible]	[illegible]	[illegible]	[illegible]	[illegible]
01/03/2018	无相关信息	无相关信息	无相关信息	无相关信息	无相关信息	无相关信息	无相关信息	无相关信息
01/04/2018	无相关信息	无相关信息	无相关信息	无相关信息	无相关信息	无相关信息	无相关信息	无相关信息
01/05/2018	无相关信息	无相关信息	无相关信息	无相关信息	无相关信息	无相关信息	无相关信息	无相关信息
01/06/2018 - 活动结束	无相关信息	无相关信息	无相关信息	无相关信息	无相关信息	无相关信息	无相关信息	无相关信息
01/07/2018	无相关信息	无相关信息	无相关信息	无相关信息	无相关信息	无相关信息	无相关信息	无相关信息
01/08/2018	无相关信息	无相关信息	无相关信息	无相关信息	无相关信息	无相关信息	无相关信息	无相关信息
01/09/2018	无相关信息	无相关信息	无相关信息	无相关信息	无相关信息	无相关信息	无相关信息	无相关信息
01/10/2018	无相关信息	无相关信息	无相关信息	无相关信息	无相关信息	无相关信息	无相关信息	无相关信息
01/11/2018	无相关信息	无相关信息	无相关信息	无相关信息	无相关信息	无相关信息	无相关信息	无相关信息
01/12/2018	无相关信息	无相关信息	无相关信息	无相关信息	无相关信息	无相关信息	无相关信息	无相关信息
01/13/2018	无相关信息	无相关信息	无相关信息	无相关信息	无相关信息	无相关信息	无相关信息	无相关信息

图 10-1-13　每日统计

在“产品统计”的标签里，会显示本期 PB 活动中每一个促销产品的具体表现数据，如图 10-1-14 所示。

图 10-1-14　每一个促销产品的数据

在图 10-1-12 中点击第三个标签“发票”，如图 10-1-15 所示，在“发票”标签下系统会计算出本次 PB 活动的总费用及费用明细，商户可以根据发票显示金额在货款结算期进行金额核对。

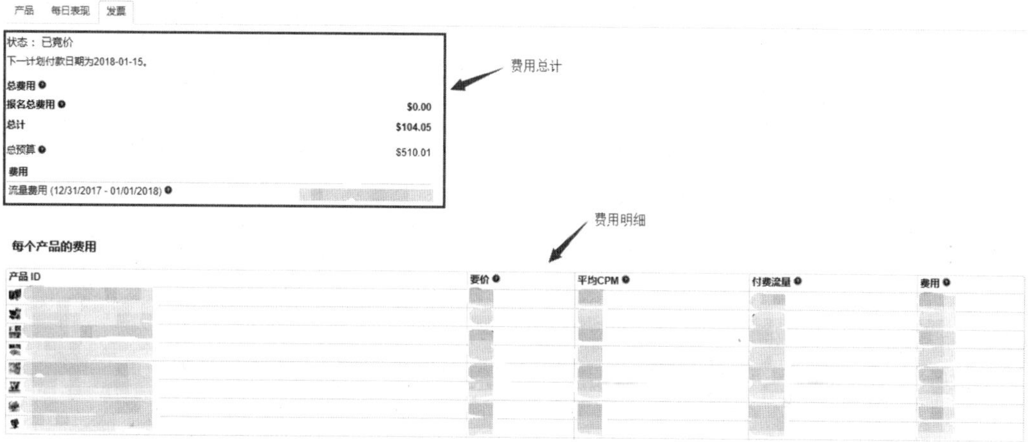

图 10-1-15　费用明细

如果该活动跨周进行，发票仍然按周进行结算（在中国是周一到周日），所以有的商户设置的 PB 活动还没有结束，就已经被扣除活动费用，而该商户所设置的这一次 PB 活动中的发票会产生按整周统计的费用，如图 10-1-16 所示。

图 10-1-16　总费用

2．关键词工具

路径：“ProductBoost”→“关键词工具”，如图 10-1-17 所示，在“关键词工具”页面中，Wish 平台会根据每周的搜索热度持续更新词库，商户可以在此页面搜索相关关键词，查看该关键词被搜索的热度及竞争热度，如图 10-1-18 所示。

图 10-1-17　关键词工具

关键词统计数据

将250从1显示到250

shoes,rings,jeans　上一页　下一页

最后更新：12-30-2017

关键词	可能到达率	预估竞争性	建议竞价
iphone	非常高	非常高	$2.7
free	非常高	高	$1.6
ps4	非常高	高	$1.9
make up	非常高	高	$1.45
smart watch	非常高	高	$2.0
slime	非常高	高	$1.5
squishy	非常高	高	$0.9
drone	非常高	高	$1.0
iphone x	非常高	非常高	$1.1
dresses for women	非常高	非常高	$2.7
tv	非常高	高	$1.38
makeup brushes	非常高	高	$2.7

图 10-1-18　关键词统计数据

- 可能到达率：该关键词预估被搜索的次数。
- 预估竞争性：该关键词预估参与竞价的商户数量。
- 建议竞价：设置的价格大于等于系统建议竞价，会有更高的竞价成功率，进而获得更多的 PB 流量。

3．ProductBoost 余额

路径为“ProductBoost”→“ProductBoost 余额”，在这里可以查看商户为 PB 活动充值的金额，如图 10-1-19 所示。

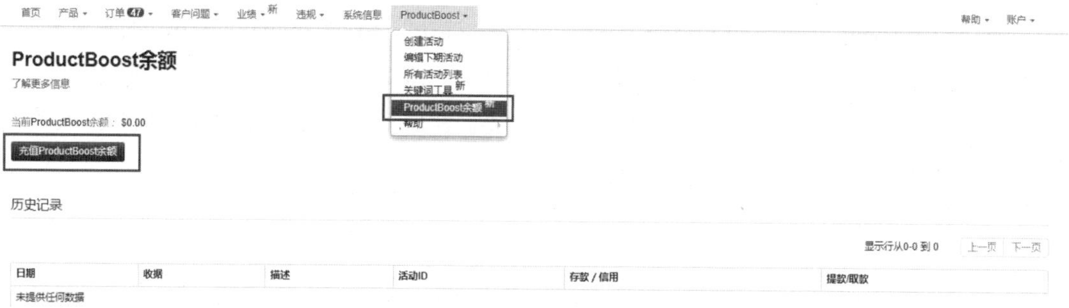

图 10-1-19　ProductBoost 余额

点击“充值 ProductBoost 余额”可以开始为 PB 活动进行充值，如图 10-1-20 所示。

第一步，输入您的充值金额，点击“下一页”按钮。

图 10-1-20　充值金额

第二步，选择充值的第三方支付平台，目前 Wish 平台对接的可为 PB 进行充值的第三方支付平台是 Payoneer 和 UMPay，如图 10-1-21 所示。

图 10-1-21　选择支付平台

这里以 UMPay 为例，选择 UMPay 之后，点击“确认”按钮会跳转到 UMPay 的支付界面，完成剩余步骤就可以成功为 PB 进行充值了，如图 10-1-22 所示。充值的金额会显示在“ProductBoost 余额”页面中。另外，使用 UMPay 不必注册 UMPay 账户，直接使用微信或者国内主要银行进行充值即可。

图 10-1-22　确认付款信息

10.1.5　ProductBoost 常见问题解答

1. 关于竞价和预算

Q：什么是竞价？什么是预算？预算有什么用途？

A：竞价是商户同意为每 1000 流量支付的费用。预算是商户愿意为这一期 PB 活动所花费的最高金额。预算的作用就是可以限定每一期 PB 流量费用的支出，给予商户账户余额的保护。

Q：如果预算有限，应该如何设置竞价？

A：高竞价低预算，或者高预算低竞价都无法很好地获得流量。为了保证每个产品至少可以分配到不少于 10000 流量，要尽可能提高产品的竞价。

Q：我的竞价提高了，为什么 PB 流量反而降低了？

A：这种情况主要由三个原因引起。

（1）尽管竞价已经提高，但是预算可能设置太低。活动还没有结束，活动预算费用已经用完了。

（2）参加 PB 的产品没有很好地转化。当发生这种情况时，Wish 将通过减少这个产品的流量来避免产品被分配过多无法转化的流量，这样，您就不必为没有或者只有少量订单的产品来支付费用。

（3）同类产品其他商户的竞争。系统会对有更高竞价、更高预算、更高转化率，以及更相关关键词的产品进行流量的倾斜。建议避免使用竞争过于激烈的产品关键词，而选择使用具有相关性，但竞争程度一般的关键词，可以参考后台关键词工具的数据。

2．关于产品挑选

Q：什么产品最适合加入 ProductBoost？

A：在其他平台获得成功的产品；符合流行趋势，有大量需求的季节性产品；对 Wish 平台用户来说新奇、独特的产品；商户专注开发的具有竞争优势的产品。

Q：如果产品售罄会发生什么？会被继续收取流量费用吗？

A：系统会自动过滤无库存的产品，在产品售罄后，系统将不会继续向用户展示该产品，而该产品也不会被继续收取流量费用。

Q：一期 PB 活动应该提交多少产品？是不是产品越多越好？

A：商户预算充足的话，可以提交多个产品；预算不足的话，商户应尽可能专注于有竞争优势的产品。

3．其他

Q：PB 活动开始后，为什么我的流量没有变化甚至还减少了？

A：Wish 平台通过复杂的智能系统来决定给产品分配多少流量。如果产品的生命周期处于末端，ProductBoost 也不能保证帮助扭转该产品的下降趋势。

Q：为何我创建的活动已经开始且被收取了费用，但是我的销售额却不见增加？

A：这种情况极有可能是产品本身对用户并没有太大吸引力，商户需要选择更好的产品，并且了解产品的市场情况和使用对象，从而设定合理的价格和相关性强的关键词。

10.2　利用 ProductBoost 打造爆款

Wish 平台的付费推广工具 ProductBoost 能够直接有效地为商户打造爆款，也能为店铺新品的推广带来直接的流量，因此建议商户一定要学会使用 PB，以快速打造店铺的爆款。

1．做 PB 之前需要知道的几个问题

- PB 的关键词是搜索关键词。
- PB 目前的推广规则只与我们设定的关键词有关。

- PB 的关键词搜索是精准搜索。
- PB 关键词可以尝试使用小语种词，建议在前期少量使用。
- PB 按照千次展现量进行付费，有别于其他的电商平台的按点击量付费。

2．PB 推广的整体思路

- PB 是快速引流的工具，商户需要利用好 PB 的流量，以提高产品的转化率。
- 及时分析 PB 数据，搜索已设关键词的排名情况。
- PB 流量充足时，降低竞价，让自然流量给产品带来转化。
- 配合日常的产品优化，同时保持良好的用户服务质量。

那么，具体该如何操作 ProductBoost 呢？我们从选品、关键词设置、产品竞价三个方面进行解析。

10.2.1　ProductBoost 选品

适合参加 PB 活动的产品有：新品上架时，在自然流量的作用下，出单量达到 3 ~ 5 单的产品；有绝对竞争力、潜力指数比较高的产品；偏冷门，但搜索指数比较高的产品。此外，根据商户经验，高客单价的产品适合打造 PB 爆品。

10.2.2　关键词设置

（1）借助工具选择相应的关键词。例如，可以使用 Google AdWords 等工具，选择 10 ~ 15 个关联性强的关键词，然后到 Wish 用户端搜索该关键词，观察这些关键词在 Wish 平台的市场潜力。

（2）参考各大跨境电商平台的热门搜索词，如图 10-2-1 所示。

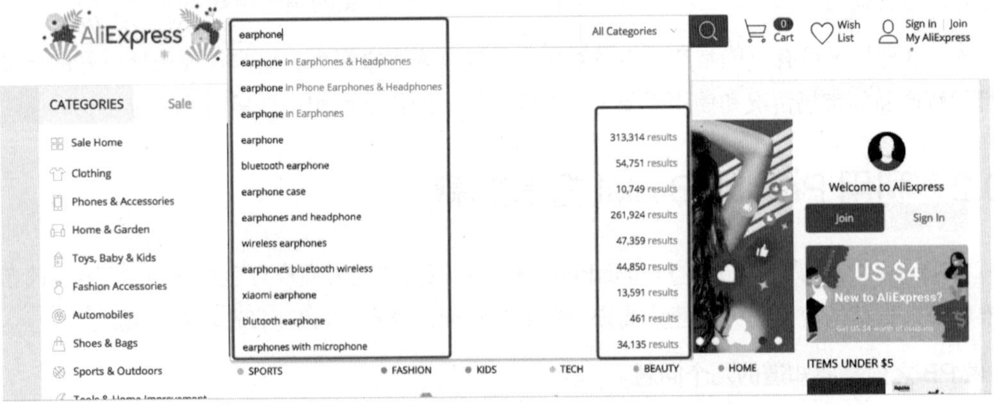

图 10-2-1　AliExpress 的热门搜索词

（3）可以到一些比较专业的小语种电商平台，选择一些小语种关键词。

（4）查看产品行业分类情况，通过工具选择相应的关键词，如图 10-2-2、图 10-2-3 所示。

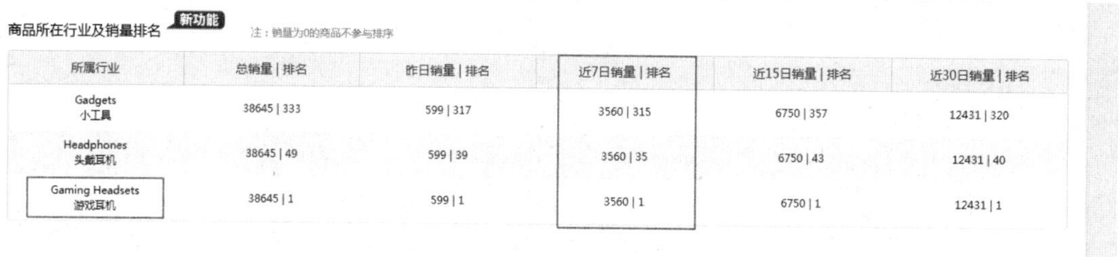

商品所在行业及销量排名 新功能 注：销量为0的商品不参与排序

所属行业	总销量 | 排名	昨日销量 | 排名	近7日销量 | 排名	近15日销量 | 排名	近30日销量 | 排名
Gadgets 小工具	38645 | 333	599 | 317	3560 | 315	6750 | 357	12431 | 320
Headphones 头戴耳机	38645 | 49	599 | 39	3560 | 35	6750 | 43	12431 | 40
Gaming Headsets 游戏耳机	38645 | 1	599 | 1	3560 | 1	6750 | 1	12431 | 1

图 10-2-2　通过工具选择关键词

商品信息　易追踪 NEW　SKU信息　相关标签　相似商品 NEW

近30天

排名	标签名	相关商品数量↓	销量↓	销量增长率↓	销售额↓	收藏数↓	评论数↓	平均价格↓	操作
1	Women's Fashion VIP	21,243,472	81,211,049	31.3%	$848,761,220	228,542,452	3,160,634	$13.06	
2	Jewelry VIP	16,480,631	58,277,004	27.7%	$362,361,803	97,444,596	2,080,972	$17.46	
3	Casual VIP	7,135,642	21,828,839	35.23%	$354,302,178	76,904,831	893,249	$16.42	
4	leather VIP	3,649,632	12,488,520	34.78%	$184,815,694	23,719,906	520,505	$17	
5	Bracelet VIP	2,986,295	10,797,149	38.86%	$76,761,781	14,623,069	429,066	$13.89	
6	Watch VIP	2,260,720	10,290,900	33.82%	$138,552,208	15,045,003	402,738	$16.79	
7	Vintage VIP	2,695,957	8,687,219	40.6%	$86,675,497	20,674,396	344,061	$11.54	
8	Watches	997,589	5,457,778	34.41%	$59,560,884	7,614,518	222,160	$17.31	

图 10-2-3　相关标签

10.2.3　ProductBoost 产品竞价设置

要设置 PB 活动竞价，需运行几轮反复测试，以获得最优竞价。

（1）第一周，可低价测试，根据产品的竞争情况定价。

（2）第二周，搜索分析产品关键词的排名情况，以及上一周的流量转换情况，适当提高竞价。

（3）第三周，继续分析产品的流量增长情况，以及产品点击转化率，考虑是否提高或降低竞价。

（4）根据每周所获得的流量，观察店铺活动关键词排名情况，及时调整关键词设置。

（5）观察产品在行业的销量排名情况，考虑是否要加大 PB 的投入，来获得更多的自然流量。

第 11 章 数据分析

11.1 数据分析的概念和重要性

11.1.1 数据分析的概念

我们所从事的跨境电子商务零售行业，比传统的 B2B 外贸行业更加零散，比国内电子商务零售的服务链条更长，所以要想在竞争日益激烈的跨境零售行业中脱颖而出，对于每个业务链条的把控都需要更加精细，更加有条理。

常见跨境电子商务零售行业业务流程如图 11-1-1 所示。

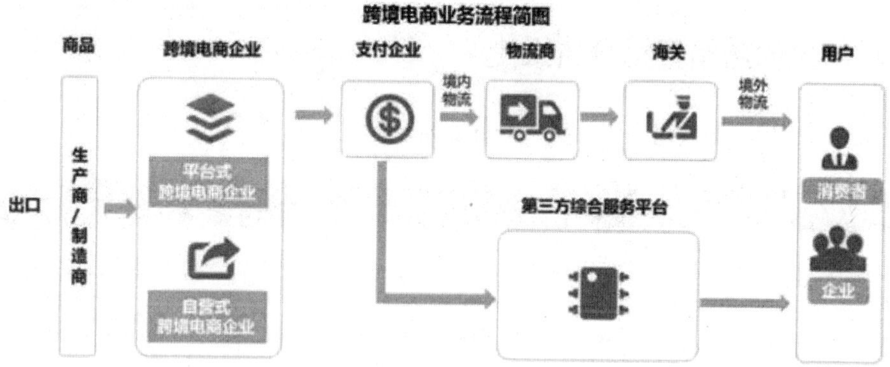

图 11-1-1 跨境电子商务零售行业业务流程

所以，依靠传统的管理模式对日益精细的跨境行业的全部流程进行管理，已经明显不能满足公司发展的需求。对于运营企业或者任何一个平台来说，对数据的挖掘、整理、分类分析、执行能力都在企业的发展中占越来越重的地位。

数据分析是一个比较笼统的概念，是指用适当的统计分析方法对收集来的大量数据进行分析，为了提取有用信息和形成结论，而对数据加以详细研究和概括总结的过程。这一过程也是 Wish 运营决策的支持过程。在实用方面，数据分析可帮助企业主或者账户运营人员做出判断，以便他们采取适当的行动。

我们需要通过数据来了解 Wish 运营中的哪些要点呢？

第一，销售端：通过 Wish 后台数据，我们可以挖掘每个产品的流量、转化率、结账比例，以及产品的评论、销售人员操作店铺的效率情况、日常维护的情况等。通过一些辅助软件，我们可以看到整个 Wish 平台的流量、产品及各种细分类目的一些数据情况，包括我们店铺自身的表现，和平台主要大商户的表现，具体的内容我们将放在 11.2、11.4 两节中来介绍。

第二，运营端：通过 Wish 后台数据，可以看到我们在发货、订单处理环节，以及我们选择的物流商的表现。同时，运营过程中的退款情况、仿品甄别情况，以及用户服务表现，都能直观地通过后台的数据体现出来。但是只靠 Wish 后台的数据，我们只能观测到结果，很难发现具体是哪个细节有优化的空间，所以我们在财务、物流、采购端口等流程中，都应该设置一定的数据监控模型，来进一步发现和优化流程中的问题。这部分内容主要会在 11.2 和 11.5 这两节中向大家说明。

第三，整体规划：我们需要定期根据 Wish 的后台及自身的数据统计，整合一系列财务数据，来帮助企业主或者运营人员了解在 Wish 平台上的投入、收益，以及分阶段的投入产出比，从而让大家能更好地决定在每个阶段应该如何对 Wish 平台进行资源和人力的投入，以及产品方向是否需要调整、做 Wish 的模式是否需要调整这些比较宏观但是非常重大的决策。这部分内容将主要在 11.5.2 小节中进行分析。

11.1.2 常见的店铺数据分析维度

我们以 Wish 后台的数据为例，如图 11-1-2 所示。

图 11-1-2　Wish 后台的数据

图中箭头所指的“业绩”菜单下面，是 Wish 运营中最常用到的数据分析板块。

点击“业绩”菜单，我们可以看到以下内容，如图 11-1-3 所示。

图 11-1-3　“业绩”菜单

其中产品概述、销售业绩、用户服务表现、销售图表这几项对于产品和销售端比较重要，评分表现、物流表现、退款表现、用户反馈、仿品率表现这几项对于运营是很重要的数据指标，用户服务图表则便于数据的对比。

除“业绩”菜单外，在“产品”菜单中也有我们需要挖掘的数据。

从直观的后台数据来看，以下三种数据对掌握产品信息和上架信息会有所帮助，如图 11-1-4 所示。

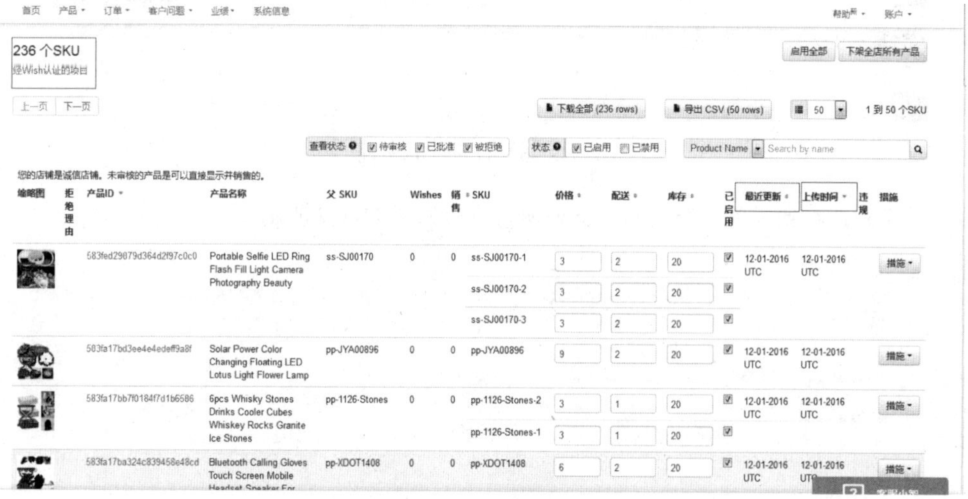

图 11-1-4　SKU 数量

我们可以看到自己店铺当前产品的 SKU、最近更新时间，以及上传时间的相关数据，它们是三种很直观的数据，其中最近更新时间和上传时间可以按照时间进行排序。同时，我们也不能忽略另外两个有用的信息：Wishes 和销售数，如图 11-1-5 所示。产品销售数量也可以按照销量高低顺序进行排序。

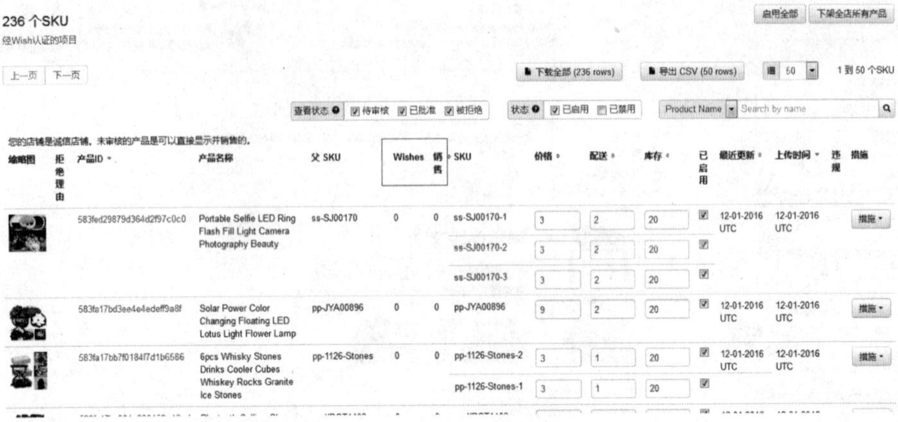

图 11-1-5　Wishes 和销售数量

点击任一个单品右侧的“措施”→“查看产品表现”菜单，如图 11-1-6 所示。

图 11-1-6　查看产品表现

然后我们就看到了单个产品的数据表现情况，如图 11-1-7 所示。

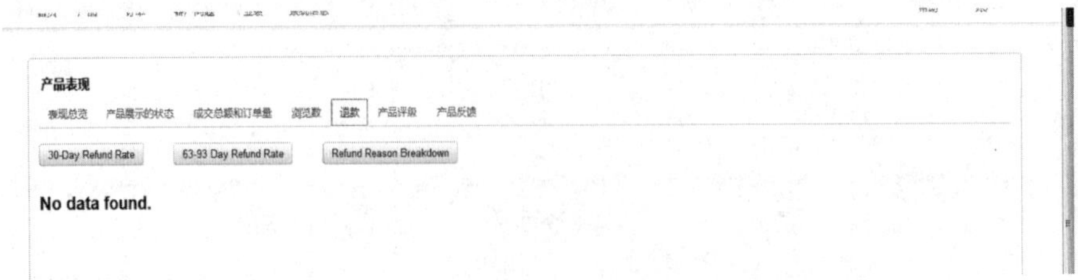

图 11-1-7　单个产品的数据表现

上面总结了后台数据的展示方式，接下来需要了解的是，我们可以用哪些思维来开展数据整理和分析。

1．对照思维

这个维度通常用于对比单品或者单店铺在单位时间中的销售情况，通常采用对比的形式，展示出的形式是柱状图，如图 11-1-8 所示。

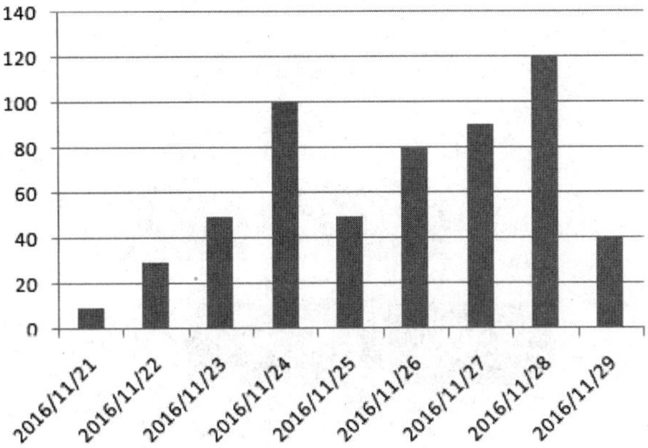

图 11-1-8　柱状图

这种柱状图在 Excel 中很容易生成。一般对于后端运营中比较规范，且用系统进行管理的商户，所使用的 ERP 通常都有统计功能，可以对订单数量或者订单金额进行统计，如图 11-1-9 所示。

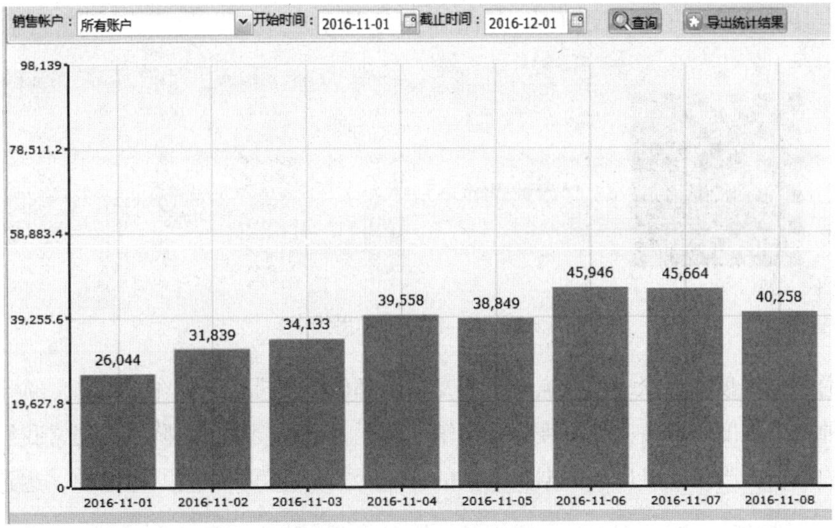

图 11-1-9　ERP 统计功能

销量和销售额的统计，体现了在数据处理中很重要的也是最基本的一个思路，就是对照的思路，俗称对比，单独一个数据是绝对化的数字，不能代表什么，而和另一个数据做对比，才能体现出它的价值。

2. 分拆思维

我们举一个例子，比如一个销售员A，通过对照的方式发现店铺这一周的销售额不如上一周，这时只对比销售额就没有多大意义了，而需要对销售额这个数据进行进一步拆分。这里可以利用电子商务中常见的一些公式，如图11-1-10所示。

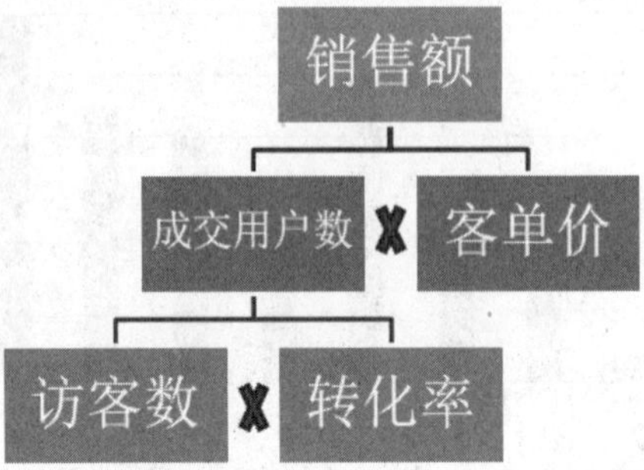

图 11-1-10　常见公式

通过进一步的分析可以找出导致销售额下降的原因，还可以更进一步细分转化率、流量等数据，找出更深层的原因，直到找出解决方案。

3. 降维思维

当数据的维度太多的时候，我们不可能把每个维度都拿来分析，对于一些相关联的数据指标，筛选出其中能够合并的维度即可，如图11-1-11所示。

日期	图片	ID	产品浏览数	“购买”按钮点击率	订单	产品单价	结帐转换率	成交总额
09/05 - 09/12	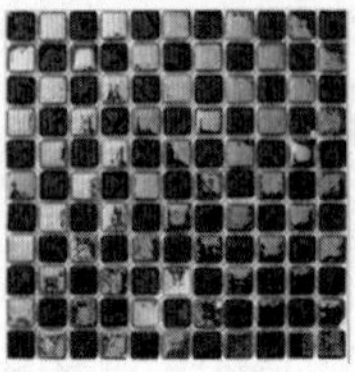	AAAAAAAAAAAAAAAAAA	4,043	0.09890%	23	$5.95	575.00%	$136.85
09/12 - 09/19			0	0.00000%	55	$5.52	0	$303.45
09/19 - 09/26			34,760	0.08060%	18	$5.95	64.29%	$107.10
09/26 - 10/03			57,909	0.15200%	43	$5.10	48.86%	$219.30
10/03 - 10/10			135,914	0.12%	56	$5.10	33.14%	$285.60
10/10 - 10/17			424,500	0.09230%	108	$5.10	27.55%	$550.80
10/17 - 10/24			388,147	0.08090%	100	$5.10	31.85%	$510.00
10/24 - 10/31			369,881	0.09140%	133	$5.10	39.35%	$678.30
10/31 - 11/07			300,229	0.10860%	119	$5.10	36.50%	$606.90
11/07 - 11/14			326,403	0.09500%	136	$5.10	43.87%	$693.60
11/14 - 11/21			277,771	0.12020%	140	$5.10	41.92%	$714.00

图 11-1-11　降维思维

在汇总数据维度时，众多的数据并不是每一个都值得分析，当存在“成交总额=产品单价×订单”这种一个维度可以由其他维度计算出来的情况时，我们就可以降维。通常我们只关心对我们有用的数据，当某些维度的数据跟我们的分析无关时，就可以将其过滤掉，达到降维的目的。

4. 增维思维

增维和降维是相对应的，有降必有增。当我们当前的数据维度不能很清晰很全面地解释我们的问题时，我们就需要对数据做一些运算，使其多增加一个指标。如图11-1-12所示，当我们在分析某个单品的数据时，如果单纯从浏览量、销量、退款比率、平均评级数据等不能分析出产品销售额增减的原因的话，就需要增加产品的客单价、转化率等数据维度来协助分析。

您的指标

过去30天内的订单数量

导出 CSV

时长	成交总额	销售	浏览数	订单30天	30天的退款数	30天的退款率	93天内的订单数	93天内的退款数	93天内的退款率	平均评级	平均30天的评级
11/21 - 11/28	$714.10	65	278,524	272	0	0.00%	276	12	4.35%	4.33	4.38
11/14 - 11/21	$689.91	63	274,980	248	0	0.00%	289	13	4.50%	4.27	4.46
11/07 - 11/14	$849.94	77	253,954	237	0	0.00%	284	12	4.23%	4.23	4.36
10/31 - 11/07	$677.23	61	228,012	200	0	0.00%	272	8	2.94%	5.00	4.49
10/24 - 10/31	$422.94	38	208,769	181	0	0.00%	227	4	1.76%	4.42	4.40
10/17 - 10/24	$388.81	35	172,162	189	0	0.00%	216	4	1.85%	4.14	4.40
10/10 - 10/17	$427.50	38	156,170	191	0	0.00%	208	4	1.92%	4.16	4.41
10/03 - 10/10	$398.48	34	172,361	218	2	0.92%	197	7	3.55%	4.69	4.40
09/26 - 10/03	$691.48	59	203,525	252	0	0.00%	198	6	3.03%	4.40	4.37

图 11-1-12　增维思维

11.2　Wish 商户后台首页数据介绍

打开 Wish 后台首页，数据展示主要分为三大块。

第一部分由七类数据组成，如图 11-2-1 所示。

图 11-2-1　第一部分数据

第二部分由四类统计数据组成，如图 11-2-2 所示。

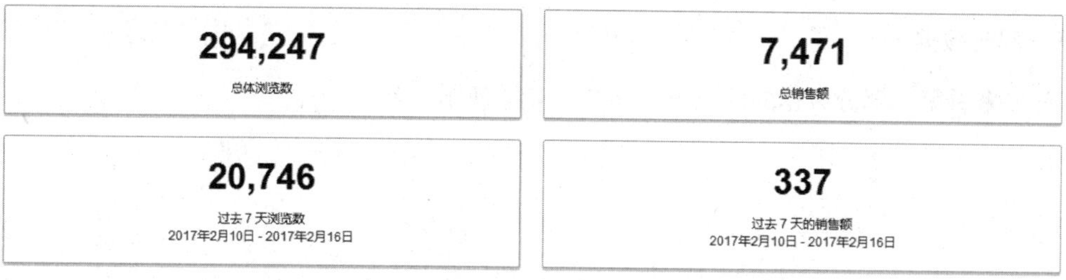

图 11-2-2　第二部分数据

除这两部分数据外，还有五个曲线图用以对比参考，如图 11-2-3 所示。

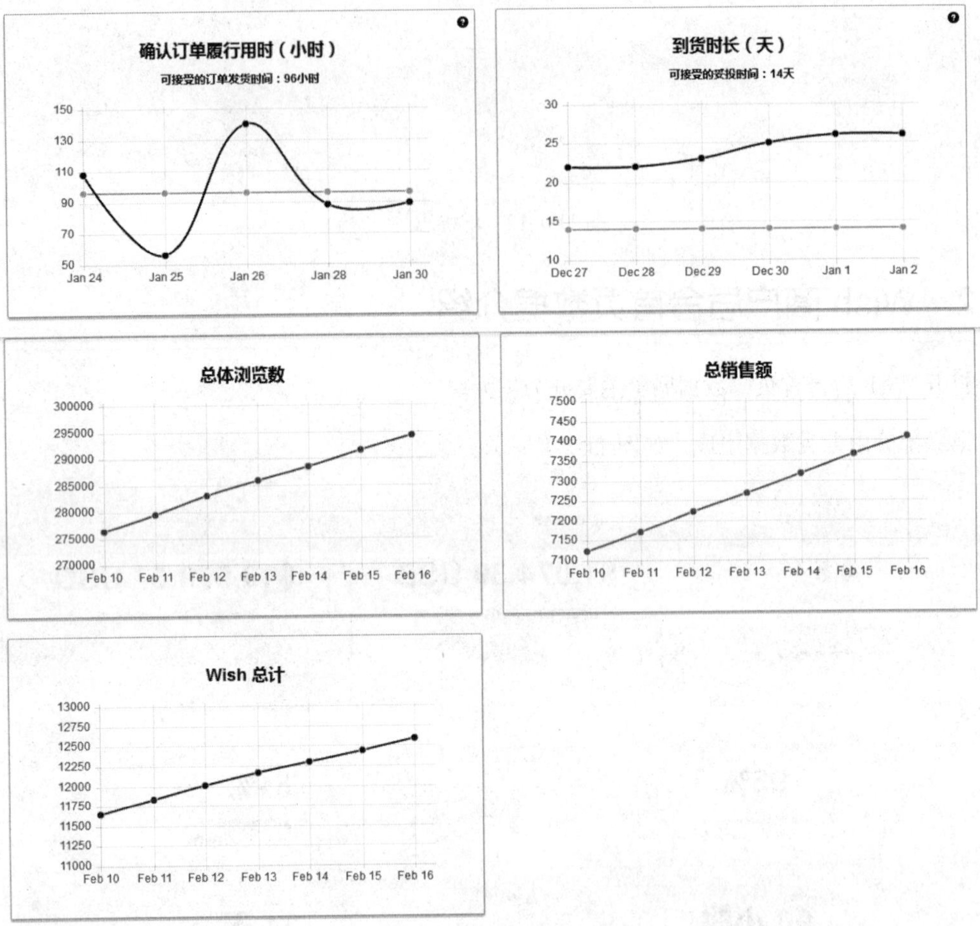

图 11-2-3　曲线图

总体来说，商户首页的数据涵盖了该账户的消费者反馈、资金情况、账户物流数据表现、阶段性的销售额和流量表现，其中第一部分数据对于商户来说比较重要，需要重点了解、关注和跟进。

接下来的章节，为大家分别解释这些数据的含义。

1. 第一部分数据

首先来看第一部分数据的前三项，如图 11-2-4 所示。

图 11-2-4 前三项数据

数据 1 为该店铺的平均订单评级情况，展示的是店铺在销售产品之后，消费者对于店铺产品、物流时效、售后服务的综合反馈，数据分为一到五星，店铺评价越接近五星，则说明消费者对于商户的综合服务越满意。点击此项数据下方的“单击以查看评级”链接可以看到详细的客户评价星数和内容，如图 11-2-5 所示。通过评价的详情页面，可以看到每笔评价的情况，同时也可以点击图中的“Actions”下拉菜单联系用户。

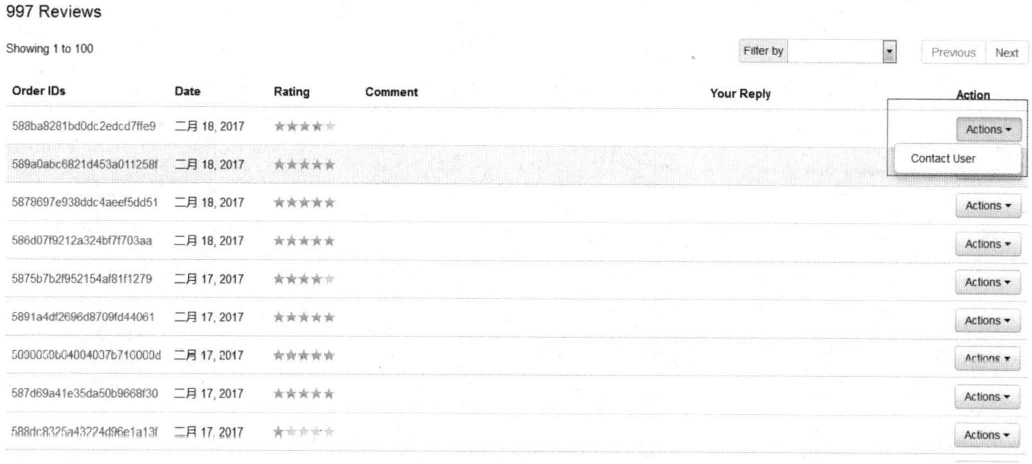

图 11-2-5 客户评价详情

关于客户评价的相关内容，也可以通过“业绩”→“评分表现”菜单来查看，如图 11-2-6 所示。

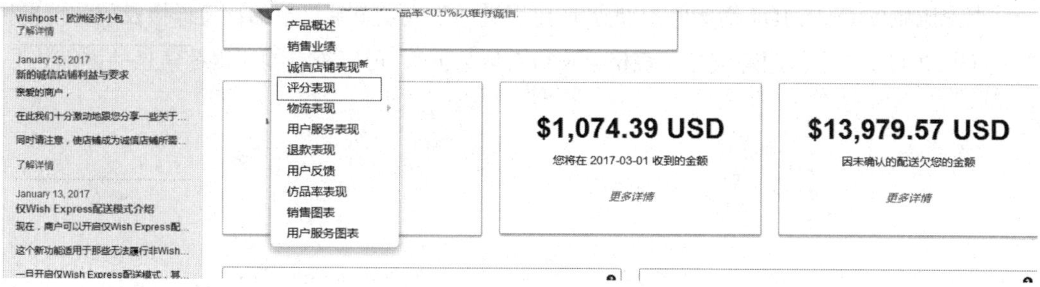

图 11-2-6 评分表现

这一部分数据我们会在 11.3 节中更详细地讲解。

数据 2、数据 3 反映的是店铺目前的资金状况。数据 2 为下一个转款日店铺将会收到的金额，数据 3 为因未成功配送而沉淀在店铺里的金额。金额都是以美元计算，根据当天的情况，数据每天都会有所变动，反映的是整个店铺在这一阶段时间的资金流转情况。

数据中的日期，即为店铺将会从 Wish 平台收到上方金额的日期，如图 11-2-7 所示。

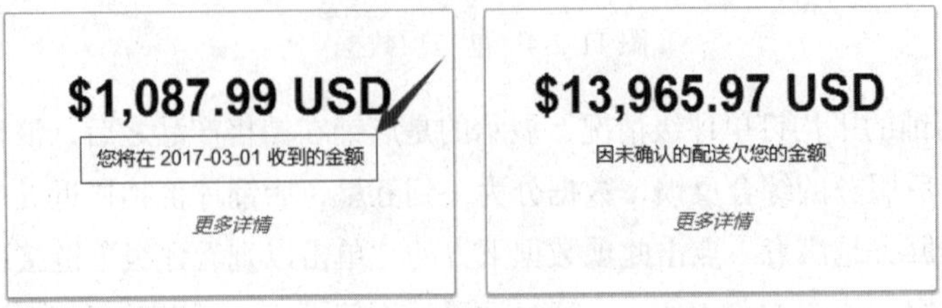

图 11-2-7　收到金额的日期

点击日期下方的“更多详情”链接，则可以看到组成上图中金额的订单详情页，如图 11-2-8 所示。

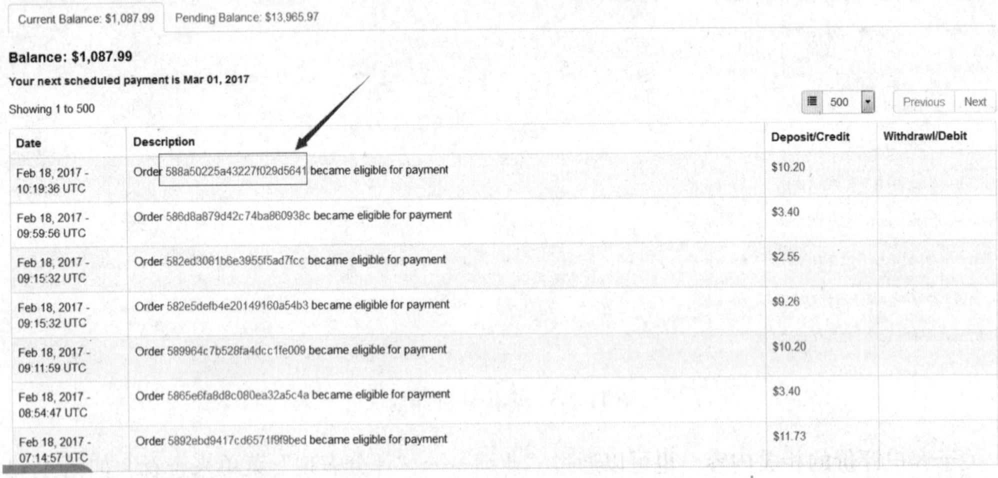

Current Balance: $1,087.99　Pending Balance: $13,965.97

Balance: $1,087.99

Your next scheduled payment is Mar 01, 2017

Showing 1 to 500　500　Previous　Next

Date	Description	Deposit/Credit	Withdrawl/Debit
Feb 18, 2017 - 10:19:36 UTC	Order 588a50225a43227f029d5641 became eligible for payment	$10.20	
Feb 18, 2017 - 09:59:56 UTC	Order 586d8a879d42c74ba860938c became eligible for payment	$3.40	
Feb 18, 2017 - 09:15:32 UTC	Order 582ed3081b6e3955f5ad7fcc became eligible for payment	$2.55	
Feb 18, 2017 - 09:15:32 UTC	Order 582e5defb4e20149160a54b3 became eligible for payment	$9.26	
Feb 18, 2017 - 09:11:59 UTC	Order 589964c7b528fa4dcc1fe009 became eligible for payment	$10.20	
Feb 18, 2017 - 08:54:47 UTC	Order 5865e6fa8d8c080ea32a5c4a became eligible for payment	$3.40	
Feb 18, 2017 - 07:14:57 UTC	Order 5892ebd9417cd6571f9f9bed became eligible for payment	$11.73	

图 11-2-8　订单详情页

点击图中的 Order ID（箭头所指部分），可以进一步查看单笔订单的物流详情及放款情况说明。点击图 11-2-9 中的跟踪编号（表格第三行右侧数据），可以查看物流跟踪信息的详细数据。

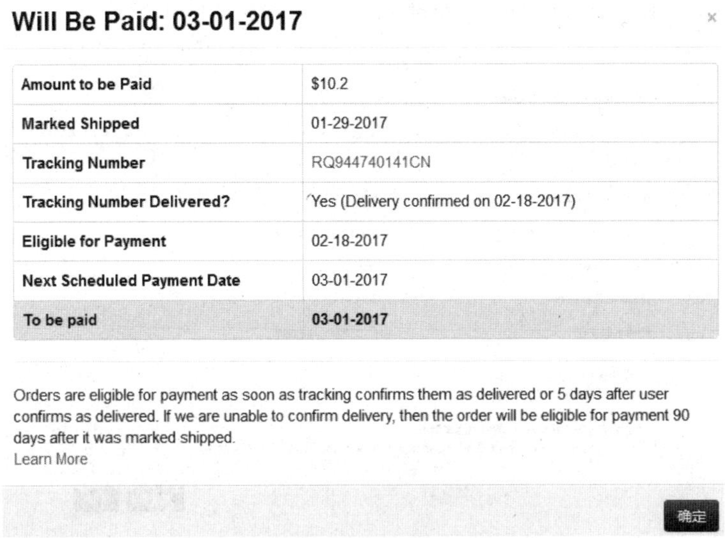

图 11-2-9　跟踪编号

如图 11-2-10 所示，在订单金额详情页面，框线内数值表示的是退款订单。点击相应的 Order ID，可以查看退款订单的具体情况及退款原因，如图 11-2-11 所示。

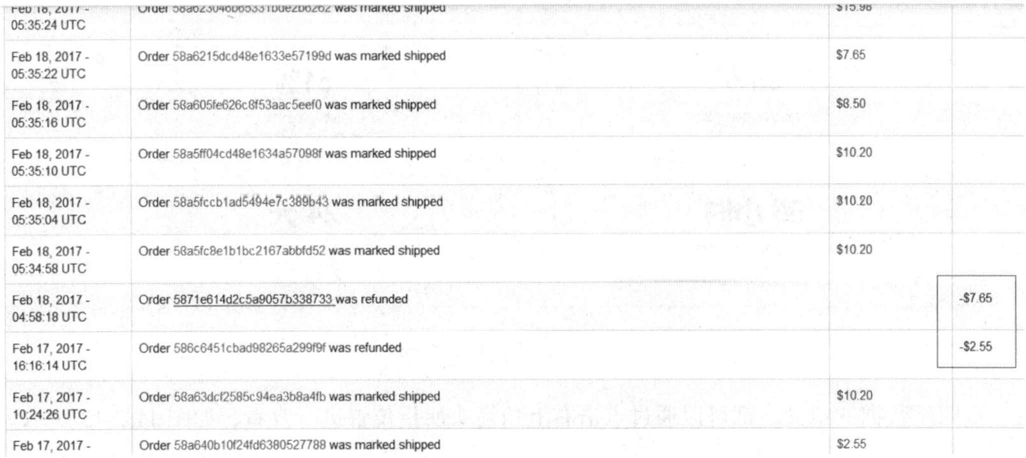

图 11-2-10　退款订单

在图 11-2-11 的页面中，商家可以比较详细地了解退款订单所有数据，同时也可根据物流跟踪信息来确定是否需要就此笔订单发起申诉。

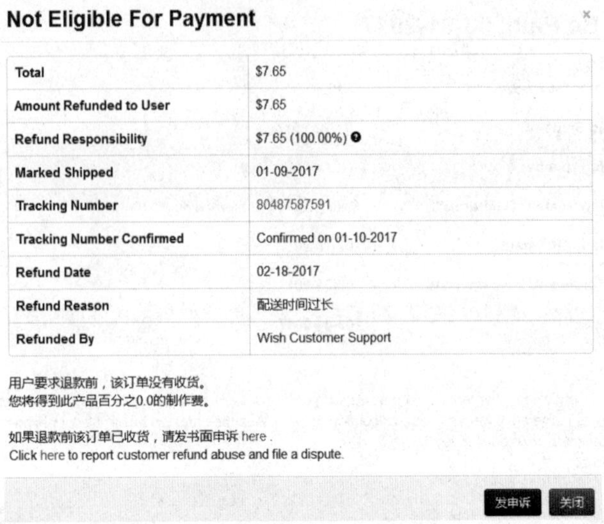

图 11-2-11　退款具体情况

接下来介绍第一部分数据的后四项，如图 11-2-12 所示。这四项数据，主要说明店铺在指定的一周内订单处理及物流时效情况，它们对于店铺的流量有直接的影响，所以在日常店铺运营中需要格外重视。

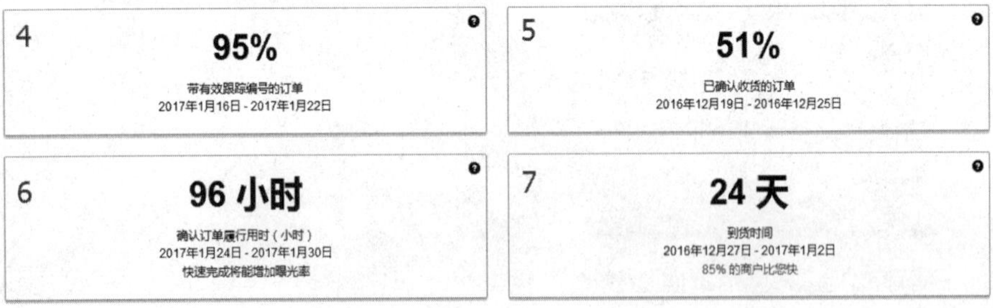

图 11-2-12　后四项数据

这四项数据的定义，都可以通过点击右上角箭头所指位置进行查看，如图 11-2-13 所示。

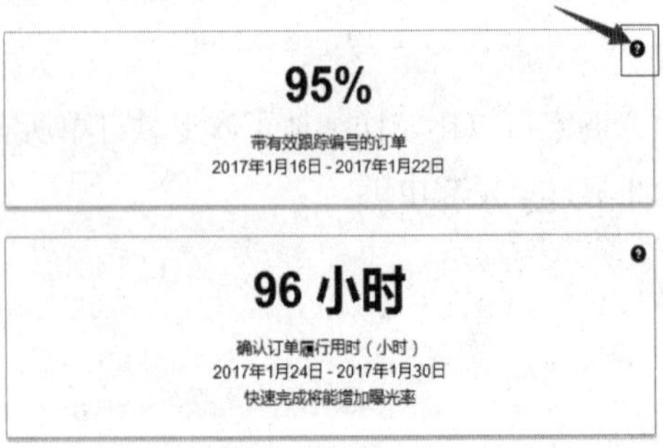

图 11-2-13　数据的定义

数据 4 指的是在下方日期范围内全部订单中带有效跟踪编号的比例，对于这项数据的指标要求，可以通过图 11-2-14 中的“业绩”→“物流表现”菜单来查看。目前的要求是带跟踪编号的订单比例需要达到 95%以上，如果这个比例在 80%以下，则需要进一步通过“物流表现”中的数据来详细分析原因，并及时调整物流方案。

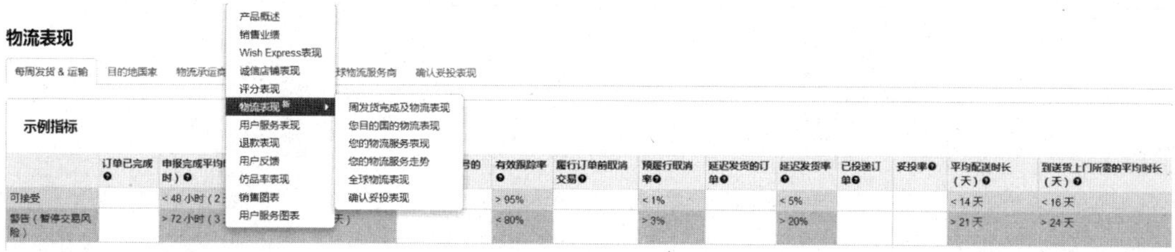

图 11-2-14　物流表现

其中，有效跟踪编号就是 Wish 官方承认的物流承运商所提供的跟踪编号。商户可以在上传跟踪编号之后的第二到三天，在历史订单中查看跟踪编号的上网情况，如果出现图 11-2-15 中箭头所指的图标，则说明订单跟踪编号被 Wish 官方所认可。

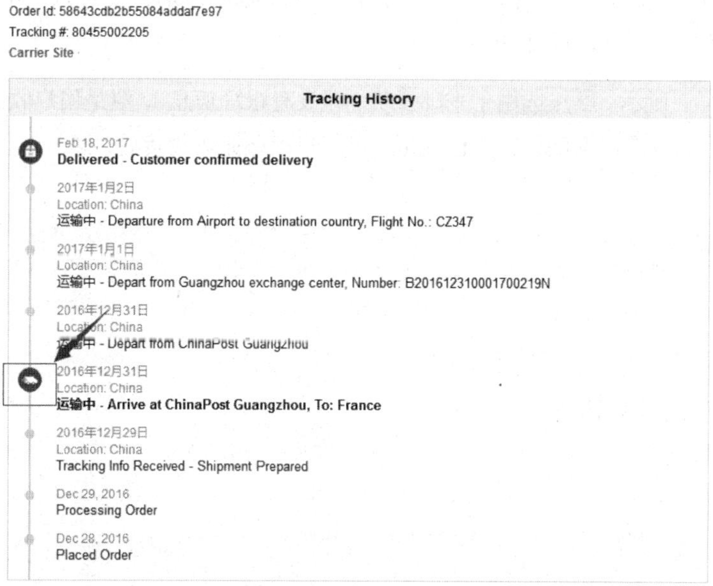

图 11-2-15　有效跟踪编号

数据 5 显示的是 8～9 周前的一周内已确认收货的订单比例，目前 Wish 对这个数据还没有制定相应的标准，目前能确认订单已经完成、用户已经收货的方式有两种，第一种是跟踪编号显示已经送达，如图 11-2-16 所示。

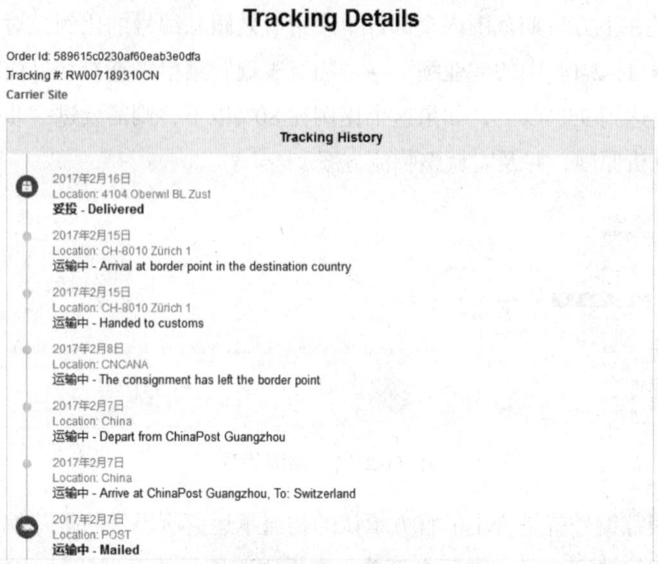

图 11-2-16　跟踪编号显示已送达

发送的订单为带挂号的订单，采用有跟踪信息的物流方式，当物流信息更新为“Delivered”以后，此笔订单将会被计为已确认收货订单。

另外一种如图 11-2-17 所示。虽然选用了平邮发货（即没有跟踪信息），但是用户收到货后，在 Wish 客服的邮件提醒下主动帮助确认订单已完成。当用户确认完成收货后，订单也会被计为已确认收货订单。

图 11-2-17　用户确认已送达

数据 6 为确认订单履行用时，指的是从下单到确认订单完成的平均时间。这里的下单时间指的是用户下单且通过了 Wish 风控审核的订单日期，可以通过点击“订单”→“未处理”菜单查看，如图 11-2-18 所示。

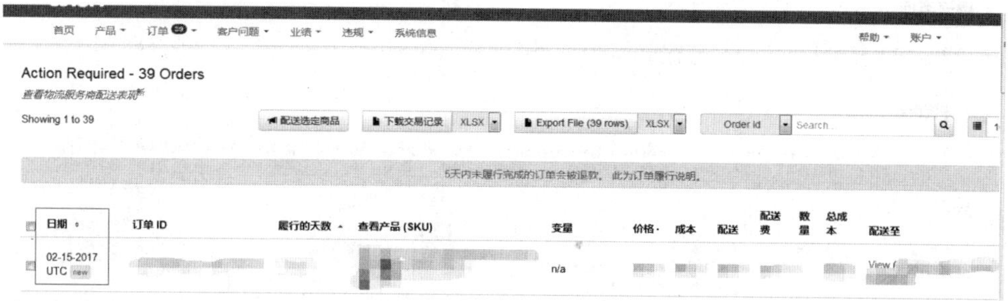

图 11 2 18　未处理订单

订单完成日期，以商户上传的跟踪单号被系统所确认的日期为准，图 11-2-15 中箭头所指的符号表示单号已被系统确认。

目前 Wish 平台对这一数据的要求比较严格，在图 11-2-19 的物流表现指标中，有三项数据和这个指标有关，分别是申报完成平均时长、平均确认订单履行用时、延迟发货率。申报完成平均时长指的是从用户下单到商户在后台确认发货的平均时间，Wish 后台规定最好在 48 小时内完成。平均确认订单履行用时指的是从用户下单到订单的跟踪单号被系统确认的平均时间，延迟发货率是指当周订单中未在 120 小时内确认跟踪编号的比例，如果这一比例连续几周超出 Wish 所规定的 20%，则商户有被暂停交易的风险。而且在图 11-2-13 中我们可以看到，Wish 对于能快速完成发货的店铺会有流量方面的扶持。这一点对于各个店铺尤其是新店铺尤为重要。

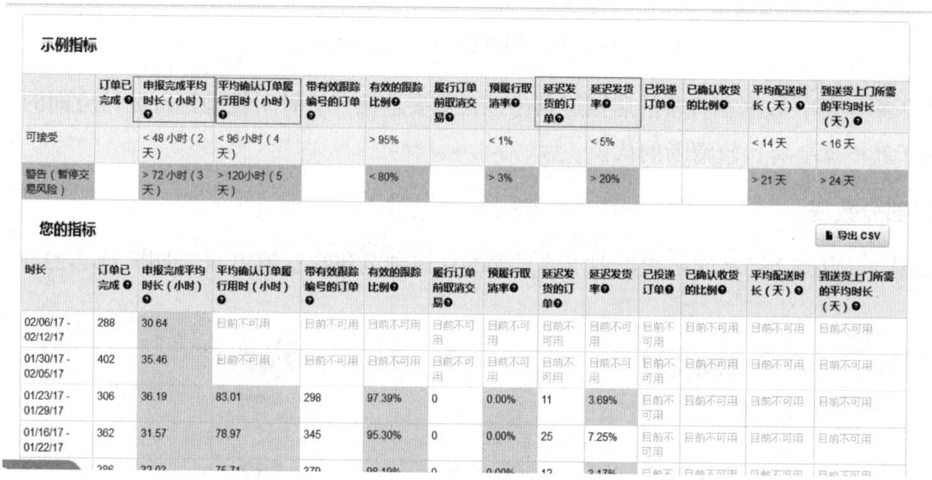

示例指标

	订单已完成	申报完成平均时长（小时）	平均确认订单履行用时（小时）	带有效跟踪编号的订单	有效的跟踪比例	履行订单前取消交易	预履行取消率	延迟发货的订单	延迟发货率	已投递订单	已确认收货的比例	平均配送时长（天）	到送货上门所需的平均时长（天）
可接受		< 48 小时（2 天）	< 96 小时（4 天）		> 95%		< 1%		< 5%			< 14 天	< 16 天
警告（暂停交易风险）		> 72 小时（3 天）	> 120小时（5 天）		< 80%		> 3%		> 20%			> 21 天	> 24 天

您的指标　　导出 CSV

时长	订单已完成	申报完成平均时长（小时）	平均确认订单履行用时（小时）	带有效跟踪编号的订单	有效的跟踪比例	履行订单前取消交易	预履行取消率	延迟发货的订单	延迟发货率	已投递订单	已确认收货的比例	平均配送时长（天）	到送货上门所需的平均时长（天）
02/06/17 - 02/12/17	288	30.64	目前不可用	目前不可用	目前不可用	目前不可用	目前不可用	目前不可用	目前不可用	目前不可用	目前不可用	目前不可用	目前不可用
01/30/17 - 02/05/17	402	35.46	目前不可用	目前不可用	目前不可用	目前不可用	目前不可用	目前不可用	目前不可用	目前不可用	目前不可用	目前不可用	目前不可用
01/23/17 - 01/29/17	306	36.19	83.01	298	97.39%	0	0.00%	11	3.69%	目前不可用	目前不可用	目前不可用	目前不可用
01/16/17 - 01/22/17	362	31.57	78.97	345	95.30%	0	0.00%	25	7.25%	目前不可用	目前不可用	目前不可用	目前不可用

图 11-2-19　物流表现指标

对这一数据具体的控制方法，涉及物流、订单处理等流程，在后面 11.5.2 小节中将会有更详细的介绍。

数据7为到货时间，是指从下订单到确认已收货所需的平均时长。这个时间点的取值可对照数据5和数据6的计算方式来确认，Wish官方规定的时间如图11-2-20所示。

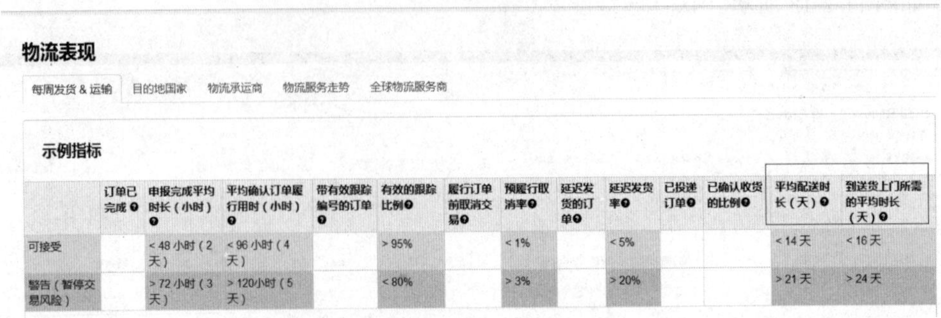
物流表现

每周发货 & 运输　目的地国家　物流承运商　物流服务走势　全球物流服务商

示例指标

	订单已完成	申报完成平均时长（小时）	平均确认订单履行用时（小时）	带有效跟踪编号的订单	有效的跟踪比例	履行订单前取消交易	预履行取消率	延迟发货的订单	延迟发货率	已投递订单	已确认收货的比例	平均配送时长（天）	到送货上门所需的平均时长（天）
可接受		< 48小时（2天）	< 96小时（4天）		> 95%		< 1%		< 5%			< 14天	< 16天
警告（暂停交易风险）		> 72小时（3天）	> 120小时（5天）		< 80%		> 3%		> 20%			> 21天	> 24天

图11-2-20　到货时间

到货时间对于消费者的购物转化率有直接的影响，如图11-2-21所示，用户在页面上可以直接看到这个数据，到货时间对于消费者最终是否购买有很大的影响。

图11-2-21　到货时间对转化率的影响

由于第一部分数据在日常的店铺运营中经常需要监测并有针对性地进行运营方面的调整，所以对于其概念要有比较清晰的认识。

2. 第二部分数据

数据1、数据2展示的是积累到当前日期的总体浏览数和总销售额，如图11-2-22所示。

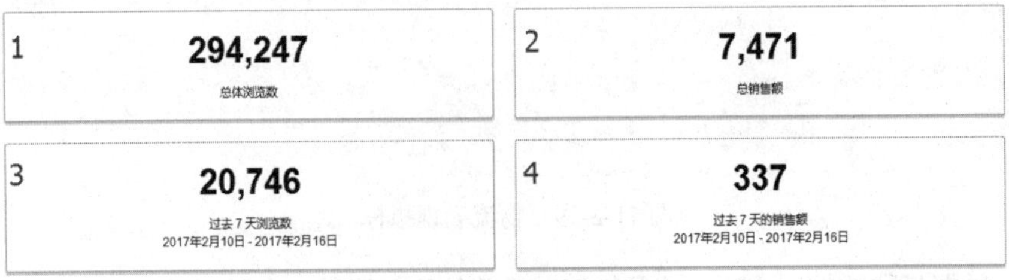

图11-2-22　第二部分数据

以图 11-2-23 为例，数据 1 是截至 2 月 16 日的总体浏览数。

图 11-2-23　数据 1

数据 3、数据 4 指的是过去 7 天中的浏览数和销售额。

第二部分数据主要为店铺销售端提供数据，对销售端数据的进一步分析，需要使用图 11-2-24 中圈出的内容。

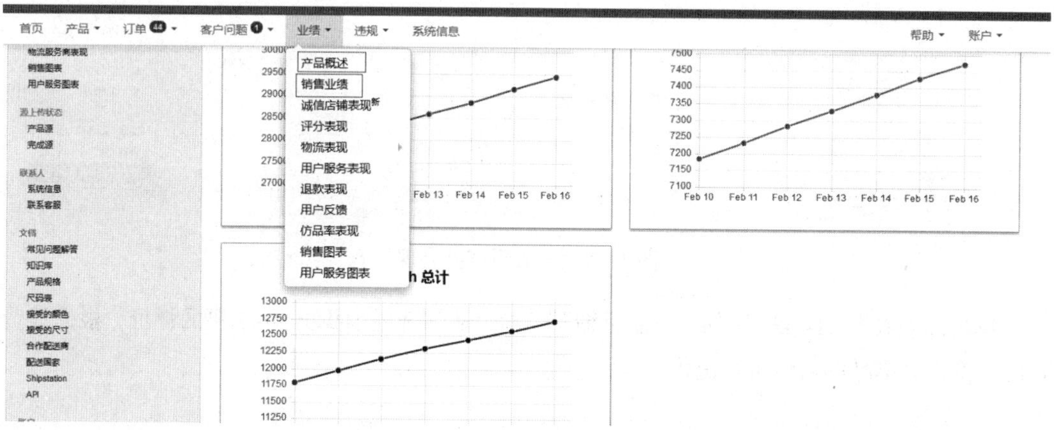

图 11-2-24　商户后台首页数据的分析方式

针对上述第一部分和第二部分数据，商户在日常运营中需要对数据反映出的问题进行分析，并对具体运营进行调整。

比如对消费者的评价，很容易找出评价明细中1～3星的评价，如图11-2-25所示。

图11-2-25　1～3星的评价

每周对其进行汇总，并在“产品表现”页面找到更加详细的数据，通过分析这些数据，有针对性地对该产品进行包装、运输、产品质量方面的优化，如图11-2-26所示。

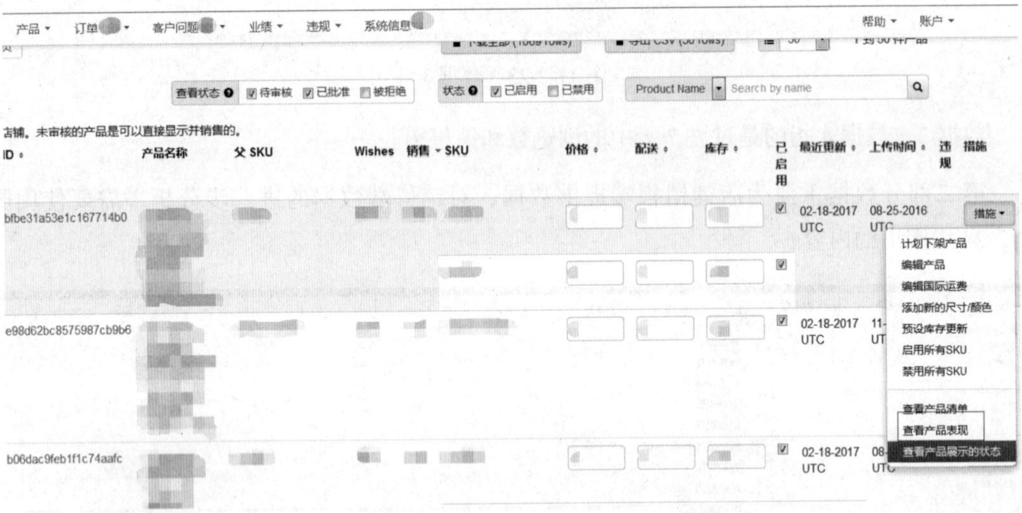

图11-2-26　查看产品表现

也可以查看图11-2-27中的“产品反馈”一栏，从筛选栏中找出1～3星的评价，根据消费者的评价来对单品的营销进行优化。

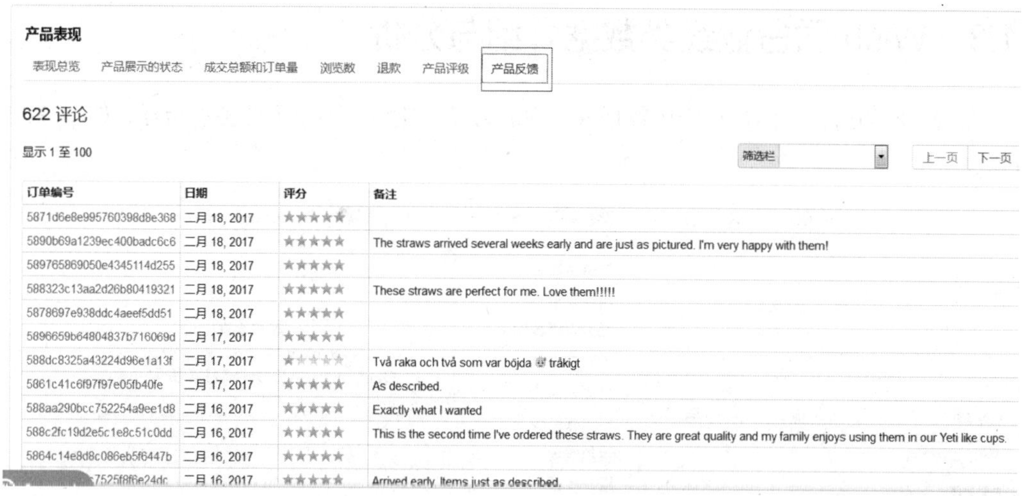

产品表现

表现总览　产品展示的状态　成交总额和订单量　浏览数　退款　产品评级　产品反馈

622 评论

显示 1 至 100　筛选栏　上一页　下一页

订单编号	日期	评分	备注
5871d6e8e995760398d8e368	二月 18, 2017	★★★★★	
5890b69a1239ec400badc6c6	二月 18, 2017	★★★★★	The straws arrived several weeks early and are just as pictured. I'm very happy with them!
589765869050e4345114d255	二月 18, 2017	★★★★★	
588323c13aa2d26b80419321	二月 18, 2017	★★★★★	These straws are perfect for me. Love them!!!!!
5878697e938ddc4aeef5dd51	二月 18, 2017	★★★★★	
5896659b64804837b716069d	二月 17, 2017	★★★★★	
588dc8325a43224d96e1a13f	二月 17, 2017	★☆☆☆☆	Två raka och två som var böjda tråkigt
5861c41c6f97f97e05fb40fe	二月 17, 2017	★★★★★	As described.
588aa290bcc752254a9ee1d8	二月 16, 2017	★★★★★	Exactly what I wanted
588c2fc19d2e5c1e8c51c0dd	二月 16, 2017	★★★★★	This is the second time I've ordered these straws. They are great quality and my family enjoys using them in our Yeti like cups.
5864c14e8d8c086eb5f6447b	二月 16, 2017	★★★★★	
[illegible]7525f8f6e24dc	二月 16, 2017	★★★★★	Arrived early. Items just as described.

图 11-2-27　产品反馈

数据 2、数据 3 是关于店铺的资金的数据，作为电商运营中的核心数据，它们代表的资金运营对于店铺的长久发展非常重要。在店铺处于高速发展阶段时，资金会持续沉淀在店铺中，当店铺处于正常的发展阶段时，如果能够很好地结合 Wish 的放款政策调整物流方案，店铺中留存的待放款金额，每月的放款金额，当月的销售额之间的比例应该大致是 1∶1∶1 的关系。所以在每月月中（或者 7 号、21 号）放款日，都可以做一次简单的数据统计，来看看目前运营的状况。

（3）针对第一部分数据中的数据 4、5、6、7，需要结合“物流表现”中的具体数据来进行优化和统计，在 11.3 节中有详细介绍。

（4）对于第二部分数据的中销售额和流量，可以稍微改变统计方式，如图 11-2-28 所示。

Time Period	月份	GMV	月销售额	增量	Product Impressions	月流量总和	增量
01-09-2017 / 01-15-2017	2017年1月	$9,449.43	$30,846.41	20%	7,876,487	23851108	41%
01-02-2017 / 01-08-2017		$8,729.06			7,394,390		
12-26-2016 / 01-01-2017		$7,506.64			4,801,581		
12-19-2016 / 12-25-2016		$5,161.28			3,778,650		
12-12-2016 / 12-18-2016	2016年12月	$5,690.77	$25,758.29	10%	4,288,489	16860193	45%
12-05-2016 / 12-11-2016		$6,742.42			4,233,753		
11-28-2016 / 12-04-2016		$6,780.53			3,478,252		
11-21-2016 / 11-27-2016		$6,544.57			4,859,699		
11-14-2016 / 11-20-2016	2016年11月	$6,561.10	$23,395.77	80%	2,873,870	11602776	19%
11-07-2016 / 11-13-2016		$6,952.35			3,753,532		
10-31-2016 / 11-06-2016		$5,076.82			2,409,294		
10-24-2016 / 10-30-2016		$4,805.50			2,566,080		
10-17-2016 / 10-23-2016	2016年10月	$3,184.85	$13,024.44	-12%	2,531,115	9779684	-2%
10-10-2016 / 10-16-2016		$3,545.62			3,270,185		
10-03-2016 / 10-09-2016		$3,332.74			2,199,200		
09-26-2016 / 10-02-2016		$2,961.23			1,779,184		
09-19-2016 / 09-25-2016	2016年9月	$2,921.28	$14,765.98	0%	1,900,442	9942567	0%
09-12-2016 / 09-18-2016		$3,634.09			1,693,434		
09-05-2016 / 09-11-2016		$3,513.05			2,834,230		
08-29-2016 / 09-04-2016		$4,697.56			3,514,461		

图 11-2-28　改变统计方式

把以周为单位的统计汇总改为以月或者季度为单位，这样能更加直观地看出店铺在更长时间段里的表现，同时也可以为店铺运营计划重新划定一个合适的时间段。

11.3 Wish 后台业绩类数据介绍与分析

在 Wish 的后台，能最集中用数据来体现的就是“业绩”菜单下的各项指标，如图 11-3-1 所示。

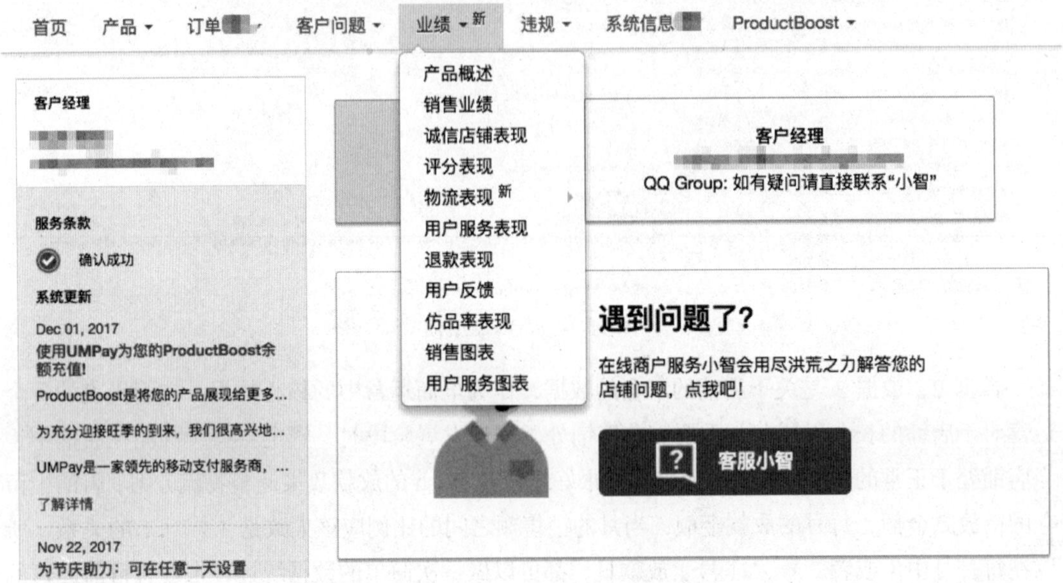

图 11-3-1 “业绩”菜单

店铺“业绩”菜单中的数据，会以周为单位，在每周三进行更新，每次更新完数据后，商户都应该在第一时间去查看自己店铺当周的表现。接下来，我们将对每项数据的含义进行介绍，同时对比较重要的几项数据进行详细的分析，以及给诸位商户推荐一些不同的统计方式。

11.3.1 产品概述

产品概述，又叫产品数据概览，展示的是店铺中上架的产品数量、动销 SKU 的数量、单产品中包含的 SKU 数、平均价格与运费、价格与运费比、单产品的附加图片数量，以及店铺当周的浏览量和销售额。数据可以导出，以便完成进一步的加工和分析，如图 11-3-2 所示。

这部分数据主要可以帮助商户完成以下几种操作：

（1）检查店铺每周的产品上新是否完成。

（2）检查上架产品的价格与运费比是否符合规范。

产品数据概览

导出 CSV

时长	上架产品总数	SKU 总数	每个产品的 SKU 数量	平均价格	平均运费	价格与运费比	每个产品的平均附加图片数	浏览数	成交总额
12/25/17 - 12/31/17	[redacted]9	[redacted]98	[redacted].63	[redacted].64	[redacted].87	[redacted]	10.09	709,323	[redacted]6.05
12/18/17 - 12/24/17	[redacted]9	[redacted]06	[redacted].38	[redacted].62	[redacted].88	[redacted]	10.02	742,426	[redacted]9.15
12/11/17 - 12/17/17	[redacted]6	[redacted]05	[redacted].09	[redacted].55	[redacted].88	[redacted]	9.94	657,635	[redacted]5.20
12/04/17 - 12/10/17	[redacted]9	[redacted]41	[redacted].05	[redacted].63	[redacted].91	[redacted]	9.80	727,357	[redacted]3.45
11/27/17 - 12/03/17	[redacted]3	[redacted]23	[redacted].55	[redacted].33	[redacted].80	[redacted]	9.75	721,366	[redacted]4.35
11/20/17 - 11/26/17	[redacted]2	[redacted]71	[redacted].48	[redacted].26	[redacted].77	[redacted]	9.70	362,545	[redacted]9.75
11/13/17 - 11/19/17	[redacted]4	[redacted]07	[redacted].45	[redacted].23	[redacted].76	[redacted]	9.63	556,268	[redacted]5.10
11/06/17 - 11/12/17	[redacted]7	[redacted]74	[redacted].25	[redacted].27	[redacted].76	[redacted]	9.46	710,445	[redacted]8.55
10/30/17 - 11/05/17	[redacted]5	[redacted]21	[redacted].83	[redacted].25	[redacted].73	[redacted]	9.03	429,310	[redacted]25
10/23/17 - 10/29/17	[redacted]2	[redacted]65	[redacted].55	[redacted].04	[redacted].65	[redacted]	8.83	315,662	[redacted]80
10/16/17 - 10/22/17	[redacted]5	[redacted]84	[redacted].34	[redacted].75	[redacted].54	[redacted]	8.57	267,155	[redacted]90
10/09/17 - 10/15/17	[redacted]0	[redacted]5	[redacted].10	[redacted].68	[redacted].13	[redacted]	8.48	296,015	[redacted]55
10/02/17 - 10/08/17	[redacted]4	[redacted]6	[redacted].99	[redacted].66	[redacted].64	[redacted]	8.24	56,767	[redacted]60
09/25/17 - 10/01/17	[redacted]8	[redacted]1	[redacted].82	[redacted].29	[redacted].19	[redacted]	7.90	156,684	[redacted]65
09/18/17 - 09/24/17	[redacted]6	[redacted]6	[redacted].96	[redacted].02	[redacted].03	[redacted]	7.90	63,143	[redacted]12
09/11/17 - 09/17/17	[redacted]2	[redacted]7	[redacted].82	[redacted].91	[redacted].98	[redacted]	7.78	58,700	[redacted]0
09/04/17 - 09/10/17	[redacted]2	[redacted]7	[redacted].41	[redacted].13	[redacted].67	[redacted]	7.64	37,679	[redacted]5
08/28/17 - 09/03/17	[redacted]3	[redacted]9	[redacted].29	[redacted].86	[redacted].57	[redacted]	7.60	55,818	[redacted]40
08/21/17 - 08/27/17	[redacted]0	[redacted]7	[redacted].86	[redacted].62	[redacted].41	[redacted]	7.53	27,950	[redacted]5

图 11-3-2 产品数据概览

（3）可以通过对比店铺流量、销售额与上架产品总数，来查看店铺动销情况。如图 11-3-3 所示，在第 18 周，当产品数量明显减少的时候，销量并没有明显下降，与第 40 周和第 45 周数据对比，产品数量并没有直接决定流量和销量。但是长期来看，店铺内的产品数量与销量和浏览量有着正向关系。所以对于店铺的产品运营，以开发持续动销的产品为最核心任务，并且需要持续增加店铺内的产品基数。

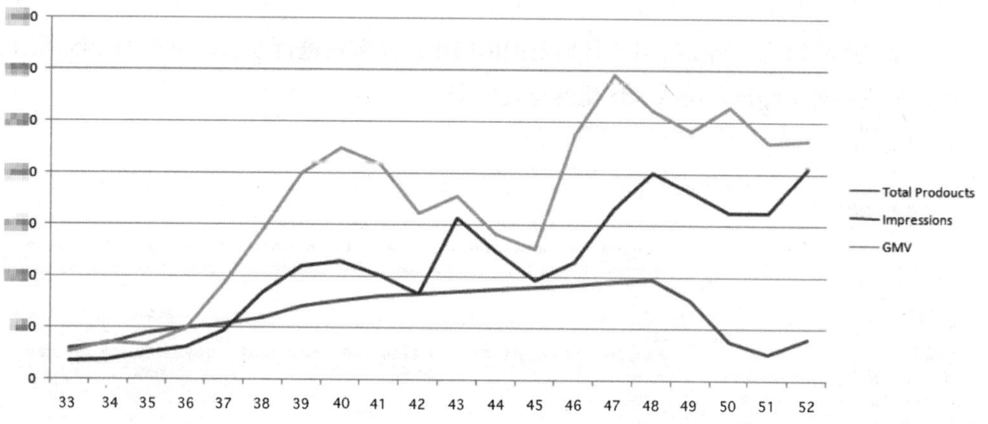

图 11-3-3 分析动销情况

（4）监控店铺的产品价格结构。虽然目前在 Wish 平台上低价产品更有可能成为销量巨大的爆款，但是任何一个店铺运营到一定阶段之后，都需要持续拉升自己的销售平均单价，因为随着店铺的成长，以及市场竞争的愈发激烈，高单价的产品才能在更长久的时间里留给自己更多优化物流和产品质量的空间。

11.3.2 销售业绩

销售业绩这一项数据可以非常直观地展示出一个店铺在某段时间内的表现。

如图 11-3-4 所示，数据 1“总览”为店铺总览数据，展示的是店铺的运营状况，可以看到该店铺在特定日期范围（以周为单位）内的流量（产品浏览数）、点击转化率（“购买”按钮点击率）、结账转化率，以及成交金额等核心数据。

总览 1 | 产品浏览 2 | 每个国家的明细列表 3

排名第一的商户

日期范围	产品浏览数	“购买”按钮点击次数	“购买”按钮点击率	购物车浏览数	订单	结帐转换率	成交总额	产品详情
12/25 - 01/00	1,678,451,317	1,023,512	0.0610%	1,023,512	99,610	9.73%	$548,368.55	产品详情

您的统计数据　　导出 CSV

日期范围	产品浏览数	“购买”按钮点击次数	“购买”按钮点击率	购物车浏览数	订单	结帐转换率	成交总额	产品详情 4
12/25 - 12/31	[redacted]23	1,548	[redacted]2%	[redacted]48	77	[redacted]%	[redacted]6.05	产品详情
12/18 - 12/24	[redacted]26	1,717	[redacted]3%	[redacted]17	53	[redacted]%	[redacted]9.15	产品详情
12/11 - 12/17	[redacted]35	1,426	[redacted]8%	[redacted]26	83	[redacted]%	[redacted]5.20	产品详情
12/04 - 12/10	[redacted]57	1,438	[redacted]7%	[redacted]38	109	[redacted]%	[redacted]3.45	产品详情
11/27 - 12/03	[redacted]66	504	[redacted]9%	[redacted]4	102	[redacted]4%	[redacted]4.35	产品详情
11/20 - 11/26	[redacted]45	383	[redacted]6%	[redacted]3	83	[redacted]7%	[redacted]9.75	产品详情
11/13 - 11/19	[redacted]68	448	[redacted]5%	[redacted]8	67	[redacted]6%	[redacted]5.10	产品详情
11/06 - 11/12	[redacted]45	343	[redacted]3%	[redacted]3	69	[redacted]2%	[redacted]8.55	产品详情
10/30 - 11/05	[redacted]10	321	[redacted]8%	[redacted]1	43	[redacted]0%	[redacted]25	产品详情
10/23 - 10/29	[redacted]62	239	[redacted]7%	[redacted]9	39	[redacted]2%	[redacted]80	产品详情
10/16 - 10/22	[redacted]55	111	[redacted]5%	[redacted]1	12	[redacted]1%	[redacted]90	产品详情

图 11-3-4　总览

数据 2“产品浏览”则是针对该日期范围内的单产品数据进行展示，如图 11-3-5 所示。这一页数据是我们对单品进行淘汰和优化的重要依据。

总览 | 产品浏览（第2018-01-01周） | 每个国家的明细列表

排名第一的产品

日期范围	产品 ID	产品浏览数	“购买”按钮点击次数	“购买”按钮点击率	购物车浏览数	订单	结帐转换率	成交总额
12/25 - 01/01	已隐藏	223,279,285	306988	0.1375%	306,988	50,588	16.48%	$254,693.75

您的统计数据 (只有该周至少操作了一次的产品才有统计数据)　　导出 CSV　上一页　下一页

日期范围	产品 ID	产品浏览数	“购买”按钮点击次数	“购买”按钮点击率	购物车浏览数	订单	结帐转换率	成交总额
12/25 - 12/31	[redacted]adfbf1e2	[redacted]2,161	[redacted]	[redacted]0%	[redacted]	[redacted]	3.36%	$130.90
12/25 - 12/31	[redacted]693b32d0	[redacted],729	[redacted]	[redacted]5%	[redacted]	[redacted]	50.00%	$76.50
12/25 - 12/31	[redacted]ecbd7c6	[redacted]173	[redacted]	[redacted]1%	[redacted]	[redacted]	30.77%	$27.20
12/25 - 12/31	[redacted]30fda40d	[redacted]	[redacted]	[redacted]00%	[redacted]	[redacted]	100.00%	$16.15
12/25 - 12/31	[redacted]515ddad	[redacted],864	[redacted]	[redacted]8%	[redacted]	[redacted]	50.00%	$15.30
12/25 - 12/31	[redacted]3f5727e4	[redacted],443	[redacted]	[redacted]5%	[redacted]	[redacted]	33.33%	$11.90
12/25 - 12/31	[redacted]33b60dde	[redacted]	[redacted]	[redacted]0%	[redacted]	[redacted]	0.00%	$11.05
12/25 - 12/31	[redacted]3168c27	[redacted]280	[redacted]	[redacted]3%	[redacted]	[redacted]	50.00%	$10.20
12/25 - 12/31	[redacted]f78b06f8	[redacted]	[redacted]	[redacted]0%	[redacted]	[redacted]	100.00%	$5.95
12/25 - 12/31	[redacted]8e472670	[redacted]	[redacted]	[redacted]0%	[redacted]	[redacted]	100.00%	$3.40
12/25 - 12/31	[redacted]71a94137	[redacted]	[redacted]	[redacted]57%	[redacted]	[redacted]	100.00%	$2.89

图 11-3-5　产品浏览

数据 3“每个国家的明细列表”展示的是各个国家的销售金额和趋势，但是展示的并非一周的数据，而是取了三个月前的月数据，如图 11-3-6 所示。

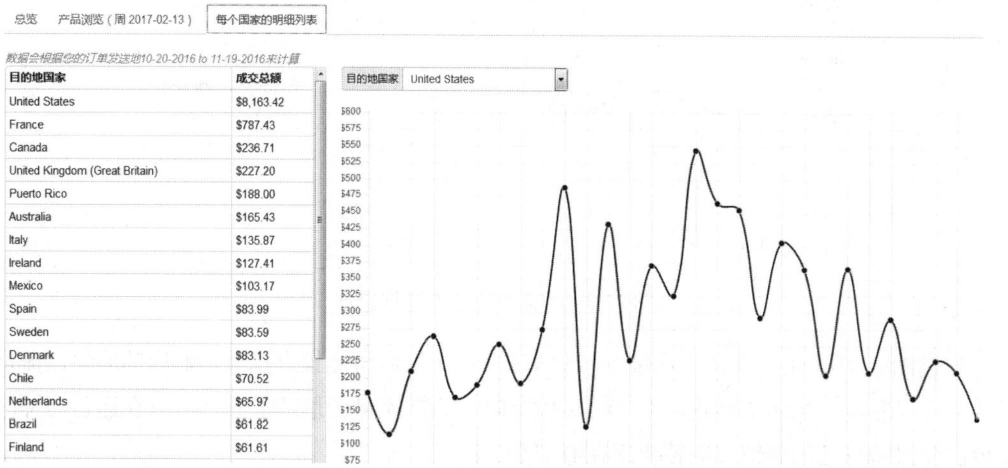

图 11-3-6　每个国家的明细列表

数据 4“产品详情”与数据 2“产品浏览”相同，展示的都是产品的运营表现数据，不同的是，通过数据 4 可以回溯前几周的产品数据，即在本周仍可查看单品在前数周的数据表现。

所以，通过数据 4，可以将单品的数据以周为单位进行排列，来查看产品的转化情况对流量的影响，同时也可以来判断单品的生命周期，作为备货和开发新品时的依据，如图 11-3-7 所示。

日期范围	产品图片	产品浏览数	购买”按钮点击率	结帐转换率	成交总额
02/06 - 02/12		288,044	0.0583%	52.98%	$226.95
01/30 - 02/05		311,468	0.0498%	54.19%	$214.20
01/23 - 01/29		363,701	0.0591%	57.67%	$316.20
01/16 - 01/22		385,005	0.0564%	59.91%	$331.50
01/09 - 01/15		379,079	0.0594%	55.11%	$316.20
01/02 - 01/08		392,503	0.0716%	58.36%	$418.20
12/26 - 01/01		410,263	0.0765%	47.13%	$377.40
12/19 - 12/25		349,826	0.0655%	62.45%	$364.65
12/12 - 12/18		406,486	0.0588%	53.14%	$323.85
12/05 - 12/11		487,330	0.0702%	63.16%	$550.80
11/28 - 12/04		441,851	0.0887%	64.29%	$642.60
11/21 - 11/27		620,856	0.1055%	59.24%	$989.40
11/14 - 11/20		764,898	0.1004%	51.17%	$1,002.15
11/07 - 11/13		874,631	0.0972%	57.53%	$1,246.95
10/31 - 11/06		628,419	0.1123%	56.80%	$1,022.55
10/24 - 10/30		314,823	0.1353%	62.44%	$678.30
10/17 - 10/23		177,701	0.1446%	51.75%	$339.15
10/10 - 10/16		126,483	0.1249%	54.43%	$219.30
10/03 - 10/09		104,814	0.1221%	59.38%	$193.80
09/26 - 10/02		134,200	0.0939%	50.79%	$163.20

图 11-3-7　产品详情

在销售业绩中，最重要的数据是“购买”按钮点击率（简称“转化率”）和结账转化率，所以针对“购买”按钮点击率，我们需要做更多的数据加工和分析，除了图 11-3-7 中对单品转化率的排列和对比，还可以对整个店铺进行数据的整理，如图 11-3-8 所示。

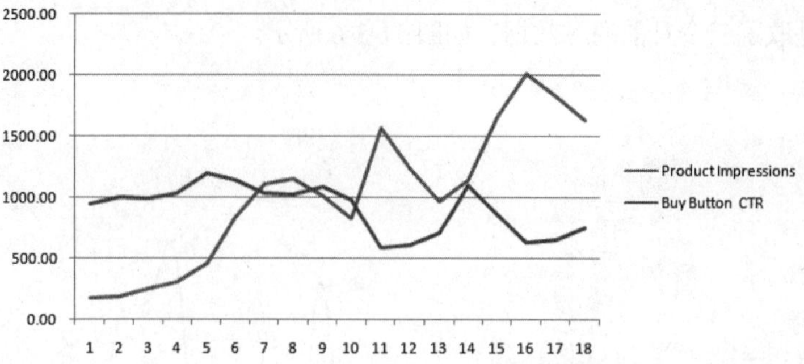

图 11-3-8　整个店铺的数据整理

通过图 11-3-8 可以看出，店铺的转化率在 2～3 周后将比较直接地影响店铺的整体流量。另外，可以看出，当店铺转化率在 0.1%以上时，店铺流量会持续上升，所以在运营店铺时，至少需要保持自己的店铺每周转化率在 0.1%以上。

如果要优化这一数据，就不光看整个店铺数据，还需要从主要的单品数据进行分析，及时下架店铺中长期（一般是上架后 2～3 个月）无转化或者转化率低的单品。

通过图 11-3-9 中的数据分析单品，可以逐步调整单品的售价和备货库存数量，对于单品的点击转化率和购物车转化率标准，可以参考店铺的转化率标准，但是每个单品都有自己的生命周期，还需要结合其他的销售软件来查看该单品在市场上的销售情况。

在店铺和产品数据中，都有一项“排名第一的店铺（或产品）”的表现情况，如图 11-3-9 所示。

★ 排名第一的产品

日期范围	产品 ID	产品浏览数	“购买”按钮点击次数	“购买”按钮点击率	购物车浏览数	订单	结帐转换率	成交总额
12/25 - 01/01	已屏蔽	223,279,285	306988	0.1375%	306,988	50,588	16.48%	$254,693.75

图 11-3-9　排名第一的产品

商户可以对照此项数据来掌握自己店铺的情况。

此处“购买”按钮点击率为“购买”按钮点击次数除以产品浏览数，结账转换率为订单数量除以购物车浏览数。单品的结账转化率可用以判断单品定价是否合理，以及店铺的物流时效是否有竞争力。结账转化率的标准，通常可以对标排名第一的店铺（或产品）。

11.3.3　诚信店铺表现

诚信店铺表现数据是在 2017 年推出的数据指标，提高了诚信店铺的评判维度和难度，如图 11-3-10 所示。

诚信店铺表现
恭喜！您的店铺现在属于诚信店铺且同时符合新版诚信店铺要求。
仿品率
0.00%
目标 ≤ 0.50%
查看您的店铺表现。
有效跟踪率
97.39%
目标 ≥ 95.00%
查看您的店铺表现。
延迟发货率
3.69%
目标 ≤ 10.00%
查看您的店铺表现。
30天平均评分
4.50
目标 ≥ 4.00
查看您的店铺表现。
在63天到93天内的退款率
6.92%
目标 ≤ 10.00%
查看您的店铺表现。
诚信店铺的优势
能够获得更多的流量和销量
• 您店铺的产品在上传后很快即可处于可销售的状态。
• 产品上传后，将会立刻显示在搜索结果中。
• 点击这里来了解更多
符合Wish认证项目
• 您店铺的产品将自动入选进入这个项目。
• 高品质的产品将会有一个标签显示在产品上. 这将有助于提高转化率。
• 点击这里来了解更多
获得客户服务权限
• 您的店铺已经被允许处理来自客户的问题。
• 请联系您的客户经理以了解更多资讯。

图 11-3-10　诚信店铺表现

新的诚信店铺的表现将从仿品率、有效跟踪率、延迟发货率、30 天平均评分、在 63 天到 93 天内的退款率这五项数据来评判，其中仿品率数据将在 11.3.8 小节详细介绍，延迟发货率将在 11.3.5 小节介绍，30 天平均评分将在 11.3.4 小节介绍，63 ~ 93 天退款率将在 11.3.7 小节介绍。

诚信店铺的标准在新的评判规则下将更难达到，通常店铺会在延迟发货率、63 ~ 93 天退款率这两项上不达标，达标的诚信店铺将获得更多流量，同时符合 Wish 认证项目的产品会自动带上 Wish 认证的标识，产品的转化率会得到提高，同时能够获得自助回复邮件的资格，有了充分的沟通，退款率也将会有所降低。

11.3.4　评分表现

评分数据是对店铺首页数据中平均订单评级更加详细的分类统计，共有 6 种，如图 11-3-11 所示。

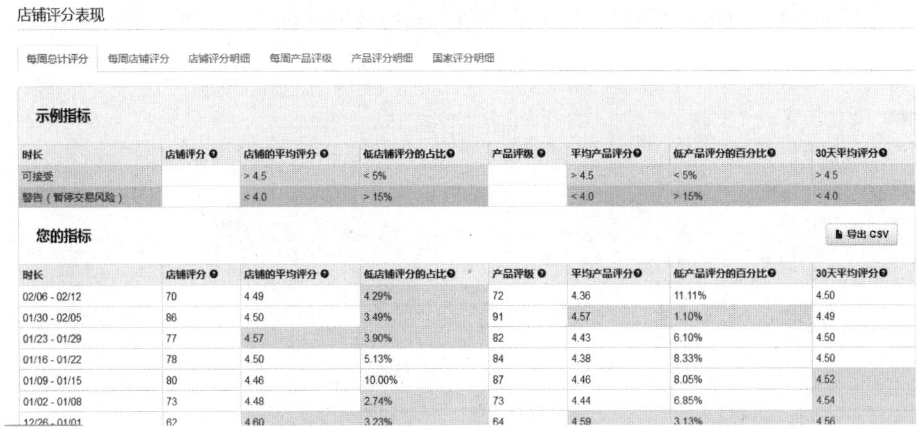

店铺评分表现

每周总计评分　每周店铺评分　店铺评分明细　每周产品评级　产品评分明细　国家评分明细

示例指标

时长	店铺评分	店铺的平均评分	低店铺评分的占比	产品评级	平均产品评分	低产品评分的百分比	30天平均评分
可接受		> 4.5	< 5%		> 4.5	< 5%	> 4.5
警告（暂停交易风险）		< 4.0	> 15%		< 4.0	> 15%	< 4.0

您的指标　导出 CSV

时长	店铺评分	店铺的平均评分	低店铺评分的占比	产品评级	平均产品评分	低产品评分的百分比	30天平均评分
02/06 - 02/12	70	4.49	4.29%	72	4.36	11.11%	4.50
01/30 - 02/05	86	4.50	3.49%	91	4.57	1.10%	4.49
01/23 - 01/29	77	4.57	3.90%	82	4.43	6.10%	4.50
01/16 - 01/22	78	4.50	5.13%	84	4.38	8.33%	4.50
01/09 - 01/15	80	4.46	10.00%	87	4.46	8.05%	4.52
01/02 - 01/08	73	4.48	2.74%	73	4.44	6.85%	4.54
12/26 - 01/01	62	4.60	3.23%	64	4.59	3.13%	4.56

图 11-3-11　店铺评分表现

每周总计评分以周为单位分别统计店铺和产品的评级情况，通常当低店铺评分的占比较低，但是低产品评分的百分比较高时，应该是某个批次的单品出现了质量、尺寸、描述、物流等方面的问题，这时候可以参考列表下方的产品 30 天平均评分排名，如图 11-3-12 所示。

图 11-3-12　最佳产品 30 天平均评分排名

点击“查看最差评分产品”按钮，则有评论的产品会按照评分由低到高来排序，可以结合销量和评分进行查看，通过点击右侧的“措施”下拉菜单，可以进一步查看产品资料，如图 11-3-13 所示。

图 11-3-13　30 天内最差产品平均评分排名

点击“产品反馈”标签，可以看到消费者对此款产品的详细评价，如图 11-3-14 所示。

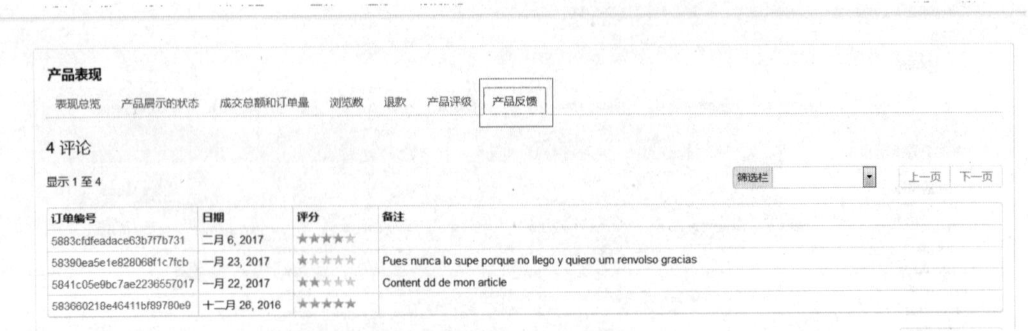

图 11-3-14　产品反馈

除每周总计评分外，其他数据如每周店铺评分、店铺评分明细、每周产品评级、产品评分明细，以及国家评分明细，是以曲线图的形式展示评分数据，如图 11-3-15 所示。

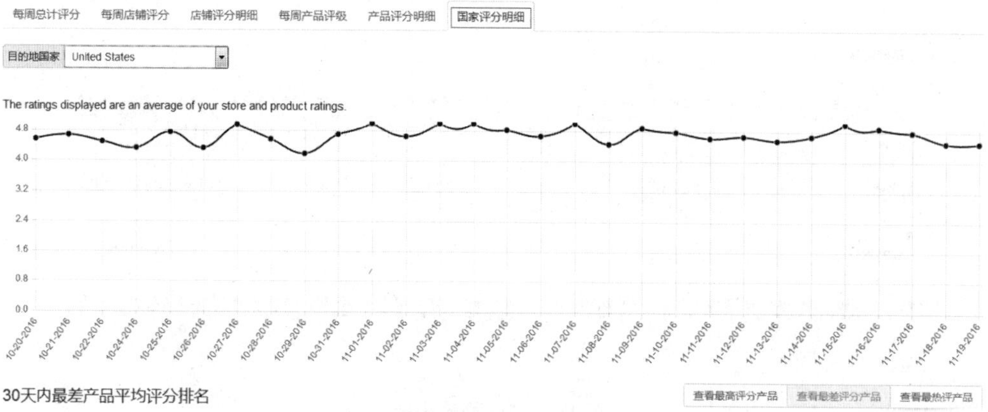

图 11-3-15　曲线图

国家评分明细是以国家为维度来将评价进行分类，通过这个分类，我们可以比较直观地发现哪些国家的服务目前比较欠缺。如图 11-3-16 所示，智利在 10～11 月的评分较低，可以查看是否需要更换针对这个国家使用的物流渠道，同时也可以结合退款率判断是否要屏蔽这个国家。

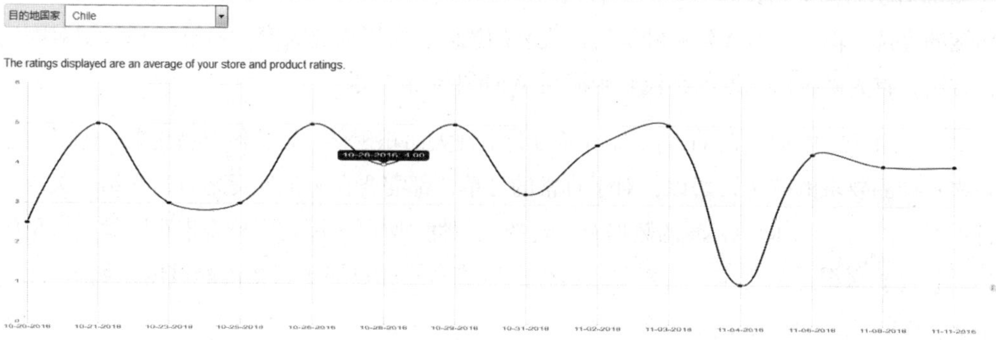

图 11-3-16　智利评分明细

11.3.5　物流表现

物流表现数据汇总了运营中物流方面的数据，是商户在物流方案优化、渠道选择、物流商选择等所有物流方面的决策上最好的数据依据。

物流表现页面分为七个板块，如图 11-3-17 所示。

物流表现

每周发货 & 运输　目的地国家　物流承运商　物流服务走势　全球物流服务商　确认妥投表现　路向指南

示例指标

	订单已完成	申报完成平均时长（小时）	平均确认订单履行用时（小时）	带有效跟踪编号的订单	有效跟踪率	履行订单前取消交易	预履行取消率	延迟发货的订单	延迟发货率	已投递订单	妥投率	平均配送时长（天）	到送货上门所需的平均时长（天）
可接受		< 48 小时（2天）	< 96 小时（4 天）		> 95%		< 1%		< 5%			< 14 天	< 16 天
警告（暂停交易风险）		> 72 小时（3天）	> 120小时（5天）		< 80%		> 3%		> 20%			> 21 天	> 24 天

您的指标　导出 CSV

时长	订单已完成	申报完成平均时长（小时）	平均确认订单履行用时（小时）	带有效跟踪编号的订单	有效跟踪率	履行订单前取消交易	预履行取消率	延迟发货的订单	延迟发货率	已投递订单	妥投率	平均配送时长（天）	到送货上门所需的平均时长（天）
12/25/17 - 12/31/17	32	31.16	目前不可用	目前不可用	目前不可用	目前不可用	目前不可用	目前不可用	目前不可用	目前不可用	目前不可用	目前不可用	目前不可用

图 11-3-17　物流表现

“每周发货&运输”板块，主要监控店铺首页数据中提到的商户标记发货时间、跟踪编号上网时间、有效的跟踪比例（带有效跟踪编号的订单占全部订单的比例）、延迟发货率，以及订单平均配送时长。

目前对于店铺运营比较重要的是有效的跟踪比例和延迟发货率，这两项指标不仅会影响诚信店铺的评选，而且会有导致店铺被暂停交易的风险，所以需要大家参照第 5 章节中对物流的选择方法，首先确定所选取的物流是否满足 Wish 平台的要求。

同时，由于国内物流在 11、12 月份经常会出现大面积延误，而且各个物流渠道也经常会提出一些对产品要求的变更，所以，对于日常的订单，都需要在标记发货之后，在第二天及时抽查订单的上网情况，由于 Wish 的数据有一定的延后性，所以每周需要检查带跟踪编号订单的签收情况，以确保渠道的稳定。可以要求合作的物流商协助每周更新物流的进度，如图 11-3-18 所示。

主单号	派送单号	收到預報信息	收到货物并进行第一轮扫描	第二轮扫描&转运发往下一站	派送站點最后更新日期	站點最新派送情况
156130505205533	156130505205533	Jan 23 2017	Jan 24 2017	Jan 24 2017	Feb 01 2017	Item delivered to QMS/Pos Laju Kota Kinabalu
156130505205500	156130505205500	Jan 23 2017	Jan 24 2017	Jan 24 2017	Jan 31 2017	Item delivered to KOBIN/Pos Laju Brickfields
156130505205485	0173941700198258	Jan 23 2017	Jan 24 2017	Jan 24 2017		
156130505205496	156130505205496	Jan 23 2017	Jan 24 2017	Jan 24 2017		
156130505205872	156130505205872	Jan 23 2017	Jan 24 2017	Jan 24 2017	Jan 31 2017	Item can be collected at /Pos Laju Brickfields
156130505193504	0173941700185156	Jan 21 2017	Jan 24 2017	Jan 24 2017		
156130505193655	0173941700185271	Jan 21 2017	Jan 24 2017	Jan 24 2017		
156130505193876	156130505193876	Jan 21 2017	Jan 24 2017	Jan 24 2017	Jan 31 2017	Item delivered to YUSNANI/Pos Laju Putrajaya
156130505193880	156130505193880	Jan 21 2017	Jan 24 2017	Jan 24 2017	Jan 31 2017	Item delivered to AMIRUL HAZIM/Pos Laju Raw
156130505193902	156130505193902	Jan 21 2017	Jan 24 2017	Jan 24 2017	Feb 02 2017	Consignment successfully delivered/Pos Laju P
156130505193644	0173941700185263	Jan 21 2017	Jan 24 2017	Jan 24 2017		
156130505193305	156130505193305	Jan 21 2017	Jan 24 2017	Jan 24 2017		
156130505193250	0173941700185024	Jan 21 2017	Jan 24 2017	Jan 24 2017		
156130505193471	0173941700185131	Jan 21 2017	Jan 24 2017	Jan 24 2017		
156130505193843	156130505193843	Jan 21 2017	Jan 24 2017	Jan 24 2017	Feb 01 2017	Item delivered to SILI/Pos Laju Kota Kinabalu
156130505193515	0173941700185164	Jan 21 2017	Jan 24 2017	Jan 24 2017		
156130505193320	156130505193320	Jan 21 2017				
156130505184006	0173941700183540	Jan 21 2017	Jan 24 2017	Jan 24 2017		
156130505193740	156130505193740	Jan 21 2017	Jan 24 2017	Jan 24 2017		
156130505193821	156130505193821	Jan 21 2017	Jan 24 2017	Jan 24 2017		
156130505193935	156130505193935	Jan 21 2017	Jan 24 2017	Jan 24 2017	Feb 01 2017	Item delivered to LEE MAY/Caw. Serahan Jelut
156130505193460	0173941700185123	Jan 21 2017	Jan 24 2017	Jan 24 2017		
156130505193832	156130505193832	Jan 21 2017	Jan 24 2017	Jan 24 2017		
156130505193865	156130505193865	Jan 21 2017	Jan 24 2017	Jan 24 2017	Jan 31 2017	Item delivered to NURLANI M LATIFF/Pos Laju
156130505193913	156130505193913	Jan 21 2017	Jan 24 2017	Jan 24 2017	Jan 31 2017	Item delivered to ELYANI/Pos Laju Brickfields
156130505193364	0173941700185081	Jan 21 2017	Jan 24 2017	Jan 24 2017		
156130505193261	0173941700185032	Jan 21 2017	Jan 24 2017	Jan 24 2017		
156130505193375	0173941700185099	Jan 21 2017	Jan 24 2017	Jan 24 2017		
156130505193666	EQ777046921TH	Jan 21 2017	Jan 24 2017	Jan 24 2017		
156130505193670	EQ777047003TH	Jan 21 2017	Jan 24 2017	Jan 24 2017		
156130505193854	156130505193854	Jan 21 2017	Jan 24 2017	Jan 24 2017	Feb 02 2017	Arrive at delivery facility at/Kudat PO

图 11-3-18　物流进度

在“目的地国家”板块，商户可以根据发货地国家、物流商来分别查看各个目的地国家的上网时间、妥投率，以及配送退款率等，如图 11-3-19 所示。

物流表现

每周发货 & 运输　目的地国家　物流承运商　物流服务走势　全球物流服务商　确认妥投表现　路向指南

发货地国家：中国　物流商：任何

数据会根据您的订单发送地09-11-2017 to 10-11-2017来计算
您可以了解更多关于我们如何计算"到货时间"和"预计到货时间" 此处.

目的地国家	体积	订单	有效跟踪率	平均已确认发货完成时间	妥投率	平均到货时间	平均预计到货时间	90天物流原因退款率
美国	25.00%	[redacted]	100.00%	5.9 天	90.00%	19.5 天	-	0.00%
澳大利亚	15.00%	[redacted]	100.00%	6.7 天	0.00%	-	-	0.00%
法国	7.50%	[redacted]	100.00%	4.3 天	66.67%	23.9 天	-	0.00%
荷兰	7.50%	[redacted]	100.00%	2.9 天	0.00%	-	-	0.00%
加拿大	7.50%	[redacted]	100.00%	3.7 天	100.00%	27.8 天	-	0.00%
瑞典	7.50%	[redacted]	100.00%	3.1 天	66.67%	36.1 天	-	33.33%
西班牙	7.50%	[redacted]	100.00%	6.7 天	100.00%	41.3 天	-	33.33%
智利	5.00%	[redacted]	100.00%	8.2 天	0.00%	-	-	0.00%
巴西	5.00%	[redacted]	100.00%	4.6 天	50.00%	30.4 天	-	0.00%
德国	2.50%	[redacted]	100.00%	4.6 天	100.00%	27.3 天	-	0.00%

图 11-3-19　目的地国家

根据此项数据，可以选择出配送退款率较高的国家集中进行物流优化，也可以对所选物流渠道和国家如何结合给出数据上的参考标准。

“物流承运商”板块主要针对商家所选的发货渠道按国家做分类统计，这个统计对于我们评价各个物流商的表现非常关键。以图 11-3-20 为例，发往法国的订单主要以 WishPost 和荷兰邮政为主，其中 WishPost 是平邮，荷兰邮政是挂号邮，可以明显地看出，虽然 WishPost 的有效跟踪情况更好，但是退款率过高，妥投率过低，对于法国来说，使用挂号服务更为合理，所获得的物流数据表现更好。

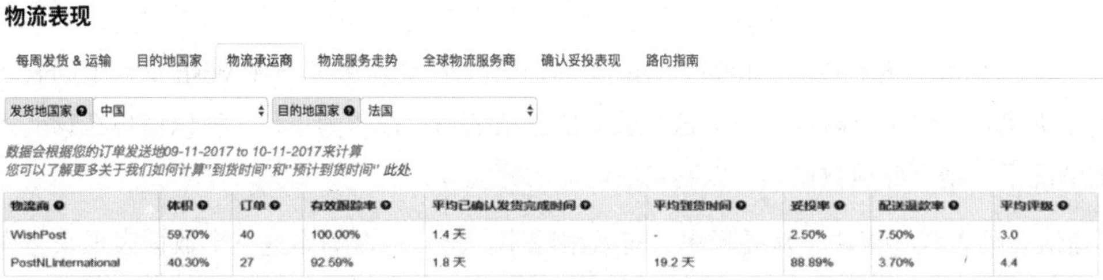

物流表现

每周发货 & 运输　目的地国家　物流承运商　物流服务走势　全球物流服务商　确认妥投表现　路向指南

发货地国家：中国　目的地国家：法国

数据会根据您的订单发送地09-11-2017 to 10-11-2017来计算
您可以了解更多关于我们如何计算"到货时间"和"预计到货时间" 此处.

物流商	体积	订单	有效跟踪率	平均已确认发货完成时间	平均到货时间	妥投率	配送退款率	平均评级
WishPost	59.70%	40	100.00%	1.4 天	-	2.50%	7.50%	3.0
PostNLInternational	40.30%	27	92.59%	1.8 天	19.2 天	88.89%	3.70%	4.4

图 11-3-20　法国的物流表现

但是对于美国来说，WishPost 和 e 邮宝是两个主要渠道，退款率都比较低，在节省成本的原则下，可以优先选择 WishPost，如图 11-3-21 所示。

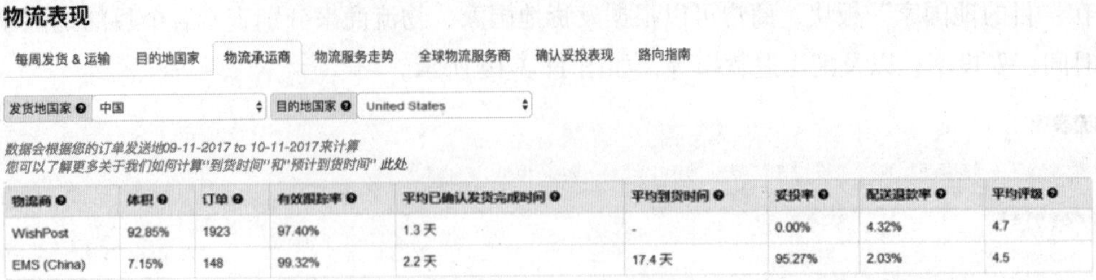

物流商	体积	订单	有效跟踪率	平均已确认发货完成时间	平均到货时间	妥投率	配送退款率	平均评级
WishPost	92.85%	1923	97.40%	1.3 天	-	0.00%	4.32%	4.7
EMS (China)	7.15%	148	99.32%	2.2 天	17.4 天	95.27%	2.03%	4.5

图 11-3-21　美国的物流表现

如图 11-3-22 所示，“物流服务走势”板块以曲线图来展示不同维度的物流表现，商户可以通过点击“标准”下拉菜单，查看相关各项物流数据。

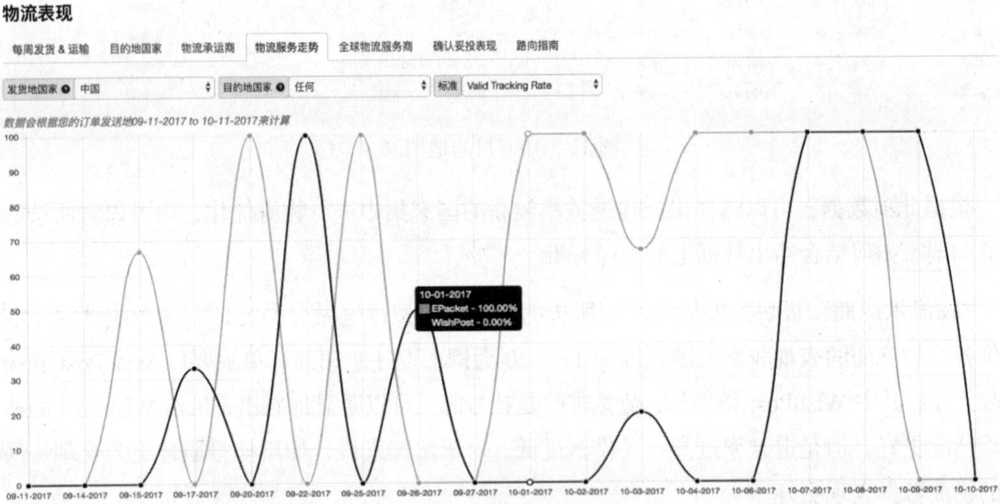

图 11-3-22　物流服务走势

在“全球物流服务商数据”板块，Wish 汇总了所有的物流服务商在 Wish 平台上的表现情况，给了大家一组参考性数据，目前这组数据依据精细到了以州为单位。所以商户在物流条件允许的情况下，结合此项数据，可以制定最优化的物流方案。

“确认妥投表现”板块，从妥投率、有效跟踪率、预履行取消率这三个数据表现来考察商户的确认妥投相关的数据，三个数据指标的详细解析，请见图 11-3-23。除此之外，确认妥投表现板块还显示了不同国家和地区以金额划分的不同妥投政策。

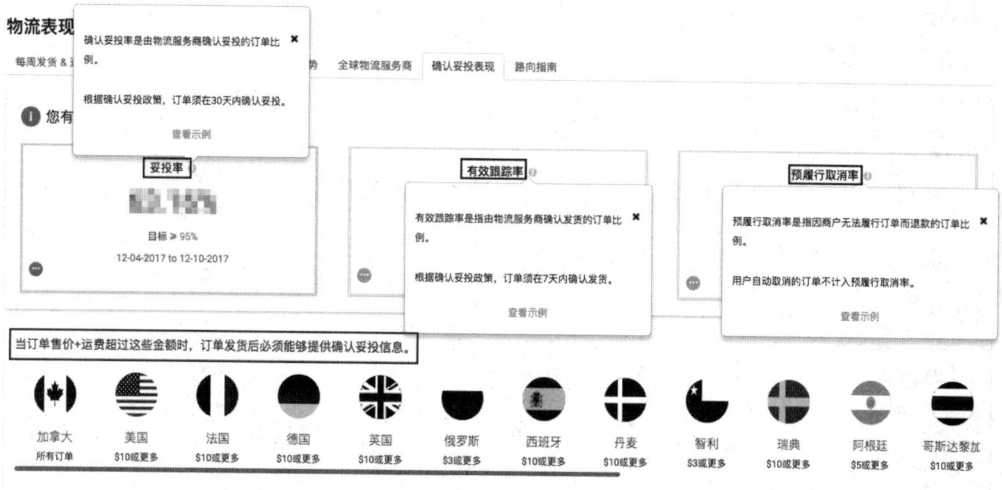

图 11-3-23　确认妥投表现

物流表现页面的第七个板块是“路向指南”，这一板块提供了 Wish 认可的物流服务商的物流表现排行榜，以及 Wish 的物流服务商分级政策，如图 11-3-24 所示。

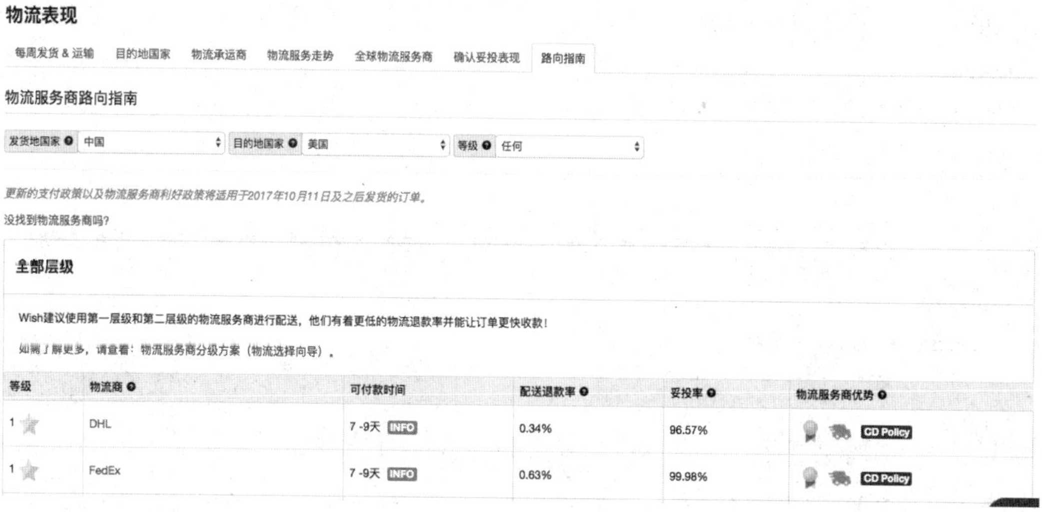

图 11-3-24　路向指南

11.3.6　用户服务表现

用户服务表现类数据，主要反应账户 30 天、63 ~ 93 天退款情况，以及处理客户邮件的情况，其中 63 ~ 93 天退款率能直接影响产品单品的销售，也影响店铺是否能够被评选为诚信店铺，如图 11-3-25 所示。

用户服务表现

您的店铺退款率过高。直至退款率得到改善前，您将不会收到退款订单的款项。View Details.
请点击此处学习如何优化您店铺的退款率。

总览 产品浏览

示例指标

时长	成交总额	订单	订单30天	30天的退款数	30天的退款率	93天内的订单数	93天内的退款数	93天内的退款率	退单	退单比例	退单金额	退单金额比例	客户问题	客户问题比例	响应客户问题的平均时长（小时）	客户满意度	产品详情
目标					< 5%			< 5%		< 0.1%		< 0.1%		< 10%	< 24 小时（1 天）	> 85%	
不可接受的					> 8%			> 8%									
警告（暂停交易风险）					> 10%			> 10%		> 0.5%		> 0.5%		> 30%	> 48 小时（2 天）	< 60%	

您的指标 导出 CSV

时长	成交总额	订单	订单30天	30天的退款数	30天的退款率	93天内的订单数	93天内的退款数	93天内的退款率	退单	退单比例	退单金额	退单金额比例	客户问题	客户问题比例	响应客户问题的平均时长（小时）	客户满意度	产品详情
12/25 - 12/31	1.44	34	142	0	0.00%	57	6	10.53%	0	0.00%	$0.00	0.00%	2	5.88%	N/A	N/A	产品详情
12/18 - 12/24	7.00	20	164	1	0.61%	46	6	13.04%	0	0.00%	$0.00	0.00%	1	5.00%	N/A	N/A	产品详情
12/11 - 12/17	6.05	28	195	3	1.54%	38	5	13.16%	0	0.00%	$0.00	0.00%	1	3.57%	N/A	N/A	产品详情
12/04 - 12/10	8.10	33	213	4	1.88%	42	4	9.52%	1	3.03%	$17.00	5.18%	2	6.06%	N/A	N/A	产品详情
11/27 - 12/03	4.45	62	208	3	1.44%	33	2	6.06%	0	0.00%	$0.00	0.00%	2	3.23%	N/A	N/A	产品详情

图 11-3-25　用户服务表现类数据

其中 30 天、63 ~ 93 天退款率都是以其日期所涵盖范围内的退款数量除以订单数量，30 天退款率的参考价值不大，因为目前的 Wish 订单退款多数归因于物流问题，一般在 2 ~ 3 个月的时间里才会慢慢产生退款。在这里尤其需要注意“产品浏览”这一板块，如图 11-3-26 所示。

用户服务表现

您的店铺退款率过高。直至退款率得到改善前，您将不会收到退款订单的款项。View Details.
请点击此处学习如何优化您店铺的退款率。

总览 产品浏览（第12-25-2017周）

示例指标

时长	产品 ID	成交总额	订单	订单30天	30天的退款数	30天的退款率	93天内的订单数	93天内的退款数	93天内的退款率	平均评级
目标						< 5%			< 5%	
不可接受的						> 8%			> 8%	
警告（暂停交易风险）						> 10%			> 10%	

您的产品指标细分 (只有该周至少操作了一次的产品才有统计数据) 导出 CSV 上一页 下一页

时长	产品 ID	成交总额	订单	订单30天	30天的退款数	30天的退款率	93天内的订单数	93天内的退款数	93天内的退款率	平均评级
12/25 - 12/31	bf1e2	30.90	14	99	0	0.00%	45	5	11.11%	4.5
12/25 - 12/31	b32d0	6.50	5	6	0	0.00%	0	0	0.00%	N/A
12/25 - 12/31	d7c6	7.20	4	6	0	0.00%	0	0	0.00%	N/A
12/25 - 12/31	a40d	5.15	1	1	0	0.00%	0	0	0.00%	N/A
12/25 - 12/31	6ddad	5.30	2	2	0	0.00%	0	0	0.00%	N/A
12/25 - 12/31	727e4	1.90	2	2	0	0.00%	0	0	0.00%	N/A
12/25 - 12/31	60dde	1.05	1	1	0	0.00%	0	0	0.00%	N/A
12/25 - 12/31	68c27	0.20	1	12	0	0.00%	0	0	0.00%	4.0
12/25 - 12/31	06f8	95	1	1	0	0.00%	0	0	0.00%	N/A
12/25 - 12/31	72670	40	2	3	0	0.00%	0	0	0.00%	N/A

图 11-3-26　产品浏览

虽然单品数据中 30 天的退款率并不高，但是可以发现，很多产品 93 天内的退款率很高，目前 93 天内的退款率高于 15%会被警告，高于 30%则产品会被下架。这是对店铺运营影响很大的处罚，所以对于刚开始热销的产品，应该多使用优质的物流渠道，以挂号邮为主，以免因为一两笔订单的物流问题就导致退款率过高，往往这时产品正处于销售情况最好的时期。

11.3.7　退款表现

退款表现数据是从另外的时间维度来统计退款率的，此项数据对店铺流量和单品流量有着直接的影响，即单周内销售越多退款越少，就会有越好的流量表现，如图 11-3-27 所示。

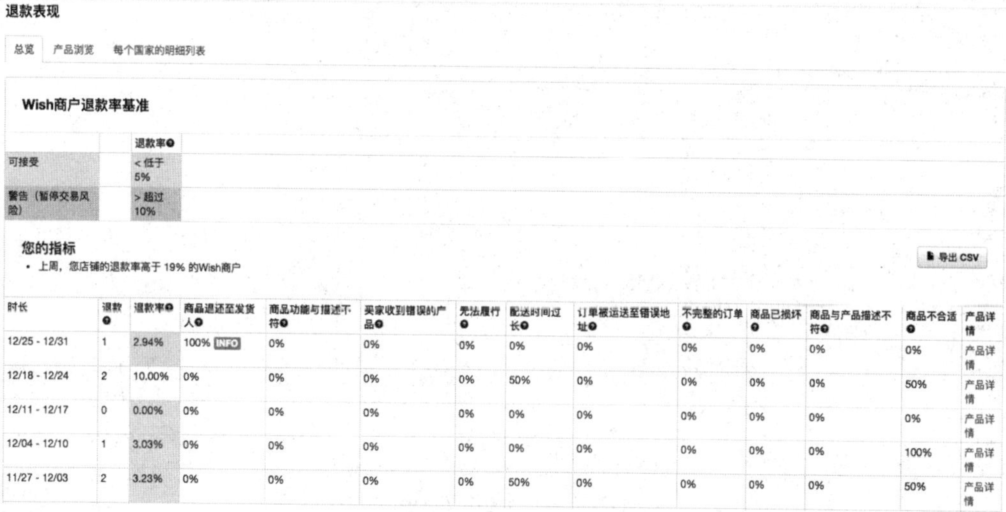

退款表现

总览　产品浏览　每个国家的明细列表

Wish商户退款率基准

	退款率
可接受	< 低于 5%
警告（暂停交易风险）	> 超过 10%

您的指标

- 上周，您店铺的退款率高于 19% 的Wish商户

导出 CSV

时长	退款	退款率	商品退还至发货人	商品功能与描述不符	买家收到错误的产品	无法履行	配送时间过长	订单被运送至错误地址	不完整的订单	商品已损坏	商品与产品描述不符	商品不合适	产品详情
12/25 - 12/31	1	2.94%	100% INFO	0%	0%	0%	0%	0%	0%	0%	0%	0%	产品详情
12/18 - 12/24	2	10.00%	0%	0%	0%	0%	50%	0%	0%	0%	0%	50%	产品详情
12/11 - 12/17	0	0.00%	0%	0%	0%	0%	0%	0%	0%	0%	0%	0%	产品详情
12/04 - 12/10	1	3.03%	0%	0%	0%	0%	0%	0%	0%	0%	0%	100%	产品详情
11/27 - 12/03	2	3.23%	0%	0%	0%	0%	50%	0%	0%	0%	0%	50%	产品详情

图 11-3-27　退款表现

在退款表现板块，退款原因的分类更加精细。退款的主要原因是配送时间过长，其他几项退款原因，都是我们可以立刻检查，并对相应流程进行优化的。点击图 11-3-25 右侧的“产品详情”链接，可以根据“商品与产品描述不符”栏中的数据判断哪些产品需要立刻进行复查，如图 11-3-28 所示。因为退款数量不大，所以需要回溯之前的数据进行检查，看是否重复出现过此种情况，并且安排物流相关人员进行改进。

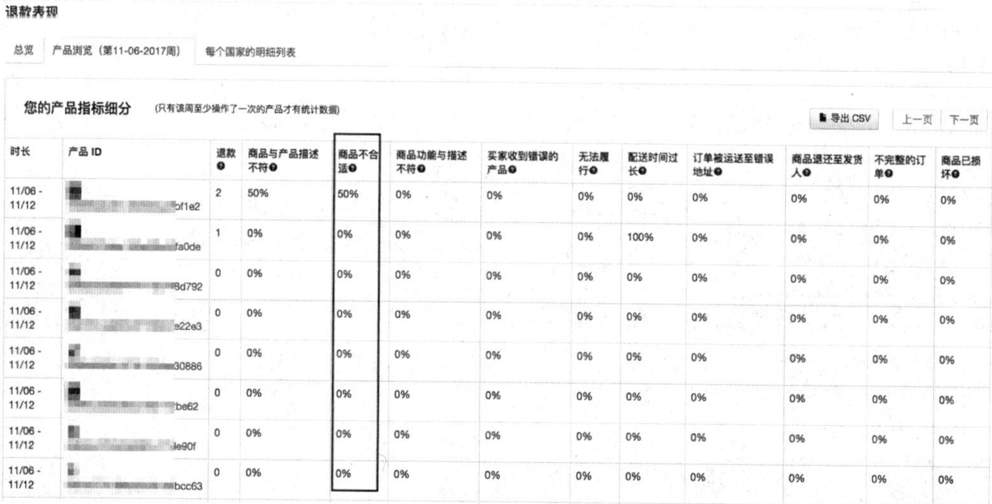

退款表现

总览　产品浏览（第11-06-2017周）　每个国家的明细列表

您的产品指标细分　(只有该周至少操作了一次的产品才有统计数据)

导出 CSV　上一页　下一页

时长	产品 ID	退款	商品与产品描述不符	商品不合适	商品功能与描述不符	买家收到错误的产品	无法履行	配送时间过长	订单被运送至错误地址	商品退还至发货人	不完整的订单	商品已损坏
11/06 - 11/12	[redacted]bf1e2	2	50%	50%	0%	0%	0%	0%	0%	0%	0%	0%
11/06 - 11/12	[redacted]fa0de	1	0%	0%	0%	0%	0%	100%	0%	0%	0%	0%
11/06 - 11/12	[redacted]8d792	0	0%	0%	0%	0%	0%	0%	0%	0%	0%	0%
11/06 - 11/12	[redacted]e22e3	0	0%	0%	0%	0%	0%	0%	0%	0%	0%	0%
11/06 - 11/12	[redacted]30886	0	0%	0%	0%	0%	0%	0%	0%	0%	0%	0%
11/06 - 11/12	[redacted]be62	0	0%	0%	0%	0%	0%	0%	0%	0%	0%	0%
11/06 - 11/12	[redacted]le90f	0	0%	0%	0%	0%	0%	0%	0%	0%	0%	0%
11/06 - 11/12	[redacted]bcc63	0	0%	0%	0%	0%	0%	0%	0%	0%	0%	0%

图 11-3-28　产品指标细分

“每个国家的明细列表”中的数据，对于我们优化店铺的表现数据和提高运营毛利非常有帮助，如图 11-3-29 所示。定期选出退款率极高的国家，进行改进或屏蔽，可以帮助我们省掉不必要的运营损耗。

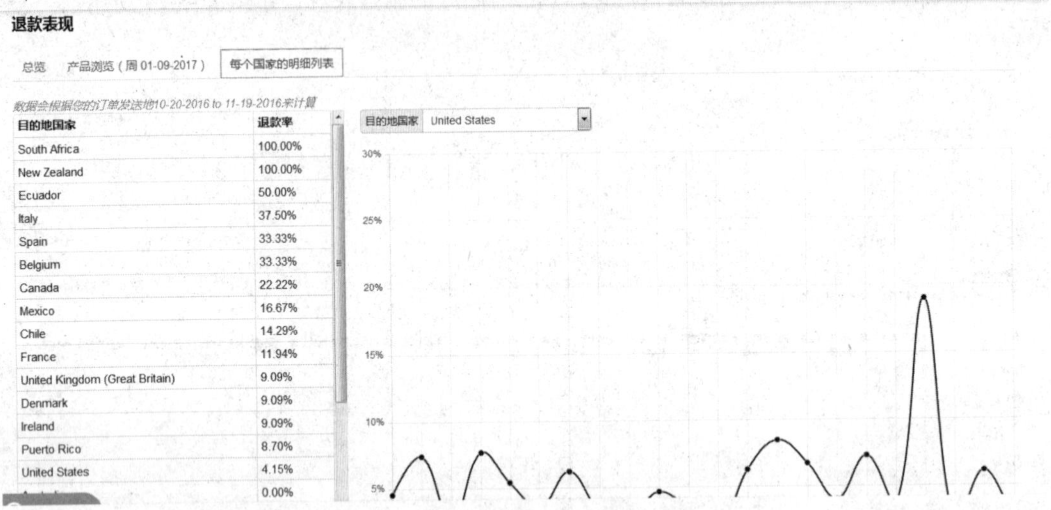

目的地国家	退款率
South Africa	100.00%
New Zealand	100.00%
Ecuador	50.00%
Italy	37.50%
Spain	33.33%
Belgium	33.33%
Canada	22.22%
Mexico	16.67%
Chile	14.29%
France	11.94%
United Kingdom (Great Britain)	9.09%
Denmark	9.09%
Ireland	9.09%
Puerto Rico	8.70%
United States	4.15%
	0.00%

图 11-3-29　每个国家的明细列表

这里也需要我们按照上文中做单产品流量检测的方式，对个别高退款率国家进行持续检测，至少需要 4 周的数据，不能因为一两笔的问题就失去一个国家的客户。

11.3.8　用户反馈与仿品率表现

用户反馈数据是对于首页数据的更详细的展示，如图 11-3-30 所示。具体用法上文已经涉及。

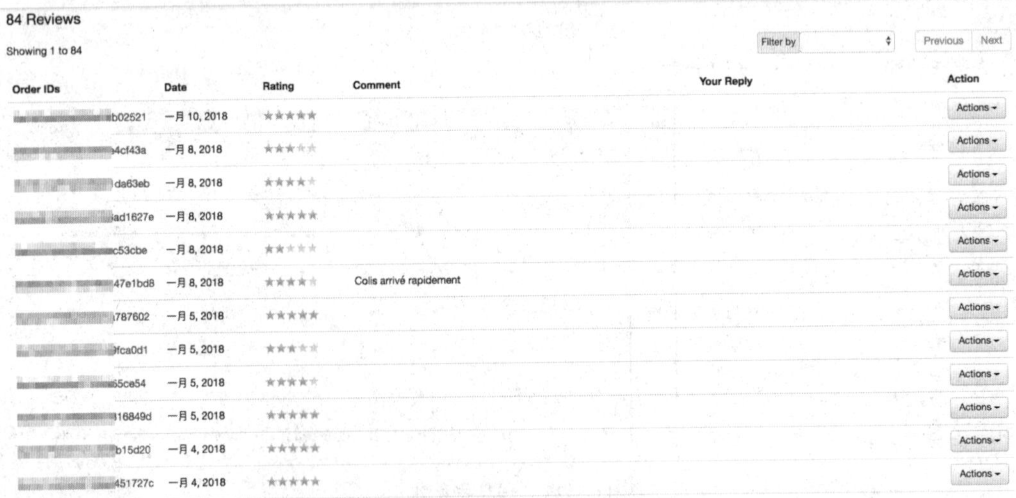

Order IDs	Date	Rating	Comment	Your Reply	Action
[redacted]b02521	一月 10, 2018	★★★★★			Actions
[redacted]4cf43a	一月 8, 2018	★★★☆☆			Actions
[redacted]da63eb	一月 8, 2018	★★★★☆			Actions
[redacted]ad1627e	一月 8, 2018	★★★★★			Actions
[redacted]c53cbe	一月 8, 2018	★★☆☆☆			Actions
[redacted]47e1bd8	一月 8, 2018	★★★★☆	Colis arrivé rapidement		Actions
[redacted]787602	一月 5, 2018	★★★★★			Actions
[redacted]fca0d1	一月 5, 2018	★★★☆☆			Actions
[redacted]5ce54	一月 5, 2018	★★★★☆			Actions
[redacted]16849d	一月 5, 2018	★★★★★			Actions
[redacted]b15d20	一月 4, 2018	★★★★★			Actions
[redacted]451727c	一月 4, 2018	★★★★★			Actions

图 11-3-30　用户反馈数据

仿品率表现数据指的是 Wish 在每周定期抽查产品时发现仿品的比例，如图 11-3-31 所示。如果这个数据超过 5%，则店铺会失去诚信店铺的资格。

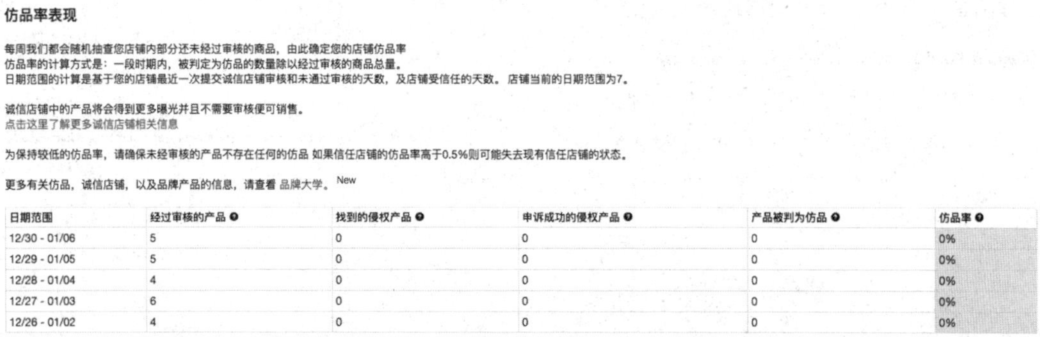

仿品率表现

每周我们都会随机抽查您店铺内部分还未经过审核的商品，由此确定您的店铺仿品率
仿品率的计算方式是：一段时期内，被判定为仿品的数量除以经过审核的商品总量。
日期范围的计算是基于您的店铺最近一次提交诚信店铺审核和未通过审核的天数，及店铺受信任的天数。店铺当前的日期范围为7。

诚信店铺中的产品将会得到更多曝光并且不需要审核便可销售。
点击这里了解更多诚信店铺相关信息

为保持较低的仿品率，请确保未经审核的产品不存在任何的仿品 如果信任店铺的仿品率高于0.5%则可能失去现有信任店铺的状态。

更多有关仿品，诚信店铺，以及品牌产品的信息，请查看 品牌大学。New

日期范围	经过审核的产品	找到的侵权产品	申诉成功的侵权产品	产品被判为仿品	仿品率
12/30 - 01/06	5	0	0	0	0%
12/29 - 01/05	5	0	0	0	0%
12/28 - 01/04	4	0	0	0	0%
12/27 - 01/03	6	0	0	0	0%
12/26 - 01/02	4	0	0	0	0%

图 11-3-31　仿品率表现

11.3.9　销售图表与用户服务图表

销售图表用曲线图的形式展示店铺或者单品的收藏量、流量和销量走势，商户可以通过右上角的筛选菜单来查看单品的数据，也可以按照月、周、日等不同时间维度来查看数据，这就帮助商户节省了自己导出销售业绩中的数据进行分析的时间，如图 11-3-32 所示。

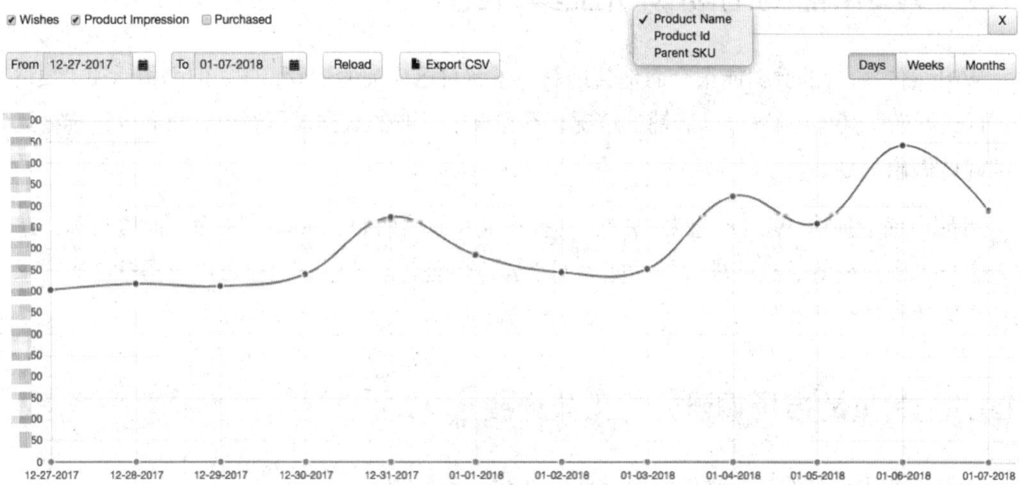

图 11-3-32　销售图表

用户服务图表将店铺的几项核心数据，如平均订单履行时长、退款率、平均配送时长等，用曲线图的形式，与 Wish 为这些数据定的标准进行对比，用以提醒商户对超标数据的相关流程进行调整，如图 11-3-33 所示。

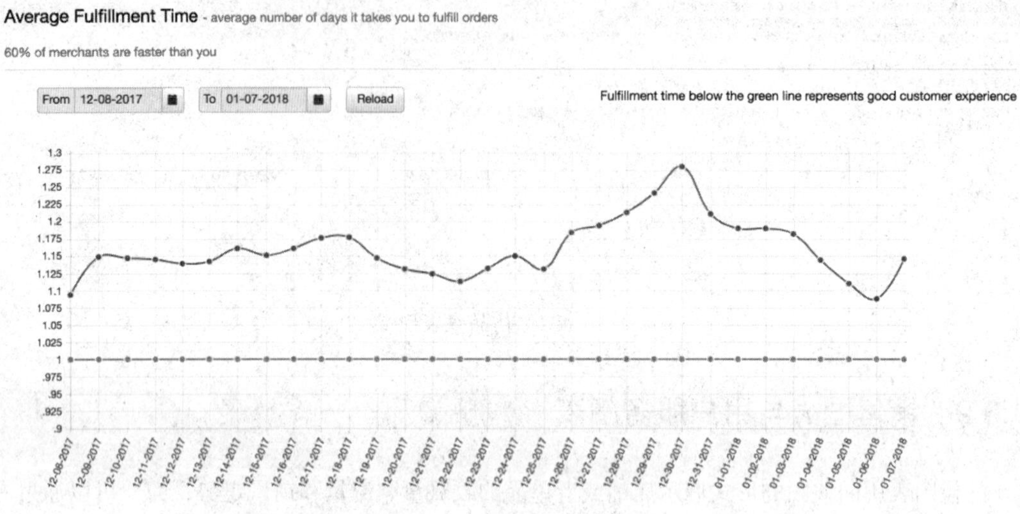
Average Fulfillment Time - average number of days it takes you to fulfill orders
60% of merchants are faster than you
From 12-08-2017
To 01-07-2018
Reload
Fulfillment time below the green line represents good customer experience

图 11-3-33 用户服务图表

11.4 Wish 辅助市场调研工具介绍

Wish 商户后台的数据能很全面地帮助商户了解自己店铺的运营情况，但是俗话说“知彼知己，百战不殆”，仅仅了解自己店铺的情况，不和整个行业的数据进行对比，我们也很难在运营中准确地做出规划。

目前市面上抓取 Wish 行业数据的工具有不少，如早期的 Votobo、米库、海鹰数据，还有超级店长、商户网等，这些软件的功能大同小异，但是各具特色，商家可以根据自己的需求来选择合适的软件。

11.4.1 常见的市场调研分析工具介绍

我们以使用较多的一个软件为例，来介绍此类软件的用法。

此类软件的首页都会展示 Wish 平台的整体流量和销量趋势，如图 11-4-1 所示。

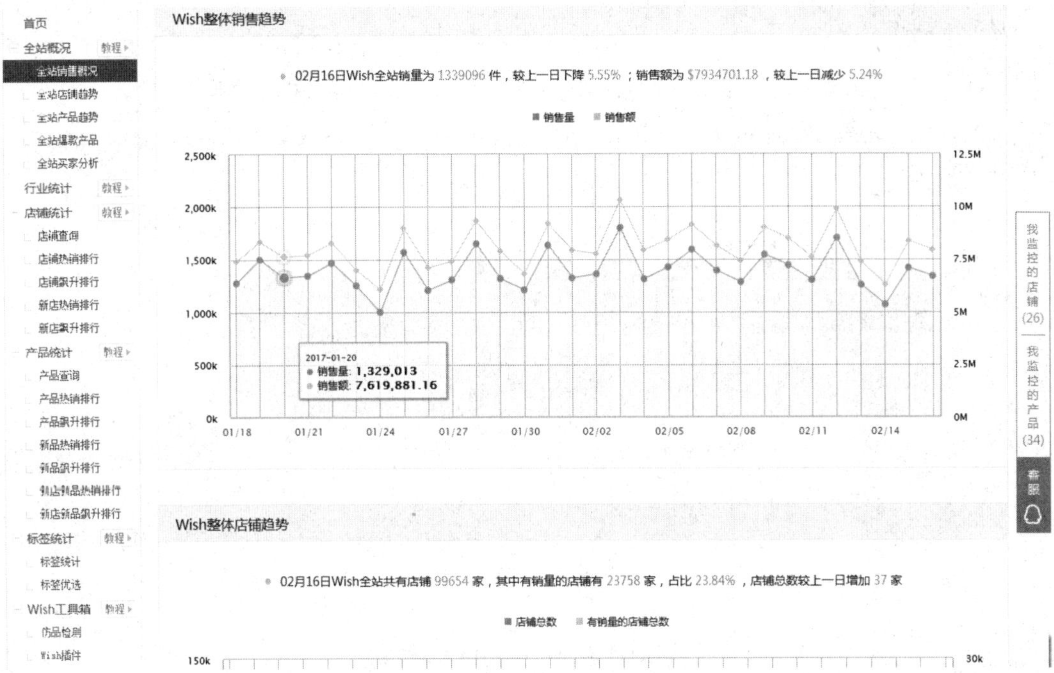

图 11-4-1　Wish 整体销售趋势

Wish 平台上的商家数量、商家销售情况，以及产品的整体动销情况在软件中也有展示，如图 11-4-2、图 11-4-3 所示。

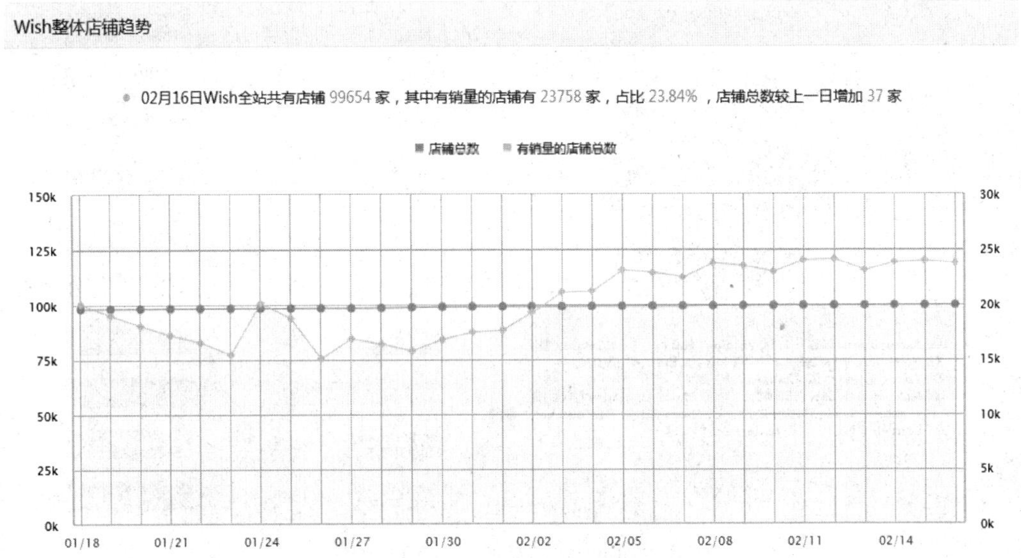

图 11-4-2　Wish 整体店铺趋势

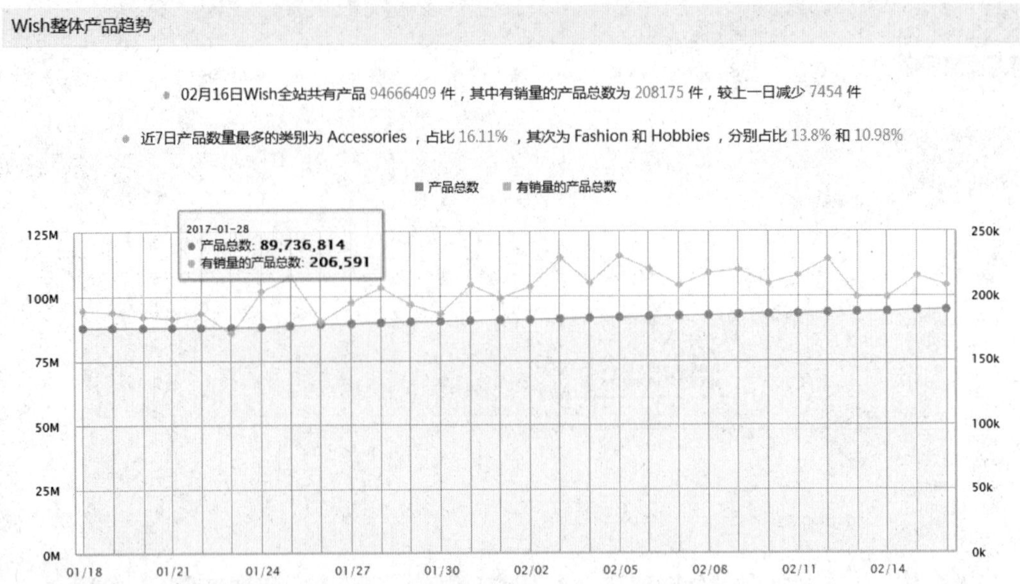

图 11-4-3　Wish 整体产品趋势

此上信息仅可作为平时运营中的参考。对于产品类目的统计分析，值得商户好好运用，商户可以通过查看产品的类目数据，来确定在当前在 Wish 平台上热销品类的情况，如图 11-4-4 所示

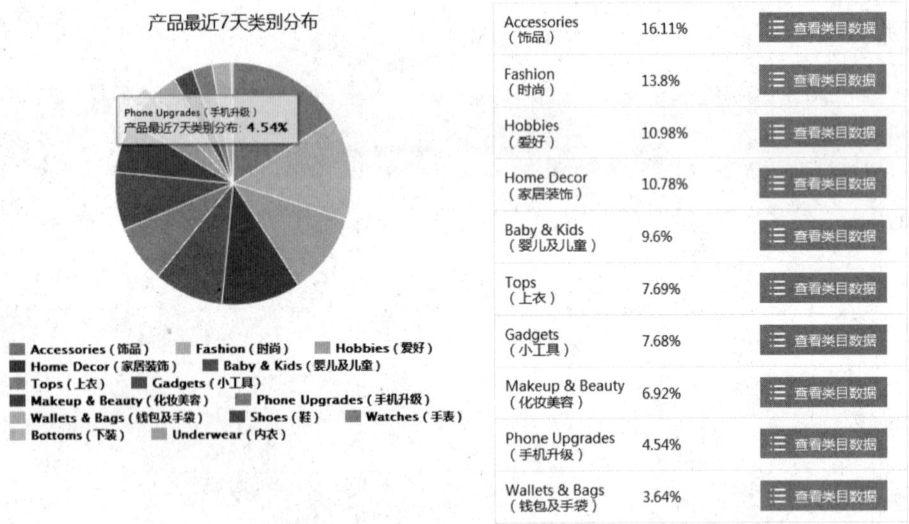

图 11-4-4　产品最近 7 天类别分布

通过选择细分类目可以看到某个类目的产品数量、平均价格、日均销量及动销情况，这几项数据都值得关注。产品数量需要通过对比的方式来看出竞争性，比如可以用日均销量除以产品数量。如图 11-4-5 所示，对唇彩这个类目来说，就是 16022/4756，结果是 3.37，该单品的动

销比例也相当高，而且环比在上升。可与图 11-4-6 中的童装类目做一下对比，虽然童装的日均销量远远高于唇彩，但是用销量除以产品的结果仅为 0.25，同时童装类目的动销比例也远不如唇彩类目，所以新店铺在没有产品的情况下，可以优先选择唇彩类目。

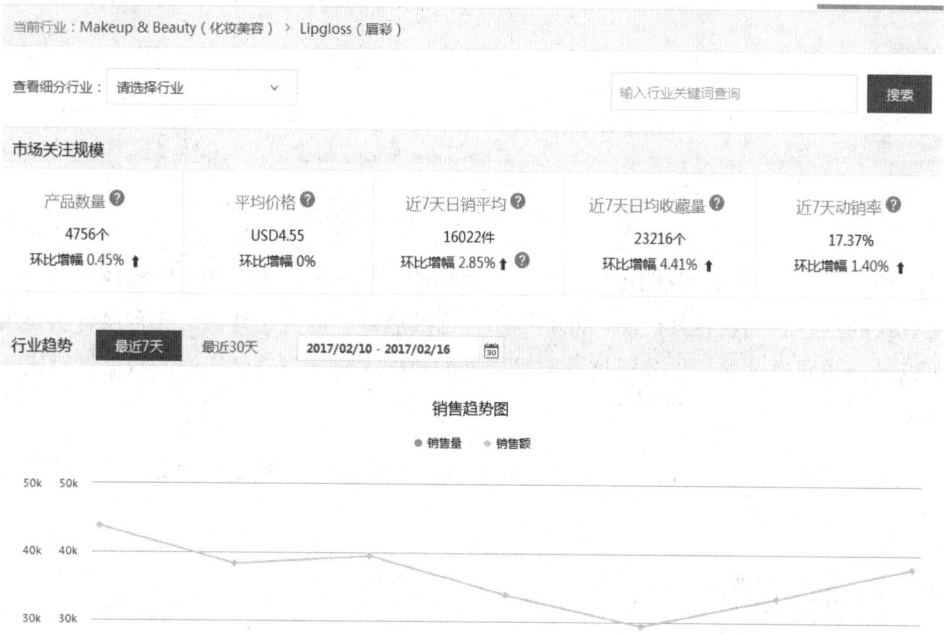

图 11-4-5　唇彩类目

图 11-4-6　童装类目

但同时我们也发现，唇彩类产品的客单价过低，而且热销产品的评价分数不高，所以对于有平均单价需求或是店铺评分需求的商家来说，卖唇彩类产品就要做更多的选品工作。

除对行业数据的分析外，此类软件都有统计店铺热销排行和产品热销排行的功能，如图 11-4-7 所示。

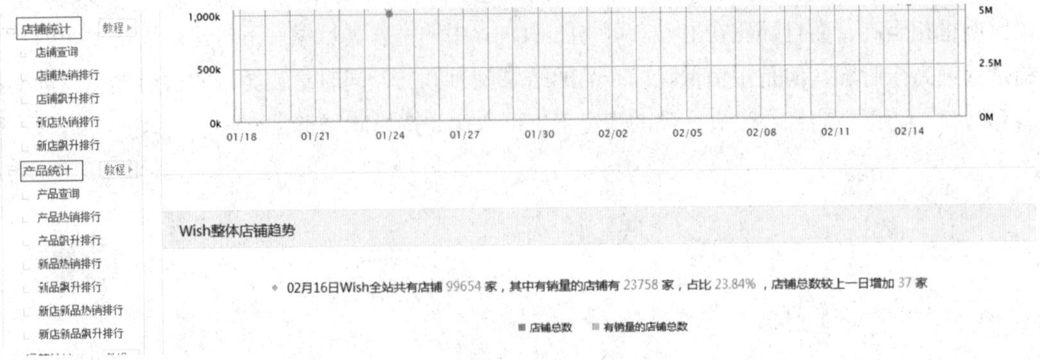

图 11-4-7　店铺统计与产品统计

以店铺统计功能为例，我们可以看到哪些店铺的产品始终热销，哪些店铺在快速成长，这里不是说找到这些店铺就将其产品“照搬”回自己的店铺，因为这种做法通常没有明显用处。我们可以进一步通过这些软件分析这类明星店铺的数据，将其与自己店铺的数据做对比，找出差距。

我们选取软件中展示的排名靠前的一家店铺，和某商户的店铺进行以下简单对比，如图 11-4-8、图 11-4-9 所示。

图 11-4-8　排名靠前店铺的数据

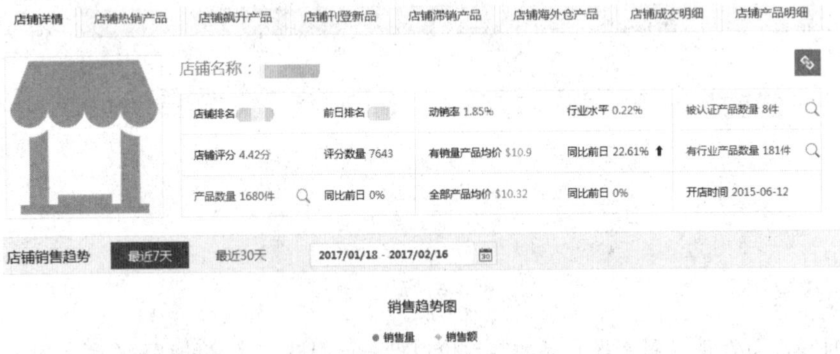

图 11-4-9　某商户店铺的数据

可以发现排名靠前的店铺在动销比例、被认证产品数量，以及在线产品数量上都远远领先于该店铺，那么对于后者来讲，需要扩展产品线，加大现有店铺的动销比例，同时维护好现有爆款的表现，争取更多的产品被认证。

同理，对于软件所提供的爆款数据，大家可以从上架时间、单价、好评数等多个维度进行筛选，和自己店铺的情况进行对比，如图 11-4-10 所示。

图 11-4-10 多维度筛选

在产品上架之前，商户也可以使用软件来进行查询，查看类似产品的订单、平均单价范围、Tags 的使用及销售方式，帮助自己完成更高质量的产品广告。

11.4.2 市场调研工具常用数据维度与分析方法

使用此类软件除了能比较全面地看到行业信息外，也有助于了解自己店铺的运营状况。如上文中的这个软件，有收藏店铺链接和收藏产品链接的功能，那么把自己店铺及自己周边同行的店铺进行收藏，就可以实时对比大家的运营状况，如图 11-4-11 所示。

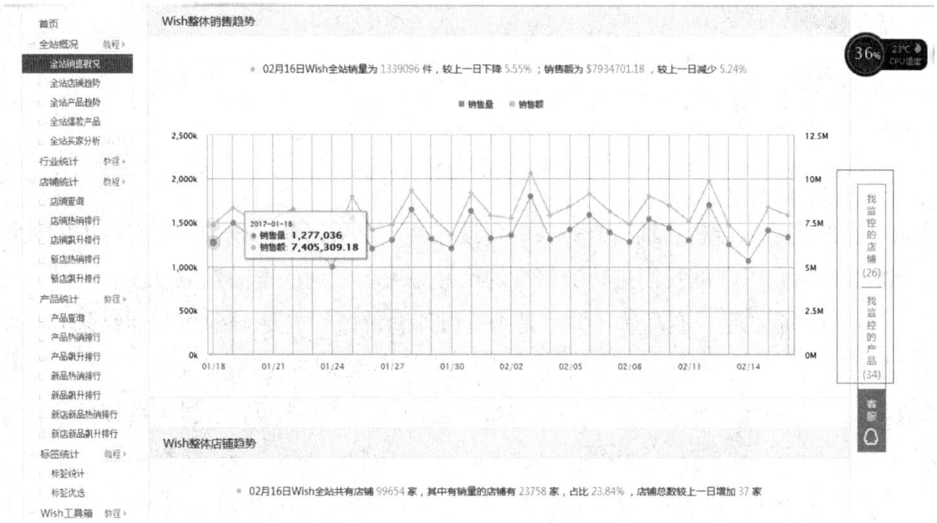

图 11-4-11 全站销售概况

通过销量环比增幅和上新数量增幅，可以看出是大环境的流量起伏还是个人操作原因导致了销量波动，如图 11-4-12 所示。

店铺logo	店铺名称	产品数量	近7天日均销量	销量环比增幅	近7天日均销售额	近7天日均新增收藏量	近7天日均上新数量
		1680	267	5% ⬆		580	3
		1705	207	8% ⬆		416	0
		1233	65	26% ⬆		198	1
		1182	48	7% ⬆		157	2
		725	37	60% ⬆		103	1

图 11-4-12　销量波动分析

同理，也可以监控自己的核心产品及市场同类产品的数据，用以对比运营状况，找出差距，如图 11-4-13 所示。

已监控产品　曾监控产品

全部分组	产品主图	产品名称	产品评分	卖家标价	Wish售价	Wish认证	近7天日均销量	环比增幅	近7天日均销售额	操作
			4.92分	$(4.38+1.88)	$(4.88+1.38)	否	109	17% ⬆	677.87	取消监控
			4.2分	$(1.6+1)	$(1.6+1)	否	48	38% ⬆	123.32	取消监控
			4.19分	$(6+2)	$(6+2)	否	42	1% ⬇	333.72	取消监控

图 11-4-13　已监控产品

除用对比的方法来分析店铺以外，我们在选品时，也可以借助软件从更多维度的数据来分析目标产品的现状，以帮助我们进行更精准的产品拓展。常用的产品选取维度有市场容量、对手数量、产业带优势、是否有品牌风险、是否有海外仓价值、主要 Tags 的显示结果和热度、市场类似产品的定价，以及产品的属性多少、成本售价、销售方式、销量情况、颜色、风格等，建议选取至少 5 个维度来定位产品。表格可以参照图 11-4-14 来设计，维度可以按照自身情况增减。

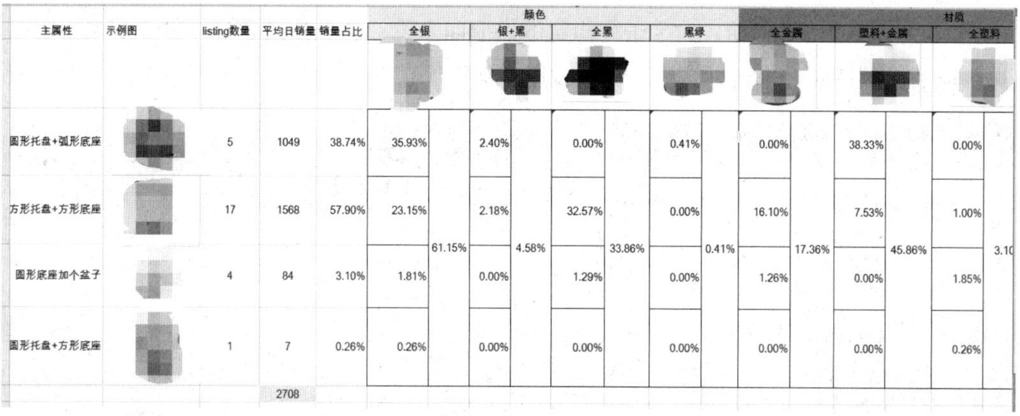

主属性	示例图	listing数量	平均日销量	销量占比	颜色								材质					
					全银		银+黑		全黑		黑绿		全金属		塑料+金属		全塑料	
圆形托盘+弧形底座		5	1049	38.74%	35.93%	61.15%	2.40%	4.58%	0.00%	33.86%	0.41%	0.41%	0.00%	17.36%	38.33%	45.86%	0.00%	3.1
方形托盘+方形底座		17	1568	57.90%	23.15%		2.18%		32.57%		0.00%		16.10%		7.53%		1.00%	
圆形底座加个盆子		4	84	3.10%	1.81%		0.00%		1.29%		0.00%		1.26%		0.00%		1.85%	
圆形托盘+方形底座		1	7	0.26%	0.26%		0.00%		0.00%		0.00%		0.00%		0.00%		0.26%	
			2708															

图 11-4-14　表格模板

此类软件要从 Wish 平台抓取数据，所以呈现的结果往往滞后于市场。目前有些软件直接将产品供应商链接附上，提供一键导出功能，看起来“复制”产品非常方便，如果在运营中过于依赖软件中的数据，或者“照搬”软件中的产品，在 Wish 高速增长的红利期会有一定的效果，但是随着平台越来越完善，光靠上述做法锻炼不出一个好的 Wish 开发、运营团队，以后的发展难免处处碰壁。我们介绍数据软件的初衷是让商户能“知彼”，找出自身不足并加以改进。

11.5　Wish 后端运营数据介绍

与目前占全球主流的其他跨境电商平台相比，Wish 平台在销售端可谓是极简的。Wish 通过自身的匹配算法，已经将商户需要做的优化关键词、网上推广的事情省去大半，但是这个平台给一个 Wish 店铺的采购和物流团队的压力又比任何平台都要大。所以，如果一个商户想拥有一个优秀的 Wish 店铺，就必须拥有一个完备的采购和物流团队，并且需要投入一半以上的精力维护和提高这两个团队。我们经常会发现，一些一直都在做直邮的商户，通过多年的积累，在 eBay、速卖通等平台上获得了不错的成绩，当他们切入 Wish 的市场时，他们的发展速度会远远高于其他商户。我们相信，完备而成熟的供应链团队功不可没，“工欲善其事，必先利其器”，对于 Wish 团队来说，这个利器就在采购和物流这两个环节中。

要管理好采购和物流环节，靠本节寥寥几千字远远不够，本节仅从数据管理的角度来切入，给大家提供一些管理的核心要点。

11.5.1　常用物流与采购统计数据介绍

针对采购环节，第一步是开始学习积累供应商资料，这个步骤如果能在 ERP 系统中完成则更好。可以针对供应商的产品、联系方式、备货周期、网店链接等基本资料进行整理，如图 11-5-1 所示。如此日积月累，很快就会得到一个数量可观的供应商资料库，有这样的资料库，在后续产品比价、产品开发、缺货紧急补库存等事务需要开展时，就会顺利很多。

尤其是产品的备货周期，对于采购稳定的供应商来说，这个数据必不可少。下单周期可以根据供应商的到货时长来进行调整，最大程度上保持库存健康。

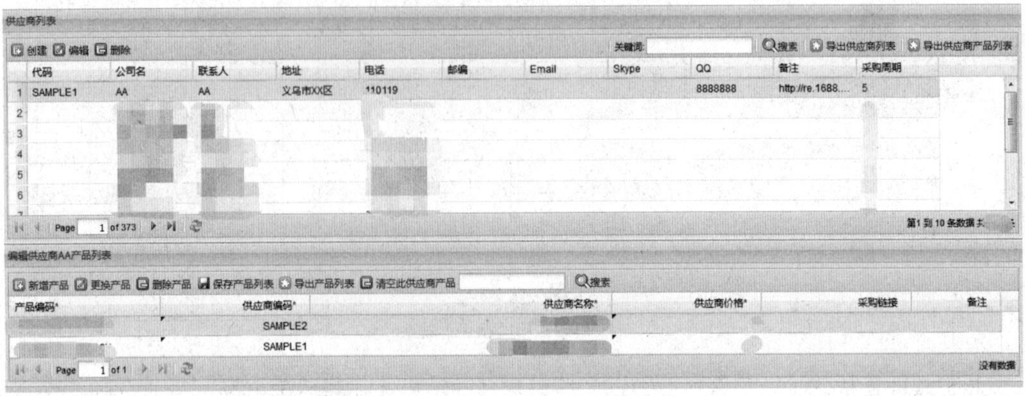

图 11-5-1　供应商列表

第二步是对采购环节的管控。在有了一定的订单量后，Wish 采购团队工作量会比较大，因为很多新品会陆续开始产生订单，种类可能会比较繁杂，但数量并不多，所以采购订单就会越来越多。在这个阶段，如果不能很好地利用流程来管理采购事务，会导致长久缺货，到货之后又缺少质检时间，所以在监控好采购团队每日的工作之外，还需要在财务出纳、物流入库的环节做好相应的工作分配。对于采购团队的工作效能，可以用简单的统计来进行管控，如表 11-5-1 所示。

表 11-5-1　采购效能分析

采购效能分析							
部　门	总单量	环　比	日均单量	人工成本	单位成本	单位成本环比	供货周期内到货比例
采购 2							
采购 3							
采购 3							

对于工作流程，针对不同规模的企业，所需要考虑的方向也不同，所以这里就不提供模板了。对于初创的 Wish 团队，把控好到货时效为第一位，节约成本为第二位，积累供应商资源为第三位，力求运作的效率，其他部门可以就这三个方向来配合采购部门的工作。

第三步是对采购产品品质和成本的控制，这里可以月（或周）为单位，重点统计销量占比 80%左右的产品 SKU 的成本变化情况，并从销售部门汇总产品的主要 RMA 问题，具体可参照表 11-5-2、表 11-5-3。

表 11-5-2　产品退款统计

Wish 平台 Top N 产品退款统计					
排　名	品　名	退款量	损　失	销　量	RMA
1					
2					
3					

表 11-5-3　降价（涨价）产品统计

XX 月降价（涨价）产品 Top N					
序　号	产　品	采购数量	单价下降（上升）	共节约（上升）成本	供应商代码

统计完数据之后，可以拿其中比较突出的来做专题分析，这份统计非常简单，但贵在每个周期都要坚持进行，到了年底就会发现，它会为企业带来相当可观的效益。

11.5.2　物流与采购数据统计方法

物流环节作为商品离开商户的最后一个环节，需要衔接物流商、公司采购部门、财务部门，同时也要做好仓库管理，所以物流的数据分为四个主要部分。

1．关于物流渠道的数据

上文中介绍了如何利用商户后台的物流表现数据来选择物流渠道，物流部门也需要非常清晰地了解 Wish 平台对上网时效和送达时效的要求，同时针对各个物流渠道的优劣、价格趋势、是否会爆仓也要有相应的信息渠道，所以物流部门需要整理以下数据。

（1）关于各类被 Wish 认可的物流渠道的报价，同渠道的至少要有两份，并且做成能够使用的运费计算公式，效果可以参照图 11-5-2，让销售和处理订单的人员能清晰地看到物流渠道的费用。

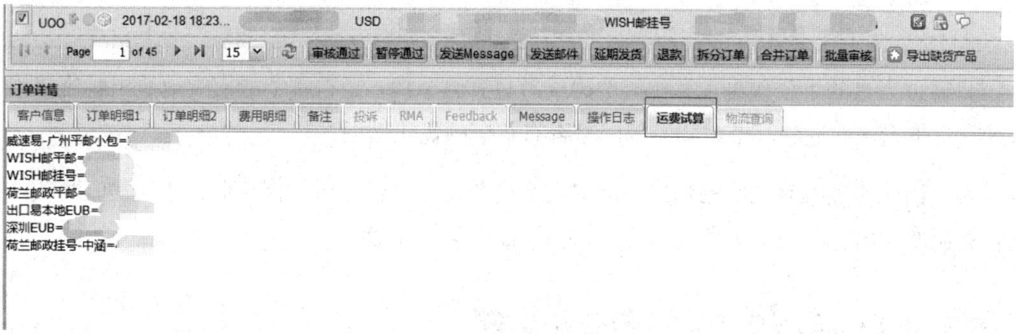

图 11-5-2　物流渠道的运费

（2）每周至少需要物流商反馈一次货物派送进度，具体格式可参照表 11-5-1，需要及时根据当周的物流数据来调整出货物流服务商，并且对异常订单进行统计。

（3）及时了解同渠道不同物流商的报价变化，或者要求变化。

完成对以上几种数据的整理后，物流部门还可以在物流的结款方式等方面做进一步优化。

2．关于仓库内部管理的数据

物流和仓库部门通常是一体的，仓库部门对于仓库内部的管理也需要进行几个方面的数据监控。

（1）库存误差率。此项数据的计算公式为：库存误差率=[1 − (盘点物料数×平均单价)/(账面实存数×平均单价)]×100%，通常我们规定仓库的误差不能大于 0.3%，对于初创团队，每月计算一次此数据，有利于仓库的精细化管理，以及减少订单因库存误差而缺货的比例。

（2）库存周转率。其计算公式为：存货周转率=出口产品成本/[(期初存货+期末存货)/2]，通常对于直发小包的仓库，建议库存周转率每月不低于 150%，每月可以按照类似表 11-5-2 的形式，对于周转率在 60%以下的产品进行统计，并告知相关部门加快对滞销库存的清理。

（3）订单处理时效。在人数允许的情况下，可以参照表 11-5-1 的格式，对物流打包人员的效率进行监控，通常一个打包人员在不需要拣货、有 ERP 的情况下一天至少能打包 700 件，如果前期分工没有那么细，则对于这个环节的要求是当日货不过夜的原则。

（4）物流成本。针对物流费用的管理，以月为单位，也可以进行一项数据的统计和管控，如表 11-5-4 所示。

表 11-5-4　月度物流费用统计

XX 月物流小包费用							
序　号	渠　道	物流费	物流费环比	总重量	重量环比	均单价	均单价环比
1	A						
2	B						
3	C						
4	D						

只通过当月的单个包裹来算物流费用或者只算总金额，通常都不能直观地看出物流费用的涨跌，也难看出在这一环节中物流部门是否有相应的优化结果。

初创团队可能没有足够的精力来应对这么多数据的统计分析工作，那么建议物流团队：保证货物能准时出仓，保证包裹能尽快上网，保证产品能准确入库。

11.5.3　核心后端运营数据的分析案例

对整个 Wish 团队来说，如果发展稍具规模，日单量在 1000 单以上，就需要对团队运营中的五大核心数据进行控制，这五项数据是销售数据（指的是销售金额）、利润数据、RMA 数据、库存数据和成本支出数据。

1．销售数据

销售数据的统计如表 11-5-5 所示。

表 11-5-5　月度销售额统计

XX 月销售额统计							
销售小组	XX 月销售额（单位）	同　比	环　比	前 XX 月销售额总和（单位）	同　比	年度销售目标	完成目标进度（%）
A							
B							
C							
D							

销售数据在 Wish 账户中已有统计，此处统计主要用于分析整个团队在不同阶段的目标和成长情况，如环比即与上月的销售额做对比，在传统外贸的旺季，即 11 月、12 月、1 月、2 月、3 月，销售额的环比都应该是增长的，对 Wish 平台商铺来说，7 月、8 月份的销售额环比也应该增长。

同比即与同账户去年同一月份的销售额做对比，按照目前 Wish 平台的发展趋势，每月比平均至少应该增长 100%。

目标进度对比只是为了不停地提醒团队向着企业定下的目标前进，但是目标需要靠细节来完成，所以在日常运营中，要将对每个细节的处理放在第一位。

2．利润数据

此处的利润统计，指的是对毛利的计算，对于 Wish 店铺，毛利计算公式为：毛利=销售金额×(1 − 平台费率 − 退款率 − 收款手续费率) − 采购成本 − 物流成本 − 库存呆滞减值。

对利润的统计，可以按照表 11-5-5 的模式来进行，除对于整个店铺的毛利之外，对于销量较大的单品，也可参照图 11-5-3 来进行统计。

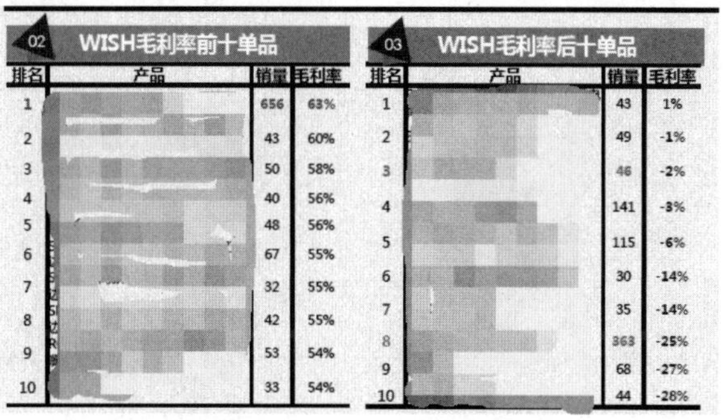

图 11-5-3　对毛利的统计

选取毛利前 *N* 名或者后 *N* 名进行单独分析，这些数据可以很好地帮助销售人员发现亏损比较严重的单品，以便联合采购与物流人员共同对其做优化。

3．RMA 数据

对 Wish 的 RMA 的数据统计，可以按照图 11-5-4 中的模式来进行。

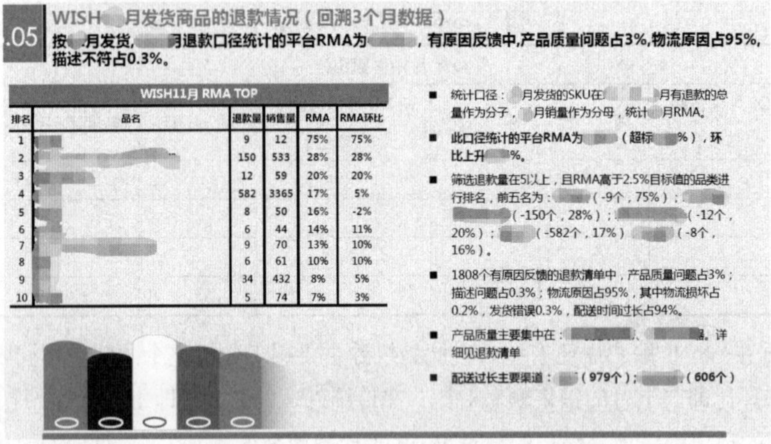
.05
WISH 月发货商品的退款情况（回溯3个月数据）
按 月发货， 月退款口径统计的平台RMA为 ，有原因反馈中，产品质量问题占3%，物流原因占95%，描述不符占0.3%。
WISH11月 RMA TOP
排名 品名 退款量 销售量 RMA RMA环比
1 9 12 75% 75%
2 150 533 28% 28%
3 12 59 20% 20%
4 582 3365 17% 5%
5 8 50 16% -2%
6 6 44 14% 11%
7 9 70 13% 10%
8 6 61 10% 10%
9 34 432 8% 5%
10 5 74 7% 3%
统计口径： 月发货的SKU在 月有退款的总量作为分子， 月销量作为分母，统计 月RMA。
此口径统计的平台RMA为 （超标 %），环比上升 %。
筛选退款量在5以上，且RMA高于2.5%目标值的品类进行排名，前五名为： （-9个，75%）； （-150个，28%）； （-12个，20%）； （-582个，17%） （-8个，16%）。
1808个有原因反馈的退款清单中，产品质量问题占3%；描述问题占0.3%；物流原因占95%，其中物流损坏占0.2%，发货错误0.3%，配送时间过长占94%。
产品质量主要集中在： 、 。详细见退款清单
配送过长主要渠道： （979个）； （606个）

图 11-5-4　对 RMA 的统计

其中尤其要对单品的数据做分类分析，然后安排相应部门进行优化。

对于库存数据和成本数据，主要参照上文中的物流和采购数据表格来计算。

此五项数据每月可安排统计一次，统计完成后，一定要召开相应的分析会议，解决暴露出的问题。

第 12 章
产品优化

12.1 产品优化概述

Wish平台不同于其他平台，由于对在售产品进行编辑会触发审核机制，除售价外我们很少对在售产品进行优化处理。根据Wish政策，为避免出现伪造品或者侵犯知识产权的情况，当商户更改产品名称、产品描述或产品图片后，即使是通过审核的产品也会被再次审核。不过在产品复审期间，产品还可以正常销售。

虽然有这样的政策限制，但并不代表 Wish 的产品不需要优化，而是需要在产品上架前就完成优化工作。

商家可以通过对产品进行数据统计，针对不同类目设定不同的优化方案，从而在最大程度上使同类型的产品在上架的时候就处于最优状态，以避免后续反复修改。这样不仅能避免后续修改的人力付出和风险，还能有效提高爆品产出率，并提高各项服务指标。

产品优化具体可以分为图片优化、标题优化、标签（Tags）优化、详情优化、价格优化，以及产品基础数据优化等。

12.2 图片优化

12.2.1 首图优化

我们都知道，Wish通过独特的推送方式进行销售，以瀑布流的方式展示产品，主图作为最直观的展现方式，要尽可能在800×800像素的图片中向客户传递更多的信息。所以想在众多产品中脱颖而出，主图显得至关重要。下面介绍几种比较实用的处理主图的方法。

（1）展示众多款式。如图12-2-1所示，客户一看就知道你卖的所有款式。注意图片拼接要整齐。

图12-2-1 多款式展示

（2）展示产品的独特性。如图 12-2-2 所示，这件西装的独特性是拥有大尺码款，有什么办法让有需求的客户直观地知道这个产品的独特性呢？可以在主图中放入简单的 Size（尺码）范围数据。主图位置放了 3 种颜色的拼接图，如果实际有 5 种颜色，那么也可以在图片中用简单的文字进行提示。

图 12-2-2　展示产品的独特性

（3）主图中展示销量好的颜色。当多图拼接时，最大的拼接图要展示销量最好的颜色。大图所展示的颜色占总成交量的 40%以上，所以要及时做好优化。

（4）3C 产品要展示功能。请看图 12-2-3 中的对比，右图展示了产品的诸多功能，让客户能以最快的速度了解此产品的功能，相对于左图，右图显然已经赢在了起跑线上。

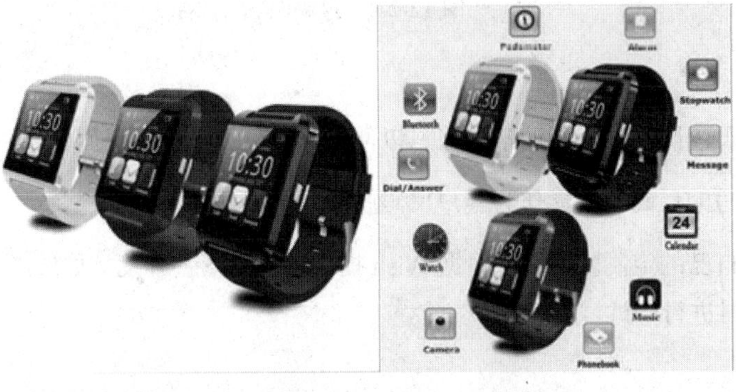

图 12-2-3　同款 3C 产品不同主图的对比

通过对以上图片处理方式的学习，大家可以掌握单个产品单种图片的处理方式。但在实战中，对于一款产品我们往往会选择多种方式混合运用。

通过不断摸索和上传产品来测试哪种效果最佳，大家会发现每种类型的产品都有最适合的首图处理方法，比如：潮流服饰类产品，首图带模特的产品点击率和转化率普遍会比不带模特的产品要高；而对鞋类来说，多角度拼接图的点击转化效果会好于单款大图。

所以，每开发一类产品，需要根据产品的实际类型去测试各种首图方式，根据 Wish 后台一定周期内（以周为单位）的点击率、转化率等数据，综合分析后选用最合适的首图，并应用到后续同类型产品的图片编辑中，以得到最好的点击及转化效果。

对于多色产品，请依据同类产品出单的数量对首图进行调整，选用出单量最多的颜色，这有助于提高该产品的点击率、转化率及销量。

12.2.2 尺码图优化

Fashion 类目 3C 产品的退款率一直居高不下，如何解决这个问题，从而提高产品利润呢？可以在附图中加入尺码图，如图 12-2-4 所示。鞋类可以根据产品的实际尺码填入欧洲码、美国码对应的脚长；服装类可以根据尺码填入衣长、腰围、臀围等信息。

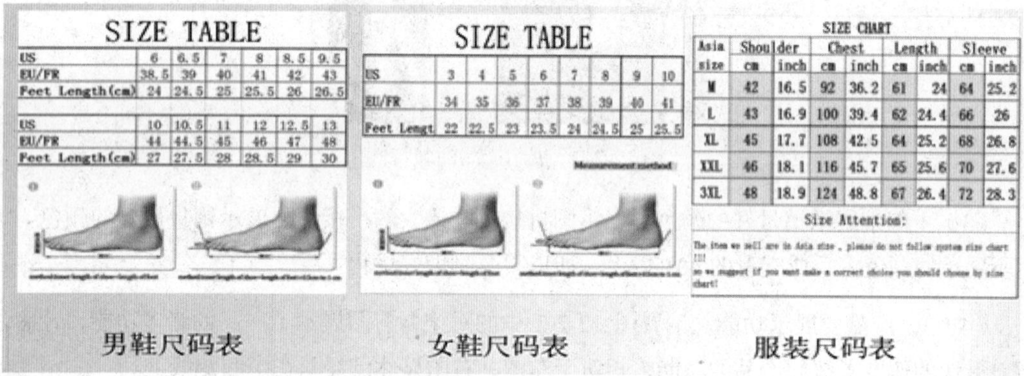

图 12-2-4 尺码图

注意事项：

（1）可以把尺码图放在附图的第二张，以便于客户看见产品的尺码。

（2）自己编写的尺码表不能作为客户尺码问题的申诉条件。

（3）如果是自己的定制款，可以根据 Wish 提供的尺码图去开发，如果产生尺码问题纠纷，商户可以提供材料进行申诉。

12.2.3 副图优化

副图的主要功能是展示出产品的细节，如服装的材质、衣领、走线、颜色等，可以设计一张汇总图，让客户有直观的对比，也可以加入一些比较优质的“买家秀”图片（由商户上传，而不是由客户上传），让客户能更加直观地了解产品。

12.3　标题优化

12.3.1　标题优化的方法

Product Name 的直译是“产品名称”，与 Product Title 的直译“产品标题”有很大的不同，对于 Product Name 选项，Wish 官方希望商户填写相对简单明了且准确的产品名称。目前，大多数商户将 Product Name 称为产品标题，简称标题。

标题的写法一般分为以下几种。

（1）推荐标题写法：产品名称+3 个关键属性词+产品类型。

举例如下：

- 正确：Spring fashion woman's high heel shoes
- 不正确：Super explosive section! ! ! Spring Fashion Woman's High Heels & Large Size

上例中，正确的产品标题是根据官方推荐的写法写成的，而不正确的是因为其中包含了不该用的标点符号及一些禁用词。

清晰、准确、详细的产品标题会在一定程度上促进成交。产品标题还包括产品特征描述，特征包括产品功能、材质，让客户有感性的认识，所以建议商户用多个词汇描述自己的产品，但也不用写太长。

推荐写法：年份+用户性别+产品名称+2 ~ 3 个关键属性词+产品类型。

举例如下：

- 2018 European and American classic rivets pointed shoes。

优秀产品标题如图 12-3-1 所示。

图 12-3-1　优秀产品标题

（2）多关键词叠加。如图 12-3-2 所示，通过对 Women Leggings、Sport Leggings、Fleece Leggings 的叠加使用，突出 Leggings 这个核心关键词，让客户能更快捷地获得核心关键词。

Women Leggings Thicken Fur Warm Fithess Sport Leggings Wintor Fleece Legging Pants Women Leggings

图 12-3-2 多关键词叠加

（3）描述性短标题，如图 12-3-3 所示。

Women's Autumn Loose O-neck off Shoulder Long Sleeve Knitted Sweator

图 12-3-3 短标题

这种写法没有过多地叠加同义词，整个标题读起来非常通顺，对于移动端快速购物来说，这样能使客户更好地理解产品，增加点击量。

12.3.2 标题优化的注意事项

- 产品名称必须清晰、准确、详细，要有对产品特征的描述，产品特征包括功能、材质等。
- 标题后面可以加上 Color、Size 等英文单词。
- 不要随便添加符号，这些符号是无意义的，并会被认为是不法符号。
- 产品核心关键词尽量靠前，尽量在标题前 5 个词中出现。
- 产品标题由描述款式、材质、形状、型号的词和中心词构成。
- 如果销售特大尺码或特殊型号的产品，可以通过在标题上添加“关键属性”，使产品能够在更大程度上吸引客户点击。

需要注意的是，款式、材质、形状、型号等相关词汇的填写需要结合客户的搜索习惯，大家可以参考 Google 搜索框的提示，以及手动上传产品填写标签时后台的关联词提示。

中心词需要切合客户搜索习惯，在设置的时候，需要结合时下的热门关键词。

设置关键词也要注意一定的技巧，要尽可能使用同义的关键词。一款产品的多种不同的英文名称，如 Wedding Dresses 和 Wedding Gown 等，都可以包含在产品标题里。

对于任何一类产品，都不要固定标题写法。要根据产品的实际类型、售价结合各类因素展示出它们的优势。

12.4 标签优化

什么是标签（Tags）？标签起到了什么作用呢？Wish 平台用了几年时间就成为跨境电商平台中的一匹黑马，原因在于有根据客户喜好将合适的产品在合适的时间推送给客户的手机 App，这就是“产品标签”产生的背景：为了方便买家在 Wish 页面上搜索时可以第一时间搜索到自己想要的产品。添加的标签越多，描述推送产品的准确性就越高，用户搜索到该产品的可能性也就越大，但是商户最多只能添加 10 个标签，在之后推送产品和买家搜获产品的过程中，Wish 平台也会根据搜索的条件相应地增加标签，以实现更精准的买家推送。

关键词包含广泛关键词、核心关键词和长尾关键词三类，这三类关键词之间的关系是既有包含性又有独立性的。例如在产品 Listing 上，移动电源可以用 Power Bank、External Battery、Portable Charger 三组词来表达同一类产品，这三组词是互相独立的核心关键词。但一个 50000mAh 的移动电源（50000mAh Power Bank）就是大容量的移动电源，会成为一部分有特别需求的客户所搜索的对象，而 Power Bank 就成了长尾关键词，而与另外的关键词 External Battery 和 Portable Charger 又相关联。又如手表（Watches）是一个广泛关键词，但男性手表（Men's Watches）就是核心关键词，而男士军用手表（Men's Military Watches）则是长尾关键词，这三个词语之间是包含与被包含的关系，而且范围逐步缩小，越来越精准。

不管关键词的关系如何，作为商户需要做的第一步是了解自己的产品，然后收集整理产品的关键词，根据实际情况，将关键词布局到产品标签的设置中。

12.4.1　标签优化的方法

（1）常见的标签写法：产品的类型+产品属性+修饰词+季节+产品使用场景。

商户输入英文标签时，平台会根据商户写的标签进行常用标签推荐，这些标签是平台经过长时间筛选和统计出来的，它们被填写的次数较多。为了提高工作效率，商户可以适当选择进行填写，如图 12-4-1 所示。

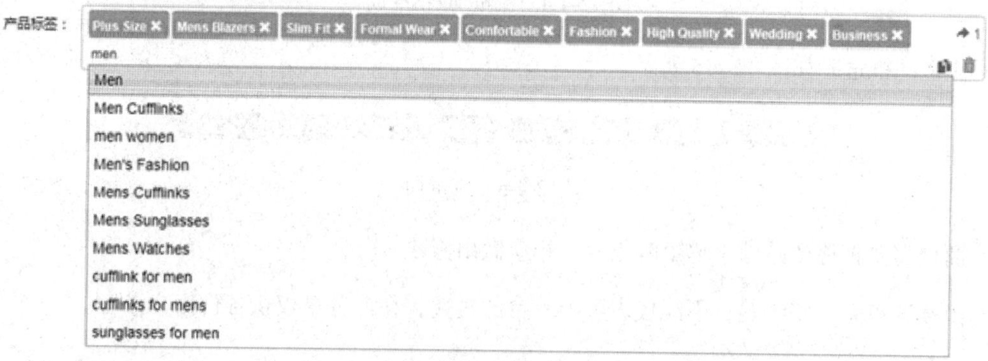

图 12-4-1　标签填写

（2）根据产品本身情况优化标签。标签是 Wish 平台推送产品的重要依据之一，所以需要针对产品特性去填写，如图 12-4-2 所示。

图 12-4-2　标签

实际写法可依据二八法则：两个大词（流量词，一般为类目词，优先用单个单词），八个小词（精准词，一般为长尾词，一般至少两个单词）。尽量多用长尾小词去提高产品被推送时的转化率，以加强后期推送，任何标签的优化都以提高转化率为第一前提，这样才能增加平台推送流量，增加产品订单量。

（3）产品生命周期内的标签变动规律详述如下。

每个产品都是有一定生命周期的。相信各位商户也有相同的感受，一个产品销售一段时间后，由于同行竞争、市场饱和、季节变化、潮流变化等原因，流量、订单会逐渐减少，直至完全没有订单。

对于这个生命周期，产品的关键词也会相应地经历以下阶段：

新品（精准词推送）—出单（精准词推送）—单量提升（流量词+精准词推送）—爆款（流量词推送）。

精准词，如图 12-4-3 所示。

图 12-4-3　精准词

流量词+精准词，如图 12-4-4 所示。

图 12-4-4　流量词+精准词

流量词推送，如图 12-4-5 所示。

图 12-4-5　流量词

商户需要把握产品处于哪个阶段，并相应做出修改。

当然这只是一些经验，不能代表整个平台的规律，在此分享仅供各位商户参考。

12.4.2　标签（Tags）优化的注意事项

- 产品的标签最多只能创建 10 个。
- 产品的标签是平台推送的依据，越精准越好。
- 标签比关键词范围更广，可以从产品季节属性、产品本身属性等不同的角度出发，围绕产品填写标签。

- 用完 10 个标签后，平台会在推送过程中根据买家的搜索过程，新增不同的标签，进行补充和优化，如图 12-4-6 和图 12-4-7 所示。
- 正确的标签获得的流量会更精准。

图 12-4-6　产品

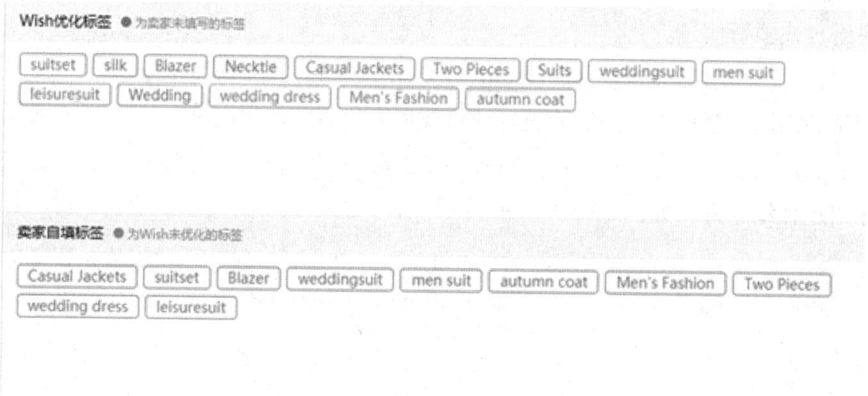

图 12-4-7　Wish 自动优化标签

12.5　详情优化

12.5.1　详情优化的方法

1．针对客户的留言、评价优化产品描述

产品描述的优化，需要逐个对产品进行分析；而优化的方向，很大程度上取决于客户的评价等反馈信息。针对客户的差评，归纳原因，从而有针对性地去优化产品描述，这样才能有效降低退款率等指标。

例如：客户普遍评价产品偏小时，可在详情描述第一句中就写明尺寸，让客户能更有效地去选择产品。

2．产品变动后优化详情

我们需要不断升级产品本身，以提升产品本身的竞争力。好的产品描述应该具备以下特点：

（1）紧抓消费者心理，将产品的特点展示出来。

（2）对每个产品进行单独的关键词“围绕”和描述，提高优化效果。

（3）文笔流畅，语法、结构、措辞都应该是最专业的。

（4）提高产品介绍的条理性，增加产品介绍的有用信息，提高可读性。

12.5.2 详情优化的注意事项

- 所有文字信息默认都是由英文组成，限 4000 个字符以内，且手机应用端初始页面只有 250 个字符在上面。
- 不能包含任何 HTML 代码，不能出现有关店铺政策的详细信息，不能出现其他店铺特定的语言或多行信息。
- “换行”字符（如“enter”或“return”）将导致您的文件出现问题。
- 产品的描述，越详细越好，能更好地呈现在客户面前。
- 产品的尺码、合身度、尺寸信息对服装类产品有很大帮助，而对于 3C 产品而言，功能介绍越详细越好，如图 12-5-1 所示。

产品描述：

Dear Friends Note: According to customer evaluation, our clothes will be based on the size you buy a large 1-2 yards, please rest assured to buy.
please do not follow system size chart !!!
if you want make a very correct choice you should choose by the size chart at the Second image !!!
if you do not understand how to choose the size or your size is over size chart range
please contact us to check the sizes!!!

>available: XS,S,M,L, XL,2XL,3XL,4XL,5XL(We have 6XL size clothes, if you need to contact us!)

>SIZE(CM)	Cheat	Shoulder	Waist	Length	Sleeve
XS:	88CM	41CM	84CM	66CM	58CM
S:	92CM	42CM	86CM	67CM	59CM
M:	96CM	43CM	88CM	69CM	61CM
L:	100CM	44CM	94CM	70CM	62CM
XL:	104CM	45CM	96CM	72CM	64CM
2XL:	108CM	46CM	102CM	73CM	65CM
3XL:	112CM	47CM	104CM	76CM	67CM
4XL:	116CM	48CM	106CM	78CM	68CM
5XL:	120CM	50CM	114CM	80CM	70CM

Note:
1.Due to the light and screen differences,the item' color may be slightly different from the picture. please understand. make sure you don't mind before you did

2.please allow 1-5mm differences due to manual measurement.

图 12-5-1　产品描述填写

- 产品的描述一定是越详细越好。
- 产品的描述中一定要包含产品的材质、功能等重要信息。

- 如果产品单位较为特殊，需标注清楚单位。
- 产品的独特性或差异性可以在描述的最前面呈现给客户。
- 描述详细而又简洁明了，能给客户好感。
- 文字的精心排版也是给买家好感的一种方式。

优秀的产品描述如图 12-5-2 所示。

Call logs
Bluetooth
BT music
BT camera
Btnotice
Dialer
Phonebook
Messages
11:40
2014-06-05 THU
一、Features:
1、1.44" Capacitive Touch Screen TFT LCD
2、Time / Date / Week / Battery state display
3、Ringing reminder when you receive a call
4、Ringing reminder once your mobile phone disconnected/Display the number or 5、name of
6、Stopwatch function/Support hands-free calls, phone book
7、Play the music in your phone (after Bluetooth paring)
8、Sync SMS/call history(only for android phone)/Ring reminder when your Android 2.3 or
Wechat, Facebook, Twitter,WhatsApp, Skype,and so on)
9、Anti-lost alarm function: When cellphone left watch alarm automatically, after a certain
10、Remote taking photo function:You can control your cellphone to take photo from your wrist.
Passometer,Photograph, Vibration
二、Specifications:
Material: Steel + Silicon
Bluetooth Version: Bluetooth V3.0+EDR
Bluetooth Protocol: A2DP + HFP 1.5 + HS P 1.2
Range of Frequency: 2.4GHz spectrum
Ambient Noise: ≤75dB
Transmitting Range: ≥10m
Language Support: English, French, Spanish, Portuguese, Italian, German,Turkish,Polish,
Dutch,Vietnam,Arabic,Persia,Swedish,Romanian
Charging Time: about 1 hour
Talk Time: about 3 hours
Music Play Time: about 6 hours
Power Supply: Built-in 210mAh rechargeable battery
三、Package includes:
1 x Bluetooth Watch
1 x usb cable
1 x User Manual

图 12-5-2　优秀的产品描述

12.6　价格优化

1. 产品周期内的价格变动

任何产品都会有生命周期，爆款也不例外。

如何合理地在各个周期内给产品定价，以达到总体收益最高？下文将产品周期分四个阶段来介绍产品周期内的价格变动：新品期、销量增长期、爆款期、衰退期。

- 新品期：此时价格需要根据同类型产品确定。
- 销量增长期：尽量去考量产品价格跟销量的变动系数，尽量不调整售价。
- 爆款期：此时的同类产品竞争对手已经涌入，价格战开始，需要适当降低售价以确保产品的销量，确保占据流量入口。
- 衰退期：进入这个时期的产品，利润已经非常低，所以要在可控前提下低价销售，直至无利润时放弃该产品。

2. 设定价格变动区间

产品的价格设定需要有一个区间，对于不同生命周期的产品，我们需要根据市场反馈设置价格，但底线是零利润销售。零利润销售一般出现在产品的衰退期，方便清理库存，如果产品已经进入了衰退期，就需要特别警惕该产品的退款率，以免对利润造成不必要的损失。价格高点一般为产品的上新期，上新期的产品定价，基本上是以同类型产品的售价为基准，不宜过高。增长期的产品定价，应略低于该款产品的市场平均价，以获得更高的转化率，增加平台推送量。爆款期的产品定价，应基于商户本身制定的最低利润率，尽可能定为该产品的市场最低价，抢夺该产品现有市场份额。

3．根据数据调整售价

在爆款期控制好价格至关重要，需要针对主要竞争对手做数据统计（可用现有市场数据分析软件网站，例如海鹰数据、米库网等），分析对方产品的售价及周销量，再与自己产品的售价及周销量做对比，得出最合理售价，使收益最大化。例如：店铺内某产品的实际周销售量为 700 件，客单价为 30 美元，利润率为 30%，可以得出该款产品的周利润贡献为 6300 美元；相同产品在竞争对手店铺的周销售量为 1000 件，客单价为 28 美元，在成本相同的情况下，该款产品的周利润贡献为 7000 美元。在可接受利润率前提下，下调该产品售价，以提高该产品的周利润贡献，使收益最大化。

12.7　产品基础数据优化

数据分析与优化在运营 Wish 时也是至关重要的，这一板块主要是“销售业绩”菜单下每周产品的数据，主要体现了产品浏览数、购买点击次数与点击率、购物车浏览数、订单、结账转化率之间的关系，通过分析，可以适当优化产品的数据，为打造爆款做准备。表 12-7-1 是产品基础数据优化的汇总表，希望可以给读者带来一些启发。

表 12-7-1　产品基础数据优化汇总

	浏览量	收藏量	订单量	加入购物车次数	原因	优化方向
A 种情况	大	小	小/无	/	图片太差，价格极高	优化图片
B 种情况	大	大	小	/	价格偏高	降价。降幅根据实际情况决定，可稍大
C 种情况	大	大	小	多	运费偏高	降低运费
D 种情况	小	/	/	/	标签不合适，匹配的用户少	优化标签
E 种情况	0	/	/	/	产品重复严重（图片），价格没有优势	下架产品，修改后更换为新 SKU 上架，若长时间无流量，直接下架

第 13 章
选　品

13.1 利用数据进行选品

对于很多商户来说，选品始终是困扰着他们的一个难题，在解决这个困难前，大家可以先问一下自己，选品的目的是什么？

选品的目的是为了卖出去。要卖出去就需要贴合市场的需求，所以选品时千万不要只从自己的角度去考虑，因为从不同维度统计出来的结果肯定是不同的。

关于选品我们可以从两个方向切入。第一个是站内选品，第二个是站外选品，站外各种平台都支持选品，通过这些网站可以观察消费群体的消费情况。

在选品的适合度上，首先要搞清楚你的产品所在类目的供需指数。选择产品时不一定要从"蓝海"类目中选，即使大的热门类目中也会有很多小类目是"蓝海"，比如3C品类是最热门、最"红海"的品类，但是在3C品类中有很多小的细分类目，市场需求量也非常大。其次要看市场是否有足够的空间。然后对供应链的能力也要做一定的提升，比如说自主开发的能力、生产的能力要保证能满足运营需求。另外还需要考虑这个平台的综合评价、品控体系是否完善，以及产品在平台的成交指数、产品在平台的购买率排名等因素。

选品的方式和渠道多种多样，每个商户都有自己的一套理论和渠道，本节将介绍以数据为依据进行选品的方法。

13.1.1 数据来源

数据获取来源分多种渠道，商户用得较多的渠道为：

（1）其他跨境电商平台。

（2）各类搜索引擎提供的搜索数据、竞价数据等资料。

（3）第三方网站，如海鹰数据、米库等。

大多数商户通过这些渠道寻找产品，分析关键字、价格等，下面向大家介绍几款比较有用的数据网站和软件。

1. Google Trends（谷歌趋势，免费）

https://www.google.com/trends/?hl=zh-CN

功能：是一种产品研究工具，可通过查看关键词在Google的搜索次数及变化趋势，间接看出该行业的整体趋势。有助于管理库存，根据往年销售情况进行备货。

2. Google Keyword Planner（谷歌关键词规划师，免费）

https://adwords.google.cn/KeywordPlanner

功能：主要提供了Google搜索引擎的历史搜索数据，可以做有深度的关键词研究，也可以找到客户关注的关键词。

3．Keyword Snatcher（收费）

http://www.keywordsnatcher.com/

功能：是很给力的关键字挖掘软件，支持Google、Yahoo、Bing、ASK四个搜索引擎，只要你输入关键词，选择好目标市场，就能找到很多可能相关的长尾关键词，以帮助你丰富、优化关键词。

4．Long Tail Pro（收费）

http://www.longtailpro.com/

功能：是一种SEO长尾词辅助工具，通过Google AdWords引擎，实时抓取关键词信息，不仅能抓取最新最有效的关键词和长尾词，而且会将各个词的搜索情况、竞价情况等分析出来，十分便利。

数据汇总后需制作成表格形式。以靴子为例，先列出靴子所有关键属性，然后根据各个属性细分关键词，再以关键词进行搜索，在各搜索工具中核查搜索数据，以查询次数为依据（数字可以为相对值）列出以下表格，如图13-1-1所示。

upper material	pu	PU	7
upper material	flock	棉	5
upper material	genuine leather	真皮	2
upper material	faux suede	麂皮绒	1
upper material	synthetic	合成纤维	1
boot height	ankle	踝	15
boot height	mid-calf	到小腿	3
boot height	over-the-knee	超膝	3
boot height	knee-high	膝高	2
closure type	slip-on	套脚	18
closure type	lace-up	系带	14
closure type	zip	拉链	12
closure type	elastic band	松紧带	2
closure type	buckle strap	皮带扣	1
toe shape	round toe	圆头	80
toe shape	pointed toe	尖头	10
toe shape	peep toe	鱼嘴	1
toe shape	square toe	方头	1

图13-1-1 靴子的关键词

heel type	flat with	平跟	21
heel type	square heel	方形鞋跟	16
heel type	wedges	楔型跟	4
heel type	thin heels	细高跟	3
heel type	height increasing	增高	2
heel height	low (1cm-3cm)	低（1~3）	3
heel height	flat (≤1cm)	平（≤1cm）	1
heel height	med (3cm-5cm)	MED（3cm~5cm）	1
heel height	high (5cm-8cm)	高（5cm~8cm）	1
heel height	super high (8cm-up)	超高（8cm吧）	1
pattern type	solid	立体图形	8
pattern type	mixed colors	混合颜色	2
pattern type	patchwork	拼凑	1
pattern type	floral	绣花	1
pattern type	print	印刷	1

图 13-1-1　靴子的关键词（续）

通过多维度、多次数据整理，查看热度上升趋势可得出结论：麂皮、超膝、系带、尖头、方形跟、高跟与超高跟、绣花等类型的靴子热度上涨明显。

需要注意的是，多次梳理与对比数据，得出的上升元素会更精准，同时也需要结合目前的流行元素。建议商户去品牌官方网站查看新品，捕捉当前的流行元素。

总结最流行元素及上升元素后，如果有工厂配合开发，则可以根据得出的数据进行选款，再根据 Instagram 等国外社交网站进行测款开发，或直接在 1688 等国内网站对指定元素进行搜索挖掘。

为进一步帮助各位商户理解，以下以“夹克”为例，通过某第三方网站做数据选品示例。

13.1.2　选品步骤

第一步：明确你想要选择的品类，包括一级、二级、三级分类，可以在网站上选择。

第二步：正确写出自己产品的核心关键词，比如 men jacket。

第三步：对自己的产品进行价格区间定位，比如 20 ~ 35 美元。

第四步：选定其他可填指标，如图 13-1-2 所示。

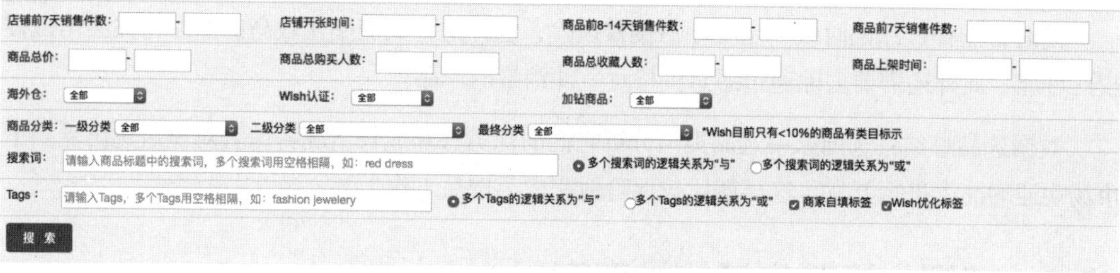

图 13-1-2 选品指标

第五步：在显示出来的产品中选定一部分（比如前 30 个）后进行数据整理，先列出夹克所有的关键属性，然后根据各个属性进行占比排序，可以简单得出一些特征数据，如刺绣夹克占 7 个，翻领夹克占 21 个等，由此可以找出目前最受市场欢迎的款式。

第六步：依次查看该产品的各项数据，可以直接点击查看，如图 13-1-3 所示。

商品总价：$(24)

Wish售价：$(17-7)

商家标价：$(18-5)

总购买人数：687

总收藏人数：1836

评论总数：61

前7天新增收藏：336

前7天销售件数：151

前7天销售金额：3605

前7天交易增幅：-19%

前7天收藏增幅：-24%

前7天海鹰指数：2.23

上架时间：2015-11-01

运输时间：12 天

图 13-1-3 产品的各项数据

最后记录下收藏量、销售件数等数据，计算出成交转化率（销售件数 ÷ 收藏数量）、增幅波动等。

通过对比各组数据，就可以找到一些成交率高，并且近期销量有增长的产品。

当然，数据只是作为大家选品的一个参考，千万不能盲目依赖数据，大家还需要结合实际，多实践多练习。

同时，选择产品的时候一定要注意侵权风险，选择这种成交率比较高的产品往往会出现侵权的可能。此外还需要去除通过恶意价格竞争冲销量的产品。

数据选品总结：选国家→选品类→分析它们的优劣势和成长情况→综合对比后选出受当下市场欢迎的品类进行开发，这样就比较保险地完成了选品工作。

13.2 精细化运营店铺的神奇密码

13.2.1 海量铺货与精品运营

对于任何一个新入驻平台的商户而言，产品的定位、店铺的定位都是要面临的选择题。那么卖什么产品、卖多少款产品这些问题也就接踵而至。

随着 Wish 平台的发展，政策的调整完善，流量规则的升级，商户之间的竞争日趋激烈，平台的产品也趋于同质化，使得前几年海量铺货的产品上传方式逐步被淘汰，依靠单纯的产品搬运上架，出了单就采购发货的方式，在平台上也已经越来越举步维艰了。很多新商户吐槽，为什么我上传了那么多产品却依旧不出单呢？为什么单个产品出了 1 ~ 3 单之后，流量就停止增长了呢？这一切都和 Wish 近年来的发展有关。在海量铺货的模式中，有可能新商户今天铺的货在几年前已经被其他的商户所上传，并且已经在平台上获得一定的销量及好评。在产品的供应链和成本上，老商户都有着不小的优势，所以在这样的竞争模式下，以前大家赖以出单的海量铺货的方法也不再奏效。这也是竞争会带来的必然的结果。

那么我们现在应该如何去选择售卖的产品及店铺的定位呢？显而易见，现在 Wish 的运营不能单纯依靠 Listing 数量来取胜，产品前端编辑的优化、产品供应链及物流的优化显得格外重要，不可否认的是，店铺的成长也需要有一定的 Listing 的支撑，但是绝非让商户盲目地海量铺货，任何一个产品，都需要精耕细作，都将会存在很多的优化空间。下面举一个简单的例子，说明海量铺货和精品运营在供应链上的区别：

A 店为海量铺货店铺，Listing 数量为 20000 个，稳定出单产品 100 个，动销率为 0.5%

B 店为精品运营店铺，Listing 数量为 200 个，稳定出单的产品为 5 个，动销率为 2.5%。

在 AB 两店体量相同的情况下（假设两店每月采购额均为 100 万元），如果此时两店需要对产品供应链进行优化，或者对产品的采购成本进行压缩，那么，A 店的劣势就会体现出来。A 店有 100 个稳定出单的产品，100 万元采购额，平均每个产品的采购额只有 10000 元。而 B 店的采购额为 100 万元，5 个产品的平均采购额是 20 万元。这时供应商能给 AB 两店的支持是完全不一致的。而这仅仅是在供应链方面的差距，其他在产品管理、库存管理等方面的差距，在这里不一一赘述。

13.2.2 产品定位——3:2:1 法则

产品定位与品类不同，产品定位一般根据产品特点、产品热度来区分。通常将店铺的产品定位分为三类。

（1）常规产品：大部分产品都可以归类为常规产品，这一类产品有可能在几年前已经是热销产品了。但因为平台产品同质化，即使再有特点的产品，在热销一段时间后，或者在平台 Listing 饱和的情况下，也将被归类为常规产品。

（2）季节性产品：以服饰、家纺产品为主，流量及订单会根据季节的调整而出现明显波动。

（3）流行元素产品：此类产品是平台建议商户重点开发与跟进的产品。这类产品的流量在初期会呈爆发式增长。

图 13-2-1 为 Wish 平台某商户店铺的截图，左边为商户后台产品截图（按销量从高到低排序），右图为 Wish App 端产品展示截图，根据浏览者的习惯产生。

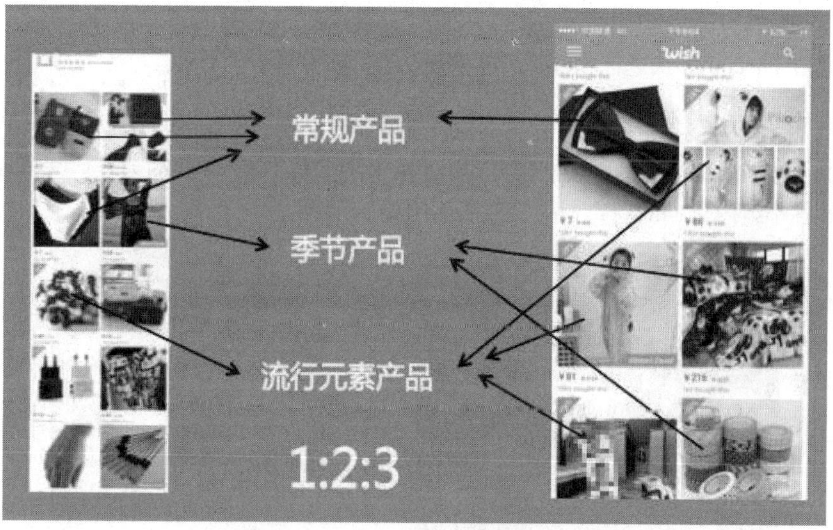

图 13-2-1　平台某商户店铺的案例分享

结合对产品类型的定义，可以将产品进行如下分类：

（1）常规产品：领带等。

（2）季节性产品：圣诞床上用品、礼物包装胶带等。

（3）流行元素产品：皮卡丘服饰等。

可以发现，流行元素产品的销量可以在短期内得到快速曝光，迅速大量出单，单量甚至超过该店铺运营了两三年的热销产品。

如果商户希望新品快速出单，就应该尽量发布流行元素产品，也就是热点产品。经过商户大量测试后发现：流行元素产品的出单情况比常规产品和季节性产品表现更好。

经过大量对比分析不难发现，在 Wish 用户端的热销产品的比例——流行元素产品:季节产品:常规产品约为 3:2:1。所以，建议大家在新品筛选过程中尽量参考该比例配置产品结构。

13.2.3 如何快速抓取热点产品

1. 通过社交媒体抓取热点产品

海外主流社交媒体有 Facebook、Twitter、Instagram 等。

以 Facebook 为例，它是目前国际主流的社交媒体软件，几乎每位 Wish 用户的手机里都安装了 Facebook App，而更多未成为 Wish 用户的海外消费者是 Facebook 的忠实用户。通过 Facebook 等社交媒体进行选品有利于商户更快地捕捉国外的流行趋势，发现当地的一些热销产品或潜力产品。

如何通过 Facebook 快速抓取热点元素呢？

（1）添加购物达人小组。如图 13-2-2 所示，商户可以添加购物达人小组或者垂直类目相关的兴趣小组，例如 Fashion、Fashion coat、Shoulder bag 等，看看海外消费者在网络上讨论什么产品，了解各小组内近期的新奇产品及该产品的相关元素。

图 13-2-2　通过添加购物达人小组来抓取热点元素

（2）研究热门话题。在 Facebook 搜索栏输入“#”，可查看当前热门话题，点击详情查看话题讨论内容，就可能获得新的产品开发思路。

例如，在搜索栏内输入“#”，如图 13-2-3 所示，下拉列表中出现了“diamond”，点击“diamond”，进入右图中的展示页面。商户可以根据这些款式抓取热点元素，整合这些元素开发出的新产品，出单和“爆单”的可能性远远大于市场上的常规热销产品。

图 13-2-3　通过研究热门话题来抓取热点元素

2．通过影视节目抓取热点产品

海外主流影视渠道有 YouTube、线下影院等。

这里有一则平台商户分享的案例：“2015 年，我和朋友一起去看《速度与激情 7》的首映，我们看见了主人公佩戴的项链，就觉得这款十字架项链必火无疑。作为国内第一批看该影片的商户，如果我们今晚回去上传这款项链，必能‘爆单’。电影结束后，我和朋友去吃夜宵，被灌醉的我回家倒头就睡了。但我的朋友酒量好，回家后迅速上传了这款项链。过了半个多月，朋友问我这款十字项链的销量如何，我一拍脑袋说忘记上传了，而我的朋友已经卖了接近两万单。”

这位商户在分享这则案例时，除了告诉大家不要忽略影视节目中的流行元素外，还强调了在捕捉热点产品的同时，执行力非常重要。

通过抓取热点元素开发产品，商户可以在短时间内获得可观的曝光机会，但它对产品开发速度、仿品的判断精准度有一定的要求。绝对不能为了追热点而踩了仿品的红线。

13.3 高客单价产品的选品技巧

商户可以预测 Wish 平台方向，开发新产品，以创造更大的利润空间。具有垂直性、品牌性、专业性、优质性的高客单价产品才是未来发展的趋势。

13.3.1 高客单价产品开发门路

商户需要明确高客单价产品和低客单价产品的优劣势。

低客单价产品的劣势：

- 产品质量低劣。
- 产品竞争激烈，价格战越来越严重。
- 同质化非常严重。
- 退款纠纷率高。
- 为保证利润空间，只能选择价格低廉的物流渠道，导致时效达不到预期。

高客单价产品的优势：

- 产品品类丰富。
- 利润空间大。
- 订单比较集中。
- 竞争没那么激烈。
- 物流渠道优质，退款率低。

对于中小型商户来说，首要目的是赚取利润。平台将越来越重视高客单价的产品，通过数据分析，我们发现 Wish 平台缺乏 20 ~ 40 美元的产品，最具有代表性的为 30 美元的产品，此类产品中最具有代表性的为 3C 智能穿戴类、智能家居类、电脑办公配件类、数码设备类、运动户外类等，而这些产品往往是其他同类平台的热销品类，但是由于大多数商户存在 Wish 平台客单价低的认知，导致这些产品一直不被重视。

13.3.2 高客单价产品的推广

在线上购物的过程中，客户是没有办法在结账前看到实体产品的，这就导致客户的售前体验大大降低，只能通过详情页图片及产品的评价来确定是否购买。所以对于高客单价的产品来说，高质量图片是转化的基础。在各方面已经准备得当的时候，也就是我们利用 ProductBoost

开始推广的时候。对于付费推广高客单价产品来说，前期分析很重要，要了解这类人群的购买习惯，客户一般不会迅速下单，而是会去对比，这就导致产品排在第一页效果反而不好，流量大，转化跟不上。因此付费推广展现位置很重要，产品排名不宜靠前，而且排名靠前的较宽泛的关键词要价会非常高，大大增加了营销成本。

13.3.3 高客单价产品的维护

高客单价产品的维护需从价格、可获得的“小勋章”、订单数、产品编辑几个方面考虑。

（1）从价格角度来说。首先商户需要明确自己产品的定位，低价不一定能吸引点击，在个性化搜索下不要和其他商户打价格战。

（2）从可获得的“小勋章”角度来说。Wish 平台会为参加特定项目或在某一方面表现突出的产品在产品展示页面添加“小勋章”。这些“小勋章”在为产品带来更多流量的同时，也吸引着更多的用户付款。同时，一个产品获得的“小勋章”越多，就越具竞争力。因此，作为商户，要尽全力去获得这些“小勋章”。这些勋章包括黄钻产品标志、全明星物流服务商标志、Wish Express 标志、经 Wish 认证的产品标志。

（3）从订单量角度来说。从众现象在一定程度上影响转化率，对于同样的产品，用户通常倾向于选择有更多订单的那一个，从而导致新品的竞争力弱一点。因此，新品的基础销量是非常重要的，建议商户学会使用 ProductBoost，为新品做营销推广。

（4）从标题角度来说。标题对于点击量的影响至少体现在两方面，第一个就是词的精准性（涉及选词过程），第二个就是标题的阅读体验。

首先看词的精准性，关键词越精准点击率越高。写标题的时候，一定要在标题中放入精准的黄金长尾关键词。

但是这里也要说明一点，新店铺选择黄金长尾关键词的时候，尽量选择点击率高的，作为一个权重比较高的数据衡量指标。

从首图角度讲，需把握一个核心细节：消费者想看到什么信息。把消费者关注的焦点通过精炼的文字在首图上展现出来（注意图片美观度，要避免“牛皮癣”），如图 13-3-1 所示。

D	目的地	商品金额	运费	订单金额	实付金额	付
l teran	US	USD 612.06	USD 60	USD 672.06	USD 672.06	2017
exander H...	SE	USD 499.99	USD 22	USD 521.99	USD 521.99	2017
dias	BR	USD 375	USD 30	USD 405	USD 405.00	2017
nder	SE	USD 362.85	USD 30	USD 392.85	USD 392.85	2017
l teran	US	USD 258.69	USD 60	USD 318.69	USD 318.69	2017
randa	BR	USD 250	USD 20	USD 270	USD 270.00	2017
arte	BR	USD 250	USD 20	USD 270	USD 270.00	2017
nacio	BR	USD 250	USD 20	USD 270	USD 270.00	2017
dias	BR	USD 250	USD 20	USD 270	USD 270.00	2017
lva	BR	USD 250	USD 20	USD 270	USD 270.00	2017
dias	BR	USD 250	USD 20	USD 270	USD 270.00	2017
dias	BR	USD 250	USD 20	USD 270	USD 270.00	2017
lva	BR	USD 250	USD 20	USD 270	USD 270.00	2017
lva	BR	USD 250	USD 20	USD 270	USD 270.00	2017
ILVS	BR	USD 250	USD 20	USD 270	USD 270.00	2017

图 13-3-1　读者关注的焦点

另外，我们可以参考其他平台的产品来选品，比如，参考亚马逊、eBay、速卖通产品线。

- Best Match 产品，订单多且评论少的产品。
- 只出几单甚至只有一单却能迅速攀升到前几页的产品。
- 亚马逊类目 Top100 产品。
- 7 天乃至 15 天内快速出单的产品。
- 在速卖通跟踪几家垂直性店铺，用数据表格记录销量情况，找到有利润且有潜力的产品进行开发，着重参考 Best Match 以及活动产品。

附录
成功案例分享

附录A 曾旭明——细节决定成败

我是一名大学毕业生，不出意外的话，本当和其他同学一样拼命地到各大招聘网站投简历、预约面试，或者回家乡做父母安排的工作。但是，一次偶然的机会让我接触到一个平台，可以说它彻底改变了我的人生，那就是 Wish，所以面对 Wish 我是抱着一颗感恩的心去做的。接下我给大家讲讲我在 Wish 平台的创业历程，怎样一步步实现大学生的成功逆袭。

1．结缘 Wish

当时我是浙江工商职业技术学院大二的一名学生，在校学习的专业是应用电子技术，由于从小就有创业的梦想，入校时我就竞选了班委，也加入了学校的创业就业部，学校特别重视搭建校企合作平台和创业教育，宁波市电子商务学院就是依托学校成立的。正是通过在校的学习和实践，我有机会接触当前最新的创业政策、资讯，参加过学校组织的网络创业培训班，以及学校的跨境电商校企合作，所以我毫不犹豫地选择和抓住了这次机会！

我的印象非常深刻，临近寒假大多数同学都买好了回家的车票，包括我。但当我听完公司老板的宣讲后，我就毫不犹豫地选择了退票。我相信如果我坐上了回家的车，那么我和 Wish 就永远不会有交集。记得当时有两家电商公司的老板过来宣讲，一家是主做速卖通业务的，另外一家说让我们做移动端购物平台——Wish 业务，平台上 95%的成交客户是通过移动端完成下单的，平台用独特的算法结合客户的喜好和兴趣进行推送，千人千面，就是说每个人打开 Wish 平台看见的都是不一样的。

就是 Wish 这个神奇的平台深深吸引了我。因为我们年轻人网购时大部分是通过手机下单，所以我相信移动端购物一定会是未来的趋势，这也是 Wish 能在众多知名跨境电商平台中脱颖而出，成为跨境电商中的一匹“黑马”的原因。当时我也就毫无疑问地选择了这家做 Wish 业务的公司，也认识了对我的发展至关重要的“伯乐”——费总，我知道如果没有他我不可能在短期内成长得那么迅速。下面会介绍费总传递给我们公司的管理理念，正是这个理念让我们公司在短期内变成销售量非常大的公司。

2．实习期

这次政府学校企业三方合作的地点是慈溪崇寿跨境电商园区，我们坐着学校的大巴成功抵达了目的地。由于所在的园区比较偏，条件并不是很好，但是“恶劣”的条件能锻炼人的艰苦奋斗的品质，我想这一点都没有错！到达当天，园区的负责老师带我们熟悉了实习场地，然后让我们回到了寝室。躺在陌生床上的我心想：“我的专业是应用电子技术，完全和电商不相关，我连最基础的 Photoshop 都不会用，英语也不过关，能做好这个业务吗？”心里充满了许多不确定，现在回头去想其实这些都是多余的，因为 Photoshop、英语都是工具，只要你思维活跃，专注地去做，把细节处理到极致，Wish 就会给你惊喜！

第二天，到达公司后，费总给我们开了第一次会，其他的我没有记住，我唯一记在心里的是一句话："我们公司的制度是合伙人制度，只要你能做出业绩，通过考核，能独当一面，那么公司就可以为你投资成立新的公司，公司给你提供资金、场地、人员。"对于从小就有创业梦想的我来说，这无疑是一针最有效的强心剂，我知道接下来要做的很"简单"，就是做好 Wish。但是事实远没有想象中那么简单，拦在我面前的许多坎还要等着我去跨越！

第一道坎——PS 基础为零

由于从来没有接触过 Photoshop，我必须要从零开始学，否则连最基本的产品发布都完成不了。不过我对自己学习新事物的能力充满了信心，我从最简单的创建图片开始，别人一天能完成 6 个产品的作图，我要求自己必须在相同的时间内完成 12 个，并且要保证质量，处理好每一个细节。我们一开始做的是男装图，主图要有足够的吸引力；第二张是尺码表，要保证客户能选到合适的尺码，要有所有颜色衣服的拼图，以方便客户选择合适的颜色，还要做好细节图、内衬图。过了一个星期，我总算填平了 PS 的"坑"！

第二道坎——英语词汇量小

图片做完之后，接下来就是发布产品。我们知道 Wish 产品的出售要依赖系统按 Tags 的推送，那么 Tags 的设置就至关重要。我的英语基础差，词汇量小，根本定不出 10 个 Tags，怎么办？好记性不如烂笔头，我首先去看速卖通的大分类，记下它们的名称，然后找到爬虫软件，把 Wish 的一些热销词及场景词记下来，每做一个品类我都会这样做，慢慢积累下来，就能把 Tags 写齐了。接下来就需要去处理一些细节，公司也是刚刚开始做 Wish 业务，也是摸着石头过河，所以我就通过各大论坛、跨境电商媒体、微信公众号等渠道，去收集 Wish 的干货信息，不放过任何一个细节。书读百遍其义自现，我慢慢总结出了自己定 Tags 的技巧。

基本的问题解决了，接下来的目标就是出单！我们的首单来得也非常艰难，但是我永远记得首单的喜悦。我们已经上新一个月，一共铺了 800 款产品，流量却丝毫没有上涨，只有几个产品被收藏。每天早上上班时，我都满怀期待地打开店铺，期待着订单数显示为"1"。现实总是那么残酷，我甚至开始怀疑这个平台到底有没有客户，之前的激情消磨殆尽。

不出单也就算了，我们都知道 Wish 对待仿品是零容忍的，我们做的是服装鞋类，本来产品就容易侵权。我记得当时有一款女鞋有人收藏，但是没有出单，对于店铺为数不多的有人收藏的产品，我必须做点什么。我先把标签重新完善了一遍，把图片做得更加有吸引力，向厂家要了图片后，我就把产品修改了，最后我还给产品降了价。我信心满满地期待第二天订单会显示为"1"，也可能会更多。第二天早上我打开店铺时确实看到了"1"，但是是违规提醒，不是订单，而且要罚款 100 美元。这对我来说是晴天霹雳，还没给公司带来利润，就先被罚了那么多钱！我就去找原因，发现原来厂家给我的图片中的鞋盒上写着"CHANEL"，鞋子本身不侵权，但是图片中出现品牌导致了侵权。这就是忽略细节给我的教训，之后我深刻反省，一定要更加注重细节，并要认真学习 Wish 平台的规则，去认识更多的品牌，防止再出现这样的问题！

皇天不负有心人，在一个早晨，我用手机打开店铺，“出单啦，出单啦！”我疯狂地大喊起来。那时是早上 6 点，大家在睡梦中被我惊醒。购买人是瑞典的客户，买的是一双高跟女鞋。首单也让我们前期走上了专注卖鞋的不归路！所以每当新手商户问我新店为什么不出单、没流量这类问题，我特别能感同身受，Wish 是一个特别容易让人想放弃的平台！有个比喻非常好，“Wish 好比中药，其他跨境电商平台好比西药”。Wish 需要你有耐心地慢慢去“调理”，短期内看不见效果，但是后期有“根治”效果；而其他平台有各类促销活动，好比西药，你吃下去马上就能看见效果，但是有副作用！我给新客户的建议就是，对待 Wish 一定要有耐心，前期可以先专注于一个品类，在这个品类有一定单量后再转移目标，各个击破！

3．孵化期

有了首单，动力自然就来了，我从此走上了迷恋 Wish 的不归路，我当时早上起来看 Wish，晚上睡觉前看 Wish，吃饭的时间还在看 Wish，完全进入了“走火入魔”的状态。很多人问，这有什么好看的，对你有那么大的吸引力。可别说，对于一个新手商户来说，前期多看平台的流行款式，对你的选品非常有帮助，但是不能盲目地去看，是从分析的角度去看，要对细节之处做好记录，当时我做的是鞋子类目，我就拿鞋类举例子。

1）看平台爆款鞋子的款式

目的：我想大家都想得到，这是看国外客户主要喜欢那些款式的鞋子，后期选品时可以往这方面靠，来增加产品的出单率。我把平台的爆款都截图存着，只要给我看产品的主图，我就知道它一天可以出多少单！

2）看收藏与购买的比例

目的：由比例的大小可以看出受欢迎的程度。如果这件产品收藏量非常大，但是购买量很小，多数是因为价格的问题，我就会记录下这一款，看价格是否有下降的空间、有挖掘的潜力。

3）看评价

目的：我看的多数是 1 星或者 2 星的评价，因为这些是可以改正的点，也正是我的下手点。假如客户评价产品物流慢，那么我就要考虑按照现在的物流速度是否能避免这种情况。

除观察之外你还需要去分析。

（1）分析爆款主图是怎么样的，跟卖为什么就卖不好，为什么跟卖的可以“干掉”爆款等。

（2）分析爆款详情是怎么设置的，是否有独特之处。

（3）分析怎么设置阶梯价格，提高产品转化率。

这些都需要你做得非常细致，每个细节都要处理到位，花大量的时间去研究，这也是我们公司只专注于 Wish 的原因！经过几个月的慢慢积累，我对选品已经有了一定的感觉，终于迎来了第一个爆款——一双鞋子，这无疑是对我这几个月努力的最好回报！

这个爆款是我亲手一步一步完善资料，亲眼看着它流量慢慢上涨、出单越来越多的。所以我记住了这个感觉，用同样的办法去做其他款。接下来的运营变得得心应手了许多，我也完成了公司预期的任务！

4．成立新公司

2016 年 10 月，我有了独立运营平台的能力，公司也兑现当时的承诺，给我成立了一家新的公司。我要新开店铺重新做起，我变得更有干劲了，虽然也遇到了不少的问题，但是与以前相比，我已经有了大量的运营经验，做起来的速度快了不少，店铺通过审核的第二天就出单了。

做了两个月，有了一点出单量，人手变得不够。当时是在慈溪比较偏僻的地方，做的又是校企合作项目，很多学校的学生都不愿意过来，我们就搬到了宁波江北 158 电商城。可以说这次搬迁是公司的转折点，与在慈溪时相比，我们有更多的资源可以利用！场地、人员、物流资源非常充裕！

当时我们确定的目标是年销售额 1000 万元，因为在以前的公司中时，我们经过一年的努力做到了一天销售额 1 万美元。当时对这个 1000 万元的目标感觉心里还是没有底的，但是 Wish 确实是一个能给你带来无限惊喜的平台，2016 年底，我们实际完成的销售额远远超出了这个目标！

这不光是因为我们没有物流、资金的顾虑，更主要的原因是我的选品能力再一次得到了升华，从以前的跟卖步入了爆款的二次开发阶段，对产品的卖点进行了更加深入的挖掘！在退款率的降低、产品的维护、客户购买体验等细节方面做了以下处理。

1）产品的二次开发

我们知道国外消费者的体型偏胖，但是他们也想穿一些漂亮的衣服，中国产的衣服尺寸会偏小，所以我们会从爆款中选出几款，联系厂家做加大尺码的衣服，加大到 5XL。为什么要选爆款呢？因为这款产品是受客户认可的，我们在这个时候去开发这款产品，一来会减少囤货的风险，二来可以提升产品的转化率。Wish 的推送就是钱，如果在相同的推送量下你的产品的产出率比别人的高，那么 Wish 有什么理由不推送你的呢？

2）对产品卖点的深入挖掘

当时平台上有一款充气沙发卖得非常好，但是我们发现得比较迟，那么我们是怎样实现弯道超车的呢？要抓住客户的心理，我们知道 Wish 平台的客户多数是“90 后”，喜欢新奇的产品，同时他们也喜欢发光的东西，所以我们就在产品中加入了用 USB 充电的户外夜行灯，新产品带来的视觉冲击，让产品变得非常奇特，所以新产品获得了不错的销量！

3）Fashion 类目的退款率

Fashion 类目的退款率高居不下一直是一个难题，我们想了很多办法。最后我们在产品附图及详情中加入了尺码表，来告知客户产品的尺寸，虽然对每件产品都要做尺码表会非常烦琐，但是这大大降低了产品的退款率，延长了产品的生命周期！

我们就凭着对细节的处理，每天要求自己进步一点点，一年积累下来，就有了巨大的进步！

2016 年 8 月我通过了 Wish 官方讲师的认证，10 月我在深圳的 Wish 年会上也分享了我选品的经验，以及一路走来的心路历程。我希望更多像我一样的年轻人加入 Wish，专注地去做 Wish，在任何时候都要相信 Wish，Wish 一定会给你们大大的惊喜！

曾旭明

2017 年 1 月 8 日

附录 B　杜瑞鹏——跨行业的华丽转身

1．初识跨境电商

直到现在还有朋友问我，为什么放着好好的房地产营销总监不做，要跑去做跨境电商？这要从 2013 年说起，2013 年是房地产市场的拐点之年，随着国家宏观调控的不断深入和房地产泡沫的日益累积，我意识到，房地产市场终究要回归理性，而现在国家需要的是新的经济增长点。对宏观经济环境的敏感，促使我开始关注各个商业机会，关注央视的财经资讯和各大财经 BBS 成了我每天的必修课，我发现，跨境电商是各大财经新闻“出镜率”最高的词。那时的我，对跨境电商还感觉很陌生，但我发觉，这将是一个新的机会。于是在 2013 年年底，我果断辞去了房地产的工作，全身心地投入跨境电商这个陌生的行业。

因为是门外汉，所以我要从最基础的知识学起，福步外贸论坛成了我的第一个老师，经过一段时间的学习，我逐渐了解了这个行业。SKU、动销率、关键词、转化率、点击率，逐渐取代了我词典中的容积率、溢价率、绿化率、户型等房地产词汇。我开始知道，这个行业远远不是传统外贸转变为 B2C 这么简单。而选择一个适合自己的跨境电商平台则成了自己的第一个难题。

2．结缘 Wish

在深入了解了跨境电商之后，我发现这个行业中已经有人做了多年，有丰富的经验和雄厚的资本。而作为新人要从零开始，想要弯道超车，要么得发现新产品，要么得发现新平台，而当时主流的平台难以满足我的这两个核心需求。直到 2014 年 5 月，我在福步 BBS 上看到了 Wish 的招商经理 Wesley 发布的一条广告。里面的两个信息极大地吸引了我：首个移动电商平台！采用推送机制分配流量！这太符合我的需求了：首个移动平台带来了“蓝海”机会，推送机制抹平了我和大商户之间的差距，一切靠产品说话！我马上联系了 Wesley，和他在线聊了一个多小时，他详细地给我介绍了 Wish 的相关政策，进一步印证了我的判断。同时他给我提供了一个重要消息：Wish 的总监方总和招商经理 Bank 要来青岛做推介。于是我有了跟 Wish 第一次直接接触的机会。我和方总见面聊了两个小时，Wish 团队的专业度和亲和力深深感染了我，千人千面的推送机制和以移动端为主的运营模式让我耳目一新，这决定了我后面两年的发展方向。那就是以 Wish 平台为战场，开始我的跨境电商之路！

3．扬帆起航

说干就干！那次见面后，我马上注册了自己的 Wish 店铺，开始学着上传产品。不得不佩服梦想的力量，原本要靠闹钟起床的我，竟然可以在 5 点钟自然醒，这种发自内心的兴奋感和动力让我在最初的 10 天内就上传了 200 多个产品。努力就会换来回报，我的第一单来自 5 天后，一个美国的客户买了一个手链！这是我进入这个行业以来的第一次成交，直到现在，我也永远难忘第一单带来的成就感。然后就是手忙脚乱地安排发货，为这一个订单忙活了小半天的时间，一遍遍地确认地址，确认到货时间，确认产品细节，感觉万无一失了才发走，上传单号。现在想想，有一种莫名的感动，面对我的第一单，我怀着一种虔诚的仪式感，而这种仪式感，不就是跨境电商人的初心吗？愿我的团队在今后的发展中可以继续怀着这种初心，高质、快速，用服务和产品换来流量和转化率。

有了第一单，就有第二单、第三单，因为 Wish 的流量红利加上自己的努力，到 7 月底，我已经可以做到日均出 20 多单。随着出单量的增加，问题来了，我一个人已经不能兼顾产品更新、上传和高质量发货，而这必将成为日后的隐患。感谢自己在原行业积累的带团队经验，我用了半个月的时间组建了初创团队，我们的 Wish 之旅也迎来了第一次腾飞。

4．团队的力量

进入 8 月份，我开始了团队的搭建，因为初期资金的压力，我一开始无法给我的团队成员太好的待遇。现在回想起来，可能打动他们的是这么一句话：“跨境电商是这个时代的年轻人能遇到的最好的机会，我们有可能从零开始，创造巨大的价值，而我们现在做的平台是跨境电商行业的第一个移动端平台，是‘蓝海’行业中的‘蓝海’平台，是最好机会中的最优选择。”

无论如何，他们来了，抱着创业的心态来了。我们在朋友公司的一个办公室开始起步，开发产品、上传产品、联系供货商。我和大家坐在一起，我们从最初的 4 个人到 5 个人，到了年底我们已经发展成了 8 个人的团队。大家基本上晚上 9 点之前没有下过班。回家以后讨论的都是产品、店铺和数据，而就在 2014 年的年底，我们做到了日均出 700 单！

我们租了自己的新办公室，办公面积从十几平方米扩展到了 200 多平方米。也有了专门的仓库，搭建了 ERP 体系，一切开始向好的方向发展。感谢那年我们的团队，感谢一开始提供给我们场地的朋友。团队的力量带来倍增的效果，现在回想那段历程，其实就是我们做好了每一个细节，从选品到图片到描述再到物流，做到了我们能做到的极致。而强有力的团队配置是做好这一切的基础，所以现在我也经常建议刚开始做跨境电商业务的商户，有条件的话，一定要在一开始就搭建自己的团队，跨境电商行业竞争日益加剧，只有和团队一起努力才能走得更远。

5. 成长的烦恼

团队稳定下来以后，公司稳步发展，在不到一年的时间里，因为规模越来越大，我们搬了三次家。在业绩提升的同时，我越来越担心团队的规模已经不能支撑公司的继续发展。而在现有模式上想要扩张却发现困难重重，团队成员的分工模糊成了问题的关键。大家什么都可以搞定，但分身乏术，在出单量增长、规模扩张的时候无法面面俱到。于是我们稳下心来，开始考虑解决方案，分工合作成了解决之道。我们将团队分成若干小组，在小组内部进行精细分工，团队扩张以小组增加的方式实现。这样既延续了公司之前的业务模式，同时又解决了扩张的难题，这种裂变式的发展也带来了我们的第二次腾飞，到了2016年年底，我们的团队已经扩张到了20多人，峰值出单量每天2000单！

一路走来，我们遇到过困难和挫折，也有过迷茫和无措，但我们坚持了下来，而做 Wish 最大的秘密也在于坚持，坚持开发产品，坚持优化数据，坚持适应 Wish 的改良规则。Wish 刚进入中国市场时有一个 slogan：“硅谷移动电商 Wish：带中国商户‘出海’”，既然我们选择了跟随 Wish 出海，那就让我们做更好的水手！

杜瑞鹏

2016年12月28日

附录C　谢剑——内贸转外贸的坎坷

2009年我开始进入电商行业，从最初在企业做电商运营总监，到后来自己创业，自己操作过的店铺不下30家，涉及的有电商平台里的热门类目女鞋、女装，也有小而美的类目丝巾、开关插座等。当初自认为在电商界算是一个很强悍的角色，但是后面发生的事情，让我懂得了如果要进步更快，得随时要保持一颗谦虚的心。

从内贸电商平台转战外贸电商平台的故事，要从2014年的“双11”说起！

2014年我们为了备战“双11”，团队全体小伙伴都铆足了劲，为的就是在“双11”当天打一场漂亮仗，从备货、推广方案、人员配备到推广费用，我们都做了充分的准备，当时确定的销售目标是“双11”当天销售业绩突破1000万元。万事俱备，只欠东风，“双11”当天小伙伴们热血沸腾，个个信心满满！但是“双11”结束后，我们的结果不太理想，推广费用占了当天销售业绩的20%，而且仓库中还有很多存货。因为我们卖的产品季节性太强，今年这个季节如果没有销售完，得等到明年的这个时间段市场才有需求。

这次失利，让我的事业走到了十字路口，资金的问题、团队以后的发展方向、个人事业的规划，这些都得重新思考！

事后我把自己关在房间里，对之前在电商行业走过的这几年做了一个深刻的总结。之前因为技术和方法到位，平台每次有改变我们都能很好地抓住机会，但是到了2014年后，国内知名品牌的大量入驻，给我们这些中小品牌企业带来了很大的冲击。同时，平台为了转化率，在流量和政策上对知名品牌有更多的扶持，加上国内消费者对产品品牌的认知度问题，中小品牌只能靠产品特色或者价格吸引消费者，而国内的设计师经常相互模仿，在产品特色方面没有太多的突破，商家如果要生存，只能选择从价格入手。国内商家为了抢占市场，走的是残暴的路线，大家的口号都是：把自己逼疯，把同行逼死，让客户爽！没有最低，只有更低！确实，客户爽了，得到了实惠，但很多厂家都走进了忙疯而且不赚钱的怪圈。如果想在电商界有所作为，必须突破这个怪圈。

在 2014 年底的一次政府和企业的交流会上，跨境电商这个新名词开始在温州兴起！我决定开始接触跨境电商，从内贸电商转变为外贸电商，这也许是我人生中的第二次春天。

1．语言——做外贸行业的第一座大山

做 Wish，语言是第一关，这也是进入外贸行业的第一道不可逾越的门槛，没有英语基础是很难做好的。我是一个说干就马上干的人，经过英语测评，团队小伙伴大部分都不符合要求，之前花了好几年的心血组建起来的团队在这次转型中将全军覆没，这次转型相当于在还没有复原的伤口上又重重地割了一刀。为了发展，只能舔舔伤口选择重新上路。快速处理掉团队后，我开始独自一人重新起航，进入外贸电商行业。

虽然我过去英语水平还行，但是多年没有用，已经把英语荒废很久了。在这次转型中，我遇到了我人生中的一个贵人——我的妻子。她之前一直做传统外贸行业，但国内原材料的涨价、人工劳动成本的增加、出口退税率的下降，使得国内传统外贸代加工模式的黄金岁月一去不复返了。她之前一直负责和欧美客户沟通并处理出货、单证等方面的事情。她懂外贸，我懂电商运营，我们双方互补，算是完美的结合了。这样我们两个人的团队就组建完成了。

在团队组建完成后，开始选择入驻平台，当初我们考察和分析过 AliExpress、Amazon、eBay、Wish 和其他一些小平台，最后我们选择入驻 Wish 平台，当初选择 Wish 的主要原因有以下几点：第一，Wish 的推广和销售都是在手机端完成，内贸电商平台的无线端流量和成交量增长猛烈，如果说外贸跨境电商是一个风口，那么专业定位于无线端的跨境电商平台 Wish 注定是一匹黑马；第二，Wish 平台结合消费者个人的喜好和多维度分析做推送，相对转化率会更高；第三，推送走的是千人千面路线，同时弱化了搜索和比价功能，这样的平台让商家处于一个良性的竞争状态；第四，Wish 平台规则比其他平台简单很多，便于新手马上入手操作；第五，平台收费合理，产品在成交后才收取 15%的销售佣金，没有任何其他费用。

2．货源问题——做外贸行业的第二座大山

决定入驻 Wish 平台后，店铺按照平台要求很快通过审核，但是选择什么产品成了一个巨大的难题。因为货品发到国外，物流成本很高，所以只能选择一些比较小的产品，而且重量要很轻才行。浙江地区货源种类丰富，而且物流方便，但产品重量使得选择范围缩小了很多。当初考虑到国外特别是欧洲和美国等发达国家的消费者肥胖的比较多，我们选择了一款男女通用

的产品——减肥足贴。后来店铺出单的第一款产品就是这款减肥足贴，而且热销了很久，算是一个比较好的品类。

在内贸转型外贸选择货源时我们也经历了很多波折。女装一直是所有电商平台的热销品类，在 Wish 上也不例外，当初我们为了快速出单，上了很多女装产品，但是因为不懂行情，导致了很多客户退款。当时韩剧在国内盛行，国内女装行业的产品风格多是韩版，韩版产品尺码和欧美产品尺码有所不同，胸围、袖长至少相差 2cm，直到客户收到产品申请退款提出建议时我们才发现这个问题。当初的热销款因为退款问题严重直接被平台下架。

眼镜行业是我们温州的支柱产业之一，我选择的第二类产品是眼镜。因为国内眼镜制造商大部分是做外贸加工的，只要产品是针对欧美市场的都应该有很大的优势，但是也存在一个严重的问题，就是国外商家提供的太阳镜款式都有自己的设计专利，在 Wish 平台销售很容易被判为仿品，这种情况被查出了好几次。后来我们选择仿品比较少的老花镜，它款式相对较少，而且有标准的度数，虽然不再是仿品，但是 Wish 平台的主要消费群体是 35 岁以下的年轻人，老花镜不太适合平台消费者的需求。这个教训告诉我们，选择合适的货源需要多方位、多角度考虑才行。

3．平台规则——在 Wish 平台上来不得半点马虎

结合之前的经验，我们为店铺持续上新产品。但接下来的一次操作让我体会到了 Wish 平台的政策严明。

当初我们上了一款短袖连衣裙，款式属于欧美风格，产品有收藏量，但是没有订单。为了提高产品的展现率，我在国外网站的一篇电子杂志中找到了一张这款连衣裙的模特实拍图，产品展现力非常强，我直接将这款连衣裙的首图换成了模特实拍图。当初满怀信心，认为修改后一定会出单，但是结果往往和我们想象的不一样。早上醒来，打开店铺，我收到了一笔 100 美元的罚款，这对于店铺还没有出单的新商家来说是一种最严厉的警告。我们面临着两种选择，要么继续认真学习平台规则坚持下去，通过后面的订单业绩来弥补这 100 美元罚款，要么选择放弃，重新考虑还有没有其他的路可走。也许选择放弃就不用接受平台的罚款，而且我们也没有任何损失。但是，最后我们还是选择了坚持下去，认真学习平台规则，争取早日出单弥补这次罚款。自己犯的错误要敢于承担责任。

4．物流难题——难以跨越的坎

我在国内电商平台的 5 个年头里，对接过国内的所有快递公司，也了解国内快递的服务和实效，但是在转型做外贸后，它们全部变得陌生了。

用心学习平台规则，每天用心选品上新产品，Wish 店铺出了第一单，出单当天我们内心无比兴奋，我们经过艰难的选择，一路跌跌撞撞，终于在新的领域和新的平台上有了成绩，这种成就感是无法用言语形容的。在开心的同时我们又不得不面临另一道难题，订单通过什么渠道发到客户手中成为需要马上解决的一个问题。之前在外贸行业给客户邮寄样品的时候都是用

DHL 或者 UPS，大件货物都是用集装箱海运或者头程仓空运，我们这一个订单货值太低，无法使用这些商业快递。后来通过温州跨境电商协会了解到，可以通过 e 邮宝或中邮小包把货品派送到国外，而且费用比较低。当初因为店铺产品刚开始有销量，订单太少，e 邮宝和中邮小包工作人员不负责上门取件，我们只好每天把货送到当地服务站。炙热的太阳煎烤着大地，中午的室外气温高达 40 度，但是它无法挡住我们重新起航的热情。为了节省工作时间，我们中午送货，因为中午太热，大家都在午休，路上不会堵车。一个来回刚好 1.5 小时，就这样我坚持了一个多月的时间。靠着这份坚韧和执着，我们店铺的订单有了一个新的突破，每天有 20 单左右，而且每周都有上涨的趋势。e 邮宝和中邮小包都开始安排工作人员每天上门取件。物流难题算是完美解决了。

我们解决了语言问题、货源问题，熟悉了平台规则，解决了物流问题，店铺持续出单。从内贸电商转型做外贸电商虽然一路坎坷，但总算是走过来了，不过后面发生的事也是对我的一次考验。

5. 坚定对 Wish 的信心——和招商经理第一次面对面

正当订单量每天在上涨，我对自己的前景充满无限希望的时候，爆出了商家去上海 Wish 公司维权的事情，而且群里面很多 Wish 商家指责 Wish 平台暂扣商户货款。当时我自己也很担心，虽然结的款每次都会到账，但是随着订单量的增长，未结款的金额越来越大。正当我们在犹豫的时候，Wish 商户后台出现了一则公告：Wish 近期会联合温州邮政在我们当地召开一次 Wish 培训会。我立马报名了，终于有人帮助我解决了心中的疑惑。

我记得那天的会议是在我们当地邮政局的一个大会议室举行的，会场来了很多人，其中大部分是做速卖通的，做 Wish 的只有几个，而且坐在我前面的人是遭遇货款暂扣的 Wish 商家。前半场讲的是平台的规则，后面开始答疑解惑时，大家围绕平台暂扣货款提出了很多意见，招商经理都做了很详细的解答，会议当天我也把我心中所有的疑惑提出来了，招商经理都做了耐心的解答，而且细心了解了我的店铺现在的订单情况，同时给了我很大的鼓舞，我还记得当初她说的话：只要你按照平台要求保持现在的姿态用心做下去，一定会有很大的收获！这次培训更让我坚定了对 Wish 平台的信心。

6. 保持一颗感恩的心——将商机无私地分享给更多的人

从内贸转型做外贸虽然一路坎坷，但是靠着团队的坚持，加上平台的优势，店铺订单数量持续上升，个人的财富也有了很大的改变。

在和之前一起做国内电商的同行谈起 Wish 这个平台时，他们很多人都说没有听说过。我已经通过 Wish 平台从内贸完美转型做外贸，而身边很多做电商的朋友还处在内贸电商的“红海”中，我想通过我的努力改变一些人，就把 Wish 这个平台的优势告诉了他们，让他们有一个更好的发展方向。

2016 年 7 月，我和东瓯教育一起通过了 Wish 的官方认证，我和东瓯教育的人在温州当地高校进行了几次公益性的宣传，好几所大学决定开设跨境电商专业，特别针对Wish平台开设了专门的课程。在今后的课程中，我将带领更多的大学生认识Wish，学习Wish平台规则，运营Wish店铺，为社会培养更多具备Wish专业技能的人才，为温州当地内贸转型为外贸，传统外贸转型为跨境电商外贸做一份贡献。

谢剑

2016年12月25日

附录D　陈再新——借势

最近接到Wish官方的邀请，要我写一篇文章记录这些年来Wish伴随着的点滴过往，瞬间感觉思路如泉涌，有太多欲表达的话语，却又一时不知从何起笔。既如此，那就把最让我感慨的部分聊一聊吧。

愚一直以为，如我者，或身边大多数跨境电商从业者，并非是有能力造势之人。我们努力数年甚至十数年，在Wish出现之前，能分到行业红利者依然寥寥，因为行业红利原本就少，抢起来也着实不那么容易。

所以你不得不承认，Wish对于大多数同行来说，是一个堪称颠覆者的传奇——关键是她还如此年轻。

过去，我们无数人绞尽脑汁的，无非是挤到排名的最前端。而今，Wish个性化的推送方式和简单快速的销售路径，让大家能够更加精准地将商品和服务展现在真正需要的客户面前。

我不止一次听到过一些赞扬和悔悟，赞扬的是我如何能够把握Wish上的先机，悔悟的大多是没能赶上最初的黄金时代。其实不然，我一直认为不是我有什么聪明才智，而是我在对的时间，赶上了最早那一班车，仅此而已。

“激水之疾，至于漂石者，势也。”趋势如潮水般，沛然莫之能御，在你我人生的道路上，能有幸遇到的激流之势不过一二，抓住它，紧随它，那么你所做的一切就能顺理成章，水到渠成了，当然也因此有了事半功倍之效。

“故善战者，求之于势，不责于人，故能择人而任势。”翻译过来就是，好风凭借力，送我上青云——而我，只不过是那些最早在风口上飞起来的猪之一，君不见现在已是“乌泱泱”飞猪满天了吗？

眼看着这势头比起一开始已然是愈发汹涌，此时加入岂不更是时机？

如此，借到了势，你已经对了一半。

另外一半则是：责任、包容、遵守，然后才会有长久的红利共享。

2012年，我们还在经营独立网站，Wish还是wishwall.me，一个我们每天分享产品的平台。

2013 年初，作为第一批商户，我们开始尝试通过 Wish 销售产品，由此开启了我们在跨境电商领域的新纪元。

然而，没有任何一个新事物是一出世就完美的，作为平台也必然如此。我们一起经历了从 0 到 1，也经历了从 1 到 100。不可否认，Wish 一直以来都是一个简单的、易于操作的平台，初始阶段更是近乎一张白纸。如果第一批商户大多数不能恪守作为商户的责任和底线的话，不知后来者是否还能有机会体验到如此宽松的经营环境和如此规模的红利。并非我们在 Wish 的跨越式进程中体现了多大的价值，而是我们在伴随 Wish 发展的初期阶段，起到了一点积极的作用。

我们不会刻意卖仿品，是其一。

我们不会刻意钻漏洞，是其二。

你可知道，彼时的 Wish 根本没有产品审核机制，卖什么基本都在于商户自身的选择。而政策更是大面积空白，若真要在当时大肆钻空的话，后果自然不堪设想。所幸，我们都守住了最初的底线。

“富与贵，是人之所欲也，不以其道得之，不处也。”有没有从商的底线，和情怀无关，而是关乎一个行业、一个企业，以及自身能否持续的根本。期望每个同业者都可以谨记这一句话：“莫为浮云遮望眼，风物长宜放眼量！”

同时，你不能要求一个平台既能给你的业务带来几何式的增长，又能事事顺遂你心。

在高速发展的当下，任何行业均是“逆水行舟，不进则退”，而在这个进程中，作为平台的 Wish 在政策制定上只能先从大局着手，这样也许会影响个别商户的既得利益，但如果因此就大呼小叫，抱怨连连，难免有“得了便宜还卖乖”的嫌疑。我坚信大家都希望能够通过平台快速获得更大的收益，那么也就应该给予 Wish 更多的时间慢慢趋于完美，是为包容。

另外，每个平台都有符合自身当前条件的规则，作为商户你我都必须遵守，这本是毋庸置疑的，却偏偏有人以其他平台看似宽松的地方去对比 Wish 不允许的条款，就有些强词夺理了。举个例子也许更容易明白：如果有人在中国因为持枪被抓，他跟警察辩解，我在美国持枪都是合法的，为什么在中国不行？你还会认为他的理由正当吗？

一言以蔽之：入境问俗，因地制宜。

所以，遵守游戏规则，是你我的基本义务。与其抱怨着接受，不如愉快地配合，目前看来，不是都妥妥地做到了吗？

文章末尾，仍旧不能免俗，继续感谢 Wish 成就了我的当下，以及可能更美好的未来。也衷心祝愿 Wish 能够越来越好，愿大家都心怀高远，愿每个 Wish 商户都能得偿所愿！

陈再新

2017 年 2 月 13 日

附录 E　吴桂花——因为一次选择而与众不同

眼看着身边的同学辗转于各地实习找工作，我越发觉得自己是一个幸运儿。这一切幸运都源于大三时我做的一个选择——加入“Wish 星青年计划”。

1．初识 Wish，激起前进的斗志

和所有同学一样，大三下学期的我一直在就业与考研之间徘徊，每天最大的焦虑就是找不准前进的方向。我不安于做一辈子员工，我想要成就自己的一番事业，但苦于找不到一个良好的契机。可能是上天听到了我的祈祷，那一天 Wish 电商学院的老师来我校宣讲“Wish 星青年计划”。

在此之前，我对跨境电商知之甚少，只知道这几年跨境电商非常火热。Wish 不同于传统的 PC 端跨境电商，它在移动端的领先优势让它迅速成为跨境电商界的一匹黑马，抢占了海外年轻用户的心。在听完 Wish 电商学院院长 Judy 对跨境电商及 Wish 平台的介绍后，我的心中突然燃起了一把火，这把火指引着我前进的方向。我毫不犹豫地拉起我的两名室友报名参加了“Wish 星青年计划”。我相信此时加入 Wish 为时不晚，未来还有更加广阔的市场等待着我去开拓。

2．加入 Wish，在跌跌撞撞中成长

2017 年 3 月 26 日，我正式加入“Wish 星青年”大家庭，我注册了自己的店铺，从此和平台所有的卖家一起在跨境商海里并驱争先。在校期间，Wish 官方讲师每周日都会来校给我们授课指导，我由此了解了 Wish 平台的政策和理论知识，这为我的店铺运营打下了良好的理论基础，从而避免了大部分新商户都会误碰的雷区。

课程前期，老师要求我们每天至少上传 5 款产品，以保持店铺的活跃度。当时正逢大三课业最繁忙的时候，我忙于准备各科答辩材料和学业报告，并没有在店铺上新上花费太多精力，只是抽空从货源网站上找了一些小饰品上传。对标题、描述更没有仔细思考，直接一键翻译草草了事。直到目睹身边的同学陆续出了单，我才开始着急起来，觉得这种消极态度对不起我当初的雄心壮志。

除了日常学习，我几乎把所有的时间都花在了店铺运营上。我主动询问出过单的同学如何填写标签和标题。几天后，我也出了自己的第一单，真的非常激动和欣喜，这是我在创业道路上的第一个里程碑。好事多磨，我的首单产品是一个纯电池产品，很难发往海外，我费尽周折才派送出去，这让我意识到选品和物流的重要性。

半个月后，我发现店铺中某款产品每天都能出一两单，兴奋了几天后我意识到这是笔亏本买卖，由于缺乏定价能力，我直接照搬了其他平台的最低售价，导致我每出一单就要亏几十元钱，整个人瞬间跌落谷底。虽然困难重重，但我很庆幸我在店铺运营初始阶段遭遇了这些小挫折，这让我清晰地找到了自己的知识盲区和能力短板，从而可以更有针对性地查漏补缺。

2017 年 4 月份，我收到了自己的第一笔汇款，那一刻我坚信我有能力走得更远。此后，我

每天早上醒来和晚上睡前最重要的事情就是刷手机查看是否有新的订单，每当看到有新订单出现的时候，我就觉得一切等待都是值得的。

3. 我决定赌一把，我要创业

理论课结束后，我开始进入企业实习。期间我的店铺开始趋于稳定，部分产品能够稳定出单了，每月的销售额也在稳步上涨，所以我决定自己创业。

相较于之前的懵懵懂懂和误打误撞，如今我在价格把控和标签填写上有了很大的进步。选品也不再局限于常规的货源网站，开始通过第三方平台追踪数据，开发适合自己店铺的新品。自主创业后的第一件事便是陆续将之前上传的产品进行优化或下架，专心铺设一条主营的产品线。

从最初的 1 单、20 单、40 单到现在的 100 多单，和优秀的大卖家相比这些成绩不算什么，但对于几个月之前对未来还一筹莫展的我而言，这简直是天大的转变。当然所有的成果都要付出相应的汗水，一个人运营店铺遇到问题只能自己寻找解决办法，无论大小事情都要亲力亲为，让我倍感辛苦。我明白单打独斗力量有限，唯有团队作战才能愈战愈勇。

从做 Wish 到现在，觉得自己成长了很多，思考问题更全面更周到，能够合理有效地安排大小事务。漫漫人生路，有无数的选择，但紧要处只有几步，选择对了，你就能少走很多弯路。我希望有更多在校大学生能加入“Wish 星青年计划”这个大家庭，就像她的名字——Wish 一样，她能让你看到希望。在坚定的理想面前，我希望大家都有一颗不抛弃、不放弃的心，能够坚持不懈地走下去！

吴桂花

2018 年 1 月 15 日

附录 F　刘淑仙——爱做梦，更敢于将梦想照进现实

很荣幸有机会和大家分享我的 Wish 运营成长经历，作为一名尚未毕业的大学生，我有幸加入了“Wish 星青年计划”，和千千万万名中国卖家一起开启了“Shopping Made Fun”的挑战之路。

1. 加入 Wish 或许是命中注定

来自电子商务之都（杭州）的我，家就在电商科技园附近。我的日常生活充满了电子商务的身影，在这种环境下成长的我觉得电子商务就是我认知世界的与生俱来的一部分，从那时起我的心中就埋下了电子商务创业的种子。近年来，在互联网+的浪潮中，我心中暗自感叹，唯有搭上互联网这艘巨轮，才能看得更深驶得更远，触及世界的每一个角落。

我大学主修国际经济与贸易，但我深知，做传统外贸想要寻得突破，必须和跨境电商紧密

结合，所以选修课程时我主动选择了人数不多的跨境电商课。在学习期间，我紧跟老师步伐，操作其他电商平台、熟悉产品知识、学习 Photoshop 和店铺网页装修，一刻也不敢懈怠。

在临近暑期校企对接实习的时候，Wish 官方培训经理突然来我校宣讲“Wish 星青年计划”，这次千载难逢的机会，我毫不犹豫地抓住了。

宣讲会现场，我被 Wish 培训经理饱含激情的分享，引人入胜的成功案例和振奋人心的行业数据所深深吸引。其中让我印象最深刻的就是创始人技术出身的背景与 Wish 平台移动端的绝对优势，突然间我觉得我自己站在了美国硅谷，仿佛看见全世界的人都拿着手机疯狂购物。我爱冒险，我爱一切前沿的科技与体验，我毫不犹豫地报名加入了“Wish 星青年计划”。

2．这一路，我和店铺一同成长

对于一个行业经验为零的人来说，选品着实是个难题，但我很快就确定了品类：新潮且独具特色的产品。我站在海外买家的角度，借鉴第三方平台的大数据搜罗潜力产品。我不知不觉养成了每天浏览 Wish 平台的习惯，开始主动接触欧美流行文化，研究娱乐影视里的时尚单品，甚至细细揣摩大卖家产品“爆单”的缘由。我仿佛化身小说里的侦探，没日没夜地捕捉任何可以利用的蛛丝马迹。

不知不觉我已上传了近百款产品，却迟迟没有出单。当同学传来接到第一单的喜讯时，你一定无法想象当时的我有多么羡慕，随之而来的是深深的失落感。看着店铺里陈列的近百款产品，我开始反思自己近一个月的运营思路。是我的审美出现了问题还是我的产品编辑不够仔细？深思了一天，我决定坚持自己的选品理念，但改进自己的产品编辑方式。我对自己精选出的衣服，从首图、标题、标签、描述上进行了整体优化，以满足海外人士的审美理念和穿衣风格。

我不满足于机房常规 8 小时的训练。为了能让新店早日出单，我开始放下疯狂选品的脚步，从 Wish 收藏指数高的产品下手，重新编辑产品，美化图片。潜入 Wish 卖家交流群求教，与同学们讨论各大论坛最新的干货分享，慢慢有了自成一派的运营思路。功夫不负有心人，在步入 8 月份的时候，我迎来了两个订单。

这两个订单让我信心倍增，我开始联系第三方物流货代公司，比较各个物流产品的成本和时效，还会和当地物流商砍价，这些工作都是我从未体验过，甚至无法想象的。看着自己打包好的包裹被揽收派送，内心充满了成就感，仿佛完成了一个伟大的仪式。虽然这一切都是我一人在操办，但我丝毫没有疲惫的感觉，最重要的是一个人运营店铺的过程促使我站在更高的层面去思考问题，从而统筹全局。例如当我的一款产品被升级为黄钻产品时，我立刻找供应商降低采购成本，从而能让客户有更好的物流体验。

慢慢地我发现一个人运营店铺是有瓶颈的，我给自己立下了“勤学好问”的目标。凡是自己思索不出结果的问题，我会主动出击抓住各路渠道进行咨询，直到有满意的结果。正如我对物流渠道一步步摸索一样，我的求知欲不断被内心的渴望刺激着，没有结果决不轻易放弃。当然我的运营之路并非一帆风顺，店铺被判出现仿品、客户邮编和街道写错，这类小小的错误并没有让我自乱阵脚，因为我知道所有的大卖家都会面临类似的状况，而这些状况正是成功路上必须经历的小小考验。

经过了两个月的培训和实操，我顺利拿到了 Wish 电商学院颁发的合格证书。这段时间的经历让我明白，选择有时比努力更加重要，幸运的是我做了一个正确的选择。

进入 10 月，我的订单量突增，我的精力越来越难以应对日常课程和店铺运营，最终我的店铺因为超高的延迟发货率而被系统关闭。被绝望击倒在地整整两日后，我决定重振旗鼓，积极向平台申诉，最终店铺得以恢复正常状态。

3．基于正确选择的努力，事半功倍

11 月，Wish 电商学院院长 Judy 及导师 Rachel 来校参加结业仪式。我有幸与两位前辈面对面探讨了许多运营难题，她们询问了我未来的打算，并给了我诸多实质性的建议，让我久久不能忘怀。我明白创业路上少不了别人的帮助，唯有心怀感恩方能走得更远。

相信所有希望通过就业或创业实现人生价值的人都渴求一个优秀的平台去施展抱负。“Wish 星青年计划”就是这样一个为有志成为跨境电商人才的大学生提供的一展拳脚的舞台。希望这个为我指点道路的计划可以帮助更多有想法、有实力的年轻大学生。因为“Wish 星青年计划”，我踏上了创业之路，即使前方道路曲折，爱做梦的我也敢于将梦想照进现实。

刘淑仙

2018 年 1 月 15 日

结束语

亲爱的卖家、读者：

大家好！感谢大家阅读此手册，希望此手册能够为您在 Wish 平台的操作和运营提供一系列帮助。

Wish 电商学院为 Wish 卖家的成长而生，始终以帮助卖家成长为目标，为大家提供一系列线上、线下的培训，编写这本手册同样也是出于此目的，希望大家能通过这本手册更加系统、更加全面地了解和熟悉 Wish 平台。

得益于大家的关注和支持，第 1 版手册上市后不久就登上了当当网电子商务类新书榜，这样的成果也是我们不断完善培训体系的动力之一。在第 1 版手册读者反馈的基础上，我们修改和优化了第 1 版的不足之处，第 1 版手册内容更加翔实，更加与时俱进，更加贴近卖家的实际运营需求。

当然，这本书可能还存在很多不足，我们会继续改进，并根据平台政策的变化持续更新手册的内容。您对本书的反馈对于我们至关重要，也希望大家继续支持本书。卖家的支持与认可，一直鼓舞着我们不断前行；卖家的成长与成功，是我们不断前行的终极目标。

希望在下一版的案例分享中能够有你的故事。

Wish 电商学院

2018 年 4 月

卖家可通过扫描此二维码完成调查问卷，为我们提供你宝贵的意见：